Heinz Rein

Die Sintflut hat sich nicht verlaufen

Heinz Rein

Die Sintflut hat sich nicht verlaufen

Roman

Büchergilde Gutenberg

Für Elsie

»Die Welt ist ein großer Viehstall, der nicht so leicht wie der des Augias gereinigt werden kann, weil, während gefegt wird, die Ochsen drin bleiben und immer neuen Mist anhäufen.«

Heinrich Heine
»Gedanken und Einfälle«

Erstes Kapitel
Die Russen kommen! Kommen die Russen? Die Russen sind da!

1.

Ziegler, Wernicke und der Volkssturm

Ziegler runzelt die Stirn, über dem flachen Nasenrücken schieben sich die Augenbrauen dicht zusammen. Der Ausdruck seines Gesichts wechselt rasch. Auf eine Starre, in welche die Augenlider immer wieder hineinzucken, folgt ein Ausdruck der Besorgnis, der alle Muskeln an den Backenknochen spielen und eine helle Röte in die Wangen schießen läßt.

Starre und Besorgnis, das sind genau die Gefühle, die Ziegler zwar nicht überwältigen, aber doch befallen, seit die Panzersperre am Ende der Brandenburger Allee verlassen und dann doch wieder besetzt worden ist.

Ziegler blickt die Straße entlang. Es ist eine mit Kopfsteinen gepflasterte Straße, rechts und links mit sandigen Fußwegen, neben denen sich steile Böschungen mit dünnem Unterholz erheben. Ziegler atmet ganz tief, ein Lächeln kräuselt die Mundwinkel. Es ist, als habe dieser Atemzug aus der Tiefe seiner Lungen dieses Lächeln zustandegebracht. An dieser Straße, die nach Berlin führt, der Brandenburger Allee, würde sich nun der Krieg entscheiden. Es scheint lächerlich, daß der Krieg, der sich in Sandwüsten und Steppen, in Skandinavien und auf dem Balkan und im Atlantik abgespielt hat, daß dieser Krieg gerade hier entschieden werden sollte, an dieser Straße, die von irgendwo weit her aus dem brandenburgischen Land in schnurgerader Linie durch Lindenthal hindurch nach Berlin hineinstößt, aber es ist wirklich so: Der Krieg würde hier zu Ende gehen, allerdings nur für ihn, Karl Ziegler, und die Volkssturmmänner, die in den Einmannlöchern im Wald und an den Böschungen hocken. Hier würde es sich entscheiden, ob man es überlebte, und das genügte fürs erste. Man kann nicht für ewig vorsorgen.

Ziegler geht ein paar Schritte auf die Sperre zu, aber er hält sogleich wieder inne. Wenn ich frage, überlegt er, wird man mit den Schultern zucken. Die an der Sperre sind ganz auf sich gestellt, wie alle anderen Truppeneinheiten, die vom Rückzug mitgeschwemmt worden und irgendwo hängengeblieben sind, immerfort schwankend zwischen Pflichterfüllung und Desertion. Man wird mit den Schultern zucken oder, um ihn loszuwerden, irgendwelche Befehle erteilen, und dem will er doch lieber aus dem Wege gehen. Befolgt er einen solchen Befehl, so kann es den Untergang bedeuten, jetzt, da sich die letzte Minute vor zwölf vollendet. Befolgt er den Befehl nicht, und sie erwischen ihn dabei, dann hat es noch schlimmere Folgen. Sie sind jetzt schnell mit Exekutionen bei der Hand, und gegen seine eigene Erhängung oder Erschießung nachträglich zu protestieren, ist noch keinem gelungen.

So bleibt Ziegler gleich wieder stehen. Er dreht sich nicht um, um den Weg zurückzugehen, er tut einen Schritt rückwärts, noch einen und noch einen, bis er wieder am Waldrand steht, in der Deckung einer alten Linde, die hier zwischen die Kiefern geraten ist. Vielleicht ist die Vorsicht unnötig, die Sperrenbesatzung scheint mit sich selbst ausreichend beschäftigt. Sie steht nicht auf der Erhöhung hinter der Barrikade, sie hat auch nicht die Schützengräben bezogen, die zu beiden Seiten der Barrikade ausgehoben sind. Die Männer stehen um einen Pkw herum, es scheint lebhaft zuzugehen. Ziegler kann die Worte nicht verstehen, er hört nur den Schall der Stimmen, die sich gegenseitig zu überschreien versuchen, und sieht die heftigen Bewegungen der Arme, die ruckartigen Bewegungen der Köpfe; Kisten werden hin und her getragen, beiseite geworfen, aufgeladen. Ziegler beobachtet das alles mit abwesendem Blick. Es geht ihn nichts an, und es interessiert ihn auch nicht. Seine Aufmerksamkeit ist nur auf einen einzigen Punkt gerichtet: den Krieg für sich und – wenn möglich – auch für die anderen, die ruhig und ergeben in ihren Löchern hocken, möglichst schnell und mit heiler Haut zu beenden, dieser übrigens gar nicht so heilen Haut, die ihm nach dem Weltkrieg, der dann später als der erste bezeichnet wurde, zwar qualvoll langsam, aber unbegreiflicherweise doch wieder nachgewachsen ist, nachdem sie in den mörderischen Trommelfeuern bei Verdun und Arras, Villers-Cotterets und Cambrai mal mehr, mal weniger tief geschrammt worden war.

Die Dämmerung ist rasch aus dem Horizont herausgewachsen, hat die rötlichen Abendwolken überzogen und beginnt, sich über dem Wald auszubreiten. Sie sickert durch die Kronen der hohen Kiefern, fällt wie ein dunkler Nebel in den Wald ein und breitet sich zwischen den Bäumen aus. Sie läßt Dinge und Menschen sich noch gegen den grünen und rostroten Hintergrund abheben, aber sie macht die Umrisse fließend.

Ziegler lehnt den Karabiner gegen einen Baum und beginnt, sich eine Zigarette zu drehen. Er hat gar kein Verlangen nach einer Zigarette, aber er verteilt den strunkigen Tabak, Grobschnitt schlechtester Sorte, gleichmäßig, immer wieder und wieder zerpflücken seine Finger die Tabakrippen und rollen schließlich das dünne Papier. Es wird eine gut gedrehte Zigarette, aber Ziegler ist mit ihr nicht zufrieden, er schüttet den Tabak wieder in die Blechbüchse zurück und beginnt noch einmal von vorn. Er tut das ganz mechanisch, mit geübter Bewegung, aber er tut es nicht, weil es ihn nach einer Zigarette verlangt, er tut es, um Zeit zu gewinnen, um mit sich selbst ins reine zu kommen, denn er muß sich entscheiden, jetzt, gleich, sofort. Niemand kann ihm die Entscheidung abnehmen, und er kann niemanden um Rat angehen. Er ist allein inmitten der anderen, die in den Löchern zwischen den Bäumen hocken, ihre Karabiner und ein paar Handgranaten und sogar zwei Panzerfäuste vor sich liegen haben und warten, einfach warten, auf ihn, den Volkssturmabteilungsführer Ziegler, und auf seine Entscheidung, wie das hier nun weitergehen soll.

Ziegler weiß, daß sie keine Lust haben, zu kämpfen, er kennt die meisten vom Sehen oder hat dem einen oder anderen schon einmal die Hand geschüttelt, bevor man sie vor ein paar Tagen zu diesem kläglichen Haufen, genannt Zug des Volkssturms, zusammenholte. Die Männer, keiner von ihnen unter fünfundvierzig, wohnen ja, wie er, sämtlich in Lindenthal oder in der Stadtrandsiedlung, die bereits zu Berlin gehört, aber mit der Stadt Lindenthal durch eine Straßenbreite eher verbunden als von ihr getrennt ist. Mit diesem oder jenem hat Ziegler sogar gelegentlich ein paar Worte in der Straßenbahn gewechselt, Worte, die allerdings so neutral und unverbindlich waren, daß sie nichtssagend waren wie unbeschriebene Blätter, und wenn einer doch einmal eine unbedachte Äußerung durch die Zähne rutschen ließ, so schickte er sogleich eine kernige Beteuerung hinterher, und Ziegler hatte dann immer gemeint, daß da einer eine Wagenladung Sand auf ein ganz kleines Feuerchen kippte. Ziegler hat, seit er in Lindenthal inmitten fremder Leute wohnt, immer mehr die Gewohnheit angenommen, nicht auf das, was die Leute sagen, sondern auf die Untertöne zu hören, auf die Augen und auf die Mienen, auf die Gesten zu achten, die die Worte begleiten, und er hat sehr oft festgestellt, daß Worte und Mienen, Worte und Gesten, Töne und Untertöne so gar nicht zusammen paßten, und er ist dahintergekommen, daß nicht wenige Leute, die die offiziellen Meinungen reden, die aktuellen Schlagworte gebrauchen, den verordneten Gruß bieten, irgendein zugelassenes Abzeichen tragen, daß sie mit der Partei und dem Staat, den diese Partei bildet und beherrscht, nichts zu tun haben oder wenigstens nicht mehr zu haben wollen, als ihnen aus Gründen der Sicherheit für die eigene Person und ihre Familie, ihre Stellung oder ihren Kramladen unerläßlich scheint.

So glaubt Ziegler, sie alle mehr als nur ganz obenhin zu kennen, dennoch ist da nicht einer, mit dem er vertraut wäre oder mit dem er ein offenes Wort zu sprechen gewagt hätte, mit dem er sich jetzt – in dieser entscheidenden Stunde oder gar Minute – hätte beraten können.

Er glaubt zu wissen, daß die Gefühle der Männer zwischen zwei Polen, der Hoffnung und der Furcht, hin und her pendeln, der Hoffnung, endlich vom Krieg erlöst zu werden, und der Furcht vor einem Frieden im Schatten eines übermächtigen Siegers. Dieser Zwiespalt hat ihn selbst schon mitunter befallen, aber er hat sich für die Hoffnung entschieden, für die Hoffnung, daß mit dem Sieger auch die Genossen kommen.

Vielleicht könnte ich mit Wernicke offen reden, überlegt Ziegler, während er die Zigarette zum zweiten Male zwischen den Fingern dreht. Sein Gesicht war immer undurchdringlich, die Muskeln an seinen Backenknochen zitterten immer ein wenig, so als ob er die Zähne aufeinanderbiß, und die Lippen waren immer fest zusammengepreßt, zu einem dünnen Strich, als könnten sie lästerliche Worte nur mit Mühe zurückhalten.

Bilde dir nur nicht ein, daß du den Menschen hinter die Stirn schauen kannst, schilt Ziegler sich selbst, aber seine Gedanken kommen von Wernicke nicht los. Hat er Wernicke nicht erst vor ein paar Tagen in der Straßenbahn gesehen? Und war sein Gesicht damals nicht entspannt, waren seine Lippen da plötzlich nicht mehr verkniffen, sondern leicht geöffnet? Hatten seine Augen nicht gelächelt, fast zärtlich, wenn er die kleine, etwas rundliche Frau an seiner Seite ansah und einen Blick der Verständigung mit ihr tauschte? Die

Sache ist, so unwichtig sie im Augenblick auch erscheinen mag, doch wert, überlegt zu werden, denn wenn Wernicke wirklich der Mann ist, für den Ziegler ihn jetzt beinahe hält, könnte er ein offenes Wort wagen.

Ziegler läßt das Zigarettenpapier wieder aufrollen und schüttet den Tabak abermals in die Blechbüchse zurück. Wernicke, der Mann mit dem eisernen, unnahbaren Gesicht und dem undefinierbaren Blick hinter den scharfen, randlosen Brillengläsern, Wernicke hatte gelächelt. Zärtlich? Nein, nicht eigentlich zärtlich, muß Ziegler sich berichtigen. Es war ein Lächeln, das von Vertrautheit und Übereinstimmung zwischen Wernicke und der Frau, die wohl seine Frau ist, zeugte, von einer glücklichen, einer geistigen Übereinstimmung, nicht einer erotischen, denn Wernicke ist ein Mann hoch in den Fünfzigern, und die Frau ist nur wenig jünger. Es war ein Lächeln, das von gemeinsamen Gedanken und gemeinsamen Geheimnissen zeugte, denn Ziegler hatte auch beobachtet, wie dieses Lächeln, als Wernickes Blick von der Frau auf einen uniformierten Amtswalter glitt, der sehr aufmerksam und mit angestrengter Miene den »Völkischen Beobachter« las, wie dieses Lächeln überheblich und sogar höhnisch wurde und sich im Gesicht der Frau widerspiegelte, und wie der Hohn und die Verachtung, die Wernickes Mundwinkel kräuselten, rasch von einem künstlichen Hüsteln aufgesogen wurde, als der braune Würdenträger plötzlich die Zeitung sinken und den gestrengen Blick ringsum gehen ließ.

Ziegler rollt die Zigarette zum dritten Mal zwischen den Fingern, diesmal befeuchtet er den gummierten Rand des Papiers und nimmt die Zigarette zwischen die Lippen. Wenn einer von den Männern, die jetzt ebenso ergeben in ihren Schützenlöchern hocken, wie sie alle Maßnahmen des dritten Reiches über sich und vor allem über andere hatten ergehen lassen, wenn überhaupt einer vertrauenswürdig ist, dann ist es Wernicke, kein anderer, das steht für Ziegler plötzlich fest. Jetzt finden sich auch noch mehr Gründe an als nur dieses Lächeln in der Straßenbahn, aber sie aus der Erinnerung hervorzuholen, sie genau zu untersuchen, sie auf ihr Gewicht und ihren Gehalt hin zu prüfen, dazu ist jetzt keine Zeit. Ziegler muß sich jetzt, sofort entscheiden, das bedeutet, daß er etwas wagen muß, daß er etwas tun muß, was er zwölf Jahre lang Fremden gegenüber nicht getan hat, nicht tun durfte, was er sich – so schwer es ihm gefallen war – selbst hatte untersagen müssen: Er muß sich zu erkennen geben.

Nur ein paar Meter weiter, zwischen zwei jungen niedrigen Eichen, hinter einem flachen Mooshügel, hockt Wernicke in einem Loch. Er sitzt auf einer umgestürzten Munitionskiste, hat sich zurückgelehnt und raucht in ruhigen, gleichmäßigen Zügen eine Zigarette.

»Kamerad Wernicke«, sagt Ziegler und tut zwei Schritte auf ihn zu. »Haben Sie Feuer?« Es ist eine dumme Frage, denn Wernicke raucht ja, aber irgendwie muß er das Gespräch doch anfangen. Er kann doch nicht mit der Tür ins Haus fallen und fragen: Wer bist du eigentlich, Wernicke? Die Stunde ist gekommen, da wir die Masken von den Gesichtern nehmen dürfen. Nein, noch kann er das nicht sagen, noch lauert die tödliche Gefahr in der Nähe. Nicht der Krieg ist diese Gefahr; der Krieg scheint diesen Zipfel im Südosten vor Berlin zu meiden, viel mehr Gefahr droht von Verrat, von Denunziation, und – von Liebesdienerei, die nur allzu gern bereit ist, den Henkern einen Fingerzeig zu geben, denn da ist ja noch manch einer, der an die Wunderwaffe nicht gerade glaubt, aber auf sie hofft und sich nicht eher entscheiden will, als bis alles ganz sicher entschieden ist, für oder gegen Hitler, das ist ziemlich gleich, aber entschieden muß es sein, dann werden sie sich rasch auf den berühmten Boden der Tatsachen stellen.

Wernicke richtet sich ein wenig auf und blinzelt über den Rand seiner Brille hinweg, dann nickt er, holt ein Feuerzeug aus der Tasche und läßt es aufspringen.

Ziegler rührt sich nicht. Er müßte jetzt auf Wernicke zugehen, denn wie soll er sonst seine Zigarette in Brand setzen, aber ihm liegt ja nichts daran, zu rauchen, er will mit Wernicke sprechen, und dazu muß Wernicke schon aus seinem Loch herauskommen, denn dicht neben ihm hat sich Kranewitz eingegraben, und dem traut Ziegler nicht. Kranewitz ist nicht etwa Pg; er hat ein Farbengeschäft in Lindenthal und war, wie man sich erzählt, früher Gewerkschafter, sogar hoher Funktionär, ist dann aber Geschäftsmann, nichts als Geschäftsmann geworden und hat sich trotz seiner roten oder rosaroten Vergangenheit nicht nur unbehelligt durchs dritte Reich schlängeln können, er hat sogar gute Geschäfte gemacht, sich in Lindenthal ein großes Haus bauen lassen und einige Filialen eröffnen können. Und das alles, ohne in die alleinseligmachende Partei einzutreten. Das hat der alte Fuchs vielmehr seinem jungen Mann überlassen, den hat er sogar dazu genötigt. So ist Fischer, jener junge Mann, gewissermaßen in den Außendienst der Kranewitzschen Firma getreten; mit dem Parteiabzeichen geschmückt und – wo es not tat – auch in gelben Stiefelhosen und blankgewichsten Langschäftern verhandelte er mit den Behörden, besuchte er, als die Materialien knapp wurden, die Lieferanten und schloß größere Aufträge ab, wenn die Partei oder Parteigenossen unter den Kontrahenten waren. Kranewitz, ein riesiger, breiter Kerl, mit einem massigen Körper wie ein Transportarbeiter und einem Schädel, der blank ist wie eine Billardkugel, hatte sich auf diese Weise geschickt und erfolgreich hinter dem schmalen Rücken seines jungen Mannes verbergen können, und Ziegler weiß schon heute, daß Kranewitz versuchen wird, sich auf diesen rauszureden und ihn als Prügelknaben gebrauchen wird. Ziegler traut diesem Kranewitz alles zu, und deshalb traut er ihm überhaupt nicht.

Wernicke hält immer noch das offene Feuerzeug in der Hand, der leichte Wind, der zwischen den Bäumen stöbert, hat die kleine Flamme wieder ausgeblasen. Wernicke sieht auf Ziegler, er zieht die Augenbrauen in die Höhe und folgt mit sehr langsamer Bewegung des Kopfes Zieglers Blick, der – ein wenig starr und finster – auf Kranewitz gerichtet ist. Ganz unmerklich nickt Wernicke zweimal, für eine Sekunde erscheinen in seinen Mundwinkeln zwei Fältchen. Wernicke hat verstanden. Ziegler will etwas von ihm, nicht Feuer für seine Zigarette, die er dreimal gedreht hat, wie Wernicke beobachten konnte, es muß etwas sein, das Kranewitz nicht hören soll, etwas Wichtiges in dieser entscheidenden Stunde.

Ich bin bereit, denkt Wernicke, aber wie kommt Ziegler gerade auf mich? Und wer ist dieser Ziegler eigentlich? Er ist ein paar Jahre vor dem Krieg in Lindenthal aufgetaucht und hat ein kleines Haus bezogen, das er an Abenden und Feiertagen selbst gemauert hatte. Er ist nie hervorgetreten, und an einem seiner Fenster hing die kleinste und unscheinbarste Hakenkreuzfahne, die überhaupt aufzutreiben war; sie wirkte fast wie ein Hohn zwischen den großen Fahnen, die aus Dachluken oder von eigens in das Mauerwerk eingelassenen Fahnenstangenhaltern wehten und sich blähten.

Wernicke klettert langsam, schwerfällig aus dem Schützenloch. Er ist diesem Ziegler ein paarmal begegnet, und es hat ihm jedesmal gefallen, wie er das kleinliche Geschwätz der Leute über Sonderzuteilungen und die neuen Einheitszigaretten überhörte, ganz in sich gekehrt blieb und über die Köpfe mit den kleinlichen Gedanken in die Ferne zu blicken schien. Wernicke weiß nichts über Ziegler, aber er hat oft das Gefühl gehabt, als hätte er Ziegler die Hand schütteln müssen. Diese Gelegenheit hat sich niemals geboten, und Wernicke hat sie, ja, das ist wahr, Wernicke hat diese Gelegenheit auch niemals gesucht. Der beste Schutz, den man in der braunen Zeit anlegen konnte, war die Unnahbarkeit. Daß man sich dabei völlig isolierte, war eine andere Sache. Jetzt aber scheint der Augenblick gekommen, da man eine gebotene Hand nicht nur ergreifen, sondern auch die eigene ausstrecken muß, es wird sich sogleich herausstellen.

Ziegler sieht Wernicke auf sich zukommen. Wie gemessen der mittelgroße, behende, schmale Mann auf ihn zukommt, sein Gang ist schwer von Gedanken, sie scheinen seine Schritte zu hemmen. Daß er jetzt auf mich zukommt, denkt Ziegler, bedeutet, daß er begriffen hat, daß meine Bitte um Feuer nur ein Vorwand ist.

Wernicke hat sein Feuerzeug wieder eingesteckt, er hält Ziegler seine Zigarette hin. »Bitte, Kamerad Ziegler«, sagt er dabei, blickt Ziegler aufmerksam ins Gesicht und unterdrückt ein Lächeln. Die Zigarette, mit der Ziegler jetzt Feuer ansaugt, ist nicht gerade gut gedreht, und das nach dem dritten Versuch, sie ist so schlecht gedreht, daß sie sofort fast um die Hälfte herunterbrennt. »Schlecht gedreht«, stellt Wernicke sachlich fest, »auch Zigarettendrehen muß gelernt werden.«

Ziegler versucht ein Lächeln um seine Lippen zu legen, aber es mißlingt. »Dieser elende Rippentabak«, sagt er und raucht in raschen Zügen. Wie kommt er jetzt auf das zu sprechen, was hier zu tun ist? Der Wernicke ist wohl in Ordnung, sicher ist er in Ordnung, aber genau weiß er das nicht, man kennt überhaupt keinen mehr genau. Und was ist, wenn er sich in Wernicke getäuscht hat?

»Tja«, sagt Wernicke und zieht das Wort in die Länge. »Es gibt nur noch dritte Sorte, Bahndamm Schattenseite.«

»Verdammtes Kraut«, schimpft Ziegler, »macht einem die Kehle rauh wie ein Reibeisen.«

»Man gewöhnt sich daran.«

»Ja, sicher, nur . . .«

»Nur was?«

»Na, man möchte wieder mal 'ne anständige Zigarette rauchen, 'ne mazedonische oder 'ne englische.«

»Und nicht mit Zeitungspapier!«

»Richtig, Kamerad Wernicke!« bestätigt Ziegler. Verdammt noch mal, das Gespräch läuft falsch. Der Krieg liegt, jedenfalls in dieser Ecke, in den letzten Zügen, und er, Ziegler, steht hier mit diesem Wernicke und quatscht über Zigaretten, als ob es nichts Wichtigeres gäbe. Ziegler wirft die Zigarette weg, tritt sie aus und stampft sie tief in den Waldboden. »Na ja«, sagt er dabei. »Für uns ist dieser Rachenputzer gut genug, nicht wahr?«

Wernicke nickt. »Ja, der ist gut genug für uns, für den Volkssturm.« Er sagt es ganz beiläufig, ohne jede Betonung.

Ziegler schiebt die Unterlippe vor. »Nicht nur für den Volkssturm«, meint er ebenso unbeteiligt und doch jedes Wort deutlich aussprechend. »Für das ganze Volk.«

Wernicke kneift die Augen zusammen. Das war recht deutlich, aber wer garantiert ihm dafür, daß das eine politische Meinung und nicht nur die Äußerung eines verärgerten Rauchers ist? Eines Mannes, der alles nur aus der Perspektive des Tabaks sieht? Aber hat Ziegler ihn aus seinem Schützenloch gelockt, um sich mit ihm über Zigaretten zu unterhalten? Hinter diesem blöden Gerede steckt doch mehr, das ist klar, das ist ein erster vorsichtiger Schritt auf unbekanntem Boden. Wernicke beschließt, nachzugeben, mitzugehen, sich nicht zu weit vom festen Boden zu entfernen. Jeder Schritt in das unbekannte Gelände muß von einem ebenso großen Schritt Zieglers begleitet sein, und er, Wernicke, wird sofort auf den festen Boden der Unverbindlichkeit zurückspringen, wenn der andere nur einen einzigen Schritt zurückbleibt. Und so stößt Wernicke jetzt vor.

»Nach fünf Jahren Krieg, da ist das nicht anders, da ist die Beute knapp geworden.« Er sagt es schnell und fast atemlos, denn er ist begierig auf Zieglers Antwort.

Ziegler läßt sich mit der Antwort Zeit, er holt ein Feuerzeug aus der Tasche und läßt es scheinbar achtlos und spielerisch mehrmals aufspringen, und jedesmal fängt der Docht Feuer.

Sieh an, denkt Wernicke und ist tief befriedigt, sein Feuerzeug ist in Ordnung, und mich holt er heran, um seine Zigarette anzubrennen.

Ziegler steckt das Feuerzeug wieder fort und mustert Wernicke, während er sich intensiv mit dem Zuknöpfen seines Mantels beschäftigt. Wernicke ist nicht verärgert oder gar wütend, im Gegenteil, der lächelt ganz stillvergnügt, der hat ihn verstanden. »Ja, mit Beute ist es jetzt wohl überhaupt aus«, sagt er und betont jedes Wort so, daß der andere die tiefergehende Bedeutung der Rede unschwer zu erraten vermag, »wir können froh sein, wenn wir wenigstens unser bißchen Kram behalten.«

Wernicke nickt. »Dann haben wir doppeltes Glück gehabt, denn von Bomben sind wir ja so gut wie verschont geblieben.«

»Bleibt noch die Artillerie«, setzt Ziegler schnell hinzu. »Und natürlich die Panzer.«

»Kommt eben darauf an, ob Lindenthal verteidigt wird.«

Ziegler atmet tief auf. Jetzt ist die Weiche gestellt, jetzt läuft das Gespräch im richtigen Gleis. Ob Lindenthal verteidigt wird oder nicht, darauf kommt es an, jawohl, darauf und auf nichts anderes. »Und ... und wie denken Sie darüber, Kamerad Wernicke?« fragt Ziegler langsam und zögernd. »Wird Lindenthal verteidigt werden?« Werden *wir* es verteidigen, hat er eigentlich fragen wollen, das ist ja auch die Frage, auf die es ankommt.

Wernicke blickt an Ziegler vorbei und hebt die Schultern. »Ich weiß es nicht. Schließlich sind Sie doch Zugführer, Kamerad Ziegler. Und die Sperrenbesatzung da vorn ist auch noch da.«

Ziegler macht eine abwehrende Handbewegung. »Die ziehn jetzt ab. Sehen Sie denn nicht, was los ist?«

Wernicke nickt. »Sie meinen wirklich ...«

»Ist doch klar«, fällt Ziegler ihm ins Wort.

Ziegler und Wernicke stehen dicht beieinander und blicken die Straße entlang, die den Wald durchschneidet. Irgendwo, ziemlich weit weg, brummelt Artillerie, das Surren von Flugzeugmotoren ist in der Luft, ab und zu knallt ein Gewehr, das Knarren und Mahlen von Panzerketten füllt jeden Winkel aus. Der Krieg ist ganz in der Nähe, er wälzt sich jetzt auf diesen Wald zu, hinter dem die Stadt Lindenthal liegt. Es ist ein Naturgesetz, daß, wenn der Deich gebrochen ist, die Fluten auch die höhergelegenen Gebiete zwar nicht überschwemmen, aber umspülen.

Die Besatzung der Sperre an der Ausfallstraße nach Süden zieht in der Tat ab, drei Lastkraftwagen und zwei Pkws rollen jetzt die Brandenburger Allee in Richtung Berlin entlang, auf Ziegler und Wernicke zu, die immer noch an der Böschung stehen. Ihre grünlichgelben Mäntel heben sich scharf von der schwarzbraunen und rostroten Rinde der Bäume, von der in den Wald jetzt einfallenden milchig-grauen Dämmerung ab. Nur auf der Straße liegt noch ein schwacher Abglanz der untergegangenen Sonne.

»Beutegermanen, lettische SS«, sagt Ziegler und deutet mit dem Kopf auf die vorüberfahrende Kolonne. »Sprechen kaum Deutsch.« Er sagt das ganz ruhig, ohne jede Betonung, rein erklärend, wie man sagt: Das ist eine Kastanie. Oder: Das ist eine Linde.

»Wenn die nur erst weg wären«, stößt Wernicke hervor, und sein Gesicht verzerrt sich dabei für einen Augenblick.

Sieh an, denkt Ziegler rasch und erfreut, jetzt hat ihn doch die kühle Ruhe verlassen, jetzt hat er mich für eine Sekunde in sein wahres Gesicht blicken lassen. Darf ich jetzt auch meinem Herzen Luft machen? Könnte ich ihm jetzt nicht sagen ... Er denkt den Gedanken nicht zu Ende und schrickt zusammen.

Der letzte Pkw stoppt gerade vor ihnen, ein Scharführer beugt sich aus dem Fenster und winkt heftig.

Ziegler zögert und wirft einen schnellen Blick auf Wernicke.

Wernicke nickt ihm unmerklich zu. »Die Lkws sind schon voraus, Kamerad Ziegler.«

Ziegler versteht sofort. Wenn ihnen jetzt der Befehl erteilt wird, sich der Truppe anzuschließen, so könnten sie bestenfalls hinterhermarschieren, und zwar so schnell, wie ein Volkssturmzug eben marschieren kann, und das ist nicht gerade ein Rekordtempo. Die Lkws sind schon jetzt kaum mehr als eine Staubwolke, und außerdem ist der Wald groß, so groß ...

Ziegler springt die Böschung hinunter und legt die Hand leicht an die Mütze.

»Iebernemmen Sie Verrteidigung von Spärre«, schreit der Scharführer ihm entgegen. »Wirr chaben andäre Aufgabbe. Verrstanden?«

»Zu Befehl!« sagt Ziegler und schlägt die Hacken zusammen.

Als das Auto weiterfährt, bleibt Ziegler noch für ein paar Sekunden stehen, dann wendet er sich zu Wernicke um, der ihm langsam gefolgt ist. »Haben Sie gehört?«

»Jedes Wort. Iebernemmen Sie Verrteidigung von Spärre!« ahmt Wernicke den Befehl nach. »Der Führer hat befohlen, und wir folgen. Oder nicht?«

Ziegler gibt sich einen Ruck und sieht Wernicke fest an. »Nein!« sagt er entschlossen.

Wernicke hält seinem Blick stand. Zum ersten Mal sehen sie sich frei und offen in die Augen, kein Lidschlag zuckt in den langen Blick hinein.

»Gehen wir!« sagt Ziegler endlich.

»Wohin?«

»Wohin? Das fragen Sie noch? Nach Hause!«

»Und die anderen?«

»Denen muß ich es verständlich machen, und Sie müssen mir dabei helfen, Wernicke. Meinen Sie nicht auch, daß sie alle die Schnauze längst voll haben?«

Wernicke nickt lebhaft. »Gewiß, aber meinen Sie nicht ...«

»Unterschätzen Sie nicht die Feigheit dieser deutschen Männer«, fährt Ziegler spöttisch fort. »Mut, Schluß zu machen, haben sie nicht, aber feige bis zum allerletzten auszuhalten, dazu sind sie sehr wohl imstande.« Er macht eine kleine Pause und setzt dann entschlossen hinzu: »Wenn es nicht anders geht, werde ich befehlen, den Wald zu räumen. Auf einen Befehl reagieren sie bestimmt. Es geht um Lindenthal, es soll nicht noch zu guter Letzt vor die Hunde gehen.«

Wernicke schüttelt den Kopf. »Es geht um mehr als um Lindenthal.« – »Sagen Sie das doch denen«, widerspricht Ziegler ärgerlich. »Das begreifen die nicht, in ihre Köpfe geht nur das hinein, was sie höchstpersönlich angeht.« Er macht eine Pause und sucht Wernickes Blick. »Wernicke, kann ich mich auf Sie verlassen?«

Wernicke zögert ein paar Sekunden. Dieser Ziegler ist echt, bestimmt ist er echt. Was sollte eine Provokation hier und jetzt für einen Sinn haben, da die letzte Stunde, die letzte Viertelstunde des tausendjährigen Reiches gekommen ist? Aber die anderen, die immer entschlußlos waren und jetzt nicht weniger entschlußunfähig in ihren Schützenlöchern sitzen, die werden nicht zögern, sofort mit Fingern auf ihn und Ziegler zu weisen und sie erbarmungslos auszuliefern, wenn eine Wehrmachtsstreife oder ein SS-Kommando oder auch nur ein paar scheißbraune Amtswalter auftauchen sollten, um für eine kurze Gnadenfrist noch einmal die Macht des dritten Reiches wiederherzustellen.

Eine rasende Wut bemächtigt sich Zieglers, er ballt die Fäuste und stampft mit dem Fuß auf. »Wernicke, ich habe . . .« Mich in Ihnen getäuscht, will er sagen.

Da wirft Wernicke den Kopf zurück. »Sie können sich auf mich verlassen, Ziegler«, sagt er mit klarer Stimme und faßt nach den Knöpfen seines Mantels, um ihn zu öffnen. Doch er zieht seine Hand rasch wieder zurück. Nein, das ist jetzt nicht nötig, das hat noch Zeit, das würde ihn dem Ziegler völlig ausliefern. Man soll nichts überstürzen. Nur keine impulsiven Handlungen. So, wie die Sache jetzt steht, geht es nur um die Schonung der Stadt Lindenthal. Das mag – in den Augen des anderen – zwar keine ausreichende, aber immerhin doch eine Entschuldigung sein. Hätte er aber – und er ist bereits im Begriffe dazu gewesen – das Abzeichen der Eisernen Front mit den drei Pfeilen, das er seit ein paar Tagen auf der Innenseite seiner Weste trägt, hätte er dieses Abzeichen dem Ziegler vorgewiesen, so bekäme die ganze Sache sofort ein anderes Gesicht. Und dieses andere Gesicht darf er noch nicht zeigen.

Ziegler hat aufgeatmet, als Wernicke das so klar und fest gesagt hat. »Sie können sich auf mich verlassen!« hat er gesagt, und Ziegler ist versucht, ihm klarzumachen, daß er nicht nur an Lindenthal, an sein Häuschen, seine kranke Frau und seine Tochter denkt, er möchte ihm sagen, daß er endlich die Stunde für gekommen hält, da er wieder in Aktion treten darf, treten kann, treten muß. Zum ersten Mal nach zwölf Jahren hat er das alte Mitgliedsbuch der Kommunistischen Partei, bis zum gestrigen Tage unter einem Dielenbrett verborgen, wieder bei sich. Nach zwölf Jahren trägt er es wieder in seiner Brieftasche, bereit, es in dem Augenblick vorzuweisen, da ein Erkennungszeichen notwendig sein wird. Aber Ziegler unterdrückt die Regung, die ihn mit fast manischem Zwang befällt, und sagt gelassen: »Gehen wir.«

Sie erklettern die niedrige Böschung und gehen in den Wald hinein. Wenige Minuten später haben sie die Volkssturmmänner um sich versammelt.

Nur mit Mühe hält Ziegler ein überhebliches, ja verächtliches Lächeln zurück, als er den Blick über die Gesichter gehen läßt. Da ist kaum ein Gesicht, in dem nicht Angst, Ratlosigkeit, Entschlußlosigkeit sichtbar sind. Sie stehen da in ihren olivfarbenen OT-Mänteln und OT-Mützen, verkleidete Bürger und Kleinbürger, die für die Größe und den Ruhm des Großdeutschen Reiches kämpfen sollen und nicht einmal imstande sind, ihr eigenes Leben zu verteidigen, gewiß keine überzeugten oder gar fanatischen Nazis und doch Mitläufer der Barbaren. Ziegler mustert noch einmal die Gesichter und hat eine sonderbare Freude daran, sie warten zu lassen, sie in Ungewißheit zu halten, ihnen einen Schrecken einzujagen. Diesen und jenen kennt er genauer, Janotta, der '33 den schönen Konsumladen für ein Spottgeld ramschte (allein die Kühlanlage und der Geldschrank waren den Preis wert), Lauermann, der '38 das kleine Kaufhaus von Konitzer arisierte. Gernoth, der stolz auf seine beiden Söhne, SS-Offiziere, ist, Wappler, der in seinem Betrieb jedes Gespräch argwöhnisch belauschte, Süßbrodt, der vor '33 bei Arbeitersportveranstaltungen Zeitungen und Broschüren verkaufte und bereits am ersten Tag nach Anbruch des Hitlerreiches am Bahnhof Lindenthal mit Hitlerpostkarten zu handeln begann, und natürlich Kranewitz, der seinen jungen Mann in die Partei schickte, um selber draußen bleiben zu können, alles Jämmerlinge, die immer mit der Wurst nach der Speckseite werfen, einen vielleicht ausgenommen, Mausolf, ein Mann hoch in den Fünfzigern, schon ein wenig gebückt, lang und dürr wie ein wetterfester Baum, mit einem Fuchsgesicht, in dem zwei flinke, schnelle, wasserhelle Augen unter buschigen Brauen sitzen.

Ja, Mausolf und Wernicke ausgenommen, ist das schon ein recht jämmerlicher Haufen, der sich um Ziegler versammelt hat.

»Ihr habt wohl schon bemerkt, Kameraden«, beginnt Ziegler langsam und ganz beiläufig, »daß die Sperrenbesatzung abgerückt ist.« Ziegler läßt den Blick wieder über die Gesichter gleiten und hüstelt ein paarmal kräftig, um die Belustigung zu verbergen, die ihn unwiderstehlich ankommt. Wie sie ihn voller Spannung anglotzen und aus seiner Miene ihr Schicksal herauszulesen versuchen, ausgerechnet aus seinem, Zieglers Gesicht, der in ihren Augen nur ein Arbeiter ist und sozial weit unter ihnen steht. Aber er ist seit gestern ihr Zugführer und damit ihr Vorgesetzter, vom Herrn Leutnant der Reserve, Regierungsrat a.D. und Volkssturmführer Bromme eingesetzt, zu Zieglers eigener großer Überraschung, weil er ein gedienter Soldat und Feldzugteilnehmer von Lüttich bis zum Milhielbogen war.

»Ich habe den Befehl erhalten«, fährt Ziegler fast gleichmütig fort, »die Verteidigung der Sperre und damit die Verteidigung von Lindenthal zu übernehmen. Es ist unsere Aufgabe, den Vorstoß des Feindes um jeden Preis aufzuhalten, um unseren Entsatzarmeen Raum zur Entwicklung zu geben. Ich weiß, daß dieser Kampf für uns mit Opfern, sogar mit schweren Opfern verbunden sein wird, aber wir müssen diese Opfer bringen, Kameraden.«

Er legt eine Pause ein und beginnt, sich eine Zigarette zu drehen. Unter den gesenkten Augenlidern hervor beobachtet er die Gesichter, in denen sich Bestürzung und Angst abzeichnen. Nur in Mausolfs Gesicht ist eine heftige Röte, eine Zornesröte getreten, eine Ader auf seiner Stirn schwillt an und färbt sich dunkelviolett. Ziegler sucht Wernickes Blick.

Wernicke nickt ihm unmerklich zu und tritt einen Schritt vor. »Wir müssen uns darüber klar sein, Kameraden«, sagt er forsch, »daß dieses Opfer vielleicht oder sogar wahrscheinlich unser Lindenthal ist, aber das darf bei der Größe unserer Aufgabe keine Rolle spielen.«

Die Bestürzung in den Gesichtern vertieft sich, ein Gemurmel, von unbestimmten Handbewegungen begleitet, wird laut. Ob es nun Zustimmung oder Ablehnung bedeutet, das ist nicht deutlich.

Nur Mausolf begehrt offen auf, sein Gesicht ist tiefrot geworden. »Verdammter Blödsinn!« ruft er wütend. »Der Krieg ist seit Jahren verloren, und ausgerechnet bei Lindenthal wollt ihr ihn noch gewinnen!«

Die Köpfe der Männer wenden sich Mausolf erschrocken zu. Was sie seit Stalingrad oder Tunis oder erst seit Paris ahnen, vermuten, fürchten, was ihnen hier, wenige Kilometer vor Berlin nun zur Gewißheit geworden ist und was sie dennoch immer noch nicht glauben können und auch nicht glauben wollen, das hat Mausolf eben brutal und sogar triumphierend ausgesprochen.

Ziegler läßt Mausolfs Bemerkung unberücksichtigt. »Wenn ihr mich um meine Meinung befragt, Kameraden«, fährt er fort, »so muß ich allerdings offen sagen, daß ich unsere Gruppe für viel zu schwach halte, um die Sperre da vorn zu verteidigen.«

»Na also!« ruft Mausolf. »Die anderen hauen ab, und wir mimen hier die Nibelungen!« Er schüttelt energisch den Kopf. »Ohne mich, Herrschaften! Und ihr, ihr seid Ochsen, wenn ihr zu guter Letzt noch eure Haut zu Markte tragt.«

»Unsere Häuser sind bisher verschont geblieben«, sagt Janotta bedächtig und ohne auf Mausolfs Worte einzugehen. »Aber wir können doch nicht einfach . . .«

Er blickt sich, nach Beistand suchend, um. Alle nicken, aber keiner äußert ein Wort der Zustimmung.

»Ich möchte euch die Frage stellen«, fährt Ziegler wieder fort und zündet sich die Zigarette an, »was ihr vorzieht, Kampf und die mögliche Zerstörung Lindenthals oder Abzug und kampflose Übergabe der Sperre. Ich stelle euch diese sonst gewiß nicht übliche Frage, weil wir ja nicht an einer x-beliebigen Stelle kämpfen, weil es sich hier nicht um irgendeine Stadt handelt, sondern weil es um eure eigenen Häuser, eure Geschäfte und eure Familien geht. Denn darüber seid ihr euch ja wohl klar, daß jede Gegenwehr sofort die Artillerie auf uns zieht. Deshalb stelle ich euch diese Frage.«

Kranewitz, der bisher teilnahmslos dabeigestanden hat, wird lebhaft. »Weshalb fragen Sie, Kamerad Ziegler? *Sie* sind unser Zugführer. Wenn Sie es uns *befehlen*, den Wald zu verlassen, werden wir uns bestimmt nicht widersetzen. Nicht wahr, Kameraden?«

Die anderen nicken lebhaft und atmen wie erlöst auf. Welch eine großartige Lösung dieser heiklen Frage, mögen sie wohl denken.

»Du feiges Aas!« fährt Mausolf so heftig auf Kranewitz los, daß er ihm die Worte fast ins Gesicht spuckt. »Ohne Befehl kannst du nichts tun, was? Für mich ist Feierabend, daß ihr's wißt. Ich setze mich ab!« Er zieht seinen Mantel aus und wirft ihn achtlos beiseite. »Gott befohlen, ihr deutschen Helden. Nicht einmal das Anscheißen seid ihr wert!«

Mausolf entfernt sich langsam, bald hat ihn die Dämmerung verschluckt. »Das ist ein ganz Wilder«, sagt Lauermann, »der riskiert Kopf und Kragen. Und Sie lassen das zu, Kamerad Ziegler?«

Ziegler zuckt rasch mit den Schultern. »Was soll ich tun? Was kann ich tun, wenn ihr, ihr alle, dasselbe tut? Ich kann euch nicht halten.« Das ist ein Versuchsballon, denkt er dabei. Ob er steigt?

Die Männer stehen immer noch wie erstarrt da und blicken in die Richtung, in der Mausolf verschwunden ist.

»Ja, Leute«, sagt Wernicke und wiegt den Kopf hin und her. »Wenn ich daran denke, daß unser schönes Städtchen von Stalinorgeln und Minenwerfern eingedeckt wird, daß eure hübschen Häuschen, für die ihr euer Leben lang gearbeitet habt, zum Teufel gehen werden . . . Aber euch geht ja die Pflichterfüllung für Führer und Reich über alles, da kann man halt nix machen.«

Kranewitz macht eine abwehrende Handbewegung. »Pflichterfüllung!« Er schnaubt das Wort, als ob er sagen wollte: Blödsinn! Oder Quatsch, und vermutlich meint er das auch. »Wenn aber noch SS kommt?« setzt er hinzu. »Ja, was dann?«

»Und was«, wirft ein anderer rasch ein, »wenn die Russen womöglich zurückgeschlagen werden? Wie stehn wir *dann* da?«

»Wenn, wenn, wenn«, höhnt Wernicke. »Entschließt euch doch *einmal* in eurem Leben, Leute.«

Viele Stimmen fahren gleichzeitig auf Wernicke los. Ziegler verschafft sich schließlich Gehör: »Ihr wollt ganz sicher gehen«, sagt er langsam, »und das gibt es nicht. Ich kann euch keine Garantie geben.« Er macht eine Pause, versucht sein Gesicht zu straffen und sagt jetzt hart und entschlossen: »Da ihr euch nicht entschließen könnt, so befehle ich jetzt, die Sperre zu besetzen und das Feuer sofort zu eröffnen, sobald sich der Feind zeigt. Ich befehle euch, den Kampf aufzunehmen, ohne Rücksicht auf Verluste.« Wieder macht er eine kleine Pause und faßt wie zufällig nach seiner Pistolentasche. »Habt ihr mich verstanden?«

Schweigen und unterdrücktes Murmeln, Verlegenheit und Bestürzung, Unruhe und Erstaunen malen sich in den Gesichtern.

Wernicke blickt Ziegler an, im Hintergrund seiner Augen flammt ein verstehendes Lächeln auf, dann wendet er sich der Gruppe zu und faucht: »Da habt ihr's, ihr Schafsköpfe. Beklagt euch nicht, wenn ihr jetzt noch draufgeht und eure schönen Häuser in Fetzen fliegen.«

Es fällt Ziegler schwer, seine entschlossene Miene zu bewahren. »Ich will jetzt nichts mehr hören! Sucht eure Waffen und die Munition zusammen! Panzerfäuste nicht vergessen! Wernicke und ich, wir werden jetzt erst mal die Lage peilen, ich meine, eine Erkundungspatrouille an die Sperre unternehmen. Ihr sammelt euch und rückt langsam nach. Verstanden?«

Ein Murmeln, Brummen, Räuspern erhebt sich, nur einer sagt, ziemlich kläglich: »Jawohl!«

»Los! Holt euren Kram!« sagt Ziegler noch einmal forsch und dann, zu Wernicke gewendet: »Gehen wir!«

Ziegler und Wernicke springen die Böschung herunter, langsam und sichernd gehen sie die Straße entlang, hintereinander und ein wenig gebückt, denn irgendwo wird es laut, hin und wieder knallt ein Schuß und hallt im Wald wider. Als sie die Sperre erreicht haben, drehen sie sich zum ersten Mal um. Es hat Anstrengung gekostet, sich nicht eher umzuwenden.

»Nun, kommt unsere Armee?« fragt Wernicke.

Ziegler lacht breit. »Kein Aas zu sehen! Aber warten wir noch etwas.«

»Gut, warten wir noch etwas«, stimmt Wernicke zu.

Sie lehnen sich mit dem Rücken gegen die Barrikade. Sie haben die Straße, die den Wald schnurgerade durchschneidet, in ihrem Gesichtsfeld. Trotz des aufkommenden Gefechtslärms scheint es totenstill zu sein. Sanft streicht der Wind durch die Kiefern und beugt die hohen Kronen, dumpf fällt da und dort ein Kienapfel zur Erde, heiser kreischt ein Häher, aber das sind Geräusche, die zum Walde gehören. Die Abendwolken spannen sich jetzt von Horizont zu Horizont.

Ziegler und Wernicke stehen immer noch unbeweglich an der Barrikade, sie wenden den Blick nicht von der Straße. Sie bleibt leer.

»Na also«, sagt Ziegler schließlich und stößt sich mit elastischer Bewegung von der Barrikade ab. »Die kommen nicht mehr.«

Wernicke nickt. »Ja, die kommen nicht mehr.«

»Gib mir eine Zigarette, Wernicke«, sagt Ziegler. Das Du ist jetzt wie eine Selbstverständlichkeit, es ist eine freundschaftliche Geste, es ist die ausgestreckte Hand.

Wernicke blickt Ziegler prüfend an, dann faßt er in die Tasche. »Hier hast du eine Zigarette.«

Sie rauchen die Zigaretten über der gleichen Flamme an. Dabei sehen sie sich fest in die Augen.

»Komm!« sagt Wernicke, als er sich wieder aufrichtet. »Richtung Heimat.«

»Gleich«, erwidert Ziegler. »Hab hier noch was zu tun.« Er holt ein weißes Tuch aus der Tasche, entfaltet es und befestigt es an einem Knüppel. Dann stößt er den Knüppel tief in den Sand der Barrikade.

Wernicke verfolgt seine Bewegungen mit starrem Blick, die Muskeln seines Gesichts zucken, er blinzelt und preßt die Lippen fest zusammen; als Ziegler von der Barrikade herunterspringt, hält er ihm die geschlossene Faust vor die Augen, öffnet sie und spreizt dann die Finger auseinander: In der Hand liegt das Abzeichen der Eisernen Front.

»Kennst du das?« fragt er heiser.

Ziegler blickt auf das Abzeichen. Um seine Lippen zuckt es. »Ja«, sagt er, und seine Stimme zittert ein wenig. »Ja, das kenne ich.« Dann bleckt er plötzlich die Zähne und reckt die Fäuste in die Luft. »Verdammt noch mal! Da ist man jahrelang fremd aneinander vorbeigelaufen, fast Tür an Tür hat man gewohnt, und einer hat vom andern nichts gewußt, Angst hat man voreinander gehabt oder sich doch mißtraut, den andern für sonstwas gehalten. Wernicke, das muß jetzt anders werden. Sind wir nicht Genossen?«

Wernicke lächelt. »Wir hätten es sein sollen«, sagt er bedächtig, »aber waren wir in euren Augen nicht Kapitalistenknechte, Arbeiterverräter, Sozialfaschisten?«

»Das mußt du vergessen«, erwidert Ziegler mit wegwerfender Handbewegung. »Das kommt nicht wieder. Nie wieder! Nie!«

Wernicke hebt zweifelnd die Schultern. »Wir werden sehen«, sagt er ruhig, »jetzt ist nicht die Zeit für Diskussionen. Los, ab!«

Sie laufen die Straße wieder zurück. Bevor sie in den Wald eintreten, drehen sie sich noch einmal um. Am Ende des Waldes liegt die Sperre. Sie ist schon von der Dämmerung überschattet, ihre Umrisse verschwimmen. Nur die weiße Fahne hebt sich klar und deutlich ab. Von Zeinitz her wird das Geräusch der fahrenden Panzer immer deutlicher. Der Augenblick ist da, dem sie mit Hoffnung und Furcht zugleich entgegensehen.

2.

Herr Mühlbauer disponiert und hat eine Auseinandersetzung mit Blockwalter Assmann

Mühlbauer stemmt den schweren Leib aus dem Ledersessel hoch und fährt sich mit den rosigen, fleischigen Fingern durch das dichte weiße Haar.

»Seltsam ruhig ist es wieder«, sagt er und lauscht zum Fenster hin. »Die Artillerie ist ganz weit weg, kaum zu hören.«

Seine Frau sitzt zusammengesunken in einer Ecke des Ledersofas und hält den Kopf tief auf die magere Brust gesenkt. Jetzt richtet sie sich aus der Kauerstellung ein wenig auf und blickt fragend auf ihren Mann. »Was hat das nur zu bedeuten, Ludwig?«

Mühlbauer wiegt den Kopf hin und her. »Es gibt eigentlich nur zwei Möglichkeiten«, antwortet er langsam. »Entweder sind die Russen bis weit nach Berlin hineingestoßen und der Kampf spielt sich jetzt irgendwo in der Stadt ab, oder . . . Oder aber . . .« Er hebt die Schultern und wiegt wieder den Kopf hin und her.

Die Frau richtet sich ganz auf. »Oder was?« fragt sie ängstlich.

Mühlbauer läßt die breiten Schultern wieder sinken. »Oder aber die Russen sind wieder zurückgeschlagen worden.«

»Hältst du das für möglich, Ludwig?« fragt sie. In ihrer Stimme sind Hoffnung und Unglaube.

Wieder dieses zweifelnde, wägende Wiegen des Kopfes. »Möglich ist alles, besonders im Krieg.«

»So schlau bin ich auch«, sagt die Frau ärgerlich. »Deine Meinung will ich wissen. Ich will wissen, ob du es für möglich oder meinetwegen für wahrscheinlich hältst, daß die Russen zurückgeschlagen werden.«

Mühlbauer blickt mißmutig auf seine Frau. »Wie soll ich das wissen? Ich bin kein Feldherr und kein Stratege, ich bin nicht einmal ein Politiker. Ich weiß nicht mehr als du.« Er geht unruhig hin und her, dann nimmt er die Gardine beiseite und blickt auf die Straße. Breite, tiefe Unmutsfalten kerben sich in sein breites, rosiges Gesicht. »Kein Mensch zu sehen«, sagt er und läßt die Gardine wieder zurückfallen.

Die Frau steht entschlossen auf. »Du kannst dich wieder mal zu nichts entschließen«, sagt sie angreiferisch. »Wenn's nicht gerade ums Geschäft geht, bist du hilflos wie ein Kind.« Sie geht rasch auf den Radioapparat zu und zieht den Schaltknopf heraus.

Mühlbauer lacht kurz auf, als die Skala unbeleuchtet bleibt. »Ohne Strom wirst du wohl nicht viel hören«, sagt er schadenfroh.

Wütend stößt Frau Mühlbauer den Schaltknopf zurück. »Deine Ruhe möcht ich haben, Ludwig!« sagt sie und tritt neben ihren Mann.

Mühlbauer ist fast einen Kopf größer als sie, er blickt auf sie herab und sagt böse: »Jawohl, ich bin ruhig, Gott sei Dank! Mit Aufgeregtheit kann man keine Entschlüsse fassen, Thea. Kalten Kopf und warme Füße, das ist die Hauptsache.«

»Laß doch die Redensarten! Sag lieber, was du zu tun gedenkst.«

Mühlbauer lacht breit, die faltigen, rosigen Wangen plustern sich auf. »Was ich zu tun gedenke? Das, was die Situation erfordert, Thea.«

»Ausgezeichnet«, sagt sie spitz, »jetzt bin ich genau so schlau wie vorher.«

Mühlbauer legt ihr die Hand auf die Schulter. »Der größte Fehler wäre«, sagt er belehrend, »eine überstürzte Entscheidung zu treffen. Ich habe immer vorsichtig disponiert . . .«

»Im Geschäft!« sagt die Frau.

»Im Geschäft«, bestätigt Mühlbauer milde, »sehr richtig! Und was fürs Geschäft gut ist, das ist auch fürs Leben nicht falsch, meine Liebe. Vorsichtig disponieren, alle Möglichkeiten erwägen, Risiken ausschalten, keine voreiligen Entschlüsse fassen – bin ich mit diesen Grundsätzen bisher nicht gut, sogar sehr gut gefahren? Im Geschäft wie im Leben? Willst du etwa behaupten, daß all das jetzt, gerade jetzt nicht notwendig wäre?«

Die Frau stemmt die Hand resolut in die Hüften. »So? Du großartiger Disponent!« sagt sie heftig. »Wenn du alles so genau bedenkst, weshalb hast du das Hitlerbild noch nicht verbrannt? Weshalb hängt es noch immer da an der Wand? Kannst du dich von deinem Führer nicht trennen? Wenn die Russen jetzt hier hereinkommen und sie sehen das Bild, was glaubst du, was dann passiert? Sie hauen die Wohnung kurz und klein, und dich dazu, und ich könnte es ihnen nicht einmal verdenken, Herr Disponent!«

Mühlbauer dreht sich um und mustert das Bild, als sehe er es zum ersten Mal. Dann lächelt er nachsichtig. »Wenn die Russen kommen, dann fliegen sie ja nicht zum Fenster herein oder krauchen durchs Schlüsselloch, sie werden warten, bis ich die Haustür aufschließe.«

»Oder sie schlagen die Tür ein!«

»Oder sie schlagen die Tür ein«, gibt Mühlbauer gelassen zu. »Auf keinen Fall stehen sie innerhalb weniger Sekunden hier im Zimmer. Stimmt's?«

»Allerdings, aber ...«

»Kein Aber«, sagt Mühlbauer entschieden. »Hör mich erst an. Mir bleibt auf jeden Fall soviel Zeit, das Bild verschwinden zu lassen. Und damit die Stelle, an der jetzt unser herrlicher Führer hängt, nicht unbedeckt bleibt, habe ich schon ein anderes Bild zur Hand. Es steht hinterm Ofen.«

Die Frau schüttelt ratlos den Kopf. »Aber worauf wartest du nur, Ludwig? Weshalb tust du das Bild nicht schon jetzt weg? Deine Dispositionskunst in allen Ehren ...«

Wieder lächelt Mühlbauer nachsichtig. Diese nachsichtige Art des Lächelns über jede Meinung, die nicht der seinen entsprach, ist ursprünglich nichts anderes gewesen als ein Trick, der die eigene Unsicherheit verdecken und das Selbstbewußtsein anderer schwächen sollte. Im Laufe vieler Jahre ist es jedoch von einer bloßen Gewohnheit zu einem bestimmenden Zug seines Wesens geworden, Mühlbauer wendet dieses Lächeln kaum mehr bewußt an, er ist von seiner geistigen Überlegenheit tatsächlich durchdrungen.

»Ich sprach vorhin von den zwei Möglichkeiten, meine Liebe«, sagt er dozierend. »Das Vertauschen der Bilder ist vorgesehen für den Fall, daß die Russen kommen, ich gebe zu, daß das die größere Wahrscheinlichkeit ist. Aber es ist doch nur *eine* Möglichkeit, keine Unausweichlichkeit, und deshalb, liebe Thea, habe ich auch an den zweiten Fall gedacht.«

»Du meinst«, unterbricht ihn die Frau, »daß die Russen zurückgeschlagen und unsere siegen würden?«

»Ja, das meine ich«, bestätigt Mühlbauer. »Und hast du dir schon einmal überlegt, was in diesem Fall sein würde? Hast du dir das schon einmal überlegt?«

»Ich versteh dich nicht, Ludwig.«

Mühlbauer läßt sich wieder in einen Sessel fallen und schlägt die Beine übereinander, dann nimmt er eine Zigarre aus einer Saffiantasche und schneidet die Spitze sorgfältig ab. »Du wirst mich gleich verstehen, Thea.« Er tut die abgeschnittene Spitze in einen Tabaksbeutel und reibt ein Streichholz an. »Wenn unsere zurückkommen, von Siegen wollen wir noch gar nicht einmal reden, dann werden die Amtswalter, die Blockwalter und was weiß ich noch für Walter wieder lebendig, dann kriechen sie wieder aus ihren Mauselöchern, dann schnüffeln sie überall herum, du weißt ja, wie sie das machen. Der Assmann, der uns ein paarmal höchstpersönlich die Lebensmittelkarten gebracht hat, obwohl das gar nicht seine Aufgabe ist, und der in der letzten Zeit ziemlich stieke war, der ist dann wieder obenauf. Glaubst du etwa, der würde nicht sofort merken, daß unser Hitlerbild fehlt? Was dann passiert, kannst du dir ja ausmalen. Zumal wir bei den braunen Herren ohnehin nicht gerade beliebt sind. Ist das klar?«

Die Frau nickt. »Die Hauptsache ist . . .«

». . . im richtigen Augenblick die richtigen Maßnahmen zu treffen«, ergänzt Mühlbauer. Er hat sich fast die Finger verbrannt und wirft das heruntergebrannte Streichholz ärgerlich in den Aschbecher. »Ich habe – und das wirst du zugeben müssen – immer geschickt und erfolgreich laviert, ich habe mich nie zu spät und nie zu früh umgestellt, im Geschäft nicht und in der Politik auch nicht, du kannst dich darauf verlassen . . .« Er hält inne und lauscht nach dem Fenster hin. »Da ruft doch jemand!«

»Um Gottes willen!« schreit die Frau auf. »Es ist so weit! Es ist so weit!«

Mühlbauer richtet sich in seinem Sessel auf, er zieht an seiner Zigarre und stößt den Rauch hastig aus. »Nur Ruhe, Thea«, sagt er. »Guck doch mal vorsichtig nach, aber nimm die Gardine nicht beiseite.«

Die Frau späht durch die Gardine auf die Straße. »Es ist schon schummrig«, sagt sie mit zitternder Stimme, »ich kann nicht genau erkennen . . .«

Mühlbauer steht hastig auf. »Die Angst macht dich kurzsichtig«, sagt er ärgerlich und nachsichtig zugleich. »Nimm dich doch zusammen!« Er blickt durch den schmalen Spalt zwischen Gardine und Übergardine. »Das ist doch Assmann!« sagt er dann.

»Assmann?« fragt die Frau erstaunt. »Ich dachte, der hat sich längst abgesetzt. Was hat denn das zu bedeuten?«

Mühlbauer zuckt die Schultern. »Ich weiß es nicht. Aber daß der noch hier ist . . . Und nicht in Uniform . . .« Er zieht hastig an seiner Zigarre und stößt den Rauch schnell aus, dann gibt er sich einen Ruck. »Ich laß ihn rein, was kann da schon passieren? Für den Volkssturm bin ich zu alt . . . Und wenn der merkt, daß wir zu Hause sind und ihn nicht reinlassen, das ist noch viel schlimmer. Wer weiß, wie die Sache draußen steht, man hört und sieht ja nichts. Ich laß ihn rein!«

Die Frau nickt lebhaft. »Wie gut, daß ich das Bild noch nicht weggenommen habe.«

Mühlbauer blickt seine Frau über die Zigarre hinweg an. »Du hast? Na schön.« Er winkt lässig ab.

Als er wieder das Zimmer betritt, ist ein Mann in seiner Begleitung, Blockwalter Assmann, in schlichtem, saloppem Zivil.

»Bitte, nehmen Sie Platz, Herr Assmann«, sagt Frau Mühlbauer und blickt ihn fragend an. Wie unbeholfen der in Zivil aussieht, wie geduckt und eingeschüchtert, das Parteiabzeichen trägt er auch nicht.

»Nein danke«, wehrt Assmann ab. »Ich bin nur auf einen Sprung zu Ihnen rübergekommen. Wollt Ihnen nur sagen, daß die Russen schon im Ort sein sollen.«

»Um Gottes willen!« schreit Frau Mühlbauer und weist auf das Hitlerbild. »Und das Bild . . .«

»Ich wundere mich ja auch«, sagt Assmann und blickt abwechselnd auf Mühlbauer und das Bild.

Mühlbauer streift die Asche seiner Zigarre mit ruhiger Hand ab. »*Sie* wundern sich? Ausgerechnet *Sie?* Haben *Sie* nicht dafür gesorgt . . .« Halt ein, denkt er, kein Wort zuviel, der ist mit allen Hunden gehetzt, vielleicht ist das mit den Russen nur eine ganz gemeine Falle.

»Herr Mühlbauer«, sagt Assmann bittend und knüllt seinen Hut verlegen zwischen den Händen. »Sie dürfen mir glauben . . .«

Herr Mühlbauer sagt der, nicht Volksgenosse Mühlbauer, er hat so gar nichts mehr von der Forsche an sich, mit der er bisher aufgetreten ist, und seine Stimme klang wirklich bittend, das kann eigentlich keine Verstellung sein, der ist doch viel zu primitiv, um sich zu verstellen. Der hat wirklich die Hosen gestrichen voll, der ist parterre, der ist . . . Trotzdem beschließt Mühlbauer, vorsichtig zu sein, er will erst mal hören, was der zu erzählen hat, was der wirklich weiß, und dann wird man weiter sehen. »Schon gut«, wehrt Mühlbauer ab, mit großzügiger Geste und einem kleinen, nicht unfreundlichen Nicken. Er sitzt wieder in seinem Sessel und hat die Beine übereinander geschlagen. »Laß das Bild hängen, Thea!« herrscht er seine Frau an.

Assmann blickt erstaunt erst auf Mühlbauer, dann auf die Frau. »Ich hätte nicht gedacht, daß Sie so . . . so . . .« Er hält inne und sucht nach einem passenden Ausdruck.

So an unserem Führer hängen, denkt Mühlbauer den Satz zu Ende. Du brauner Idiot! Das Führerbild war doch eine Art Schutzbrief, wenn's drauf ankommt, hänge ich mir morgen Stalin oder irgendeinen anderen Kaiser hin. Aber er ist gewohnt, zu lächeln, wenn er seine Gedanken verbergen will, und so lächelt er jetzt mit seinem ganzen rosigen Gesicht und dem fetten, faltigen Doppelkinn und sagt: »Daß wir so nationalsozialistisch gesinnt sind, meinen Sie, Herr Assmann, nicht wahr? Ja, so täuscht man sich, mein Lieber. Sie haben übrigens Ihr Parteiabzeichen nicht angesteckt. Ein guter Deutscher, ein treuer Gefolgsmann des Führers sollte das nicht vergessen.«

Assmann beißt sich auf die Lippen. »Sie treiben Ihren Spott mit mir, Herr Mühlbauer«, sagt er schüchtern. »Aber sagen Sie doch selbst: Was für einen Sinn sollte es jetzt noch haben, das Parteiabzeichen zu tragen? Die Russen sind schon im Ort! Ich versteh Ihre Ruhe nicht.«

»Ja, ich auch nicht, Ludwig«, wirft die Frau ein. »Meinst du nicht . . .«

»Du bist ruhig«, fährt Mühlbauer sie an und richtet sich ein wenig auf. »Die Russen sind im Ort, sagen Sie. Gut! Wo sind sie und wieviel sind es?«

Assmann hebt die Schultern. »In der Eichenallee sollen sie sein. Aber wieviel es sind, das weiß ich nicht.«

Mühlbauer atmet schwer. Kein bißchen Grütze haben die Leute im Kopf, die können nicht über ihre eigene Nasenspitze hinwegdenken, kein bißchen Dispositionstalent haben sie, darum sind sie ja auch nichts geworden. »Mann, begreifen Sie denn nicht«, sagt er dann, »daß es darauf, gerade darauf ankommt? Vielleicht ist es nur eine Patrouille. Stellen Sie sich einmal vor, Herr Assmann, wir stecken jetzt weiße Fahnen raus, und es ist wirklich nur eine Patrouille, die sich wieder zurückzieht, und SS kommt hierher. Was glauben Sie wohl, was da mit uns gemacht wird? Mann, die spielen mit uns Fußball, und aus Ihnen machen sie Hackepeter. Haben Sie daran schon mal gedacht, verehrter Parteigenosse Assmann?«

Assmann steht unschlüssig mitten im Zimmer, Mühlbauers Argumente haben sichtlich Eindruck auf ihn gemacht. »Ich wollt Ihnen ja nur Bescheid sagen, Herr Mühlbauer«, sagt er demütig und unentschlossen.

Mühlbauer saugt an seiner Zigarre und beschäftigt sich mit dem Deckblatt, um Assmann nicht anzusehen. »Sehr liebenswürdig von Ihnen, Herr Assmann«, sagt er ganz nebenbei, »aber weshalb kommen Sie gerade zu mir, der ich kein Parteigenosse bin?« Der ist doch mit anderen Absichten gekommen, den werde ich noch aus dem Urwald locken.

Assmann blickt starr auf den Fußboden. »Sie sind der angesehenste Bürger in Lindenthal . . .«

Jedenfalls bin ich ein richtiger Kaufmann, denkt Mühlbauer, nicht so ein Krämer und Händler oder so ein aufgestiegener Prolet, aber er widerspricht, nicht aus Bescheidenheit, sondern um den Assmann erst einmal richtig auszuholen. »Oho!« sagt er fast entrüstet, »Sie vergessen Herrn Dr. Marklewitz und Herrn Achenbach und Herrn Direktor Michaelsen und . . .«

Assmann hebt den Blick nicht. »Die sind doch alle in der Partei . . .«

Mühlbauer unterdrückt mit Mühe ein Schmunzeln. »Ach so meinen Sie das! Ich bin gewissermaßen der angesehenste Nichtparteigenosse.« Und das dürfte wohl stimmen, alle anderen haben sich durch die Partei kompromittiert, er allein hat sich draußen gehalten.

»Ja«, gibt Assmann zu, »deshalb komme ich zu Ihnen. Es kommt doch jetzt anders, ganz bestimmt kommt es jetzt anders, und da habe ich mir gedacht, Sie könnten dann für mich mal ein gutes Wort einlegen.« Er spricht jetzt schnell und überstürzt fast die Worte. »Ich hab doch eigentlich niemandem was zuleide getan, das kann mir keiner nachsagen, ich hab nur meine Pflicht getan oder Befehle ausgeführt, ich hab ja gewiß . . .«

Einen Scheißdreck hat der, scharf wie ein Rasiermesser war er, wenn er seine Tour hatte, aber Mühlbauer hört ihn ruhig an, er hat das Schmunzeln jetzt ganz freigegeben, es sitzt in jeder Falte seines rosigen Gesichts und umspielt seine Lippen. »Nur weiter«, ermuntert er den Blockwalter, »nur weiter!«

Assmann zwingt sich zum Sprechen und holt tief Atem. »Ich hab ja gewiß auch mal 'n paar harte Worte gebraucht, aber 's war nie so gemeint.«

»Ja«, schaltet sich jetzt Frau Mühlbauer ein, »Herr Assmann war eigentlich immer korrekt, das kann ich nicht anders sagen. Er hat zwar immer verlangt, daß wir Heil Hitler sagen und 'ne Fahne raushängen, aber das war ja nun mal nicht anders, dafür konnte er ja nichts.«

Und sie kann auch nicht dafür, daß sie jetzt solchen hanebüchenen Unsinn quatscht, denkt Mühlbauer, aber er geht auf die Worte seiner Frau nicht ein. Er klopft die Asche seiner Zigarre ab und sagt: »Eins versteh ich nicht, lieber Assmann: Weshalb sind Sie eigentlich noch hier? Wäre es nicht besser, wenn Sie Lindenthal verlassen würden, wo Sie jedes Kind kennt?«

Assmann nickt. »Ich wollt ja auch fort, Herr Mühlbauer, aber meine Frau ist plötzlich schwer krank geworden ...«

Mühlbauer hebt langsam die Schultern und breitet die Arme aus, es ist eine große Geste des Bedauerns. »Tja, mein Lieber«, meint er, »das ist eine verteufelte Situation. Sehen Sie, ich hab mich all die Jahre draußen gehalten, ich hab mich auch früher immer draußen gehalten, das macht sich jetzt bezahlt.«

»Wir haben uns nie mit Politik beschäftigt«, bekräftigt Frau Mühlbauer und hebt stolz den Kopf.

Assmann seufzt leise. »Ja, Sie hatten Ihr schönes Geschäft, Sie haben das nicht nötig gehabt«, sagt er. »Aber ich war damals so an vier Jahre arbeitslos ...«

Stimmt nur halb, was der da erzählt, aber es hat keinen Sinn, sich mit dem in eine Auseinandersetzung einzulassen. Mühlbauer steht etwas mühsam auf, tritt neben Assmann und klopft ihm begütigend auf die Schulter. »Lassen Sie's gut sein, Assmann«, sagt er jovial. »Ich will sehn, was ich machen kann. Schließlich müssen wir uns ja gegenseitig helfen. Wird verdammt notwendig sein, wenn die Russen erst da sind und wenn die Kommune sich breit macht. Stimmt doch?«

Assmann nickt heftig. Er blickt in Mühlbauers rosiges, ein wenig schwammiges Gesicht mit den kleinen listigen Augen. »Ja, das ist ganz meine Meinung, Herr Mühlbauer. Aber da ist ... ich meine ...«

Aha, jetzt kommt der auf die Sache zu sprechen, denkt Mühlbauer, der hat doch nicht umsonst so sanft auf die Tube gedrückt. »Na, schießen Sie los, Assmann«, ermuntert er ihn. »Was haben Sie noch auf dem Herzen?«

Assmann kaut auf seinen Lippen. »Ja, ich wollte ... mir noch erlauben, an ... an etwas zu erinnern«, sagt er stockend.

Mühlbauer nimmt die Hand rasch von Assmanns Schulter. »Kommen Sie mir jetzt nicht mit ollen Kamellen, mein lieber Mann«, sagt er grob. »Denken Sie lieber daran, wie Sie Ihre Haut retten.«

Aber Assmann duckt sich diesmal nicht unter den groben Worten. »Nein, Herr Mühlbauer«, sagt er hartnäckig, »daran muß ich Sie erinnern, falls Sie es vergessen haben sollten, nämlich daß ich es war, der Ihnen das Geschäft von Bernstein nach der Kristallnacht zugeschanzt hat. Das können Sie doch nicht vergessen haben!«

So ein Schwein! Ihm das jetzt unter die Nase zu reiben! Und außerdem ist das maßlos übertrieben. Dem müßte man jetzt eins in die freche Schnauze schlagen ... Aber ganz astrein ist die Sache nicht gewesen, irgendwie hat der Assmann seine Finger dabei gehabt. Mühlbauer vermag seine Gedanken jetzt nicht auf jenen Punkt zu konzentrieren, zu überraschend hat ihn Assmann getroffen. So kaut er jetzt nervös an seiner Zigarre, daß ihm der Tabaksaft aus den Mundwinkeln läuft. »Reden Sie doch keinen Unsinn, Herr Assmann«, sagt er nach einer kleinen Pause und bemüht sich, seine ruhige, überlegene Haltung zu bewahren. »Ich hab' das Geschäft ganz regulär erworben, und zwar nicht von dem ollen Bernstein, sondern von Herrn Krüger, der Vertrag liegt noch in meinem Schreibtisch, und Herr Krüger hat genau den Preis gezahlt, den die Arbeitsfront festgesetzt hatte. Einer mußte das Geschäft ja schließlich übernehmen, der Jude konnte doch nicht mehr drinbleiben.«

Assmann horcht nach dem Fenster hin. »Panzer«, sagt er wie für sich, »nicht sehr weit weg.« Dann wendet er sich wieder Mühlbauer zu, das demütige Lächeln ist wie weggewischt, die ergebene Haltung ist verschwunden. Er lehnt sich gegen das Fensterbrett und kreuzt die Arme über der Brust. »Ich dacht', wir würden uns ohne unangenehme Erinnerungen verständigen, aber ich kann auch anders.« Seine Stimme schlägt um, er spricht jetzt kalt und drohend. »Herr Mühlbauer, Sie wissen ganz genau, daß Herr Krüger damals nicht der einzige Bewerber war, da war'n ja noch mehr Leute scharf auf den schönen Laden. Sie können doch unmöglich vergessen haben, daß er den Zuschlag erhielt, weil ich die Sache . . . na, sagen wir mal, so gefingert habe. Deshalb hat der Herr Krüger mir ja auch 'nen Anzug und 'nen Wintermantel gegeben, als Provision sozusagen. Das werden Sie doch nicht abstreiten wollen.«

Mühlbauer bewahrt nur mit Mühe seine Ruhe. »Weshalb erzählen Sie mir das eigentlich, Herr Assmann?« fragt er abweisend. »Heiße ich Krüger?«

Assmann lächelt mit schiefem Munde. »Nein, aber Sie waren sein Chef, bis er das Geschäft kaufte, und dann haben Sie es ihm abgekauft, wahrscheinlich wollten Sie sich nicht ganz so offen bereichern.« Er macht eine Pause und fährt mit der Zunge von einem Mundwinkel zum anderen. »Meinen Sie, ich wüßte nicht, daß Sie ihm das Geld dazu gegeben haben? Krüger hat es mir doch selbst gesagt! Woher sollte denn ein einfacher Verkäufer auch so viel Geld gehabt haben?«

Der Kerl hat recht, genau so ist die Sache gewesen. Da hat er nun dem Krüger damals eingeschärft . . . Daß die Leute doch ihre dreckigen Schnauzen nicht halten können.

Mühlbauer wirft seine Zigarre wütend in den Aschenbecher. »Ich will Ihnen mal was sagen, Assmann, hören Sie gut zu. Ja, ich hab das Geschäft – auf dem Umwege über den Krüger – übernommen, und zwar weil ich nicht wollte, daß einer von euch Banditen es bekommt. Ich hab mich nur als Treuhänder gefühlt, und wenn der alte Bernstein zurückkommen sollte, dann bekommt er sein Geschäft von mir wieder. Darauf können Sie sich verlassen!«

Assmann hüstelt ein paarmal. »Immerhin haben Sie all die Jahre hindurch ganz schön verdient mit dem Geschäft, Herr Mühlbauer, nicht wahr? Und daß Sie den ollen Bernstein bald danach aus seiner Wohnung gesetzt haben, das haben Sie wohl ganz vergessen?«

Ein unangenehm gutes Gedächtnis hat der Kerl. Warum der bloß nicht abgehauen ist? Verdammtes Pech, daß dem die Frau krank geworden ist. Ja, das mit der Wohnung stimmt schon. War ja traurig für die alten Juden, aber später wären sie ja ohnehin abtransportiert worden, ob nun aus der Wohnung oder einer andren, das war schließlich kein Unterschied. Aber dem Assmann muß ich noch eins gehörig auf die Fresse geben, damit der nicht zu übermütig wird. »Ich brauchte die Wohnung damals für meinen Sohn«, weist er den Blockwalter brüsk ab. »Und im übrigen habe ich es nicht nötig, mich vor Ihnen zu rechtfertigen. Ihr Brüder habt allerhand mehr auf dem Kerbholz!« Verdammt, da ist ihm ein Wort zuviel aus dem Mund gerutscht, das »mehr« war unangebracht, denn es ist das Eingeständnis, daß er sich immerhin einer Schuld bewußt ist.

»Gewiß«, stimmt Assmann zu und macht abwehrende Handbewegungen. »Sie haben bestimmt Ihre guten Gründe für die Arisierung gehabt, und ich will sie auch nicht im mindesten bezweifeln. Ich wollte Sie lediglich daran erinnern, daß *ich* Ihnen dabei behilflich gewesen bin.«

Was der mit dieser Erinnerung bezweckt, ist ja klar, der will auf eine Komplizenschaft hinaus. »Schon gut«, sagt Mühlbauer abweisend. »Gehen Sie jetzt lieber.«

Assmann löst sich langsam vom Fensterbrett. »Herr Mühlbauer, ich bitte Sie . . .«

Ach, der ist ja soooo klein, der ist mit dem kleinen Finger zu erledigen, und der alte Bernstein ist doch längst in Auschwitz verbrannt, da kann ja eigentlich nichts mehr passieren. Immerhin ist es nicht nötig, den Assmann ganz zu verärgern. »Ich will sehen, was ich für Sie tun kann, Assmann«, sagt er begütigend und bricht dann heftig los. »Mann, ich weiß doch selbst nicht, was jetzt wird, wenn die Russen da sind. Für die bin ich, wie die sagen, ein Bourgeois. Die scheren uns doch alle über einen Kamm. Haben Sie die Hoffnung, daß es dann besser wird?«

»Ich hab nur Angst«, sagt Assmann bedrückt. »Eben deshalb müssen wir zusammenhalten, Herr Mühlbauer. Mag gewesen sein, was will, aber es geht doch jetzt um Deutschland.« Mühlbauer schluckt einen Fluch hinunter. Um mein Geschäft geht es. Deutschland kann mir gestohlen bleiben, wenn mein Geschäft zum Teufel geht. »Ja, es geht um Deutschland«, stimmt er zu, »da haben Sie recht, Assmann.«

»Ja«, meint auch Frau Mühlbauer, »Herr Assmann hat schon recht. Ob ich die Kristallsachen nicht doch lieber vom Büffet nehme und in den Keller schaffe, Ludwig?«

»Schweig!« fährt Mühlbauer sie an und wendet sich wieder an Assmann. »Ich mach mir doch auch schwere Sorgen um meine Geschäfte, lieber Assmann«, sagt er klagend. »Ich hab sie gut durch den ersten Weltkrieg und durch die Revolution, die Inflationszeit und die Krisenjahre und durchs dritte Reich gebracht, jetzt bin ich den Sechzigern nahe und sehe meine Lebensarbeit mehr denn je bedroht. Und da kommen Sie und bezichtigen mich unehrenhafter Handlungen. Das ist wirklich zuviel!«

Assmann schüttelt den Kopf. »Wie können Sie so etwas denken, Herr Mühlbauer. Ich meine nichts anderes, als daß es notwendig ist, daß wir uns verständigen, bevor die Bolschewisten kommen. Nachher ist es vielleicht zu spät. Und im übrigen . . .« Er schrickt zusammen. »Da fahren doch Panzer, die Horst-Wessel-Straße lang!«

Mühlbauer stürzt ans Fenster und rafft die Gardine beiseite. »Runde Türme! Das sind Russenpanzer!« Er dreht sich heftig um. »Los, Thea, das Bild in den Ofen. Wo ist die weiße Fahne?«

»Mein Gott, mein Gott!« jammert die Frau und schlägt die Hände zusammen. »Und das Kristall ist auch nicht in den Keller gebracht worden!«

»Wo ist die weiße Fahne?« brüllt Mühlbauer.

»In der Veranda«, antwortete Frau Mühlbauer, »du hast sie doch selbst da hingestellt. Weißt du denn nicht, gestern abend . . .«

»Halt keine Reden! Das Bild weg!«

Die Frau nimmt das Bild von der Wand, ihre Hände zittern.

»Beeil dich doch!« schreit Mühlbauer, sein ganzes fleischiges, rosiges Gesicht wabbelt. »Und was stehen Sie hier noch rum, Mann Gottes?« fährt er den Blockwalter an. »Verschwinden Sie schleunigst!«

»Ich geh ja schon«, sagt Assmann. »Bei mir hängt die weiße Fahne längst draußen. Und vergessen Sie mich nicht, Herr Mühlbauer.«

Mühlbauer macht ein ungeduldige Handbewegung zur Tür hin. »Ich steck die weiße Fahne raus, Thea.« Er geht zur Tür. »Verbrenn das Bild. Beeil dich, zum Teufel!«

Die Frau bemüht sich mit dem Bild. »Die Pappe ist so dick«, jammert sie, »ich krieg sie nicht klein.«

»Geben Sie her«, sagt Assmann. Er nimmt ihr das Bild aus der Hand und bricht es ein paarmal. »Eigentlich ist es schade um das schöne Bild«, sagt er bedauernd. Dann schiebt er es ins Ofenloch.

3.

Rauer und Kraschinski, noch zwei, die einander mißtrauen

Nach einer unruhigen Nacht hat Rauer noch einen unruhigeren Tag erwartet. In der Nacht hat es Artillerie-Duelle gegeben, haben Maschinengewehre in nicht sehr großer Entfernung geknattert, ist ununterbrochen Bewegung auf der Straße gewesen, aber seit dem Morgen ist es ganz still geworden. Das Artilleriefeuer ist weit weg, die Maschinengewehre und Maschinenpistolen sind verstummt. Die Straße, die große Straße, die vom brandenburgischen Seengebiet her durch Lindenthal in gerader Linie nach Berlin führt, ist wie leergefegt. Gegen Mittag hat es mehrere Tieffliegerangriffe gegeben, wobei der Wasserturm und die umliegenden Häuser beschossen und zwei Frauen getötet worden sind, aber sonst ist es still, unheimlich still gewesen. Die Last dieser Stille, der Stille der Ungewißheit, ist größer als der Höllenlärm der Bombenangriffe oder das unbestimmte Getöse der Nacht. Es ist, als ob der Krieg für einen Tag den Atem anhält, um dann um so lauter loszubrüllen. Es ist, als ob der Krieg sich zurückgezogen hat, um dann nach einem größeren Anlauf um so vernichtender hervorzubrechen.

Rauer sitzt auf einem niedrigen Schemel und lehnt gegen die Kellerwand. Er hat die Arme über der Brust gekreuzt und die Füße weit von sich gestreckt. Er hat es aufgegeben, in die Stille zu lauschen und die gelegentlich aufzuckenden Geräusche zu deuten. Ihn quält nicht mehr so sehr das Wartenmüssen, auch die Ungewißheit beunruhigt ihn nicht mehr. Was ihm zuwider ist, das ist die stickige Luft dieses Kellers, das alberne Gewäsch der Leute, die weinerlichen

Erinnerungen an die vergangenen »guten« Zeiten. Eine dumpfe Ergebenheit hat sich seiner bemächtigt.

Der alte Mann aus Guben erzählt zum zehnten oder fünfzehnten Mal von seinen prächtigen Ziegen, die er hat zurücklassen müssen, und seine Frau fühlt sich dann jedesmal verpflichtet, diese Erzählung, die niemand bezweifelt, zu bestätigen und gleichfalls zum zehnten oder fünfzehnten Mal hinzuzufügen, wieviel Gläser Eingemachtes, Kirschen, Äpfel und Preiselbeeren, grüne Bohnen und Schoten noch in den Regalen gestanden haben, als sie hatten fliehen müssen. Und sie vergessen auch nicht, zum soundsovielten Mal zu berichten, wie sie ihre Wohnung, den Keller und den Stall vorgefunden haben, als sie für eine Nacht hatten in ihr Häuschen zurückkehren müssen und die SS bereits Besitz von allem ergriffen hatte. »Wie in einer Räuberhöhle hat es ausgesehen«, »wie die Vandalen haben sie gehaust.« Es sind immer die gleichen Redewendungen, mit denen sie ihr Schicksal und den Zustand ihrer Wohnung beklagen.

Die kleine füllige Frau in den Fünfzigern, die in einer Ecke in einem Korbstuhl kauert, öffnet den Mund, um etwas zu sagen, und Rauer weiß im voraus, daß sie sofort allen mitteilen wird, wie unzuträglich die Kellerluft ihren Bronchien sei, daß ihre eiskalten Füße ihr wieder einmal einen Blasenkatarrh eintragen würden, bei dem sie sich wie in Wehen krümmen werde und den sie ihrer ärgsten Feindin nicht wünsche, dann folgt die übliche Frage, ob nicht jemand noch ein Tütchen Bärentraubenblätter besäße.

Neben ihr sitzt die Schäfern, eine ältere Frau mit einem rosigen Gesicht und einem unförmigen Leib, den sie fortwährend unruhig hin und her bewegt. Sie wartet nur darauf, daß ihre Nachbarin ihren Monolog über die verschiedenen Stadien des Blasenkatarrhs und seine Behandlung beendet, um vom Leichtsinn der Männer, genauer, vom Leichtsinn ihres Mannes zu sprechen, der sich um nichts kümmere, weder um den Artilleriebeschuß noch um die Tieffliegerangriffe, der den ganzen Tag im Bett liege und nur aufstehe, um zu essen. Er habe seinen eigenen Kopf, so sei er schon immer gewesen, auf alle ihre Vorhaltungen gebe er ihr immer dieselbe Antwort, nämlich die Deutschen oder die Russen, die Amerikaner oder die Engländer könnten ihm den Arsch lecken. Und dann stellt Frau Schäfer, mit einem ringsum gehenden Blick, die Frage, ob denn nicht einer der Anwesenden ihrem Mann einmal gehörig zureden wolle, in den Keller zu kommen, auf sie höre er ja nicht, aber vielleicht auf einen Fremden. Niemand tut ihr den Gefallen.

Im Grunde können einem die Leute leid tun, so in ihren engen, kleinen Kreis eingesperrt zu sein, hat sich Rauer oft gesagt, aber echtes Mitleid, ein wirklich empfundenes Mitleiden ist in ihm nicht aufgekommen. Mitleid, das einem fortwährend abverlangt wird, ruft eher entgegengesetzte Reaktionen hervor, Schadenfreude oder Widerwillen, bestenfalls aber völlige Gleichgültigkeit. Das ist der Zustand, in dem Rauer sich gegenwärtig befindet. Außerdem ist er viel zu sehr mit sich selber beschäftigt, als daß er irgendwelche Gefühle an andere verschwenden könnte, es sei denn eine Art von verdünntem Haß auf Frau Nowak.

Frau Katharina Nowak, die Besitzerin des Hauses und dieses Kellers, des einzigen, der in der Eschenstraße unter Straßenniveau liegt (weshalb die Bewohner der umliegenden Häuser ihn aufsuchen), Frau Nowak also ist eine kleine, etwas verwachsene Frau, die gern ihre eigene Schlauheit lobt. Sie habe ihre besten Sachen vergraben, an einem Platz, der gut getarnt sei, doch habe sie auch einiges stehen lassen, auf dem Büffet und in der Diele, gewissermaßen zum Beweise ihres guten Willens, dem Sieger eine Beute zu bieten. Und sie habe auch noch ein übriges getan. Sie streift die Ärmel ihrer Kostümjacke zurück und zeigt zwei glitzernde Armbänder vor, die sie gleichfalls dem Sieger zu überlassen gewillt sei. »Alles echt Woolworth«, sagt sie. »Die können ja doch nicht echt von falsch unterscheiden«, fügt sie listig lächelnd hinzu, »die Hauptsache, daß es glitzert.« Dabei lacht sie selbstgefällig und nickt sich selber zu.

Rauer ist ein Fremder unter diesen Menschen, und wenn Gerda nicht wäre, die jedem ein gutes Wort gibt und sich sogar an dem Getratsche beteiligt, um ihre Anteilnahme zu beweisen, dann hätte er vielleicht gar nicht in diesem Keller sitzen dürfen, zwischen diesen Kleinbürgern, deren Gedanken nur um ihren Besitz kreisen, die nur daran denken, wie sie ihre Vasen und ihre Plüschdecken, ihre Weckgläser und ihre Kaninchen über den Krieg hinwegretten können, wenn auch Deutschland, wenn auch die ganze Welt darüber einstürzt, diese Kleinbürger, die jeden verachten, der weniger besitzt als sie, und jeden beneiden, der mehr hat, die jeden, der es noch nicht zu einem eigenen Häuschen gebracht hat, über die Achsel ansehen, die Neid und Geiz aus allen Poren schwitzen und so die Luft des Kellers verpesten, mehr noch als der alte Mann aus Guben es tut, der sich keinen Zwang mehr auferlegt und seine Blähungen ungeniert abläßt. Zuerst hat der Alte noch mit der Nase umhergeschnuppert und empört gefragt, wer sich denn erlaube, den Keller derart zu verstänkern, später hat er ein wenig schuldbewußt in die Runde geblickt und die Lippen bewegt, als wollte er eine Entschuldigung vorbringen, schließlich hat einfach den Hintern gehoben und dabei mit den Achseln gezuckt.

Rauer blickt seine Frau von der Seite an. Sie hat sich bisher bewundernswert gehalten. In ohnmächtiger Wut, aber mit gleichmäßig lächelndem Gesicht hat sie sich im Kreise dieser Kleinbürger, in der Mitte der zu Hauseigentümern avancierten Proletarier bewegt, sie hat ihre kleinlichen Bosheiten, ihre gnädige Herablassung, ihr aufgeblähtes Selbstbewußtsein ertragen, sie hat ihr sanguinisches Temperament unter alleräußerster Anspannung ihres Willens gezügelt und sich nur des Nachts gehen lassen. Dann allerdings hat sie hemmungslos in die Kissen geweint und unflätige Bemerkungen gegen die Wand gespien, hinter welcher Frau Nowak in der ganzen Würde einer Hausbesitzerin und Zimmervermieterin ihr Dasein führt, in Haus und Garten regiert, wie ein Lindwurm auf ihren Schätzen sitzt und wie Shylock ihre Gelder eintreibt. Sie beobachtet mit Argusaugen jeden Kessel Wasser, jede Pfanne Bratkartoffeln, jeden Topf Gemüse, die auf dem Gasherd bereitet werden, um die Kubikmeter verbrauchten Gases auf den Bruchteil genau zu errechnen, sie überwacht die Schlüssellöcher und Türritzen, um die Dauer des Stromverbrauchs zu kontrollieren und die Kilowatt verbrauchten Stromes einigermaßen sicher abzuschätzen, war es doch – worauf Frau Nowak immer wieder hinwies – ursprünglich nicht vorgesehen, daß er, der Ehemann Rauer, seine Frau so häufig besucht und die Nächte bei ihr verbringt. Frau Nowak hat auch nicht verfehlt, immer wieder ihre Verwunderung darüber auszudrücken, daß Herr Rauer so auffallend viel Zeit habe, und daß dieses auch den Nachbarn aufgefallen sei, was ihr, der Frau Nowak, sehr unangenehm sei, weshalb sie diese Besuche eingeschränkt oder noch lieber ganz eingestellt zu sehen wünschte. Schließlich sei es ihr Haus, sie sei für die Ordnung in ihm verantwortlich, sie dürfe, was ja bekannt sei, niemandem eine Übernachtung gestatten, wenn der sich nicht zuvor bei der Polizei gemeldet habe. Rauers phlegmatisches Temperament hatte ihn davor bewahrt, der Nowak eins, wenn auch nur mit Worten, auf die Schandschnauze zu geben, aber es war, er weiß es genau, nicht nur sein Temperament, das ihn alles hinnehmen und seine Frau durch diesen Hausdrachen tyrannisieren ließ. Rauer konnte es sich einfach nicht leisten, der Nowak entgegenzutreten und ihren Zorn herauszufordern, sich von ihr vor den Kadi zerren zu lassen. Denn in der Tat war mit ihm etwas nicht in Ordnung, in der Ordnung des tausendjährigen Reiches, versteht sich.

Rauer hat sich nämlich der Evakuierung mit seinem Betrieb entzogen. Er hat es, wenn er es recht bedenkt, nicht eigentlich aus politischen Gründen getan, etwa weil er die Kriegsmaschine der Nazis nicht länger bedienen wollte oder gar, weil er die Nazis bekämpfen wollte – politischen Ehrgeiz, ja, politische Interessen hat ihm Gerda schon lange abgewöhnt, seit er einmal mit einem blauen Auge davongekommen ist.

Es sind – ja, doch – ganz private Gründe gewesen, die ihn abspringen ließen.

In jenen Februartagen, als die Verlagerung des Betriebs fast beendet war und die letzten Maschinen demontiert wurden, um sie abzutransportieren, in jenen Tagen gerade fand Gerda mit dem Jungen und ihren vier Koffern in Lindenthal ein Quartier. Der Flucht aus Berlin im August dreiundvierzig nach dem Warthegau folgten die Flucht nach Schlesien und die Rückflucht aus Schlesien in die Umgebung von Berlin, erst nach Bernau, dann nach Lindenthal. So ließ sich Rauer, nachdem seine Frau mit dem Jungen und ihren vier Koffern zurückgekehrt war (zwar nicht in die eigene Wohnung, denn die war inzwischen verbrannt), nicht mit dem Betrieb evakuieren, das hätte wieder Trennung auf unbestimmte Zeit bedeutet. Und wenn es schon nicht möglich war, mit Frau und Kind zusammenzuleben (denn Rauer konnte es ja nicht wagen, sich in Lindenthal anzumelden), so wollte er sie wenigstens des öfteren sehen und in ihrer Nähe bleiben. Der Krieg lag ja, das war offenbar, in den letzten Zügen, die Russen standen an der Oder, die Amerikaner und Engländer nicht weit von der Elbe, es war also klar, daß der Krieg nicht mehr zugunsten der Nazis ausgehen konnte und daß dem Kriegsende ein furchtbares Chaos folgen würde. So war es auf jeden Fall besser, wenn man zusammenblieb.

Und jetzt sitzt er also in diesem stickigen Keller und darf sich nicht einmal auf die Straße wagen, um mit einer Zigarette den Mief auszuräuchern und die Lungen mit frischer Luft aufzuladen. Etwa zwölf Stunden zuvor hatte er es gewagt – der Morgen hatte gerade begonnen, sich mattsilbern von der Nacht zu lösen – da ist sofort ein forscher Herr mit funkelnden, randlosen Gläsern und kleinem Knebelbart, halb Zivilist, halb Soldat, auf ihn zugeschossen und hat ihn inquisitorisch gefragt: »Wer sind Sie? Was machen Sie hier?« Rauer hat erst ein paar Züge aus seiner Zigarette getan und blitzschnell überlegt. Dieser aufgeregte Herr, das ist niemand anders als der abgetakelte Regierungsrat Bromme, er hat ihn nach Gerdas Beschreibung sofort erkannt, sie hat ja diesen schneidigen Herrn, der als ein ganz scharfer Hund und Hundertfünfzigprozentiger bekannt ist, als den Leiter des Lindenthaler Wohnungsamts und stellvertretenden Ortsgruppenleiter bereits genossen. Rauer ist sich sofort darüber klar gewesen, daß er bei diesem braunen Häuptling mit Schwindeln nicht durchkommt, deshalb hat er gesagt: »Mein Name ist Rauer, ich bin nur mal auf einen Sprung zu meiner Frau gekommen.«

Bromme hat ihn scharf angesehen und dann gekräht: »Sie melden sich sofort in der Schule beim Volkssturm. Wir brauchen jeden Mann. Haben Sie verstanden?« – »Jawohl!« hat Rauer erwidert und die Knochen ein wenig zusammengerissen. Der Bromme ist darauf schnell weitergestelzt, als Heldenklau von Lindenthal, und hat sich nach ein paar Schritten noch einmal umgedreht und gebrüllt: »Sie wissen, was darauf steht, wenn Sie meinen Befehl nicht ausführen, Rauer?« Dann ist er in einer Seitenstraße verschwunden. Rauer hat sich selbstverständlich nicht gemeldet. Das hätte gerade gefehlt, zu guter Letzt noch die Heldenbrust darzubieten für diese Banditen. Vorsichtshalber hat sich Rauer für ein paar Stunden in einem anderen Keller aufgehalten, ist schließlich aber wieder in den Keller der Frau Nowak zurückgekehrt, als er durch seine Frau gehört hatte, daß niemand gekommen war, um ihn an seine Pflicht für Führer und Reich zu mahnen. Das ist heute in aller Frühe gewesen. Und was ist jetzt? Rauer bewegt sich unruhig hin und her. Wenn man nur wüßte, was da draußen vor sich geht. Die Gerüchte, die in den Keller dringen, widersprechen einander. Die einen behaupten, daß sich SS am Südausgang von Lindenthal eingegraben habe und den Ort verteidigen wolle, andere wollen wissen, daß der Volkssturm die Waffen in den Köckeritzer See geworfen hätte und nach Hause gegangen sei, wieder andere wollen erfahren haben, daß die Russen Lindenthal in weitem Bogen umgangen hätten und bereits im Zentrum von Berlin kämpften, und schließlich seien, wie ganz besonders gut Informierte angeblich gehört haben, Entsatzarmeen von der Elbe her unterwegs, denn der Führer habe mit den Westmächten einen Waffenstillstand abgeschlossen, um zunächst die Bolschewisten zurückzuschlagen, es sei nur eine Frage von wenigen Tagen, daß die Russen bis an die Oder und noch viel weiter zurückgeworfen werden würden.

Es gibt nur Gerüchte, keine handfeste, zuverlässige Nachricht, seit Tagen gibt es keinen Strom, damit entfällt auch die Möglichkeit, den Wehrmachtsbericht oder den Soldatensender West oder die Londoner BBC zu hören. Wenn man wenigstens mit jemanden sprechen könnte! Gerda ist solchen Erörterungen unzugänglich, sie denkt nur an den Jungen, den sie fest an sich gepreßt hält und der mit offenem Munde schläft, und an ihre vier Koffer, die sie vor zwei Jahren mitgenommen und auf ihren vielen Fluchtwegen mit sich geschleppt hat, sie enthalten ihr gesamtes Hab und Gut und stehen jetzt im Keller der Frau Nowak.

Der einzige, mit dem zu reden sich vielleicht verlohnen würde, ist dieser Kaminski oder Kraschinski, Rauer hat den Namen damals nicht genau verstanden, allerdings auch nicht sehr genau hingehört. Der Mann sitzt auf einer Kiste, ohne sich zu rühren, ohne ein Wort zu sagen, mit unbeweglichem Gesicht und mit halbgeöffneten Augen, die Hände hat er tief in die Taschen seines schäbigen Mantels geschoben und die Mütze in die Stirn gezogen. Rauer hat mit ihm bisher nur wenige Worte gewechselt, die sich auf das Wetter bezogen oder eine Bitte um Feuer oder ein Dank für Feuer waren. Er hat allerdings bisher auch keine Lust verspürt, näher mit diesem Kaminski oder Kraschinski bekannt zu werden. Der Mann ist ihm unheimlich, er hat ein schmales, hageres, graues Gesicht, die Wangen sind tief eingefallen, so daß die Backenknochen spitz hervorstechen, Kinn und Wangen sind stets sauber rasiert und doch immer blauschwarz, die Augen hinter den tief herabgezogenen Lidern liegen ständig auf der Lauer, die hohe Stirn unter dem dünnen, dunklen, glanzlosen, glatt übergekämmten Haar ist immer in Falten. Er spricht wenig und dann nur sehr leise, ständig hüstelnd. Das tut er bestimmt nicht zufällig oder weil er wenig Stimme hat; er hat sicher, er hat bestimmt etwas an der Lunge, aber das allein ist nicht der Grund, daß er so wenig und so leise spricht, seine Schweigsamkeit hat, vermutet Rauer, noch eine andere Ursache: Er will seinen eigenartigen Dialekt verbergen, das rollende R und das breite Ä statt des E. Seine Frau, unscheinbar und mit einem Gesicht wie eine Eule, spricht zwar um so mehr, mit einer schnarrenden, hastenden Stimme, die sich oft überschlägt, aber sie redet nur ganz belangloses Zeug, es ist erstaunlich, wie ein Mensch mit so vielen Worten so wenig sagen kann, denn ihr entschlüpft nicht eine einzige Bemerkung, die auf ihre Herkunft, ihren Beruf, ihre Vergangenheit hindeutet, und Rauer ist gewiß, daß die Frau nicht zuletzt deshalb so viel redet, um die

Schweigsamkeit ihres Mannes zuzudecken und andere nicht zu Wort kommen zu lassen oder wenn die Gespräche eine verfängliche Wendung bezüglich ihrer Herkunft zu nehmen drohen.

Allein das alles stört Rauer nicht, die Schweigsamkeit des Mannes, seine düstere Miene, sein verschlossenes Wesen, der unaufhörlich sprudelnde Redefluß der Frau, der wie ein eintöniges Geräusch gar nicht mehr wahrgenommen wird und höchstens auffällt, wenn er versiegt. Was Rauer stört, was ihm unbehaglich und unheimlich ist, das ist das Flackern der Augen, der forschende, eindringliche, jetzt sogar lauernde Blick des Mannes, den er unter den gesenkten Augenlidern immer wieder abschießt und zwar stets auf ihn, Rauer.

Es ist nicht möglich, diesen Blick abzuschütteln, ihm auszuweichen oder zu entgehen, und langsam wird sich Rauer darüber klar, daß der andere ihn scharf beobachtet, weil er ihm, Rauer, mißtraut. Weshalb, das allerdings weiß Rauer nicht, er kann es nur vage vermuten; daß der ihn für einen Nazi hält und deshalb mißtrauisch ist, oder in ihm einen Antinazi sieht und ihn aus diesem Grund beargwöhnt. Rauer gibt sich jetzt auch darüber Rechenschaft, daß er diesen Kaminski oder Kraschinski nicht deshalb unheimlich findet, weil dessen äußere Erscheinung düster und undurchsichtig ist, sondern weil ihm dessen Mißtrauen unbequem ist und dieses Mißtrauen ihm zu guter Letzt noch ein Bein stellen könnte. Rauer ist fremden Menschen eigentlich immer mit Vertrauen, ja mit Vertrauensseligkeit entgegengetreten, und das hat sich oft zu seinem Nachteil ausgewirkt, weil er über wenig Menschenkenntnis verfügt und das Herz stets auf der Zunge getragen hat. Erst im tausendjährigen Reich hat er das Mißtrauen gelernt, es ist schließlich, seit er illegal lebt, die bestimmende Seite seines Wesens geworden. Der Mann ist ihm also nicht nur unheimlich, er ist ihm höchst verdächtig, er fühlt sich, ja, das ist es, er fühlt sich von diesem Manne bedroht.

Wir mißtrauen uns gegenseitig, denkt Rauer und lächelt ein wenig bitter, als er daran denkt, daß diese Einstellung im tausendjährigen Reich ja eigentlich die folgerichtige, die notwendige, ja die natürliche ist. Und er muß sich selber eingestehen, daß dieser Kaminski oder Kraschinski sein Mißtrauen durchaus nicht unberechtigt gerade auf ihn, Rauer, konzentriert. Hat er, Rauer, nicht ständig Langschäfter getragen, dazu eine schwarze Stiefelhose, eine Joppe und einen recht verwegenen Filzhut mit einem Edelweißabzeichen daran? Muß dieser Kaminski oder Kraschinski in ihm nicht einen Spitzel, einen Gestapoagenten oder etwas ähnliches vermuten? Woher sollte der wissen, daß diese Kleidung nur eine Tarnung ist, eine, wie sich herausgestellt hat, gute, ausgezeichnete Tarnung? Und muß es dem nicht auffallen, daß er jetzt in normalem Zivil in diesem Keller sitzt, mit einem fast eleganten Zweireiheranzug, langer Hose, Halbschuhen und einem Veloursḥut, der alles andere als verwegen, der solide und bürgerlich aussieht?

»Was sagst du?« fragt er hastig und schuldbewußt, denn seine Frau hat etwas gesagt. Er hat nur ihre Stimme vernommen, nicht das, was sie sagte. Gerda mustert ihn mit einem flüchtigen Seitenblick. »Hol mir doch etwas zum Trinken«, wiederholt sie ungeduldig und weist dann auf den Knaben, der mit dem Kopf an ihrer Schulter schläft. »Ich möchte den Jungen nicht wecken.«

Rauer steht sofort auf. Er reckt und dehnt die Glieder, dann nimmt er die leere Bierflasche. In der Küche muß noch kalter Kaffee sein. Zwar hat ihm die Nowak das Betreten der Küche, wie sie sagte, ein für allemal verboten, aber jetzt wird sie es wohl nicht so genau nehmen, jetzt geht alles ein bißchen durcheinander, sogar die bürgerlichen Besitzrechte haben einen Stoß bekommen. Die Nowak hat der unerwünschten und unbequemen Einquartierung in Wohnung, Keller und Küche nicht Einhalt gebieten können, sie hat es schließlich auch nicht mehr gewagt. Sie denkt wohl an das forsche Auftreten Nowak juniors, der nicht laut und deutlich genug den Hitlergruß brüllen konnte und einen dann so lange frech und herausfordernd anzusehen pflegte, bis man in der gleichen Tonart erwiderte; sie denkt wohl auch daran, daß ihr Mann, der seit langem vermißt ist, in der Partei war und daß sie selbst in der Frauenschaft recht eifrig die Nähzirkel organisiert und für die Volkswohlfahrt die Eintopfspenden mit nicht eben sanftem Druck eingesammelt hat. Frau Nowak ist, ja, das ist wahr, in den letzten Tagen sehr viel bescheidener und zurückhaltender geworden, sie läßt den Rauers manches durchgehen, was sie zuvor sicherlich zu wütenden Protesten veranlaßt hätte.

Vielleicht konnte mancher wirklich nicht draußen bleiben, überlegt Rauer, als er auf der Kellertreppe steht und sich erst einmal eine Zigarette anzündet. Sie machten's einem ja verdammt schwer, draußen zu bleiben, irgendwo fingen sie jeden ein, und wenn's nur die Arbeitsfront, die Volkswohlfahrt oder der Luftschutzbund waren. Aber hier, bei den Nowaks, das ist ein bißchen viel für *eine* Familie. Wenn schon einer in den Verein eintreten mußte, wenn es sich nicht umgehen ließ, weil sie einen zu sehr unter Druck setzten, eifrig brauchte man dann noch lange nicht zu sein, auszuzeichnen brauchte man sich erst recht nicht, und Stolz auf die Affenschaukel, die dem Bengel vor der schmalen Brust baumelte, war erst recht unnötig. Nein, sympathisch war ihm die Nowak wahrhaftig nicht. Ihre Art, in der sie mit Gerda umgesprungen war, hat in Rauer keine gute Meinung aufkommen lassen können. Ob nun die private Haltung der Nowaks durch ihre nazistische Einstellung hervorgerufen worden oder ob es vielleicht umgekehrt gewesen ist, das mag Rauer jetzt nicht untersuchen, ihn bekümmern jetzt andere Dinge. Von Psychologie versteht er ohnehin nicht viel, und politische Erwägungen hat er entweder nur im Weltmaßstab angestellt oder auf die eigene Person beschränkt, wenn die Politik ihn selber einmal zwickte, wenn sie bis in sein Privatleben hineinreichte. Was zwischen der Weltweite und der eigenen Nasenspitze liegt, ist ein weites, ziemlich unbekanntes Feld, und wenn er einmal Ansätze machte, um es zu beakkern, dann hat Gerda sofort gebremst und ihn auf seine Familie verwiesen, die ihm reichlich Betätigung böte. Und hatte sie damals, als sie ihn kennenlernte, und noch in den ersten Jahren ihrer Ehe alles gehaßt, was irgendwie mit dem Fußballspiel zusammenhing (und ihn trotzdem geheiratet, obwohl er leidenschaftlicher Fußballspieler war), so hatte sie ihn später, als er politische Interessen zu zeigen begann, geradezu gedrängt, Fußballspiele zu besuchen und sogar wieder die Fußballschuhe anzuziehen, nachdem er seiner Frau zuliebe die aktive Betätigung längst aufgegeben und sich damit auch abgefunden hatte.

In diesen Minuten, da Rauer auf der Kellertreppe steht und gierig die Zigarette raucht, in diesen Minuten erkennt er, daß er – neben seiner Familie – das Fußballspiel zu seinem Lebensinhalt gemacht hat und schämt sich plötzlich deswegen. Er hat neutral sein wollen, er hat sich sogar eingeredet, neutral zu sein und diese Neutralität zu üben, indem er sich um nichts als um seine Familie und das Fußballspiel gekümmert hat. Jetzt weiß er, daß diese angebliche Neutralität ihn dumpf und stumpf gemacht, daß er seine geistigen Kräfte auf eine Sache verschwendet hat, von deren Belanglosigkeit er überzeugt ist, daß sie die politische Saat, die er früher aufzunehmen bereit gewesen ist, hat verkümmern lassen, und zwar derart, daß er jetzt unsicher tappt und nicht weiß, wie und wohin er sich bewegen soll. Er hat die Nazis immer abgelehnt, das kann er mit gutem Gewissen vor sich selber sagen, weil ihm dieses und jenes nicht paßte, weil sie brutal, roh und gemein waren, weil sie den Krieg gewollt und ihn schließlich auch gemacht haben. Er hat sich – und auch das darf er von sich sagen – niemals bei ihnen angebiedert, er stellt sich nicht auf eine Stufe mit dem Volk, das hier in Nowaks Keller herumwimmelt. Die Nowaks sind Nazis, schön oder vielmehr nicht schön, aber sie sind Nazis und haben es stets von sich gesagt (wenn sie jetzt auch die Hosen gestrichen voll haben und es nicht gewesen sein wollen), aber die anderen, die angeblichen Nichtnazis, die sind einfach zum Kotzen. Damals, als sie glaubten, daß auf den Kriegsschauplätzen alles gutginge und immer weiter gutgehen würde, da haben sie die Nowaks hofiert, sind sie um sie scharwenzelt, haben ihnen zum Munde geredet und sich sogar, wenn sie es für angebracht hielten, auf sie berufen. Jetzt aber wenden sie sich von ihnen ab, sehen auf sie herab, empfinden Schadenfreude, wollen nichts mit ihnen zu tun haben, wollen sogar niemals etwas mit ihnen zu tun gehabt haben. Bald werden sie behaupten, sie stets abgelehnt, ja, sie sogar bekämpft zu haben.

Nein, er, Rauer ist nicht wie diese Leute, aber ... Ja, er hat ein großes Aber gegen sich selbst vorzubringen. Seine Ablehnung ist nicht auf einer Gegenmeinung fundiert gewesen, sie ist rein instinktmäßig, ausschließlich gefühlsmäßig gewesen, und das ist, wie Rauer jetzt erkennt, zu wenig, viel zu wenig. Da hat er über den Fußballregeln gesessen und komplizierte Fälle konstruiert (denn er hat sich auch als Schiedsrichter betätigt), wie andere Schachprobleme konstruieren, und darüber hat er die einfachsten Lebensprobleme vergessen.

Rauer lacht ein wenig bitter auf. Er hat abseits gestanden und es nicht gemerkt, er hat gemeint, noch im Spiel zu sein, und dabei ist längst abgepfiffen worden. Das Spiel ist ohne ihn, ist sogar gegen ihn gelaufen, er hat den Pfiff überhört. »Verflucht noch mal«, sagt er laut und wirft die Zigarette fort, »aber die zweite Halbzeit soll anders werden.«

Und wenn Gerda noch soviel redet, fügt er in Gedanken hinzu, diesmal wird auf Gewinn gespielt, nicht auf Torsicherung, jawohl. »Jawohl!« sagt er laut und fest. Der Klang seiner Stimme tut ihm wohl.

»Was gibt's denn?« fragt da jemand neben ihm.

Rauer fährt herum. Ach, der Kaminski oder Kraschinski ist plötzlich da, er hat ihn gar nicht kommen hören, diesen Schleicher. »Gar nichts«, sagt Rauer barsch. Es kostet ihn viel Mühe, diese beiden Worte zu formen, sein Unterkiefer zittert heftig. Will der ihn belauern? Unheimlich ist dieser Kerl mit seinen lautlosen, geschmeidigen

Bewegungen, mit den sanften Augen, die tief in den Höhlen liegen und von bräunlichen Schattenringen umgeben sind.

»Lassen Sie sich nicht gehen«, sagt der andere ruhig und bestimmt. »Verlieren Sie jetzt nicht die Nerven!«

Rauer hat sich wieder gesammelt. »Herzlichen Dank für den freundlichen Ratschlag, Herr Kaminski«, sagt Rauer höhnisch. Der soll bloß nicht quatschen! Tagelang sitzt der stumm und regungslos da, anstatt ein vernünftiges Wort zu reden, und jetzt wird er munter und gibt gute Ratschläge.

»Kraschinski ist mein Name«, erwidert der andere höflich. »Wirklich, Herr Rauer, wir sollten jetzt nicht länger zögern . . .«

»Womit?« fragt Rauer scharf. Na, was kommt jetzt? Meint der, sie sollten zusammen türmen? Wär allerdings kein Wunder, wenn der ihn für sonstwas hält, er, Rauer, hat es ja darauf fast angelegt. Stimm mildere Töne an, alter Junge, ruft er sich zur Ordnung, hör dir zumindest erst einmal an, was der dir zu sagen hat. »Das müssen Sie mir erklären, Herr Kraschinski«, fügt er in gemäßigterem Tone hinzu.

Kraschinski stellt seinen Fuß zwei Stufen höher und beugt sich lauschend vor. »Merkwürdige Stille, finden Sie nicht auch?« fragt er und lächelt dabei.

»Ja«, gibt Rauer zu. Er vermag sich die Bedeutung dieses Lächelns nicht zu erklären, es ist das erste Mal, daß Kraschinskis Gesicht eine Gemütsbewegung verrät. »Die Ruhe vor dem Sturm.«

»Oder nach dem Sturm«, sagt Kraschinski mit Betonung.

»Sie meinen . . .«

». . . daß der Krieg vorbei ist? Nein, aber daß er uns übergangen hat.«

Rauer blickt ihn fragend an. Was meint der? Der drückt sich so gewunden aus. »Wie meinen Sie das, Herr Kraschinski?« fragt er.

Kraschinski hat bisher ruhig, fast gelassen gesprochen, jetzt wird er lebhaft, gestikuliert mit den Händen, rollt das R und spricht das E wie Ä aus. »Was ich meine? Mann, machen Sie sich denn gar keine Gedanken darüber, was hier vor sich geht? Wir liegen, das ist meine feste Überzeugung, schon hinter der Front, hinter der russischen Front natürlich, wir können jede Minute damit rechnen, daß Lindenthal besetzt wird. Es ist höchste Zeit, weiße Fahnen herauszustekken. Sie sehen mir eigentlich nicht so aus, als wollten Sie bis zum letzten kämpfen.«

So meint der das, atmet Rauer auf. Wer genau hinguckt, der merkt mir das wohl an. »Nee«, sagt er fast fröhlich, »will ich nicht. Denn man raus mit den weißen Fahnen.« Er deutet die Kellertreppe hinunter. »Aber was werden die da unten dazu sagen?«

Kraschinski wischt die Frage mit einer Handbewegung fort. »Die werden nicht mehr gefragt. Los, kommen Sie!«

Rauer ist verblüfft. Wie der jetzt aufwacht, wie der jetzt spricht! Und wie er, Rauer, gehorcht! »Jawohl«, sagt er folgsam.

Sie steigen die Kellertreppe hoch, öffnen die Türen, die von der Diele in die Küche und in die Zimmer führen, und blicken hinein.

»Die Nazibilder hat sie wenigstens schon beseitigt«, sagt Rauer anerkennend. Adolf in Öl, Hermann in Buntdruck, Joseph in schlichtem Schwarzweiß haben da gehangen, der Ehemann Nowak in SA-Uniform, als Amtswalter und Soldat hat an den Wänden geprangt, jetzt sind sie verschwunden und haben nichts als dunkle Vierecke an den Wänden zurückgelassen. Hat der Fenriswolf die braunen Götter verschlungen? Sogar den alten Hindenburg und den noch älteren Bismarck hat sie vom Nagel genommen, nicht einmal die schönen Sprüchelchen hat sie aufgehoben. Ja, die Nowak hat radikal ausgemistet, sie will an nichts mehr erinnert werden. Rauer steht in der guten Stube und reibt sich vergnügt die Hände. Er erinnert sich noch genau des Augenblicks, als er zum ersten Male in diese Stube getreten ist und sie in Augenschein genommen hat. Das ist ja wie ein Museum, hat er gedacht, denn da sind ja noch mehr Bilder gewesen, da waren . . . Richtig, über dem Klavier reichten sich Adolf und der olle Hindenburg die Hände, zwischen den beiden Fenstern flog eine Ju und ließ eine Anzahl Bomben hinunterkleckern, ach, er weiß gar nicht mehr, was da alles gehangen hat. Wo ist denn Kraschinski? Was kramt der in der Küche? Der will wohl organisieren? Nicht schön von ihm, daß . . .

»Hier sind Handtücher!« ruft Kraschinski aus der Küche. »Wird genügen, wenn wir sie über die Fensterbretter hängen, nach jeder Himmelsrichtung mindestens eins. Los doch, beeilen Sie sich!«

Wie der kommandiert, wie der immer »Los!« sagt, wie sein blasses, schmales, stilles Gesicht jetzt voller Leben ist. Wie der so selbstverständlich die Handtücher von den Haltern nimmt und den weißen Wandschoner, der über dem Herd hängt, abreißt. Der langsame Mann ist plötzlich wie ein Wiesel, und Rauer gehorcht ihm aufs Wort, er ist nicht im geringsten aufgebracht, daß er von Kraschinski kommandiert wird. Die Entschlossenheit Kraschinskis hat sich auf ihn übertragen, Rauer ist plötzlich wie im Rausch, und während er eifrig die Anweisungen Kraschinskis befolgt und sogar noch einiges mehr tut, hat er für Sekunden das Gefühl, als mache er etwas gut, was er bisher versäumt hat.

Als sie wieder in den Keller hinuntersteigen, sagt Rauer aufgeräumt: »So, nun kann der Iwan kommen. Strasstwuite, towarisch.«

Kraschinski lächelt amüsiert. »Das überlassen Sie nur mir, ich spreche gut Russisch.«

Rauer bleibt stehen. »Und das haben Sie uns bisher verschwiegen? Glauben Sie nicht, daß es für uns alle eine große Beruhigung gewesen wäre, wenn wir das gewußt hätten?«

»Sicher«, antwortet Kraschinski, »aber ich war es meiner eigenen Sicherheit schuldig, meine Sprachkenntnisse zu verheimlichen.« Er tritt dicht an Rauer heran. »Im übrigen, mein lieber Herr Rauer, haben Sie sich ja wohl auch getarnt, und Sie werden Ihre guten Gründe dafür gehabt haben. Sie haben Ihre Rolle nicht schlecht gespielt, aber doch nicht so gut, daß . . .« Er unterbricht sich und lauscht nach dem Fenster hin, das sich in halber Höhe der Kellertreppe befindet.

Auch Rauer hat etwas gehört, Kraschinskis letzte Worte kaum noch in sich aufgenommen. Das Geräusch, das von draußen in den Keller gedrungen ist und immer lauter und deutlicher wird, nimmt seine ganze Aufmerksamkeit in Anspruch. »Das sind Panzer!« ruft er schließlich.

Kraschinski lauscht noch ein paar Sekunden. Er steht unbeweglich, alle Muskeln seines hageren Gesichts haben sich gestrafft, die Backenknochen treten noch spitzer hervor, die Augen liegen noch tiefer in den Höhlen, die Haut spannt sich eng über der hohen Stirn, sein Atem geht stoßweise. »Werden wir gleich sehen«, stößt er hervor und reißt den Verdunklungsvorhang beiseite.

Rauer ist sofort neben ihm. Sein Blick geht von diesem Fenster über den weiten Platz mit dem Wasserturm. »Ja, Panzer«, sagt er mit rauher Stimme.

»Russenpanzer!« heisert Kraschinski und packt Rauer an der Schulter. »Mann! Die Nazis sind zum Teufel gejagt!« Er spricht immer lauter und schneller. »Jetzt können wir anfangen zu leben! Jetzt brauchen wir uns nicht mehr zu verstecken! Jetzt werden wir . . .« Ein furchtbarer Husten schüttelt ihn und stößt ihn gegen die Wand. Kraschinski keucht, ringt nach Luft und faßt nach seiner Kehle.

»Langsam, langsam«, sagt Rauer und klopft ihm mit der flachen Hand auf den Rücken. Es ist sinnlos, er weiß es, denn der hat was mit der Lunge und hat wohl geglaubt, er erlebt es nicht mehr. Wer weiß, was mit dem los ist. Vielleicht ist er im KZ gewesen. Oder er ist ein Jude. »Langsam, langsam«, wiederholt Rauer. »Tief Luft holen.«

Kraschinski lehnt an der Wand, er hat noch immer die Hand an der Kehle und stöhnt leise.

»Sind Sie Jude?« fragt Rauer.

Kraschinski hebt den Kopf, seine Augen sind leer und fast glasig. »Pole«,murmelt er.

Rauer möchte fragen, aber ein Blick in Kraschinskis weißlich-graues Gesicht belehrt ihn, daß jetzt nicht die rechte Zeit dazu ist. Er faßt ihn unter und redet ihm gut zu, alle Fremdheit ist jetzt verflogen. »Ich bring Sie runter, Kraschinski, damit Sie zu sich kommen.«

Kraschinski läßt sich widerstandslos von Rauer die Stufen hinuntergeleiten. Der hat wohl allen Grund, sich zu freuen, denkt Rauer. Ich hab mir's ja auch gewünscht, daß mit der Hitlerei endlich Schluß sein soll. Aber, Hand aufs Herz, mir ist doch nicht ganz geheuer. Was wird jetzt kommen? Was werden die Russen mit uns machen?

Ein beklemmendes Gefühl überkommt ihn, ein Gemisch von bänglicher Erwartung und ängstlicher Neugierde, ein wenig Hoffnung ist auch dabei. Ach was, ruft er sich selbst zur Ordnung, die zweite Halbzeit wird schon besser werden.

4.

Modergeruch und frische Luft

In das tiefe Dunkel des Kellers fällt ein schmaler Streifen trüben Lichts. Da, wo die Sandsäcke vor den kleinen, fast blinden Fenstern eine Lücke lassen, rieselt es in die Dunkelheit.

Bernstein sitzt auf dem alten Feldbett, hat die Hände auf die Knie und den Kopf in den Nacken gelegt; es hat den Anschein, als ob er zur niedrigen Decke emporblickt. Aber es gibt dort nichts zu sehen, im ganzen Keller gibt es nichts zu sehen, jedenfalls nichts, was Bernstein nicht ganz genau kennt und was er auch in der allerschwärzesten Finsternis nicht mit dem ersten Griff finden würde. Nein, Bernstein blickt nicht zur Decke empor, er lauscht. Er lauscht mit angespannten Sinnen, er reißt die Augen weit auf, als könnte er dadurch das Gehör verstärken, schließlich legt er sogar die Hände hinter die Ohrmuscheln.

Kein einziges Geräusch, kein Laut ist in dem Haus, eine Totenstille, eine Grabesruhe ist über den Keller gebreitet. Bernstein schauert zusammen und reibt die feuchtkalten Hände gegeneinander, dann schiebt er sie in die Jackenärmel und zieht die übereinanderliegenden Arme dicht an den Leib, preßt die Knie fest zusammen und reibt sie gegeneinander. Er schließt die Augen, der Kopf sinkt ihm tief auf die Brust, er sitzt zusammengekauert, zusammengesunken, wie zusammengefallen auf dem alten Feldbett. Für ein paar Minuten rührt er kein Glied, sind die Muskeln gelähmt, scheint der Herzschlag auszusetzen. Nur Gedanken kreisen in ihm, die gleichen Gedanken, die ihn seit einem Jahr bewegen und leiten: leben, überleben, weiterleben.

Früher, da war das Leben etwas Selbstverständliches, etwas, das man hinnahm, ohne darüber nachzudenken. Es war die natürlichste Sache von der Welt, daß man lebte, lebte, indem man aß und trank, liebte und arbeitete, Freuden genoß und Schmerzen erlitt, und Freude und Schmerz und Arbeit und Liebe waren natürliche Dinge von Anbeginn des Lebens und es gab darüber nichts zu denken, daß sie da waren, nur darüber, *wie* sie da waren und *wie* man sie erlebte. Aber dann war alles anders geworden, auf eine unverständliche, auf eine unbegreifliche Art anders. Das Leben war plötzlich keine selbstverständliche Sache mehr. Nicht die Form, die äußeren Erscheinungen des Lebens waren bedroht, das war ja stets geschehen, nein, das Leben selbst war gefährdet, nicht durch Erdbeben oder Überschwemmung, auch das hatte es ja immer gegeben, nicht durch Krieg oder Seuche, auch das hatte sich seit Anbeginn ereignet, es war gefährdet durch das Dogma einer Partei, durch das Dekret eines Staates. Man nahm ihm nicht nur die Rechte und deklassierte ihn, auch das hatten die Juden schon oft erlebt und als Gottes Willen hingenommen, man verneinte, daß er ein Mensch war wie alle anderen Menschen, in deren Mitte er bisher gelebt hatte, man statuierte, daß er eigentlich weniger als ein Mensch, daß er eine besondere Art von Ungeziefer sei, das kein Recht auf Leben habe, das vertilgt, ausgerottet, vernichtet werden müsse, ein Ungeziefer, dessen Vertilgung, Ausrottung und Vernichtung nicht nur wünschenswert, sondern sogar notwendig, ja lebensnotwendig für die anderen Menschen sei, weil es deren Leben bedrohe.

Bernstein hatte nie zu begreifen vermocht, in welcher Weise er, der jüdische Kaufmann Ernst Bernstein, durch den Verkauf von Wäsche und Strümpfen, von Kurzwaren und Bijouterien den Bestand des deutschen Volkes gefährdet haben sollte. Es ging ihm nicht ein, daß die Nation, der er sich zugehörig fühlte, durch die Ächtung seiner Person und durch die Zerstörung seines bescheidenen Geschäftes hätte gerettet werden können. Hatte er nicht alle staatsbürgerlichen Pflichten gewissenhaft erfüllt? Hatte er, indem er einkaufte und mit üblichem Gewinn verkaufte, etwa unredliche Geschäfte gemacht und sich auf wucherische Weise bereichert? Und nicht zuletzt: Hatte er, der dem Glauben seiner Väter eigentlich mehr aus Gewohnheit und aus Pietät als aus innerer Überzeugung und Gläubigkeit angehörte, hatte er nicht seine Verkäuferin Elli Nitsche geheiratet, die eine Christin und, wie sich später herausstellte, auch eine Arierin war? Hatte er nicht, hatte er nicht ...

Er hatte es nicht glauben können und nicht glauben wollen, daß es um mehr ging als um sein bescheidenes Geschäft in der Brunnenstraße, um mehr als ein Konkurrenzmanöver gescheiterter Existenzen. Er hatte die panische Angst der anderen immer ein wenig belächelt, vor allem jener, die ihr Selbstgefühl allzu rasch einbüßten, die sich sogar schuldig zu fühlen begannen und allmählich jene Eigenschaften annahmen, die ihnen angedichtet, mit denen sie verteufelt worden waren. Er hatte allerdings eine Art Sonderstellung unter den vielen anderen, er hatte ja eine arische Frau, die ihn und das Kind allein durch die Tatsache ihrer Herkunft und ihrer Existenz schützte, denn auch sein Sohn hatte diesen Schutz notwendig, war er doch, obzwar Mischling, ein sogenannter Geltungsjude. Fast alles war mit den Jahren verlorengegangen, Geschäft und Wohnung, nahezu alles an äußeren Gütern, aber eines war – trotz Zwangsarbeit und Judenstern, trotz der unausgesetzten Demütigungen und der großen Not – eines war geblieben: der Lebenswille. Das Leben hatten sie ihm ja gelassen, für wie lange noch, wußte er nicht, jeder Tag konnte ein Gesetz bringen, das auch ihn, direkt oder indirekt, das Leben kosten konnte, kosten sollte, kosten mußte. Aber solange dieses Gesetz nicht erlassen war, lebte man. Leben, überleben, weiterleben, das war der beherrschende Impuls seines Lebens.

Bernstein lebte kraft eines Gesetzes, das ihn leben ließ, ihm zwar fast alles vorenthielt, ihn einengte, ihn äußerlich kennzeichnete, ihn zum rechtlosesten Paria machte, aber ihm das Leben beließ. Da trat ein Ereignis ein, das Furchtbarste, das ihn – seelisch wie materiell – treffen konnte: Seine Frau, sein Schutzengel in des Wortes wahrster Bedeutung, kam bei einem Bombenangriff ums Leben. Der Jude Ernst Israel Bernstein und sein Sohn, der Geltungsjude Horst Israel Bernstein, standen plötzlich allein, ohne den Schutz durch die arische Ehefrau und die arische Mutter. Bernstein wurde durch den großen Schmerz nicht überwältigt, erkannte er doch sogleich die furchtbare Gefahr, die ihn und seinen Sohn bedrohte, und er beschloß, ihr sofort aus dem Wege zu gehen, nicht erst zu warten, bis man sie holte, um sie abzutransportieren. Bevor Elli Bernstein noch beigesetzt worden war, hatten Bernstein und sein Sohn die Wohnung verlassen; sie ließen alles, was ihnen noch geblieben war zurück und nahmen nur so viel mit, wie jeder in einem Rucksack zu tragen vermochte. Sie tauchten unter, wie man das in der Sprache jener Tage nannte, sie wurden illegal. Dieser Keller in einem halbleeren Hause in Lindenthal ist nun die letzte Station eines harten, gefährlichen Weges, der durch Ruinen, Splittergräben und unbewohnte Lauben geführt hat.

Hoffentlich ist es die letzte Station! Bernstein richtet sich langsam auf und nimmt die Hände wieder hinter die Ohrmuscheln. War da nicht eben ein Geräusch? Er lauscht angestrengt, mit weit aufgerissenen Augen und angehaltenem Atem. Nein, es war wohl doch nichts, nur der Atem des Knaben ist da, er schläft in einem Verschlag auf einer alten Matratze. Er schläft ruhig, sein Atem geht gleichmäßig, ein feines Fiepen, wie ein ganz dünner, hoher Pfeifton, ist in jedem Atemzug. Bernstein wendet den Kopf zum Verschlag hin und lauscht auf den Atem des Knaben. Er kennt die Schlafgeräusche, er kennt sie so genau, daß er sie von anderen Geräuschen ohne Mühe subtrahieren kann.

Bernstein wendet den Kopf wieder zurück und dem Fenster zu. Es war noch ein anderes Geräusch da. Wenn es nicht aus dem Hause gekommen ist, muß es von draußen gekommen sein. Bernstein steht entschlossen auf und versucht, das Fenster zu öffnen. Der Riegel läßt sich nicht bewegen, er ist eingerostet. Bernstein nimmt einen Ziegelstein auf. Nie bisher hat er gewagt, Lärm zu machen oder auch nur auffällige Geräusche zu erzeugen. In dieser Stunde wagt er es. Er schlägt mit dem Ziegelstein gegen den Riegelknopf, der Riegel weicht, das Fenster läßt sich öffnen.

Der Knabe im Verschlag richtet sich jäh auf. »Was ist los, Papa?« fragt er erschrocken.

»Sei still, Horstl«, erwidert Bernstein und lauscht aus dem Fenster. Er hört nichts, zunächst hört er nichts, er ist ganz überwältigt von dem Geruch, der von draußen auf ihn eindringt, von dem Geruch herber, würziger Erde, von dem Geruch frischer Luft, die von seinen Lungen gierig eingesogen wird und den Modergeruch des Kellers, den Gestank der verbrauchten Luft rasch überdeckt. Erst als Nase und Lungen sich an die neuen Gerüche und die klare Luft gewöhnt haben, kehrt auch das Gehör wieder. Ja, es ist ein Geräusch in der Luft, weit weg, ein Geräusch, das sich aus vielen Einzelgeräuschen zusammensetzt; es ist nicht leicht, sie zu trennen oder gar zu unterscheiden. Bernstein glaubt sie dennoch zu erkennen. Es sind die Geräusche des Krieges, die – eben weil sie so weit entfernt sind – zusammenfließen, das Surren von Flugzeugen, dumpfe Explosionen, das Knattern von Maschinenwaffen, das Brummen der Panzer, das Rasseln der Kettenfahrzeuge. Kein Zweifel, es ist der Krieg, der näherrückt und seine Geräusche vorausschickt, aber sie sagen nichts darüber aus, wie der Kampf steht.

Seit Tagen hat Bernstein keine Ahnung vom Stand der Dinge. Er denkt an die Frau, die dieses Haus hütet, die Wirtschafterin des Professors Fabricius, der mit Bernsteins Vater bekannt war, nach Süddeutschland geflohen ist und diese Frau zurückgelassen hat mit der ausdrücklichen Weisung, den beiden Bernsteins den Keller zu überlassen und sie so gut wie möglich zu versorgen. Frau Görke, seit annähernd dreißig Jahren im Hause Fabricius tätig, hat diese Anordnung auch befolgt, niemals würde sie sich einer Anordnung des Professors widersetzt haben, aber sie befolgt sie auf ihre Weise, weiß sie doch, daß Bernstein ihr völlig ausgeliefert ist. Sie hat ja gar nicht nötig, ihn zu verraten, sie braucht nur eine unbedachte Äußerung fallen zu lassen, und schon wäre es um die beiden Kellerbewohner geschehen. Sie hat das durchblicken lassen und außerdem keineswegs schüchtern darauf hingewiesen, in welch große Gefahr sie sich selbst begibt, indem sie die beiden nicht nur duldet, sondern sogar begünstigt. Nach einer rhetorischen Pause und mit bezeichnender Handbewegung hat sie dann noch hinzugesetzt, daß das, was sie tue, zwar Menschenpflicht sei, aber doch wohl auch eines Lohnes wert sei. Bernstein hatte sie sehr wohl verstanden, denn sie war ja nicht die erste, die sich ihre, wie sie es bezeichnete, Menschenpflicht in bar bezahlen ließ und einen vielhundertprozentigen Gefahrenzuschlag als selbstverständlich und handelsüblich ansah. Bernstein hat ihr Geld gegeben, zu allem ja und amen gesagt und sie seiner Dankbarkeit versichert. Frau Görke hat Geld, Zustimmung und Dankbarkeit mit der gleichen Selbstverständlichkeit entgegengenommen und im übrigen wohl weniger getan, als sie vielleicht hätte tun können. Eine ihrer Unterlassungssünden, die Bernstein ihr am meisten verübelt, ist, daß sie ihn nicht darüber informiert, was im Krieg, was im Kampf um Berlin vor sich geht, sie hat alle Fragen ausweichend beantwortet, um ihn, Bernstein, in Ungewißheit und so in Abhängigkeit zu halten. Deshalb vermag Bernstein jetzt kein Bild zu gewinnen und die Geräusche nicht zu deuten. Er steht am offenen Fenster und blickt auf die Sandsäcke, die den Blick hemmen, allerdings auch die Sicht von draußen abhalten.

Bernstein steht unschlüssig am Fenster, dann wirft er den Kopf zurück. Er hat einen Entschluß gefaßt. Er muß wissen, was vor sich geht und wo es vor sich geht. Da das Ohr nicht genügt, muß das Auge helfen.

»Was ist denn, Papa?« fragt der Knabe ungeduldig.

»Komm her, Horstl«, antwortet Bernstein. »Hilf mir, sie Säcke ein wenig beiseitezuschieben. Ich muß wissen, was los ist.«

Der Knabe kommt rasch aus dem Verschlag. »Du meinst ...«, beginnt er.

Bernstein nickt, er blickt auf seinen Sohn, der fast seine Größe hat, und fährt ihm leicht über das wellige, dunkelblonde Haar. »Ja, mein Junge«, sagt er zärtlich. »Faß den linken Sack an.«

Sie versuchen, den Sack beiseitezuschieben. Es gelingt ihnen nicht, der Sack ist zu schwer, sie können, durch die Gitterstäbe gehindert, keinen festen Griff anwenden.

»Geht's so nicht, dann geht's anders«, murmelt Bernstein. Er holt ein Taschenmesser aus der Jackentasche und schlitzt den Sack an mehreren Stellen auf. Der Sand beginnt durch die Gitterstäbe und die Roste zu rieseln; als er leer ist, ist eine Lücke zwischen dem Rost und dem oberen Rand des Fensters entstanden. Sie ist sehr schmal und gibt den Blick auf das Straßenpflaster, ein Stück Rasen, auf die untere Hälfte einiger Bäume, auf einen Gartenzaun frei, das ist alles, was sich Bernsteins Blick bietet.

Bernstein ist enttäuscht. Aber was hat er erwartet? Etwa den Kriegsschauplatz zu erblicken? Das kleine Stück der Straße sieht aus, wie es wohl immer ausgesehen hat, es sagt nichts aus über die Lage. Kein Mensch ist zu sehen, kein Schritt klingt auf, keine Haustür klappt, nur weit weg sind die Geräusche des Krieges.

Lindenthal scheint wie ausgestorben. Nein, doch nicht ganz ausgestorben, da ist ein Geräusch, leichte Schritte sind es, die eines Kindes oder die einer Frau. Die Schritte nähern sich schnell, zwei Frauenfüße kommen in Sicht und der untere Rand eines dunklen Rockes.

»Frau Goerke, Papa«, flüstert Horst. »Ich hab sie erkannt, an den Schuhen.«

Bernstein hebt zweifelnd die Schultern. »Frau Goerke?« Er hat nicht auf die Schuhe der vorübergehenden Frau geachtet, aber der Junge hat einen guten Blick für solche Dinge, er hat sich in diesen Jahren, namentlich aber seit sie illegal leben, unglaublich geschärft. Horst ist ja nicht sorglos und in Harmlosigkeit aufgewachsen, er ist, seit er bewußt denken kann, immer von Gefahren umlauert gewesen, er hat stets in der Gemeinschaft der Gefährdeten gelebt, ihre Gespräche mitangehört und ihre Ängste mitgefühlt. Er hat die Gefahr nicht nur vom Hörensagen kennengelernt, er hat sie mit eigenen Augen gesehen: Wie aus der großen Wohnung, in der Bernsteins mit vier anderen jüdischen Familien zusammengewohnt haben, einer nach dem anderen abgeholt wurde, zuerst die Alten, die Kranken, die Nichtarbeitsfähigen (und er hat den Jammer der Abschiede und Trennungen miterleben müssen), und dann die anderen, die noch auf Baustellen, in Fabriken und bei der Eisenbahn gearbeitet haben. Er selbst war – zusammen mit dem Vater – bei der großen »Säuberungsaktion« im Februar 1943 verhaftet und in ein Sammellager der Gestapo eingeliefert, nach ein paar Wochen aber wieder entlassen worden. Die »Mischehen« waren noch nicht an der Reihe, das Schwert des Damokles hatte sie vorerst nur gestreift. So waren die Bernsteins, Vater und Sohn, schließlich in die große Wohnung zurückgekehrt, die wie ausgestorben war. Sie hatten ihr altes Zimmer wieder bewohnt; über den Schlüssellöchern der anderen Zimmertüren klebten die Siegel der Gestapo, und hinter diesen Türen war ein eisiges, ein unheimliches Schweigen, das jede Lebensäußerung der Bernsteins übertönte, das Schweigen des Todes, dem die anderen ausgeliefert worden waren. Und mit dem Schweigen, das immer undurchdringlicher wurde, wuchs auch die Gefahr. Denn an wen sollte sich die Gestapo halten, nachdem die anderen deportiert waren? Mit der Gefahr wuchs auch die Angst. Es war nicht die kreatürliche Angst vor Krankheit oder einer Naturkatastrophe, es war die Angst, völlig der Willkür, dem Befehl eines einzelnen ausgeliefert zu sein, eines einzelnen, der das Schwert des Damokles mit voller Wucht auf sie herabstürzen lassen konnte. Man wähnte ständig, Anzeichen hierfür zu entdecken, man lebte unausgesetzt in einer zerrenden Anspannung, immer auf der Lauer, immer auf dem Sprung. Das alles hat in dem sensiblen Knaben einen Instinkt für Gefahren entwickelt; er hat für sie eine Witterung wie ein Tier des Waldes.

Bernstein bezweifelt daher gar nicht, daß es Frau Goerke ist, die so eilig an ihrem Kellerfenster vorbeigelaufen ist. »Meinst du wirklich, Horstl?« fragt er, obwohl die Frage überflüssig ist.

»Bestimmt, Papa«, versichert der Knabe. »Die schwarzen Halbschuhe mit den braunen Nubukeinsätzen und ...« Er lauscht aus dem Fenster. »Hörst du, Papa, ich habe recht. Sie schließt die Gartenpforte auf«, triumphiert er.

Bernstein nickt nur. Er hat sofort bemerkt, daß der eilige Schritt an der Gartenpforte verhalten hat. Jetzt hört er, daß die Gartentür aufgeschlossen wird, daß die Schritte auf dem Kies des Gartenweges sind.

»Das hat was zu bedeuten, Papa!« sagt der Knabe ein wenig ängstlich. »Wenn sie so eilig kommt.«

Bernstein nickt wieder. Ja, das hat was zu bedeuten, wenn sie so eilig kommt, noch dazu am Tage, es hat was zu bedeuten, Gutes oder Schlechtes. Es kann sein, daß die SS alle Keller durchkämmt auf der Suche nach Wehrfähigen, Deserteuren und Illegalen, es kann aber auch sein ... In Bernstein steigt es heiß auf. Wie oft hat er schon der Hoffnung, daß die Qual beendet sei, freien Lauf lassen wollen und ihr doch nicht nachgegeben, er fürchtete, die Hoffnung voreilig zu verbrauchen und hielt sie zurück wie einen Vorrat, den man für den alleräußersten Notfall angelegt hat. Er schließt die Augen für ein paar Sekunden und lehnt sich gegen die feuchtkalte Mauer. Er lauscht. Frau Goerke ist jetzt im Hause, er hört ihre eiligen Schritte in der Diele, dann auf der Kellertreppe, sie stürzt fast herunter, stößt den Schlüssel ungestüm ins Schloß, die Tür fliegt auf und schlägt krachend gegen die Kellerwand.

Bernstein fühlt das heftige Klopfen seines Herzens, fühlt es bis in den Hals und in die Fingerspitzen, fühlt jeden einzelnen Schlag, und jeder Schlag ist wie ein Stich, ein heftiger Schmerz. Schließlich löst er sich von der Wand und geht auf die Frau zu. »Was ... was ist geschehen, Frau Goerke?« fragt er. Er bemüht sich, ruhig zu sprechen, aber seine Kinnladen beben so heftig, daß er fast stammelt.

Die Frau preßt die Hände auf die volle Brust und ringt nach Luft.

Bernstein steht wenige Schritte von ihr entfernt, er wird jetzt ruhig, fast gelassen. Ihm ist zumute, als seien alle Gefühle in ihm vertrocknet und verdorrt, als sei einzig die Gleichgültigkeit in ihm zurückgeblieben, und so empfindet er jetzt weder Angst, noch ist die Furcht der bangen Erwartung in ihm. Das einzige Gefühl, das sich in ihm regt, ist eine Neugier, wie die Entscheidung gefallen ist, so daß er nur noch von ihr in Kenntnis gesetzt wird. Die Frau wird sich sogleich beruhigen, er weiß, daß auch ihre Atemnot nur zum Teil echt ist, daß sie Theater spielt, ihm etwas vormacht, wie sie ihm meist etwas vorgemacht hat, um sich in Szene zu setzen, ihre Verdienste herauszustreichen, ihre Mühen und Sorgen anschaulich zu machen.

»Beruhigen Sie sich erst einmal, Frau Goerke«, sagt Bernstein gelassen.

Frau Goerke kommt jetzt schnell zu sich, sie hüstelt noch ein paarmal und verschluckt sich dabei wirklich, dann setzt sie zum Sprechen an. »Die Russen sind da, Herr Bernstein!« ruft sie aus und fügt noch, mit einem kleinen Seufzer, hinzu: »Endlich!«

Bernstein hat sie genau beobachtet. Dieses »Endlich!« ist eine faustdicke Lüge. Wenn sie gesagt hätte: Der Krieg ist aus! Endlich! – das hätte er ihr abgenommen, aber daß sie die Russen mit einem Seufzer der Erleichterung begrüßt, das glaubt er ihr nicht. Aber diese Überlegungen sind jetzt nicht wichtig, wichtig allein ist . . . »Wo sind die Russen, Frau Goerke?« fragt er, und die Erregung spült jetzt doch wie eine Welle in ihm hoch. Die Russen sind da! Wenn es wahr wäre!

»Sie kommen von der Brandenburger Allee her und durch die Waldstraße, eben waren sie schon am Kirchplatz, das Rathaus ist auch schon besetzt!« antwortet Frau Goerke hastig. »Und sie schicken Patrouillen durch alle Nebenstraßen. O Gott, was wird nun werden? Oh, mein Gott!«

Bernstein lächelt für eine Sekunde. Vorhin rief sie »Endlich!«, und jetzt stöhnt sie »Oh, mein Gott!« Mit diesem »Oh, mein Gott!« hat sie ihre wahre Meinung ausgedrückt. Das mit einem Seufzer der Erleichterung gehauchte »Endlich« war nur für ihn, den Juden Bernstein, bestimmt. Sicherlich vermutet sie bei ihm Sympathien für die Russen. Das »Oh, mein Gott!« hat sie auf sich selbst bezogen, auf ihre tiefe Sorge, was nun kommen werde. Für ihn kann es, wie sie meint, nur besser werden. Ob es für Frau Goerke, die vielen Frau Goerkes in Deutschland besser werden wird, muß sich erst erweisen. Die Freiheit, die die Russen mit sich bringen, ist also nach Ansicht der Frau Goerke zunächst eine Art Spezialfreiheit für Juden und vielleicht noch für ein paar Kommunisten, keine Freiheit für die anderen, die die Unfreiheit des tausendjährigen Reiches nicht bemerkt und nicht empfunden haben.

Und doch, muß Bernstein zugeben, die Sorge ist berechtigt. Kommt der Sieger nicht aus einem Land, das ebenfalls von einer Diktatur umklammert ist? Und muß man nicht fürchten, daß er die Diktatur, die er über sein eigenes Land geworfen hat, auch über das eroberte Land ausbreiten und ihm noch zusätzlich den Fuß des Siegers ins Genick setzen wird?

Bernstein versucht, die Gedanken abzuschütteln. In dieser Stunde ist keine Zeit für Auseinandersetzungen, sie müssen auf später verschoben werden. Das Lächeln, das auf Bernsteins Lippen für eine flüchtige Sekunde erschienen ist, vergeht rasch wieder. Seine Züge werden durch die Anspannung, die ihn beherrscht, verzerrt.

»Sind sie schon hier in der Albrechtstraße?« fragt er.

»Noch nicht«, antwortet die Frau und zittert nun wirklich, »aber sie müssen gleich hier sein, es sind schon überall weiße Fahnen draußen.«

»Was?« Mit einem Satz ist Bernstein an der Frau vorbei und will die Kellertreppe hinaufstürmen. Wenn diese ewig unentschlossenen, unentschiedenen, vorsichtigen, überängstlichen Bürger von Lindenthal weiße Fahnen hissen, dann muß wirklich Matthäi am letzten sein, dann haben sie wirklich nicht mehr anders können.

»Einen Augenblick noch, Herr Bernstein«, ruft Frau Goerke und greift nach seinem Arm.

Bernstein wendet sich halb zurück. »Was ist denn noch?« fragt er unwillig.

»Herr Bernstein«, sagt Frau Goerke bittend, wie beschwörend, »ich habe mich doch immer anständig gegen Sie benommen, nicht wahr?«

Darauf also will sie hinaus, denkt Bernstein. Ja, anständig gegen Barzahlung, aber er sagt es nicht. »Gewiß, gewiß«, murmelt er und versucht, die Kellertreppe zu gewinnen.

»Und ich habe nie was für die Nazis übrig gehabt«, fügt Frau Goerke hinzu. »Höchstens ganz am Anfang, Sie wissen ja . . .«

Bernstein wehrt ihren Redefluß mit ungeduldiger Miene ab. »Ich weiß«, sagt er kurz und unfreundlich. Er erinnert sich eines Gesprächs, das er ein paar Tage zuvor gehabt hat und in dem es um die Schuld ging. Sie gebe zu, hatte Frau Goerke mit einer gewissen Hartnäckigkeit erklärt, sie habe die Nazis gewählt, weil ihr Mann arbeitslos gewesen sei. Für das, was die Regierung getan habe, trage sie jedoch keine Verantwortung, die sei Sache der Regierung. Dafür sei sie ja eine Regierung, und die habe sich ja auch nicht dreinreden lassen. Im übrigen habe ihr Mann bald nach der Machtergreifung Arbeit bekommen, gute Arbeit sogar, und dann habe sie sich nicht mehr um Politik gekümmert. Man könne daraus doch erkennen, daß der Führer etwas für das Volk getan habe. Das mit den Juden habe sie nicht gebilligt, es habe ja auch anständige Juden gegeben, und Herr Bernstein sei gewiß einer, das habe sie auf den ersten Blick gesehen. Bernstein hatte versucht, dem Gespräch einen grundsätzlichen Charakter zu geben, doch war ihm die Lust dazu bald wieder vergangen. Frau Goerke klammerte sich nur an ihre eigenen Erfahrungen. Was außerhalb ihres eigenen Erfahrungsbereiches lag, hatte für sie keine Beweiskraft.

Frau Goerke tritt dicht neben ihn. »Habe ich nicht getan, was ich konnte, Herr Bernstein?«

Bernstein nickt statt einer Antwort. Wie soll er wissen, was ihr zu tun möglich war? Er kennt die Möglichkeiten, die sie gehabt hat, ja nicht. Und doch, besinnt er sich, sie hat mir geholfen, mögen die Motive gewesen sein, wie sie wollen. Ohne ihre Hilfe hätte ihm dieser Keller nichts genutzt. »Sie haben mir geholfen, Frau Goerke«, sagt er ruhig und mit einer gewissen Anerkennung in der Stimme. »Ich werde das nicht vergessen, verlassen Sie sich darauf.«

»Ich danke Ihnen, Herr Bernstein.« Frau Goerke nestelt an der Tasche ihrer Jacke. »Hier sind die letzten zweihundert Mark, die Sie mir gegeben haben. Ich hab nicht mehr besorgen können, was Sie wünschten. Ich bin immer ehrlich gewesen, das wissen Sie ja.«

Bernstein wehrt ab. Als ob es jetzt auf Geld ankäme! »Lassen Sie doch, Frau Goerke.«

»Nehmen Sie doch das Geld zurück, Herr Bernstein, es ist Ihr Geld, ich bereichere mich nicht an fremdem Gut«, sagt Frau Goerke mit Betonung.

Bernstein sieht ihr flüchtig ins Gesicht. Die Treuherzigkeit, die sie so betont in Stimme und Gesichtsausdruck auszudrücken sich bemüht, ärgert ihn und reizt erneut seinen Widerspruch. Glaubt sie, er habe vergessen, wie sie seine Lage ausgenutzt hat? Wie sie ihn gelegentlich mit halben Andeutungen unter Druck gesetzt hat? »Wie Sie wollen«, sagt er, nimmt die Geldscheine und steckt sie achtlos ein. »Jetzt lassen Sie mich aber gehen!« Er sagt es ziemlich grob.

Die Frau faßt wieder nach seinem Ärmel. »Eine Bitte hab ich noch, Herr Bernstein, eine kleine Bitte nur, Sie dürfen sie mir nicht abschlagen nach allem, was ich für Sie getan habe.«

Bernstein schüttelt ihre Hand unwillig ab. »Was denn? Was für eine Bitte, Frau Goerke?«

Frau Goerke lächelt Bernstein an, es ist ein breites, verzerrtes Lächeln, eine falsche Freundlichkeit. »Haben Sie nicht einen Juden ... Ich meine so einen gelben Stern? Wenn man den an die Haustür anmacht ...«

Nie hat sie gelächelt, immer hat sie von oben herab mit Bernstein gesprochen, jetzt setzt sie ein falsches Lächeln auf, jetzt winselt sie um einen Judenstern. Widerlich ist das! »Nein«, sagt er entschieden. »Ich hab so was nicht! Komm, Horstl!«

Sie laufen die Kellertreppe hinauf, durch die Diele und über den Kiesweg. Am Gartentor bleiben sie stehen und blicken die Straße entlang.

»Soviel weiße Fahnen und überall«, frohlockt der Knabe.

»Ja, Horstl«, sagt Bernstein nur. Auf Gartenzäunen, aus Fenstern und Dachluken ragen weiße Fahnen, Handtücher, Servietten, sogar Laken.

»Zwei rote Fahnen sind auch dabei«, stellt der Knabe sachlich fest und atmet tief. »Und eine wunderbare Luft ist das!«

Bernstein nickt und legt eine Hand über die Augen. »Ja, eine wunderbare Luft«, sagt er leise. Unter der Hand, die er über die Augen gelegt hat, rinnen die Tränen hervor.

5.

Ingenieur Weidinger hängt sich an die Antifaschisten

Weidinger kann nicht still sitzen. Entweder zappelt er auf seinem Stuhl hin und her oder reibt den Rücken an der Stuhllehne oder polkt mit einem Streichholz unter seinen Fingernägeln. In fast regelmäßigen Abständen schiebt er den Ärmel seiner Jacke zurück und blickt auf die Armbanduhr.

Weidinger, Ingenieur Weidinger, wie er sich nennt, ist ein kleiner, schmaler, fast zierlicher, überaus lebhafter, sehr nervöser Mann von einigen dreißig Jahren. Sein hübsches Gesicht mit den breiten, dunklen Brauen, der kühnen Nase und dem weichlichen Kinn verliert durch die kleinen, listigen, flinken Augen und vor allem durch das schwarze, geölte Haar, das in sorgfältig gelegten Wellen bis in die niedrige Stirn reicht und ihm das Aussehen eines Witzblattfriseurs verleiht. Ingenieur Weidinger ist, wie immer, sehr sorgfältig gekleidet, seine Hose hat eine Bügelfalte, das Oberhemd ist sauber und faltenlos, die getupfte Krawatte paßt ausgezeichnet zu dem Muster des Hemdes, das wiederum recht gut zur Farbe des Anzuges, hellbraun mit feinen weißen Streifen, gewählt ist.

Der ganze Weidinger, sieht man von Friseurtolle ab, paßt nicht in diese ärmliche Laube. Sie ist notdürftig ausgestattet, die Möbel sind ersichtlich zusammengesucht, offenbar ist keine Überlegung darauf verschwendet worden, ob die verschiedenen Stücke zueinander passen. Da steht ein altmodisches Eichenbüffet, in dem zwei Scheiben fehlen, da ist ein Schreibtisch in verunglücktem Renaissancestil. An der einzigen Wand, die weder ein Fenster noch eine Tür hat, steht eine Couch, modern in der Form, mit eckigen Rückenkissen und Seitenlehnen aus Rohrgeflecht, aber da und dort zerlöchertem Bezug, über ihr hängt ein sehr buntes Bild, auf dem ein gewaltiger Hirsch röhrt. Ein großer Tisch ist noch da, Kiefer auf Eiche gebeizt, ein paar Stühle, die weder dem Furnier noch dem Stil nach zusammengehören, ein Waschtisch mit Steingutkrug und Steingutschüssel und blindem Spiegel, ein paar Läufer, die möglicherweise einmal Tournai waren, jetzt aber so abgetreten und mißfarben und grau sind, daß ihre Herkunft nicht mehr feststellbar ist.

Nein, Weidinger, Ingenieur Weidinger, paßt so gar nicht in diese Laube, die nicht einmal einen Kamin hat, so daß das Rohr des kleinen Kanonenofens durch eines der oberen Fenster ins Freie geleitet werden mußte. Und Weidinger gehört in der Tat nicht hierher, er ist hier nur Besuch, richtiger: ein Einquartierter.

Gebieter über diese Herrlichkeiten ist Hundekopf, mit bürgerlichem Namen Alfons Steinle. Er steht, die ungefügen, verarbeiteten Hände auf dem Rücken ineinandergelegt, am Fenster und blickt hinaus. Viel mehr als einen kleinen, verwilderten Garten und ein kurzes Stück der Straße kann er nicht sehen, denn die Laube ist weit zurückgebaut, das Grundstück liegt nur mit einem schmalen Streifen an der Straße. Die Grundstücke mit den großen Mehrfamilienhäusern zur Rechten und zur Linken haben nur eine kleine Lücke, nur einen Durchlaß von kaum mehr als einer Pfortenbreite gelassen, und sicher ist so manch einer, der in diese Laube wollte, an der mit Ginster überwachsenen Gartentür vorbeigegangen und hat erst Umfrage halten müssen, ehe er den Eingang fand. Steinle ist die versteckte Lage des Grundstückes und der Laube nur recht, sie ist ihm sogar willkommen gewesen. Er hat diese Laube mit Bedacht ausgewählt, denn Steinle liebt keine Besucher, jedenfalls keine ungebetenen, und er zieht es vor, sich den Blicken der Öffentlichkeit, vor allem denen der Polizei, zu entziehen. Sicher hat das auch Herr Hoppenheit gern getan, auf dessen Namen das Grundstück im Kataster eingetragen ist und dem auch das Mobiliar gehört. Herr

Hoppenheit, Gemüsegroßhändler in der Zentralmarkthalle am Alexanderplatz, hatte sich hier nämlich ein Plätzchen für seine amourösen Abenteuer geschaffen (es ist gewiß kein Zufall, daß just die Couch das beste Möbel in der Laube ist). Steinle hat diese Laube, die sogar der Aufmerksamkeit des gestrengen Regierungsrates Bromme vom Lindenthaler Wohnungsamt entgangen ist, für sich in Anspruch genommen, ohne Herrn Hoppenheit oder Herrn Bromme um Erlaubnis zu fragen, denn Herr Hoppenheit, der seine Geschäfte durch Filialen in der Ukraine großzügiger und einträglicher zu gestalten gedachte, ist dabei, wie man so sagt, verschütt gegangen. Jedenfalls hat er sich um sein Liebesnest nicht mehr gekümmert. Aus diesem Grunde hat Steinle, ausgebombt und davongekommen mit nicht mehr, als er auf dem Leibe trug, ohne Skrupel und ohne behördliche Genehmigung, unter Umgehung des Herrn Bromme, diese Laube bezogen und jetzt sogar Weidinger, den Ingenieur Weidinger und dessen Frau bei sich aufgenommen.

Weidinger sieht auf seine Armbanduhr. Diesmal ist es nicht nur eine mechanische Bewegung, diesmal geschieht es mit der Absicht, die Zeit festzustellen. »Gleich halb sechs«, sagt er und seufzt dazu.

Steinle wendet sich nicht um. »Genau so spät war es gestern um diese Zeit auch, Rudi«, sagt er gegen das Fenster.

»Hilde ist schon über eine Stunde weg«, fügt Weidinger hinzu, »und sie wollte doch nur mal sehen, was los ist.«

Steinle lacht ein paar glucksende Töne. »Nur ist gut«, sagt er, ohne sich umzuwenden.

Weidinger blickt auf Steinles breiten Rücken. »Mensch, steh nicht da wie ein Klotz«, sagt er böse und angreiferisch.

Steinle wendet sich langsam um und lehnt sich gegen das Fensterbrett, seine Bewegungen sind provozierend langsam, er faltet die Hände vor dem Bauch und läßt die Daumen umeinanderrollen. »Ist dir damit gedient, Rudi, wenn ich mich auf einen Stuhl setze und mit dem Hintern unruhig hin und her wetze wie du?«

»Deine Ruhe möcht' ich haben, Alfons!«

»Ich wünsch sie dir, Rudi.«

»Die Hilde ist . . .«

»Ach, red doch nicht von Hilde«, unterbricht Steinle ihn barsch. »Du hast doch um Hilde keine Angst, du weißt doch ganz genau, daß sie tüchtig und resolut ist, der passiert schon nichts.«

Weidinger, der bereits wieder den Ärmel seiner Jacke zurückgestreift hat, blickt nun doch nicht auf die Uhr, er hebt den Blick zu

Steinle und sagt: »Was willst du damit sagen?« Er versucht, eine gewisse Schärfe in den Ton zu legen, aber es gelingt ihm nicht, es klingt ziemlich kläglich.

Steinle lächelt in den Mundwinkeln. »Du verstehst mich schon, Rudi. Wir wolln doch nicht immer wieder von vorn anfangen.«

Weidinger hat es jetzt aufgegeben, nach der Uhr zu sehen. »Nee, nee, Alfons«, sagt er eifrig, »du mußt schon deutlicher werden.«

Steinle macht eine einladende Handbewegung. »Bitte schön«, sagt er ironisch und steckt die Hände in die Hosentaschen. »Der Herr Ingenieur ist unruhig, weil er vor der Zukunft Angst hat, weil er in der Luft hängt, weil er nicht weiß, was jetzt kommt, weil er sich überhaupt nicht vorstellen kann, wie es jetzt lang gehen wird. Deshalb wird der Herr Ingenieur unruhig und wetzt den schönen Hosenboden durch. Hab' ich vielleicht nicht recht?«

Weidinger wiegt den Kopf hin und her, er setzt zum Sprechen an, aber er sagt nichts. Mit Steinle ist nicht gut Kirschen essen, wenn der aufgedreht ist, der hat so eine Art, durch und durch zu sehen, daß einem bange werden kann. »Der Herr Ingenieur fürchtet auch, daß man in seiner Vergangenheit ein paar dunkle Punkte, ein paar dunkelbraune Punkte entdecken wird«, fährt Steinle ruhig fort.

Der erlaubt sich ein bißchen viel, empört sich Weidinger. »Na, hör mal«, braust er auf. »Du weißt doch am besten ...« Der kann doch nicht plötzlich alles vergessen haben, um Gottes willen, der kann jetzt doch nicht alles vergessen wollen ...

»Gib doch ruhig zu«, spricht Steinle weiter, ohne den Einwurf zu beachten, »daß du dich ganz schön an die Nazis rangeschmissen hast, weil sie dich aus deinem Proletarierdasein herausgehoben und dich zum Ingenieur, zu so 'ner Art von Ingenieur gemacht haben, eigentlich nur zu 'nem Techniker.«

»Aber du weißt doch ...« versucht Weidinger noch einmal einzuwenden. Dem muß man gehörig aufs Gedächtnis tippen. Es hat gar keinen Zweck, hier den feinen Mann zu spielen und Dankbarkeit nicht für bare Münze anzusehen, schließlich geht's hier um mehr.

Steinle winkt ab. »Bin gleich so weit, Rudi. Was wollt' ich grade sagen? Ach ja, richtig! Der Herr Ingenieur hat sich nicht nur an die Nazis rangeschmissen, er hat auch – aus Dankbarkeit – sehr gut für sie gearbeitet und ihr Loblied gesungen, er hat die Rüstung angekurbelt, die Arbeit rationalisiert, er hat 'n paar kleine Erfindungen gemacht, er hat den Betrieb ganz schön auf Touren gebracht. Stimmt das oder stimmt das nicht?«

Weidinger senkt den Kopf. »Es stimmt«, sagt er leise, »das will ich nicht bestreiten«. Er hebt den Kopf wieder und streicht eine Haarwelle zurück. »Aber ich hab' ... wir haben uns alle nach der Krippe gedrängt, Alfons, das war nun mal so, und bei euch wird das nicht anders sein, auch ihr werdet an die Krippe drängen, ohne Rücksicht auf Verluste.« Er schnauft verlegen, weil er fürchtet, zuviel gesagt zu haben. »Aber ich hab' ... wirklich nicht ...«

»Na, was hast du nicht, Kleiner? Was denn?«

Weidinger steht auf und tritt an Steinle heran, der ihn fast um einen Kopf überragt. »Aber ich hab' euch nicht verraten, Alfons«, sagt er triumphierend.

Eine Pause entsteht. Ja, er hat uns nicht verraten, das ist richtig. Steinle denkt an jene Schrecksekunde, als er während einer Nachtschicht auf dem Abort illegale Flugblätter an ein paar zuverlässige Leute verteilte und als plötzlich der Ingenieur Weidinger, der kleine Friseur, wie sie ihn nannten, mitten unter ihnen stand, eines der Blätter an sich nahm und ebenso schnell wieder verschwand. Da am Eingang der Toilette ein zuverlässiger Mann Wache gestanden hatte, konnte es nur so gewesen sein, daß der Ingenieur in einer der anderen Zellen gesessen hatte, und dafür konnte Steinle nur sich selbst verantwortlich machen, es war seine Aufgabe, festzustellen, ob der Abort »sauber« war. Sie alle hatten selbstverständlich erwartet, daß der kleine Friseur sofort zum Werkschutzleiter oder zum Abwehrbeauftragten laufen, die Halle absperren und sie alle verhaften lassen würde.

Nichts von alledem geschah. Der kleine Friseur tat so, als ob nichts geschehen sei, er kam mit keinem Wort auf die Flugblätter zurück, er war freundlich oder grummlig wie vorher, und er verriet auch nichts, als später Plakate auf den Aborten und an Zäunen, Flugblätter an den Drehbänken gefunden wurden und die Gestapo anrückte. Weidinger beteiligte sich zwar an der Fahndung nach den Tätern, aber er tat das offensichtlich nur zum Schein und mußte sich vor allen Arbeitern der Abteilung von einem Gestapokommissar anbrüllen lassen, daß seine Abteilung ein Saustall sei und daß es ihm kein gutes Zeugnis ausstelle, wenn er seine Leute so wenig kenne, daß er der Gestapo nicht einmal einen Fingerzeig geben könne. Der kleine Friseur blieb sogar eisern, als der Kommissar drohte, daß diese Vorfälle, wenn sie sich nicht aufklären ließen, schließlich zu seinen, zu Weidingers Lasten gehen würden, und was das bedeute, könne er sich wohl selber ausmalen.

Steinle blickt auf den schwarzen Scheitel Weidingers herab. »Du hast uns nicht verraten, Rudi«, sagt er langsam, als wäge er jedes Wort, »das ist richtig, nur ist mir bis heute nicht ganz klar, weshalb du es nicht getan hast.«

Weidinger stößt ihn mit dem Ellenbogen in den Bauch. »Das weißt du nicht? Aus Kameradschaft, aus Solidarität, aus . . .«

»Aus Menschlichkeit«, ergänzt Steinle. »Mensch, Rudi, quatsch doch nicht. Mir machst du doch nichts vor.« Er grinst über das ganze Gesicht und zwinkert mit den Augen. »Ich werd' dir mal meine Meinung sagen, ganz unverblümt und so, wie mir der Schnabel gewachsen ist. Du hast uns nicht hochgehn lassen, weil du 'n Alibi haben wolltest, mein Junge, für später, für jetzt. Du bist ja nicht dumm, kleiner Friseur, und das hattest du damals, Ende vierundvierzig, ja auch schon gemerkt, daß der Nazi-Zauber zu Bruch geht, und da ist dir der Allerwerteste ganz gehörig auf Grundeis gegangen. Da hast du dir gedacht, so 'ne kleine Rückversicherung bei den Antifaschisten oder wie die sich sonst nennen, wär' gar nicht schlecht, das ist wie 'ne Sparkasse. So oder so ähnlich ist das gewesen. Mir machst du doch nichts vor, Rudi.«

Weidinger ist einen Schritt zurückgetreten und stemmt die Hände in die Hüften, er ist entrüstet, richtiger, er mimt Entrüstung. »Das geht zu weit, Alfons!«

Steinle blinzelt ihn an und wirft die Lippen auf. Wie der sich aufspielt, wie der sich mit Luft aufplustert, wie der den Gekränkten markiert. Na, kleiner Friseur, dir werd' ich jetzt einmal auf den Zahn fühlen, du mußt jetzt mal Farbe bekennen. »Ich will dir mal eine ganz konkrete Frage stellen, Rudi«, sagt er.

Weidinger blickt ihn erwartungsvoll an, er setzt eine neugierige Miene auf, tut gelassen und blickt zwischendurch wieder einmal auf die Armbanduhr. »Bitte schön«, meint er mit einladender Handbewegung, »frage nur.«

Steinle umfaßt sein Kinn, als strähne er einen Bart. »Wie hättest du dich verhalten, Rudi, wenn sich der Vorfall nicht im November vierundvierzig, sondern, na, sagen wir Ende einundvierzig ereignet hätte? Na?«

Weidinger sieht Steinle verblüfft an. Diese Frage hat er nicht erwartet. Er nimmt die Hände von den Hüften und läßt sie schlaff sinken. Ende einundvierzig, überlegt er rasch, da standen wir vor Moskau, da lag Frankreich am Boden, da war England so gut wie k.o., da hatten die Japaner dem Roosevelt eins gehörig auf die Nase gegeben, da war alles in bester Ordnung, da kamen die schönen Sonderzuteilungen aus der Ukraine, und er, Weidinger, saß weit hinten, war reklamiert und gerade Abteilungsleiter geworden, alles, was ich bin und habe, dank ich dir, mein Führer, da gab's überhaupt keinen Zweifel an der gerechten Sache, das war wie ununterbrochen Weihnachten, Sondermeldung und Sonderzuteilung ...

»Na, was ist, Rudi?« ermuntert Steinle den Ingenieur und fixiert ihn beharrlich. »Fällt es dir so schwer, die Frage zu beantworten?«

Weidinger seufzt innerlich. Vorbei, die schönen Zeiten! Er reißt sich gewaltsam zusammen. Laß dich nicht gehen, ruft er sich zur Ordnung. »Sicher genauso«, antwortet er jetzt schnell. »Bestimmt genauso«, verbessert er sich rasch.

Steinle hat ihn sehr genau beobachtet. »Mensch, Rudi, mir machst du nichts vor«, sagt er freundlich und winkt mit kurzer Handbewegung ab. »Du hast uns jedenfalls damals nicht verpfiffen, das ist das Positive, und daran halte ich mich.« Und daß ich ihn zu mir, in diese Laube genommen habe, fügt er in Gedanken hinzu, das hab' ich nicht getan, weil ich den kleinen Friseur so lieb und nett finde, sondern um ihn ein bißchen unter Kontrolle zu haben. Der ist gerade zur richtigen Zeit ausgebombt worden.

Weidinger blickt wieder flüchtig auf seine Armbanduhr. »Gleich sechs«, murmelt er. Dann hebt er den Kopf. »Ich versteh' übrigens nicht, was dieses Gespräch und diese blöde Fragerei für einen Zweck haben sollen.«

Steinle löst sich vom Fensterbrett, geht auf Weidinger zu und legt ihm die schweren Hände auf die Schultern. »Weil jetzt der Augenblick gekommen ist, daß wir gleich auf gleich miteinander reden können, mein Junge. Du hättest ...« Er winkt ab. Du hättest uns immer noch verpfeifen können, wenn es dir gepaßt hätte, hat er sagen wollen, solche wie du sind weich in den Kniekehlen, die fallen leicht einmal um. Aber er hält das Wort zurück und sagt kurz: »Schon gut, Rudi, du bist schon 'n anständiger Kerl.« Wenn's zu deinem Vorteil ist, setzt er in Gedanken hinzu.

»Das will ich meinen«, sagt Weidinger selbstbewußt. »Ein andrer hätte euch hochgehen lassen.« Er nickt sich selbst ein paarmal zu. »Die von der Gestapo hab'n mich ganz schön in die Zange genommen, das kannst du mir glauben.«

Steinle lächelt ironisch und mitleidig. »Weshalb soll ich das nicht glauben? Meinst du, ich hab' mit den Brüdern noch nichts zu tun gehabt?«

»Du hast mir nichts davon erzählt«, sagt Weidinger vorwurfsvoll. »Ich weiß überhaupt sehr wenig von dir, eigentlich nur, daß du Alfons Steinle heißt, ungefähr vierzig Jahre alt bist, als Dreher bei Albatros gearbeitet hast, diese miese Laube bewohnst ... Das ist eigentlich alles. Na, und daß du 'n anständiger Kerl bist. Warum tust du eigentlich so geheimnisvoll?«

Steinle hat ihm wohlwollend und herablassend zugehört, jetzt lacht er breit, die Lippen entblößen sein mächtiges Gebiß, große weiße Zähne mit schartigen Rändern. »Aus gutem Grund ist Juno rund!« zitiert er den bekannten Reklamevers statt einer Antwort.

Weidinger ist empört, spielt Empörung, stampft mit dem Fuß auf und ballt die Hände. »Ich glaub', du nimmst mich nicht ernst.«

Wer kann denn den schon ernst nehmen, diesen Tangojüngling, diese Schmalztollenfigur, diesen Hampelmann; seine eigene Frau, die Hilde, nimmt ihn ja nicht einmal ernst. Dabei ist er ein ganz gehenkter Junge, der ziemlich genau weiß, was er will, der sich zu drehen und zu wenden versteht und der sein Fach versteht, alles was recht ist. »Laß nur, Rudi«, sagt er gemütlich, »wir werden uns auch in Zukunft vertragen.« Er schlägt ihm mit der Rechten kräftig auf die Schulter.

Weidinger geht fast in die Knie. »Deine Zärtlichkeiten, Alfons«, sagt er ein wenig kläglich, weicht beiseite und reibt sich die Schulter. »Du, da kommt übrigens der alte ... Ich kann den Namen nicht behalten.«

Steinle dreht sich um und blickt aus dem Fenster. »Andrikeit«, sagt er. »Ja, Andrikeit«, sagt Weidinger lebhaft, froh, dem Gespräch entronnen zu sein. Der Steinle hat eine Art, mit einem zu reden, als wäre man noch ein Rotzer. Wenn der auch an die zehn Jahre älter ist, schließlich ist der doch nur ein Dreher, und er, Weidinger, hat es immerhin zum Ingenieur (oder doch wenigstens zum Techniker) gebracht, er hat die Abteilung geleitet und so an die hundertzwanzig Mann unter sich gehabt. Er ist doch also wer, während der Steinle ... Was ist der denn schon? Ganz geschickt reden kann er, übrigens viel unverständliches Zeug, wenn er mit seinen Kumpels zusammen ist, so Sachen, die sie wohl noch in der Systemzeit aufgeschnappt haben. Aber das kann Weidinger ihm jetzt selbstverständlich nicht sagen. Für solche Leute wie Steinle beginnt jetzt möglicherweise 'ne Konjunktur, denn die werden doch mit den Russen zusammen machen, klar, und da muß man sich an so einen halten, noch dazu wenn man sich gewisse Verdienste um ihn und seine Genossen erworben hat. Man will ja weiterleben, mit dem Flugzeugbau ist es aus, klar, daß die Russen den Laden zusammenhauen, daß kein Stein auf dem andern bleibt. Es ist einfach 'ne Sache des gesunden Menschenverstandes, daß man sich so einen wie Steinle warm hält. Hilde hat damals schon den richtigen Riecher gehabt, als er ihr von den Flugblättern erzählte und nicht wußte, was er machen sollte. »Das ist ein sicherer Wechsel auf die Zukunft«, hat sie gesagt. »Die Nazis sind fertig, das merkt doch jedes Kind.« Hilde hatte ja schon lange nicht mehr an den Endsieg geglaubt. Er selber ist auch damals noch keineswegs von der Unabwendbarkeit der Niederlage überzeugt gewesen, es wurde ja noch an der Wunderwaffe herumgebastelt. V3, V4 und sonst noch was. »Die Gestapo kann dir später gar nichts nutzen«, hatte Hilde hinzugefügt, »aber diese Kommunisten oder was sie sonst sind, die kannst du später vielleicht ganz gut gebrauchen.« Das hatte Hilde gesagt. Das hatte den Ausschlag gegeben. So hatte Weidinger seine Entdeckung für sich behalten, auch als die Sache mit den Flugblättern aufkam und die Gestapo verdammt unangenehm wurde. Der Steinle hat ja auch eine gewisse Dankbarkeit bewiesen, indem er Hilde und ihn in diese miese, aber außerhalb der Gefahrenzone gelegene Laube aufnahm.

Weidinger seufzt ein ganz klein wenig. Es ist ihm nicht gerade angenehm, auf so einen wie Steinle angewiesen zu sein und sich von oben herab behandeln zu lassen, aber es geht im Leben nicht immer nach Gefallen und Belieben. Man muß den Vorteil wahrnehmen, wo man ihn findet. Der alte ... Wie heißt er? Richtig, auch der alte Andrikeit hat so eine Art, über einen hinwegzusprechen, durch einen hindurchzusehen, wenn der mit Steinle spricht. Wenn man die beiden reden hört, könnte man meinen, alle Probleme dieser beschissenen Welt seien schon längst gelöst, es käme nur noch darauf an, der übrigen Menschheit und besonders den dämlichen Deutschen die großen Wahrheiten beizubringen. Wenn er, Weidinger, sich eine Bemerkung erlaubt, dann wirft der Alte ihm stets einen Blick zu, als bemerke er Weidingers Anwesenheit erst, wenn er etwas sagt. Der Alte hat für ihn eine unverhohlene Verachtung, in den Gesprächen mit Steinle jedoch entwickelt er einen fast hysterischen Eifer, ja, Beflissenheit und Unterwürfigkeit, die dem Alten gar nicht recht ansteht, zumal – soviel hat Weidinger schon herausgehört, obwohl er so gut wie nichts von dem Kauderwelsch versteht, in dem die beiden sich unterhalten – zumal die beiden im gleichen politischen Nest zu sitzen scheinen.

»Ob der Alte zu uns kommt?« fragt Weidinger, um überhaupt etwas zu sagen, und blickt auf die Armbanduhr. »Sechs durch«, murmelt er dabei. Der alte Andrikeit wohnt in einer elenden Bretterbude in der Parallelstraße und interessiert ihn nicht im mindesten, der ist ein ganz armer Hund und weit über sechzig. Weidinger vermag sich nicht vorzustellen, daß der ihm einmal von Nutzen sein könnte. Dennoch ist er höflich, sogar freundlich zu ihm, weil er es mit Steinle nicht verderben will, jetzt weniger denn je.

Steinle zuckt mit den Schultern. »Ob Andrikeit zu uns kommt? Wird sich gleich herausstellen.« Er lauscht nach der Tür hin.

»Ja, er kommt zu uns.«

Da geht auch schon die Tür. Der alte Andrikeit kommt nicht herein, er stürzt herein und läßt sich auf die Couch fallen. Er ist ein mittelgroßer, untersetzter Mann, in seinem bleichen Gesicht laufen tiefe Furchen kreuz und quer, sein Haar ist schlohweiß und locker nach hinten gekämmt. Die Augen unter den dichten, noch ziemlich dunklen Brauen sind hell, von wässeriger Bläue, und von dünnen Tränensäcken umgeben.

Steinle schließt die Tür. »Was ist los, Andrikeit?« fragt er. In seiner Stimme schwingt eine verhaltene Spannung.

Andrikeit hat sich endlich freigeatmet. »Bin die ganze Strecke gelaufen«, sagt er, immer noch mühsam. »Die Russen sind schon in Lindenthal!«

Steinle ist mit einem Sprung bei ihm. »Ist das wahr?«

Andrikeit nickt. »Hab' sie selber gesehen, wie sie das Rathaus besetzt haben.«

»Na und?« drängt Steinle.

»Gar nichts weiter«, sagt Andrikeit. »Ging alles ganz ordentlich zu, die SS ist schon vorher abgehaun, und der Volkssturm soll sich verkrümelt haben. Jetzt gehen sie durch die Häuser und Keller und suchen nach Waffen und Soldaten . . .«

»Und nach Uhren«, wirft Weidinger ein. »Uhri-Uhri! Davon hat man schon gehört!«

»Quatsch nicht«, fertigt Steinle ihn ab. »Das würdest du nicht anders machen, wenn man dir das ganze Land ausgeräumt hat.«

»Na gut«, sagt Weidinger nachgiebig, »im Krieg macht man eben Beute. Aber was ist mit den Vergewaltigungen und Verschleppungen?«

Steinle lächelt nachsichtig. »Du hast dem Goebbelsschen Schatzkästchen zuviel gelauscht«, sagt er und droht scherzhaft mit dem

Zeigefinger. »Die Soldaten der Roten Armee sind Menschen mit sozialistischem Bewußtsein.« Dann wendet er sich wieder an Andrikeit: »Wir müssen sofort zum Rathaus!«

Andrikeit hat seinen Blick starr auf den Fußboden gerichtet. »Ja, das müssen wir wohl«, sagt er ein wenig bedrückt.

Weidinger hat mit offenem Mund zugehört. »Waaas? Was wollt ihr? Ihr wollt . . . ihr wollt zu den Russen gehen?«

Steinle mustert ihn mit einem Blick, in dem Geringschätzung und Verwunderung sind. Er zieht seine Joppe an und setzt die Mütze auf. »Wir können sie ja auch hierher zu uns einladen«, sagt er dabei, »zu Kaffee und Kuchen und Ringelpietz.«

»Laß doch die Witze«, sagt Weidinger ärgerlich. »Aber sag mal, was wollt ihr bei den Russen? Seid doch froh, daß sie euch ungeschoren lassen.«

Steinle knöpft seine Joppe zu. »Lieber Junge«, sagt er gönnerhaft, »das Rathaus wird jetzt entwanzt. dabei wollen wir helfen, und dann geht die Arbeit weiter, und dabei wollen wir erst recht helfen. Diesmal, kleiner Friseur, bleiben die Beamten nicht wie 1918 mit ihren breiten Hintern in den Verwaltungen sitzen, diesmal ziehen wir ihnen die Sessel unterm Arsch weg, daß sie sich den Steiß für immer verstauchen. Verstehst du das?«

Weidinger überlegt. Diesmal, heißt das, setzt ihr euch in die Sessel, bis auch die Hintern dick und rund genug geworden sind, daß ihr die Sessel ausfüllt. Sollen sie nur, denkt er grimmig, sollen sie nur, da wird was Schönes draus werden. »Ihr wollt also . . .«, sagt er langsam, als begreife er nur schwer, was Steinle gemeint hat.

»Ja, wir«, bekräftigt Steinle. »Oder hast du was dagegen?«

Weidinger legt die Rechte beteuernd aufs Herz. »Ich? Weshalb denn? Zeigt mal, was ihr könnt! Werden Sie auch mitmachen, Herr Andrikeit?«

Der Alte hat regungslos auf der Couch gesessen und auf den Fußboden gestarrt, bei Weidingers Anrede schreckt er auf. »Was? Wie bitte?« fragt er verwirrt.

Weidinger beugt sich zu Andrikeit hinüber. »Ob Sie jetzt auch Beamter werden, möchte ich wissen.«

Andrikeit blickt Steinle hilflos an, dann schiebt er Weidinger von sich fort. »Weiß ich nicht«, sagt er barsch.

Steinle gluckert ein Lachen aus der Kehle. »Natürlich wird er Beamter, mit lebenslänglicher Anstellung, mit Pensionsberechtigung und allen Schikanen. Wir gehen jetzt ins Rathaus, um bloß noch die

Verträge zu unterschreiben.« Dann wendet er sich an Andrikeit. »Komm«, sagt er bestimmt. »Wir holen noch Burmesters ab, dann wollen wir sehen, daß wir den Dolmetscher Sibilitz heranbekommen. Auf geht's!«

Als sie die Laube verlassen, lacht Weidinger höhnisch und sieht ihnen schadenfroh nach. Da gehen die neudeutschen Beamten, der Bürgermeister Steinle und der Rendant Andrikeit, schäbig und ungeschlacht, können kaum ihren Namen schreiben und wollen eine Stadt verwalten. Laß sie, laß sie doch, sollen sie sich blamieren bis auf die Knochen, um so eher werden die Tüchtigen, die Geschickten, die Qualifizierten an die Krippe kommen, wieder in die Rathäuser einziehen. Er reibt sich vergnügt die Hände. Klar, die Steinles werden schnell abwirtschaften, das ist so sicher wie ... wie der Tod. Dann wird auch er, Weidinger, sein Plätzchen finden, als Ingenieur bei den Städtischen Werken zum Beispiel, das wär' gar nicht schlecht, denn Flugzeuge wird man wohl vorläufig nicht bauen, das ist vielleicht für immer vorbei. Oder vielleicht auch nicht, schickt er noch einen Gedanken hinterher. Die Russen sollen eine Vorliebe für Spezialisten haben. Möglicherweise kann man sich bei ihnen nützlich machen. Schöner wär's ja gewesen, wenn der Ami nach Berlin gekommen wäre, aber der hat ja an der Elbe haltgemacht. Na ja, man kann nie so dumm denken, wie's kommt.

Weidinger blickt auf die Armbanduhr. »Gleich halb sieben«, murmelt er und spinnt den Gedankengang weiter. Aber so lange, wie die Steinles und Andrikeits und Genossen im Amt sind, so lange muß man sich gut mit ihnen stellen. Und steht er nicht gut mit ihnen? Hilde hat damals den richtigen Riecher gehabt, sie ist überhaupt eine tüchtige Frau. Wieder blickt er auf die Uhr. »Gleich halb sieben«, stellt er beunruhigt fest. »Wo Hilde nur bleibt?« Er braucht sie jetzt, ihren Rat und ihren Trost, ist ihm doch zumute, als treibe sein Lebensschiff steuerlos in ein wildbewegtes Meer hinein.

Zweites Kapitel
Ein Entschluß und viele Hindernisse

1.

Gerda Rauer will ihren Mann ganz für sich haben

Rauer steht auf und schiebt den Stuhl, auf dem er gesessen hat, geräuschvoll und mit entschlossener Bewegung zurück. Dann stützt er die Hände auf den Tisch und beugt sich ein wenig vor, als wollte er eine Rede halten.

Gerda hat die Kaffeetasse gerade zum Munde führen wollen. Angesichts seiner entschlossenen Miene setzt sie die Tasse wieder zurück, die Hand, die die Tasse hält, zittert dabei ein wenig, der Kaffee schwappt über. Aber Gerda achtet nicht darauf, sie blickt in das Gesicht ihres Mannes, in dieses weiche Gesicht mit dem runden Kinn und den sanften Augen, das sie so gut zu kennen meint, und das ihr jetzt, in diesem Augenblick, so sonderbar fremd ist, das ein ganz neues Gesicht ist. Die Sorglosigkeit, die Unbeschwertheit, die es sonst ausgezeichnet, auch wenn die äußeren Verhältnisse noch so schwierig waren, sind ganz verschwunden. Die weichen Linien um Augen, Mund und Kinn haben sich vertieft und sind Falten geworden, das weiche, zurückfliehende Kinn scheint plötzlich eckig geworden zu sein. Seit gestern, seit er mit diesem Kraschinski die weißen Tücher aus den Fenstern von Frau Nowak gehängt hat, seit gestern ist der Mann wie verändert, hat er kaum gesprochen, ist er in sich gekehrt gewesen, hat ihre Zärtlichkeiten zwar nicht zurückgewiesen, aber doch deutlich erkennen lassen, daß sie ihm zwar nicht gerade lästig waren, aber ihn störten.

So hat er auch diese erste Nacht, da mit einiger Sicherheit anzunehmen war, daß die Sirenen nicht mehr ertönen würden, nicht so mit ihr verbracht, wie sie es gern gehabt hätte. Er hat ihre unmißverständliche Bereitschaft einfach übersehen, sie zwar geküßt, aber ihrer Werbung nicht nachgegeben. Dabei hat sich zwischen ihnen nichts geändert, jedenfalls nichts, das sie wahrgenommen hätte.

»Was ist denn, Herbert?« fragt sie besorgt.

Rauer steht noch immer am Tisch wie an einem Rednerpult, blickt über Gerdas Kopf hinweg aus dem Fenster, auf den großen sandigen Platz, in dessen Mitte der Wasserturm aufragt.

Drüben, auf der anderen Seite des weiten Platzes, ziehen die Kolonnen der Roten Armee, Ackerwagen mit kleinen, zottigen Pferden unter der Duga.

»Was ist denn, Herbert?« fragt Gerda. »Du willst doch nicht etwa aus dem Haus gehen?«

Rauer wendet ihr den Blick zu. »Doch«, sagt er bestimmt. »Ich will mal sehen, was los ist.«

»Laß das lieber«, sagt sie sanft. Sie hat bisher noch immer ihren Willen durchgesetzt, auf eine sanfte, einschmeichelnde Weise, wenn er entschlossen, auf eine fordernde, fast drohende Weise, wenn er nachgiebig und unentschlossen war. »Was soll denn in Lindenthal schon los sein? Was los ist, das kannst du genau so gut von hier aus sehen.«

Rauer hüstelt ein paarmal kurz. »Ich hab' mich vielleicht falsch ausgedrückt, Gerda«, sagt er. Nein, es hat keinen Zweck, ihr irgend etwas zu erzählen, um sie zu beruhigen oder abzulenken. »Ich meine . . .« Er zögert und versucht, Gerdas Blick zu entgehen. Verdammt noch mal, wie soll er es ihr schonend beibringen? Er haßt Aufregungen und Szenen und weiß genau, daß es die jetzt geben wird, wenn er mit seinem Vorhaben herausrückt.

Gerda steht auf, sie tritt neben ihn und streicht ihm über das volle, lockere braune Haar. »Was meinst du, Herbert?«

Rauer ist unter der zärtlichen Berührung durch ihre Hand zusammengezuckt. Er kennt ja genau ihre Art, durch Schmeicheleien und Zärtlichkeiten seine Geheimnisse und Vorbehalte aus ihm herauszulocken, wie damals bei der Sache mit der illegalen Sammelliste, als er sie nicht einweihte, um sie nicht zu belasten, und sich doch nicht gut genug verstellen konnte. Oder wie damals, als er ein Verhältnis mit der Werkstattschreiberin Anni angefangen hatte. Damals hatte sie auch, scheinbar nachgiebig, milde und verstehend, eine Einzelheit nach der anderen aus ihm herausgeholt, bis sie alles wußte, ganz genau wußte und ihn beschämte, weniger weil er auf Abwege geraten und im Handumdrehen überführt worden war, sondern weil er alle Intimitäten preisgegeben hatte. Aber diesmal will er keine Geheimnisse haben, will er ihr sogleich reinen Wein einschenken, ihr ohne Umschweife sagen, woran sie ist.

»In Lindenthal bilden sie jetzt so eine Art Ordnungsdienst«, sagt er und bemüht sich, in seine Stimme einen ebenso gelassenen wie entschlossenen Ton zu legen.

Gerda blickt ihn forschend an. »Du meinst die Leute, die seit heute früh mit den roten Armbinden herumlaufen und Polizei spielen?« fragt sie.

Rauer nickt. »Die Nazis sind doch verduftet, oder sie halten sich versteckt. Irgendwer muß doch . . .«

Gerda läßt ihn nicht ausreden. »Das sind doch alles ganz zweifelhafte Leute, sagt Frau Nowak«, meint sie mit geringschätziger Handbewegung und wirft die Lippen auf. »Die meisten sind ganz plötzlich aufgetaucht, kein Mensch kennt sie, die maßen sich einfach Rechte an und . . .«

Rauer stemmt die Hände in die Hüften. »Interessant!« sagt er heftig und ironisch. »Seit wann ist dir denn Frau Nowaks Meinung maßgebend, Gerda?«

Damit ist der Streit entfacht. Beide wissen in diesem Augenblick genau, worum es geht.

»Bisher hast du auf die Meinung von Frau Nowak gar keinen Wert gelegt«, fügt er noch hinzu. »Und außerdem solltest du die Dinge nicht aus der gleichen Perspektive sehen wie dieses Naziweib.«

Er ist widerspenstig, er ist entschlossen, sie fühlt das, sie sieht das auch an seinem Blick, an seinen Händen, die sich fest gegen die Tischplatte stemmen.

»Das tue ich ja auch nicht«, sagt sie nachgiebig und legt eine Hand auf seinen Arm, »aber sie kann ja ausnahmsweise auch einmal recht haben.«

Rauer schüttelt ihre Hand unwillig ab. »Frau Nowaks Meinung interessiert mich gar nicht«, sagt er laut, fast schreit er es und stößt dabei den Kopf gegen die Tür vor. Soll die das nur hören, die alte Hexe! Endlich kann er der einmal die Meinung geigen. »Ist doch klar, daß die was dabei findet. Die Braunen und Schwarzen, die hat sie herrlich gefunden.«

»Schrei doch nicht so«, sagt Gerda sanft. »Die braucht doch nicht alles zu hören.«

»Das gerade soll sie hören!« sagt Rauer, zwar noch immer heftig, aber doch mit verminderter Lautstärke. »Die Zeit ist vorbei, daß wir vor der gekuscht haben! Der will ich schon . . .«

Gerdas Hand legt sich rasch auf seinen Mund. »Sei nicht immer so vorneweg, Herbert«, sagt sie zwar milde, aber doch verweisend. »Der

Krieg ist doch noch gar nicht vorbei, auch wenn es in Lindenthal schon so aussieht.«

Rauer stößt ihre Hand heftig zurück und blickt seine Frau finster an, seine dichten Augenbrauen schieben sich über der Nasenwurzel zusammen, eine tiefe Falte steigt steil in die Stirn. »Ich weiß genau, was jetzt kommt«, sagt er wütend. »Wart doch erst ab! Sei nicht voreilig! Was kannst du denn schon machen! Es wird auch ohne dich gehn! Auf dich kommt es doch nicht an! Das willst du doch sagen, nicht wahr? Das willst du doch sagen, wie du es immer gesagt hast!«

Gerda bezwingt ihre Erregung. Solange Herbert aufgeregt ist, ärgerlich oder gar wütend, solange muß sie ruhig bleiben. »Ja, das habe ich gesagt«, erwidert sie ruhig und stellt die Kaffeetassen mit sicherer Hand zusammen, als wollte sie damit ihre Gelassenheit beweisen. »Ich habe es gesagt, weil ich es gut mit dir meinte.«

Oh, wie er diese Walze kennt! Er lacht kurz auf. »Weil ich es gut mit dir meine, richtig, das hab' ich vergessen«, höhnt er. »Was weißt du denn, was gut für mich ist, Gerda!«

»Setz dich doch, Herbert«, redet sie ihm zu, »so können wir nicht miteinander reden.«

Rauer setzt sich widerwillig auf das alte Plüschsofa, er sitzt vornübergebeugt da, wie sprungbereit, die Hände auf die Knie gestützt. »Ob ich nun sitze oder stehe«, trotzt er, »das ändert gar nichts an meinem Vorhaben. Gib dir keine Mühe, Gerda, diesmal stimmst du mich nicht um, diesmal machst du mich nicht weich, diesmal nicht.«

Gerda setzt sich neben ihn und greift nach seiner Hand. »Du hast mir ja noch gar nicht gesagt, was du vorhast, Herbert. Du hast nur gesagt, du wolltest einmal sehen, was los ist.« Sie streichelt seine Hand. »Was hast du denn vor?«

Die weiche, zarte Hand Gerdas tut ihm wohl wie immer, aber er mag diesmal keinem zärtlichen Gefühl nachgeben, diesmal nicht. Er weiß ganz genau, was sie will: Sie will ihn bei sich behalten, sie will ihn fernhalten von allem, was auch nur nach Politik aussieht, und sie hat es fast immer erreicht. Es hat deswegen zwar mitunter Streit gegeben, sogar heftigen Streit, aber dann hat er schließlich doch nachgegeben und sich's in ihrem Bett wohl sein lassen.

»Nun sag schon, was du willst.« Gerdas Stimme ist immer noch sanft, aber bereits ein wenig drängend.

Rauer richtet sich auf und wendet seiner Frau das Gesicht zu. »Ich will mich bei diesem Ordnungsdienst melden«, sagt er kurz. »Nun weißt du es.«

Gerda streichelt noch immer seine Hand und flicht ihre Finger spielerisch in die seinen. Nun ist es heraus, sie hat es ja geahnt, er scheint diesmal mehr als je entschlossen, seinen Willen durchzusetzen. Aber sie ist nicht weniger entschlossen, das zu verhindern, doch diesmal muß sie es anders anfangen. »Das ist doch kein Grund, so böse gegen mich zu sein. Ich hab' ja gar nichts dagegen, daß du dich bei denen meldest.«

Rauer ist überrascht. Das hat er nicht erwartet. »Du hast nichts dagegen?« fragt er.

Gerda schüttelt den Kopf und rückt dichter an ihn heran. »Nein, wirklich nicht.«

Er spürt die Wärme ihres Körpers durch ihr leichtes, dünnes Kleid und schließt für Sekunden die Augen, es ist ein angenehmes Gefühl, und dazu noch den Duft ihres Haares zu atmen, den zarten Hauch des Parfüms, ihren feinen Körpergeruch. Er fährt ihr flüchtig über das schöne, wellige, hellbraune Haar und küßt sie zärtlich. »Ist ja wunderbar«, sagt er erfreut, »dann ist ja alles in Ordnung.« Er steht auf und zieht sich die Jacke gerade. »Dann kann ich ja gehen.«

Gerda ist gleichfalls aufgestanden, sie tritt dicht an ihn heran und legt ihre Arme um seinen Hals. »Nur eine Bitte hab' ich noch«, sagt sie zärtlich. »Wart noch ein paar Tage. Ja?« In ein paar Tagen kann viel geschehen, denkt sie, in ein paar Tagen kann ein spontaner Entschluß gewichtigen Bedenken gewichen sein, kann er irgendeine Beschäftigung gefunden haben, die ihn ausfüllt, und sei es auch nur im Gemüsegarten, die Nowak hat am Morgen so etwas angedeutet. Er ist doch nur deshalb so ungeduldig, weil er seit ein paar Wochen nicht mehr hat richtig arbeiten können, immer nur untätig herumgehockt hat.

Rauer befreit sich mit einem Ruck aus ihrer Umarmung. Plötzlich ist ihm klar, was sie will, worauf sie hinaus will, er kennt ja schließlich ihre Methoden: Sie will Zeit gewinnen, eine Karenzzeit zwischen Entschluß und Tat legen, um ihm dann im Bett Versprechungen abzuringen, ihn zunächst rasend zu machen vor Gier und ihn erst dann gewähren zu lassen, wenn er alles versprochen hat, was sie verlangt. Rauer kennt seine eigene Schwäche, er muß vor sich selbst zugeben, daß er oft nicht ungern nachgegeben hat, auch wenn er sich, ernüchtert und gesättigt, selbst mit Ausdrücken wie Schwächling oder Pantoffelheld belegte. Er weiß, daß er es nicht erst zu Zärtlichkeiten kommen lassen darf, denn die Siege, die sie so über ihn errungen hat, hat sie ihm nicht nur eine Nacht, die hat sie ihm

Wochen und Wochen mit zärtlichster, unermüdlicher Hingebung vergolten. Aber diesmal ist er, obwohl es ihn zu ihr drängt (denn er ist sehr lange nicht bei ihr gewesen und fühlt, wie aufgestaut sein Blut ist), aber diesmal ist er doch fest entschlossen, nicht nachzugeben, denn wenn der Aufenthalt im Keller, die unfreiwillige Inhaftierung überhaupt einen Sinn gehabt haben, dann den, daß er nachgedacht hat. Und er hat sehr viel Zeit gehabt, nachzudenken.

Deshalb sagt er jetzt entschieden: »Nein, Gerda, ich melde mich noch heute, sofort. Du wirst mich nicht daran hindern können.«

Gerda ist betroffen. Diese schroffe Antwort hat sie nicht erwartet. Dennoch gibt sie ihre Bemühungen noch nicht auf. Sie hat es oft erprobt, daß – wenn Zärtlichkeiten, Küsse und Streicheln und Berührungen vergessen sind – etwas anderes zu helfen vermag, nämlich ein unablässiges Bohren. Sie darf ihn nicht in Ruhe lassen, nicht eher, bis er – um des lieben Friedens willen – zu allem ja und amen sagt.

»Ich hab' ja wirklich nichts dagegen«, sagt sie noch einmal, »aber wollen wir die Sache nicht noch einmal gründlich überlegen?«

»Da gibt's gar nichts mehr zu überlegen. Ich gehe, und damit basta!« Das kommt schroff und keine Widerrede duldend.

Aber Gerda gibt noch nicht nach. »Wenn du schon nicht an dich denkst, dann denk wenigstens an deine Familie«, sagt sie, nicht mehr sanft und milde, aber noch nicht angreiferisch, eher traurig und ergeben.

Rauer wischt ihr Argument mit einer Handbewegung weg. »Das hast du immer gesagt und mich dadurch an allem gehindert, was mich hätte über mich selbst hinausheben können. Jawohl, ich hab immer nur an meine Familie gedacht, und die anderen haben auch nur an ihre Familien gedacht, und so ist es gekommen, daß sie und ihre Familien zum Teufel gingen. Weil sie eben immer *nur* an sich und ihre Familien und nie über sich selbst hinausgedacht, weil sie sich selbst in ihre vier Wände eingesperrt haben. Und dann waren sie erstaunt, daß diese vier Wände über ihnen zusammengestürzt sind, sie erdrückt und erschlagen haben.« Rauer hat sich in Erregung geredet, jetzt mildert er den Ton, legt seine Hand in Gerdas Nacken und zieht sie zu sich heran. »Siehst du denn nicht ein, Mädchen, daß ich, daß wir bisher alles falsch gemacht haben, weil wir immer nur gewartet, uns auf die anderen verlassen, uns angeblich zurückgehalten haben? Siehst du das nicht ein, Gerda?«

Gerda schmiegt sich eng in seinen Griff. »Was haben wir denn falsch gemacht, Herbert? Wenn wir auch alles verloren haben, wir leben doch noch. So falsch kann es also wohl nicht gewesen sein.«

Rauer schüttelt den Kopf. »Daß wir davongekommen sind, das ist nicht unser Verdienst, dazu haben wir nichts getan, das ist Glück oder Zufall oder was weiß ich.« Er zieht Gerda so dicht zu sich heran, daß ihr Kopf an seiner Brust liegt. »Sieh mal, Gerda«, sagt er und fährt ihr mit der gespreizten Hand zärtlich durch die Nackenhaare, »gerade weil ich an meine Familie denke, in einem weiteren, meinetwegen in einem höheren Sinne ...« Gerda entwindet sich ihm geschmeidig. »... entziehst du dich ihr«, sagt sie böse, den angefangenen Satz ergänzend. Jetzt, da er versöhnlich ist, wird sie aggressiv.

Rauer ist, von ihrem jähen Ausbruch betroffen, einen Schritt zurückgewichen. »Aber versteh mich doch, Gerda«, sagt er ein wenig hilflos. »Ich kann nicht mehr tatenlos dabeistehen, ich muß mich endlich einmal einschalten, gerade weil ich an dich, an die Familie denke. Ist das so schwer zu begreifen?«

Gerda sieht ihn wütend an. »Ich begreife nur eins, nämlich daß jetzt, da der verdammte Krieg zu Ende ist, da man endlich mal wieder friedlich zusammenleben kann, da gehst du los, da stürzt du dich in Abenteuer.« Sie stampft mit dem Fuß auf und wirft den Kopf in den Nacken. »Und das nennst du Liebe!«

Rauer hat Mühe, ein bedauerndes Lächeln zurückzuhalten. Wie egoistisch Frauen sind, wenn sie lieben. Und wie hübsch Gerda aussieht, wenn sie zürnt. Er weiß genau, was in ihr vorgeht. War es damals wirklich die Angst, ihn zu verlieren, als sie ihn von der illegalen Tätigkeit, dem *Versuch* der illegalen Tätigkeit abbrachte, so ist es jetzt die Furcht, ihn häufig entbehren zu müssen, sich nur selten als Frau bestätigt zu fühlen. Und Rauer versteht das sehr wohl. Sie hat in den letzten Jahren nicht viele solche Stunden gehabt, sie ist ja noch eine junge Frau, weit jünger, als sie es dem Geburtsschein nach sein soll. Er umfängt sie mit einem zärtlichen, bewundernden Blicke. Nein, niemand sieht ihr die fünfunddreißig Jahre an, sie ist schlank wie ein junges Mädchen, die zwei Geburten scheinen ganz spurlos an ihr vorübergegangen zu sein, das Gesicht ist glatt, und nur wenn man ganz genau hinsieht, entdeckt man an den Augenwinkeln einige Fältchen, und es kommt sogar vor (aber das weiß nur er), daß sie sich, mit einem tiefen Seufzer, ein weißes Haar auszupft.

»Gerda«, sagt Rauer leise, »das, was ich jetzt tue, vor mir selbst tun muß, das hat doch mit uns beiden nichts zu tun, das ist unserer Liebe doch nicht abträglich.«

»Doch«, widerspricht sie heftig. »Ich will dich endlich einmal ganz für mich haben, und wenn du das nicht verstehst . . .« Sie spricht den Satz nicht zu Ende und wendet sich ab, als wollte sie Tränen verbergen.

»Nun, was ist dann?« fragt Rauer.

»Dann ist es aus mit uns«, erwidert Gerda wütend und schiebt den Stuhl, der ihr im Wege steht, mit viel Geräusch von sich fort. »Ich will endlich einmal als Frau leben, nur als Frau, die paar jungen Jahre, die man noch hat . . .« Sie dreht sich mit rascher, geschmeidiger Bewegung um, das leichte Kleid flattert für eine Sekunde hoch auf. »Im übrigen ist es höchst unüberlegt von dir. Du weißt doch noch gar nicht, wie alles wird.«

»Richtig«, stimmt Rauer zu, »das weiß ich nicht, das weiß wohl noch keiner, und gerade deshalb ist es notwendig, daß diejenigen, die mit einer einigermaßen weißen Weste durch die Nazizeit gekommen sind, die Sache in die Hand nehmen, um zu bestimmen, was wird.« Wie hell ihr braunes Haar im Schein der Sonne ist, wie durchscheinend die schlanken Ohren sind, wie verlockend ihr Körper in dem dünnen Kleide ist. »Komm, Mädchen, grolle nicht, damit änderst du nichts, diesmal nicht.«

Nein, sie sperrt sich gegen seine Gründe, sie will nichts von dieser Vernunft hören, sie will als Frau leben, nur als Frau, in den vergangenen Jahren hat sie sich oft eingeredet, langsam, aber sicher zu vertrocknen, und erst ein Blick in den Spiegel hat sie davon überzeugen können, daß es nicht an dem war. Aber sie hat auch das Flackern ihrer Augen, die kaum verhohlene Begehrlichkeit gesehen und das ungestüme Verlangen ihres Körpers gespürt, das endlich einmal wieder gestillt werden muß, aber das kann sie ihm natürlich nicht so deutlich sagen, das muß er spüren, und so flüchtet sie sich in andere Gegengründe.

»Die Russen werden euch gerade schalten und walten lassen!« sagt sie höhnisch. »Hast du dir gedacht, mein Junge!«

»Ich versteh' nicht viel von Politik«, gibt Rauer zu, »aber heute früh haben die Russen da drüben eine Tafel aufgestellt, und auf der steht: ›Die Hitler kommen und gehen, aber das deutsche Volk und der deutsche Staat bleiben.‹ Ich glaube, das hat etwas zu bedeuten.«

Gerda lacht böse auf. »Papier ist geduldig. Zwölf Jahre lang hast du außer den Fußballresultaten kein gedrucktes Wort geglaubt, und jetzt fällst du auf das erstbeste Plakat herein. Du verstehst wirklich nichts von Politik, Herbert.«

Es ist etwas Wahrheit in dem, was sie eben gesagt hat, aber einmal muß man doch neu anfangen, auch mit dem Glauben. »Es ist immerhin ein Ausspruch von Stalin«, sagt er, »der ist ja nicht irgendwer, und wenn sie das hier so groß und laut proklamieren, so besagt das eine ganze Menge.« Er holt tief Atem. »Aber wir wollen darüber nicht streiten, Gerda. Jedenfalls geh' ich jetzt. Komm, gib mir einen Kuß, Mädchen.«

Gerda dreht sich brüsk um. »Nein«, sagt sie entschlossen. »Wenn du jetzt gehst, ist es aus.«

Rauer zuckt mit den Schultern. »Du wirst es dir noch einmal überlegen, Gerda«, sagt er ruhig. Dann bindet er ein Taschentuch um den linken Jackenärmel und geht.

2.

Rauer begegnet einem unfreundlichen Vorposten

Die Stadt Lindenthal zerfällt gewissermaßen in zwei Ortschaften, in eine Siedlung westlich der Eisenbahnlinie nach Cottbus und in eine bürgerliche Kleinstadt östlich von ihr. Der westliche Teil ist der kleinere, er ist weitläufig bebaut, zwischen den meist kleinen Einfamilienhäusern liegen oft mehrere unbebaute Grundstücke, und an der Ortsgrenze, da, wo das große Bauerndorf Schönwalde beginnt, erstrecken sich weite, sanft hügelige Felder. Rauer kennt nur die Siedlung Lindenthal und auch diese recht oberflächlich, hatte er doch immer vermieden, am Tage nach Lindenthal zu kommen. Er hatte stets die dunklen Stunden, die Dämmerung des Morgens oder des Abends oder die Finsternis der Nacht benutzt, um möglichst ungesehen und unbehelligt zu seiner Familie, in das Haus der Frau Nowak zu gelangen, und stets den kürzesten, wenn auch nicht bequemsten Weg gewählt, nämlich den durch den dichten Lindenwald, der sich zwischen der Bahnlinie und der Siedlung erstreckt und dem der Ort wohl seinen Namen verdankt.

Jetzt geht Rauer zum ersten Mal durch die breiten Straßen der Siedlung, zum ersten Mal am hellen Tage, dazu scheint sogar die Sonne, hoch und blank steht sie am wolkenlosen Himmel, und nur am Horizont im Nordwesten hängt eine dunkle Wolkenwand. Als Rauer das Haus verlassen hat, ist er zunächst betroffen stehengeblieben und hat aufgehorcht. Irgendwo, gar nicht so sehr weit weg, rollt und donnert es, heult jäh auf, dann erst hat Rauer die tiefdunkle, grauschwarze, düster brodelnde Wolkenwand entdeckt, die den klaren, hellen Himmel wie ein Trauerrand begrenzt. Der Widerschein von gewaltigen Blitzen zuckt in ihr. Rauer ist beklommen zumute, als er die Siedlung durchschreitet, und immer wieder, wenn eine Lücke zwischen den Häusern die Sicht auf den Horizont freigibt, wird Rauers Blick von diesem düsteren Bild angezogen. Denn dort, hinter und unter dieser Wolkenwand liegt Berlin, dort ist noch Krieg, wüten noch Tod und Vernichtung. Fast hatte er es schon vergessen.

Kaum ein Mensch ist auf den Straßen. An den Fassaden, aus den Dachluken und auf den Zäunen wehen oder hängen weiße Tücher, aber die Fenster und Türen sind fest verschlossen, die Kaufleute haben die Jalousien heruntergelassen oder die Scherengitter vorgezogen. In den Gärten arbeitet niemand. Die lange, breite Straße, die durch die Siedlung zum Bahnhof und in den anderen Ortsteil führt, ist leer. Auch in den Nebenstraßen zeigt sich kein Mensch. Nur an der Bahnunterführung entdeckt Rauer einen Mann. Es ist ein langer, dürrer Mann, er geht auf und ab und hat die Hände hinter den Rücken ineinandergelegt. Es hat den Anschein, als ob er auf jemanden wartet, aber nicht weiß, aus welcher Richtung der Erwartete kommen wird, denn er blickt die Straße entlang, durch die Rauer jetzt geht und die parallel mit dem Bahndamm verläuft, und schließlich späht er noch in den Tunnel, der unter den Bahngeleisen hindurch zur eigentlichen Stadt Lindenthal führt.

Das ist ein unruhiger, ungeduldiger Warter, denkt Rauer, seine Augen sind wie Wiesel ... Ist das auch ein Warter? Jetzt hält der Mann im Hin- und Herschreiten inne und wirft einen Blick auf den Bahnsteig. Rauer schüttelt unmerklich den Kopf. Möchte wissen, was der sucht. Der Bahnsteig ist menschenleer, seit ein paar Tagen fahren hier keine Züge mehr durch, kurz hinter dem Bahnsteig sind die Gleise aufgerissen und außerdem durch einen Stapel Schwellen blockiert. Seltsam, der Kopf des Mannes ist ununterbrochen nach allen Richtungen in Bewegung, aber seine Füße setzen langsam Schritt um Schritt, gleichmäßig und gar nicht unruhig oder hastig, die Bewegung ist so wie die eines ... Klar, der Mann steht Posten! Sicher ist er einer des neuen Ordnungsdienstes. Er trägt eine verschlissene graue Joppe, eine graue Manchesterhose, eine alte Sportmütze, und jetzt, als er die Hände nach vorn nimmt, um sich eine Zigarette anzuzünden, da entdeckt Rauer auch die rote Armbinde.

Rauer beschleunigt den Schritt. Sehr gut, so einen sucht er ja gerade, der wird ihm über das Wie und Was und Ob Bescheid geben können. Als Rauer vor dem Mann steht, blickt er in zwei helle, scharfe Augen unter buschigen Brauen, in ein faltiges, zerfurchtes Gesicht mit einer wettergebräunten, rissigen Haut. »Guten Tag«, sagt Rauer.

Der Mann mustert ihn scharf. »Guten Tag«, brummt er und läßt den Blick wieder in die Runde gehen.

Dieser Blick ist mißtrauisch, und freundlich war der Ton gerade auch nicht. »Sie stehen hier wohl Posten?« fragt Rauer und ärgert sich im gleichen Augenblick über die dumme Frage. Er hätte ebenso gut fragen können: Fährt wohl keine Eisenbahn? Oder: Ist heute schönes Wetter?

Der Mann bläst den Rauch seiner Zigarette langsam und spielerisch vor sich. »Nee«, grunzt er, »ich steh' hier im Fußballtor. Ham Sie noch mehr solche Fragen?«

Ja, noch viele Fragen, möchte Rauer antworten, aber der Mann scheint sehr zugeknöpft, der behandelt ihn von oben herab. Ihm ist unbehaglich unter den forschenden, flinken Augen, und dabei hat er, Rauer, doch gar nichts zu verbergen.

»Doch, eine Frage noch«, sagt Rauer endlich entschlossen. »Ich möchte wissen, wo man sich melden kann.«

»Hä?« gluckert der Mann mit der roten Armbinde. »Melden? Was wollen Sie melden?« Er hat eine rauhe, fast heisere Stimme, er rollt die Worte, so scheint es, erst im Munde, bevor er sie ausspeit.

Rauer ist verlegen. »Ich meine ... Na dort, wo diese Binden ausgegeben werden«, sagt er und weist auf die Armbinde. Blödsinnige Frage, schilt er sich sofort selbst, verdächtige Frage, das sieht so aus, als ob er auf die Binde aus ist, um irgendwelcher Zwecke willen und nicht ums Helfenwollen, nicht wegen der neuen Ordnung oder wie man's sonst nennen mag. Aber er kann die Frage nicht mehr zurücknehmen und weiß auch nicht, wie sie zu stellen ist, daß sie vor diesem Fuchsgesicht bestehen kann.

Der Mann blickt seitlich auf Rauer herab, denn er ist fast einen halben Kopf größer, obwohl Rauer über Mittelgröße hat, und kneift ein Auge zusammen. »So, 'ne rote Armbinde wollen Sie?« fragt er. »Wozu denn? Wer sind Sie denn überhaupt?«

Der hat ja recht, wenn er mit ihm so verfährt. Tölpelhaft, wie er, Rauer, sich benimmt, aber wie soll er es dem beibringen, was in ihm vorgeht und was ihn auf die Straße getrieben hat?

»Rauer ist mein Name«, sagt er.

Der andere macht eine ironische Verbeugung. »Sehr angenehm«, brummelt er. »Das besagt ja alles, der Name spricht für sich.«

Rauer ist verwirrt. Für einen Augenblick erwägt er, einfach umzukehren, aber er verwirft diese Absicht sogleich wieder. Erstens würde er sich dadurch verdächtig machen, und er weiß nicht, welche Befugnisse dieser Mann mit der roten Armbinde hat, und zweitens will er sich nicht so schnell ins Bockshorn jagen lassen. Der Mann ist unfreundlich, behandelt ihn ironisch, aber das ist alles nur eine Decke, natürlich eine Decke aus Mißtrauen, und der wird schon seine Gründe haben, mißtrauisch zu sein. Natürlich hat der Mann recht. Was besagt der Name schon. Nichts, gar nichts.

»Gehn Sie lieber nach Hause«, sagt der Mann. »Das ist doch nichts für Sie.« Dann dreht er sich um und setzt seinen Postengang fort.

»Nein«, begehrt Rauer auf und geht dem Manne nach, »so schnell laß ich mich nicht abweisen.« Richtig, so muß er das vorbringen, die besten Gedanken kommen einem stets erst hinterher. »Ich will mich beim Ordnungsdienst melden.«

Der Mann bleibt wieder stehen und wendet sich halb um. Dabei wirft er Rauer einen abschätzenden Blick zu. »Hä?« schnauft er. »In diesem Aufzug? Da lachen ja die Hühner! Hast dich von Mutti hübsch zurechtmachen lassen!«

Rauer sieht verblüfft an sich herunter. In diesem Aufzug? hat der gesagt. Was soll das heißen: In diesem Aufzug? Aber dann versteht er. Er hat seinen Sonntagsanzug an, der auf Taille gearbeitet ist (Gerda hat die Hose noch rasch gebügelt, als er die Stiefelhose endlich in die Ecke werfen konnte), er trägt sein gutes Oberhemd, das hellgraue mit den feinen Silberstreifen, und eine seidene Krawatte, dazu seinen Veloursfhut, ja, er sieht aus wie ein Sonntagsspaziergänger, und der Mann hält ihn auch für einen solchen, der kann ja nicht wissen, daß diese guten Sachen die einzigen sind, die er, außer der Tarnkluft, noch besitzt, und in dieser, in Langschäftern und Stiefelhose auf die Straße zu gehen, das schien ihm doch nicht geraten.

Rauer lächelt den Mann mit der roten Armbinde an. »Meine Generalsuniform hab' ich gerade zum Schneider gegeben«, sagt er und wird dann ernst. »Mann, ich hab' bloß noch diesen einen Anzug.«

Der Mann kommt wieder näher und blickt Rauer prüfend an. »Solch' feinen Pinkels haben wir gern«, sagt er abfällig und lächelt mit seinem tabakbraunen Pferdegebiß. »Allerdings, manchmal steckt ja auch 'n anständiger Kerl in der feinen Schale.« Er macht eine Pause, dann fügt er einschränkend hinzu: »Aber nur manchmal.«

Der ist schon richtig, denkt Rauer. Oder hätte er mir gleich um den Hals fallen sollen? Spiel nicht den Beleidigten, sei ruhig.

Und so fragt er sachlich: »Und wo muß ich mich melden?«

»Im Rathaus, beim Komitee Freies Deutschland«, antwortet der Mann. »Schon was gehört davon?«

Rauer schüttelt den Kopf. »Nein«, antwortet er wahrheitsgemäß. Komitee Freies Deutschland? grübelt er. Es kommt ihm irgendwie bekannt vor, es scheint ihm nicht ganz unbekannt. Hat er nicht mal im Radio so etwas gehört, als er es – zum Entsetzen von Frau Nowak – auf eine »falsche« Wellenlänge eingestellt hatte? Oder verwechselt er es mit irgendwas? Aber Komitees haben sie schon, sogar hier in Lindenthal, das ist irgendwie beruhigend. »Nein, tut mir leid«, bedauert er. Es ist besser, bei der Wahrheit zu bleiben. Wenn er ja gesagt hätte, ja, er kenne das Komitee, dann hätte der weiter gefragt, wie der aussieht, wie der einen anguckt, und dann hätte sich sehr schnell herausgestellt, daß er, Rauer, gar nichts weiß.

»Bist 'n ulkiger Knabe«, sagt der Mann mit der roten Armbinde ein wenig mitleidig. »Na, geh schon. Rathaus, im Keller.«

Rauer seufzt unhörbar. Jetzt muß er noch einmal fragen, es ist ihm unangenehm, aber er kommt um die Frage nicht herum. »Und wo ist das Rathaus?«

Jetzt ist der Mann mit der roten Armbinde überrascht. »Das weißt du auch nicht?« fragt er und grinst. »Du bist wohl nicht von hier?«

Rauer muß zugeben, daß er wirklich nicht aus Lindenthal ist. Er versucht, noch eine Erklärung hinterherzuschicken, aber der Mann winkt rasch ab. »Solche ham wir ganz besonders gern«, sagt er. Er grinst und lächelt nicht mehr, er ist jetzt offen mißtrauisch, kneift die Augen zusammen und schiebt das Kinn vor. »Na, dich werd'n sie ganz schön zwiebeln.«

Rauer bleibt unschlüssig stehen. Dich werden sie ganz schön zwiebeln, hat der gesagt. Das klingt nicht gerade einladend.

»Na, geh schon«, sagt der Mann. »Durch den Tunnel, die Bahnhofstraße immer geradeaus, dritte Querstraße links, siehst es schon.«

»Danke schön«, sagt Rauer ein wenig kleinlaut. Er hat sich die Sache etwas leichter gedacht, etwa so, daß er hingehen wird und sagen: Guten Tag, meine Herren, mein Name ist Herbert Rauer, ich war kein Nazi, könnt ihr mich gebrauchen? So ungefähr hat er sich das gedacht, aber schon der Posten, dieser Vorposten gewissermaßen, nimmt ihn nicht ernst, ist mißtrauisch, hält ihn für sonstwen. »Danke schön«, sagt er noch einmal, nickt dem Mann mit der roten Armbinde zu und tippt mit zwei Fingern an den Hutrand. Dann steigt er die Stufen zur Unterführung hinunter. Dritte Querstraße links, die Bahnhofstraße geradeaus, hat der gesagt. Und was hat er vorher gemurmelt? Dich werden sie ganz schön zwiebeln? Ich denke, *die* Zeiten sind vorbei?

3.

Rauer wird gezwiebelt

Das also ist das Lindenthaler Rathaus. Rauer ist maßlos enttäuscht. Das soll ein Rathaus sein, dieser unförmige Kasten, dem man auf den ersten Blick ansieht, daß er oft umgebaut worden ist, daß man ihm hier noch einen Anbau zugefügt hat und da noch einen, daß man ihm noch ein Stockwerk aufgesetzt, weil man immer kleinlich, nur für morgen, niemals für übermorgen geplant hat. Aber was hat er denn erwartet? Einen Fachwerkbau, ein Haus im Renaissancestil oder nach klassischen Mustern oder einen modernen, flachen glatten Kasten aus Glas und Beton? Lindenthal ist, erinnert er sich, eine junge Stadt, kaum fünfzig Jahre alt, ursprünglich nicht mehr als eine winzige Waldsiedlung, die dann rasch wuchs, so schnell jedenfalls, daß man mit den Umbauten und Anbauten des Rathauses, das ursprünglich ein bescheidenes Gemeindeamt war, nicht mehr nachkam, der eigenen Entwicklung mißtraute und sich daher nie zu einem großzügigen Neubau entschließen konnte.

Das also ist das Lindenthaler Rathaus. Rauer ist ein wenig bekümmert, aber er redet sich selbst gut zu. Was kommt's schon darauf an, wie das Rathaus aussieht, entscheidend ist ja wohl, was für Leute drinsitzen. Aber besteht nicht vielleicht eine Beziehung zwischen dem kümmerlichen Baukasten und dem Geist, der in ihm herrscht? Nun, das wird sich herausstellen. Rauer geht schnell an dem sowjetischen Soldaten vorbei, der mit aufgepflanztem Bajonett vor dem Eingang steht, und erst, als er die Stufen zum Keller hinuntersteigt, fällt ihm ein, daß er dem Soldaten ja hätte zulächeln können. Weshalb hat er es nicht getan? Es ist eine Scheu da und noch mehr, ja, doch, noch etwas mehr, etwas wie Furcht, obwohl der Soldat doch ganz friedlich dagestanden und seine Papirossa geraucht hat.

Jetzt hat Rauer nicht aufgepaßt und ist gegen einen großen Mann gelaufen. Rauer entschuldigt sich und fragt: »Können Sie mir nicht sagen . . .« Der Mann, mit dem er den Zusammenstoß gehabt hat, ist schon ein paar Schritte weiter, jetzt wendet er sich zurück: »Ja, was denn?« fragt er hastig.

»Können Sie mir nicht sagen, wo das Komitee Freies Deutschland ist?« bringt Rauer seine Frage vor und starrt auf die Jacke des Mannes. Es ist ziemlich dunkel im Kellergang, aber Rauer erkennt doch ein rotes Abzeichen. Das ist doch nicht möglich, daß hier einer noch ein Nazipartei-Abzeichen spazierenträgt. Oder sollte sich hinter dem Komitee Freies Deutschland so etwas wie der Werwolf verbergen? Für eine Sekunde fühlt Rauer eine heftige Beklemmung, da wäre er schön in was hineingetreten . . . Aber nein, da ist kein Weiß in dem Abzeichen, ja, Donnerwetter, das ist ein großer Sowjetstern. Sieh an, das gibt's schon wieder oder noch immer. Rauer ist so in den Anblick des Abzeichens versunken, daß er die Antwort des Mannes überhört hat. Er muß noch einmal fragen.

»Zweite Tür rechts«, antwortet der Mann ungeduldig, und ehe Rauer noch sein Dankeschön anbringen kann, ist der Mann in irgendeiner Tür verschwunden.

Im Kellergang ist ein lebhaftes Hin und Her, aus vielen Türen dringt lebhaftes Stimmengewirr, auch eine Schreibmaschine klappert, und wenn er richtig gehört hat, läutet sogar ein Telefon. Es kann aber auch die Glocke einer Schreibmaschine gewesen sein. Ist ja auch nicht wichtig. Zweite Tür rechts, hat der Mann gesagt. Da ist es, da hängt ja auch ein Pappschild, und da steht, von ungelenker Hand mit Druckbuchstaben geschrieben: »Nationalkomitee Freies Deutschland«.

Nationalkomitee Freies Deutschland, so heißt also der neue Verein, denkt Rauer, als er, nachdem er vernehmlich geklopft hat, die Klinke niederdrückt. Na, denn hinein ins Vergnügen.

Zunächst ist Rauer enttäuscht. Er weiß nicht zu sagen, was er erwartet hat vorzufinden, aber das ist doch ein bißchen sehr wenig, das ist so gut wie gar nichts. Das Nationalkomitee ist, wenigstens scheint das so auf den ersten Blick, keine große Organisation, es ist alles andere als repräsentabel. Das »Büro« ist ein schmaler Raum mit zwei gegeneinander gestellten Schreibtischen und ein paar Stühlen. Das ist alles; kein Aktenregal, keine Schreibmaschine, kein Büroschrank, nicht einmal ein Telefon, rein nichts ist da, was einer Organisation mit einem so großartigen und vielversprechenden

Namen Glanz und Gewicht verleihen könnte. Nationalkomitee Freies Deutschland! Zum Lachen! Rauer ist an der Tür stehengeblieben, er hat guten Tag gesagt, jetzt dreht er den Hut, den schönen, fast neuen Veloursbut, unschlüssig in den Händen. Ob Gerda vielleicht nicht doch recht gehabt hat, als sie ihm riet, erst einmal abzuwarten? Das hier ist möglicherweise nur ein großer Name, hinter dem nichts steckt. Die frohe, zuversichtliche Stimmung, die ihn vorhin am Bahnhof und noch im Kellergang beherrscht hat, ist plötzlich verflogen. Am liebsten würde er jetzt umkehren, aber der Blick des Mannes, der am linken Schreibtisch sitzt und ihn über den Rand seiner scharfen Brillengläser hinweg mustert, hält ihn fest.

»Bitte, kommen Sie doch herein«, sagt der Mann.

Rauer geht zögernd auf den Schreibtisch zu. Der Mann hat eine freundliche Stimme und, trotz der strengen, randlosen Brille, auch ein freundliches Gesicht, es wirkt, durch die roten Wangen und den kleinen Mund, fast jungenhaft, obwohl er sicher schon über fünfzig ist. Sein schütteres blondes Haar ist an den Schläfen schon recht grau. Er hat sich gemütlich in den Sessel zurückgelehnt, die Brille abgenommen und reibt mit Daumen und Zeigefinger in den Augenwinkeln. Es ist fast eine Geste der Verlegenheit.

»Nun, was gibt's?« fragt der Mann, er setzt die Brille wieder auf und zieht ein dünnes Aktenbündel zu sich heran. »Nehmen Sie doch Platz«, fügt er verbindlich hinzu und weist auf einen Stuhl.

Der einladende Ton und mehr noch die freundliche Miene des Mannes, vor allem die verlegene Bewegung, mit der er die Brille abnahm und wieder aufsetzte, haben Rauer wieder freier gemacht. Er setzt sich auf den Stuhl an der Querseite des Schreibtisches, schlägt die Beine übereinander und hängt sich den Hut über das linke Knie. »Ich möchte mich dem Nationalkomitee zur Verfügung stellen«, sagt er selbstbewußt und blickt den Mann hinter dem Schreibtisch erwartungsvoll an.

»Sehr schön«, sagt der Mann und schiebt sich die Brille in die Stirn. »Wir brauchen Leute, sogar dringend.« Er blickt Rauer eindringlich an. »Allerdings nur . . .«, fügt er gedehnt hinzu, »nur zuverlässige Leute, einwandfreie Leute.«

Rauer nickt. Klar, zuverlässige und einwandfreie Leute. Fragt sich nur, was der darunter versteht. Hier kommt es, meint er, eigentlich nur darauf an, daß einer kein Nazi gewesen ist, und das kann er, Rauer, mit gutem Gewissen von sich behaupten. »Ich verstehe«, sagt er, »ich glaube, das von mir behaupten zu dürfen.«

Der Mann hinter dem Schreibtisch spielt mit seinem Bleistift. »Das ist, entschuldigen Sie schon, Ihre subjektive Meinung«, sagt er freundlich, dann setzt er entschlossen hinzu: »Nun, das werden wir gleich sehen.«

Rauer richtet sich auf. Das ist ja wohl deutlich. Wie hat der Posten am Bahnhof gesagt? Dich werden sie ganz schön zwiebeln!

»Dann werden wir uns mal ein bißchen unterhalten«, sagt der Mann, nicht unfreundlich, aber doch fast streng. »Warten wir noch einen Augenblick, bis ...« Er unterbricht sich, als die Tür geöffnet wird. »Da kommt er ja!«

Rauer blickt zur Tür. Ein großer Mann tritt ein, mit dunkelblondem, ein wenig welligem Haar, ein hübscher Kerl, bis auf die eingedrückte Nasenwurzel. Den hab' ich doch schon gesehen, denkt Rauer, richtig, das ist der Mann, mit dem er vorhin im Kellergang zusammengestoßen ist, da ist ja auch der Sowjetstern an seiner Jacke.

Der Mann kommt rasch näher. Ungewöhnlich lange Arme hat er, er schlenkert sie beim Gehen, als holte er Schwung mit ihnen. Er wirft dem Manne hinter dem Schreibtisch einen raschen, fragenden Blick zu, streift dann Rauer flüchtig und fragt: »Was gibt's, Gerhard?«

Der Mann hinter dem Schreibtisch weist mit einer Kopfbewegung auf Rauer. »Er hat sich bei uns gemeldet. Sie haben uns Ihren Namen noch nicht verraten.«

Rauer steht auf und macht eine leichte Verbeugung zu beiden hin. »Herbert Rauer«, sagt er und ärgert sich im gleichen Augenblick über die beiden Verbeugungen. Das war nicht richtig, das war überflüssig, das war sogar falsch. Das paßt zu seinem Sonntagsanzug, mögen die jetzt denken, oder: Was will der geschniegelte Heini hier?

Die beiden nennen jetzt ebenfalls ihre Namen. »Ziegler«, sagt der mit dem Sowjetstern und den Schlenkerarmen.

»Wernicke«, sagt der hinter dem Schreibtisch und fügt dann lächelnd hinzu. »Behalten Sie nur Platz, Herr Rauer.«

Rauer, ein wenig beschämt, setzt sich wieder und läßt den Blick zwischen Ziegler und Wernicke hin und her gehen. Ziegler hat sich gegen die Wand gelehnt und die langen Arme über der Brust verschränkt, sein Gesicht ist ganz undurchdringlich. Wernicke, im Schreibtischsessel, hat sich seitwärts zu Ziegler gewandt und blickt ihn fragend an.

Ziegler beugt sich ein wenig vor. »Sie wollen also bei uns mittun, Herr Rauer?«

Rauer nickt nur. Jetzt beginnt also das Verhör, jetzt werden sie anfangen, dich zu zwiebeln.

Ziegler zieht sich einen Stuhl heran und nimmt breitbeinig auf ihm Platz, dabei blickt er Rauer ungeniert und forschend ins Gesicht. »Auf wen können Sie sich berufen, Herr Rauer?« fragt er.

»Auf den Posten am Bahnhof«, sagt Rauer rasch.

Ziegler blickt ihn erstaunt an. »Auf was für einen Posten?« fragt er.

Rauer erzählt von der Begegnung mit dem langen, ein wenig vornübergebeugten Mann mit der roten Armbinde.

Wernicke nickt Ziegler zu. »Mausolf«, sagt er.

»So, Sie kennen den Mausolf?« fragt Ziegler, einen Grad freundlicher.

Nein, er kennt ihn nicht, muß Rauer zugeben.

Ziegler verzieht das Gesicht und hält den Kopf ein wenig schräg. »Sie können sich also nicht auf Mausolf, das ist der Mann, mit dem Sie gesprochen haben, berufen. Er hat Ihnen lediglich den Weg gewiesen. Wir wollen das genau auseinanderhalten, lieber Mann.« Ziegler hat den Ton seiner Stimme mehr und mehr verschärft, jetzt wird sie fast schneidend. »Ich möchte Sie ersuchen, sich im weiteren Verlauf unserer Unterredung klar und unmißverständlich auszudrücken. Sonst kommen wir nicht zusammen, Herr Rauer.«

»Wir müssen vor allem Klarheit gewinnen, über Ihre Person«, sagt Wernicke vermittelnd. »Das müssen Sie doch einsehen. Sehen Sie, Herr Rauer, über und unter uns ist ein gewaltiges Erdbeben hinweggegangen, es hat Feuer und Schwefel auf uns geregnet, und wir gehen jetzt in dem riesigen Trümmerfeld herum, um zu suchen, was noch unbeschädigt geblieben ist, aber das ist nicht leicht, manche Dinge, die wir finden, sehen vielleicht unbeschädigt aus, sind aber durch und durch brüchig, morsch, verfault. Verstehen Sie, was ich meine?«

»Gewiß«, bestätigt Rauer beklommen. Er fühlt sich recht hilflos. Was hat er Positives vorzuweisen? Daß er nicht in der Partei war, die Sache mit der illegalen Sammelliste, das ist aber auch schon alles. Was verlangen die? Was muß man getan haben, um sich hier würdig zu erweisen? Oder was muß man früher gewesen sein? Vielleicht sollte man noch irgendetwas hinzuerfinden . . .

»Ich hätte zunächst gern mal Ihr Arbeitsbuch gesehen«, sagt Ziegler und streckt die Hand aus. »Sie haben es doch bei sich?«

»Ja, selbstverständlich«, erwidert Rauer, erfreut, keine negative Antwort geben zu müssen.

Ziegler nimmt das Arbeitsbuch entgegen und schlägt es auf. »Herbert Rauer, geboren 19. Oktober 1908 in Berlin. Erlernter Beruf: Graphiker«, liest er halblaut. »Graphiker?« fragt er dann. »Was für eine Art Graphiker?«

Der will es aber genau wissen! Wozu muß er das wissen? »Gebrauchsgraphiker«, antwortet er aber bereitwillig. »Ich habe hauptsächlich Plakate gezeichnet, auch Diagramme, statistische Zeichnungen . . .« Er spricht nicht weiter, denn Ziegler ist dabei, im Arbeitsbuch zu lesen, nachdem er umgeblättert hat.

»Und das haben Sie bis zuletzt gemacht?« fragt Ziegler und hebt wieder den Blick.

»Nein«, antwortet Rauer und schüttelt den Kopf. »Als der Krieg kam, bin ich zum technischen Zeichner ausgebildet worden, die letzten vier Jahre habe ich bei der Metallbau gearbeitet, als technischer Zeichner.«

Ziegler blättert wieder einige Seiten zurück. »Sie haben gewohnt in der Bellermannstraße 28 und zuletzt in der Grünthaler Straße 10, nicht wahr?«

Rauer verneint. »Nein, Bellermannstraße 10 und Grünthaler Straße 28«, sagt er, »gerade umgekehrt.«

Über Zieglers Gesicht läuft ein flüchtiges Lächeln. »Sie haben zumindest gut gelernt«, sagt er, diesmal gar nicht streng.

Was der so fragt und redet, denkt Rauer. »Gelernt?« fragt er erstaunt. »An die zehn Jahre hab' ich in der Bellermannstraße 10 gewohnt, bis ich ausgebombt wurde, da vergißt man doch die Hausnummer nicht.«

»Sie haben gut gelernt«, wiederholt Ziegler und lächelt. »Für den Fall nämlich, daß dies nicht *Ihr* Arbeitsbuch ist, meinte ich.«

»Nicht mein Arbeitsbuch?« sagt Rauer. »Ich versteh' nicht, wie Sie das meinen, Herr Ziegler.«

Ziegler klappt das Arbeitsbuch zu und wiegt es auf der geöffneten Handfläche. »Aber jetzt wohnen Sie in Lindenthal?« fragt er, und seine Stimme hat wieder den strengen Ton, in seinem Gesicht ist jetzt ein lauernder Zug.

»Wohnen, das ist nicht ganz richtig ausgedrückt«, antwortet Rauer und blickt auf Wernicke, aber der hat eine Akte aufgeschlagen und schreibt. Was schreibt denn der? Der hat vorhin einen freundlichen, einladenden Zug im Gesicht gehabt, jetzt ist er ganz auf seine Akte konzentriert und scheint gar nicht mehr hinzuhören. »Das mit dem Wohnen ist eine ganze Geschichte«, fügt er hinzu und hebt die

Schultern. Das ist eine Geschichte, die Sie nicht interessiert, hat er sagen wollen, aber Ziegler hat ihn mit einer Handbewegung unterbrochen.

»Sagen Sie, Herr Rauer« – Ziegler spricht ganz langsam und blickt ihn dabei fest an – »die Metallbau ist doch im Februar verlagert worden, und zwar in die Tschechoslowakei. Wie kommen Sie da jetzt nach Lindenthal?«

Rauer verschlägt es fast die Sprache. Donnerwetter, der weiß Bescheid, aber alles weiß er nicht, denn die Metallbau ist nicht in die Tschechoslowakei, sondern in den Sudetengau verlagert worden. Sudetengau? fällt ihm sofort ein. Das ist doch die frühere Tschechoslowakei. Rauer senkt den Kopf, er ist ehrlich beschämt. Natürlich hat der recht, Tschechoslowakei muß es heißen, Sudetengau, das ist ein Ausdruck, den die Nazis gebrauchten, und den er, Rauer, unbesehen übernommen hat.

Ziegler hat Rauers Verlegenheit mißverstanden. »Oder wußten Sie das nicht, Herr Rauer?«

Rauer ist verwirrt. »Was denn?«

Ziegler wird ungeduldig. »Daß die Metallbau verlagert ist, seit Februar etwa?« fragt er streng.

Rauer nickt eifrig. »Doch«, bestätigt er, »das ist ja eben die Geschichte, die ich Ihnen erzählen will.«

»Dann erzählen Sie sie doch«, wirft Wernicke ein, »aber kurz und sachlich, ohne Schmus und Schnörkel.«

Rauer wendet Wernicke den Blick zu. Der hört ja doch zu, der schreibt gar nicht, der hat bloß so getan, oder . . . Na klar, Mensch, der schreibt mit, der nimmt so eine Art Protokoll auf. Das sind ja ganz gehenkte Brüder, die sind ja wie die Gestapo. Rauer wird störrisch. Nein, das läßt er nicht mit sich machen, kommt gar nicht in Frage. Es kostet ihn Mühe, das Mißtrauen in seinen Zügen zu überwinden. »Ach«, sagt er wegwerfend. Laßt mich zufrieden, denkt er, ich glaube fast, Gerda hat doch recht.

»Na, los ein bißchen«, sagt Ziegler und trommelt mit den Fingern auf der Tischplatte. »Wir sind nicht nur für Sie da, Herr Rauer.«

Wernicke blinzelt zu Ziegler hinüber, dann sagt er, Rauer zunickend: »Es laufen jetzt allerhand Leute herum und versuchen dort unterzutauchen, wo niemand sie kennt. Verstehen Sie?«

Rauer nickt wie erlöst. Die wollen wissen, mit wem sie es zu tun haben. Die können mir ja nicht an der Nasenspitze ansehen, daß ich kein Nazi bin und nie einer war. Und er erzählt die Geschichte seiner

Illegalität. Er macht keine politische Tat daraus, obwohl er zuerst beschlossen hatte, ein bißchen zu schwindeln, die Sache so aufzuputzen, daß sie nach Widerstand ausgesehen hätte, aber da er gesehen hat, daß Wernicke seine Angaben aufschreibt, beschließt er, die Wahrheit, möglichst nur die Wahrheit zu sagen.

Ziegler hat, während Rauer erzählt, die Augen geschlossen gehalten und keine Zwischenfrage gestellt. Nun wird er wieder munter, öffnet die Augen und sagt, nicht mehr streng: »Und jetzt wollen wir uns mal ein bißchen über Politik unterhalten, Rauer.«

Rauer seufzt ein ganz klein wenig. Er hat ja beschlossen, sich dem Ordnungsdienst zur Verfügung zu stellen, auch im Nationalkomitee, oder wie der neue Verein heißt, mitzumachen, aber sich mit Politik zu befassen ...

»In der Partei waren Sie nicht?« fragt Wernicke sachlich. »In der Nazipartei natürlich, meine ich. Waren Sie in der SA oder in der SS?«

Rauer wehrt mit beiden Händen ab. »Gott bewahre!« sagt er pathetisch. »Das war nichts für mich.«

»Und auch nicht im Kraftfahrkorps oder im Fliegerkorps?« fragt Ziegler weiter.

»Nein«, lacht Rauer im Vollgefühl seiner Unbelastetheit und wird dann ernst. »In der Arbeitsfront war ich, na, und im Luftschutzbund. Legen Sie mir das zur Last?«

Ziegler mustert ihn eingehend. Seine Miene hat sich verdüstert. Anscheinend paßt ihm Rauers Heiterkeit nicht. »Kommt drauf an«, sagt er abweisend. »Ob Sie einen Posten hatten oder nicht. Na?«

Als Rauer den Kopf schüttelt, fährt er fort: »Waren Sie vor ... vor dreiunddreißig in einer Partei?«

Gott sei Dank nicht, denkt Rauer. Dann überlegt er, daß es vielleicht ganz gut wäre, wenn er eine Mitgliedschaft in einer Partei erfinden würde. Ob er nicht einfach ... Nein, nicht mit Schwindeln anfangen, die haben so eine Art zu fragen ... »Ich war in keiner Partei«, antwortet er, »aber in einer Gewerkschaft.«

»So?« Wernicke blickt auf. »In einer Angestellten-Gewerkschaft sicher. Wohl im Deutschnationalen Handlungsgehilfen-Verband?«

Der will mich reinlegen, denkt Rauer, da hat der aber kein Glück. Ich war wirklich nicht im Deutschnationalen Handlungsgehilfen-Verband. »Im Gewerkschaftsbund der Angestellten«, antwortet er forsch, denn das ist nicht geschwindelt.

Wernicke schreibt wieder, Ziegler steht auf und geht ein paar Schritte hin und her. Eine kleine Pause des Unbehagens entsteht.

Dann bleibt Ziegler vor Rauer stehen. »Wie haben Sie vor dreiunddreißig gewählt, ich meine, welche Partei?«

»Sozialdemokraten«, sagt Rauer, und auch das ist nicht gelogen.

»Sieh an!« sagt Ziegler. »Und warum?«

Rauer hebt die Schultern. Der kann einen verrückt machen mit seiner Fragerei! »Ja, wissen Sie ... Wenn ich das sagen soll ... Ich möchte sagen, so rein gefühlsmäßig. Ich wollt auch ...« Ach Quatsch, das geht die nichts an.

»Was wollten Sie auch mal?« fragt Ziegler rasch und beugt sich interessiert vor.

Rauer ist ärgerlich. Wie ein Verhör ist das. Dieser Ziegler ist wie ein Untersuchungsrichter. Na, dann muß ich es eben sagen. Oder ich muß aufstehen und den Götz von Berlichingen zitieren. Na schön, sag ich's ihnen, ist ja auch nichts dabei, nur 'n bißchen unangenehm ist es. »Ich wollt' auch mal ins Reichsbanner eintreten«, sagt er.

»So, so«, meint Ziegler. »Und weshalb?«

»Um die Republik zu verteidigen«, antwortet Rauer und fügt dann erklärend hinzu: »Gegen die Nazis.« Gegen die Nazis und die Kommunisten, so hat er damals gedacht, aber das mit den Kommunisten sagt er lieber nicht. Die hören das vielleicht nicht gern.

»So, so«, sagt Ziegler. »Und weshalb haben Sie diese Absicht nicht ausgeführt? Wenn Sie nun schon einmal der Meinung gewesen sind, daß ausgerechnet das Reichsbanner die Republik gegen die Nazis zu verteidigen imstande war?«

Wernicke klopft mit dem Bleistift ein paarmal auf die Tischplatte, wie wenn er sich bemerkbar und zum Wort melden wollte. »Bitte!« sagt er streng.

Ziegler wendet sich Wernicke mit einer unwilligen Geste zu. »Was ist denn?« fragt er ärgerlich.

»Das gehört nicht hierher«, antwortet Wernicke abweisend.

Sieh an, denkt Rauer, so also sind die Rollen verteilt gewesen. Ziegler hat zu denen gehört, die auf die Republik eingeschlagen haben, und Wernicke zu jenen, die sie verteidigten. Zwar sind die beiden jetzt Genossen, aber die Vergangenheit können sie nicht vergessen, und wenn man daran rührt ...

Ziegler schickt noch einen kurzen unwilligen Blick zu Wernicke und wendet sich dann wieder an Bauer: »Und weshalb sind Sie damals nicht in das Reichsbanner reingetreten?«

Wernicke fährt empört auf, als Ziegler »reingetreten« sagt, aber er beißt sich auf die Lippen und zieht die Augenbrauen zusammen.

Rauer blickt Wernicke an, während er Ziegler antwortet. »Meine Frau, damals meine Braut, bat mich, es nicht zu tun«, sagt er und setzt, um die nächste Frage sogleich mit zu beantworten, hinzu: »Meine Frau war dagegen, daß ich mich politisch betätige.« Jetzt werden die denken: Schöner Waschlappen. Sollen sie. Wenn die jetzt nicht bald Schluß machen mit der dämlichen Fragerei, dann geh' ich wirklich.

Ziegler mustert Rauer nachsichtig, nimmt seine Nasenspitze ein paar mal zwischen Daumen und Zeigefinger und setzt gerade zu einer weiteren Frage an, als Wernicke sich einmischt, offenbar um von den Fragen um das Reichsbanner abzulenken.

»Waren Sie arbeitslos?« fragt Wernicke.

Was wollen die bloß von mir? Hätte ich sagen sollen, ich wollt' in den Rotkämpferbund? Das hätte der Ziegler sicher lieber gehört. Nein, Rauer hat Glück gehabt, er ist niemals arbeitslos gewesen. Er sagt es beiden, fügt aber wie entschuldigend hinzu, daß er sich auf die große Arbeitslosigkeit besinnen könne, auf volle Läden und Millionen hungriger, verzweifelter Menschen.

Ziegler nickt ihm freundschaftlich zu. »Stimmt«, sagt er ungewöhnlich freundlich, »so war es. Das muß man ja dem Hitler lassen, die Arbeitslosigkeit hat er radikal beseitigt.«

Rauer ist betroffen. Daß der das anerkennt! Zum Teufel, hier stimmt was nicht! Hat der sich eben verschnappt? Es gibt so was wie den Werwolf. Ob die beiden etwa ... Das ist ja auch 'n komischer Name, National-Komitee, darunter kann man sich allerhand vorstellen. Verflucht, auf was hat er sich hier eingelassen! Er hätte doch auf Gerda hören und noch ein paar Tage warten sollen, bis sich die Lage geklärt hat. Da gibt's ja auch nichts dran zu rütteln, die Arbeitslosigkeit haben die Nazis beseitigt, aber ... Ja, Mensch, nimm doch dein bißchen Verstand zusammen! Wie und wodurch haben sie denn die Arbeitslosen von der Straße gebracht? Durch die Rüstung doch, durch ihre Kriegsvorbereitungen.

Ziegler steht unbeweglich vor Rauer, er hat die Hände auf dem Rücken ineinanderverschränkt, den Kopf in den Nacken gelegt und den Blick zur Decke gehoben, Wernicke hat die Brille abgenommen, den Bleistift beiseitegelegt und sich zurückgelehnt.

Rauer fühlt sein Herz heftig klopfen. Von dieser Antwort hängt viel ab, erkennt er plötzlich. Was soll er antworten? Wenn das Werwölfe sind, bricht die wahrheitsgemäße Antwort ihm das Genick. Wenn die beiden aber wirklich Antinazis sind, dann ... Klar, dann haben sie ihn reinlegen, man kann auch sagen prüfen wollen. Egal, denkt Rauer, wenn die beiden, wenn das ganze Komitee nicht das sein sollte, wofür er es ursprünglich gehalten hat, ist die Karre sowieso verfahren, weil er dann schon zuviel gesagt hat, dann ist er der Feme ohnehin ausgeliefert.

»Arbeitslosigkeit beseitigt?« sagt er und gibt sich Mühe, das so ganz nebenbei zu bemerken, obwohl ihm das Herz bis in den Hals hinein schlägt. »Ja, meine Herren, aber auf welche Weise. Durch die Rüstung, durch die Vorbereitung zum Krieg!«

Ziegler und Wernicke wechseln einen schnellen Blick. Wernicke nickt unmerklich, Ziegler setzt sich wieder auf den Stuhl, Rauer gegenüber. Die strengen Züge seines Gesichts haben sich gelockert. »Ich hab' noch eine Frage, Rauer«, sagt er.

Der sagt schon zum zweiten Male Rauer, nicht Herr Rauer. Rauer empfindet das wie eine Auszeichnung, Belobigung. Das »Herr« hatte eine Distanz geschaffen, wie eine Abweisung geklungen, das Rauer klingt schon vertrauter, es verkürzt die Distanz. »Bitte schön«, sagt Rauer fast fröhlich.

Ziegler stützt die Hände auf die Oberschenkel und beugt sich vor. »Aktiv gegen den Nazismus sind Sie nicht gewesen?«

Die Frage hat Rauer erwartet, als erste erwartet, er hat sich sogar in gewisser Weise darauf vorbereitet. Da ist die Sache mit der illegalen Sammelliste ... »Ja, meine Herren«, sagt er gedehnt und hebt die Schultern, »ich weiß nicht, ob Sie das als Aktivität bezeichnen ...«

Wernicke nickt ihm zu. »Erzählen Sie doch, aber kurz und bündig, ohne Schmus und Schnörkel.«

Und Rauer berichtet die Sache mit der illegalen Sammelliste. Er stellt sie so dar, wie sie sich damals zugetragen hat, nicht wie er sie später im Zusammenhang gesehen hat. Die Sache hatte sich so abgespielt: Da war eines Tages, im Frühjahr vierunddreißig etwa, ein früherer Kollege zu ihm gekommen, in die Wohnung, nicht in die Firma, und hatte ihm eine Liste vorgelegt, eine Sammelliste. Auf die Frage, für wen die Beträge bestimmt seien, hatte der Kollege erst ausweichend geantwortet und dann schließlich erklärt, daß die Gelder und Sachspenden für die Angehörigen von Insassen der Konzentrationslager gesammelt würden. Er hatte ihn später sogar aufgefordert, die Aktion nicht durch nur Beteiligung an der Sammlung, sondern durch seine tätige Mithilfe zu unterstützen. Bei allem Mitgefühl für die Opfer war Rauer aber doch sehr erschrocken. War er denn als einer bekannt, der gegen die Nazis und für ihre Opfer war?

Zwar war das in der Tat seine Einstellung, aber er hatte sie, soweit er wußte, nie verlauten lassen, niemals etwas unternommen, was diesen Schluß erlaubte. Er war, wie er glaubte, im großen Strome der Mitläufer, der Stillen und Zurückhaltenden im Lande untergetaucht und mitgeschwommen. Und jetzt kam einer zu ihm, gerade zu ihm . . . Er fragte den Kollegen geradezu, welche Gründe ihn bewogen hätten, mit seiner, Rauers, Mitwirkung zu rechnen. Der Kollege hatte ihm das erklärt. Rauer sei einer der wenigen Angestellten des Betriebes gewesen, der bei dem Streik im Jahre achtundzwanzig mit den Arbeitern gegangen und der später nicht in die NSBO eingetreten sei, auch als die Chefs das fast zur Bedingung machten. Rauer sei zwar kein politischer, aber ein mit einem natürlichen sozialen Gefühl begabter Mensch, er habe auch hin und wieder für die Arbeiterwohlfahrt gespendet, wenn auch wohl widerstrebend. Deshalb habe man ihn auch diesmal angegangen. Rauer hatte sich schließlich mit den Anfangsbuchstaben seines Namens in die Liste eingetragen. Gerade als der Sammler im Begriffe war zu gehen, kam Gerda nach Hause. Er redete ihr zwar vor, daß es sich um eine harmlose Sammlung für einen verunglückten Kollegen gehandelt habe. Sie gab sich damit zufrieden, aber sie glaubte es offenbar nicht, denn sie drohte dem Sammler mit einer Anzeige, wenn er sich noch einmal sehen lassen würde. Er ließ sich auch nicht wieder sehen, aber die Sache kam auf, die Liste war in die Hände der Gestapo geraten, der Sammler verhaftet worden. Rauer erhielt eine Vorladung, wurde verhört und schließlich mit einer ernsten Verwarnung entlassen. Er hatte sich darauf herausgeredet, über den Zweck der Sammlung getäuscht worden zu sein. Diese Ausrede hatte wohl mit den Aussagen anderer oder der Aussage des Sammlers übereingestimmt, jedenfalls ließ man ihn laufen, nicht ohne ihm die Verpflichtung aufzuerlegen, künftighin jeden Sammler der Polizei sofort anzuzeigen.

Glücklicherweise ließ sich nie wieder einer sehen, Rauer aber wurde von seiner Frau höllisch überwacht, hatte sie ihm doch von je in den Ohren gelegen, sich abseits von der Politik zu halten. So hatte er nach dieser Geschichte auch nicht einmal mehr einen schüchternen Versuch gemacht, gegen die Nazis aufzutreten, sei es durch Reden noch auf irgendeine andere Weise.

Das war die Sache mit der illegalen Sammelliste, Rauer hatte sie bisher noch niemanden erzählt. »Keine große Sache, meine Herren«, schließt er seinen Bericht.

Ziegler und Wernicke haben zugehört, ohne Rauer zu unterbrechen, ohne eine Frage zu stellen. »Nicht sehr viel«, sagt Ziegler schließlich und steht auf. Er geht hin und her, schlenkert mit seinen langen Armen, dann sagt er: »Und wer kann Ihre Angaben bestätigen? Wer kann für Sie bürgen?«

Rauer sieht, daß Wernicke rasch den Bleistift zur Hand nimmt. Tut mir leid, denkt er, da muß ich euch enttäuschen. »Tja«, sagt er, »das ist so eine Sache. Ich habe keine Ahnung, wo die Leute abgeblieben sind, die mich von früher her kennen. Und in der Bellermannstraße, wo ich so an die zehn Jahre gewohnt habe ... Das Haus ist ganz runter, die Leute sind wer weiß wo.«

»Und wer kennt Sie in Lindenthal?« fragt Wernicke und hält seinen Bleistift immer noch bereit.

Tja, wie soll er das denen beibringen? Ein paar Leute kennen ihn, Frau Nowak und der Kraschinski, aber das ist doch kein Kennen, sie wissen rein gar nichts über ihn, die können kein Zeugnis über ihn ablegen, ganz abgesehen davon, daß er auf das Zeugnis der Naziege Nowak dankend verzichten würde. Er sagt das freimütig, daß Gerda erst in der Provinz Posen – ja, er sagt nicht Warthegau, und darauf ist er stolz – in der Provinz Posen gewesen und dann lange umhergeirrt ist, bevor sie nach Lindenthal zu Frau Nowak kam. Er sagt das freimütig und ein wenig trotzig, das Verhör wird ihm langsam zu dumm. Entweder man glaubt ihm, oder man läßt es bleiben. »Arischen Nachweis brauchen Sie ja wohl nicht, meine Herren?« sagt er ironisch und greift nach seinem Hut.

Wernicke hat den Bleistift enttäuscht beiseitegelegt und greift nach Rauers Arm. »Ich denke, Sie wollen bei uns mitmachen, Rauer?«

Rauer entzieht ihm seinen Arm. »Tja, wenn ich für würdig befunden werde ...«

Ziegler, der ans Fenster getreten ist, dreht sich um und fährt mit den Fingern an der Schreibtischkante entlang. »Sagen Sie mal, Rauer, was haben Sie sich eigentlich unter dem Nationalkomitee vorgestellt, und wie haben Sie sich Ihre Mitarbeit gedacht?«

Die Frage trifft genau in die Unsicherheit, die Rauer von Anfang an beherrscht hat. Es hat keinen Zweck, den beiden etwas vorzumachen, hier muß wirklich geredet werden, wie Wernicke schon ein paarmal gesagt hat, ohne Schmus und ohne Schnörkel. »Wenn ich ganz offen sein soll«, antwortet er, »gar nichts. Ich habe mir nur gedacht, daß man alle die gebrauchen kann, die einigermaßen anständig durchs tausendjährige Reich gekommen sind. Aber wenn

Sie nicht wollen ...« Er hebt die Schultern und greift nach seinem Hut.

Ziegler kommt um den Schreibtisch herum. »Nicht doch, Rauer«, sagt er freundlich und legt ihm eine Hand auf die Schulter. »Kommen Sie morgen wieder, so um Mittag herum, dann werden wir weiter sehen.«

Rauer steht auf und bewegt sich einen Augenblick unschlüssig hin und her. Auch Wernicke hat sich erhoben und Rauer die Hand hingestreckt. »Also denn auf morgen«, sagt er.

Das waren anständige, kräftige Händedrücke, denkt Rauer, als er die Treppe ins Parterre hinaufsteigt. Ob sie mich nehmen?

4.

Es ist peinlich für Rauer,
ohne rote Armbinde nach Hause zu kommen

Rauer geht wieder durch die Bahnhofstraße und den Tunnel. Er grüßt den Posten am Südausgang des Tunnels, indem er mit einem Finger an den Hutrand tippt und ihm kurz zulächelt, obwohl da jetzt ein anderer steht, nicht mehr der lange Kerl mit dem Fuchsgesicht, sondern ein mittelgroßer, stämmiger Mann mit einer scharfen Nase und einem wuchtigen Kinn, sicher nicht älter als Rauer. Der Posten gibt Rauers Gruß und Lächeln mit einem kurzen, nicht eben freundlichen Nicken zurück. Der wird schon umgänglicher werden, denkt Rauer, als er in die Siedlung hineingeht, vielleicht gehört er morgen auch schon zu denen. Das Zwiebeln hat er ja wohl hinter sich, und er hat es, wenn auch nicht mit Auszeichnung, so doch wohl bestanden. Wäre ja schön gewesen, wenn sie ihm gleich so eine rote Armbinde gegeben hätten, es hätte ihm gar nichts ausgemacht, wenn sie ihn gleich eingespannt hätten.

Ja, Rauer hätte sich gern zu den Leuten mit der roten Armbinde, zu diesem seltsamen Nationalkomitee bekannt (obwohl er sich, offen gestanden, darunter immer noch nichts vorstellen kann), er hätte dieses Bekenntnis auch äußerlich gern dokumentiert, eben durch eine solche Armbinde. Die sind mißtrauisch, und das kränkt ihn etwas, obwohl er einsieht, daß es berechtigt ist. Aber da ist noch etwas anderes, alter Junge, gesteh es dir ein, vor dir selber darfst du es ja aussprechen, ist ja niemand, der zuhören könnte.

Rauer verlangsamt den Schritt und bleibt schließlich stehen, blickt ein paar Krähen nach, die von einer Kiefer auffliegen. Ja, da ist noch etwas anderes, und er weiß auch genau, was. Es ärgert ihn, daß er jetzt ohne die rote Armbinde nach Hause kommt, Gerdas spöttischen Blick und ihrer spitzen Zunge ausgeliefert sein wird. Sie wird, er weiß es im voraus, seinen ersten mißglückten Ausflug in die Politik mit ein wenig hämischen Bemerkungen bedenken und es im übrigen im voraus gewußt haben. Am liebsten ginge er jetzt nicht nach Hause, aber wo soll er bleiben? Er kennt keinen Menschen in Lindenthal, und den Krähen nachzublicken, ihren Flug zu beobachten, das wird schnell langweilig, die Stimmung, die ihn beherrscht, läßt ihn den Frühling, der in der Luft hängt und sich im Erdreich regt, kaum wahrnehmen.

So setzt er sich wieder in Bewegung. Er verlängert seinen Weg um ein geringes, indem er den Platz am Wasserturm, diesen großen, sandigen Platz mit ein paar spärlichen Grasbüscheln und einigen kümmerlichen, verkrüppelten Kiefern, nicht überquert, sondern die gepflasterte Straße entlanggeht, die sich im Dreiviertelkreis um den Platz zieht. Aber so sehr er den Schritt auch verzögert, auf die Namensschilder guckt, in die Vorgärten blickt und die wenigen Blumen zu bestimmen sucht, diese ist eine Scilla, jene eine Anemone, es dauert doch nicht sehr lange, bis er wieder vor Frau Nowaks Haus steht.

Der Empfang, den Gerda ihm bereitet, spielt sich genauso ab, wie er ihn sich vorgestellt hat. Nur Ruhe, ruft Rauer sich zu, Gleichmütigkeit zeigen, sich keinen Ärger anmerken lassen. Je mehr Ärger er zeigen würde, um so vergnügter würde sie, daß sie wieder einmal recht behalten hat. So nimmt er Gerdas ironische Seitenblicke hin, tut so, als bemerke er sie nicht, und setzt sich auf das altmodische Plüschsofa.

»Wo hast du denn die rote Armbinde?« fragt Gerda schließlich.

Rauer blättert in einer alten Zeitung und blickt nur kurz auf. »So schnell geht das nicht«, antwortet er und liest weiter, obwohl ihn der Empfang Horthys auf dem Obersalzberg nicht im mindesten interessiert.

Gerda räumt das Geschirr zusammen. »Willst du mir nicht wenigstens sagen, was da los war? Was für Leute das sind?«

Rauer erzählt, nur widerwillig und in ganz großen Zügen. Er erzählt an und für sich nicht gern, aber solche Berichte, die nur zum Anlaß dienen sollen, einen Streit zu entfachen oder die gegen ihn verwendet, aus denen die schwachen Punkte herausgehoben und zum zentralen Problem gemacht werden sollen, solche Berichte erstattet er erst recht nicht gern. Wie gut wäre es, wenn er die rote Armbinde aus der Tasche holen und auf den Tisch legen könnte, so alle Argumente widerlegen. Leider kann er das nicht, und so schließt er seinen Bericht mit den Worten ab: »Zu morgen mittag haben sie mich wieder hinbestellt.«

Gerda lacht auf. »Sie haben dich doch nur abgewimmelt, Herbert, daß du das nicht merkst. Du mußt mindestens zwei Dutzend Nazis mit Haut und Haaren verschlungen haben, unter dem machen sie es nicht. Die wollen dich gar nicht.«

Möglich, daß Ziegler und Wernicke ihn nicht wollen, aber gerade diese Möglichkeit reizt ihn zum Widerspruch. Er will sich das nicht gerade von seiner Frau sagen lassen. »Das kannst du gar nicht beurteilen«, sagt er abweisend. »Ist doch klar, daß sie nicht jeden nehmen können. Die kennen mich doch überhaupt nicht.«

»Dann kennen sie dich morgen auch nicht besser! Was sind das eigentlich für Leute?«

Rauer faltet die Zeitung um. »Das weiß ich auch nicht«, sagt er hinter der Zeitung, »ich weiß nicht mehr als ihre Namen, na, und daß der eine Boxernase hat und 'nen Sowjetstern trägt.«

»Siehst du«, triumphiert Gerda, »das hab' ich mir gedacht. Das sind alles Kommunisten.«

Rauer kennt Gerdas Abneigung gegen alles, was Kommunismus heißt, gegen alle, die Kommunisten sind. Sie hat ihre Abneigung, ja ihren Haß gegen die Kommunisten niemals begründen können, sie hat stets nur die Ansichten ihres Vaters, des Kolonialwarenhändlers Kallies, ausgesprochen, nämlich daß die Kommunisten nur teilen und nicht arbeiten wollen, daß sie alle kleinen Geschäftsleute zu besitzlosen Proletariern machen würden, und Rauer weiß auch noch, daß Gerda einmal gesagt hat, daß die Nazis zwar Lumpenhunde seien, aber in einem recht hätten, nämlich in ihrem Kampf gegen die Kommunisten.

»Es sind bestimmt nicht alle Kommunisten«, widerspricht er. »Der Wernicke zum Beispiel . . .«

Gerda macht eine wegwerfende Handbewegung. »Kann ja sein, daß der eine oder andere kein Kommunist ist«, sagt sie, »aber laß die lieber unter sich, Herbert.« Rauer legt nun die Zeitung beiseite. »So? Das hältst du für richtig?«

»Jawohl«, bekräftigt Gerda, »bei denen hast *du* nichts zu suchen. Ich weiß ja, daß du früher einmal mit den Kommunisten geliebäugelt hast, die meisten jungen Leute haben das damals getan, das war ja wie eine Mode, die man mitmachen mußte. Aber das ist doch wohl lange vorbei. Oder etwa nicht?«

Rauer nickt, er muß seine Frau recht geben. Allerdings, und das hat sie vergessen, hatten ihn die politischen Ideen der Kommunisten wenig interessiert, ihm hat der Radikalismus imponiert, mit dem sie gegen die bürgerliche Welt angingen, obwohl er ihn andererseits auch bange machte. Deshalb hatte er auch nie den entscheidenden Schritt zu ihnen hin getan, sondern sich für das Reichsbanner entschieden, aber davon hatte Gerda nichts wissen wollen. Ob rot oder rosarot, das sei im Grunde doch alles eins, hatte sie damals gesagt.

»Nun, die beiden, die ich hier kennengelernt habe . . .«, beginnt Rauer und hat sagen wollen, daß er Ziegler und Wernicke für anständige, ehrliche Männer hält, aber er spricht es nicht aus. Das ist eine falsche Beweisführung. Man kann den Kommunismus oder sonst eine politische oder weltanschauliche Richtung nicht nach einer oder zwei Personen beurteilen, die man zufällig trifft. Gerda würde ihn gewiß an ihren Flurnachbarn aus der Bellermannstraße erinnern, den Genossen Leonhard, Bezirksverordneter der KPD. Der Genosse Leonhard war ein überaus widerlicher Kerl, der nur seine Phrasen schwätzen konnte, aber im Suff seine Frau und seine Kinder verprügelte und die Wohnungseinrichtung demolierte und der mit seiner sogenannten Selbstschutzstaffel das ganze Haus terrorisierte. Einige Tage nach dem Machtantritt Hitlers erschien der Genosse Leonhard in einer neuen SA-Uniform und brüllte nun nicht mehr »Rot Front!« oder »Heil Moskau!«, sondern »Heil Hitler!« und »Juda verrecke!«

Rauer hält also seine Worte zurück und fragt ganz ruhig: »Du meinst also, Gerda, daß ich, daß wir die Kommunisten unter sich lassen sollten?«

Gerda nickt eifrig. »Ja, genau das meine ich.«

Rauer steht auf und geht auf sie. »Falsch, ganz falsch. Ich bin der Meinung, daß wir, die wir keine Kommunisten sind, zeigen müssen, daß wir auch noch da sind und ein Wort mitzureden haben.«

Gerda lacht auf. »Mitmachen dürft ihr vielleicht ein bißchen«, sagt sie wie beschwörend, »aber ihr werdet nur kommunistische Politik machen dürfen und dadurch zu Kommunisten, ob ihr wollt oder nicht. Oder glaubst du, daß die Russen euch etwas anderes erlauben werden?«

»Das werden wir ja sehen«, sagt Rauer entschieden. Gerda hat ihn schon einmal davon zurückgehalten, das zu tun, was er für richtig und notwendig hielt. Sie hat es vermocht, den Strom seines Lebens in einen engen Kanal zu zwängen, dessen Wasser zwischen dürren, unfruchtbaren Ufern gemächlich und ohne jeden Wellenschlag dahingeflossen ist. Diesmal soll ihr das nicht wieder gelingen. »Ich versteh' ja nicht viel von Politik«, fügt er noch hinzu, »aber so viel hab' ich doch erkannt, daß ich mich diesmal nicht drücken darf.«

»Pah«, sagt Gerda geringschätzig, »als ob es auf dich ankommt.«

»Weshalb soll es gerade auf mich nicht ankommen?« fragt Rauer und redet lebhaft auf Gerda ein. »Siehst du, Gerda: Auf mich kommt es doch nicht an, das haben die Millionen Schulzes, Schmidts, Lehmanns und Rauers auch gesagt und die Berufspolitiker machen lassen, die zuallererst an ihre Parteien und dann erst an das Volk dachten – eventuell. Die Folge war das tausendjährige Reich mit seinen Konzentrationslagern, mit Krieg und Bomben. Vielleicht kommt es gerade auf mich an!«

Gerda wendet sich ab. »Und ich dachte, daß wir jetzt, nach dem Krieg, ein neues Leben anfangen, ganz für uns . . .«

Sie schmollt und möchte versöhnt werden, denkt Rauer. »Sei vernünftig, Gerda«, redet er ihr zu und umfaßt ihre Schultern. »Das gehört ja zum neuen Leben. Aber ganz für uns? Keiner kann ganz für sich bleiben, jetzt erst recht nicht. Das mußt du doch einsehen.«

»Nein«, sagt sie wütend. »Ich sehe das nicht ein. Ich hab' mir das neue Leben jedenfalls anders gedacht!« Sie schüttelt seine Hände ab, dann geht sie auf die Tür zu, öffnet sie und wirft sie hinter sich ins Schloß.

Rauer blickt auf die Tür. Zuerst hat er seiner Frau nachlaufen wollen, aber dann wendet er sich trotzig von der Tür zurück ins Zimmer. Nein, er will sie nicht versöhnen, er will sich durch eine Versöhnung nichts abkaufen lassen von seinem Entschluß. Gerda muß es begreifen, und wenn sie es nicht begreift, dann . . . Ja, was dann ist, daß weiß er nicht. Er will jetzt auch nicht daran denken.

Drittes Kapitel
Es wird verhandelt

1.

Wer soll Bürgermeister werden?

Weidinger sitzt auf der Couch und bastelt an einem Radioapparat herum. Er hat die Drehkondensatoren und die Abstimmskala ausgebaut und die Einzelteile vor sich ausgebreitet, aber die Beschäftigung ist kaum mehr als ein Vorwand. So gern er sich mit Radioapparaten befaßt, weit interessanter ist das, was sich um den großen Tisch herum begibt.

Soviel Leute hat Steinle hier noch nie beisammen gehabt. Die Laube ist fast zu klein, um alle zu fassen, und da die paar Stühle nicht reichen, wird auch der Schreibtisch als Sitzgelegenheit benutzt. Merkwürdigerweise hat sich niemand auf die Couch gesetzt, auf der Weidinger hockt und an dem Apparat bastelt. Die Leute gruppieren sich um den Tisch und den Schreibtisch, ihn, Weidinger, haben sie offenbar ausgeschlossen. Sie wollen unter sich bleiben, es war vorhin die Rede von der »Fraktion«, und dazu rechnet man Weidinger offenbar nicht. Zuerst hat man drüber gestritten, ob der Mann mit der strengen, randlosen Brille, Wernicke heißt er wohl, an der Sitzung teilnehmen dürfe, und es dauerte mindestens eine halbe Stunde, bis man über diesen Punkt zu einer Einigung kam.

Weidinger kann fast jedes Wort verstehen, allerdings nicht immer den Sinn dessen erfassen, was er hört. Wenn auch hin und wieder die Stimmen gedämpft werden und da und dort einige die Köpfe zusammenstecken, steigern sich doch oft die Stimmen zur vollen Lautstärke. Nein, Geheimnisse sind es wohl nicht, die hier beraten werden, aber daß man ihn, Ingenieur Weidinger, zwar dabei sitzen läßt, doch ohne ihn um seine Meinung zu fragen, findet er unerhört und, was den Hundekopf betrifft, auch undankbar. Vielleicht hätte man ihn hinausgeschickt, aber draußen gießt es in Strömen, der Regen prasselt gegen die Scheibe und aufs Dach.

Weidinger läßt den Blick über den Radioapparat hinweggehen. Die sind alle, den Wernicke vielleicht ausgenommen, aus einem Nest, Steinle und Andrikeit, die er ja kennt, der Lange mit den

Schlenkerarmen und der eingedrückten Nasenwurzel, der Gebeugte mit dem Fuchsgesicht, der Maudorf oder Mausolf oder so ähnlich heißt und ... Ja, und nicht zu vergessen den Burmester, den Weidinger ebenfalls gut kennt, denn der hat ja auch bei Albatros in seiner Abteilung gearbeitet und gehört wahrscheinlich zur Steinle-Clique. Da ist noch die Frau des Burmester, eine kleine, magere Person ohne jede frauliche Linie, mit strengem Blick und straff zurückgekämmtem dunklem, da und dort schon grauem Haar. Und da ist schließlich noch ein langer, schlaksiger Bengel, der jüngste von allen, knapp dreißig Jahre alt, mit unruhigem Blick und fahrigen Händen, mit denen er nichts anzufangen weiß, mal wischt er über die Tischplatte, mal steckt er sie in die Hosentasche, dann wieder fährt er sich durch das kurze, struppige blonde Haar oder er dreht an den Knöpfen seiner schäbigen Joppe.

Übrigens, schäbig gekleidet sind sie alle. Steinle trägt wie immer seine graue Strickjacke und die gelblich-grüne Manchesterhose, die schon viele kahle Stellen hat und deren Rippen fast überall verwischt sind, die Frau hat einen schwarzen, fleckigen Lodenmantel und der Andrikeit einen faustgroßen andersfarbigen Flicken an seiner Hose. Einzig Wernicke ist zwar nicht elegant, aber doch ganz anständig angezogen, der Anzug könnte sogar von einem guten Schneider stammen, aber gebügelt ist er kaum, und an den Ellenbogen glänzt er auch schon. Schäbig sind sie alle. Und die wollen sich nun in den Beamtensesseln breitmachen, einfach zum Lachen!

Denn darum geht es, das hat Weidinger längst herausgehört; die hier wollen die neue Stadtverwaltung bilden und sind jetzt dabei, die Posten unter sich zu verteilen. Seit gestern hat Lindenthal eine Kommandantur, der Kommandant will eine neue Verwaltung einsetzen, mit Bürgermeister und allem Drumherum, er erwartet die Vorschläge vom Nationalkomitee, und eben diese Vorschläge werden jetzt beraten. Steinle ist der Wortführer, er genießt die Achtung der anderen, weil er sich durch die illegale Arbeit in den Albatros-Werken legitimiert hat. Weidinger hat nicht geahnt, daß dieser grobe Klotz mit den schweren Händen und dem häßlichen, eckigen Schädel, der ihm den Spitznamen Hundekopf eingebracht hat, so geschickt reden und argumentieren kann, nicht immer in einwandfreiem Deutsch und nicht ohne deftige Berliner Redensarten.

Er setzt sich mit seinen Argumenten durch, nur die Frau, Burmesters Frau, widerstrebt ihm, und der lange, schlaksige Bursche unterstützt sie. Die beiden halten offensichtlich zusammen, und plötzlich merkt Weidinger, daß es aus einem ganz bestimmten Grund geschieht: Der Schlaks ist ihr Schwiegersohn, und beide wollen Burmester, den Ehemann und Schwiegervater, zum Bürgermeister vorschlagen. Burmester selbst wehrt mit gemachter Bescheidenheit ab. Offenbar ist er nicht sehr erfreut darüber, hält es wohl für ungeschickt, daß dieser Vorschlag ausgerechnet von Frau und Schwiegersohn kommt.

Weidinger sortiert die ausgebauten Teile des Radioapparates sinnlos hin und her, um sich den Anschein der Geschäftigkeit und des Unbeteiligtseins zu geben, aber schließlich läßt er auch das sein und hört gespannt zu. Das interessiert ihn doch sehr, wer Bürgermeister von Lindenthal wird, schließlich wird auch für ihn eine Menge davon abhängen. Aber die Burmesters und der Schlaks dringen nicht durch, und am heftigsten widerspricht merkwürdigerweise Steinle, der Burmester doch nicht gut kennt (oder vielleicht widerspricht er, gerade *weil* er ihn kennt, das ist natürlich eine Möglichkeit).

Burmester als Bürgermeister, das hätte Weidinger nicht einmal ungern gesehen, denn sicher, Burmester ist davon unterrichtet, daß er, Ingenieur und Abteilungsleiter Weidinger, die Steinle-Bande, Steinle-Clique verbessert er sich rasch, obwohl er nur gedacht hat, daß also er die Steinle-Clique vor der Gestapo gerettet hat. Das ist Weidingers großes Alibi, das er überall vorweisen wird, wenn man ihm an den Wagen zu fahren versucht. Er belobigt sich heute noch für seine eigene Schlauheit. Geschickt hat er das damals gemacht. Als der Steinle eine Zellentür der Toilette nach der anderen aufmachte, da hatte Weidinger rasch die Hose hochgezogen und sich in die Ecke zwischen Türangel und Wand gestellt, er stand im toten Winkel und war so von Steinle übersehen worden. Er hat das dem Steinle bis heute nicht erzählt und wird sich auch hüten, ihm das zukünftig zu gestehen. »Ich hab' in einer Zelle gesessen, wie man da eben so sitzt, ich kann nichts dafür, daß du mich übersehen hast«, hat er damals auf Steinles Fragen geantwortet, und dabei ist er geblieben, so sehr Steinle auch versucht hat, sich selbst durch immer neue Fragen zu entlasten.

Burmester als Bürgermeister, kehrt Weidinger zum Ausgangspunkt seiner Gedanken zurück, das wäre so übel nicht. Der weiß, was er von Ingenieur Weidinger zu halten hat, der ist weich und beeinflußbar, auch Bestechungen, na, sagen wir Zuwendungen, noch besser: Gefälligkeiten nicht unzugänglich, bestimmt nicht. Da war auch einmal eine dunkle Sache mit Burmester, irgendeine Diebstahlsache, eine Arbeitshose oder ein Pullover oder ein Paar Arbeitshandschuhe, Weidinger weiß das nicht mehr so genau, waren weg, und der Verdacht war auf Burmester gefallen. Der Verdacht hatte sich zwar nicht bestätigt, aber er war an Burmester hängengeblieben. Die Angelegenheit konnte nicht aufgeklärt werden und war dann im Sande verlaufen, schließlich gab es damals wichtigere Dinge. Weidinger arbeitet gern mit Leuten zusammen, über die er etwas Nachteiliges weiß, man hat dann immer ein Druckmittel in der Hand, das man bei Bedarf anwenden kann. Burmester als Bürgermeister, fast hätte Weidinger sich die Hände gerieben. Erschrocken greift er nach dem Schraubenzieher und setzt ihn an, lockert eine Schraube und zieht sie wieder an, denn jetzt darf er sich kein Wort entgehen lassen, jetzt spricht Steinle, ein wenig feierlich, fast deklamatorisch, mit scharfer Betonung der Endsilben, die er sonst nach Berliner Art verschluckt. Er hat seine mächtigen Hände vor sich liegen, nur hin und wieder hebt er die Rechte, um seinen Worten Nachdruck zu verleihen. Er sei der Meinung, sagt er, daß man dem Kommandanten den Genossen Andrikeit als Bürgermeister vorschlagen solle.

»Der Genosse Andrikeit ist der älteste von uns«, sagt Steinle, »er hat mehr als vierzig Jahre in der Arbeiterbewegung hinter sich, und er hat eine reiche politische Erfahrung. Und ich glaube auch«, fügt er lächelnd hinzu, »daß sein weißhaariger Kopf sich ganz gut im Bürgermeisterzimmer ausnehmen wird. Ich will ja nicht sagen, daß wir zu sehr Rücksicht auf die zarten Nerven der Leute in diesem stinkbürgerlichen Lindenthal nehmen sollen, aber es wird andererseits auch kein Fehler sein, wenn einer als Bürgermeister 'n bißchen repräsentabel oder repräsentativ oder wie man das nennt, aussieht. Was ist eure Meinung, Genossen?«

Weidinger wäre fast von der Couch gerutscht. Diesen alten Trottel schlägt Steinle vor? Der soll repräsentativ aussehen? Mit den großen Flicken in der Hose? Mit dem blaugestreiften Arbeitshemd ohne Kragen? Mit den Zahnlücken? Ja, der Kopf mag noch hingehen, abgesehen von den Zahnlücken, ja, wirklich, der Kopf nimmt sich nicht schlecht aus, das schlohweiße Haar, das faltige Gesicht, das wie eine vergilbte Buchseite aussieht ... Wenn der mit seinem Kadaver in einen anständigen Anzug steigt ...

Andrikeit meldet sich jetzt zum Wort. Er hat bisher fast teilnahmslos dabeigesessen. Weidinger hat nicht den Eindruck gehabt, daß er der Diskussion gefolgt ist, eher daß er sie hat über sich ergehen lassen und erst munter geworden ist, als sein Name genannt wurde. Andrikeit hebt beide Hände, er scheint ehrlich entsetzt. »Nein, Genossen, das kann ich nicht Wo denkt ihr hin? In solchen Sachen hab' ich keine Erfahrung. Hab' nie was mit Verwaltung und Schreibkram zu tun gehabt. Ich bin auch zu alt dafür. Und so richtig gesund bin ich auch nicht. Nein, nein, dafür komm' ich nicht in Frage.«

Steinle hat diesen Widerspruch wohl erwartet, denn er läßt Andrikeit ausreden, zeigt weder Unwillen noch Enttäuschung.

»Wir alle haben keine Erfahrung, wie so eine Stadt zu verwalten ist«, entgegnet er gelassen, »vielleicht von Wernicke abgesehen, der schon ein bißchen zwischen die Bürokraten gerochen und Tinte gesoffen hat. Aber deshalb müssen wir es lernen, du und ich und wir alle. Oder sollen die Herren Beamten weiter im Dienst bleiben, dieselben, die schon unterm Kaiser, unter Ebert, unter Hindenburg und dann unter Hitler gedient haben? Das kommt ja wohl nicht in Frage, darin sind wir wohl absolut einer Meinung. Was wir nicht wissen, müssen wir lernen, was wir nicht können, müssen wir erlernen, und wenn's noch so schwer fällt. Das ist doch wohl klar? Oder nicht?«

Die andern nicken, nur Andrikeit hat den Kopf gesenkt. »Ich bin zu alt«, murmelt er.

»Quatsch«, sagt Steile verweisend, »du bist zweiundsechzig, das ist kein Alter für 'n Jüngling, lieber Franz.«

Jetzt meldet sich der mit der Brille, Wernicke, zu Wort. »Wir stehen dir ja zur Seite, Genosse Andrikeit«, sagt er bedächtig, »und außerdem wird die eigentliche Arbeit ja in den Ressorts geleitet, ich meine in den verschiedenen Abteilungen. Im übrigen wird wohl auch in wichtigen Fragen die Kommandatur entscheiden. Es wird sich überhaupt erst herausstellen, welche Befugnisse der neuen Verwaltung übertragen werden.«

»Siehst du, Franz«, ereifert sich Steinle. »Was Wernicke sagt, ist schon richtig. Brauchst nur deinen Friedrich Wilhelm unter die Akten zu pinseln, das wirst du doch können.« Dann verfällt er wieder in den sachlichen Ton des Versammlungsleiters und fragt: »Was sagen die anderen Genossen zu meinem Vorschlag?«

Ein Schweigen entsteht zunächst. Einige nicken, andere verhalten sich reserviert. Weidinger hat Andrikeit beobachtet. Der ist nicht so entsetzt, wie er tut, sicher hat der Steinle schon vorher mit ihm darüber gesprochen, aber sehr erfreut ist er auch nicht. Eher könnte man sagen, er ist recht bedrückt. Vielleicht will er sich auch erst bitten lassen? Es gibt Jungfrauen, die vorher gebeten sein wollen, ehe sie sich vergewaltigen lassen.

Andrikeit als Bürgermeister? Weidinger befreundet sich rasch mit dem Gedanken, so absurd er ihm zuerst erschien. Andrikeit als Bürgermeister? Gar nicht schlecht. Er findet sogar heraus, daß Andrikeit dem Burmester in vieler Beziehung vorzuziehen ist. Hinter Burmester steht seine Frau, und die hat Haare auf den Zähnen, das sieht man ihr an, Frauen, die ihre Rollen als Frauen ausgespielt haben, sind immer gefährlich. Und da ist noch der lange Schlaks mit den kleinen, bösen Augen, mit dem ist bestimmt nicht gut Kirschen essen. Die beiden würden niemanden an den neuen Bürgermeister heranlassen, wenn er Burmester heißen sollte. Der Andrikeit aber, hilflos wie der ist, wird sich auf jeden stützen, der sich ihm anbietet, und Weidinger ist bereit, sich ihm anzubieten.

Andrikeit kennt ihn ja schon von seinen Besuchen bei Steinle her, das ist ein Vorteil, den er nützen wird, denn schließlich muß er, Ingenieur Weidinger, ja sehen, daß er irgendwo unterkommt, technische Kräfte werden die hier ja dringend brauchen, mit ihrem Parteieinmaleins allein kommen die doch nicht zurecht. Ja, wirklich, Andrikeit wäre ganz gut. Was sagt der Lange mit der Boxernase? Der soll bloß nicht ... Ziegler hat die Hand gehoben, er bewegt seine langen Arme unruhig hin und her. »Ich will nicht gegen den Vorschlag des Genossen Steinle sprechen«, sagt er, »aber ich und einige andere kennen den Genossen Andrikeit nicht. Du kannst für ihn einstehen, Genosse Steinle?«

Steinle nickt, aber es ist ein Vorbehalt in der Bewegung seines Kopfes. »Ja«, erwidert er ein wenig gepreßt. »Ich kenn den Genossen Andrikeit erst, seit ich in dieser Laube wohne, seit ...« – er überlegt und nimmt die Finger zu Hilfe – »na, seit rund sieben Monaten. Aber ich kenn' seine Vergangenheit, allerdings auch nur ... Franz, erzähl doch den Genossen, wer du bist.«

Weidinger blickt rasch auf Andrikeit. Der ist unruhig, rutscht hin und her und ist sichtlich unangenehm berührt von dieser Aufforderung. Er ist auch ein wenig empört, aber diese Empörung scheint Weidinger nicht ganz echt zu sein, doch kann er diese Aufforderung nicht ablehnen, und so beginnt er zu sprechen, langsam und unbeholfen, in seiner breiten ostpreußischen Mundart.

Er sei, berichtet Andrikeit, seit vierzig Jahren in der Arbeiterbewegung, 1927 von den Sozialdemokraten zu den Kommunisten gekommen, von sechsunddreißig bis achtunddreißig im KZ gewesen.

Merkwürdig, denkt Weidinger, weshalb ist der so gehemmt und verkrampft? Was der eben gesagt hat, ist doch für Steinle und Konsorten Zucker, das müssen die doch schlecken wie die Katze die Milch. Der ist doch sozusagen ein alter Kämpfer. Weshalb sagt der sein Sprüchlein nicht selbstbewußt und mit Stolz auf? Merkwürdig, merkwürdig.

»Und hier sind die Beweise«, schließt Andrikeit seinen Bericht, »die einzigen, die mir geblieben sind. Alles andere haben sie mir abgenommen oder ist mir bei meiner Ausbombung verlorengegangen.« Er legt ein kleines Büchlein und einen Schein auf den Tisch.

Ziegler greift sofort danach. Es stellt sich heraus, daß es ein Mitgliedsbuch der Kommunistischen Partei aus dem Jahre 1932 und der Entlasssungsschein aus dem Konzentrationslager Sachsenhausen aus dem Jahre 1938 ist. Ziegler besieht die Dokumente genau und gibt sie weiter. Weidinger sieht ihm an, daß er nicht voll befriedigt ist. Auch Wernicke, der mit der Brille, scheint es nicht. Beide verständigen sich durch einen kurzen Blick, aber sie sagen nichts.

Der Andrikeit scheint ihnen wohl echt, denkt Weidinger, aber nicht echt genug. Bei denen muß wohl jeder ein Liebknecht oder Thälmann sein oder wie die Brüder heißen. Wenn sie nur nicht dagegen reden. Andrikeit ist schon der richtige Mann, goldrichtig ist der. Hoffentlich kommt niemand auf den Gedanken, den Wernicke oder gar den Ziegler vorzuschlagen, die sind keine Medien für ihn, Ingenieur Weidinger. Die sind aus Eisen, die kann man nicht anknabbern.

Aber es kommt zu keinem Widerspruch mehr. Nur ein paar Fragen werden noch gestellt und anscheinend zur Zufriedenheit beantwortet. Andrikeit wird Bürgermeister von Lindenthal werden, vorausgesetzt, daß der russische Kommandant zustimmt.

Als alles klar ist, sagt der lange Schlaks ziemlich streng: »Aber das merke dir, Genosse Andrikeit, verantwortlich bist du uns!« Ob sich das »uns« nun auf die Versammlung, auf die Partei oder nur auf die Familie Burmester samt Schwiegersohn bezieht, bleibt unklar.

2.

Mühlbauer hält sich zurück

Sie hören in Kürze von mir, meine Herren«, sagt Mühlbauer noch einmal und schließt die Tür.

Von seinem runden, rosigen, ein wenig wabbligen Gesicht mit dem schlaffen Doppelkinn fällt die Freundlichkeit wie eine Maske ab. Ein Ausdruck von Hohn und Geringschätzigkeit ist jetzt in seinen Zügen, als er auf die Tür blickt, die er hinter jenen geschlossen hat, die er aber mit »meine Herren« anredet. Feine Herren, die Genossen! Wie waren doch die Namen? Steinle, Ziegler und Wernicke, richtig. Da haben sie sich mit ihren proletarischen Hintern in seinen schönen Fauteuils gefläzt und seine schönen Möbel mit ungenierten, abschätzenden Blicken gemustert. Sie sind nicht im geringsten eingeschüchtert gewesen, und sie haben sich auch nicht von der bürgerlichen Pracht beeindrucken lassen. Der eine von ihnen, der mit den großen, schweren Händen, Steinle heißt er wohl, war sogar mit seinen derben Stiefeln auf dem schönen Teppich hin und her gestelzt und hatte sich ganz so benommen, als habe er sich sein Lebtag zwischen Mahagoni und allerbestem Plüsch, auf Parkett und zwischen echten Kelims bewegt. Der hat sich zum Wortführer gemacht und seine ungefügen Hände nicht etwa in den Taschen gehabt oder hinter dem Rücken versteckt, sondern mit ihnen herumgefuchtelt und seine Reden unterstrichen.

Mühlbauer läßt sich in einen Sessel fallen, aber er springt gleich wieder auf. Erst muß er einmal die Fenster öffnen, damit der Mief, den die drei zurückgelassen haben, sich verflüchtigt, damit der Gestank des Tabaks abziehen kann, den der Lange mit der eingedrückten Nasenwurzel, Ziegler heißt er wohl, geraucht hat, ein fürchterliches Kraut, das den Namen Tabak nicht mehr verdient und Mühlbauer doppelt unangenehm ist, hat er doch noch immer Havanna und Sumatra geraucht.

Mühlbauer öffnet sein Saffianetui, sucht sich sorgfältig und genüßlich eine Zigarre aus und beißt die Spitze ab. Die Burschen sind gar nicht so dumm, wie sie aussehen. Nein, muß er sich sofort selbst korrigieren, sie sehen gar nicht dumm aus, aber man sieht ihnen auf den ersten Blick gar nicht an, was in ihnen ist. Selbstverständlich ist in ihren Gesichtern nicht der reine Intellekt, die klare, überlegene Geistigkeit eines bürgerlichen Mannes, eines gebildeten Kaufmannes, aber dumm, wahrhaftig, dumm sind sie nicht. Sie haben eine besondere Art von Klugheit, besser von Schlauheit, aber es ist eine sehr durchsichtige Schlauheit, sie können wohl ihre Worte zurückhalten, ihre Zähne wie ein Wehr von ihre Worte schieben, aber sie vermögen nicht, ihre Gedanken zu verbergen, weil sie ihre Physiognomie nicht beherrschen, weil sie nicht trainiert sind im Umgang mit den Gebildeten, im Umschreiben der Dinge, im eleganten Jonglieren mit nichtssagenden Worten, im kunstvollen Verbrämen der Wahrheit. Sie sind eben Arbeiter und keine Geschäftsleute, sie kennen nicht die Kunst der dilatorischen Methode, der mit Arasbesken und Ornamenten verzierten diplomatischen Lüge. Und das ist gut so, das verschafft ihm, Mühlbauer, einen Vorteil, der unschätzbar ist. Und er wird diesen Vorteil ausnutzen, darauf können die Herren Genossen sich verlassen.

Ja, Mühlbauer hat die drei abfahren lassen. Er hat ihnen keine Zusage gemacht, sie aber auch nicht brüsk abgewiesen. Sie fühlen sich jetzt obenauf, weil die Russen da sind, und es ist eigentlich verwunderlich, daß sie ausgerechnet ihm, dem vermögenden Kaufmann Mühlbauer, dem Bourgeois Mühlbauer, den sie doch wohl aus tiefster Seele verachten, denn ihre Blicke, mit denen sie das Zimmer und die Einrichtung abtaxierten, zeugten nicht gerade von Hochachtung für den Geschmack und den Reichtum des Besitzers, sondern eher von Verachtung ... Ja, es ist doch eigentlich seltsam, daß sie gerade zu ihm gekommen sind, um ihm die Mitarbeit in der neuen Stadtverwaltung anzubieten, ja, ihn dazu aufzufordern. Mühlbauer schauert zusammen. Es ist doch wieder recht kühl geworden, es regnet schon wieder, der Westwind treibt die nasse Luft gerade in dieses Zimmer hinein, die Gardine bauscht sich im Luftzug. Mühlbauer schließt das Fenster und kracht mit dem vollen Gewicht seines schweren Körpers in einen Sessel, Thea hat in der Küche zu tun, da darf er es schon einmal.

Wie hat der Steinle gesagt? Es liege ihnen daran, möglichst breite Bevölkerungskreise zur Mitarbeit heranzuziehen, vorausgesetzt, daß sie antifaschistisch eingestellt seien, so ähnlich hat der sich ausgedrückt. Antifaschismus, antifaschistisch, das scheinen die Modeschlagwörter zu werden, man wird sie sich merken, man wird gegebenfalls Gebrauch von ihnen machen müssen; es ist immer wichtig, die Terminologie der herrschenden Partei zu kennen, und es ist noch wichtiger, sie auch anzuwenden, so anzuwenden, als habe man sie zeit seines Lebens im Munde geführt, als habe man sie schon mit der Muttermilch eingesogen.

Mühlbauer lächelt spöttisch, zieht bedächtig an seiner Zigarre und senkt das schlaffe Doppelkinn auf die Brust. Nicht dumm, nicht dumm, dieser Steinle und seine Genossen, aber er, Mühlbauer, ist noch ein ganzes Ende schlauer. Er durchschaut die Absichten, er weiß genau, was die Brüder wollen, nämlich ihn und andere mit vor ihren Wagen spannen, weil sie ihn allein nicht aus dem Dreck kriegen, weil sie die Verantwortung nicht allein tragen wollen, weil sie wissen, daß sie nichts wissen und nichts können. Der Wernicke, der ja wohl ein Sozi ist, den haben sie schon gekapert, und die Frau Dr. Fliesser, eine ehemalige Studienrätin, sollen sie auch schon herumgekriegt haben. Aber ihn, Mühlbauer, kriegen die nicht an ihre Angel, sollen die sehen, wie sie fertig werden mit dem, was jetzt kommt, mit Hunger und Unordnung, Unzufriedenheit und Ratlosigkeit, Not und Elend, das vollkommene Chaos mit einem Wort, und obendrein noch die lieben Russen im Lande. Und da soll er mit einsteigen, in dieses bankrotte Geschäft?

Mühlbauer schüttelt energisch den Kopf. Nein, meine Herren, davon wird euch Mühlbauer nicht das geringste abnehmen. Je unfähiger die sich zeigen, mit den Schwierigkeiten fertigzuwerden, je offenkundiger ihre Ignoranz werden wird, um so eher werden sie abgewirtschaftet haben, um so eher werden sie den Fachleuten, den erfahrenen, erprobten Männern Platz machen. Bis dahin mag sich der Unmut des Volkes auf sie abgeladen haben. Er, Mühlbauer, hat es gar nicht eilig, miteinzusteigen, noch ist ja nicht einmal klar, wie die Karre laufen wird. Der Krieg ist noch gar nicht vorbei. In Berlin wird immer noch gekämpft, wenn es auch, wie man hört, die letzten Zuckungen sind.

Nein, Mühlbauer hat Zeit. »Es ist Ihre nationale Pflicht, mit Hand anzulegen«, hat der Steinle gesagt. Pah, nationale Pflicht! Wie das schon klingt, wenn so ein Prolet das Wort national in den Mund nimmt! Bisher ist das Nationalbewußtsein ein Privileg des Bürgertums gewesen, und das soll es, so Gott will, auch bleiben. Im übrigen ist ihm die Nation ganz schnuppe, wenn sie auch als Dekoration und Aushängeschild ganz gut zu gebrauchen ist. Ubi bene, ibi patria, das ist aus der Lateinstunde in ihm haftengeblieben.

Mühlbauer verzieht das Gesicht. Jetzt ist ihm doch die Zigarre ausgegangen. Er reibt ein Streichholz an. Früher hätte er die Zigarre weggeworfen, eine erloschene und wieder angezündete Zigarre schmeckt nicht mehr, aber heute muß man genügsam sein, die Ansprüche zurückschrauben. Anständige Zigarren wird es vermutlich auf lange Zeit hinaus nicht geben. Sein Vorrat ist zwar groß, er wird aber nicht ewig reichen, deshalb hat Mühlhauer den dreien auch keine Zigarren angeboten. Im übrigen nehmen sich Zigarren in solchen Gesichtern nicht gut aus, diese Leute mögen Pfeife, Zigaretten oder allenfalls Stumpen rauchen.

Der mit der eingedrückten Nase, Ziegler, und der mit den gewaltigen Händen, Steinle (oder war es umgekehrt?), die haben heftig und eindringlich auf ihn eingeredet, sie setzten alles daran, ihn zu überreden, aber er war eisern geblieben. Nur Wernicke (war der nicht mal sozialdemokratischer Stadtverordneter gewesen?), der hat nichts gesagt, nur hinter seinen Brillengläsern geblinzelt oder, wenn ihn etwas besonders interessierte, die Brille abgenommen und sie an den Bügeln hin und her geschwenkt. Doch, einmal hat er etwas gesagt, so ganz nebenbei, aber jetzt, wenn er es recht bedenkt, gewinnt die Bemerkung doch an Bedeutung. Wie sagte der? »Ihre Person, Herr Mühlbauer, gibt der Bürgerschaft von Lindenthal die Gewähr, in der neuen Stadtverwaltung vertreten zu sein.« So oder so ähnlich hatte der sich ausgedrückt.

Mühlbauer streift die Asche der Zigarre bedächtig ab. Daß er darauf noch nicht gekommen ist! Die wollen ihn, den unbelasteten Kaufmann und angesehenen Bürger Ludwig Mühlbauer, als Aushängeschild, als Renommierbürger haben, die wollen mit und in seinem Namen Geschäfte machen, denn sie selber sind ja Nullen, Nichtse, die kein Mensch kennt und achtet. Die wollen ihn haben, weil sie in Lindenthal den Anschein einer – wie nennen sie das? – richtig, weil sie den Anschein einer Diktatur des Proletariats vermeiden wollen. Die Kommunisten scheinen neuerdings in Demokratie zu machen.

Selbstgefällig nickt Mühlbauer sich selbst zu. Nein, meine Herren Genossen, das kommt ja gar nicht in Frage. Ja, wenn ihr einen Staat übernehmen würdet, mit dem man Staat machen kann, haha, das reimt sich schön, einen Staat, der einigermaßen intakt ist, dann, ja dann müßte man schon aus Gründen der Selbsterhaltung, des Mitbestimmungsrechts, um des Geschäfts willen dabei sein und sich Einfluß sichern, so wie man nach achtzehn sogleich wieder dabei war, als die revolutionäre Welle versickert war und es offenbar wurde, daß sich außer einigen Vorzeichen nicht sehr viel geändert hatte. Aber diesmal ...

Seht euch doch um, seht einmal über Lindenthal hinaus, das kein Beispiel und wie eine Oase inmitten der Zerstörung ist. Was ist denn da? Eine zerstörte Industrie, eine verluderte Landwirtschaft, eine moralisch verkommene Bevölkerung, die – kaum daß die Nazis verschwunden waren – zu plündern begann. Was ist denn da? Millionen von Ausgebombten und Flüchtlingen, die kaum mehr als ein Hemd auf dem Hintern haben, und nicht zu vergessen eine Besatzung, die uns vielleicht das Dach über dem Kopf und die letzte Bratpfanne wegsozialisieren wird. Und da soll er, Ludwig Mühlbauer, mitmachen, auf daß sich der Zorn des Volkes auch über sein Haupt entlade? Nein, ihr Herren Genossen, vielen Dank, macht den Kram nur allein, Lorbeeren sind dabei nicht zu ernten, Vorteile sind dabei nicht zu gewinnen und vor allem: Geschäfte sind dabei nicht zu machen. Ja, wenn die Amerikaner oder die Engländer nach Lindenthal gekommen wären, das wäre etwas anderes, etwas ganz anderes, die haben Sinn für Geschäfte . . .

Mühlbauer blickt auf jene Stelle an der Wand, an der das Hitlerbild gehangen hat, und die jetzt mit einem Blumenstück überdeckt ist. Wenn's notwendig ist, hat er in jener Stunde gesagt, als er das Hitlerbild für ofenreif erklärte, wenn's notwendig ist, wird er sogar ein Stalinbild aufhängen. Jawohl, das wird er tun. Was spielt es schon für eine Rolle, welch ein Bild an der Wand hängt? Aber noch ist es nicht so weit. Der Kurs ist noch nicht klar, und solange der Kurs nicht klar ist, wird das kitschige Blumenstück, das schon längst ausrangiert war, da hängen bleiben. Sollte der Kurs ganz links gehen, so wird sich vielleicht eine Möglichkeit finden, wieder ins Geschäft zu kommen, sollte er gemäßigt sein, so wird man in Ruhe abwarten, bis die ersten Schritte getan sind und die größte Wut und die größte Enttäuschung auf die neuen Verwaltungen und die neuen Männer abgeladen worden sind, denn man wird – wie es in Deutschland von je üblich war – wieder einmal Ursache und Wirkung verwechseln.

Noch einmal lacht Mühlbauer sich selbstgefällig zu, sein rosiges, rundes Gesicht gerät in Bewegung, die Hängebacken wabbeln, und sogar der schwere Leib wird durch das Lachen erschüttert. Ja, das hat er gut gemacht. Er hat den Roten wortreich und wortgewandt klargemacht, daß er ja schon fast ein Greis sei (er, der mit seinen einundsechzig Jahren erst vor vierzehn Tagen bei der jungen Frau Gundermann seine Potenz bewiesen hat!), daß seine Gesundheit angegriffen sei und daß er sich überdies niemals mit Politik befaßt habe, da er nichts als ein einfacher Geschäftsmann sei. Immerhin hat er nicht endgültig nein gesagt, sich immer noch eine Tür offengehalten, ist es doch stets seine Gewohnheit gewesen, möglichst zwei Eisen im Feuer zu haben.

»Ihre Aufforderung kommt mir zu überraschend, meine Herren«, hat er am Schluß der Unterredung gesagt, »ich werde es mir gründlich überlegen.« Gar nichts werde ich mir überlegen, hat er dabei gedacht. Sein Entschluß hat sofort festgestanden. Er, Ludwig Mühlbauer, wird nicht in die neue Verwaltung eintreten. Sollen die andern sich die Finger verbrennen.

3.

Gerda ist scharf auf Ölsardinen, und deshalb muß Rauer Holz organisieren

Sei ruhig!« fährt Rauer den neunjährigen Peter an. Der Knabe hat etwas gefragt. Er hat ununterbrochen gefragt, und zwar um so hartnäckiger, je kärglicher und unbefriedigender die Antworten ausfielen, je mehr Abweisungen er erhalten hat, je mehr Schweigen ihm entgegengesetzt worden ist. Rauer hat keine Lust, auf die Fragen des Kindes einzugehen. Er beschäftigt sich sonst gern mit ihm und ist unermüdlich, dem Kind die Dinge der Umgebung zu erklären, wenn Gerda der Fragen längst müde geworden ist. Heute aber ist Rauer nicht dazu aufgelegt, ihm gehen andere Dinge durch den Kopf, genauer gesagt: Es ist eigentlich eine einzige Sache, die ihn ununterbrochen beschäftigt.

Seitdem er mit den beiden Männern vom Nationalkomitee, Ziegler und Wernicke, gesprochen hat, sind mehr als achtundvierzig Stunden vergangen, und er ist noch keinen Schritt vorwärtsgekommen. Er hat sich gestern, wie sie es verlangt hatten, gegen Mittag im Keller des Rathauses eingefunden, aber das Zimmer, in dem er mit Wernicke und Ziegler verhandelt hatte, ist geschlossen und auch die anderen Räume sind zugesperrt gewesen. Nur in einem der Räume hatte ein junges, rotblondes Mädchen an einer Schreibmaschine gesessen, ihm die hübsche Stupsnase und die hellen blauen Augen zugewandt und ihn fragend angesehen. Rauer hatte um Entschuldigung für die Störung gebeten und nach den Herren Ziegler und Wernicke gefragt.

»Die Herren Ziegler und Wernicke sind in einer Sitzung«, hatte das Mädchen etwas schnippisch geantwortet, die niedliche Stupsnase dabei noch mehr himmelwärts gehoben und das Wort Herren so sonderbar betont.

Auf seine Frage, wann die Sitzung beendet sein würde, hatte sie geantwortet, daß sie das nicht wüßte, daß die Sitzung sich aber voraussichtlich bis in die Nachmittagstunden hinziehen würde. Dann hatte sie sich wieder der Schreibmaschine zugewandt und zu tippen begonnen, nicht ohne ihren Rock über die Knie zu zupfen, als sie Rauers Blick nach ihren Beinen bemerkte.

Diese offenbare Geringschätzung hatte Rauer erbost, und so trumpfte er auf, die Herren Wernicke und Ziegler hätten ihn ausdrücklich zur Mittagsstunde zu sich bestellt, und es ginge doch nicht . . .

Das Mädchen hatte den Blick kurz von der Schreibmaschine gehoben und ihn, wie es schien, recht spöttisch angesehen, fast schien es Rauer, als hätte sie gekichert. Wenn es so eilig und wichtig wäre, hätte sie dann gesagt, dann könnte sie es ausrichten, er könne aber auch warten, wenn ihm das lieber sei. Das hatte sie ruhig und mit einer gewissen Würde gesagt, wie es Sekretärinnen zu tun pflegen, die in Vorzimmern die Ruhe ihrer Vorgesetzten wie Zerberusse bewachen.

Rauer hatte es vorgezogen, zu warten, und sich ohne besondere Aufforderung auf einen der wackligen Stühle gesetzt. Es wäre ihm lächerlich erschienen, diesem jungen Ding von zwanzig, höchstens zweiundzwanzig Jahren auseinanderzusetzen, weshalb er ins Rathaus gekommen war, noch weniger Lust hatte er, sich womöglich von ihr ausfragen zu lassen, war ihm doch das, na, sagen wir ruhig das Verhör durch Wernicke und Ziegler schon ziemlich peinlich gewesen. So hatte er gewartet, eine Zigarette und noch eine geraucht und die Kehrseite des Mädchens betrachtet, den niedlichen runden Po, den schlanken Rücken und den hübschen Hals mit den rotblonden Kräusellöckchen (trotz Unruhe und Ungewißheit, Krieg und Besatzung hatte sie also noch die Zeit gefunden, die Haare zu Locken zu drehen). Das Mädchen hatte sich nicht um ihn gekümmert, hatte geschrieben und irgendwelche Schriftstücke sortiert, ab und zu den Rock über die Knie gezogen und das Haar hinter die kleinen rosaroten Ohren gestrichen. Zwei oder dreimal hatte sie nach ihrer Handtasche gegriffen, ein Taschentuch hervorgeholt und, nein, nicht geschnaubt, sondern nur ein bißchen Luft hineingepustet.

Rauer zweifelt nicht daran, daß sie das nur getan hat, um einen Seitenblick auf ihn zu werfen. Rauer hatte das sehr wohl bemerkt, er hatte ja nichts anderes zu tun, und außerdem war dieses Mädchen unbedingt ein erfreulicher Anblick, den man sich schon einmal gönnen durfte, auch wenn man glücklich oder, na ja, ziemlich glücklich verheiratet war.

Ja, Rauer hatte die Seitenblicke des Mädchens sehr wohl bemerkt, und es beschäftigt ihn noch jetzt, da er Peters Fragen ungeduldig abweist, ob diese Seitenblicke dem Anfrager oder dem Mann gegolten haben. Als ihm das Warten schließlich zu langweilig geworden war, hatte er sich erhoben und gesagt, er bäte darum, den Herren Ziegler und Wernicke auszurichten, daß er zur verabredeten Stunde vorgesprochen, aber leider niemanden angetroffen habe, sein Name sei Herbert Rauer, und er wohne in der Eschenstraße 27 bei Frau Nowak.

Das Mädchen hatte eine Notiz gemacht und versichert, sie werde es den Herren ausrichten. Wieder hatte auf dem Wort Herren eine eigenartige Betonung gelegen, es schien auch, als hätte sie ein spöttisches Lächeln mit einiger Mühe unterdrückt. Dabei hatte ihn ein neugierig interessierter Blick aus ihren großen blauen Augen getroffen. Sie war aufgestanden und hatte ihm die Hand gegeben, sie sogar, so schien es ihm, ein wenig länger als unbedingt erforderlich in der seinen liegen lassen.

Rauer war noch nie einem weiblichen Blick ausgewichen, vorausgesetzt, daß er aus jungen und schönen Augen gekommen war, aber als er wieder durch die Bahnhofstraße schlenderte, war in ihm nicht das Bild des Mädchens lebendig gewesen, da hatte ihn etwas anderes beschäftigt, nämlich die eigenartige Betonung des Wortes »Herren«. Das war keine Einbildung, hatte das Mädchen doch beide Male das Wort Herren betont, und zwar, wenn er es recht überlegt, ironisch, augenzwinkernd, wenn das von Worten gesagt werden kann. Er hat nach den Herren Ziegler und Wernicke gefragt, und darüber hat die Kleine sich mokiert. Wie hätte er denn sonst fragen sollen? Nach Ziegler und Wernicke? Das ging ja wohl nicht. Oder nach ... Klar, nach den Genossen Ziegler und Wernicke hätte er fragen müssen. Das hat sie wohl erwartet. Aber soweit ist er noch nicht, er ist ja kein Genosse, und ob er es werden will, das weiß er noch nicht genau. Auf keinen Fall aber kommt ihm die Anrede Genosse zu, er möchte auch, das vor allen Dingen, auf keinen Fall den Eindruck erwecken, als ob er sich anbiedern wolle .

Aber daß dieses junge Ding ihn, der doch immerhin runde fünfzehn Jahre älter ist, so ironisch und überlegen behandelt, das hat ihm gar nicht gefallen, denn was kann die von Politik schon wissen? Doch nicht mehr, als sie in der Nazischule und im BDM gelernt hat. Überhaupt seltsam, daß die da unten sitzt und für Leute wie Ziegler und Wernicke tippt.

»Laß mich doch zufrieden«, wehrt er den Knaben ab. »Frag Mutti!«

Er blickt aus dem Fenster über den weiten Platz mit dem Wasserturm. Merkwürdig, wie viele Leute mit kleinen Leiterwagen und Transportkarren, Schiebekarren und Handwagen eilig den Platz überqueren und in die Forststraße, in den Wald hasten. Die Wagen und Karren sind leer. Holen die Leute ihre im Wald vergrabenen Schätze zurück, oder gibt es dort etwas zu erbeuten? Ach, was geht ihn das an, er hat nichts vergraben, und er will auch keine Beute machen.

Nein, er will keine Beute machen, auch wenn alle anderen sich wie besessen und blindlings auf Beute stürzen. Seine Gedanken springen auf den Nachmittag über, als alles nach Beute unterwegs war. Im Wasserturm war ein Lebensmittellager entdeckt worden. Aus allen Querstraßen strömten die Leute auf den Turm zu, hasteten, stolperten, rannten über den sandigen Platz, viele zerrten kleine Wagen hinter sich her, andere hatten Eimer, Körbe, Säcke, Kisten, Kartons bei sich. Am Eingang zum Wasserturm entstand ein fürchterliches Gedränge, von vorn und von beiden Seiten drängten Männer und Frauen, vor allem Frauen, und verkeilten den Eingang derart, daß es minutenlang kein Vor und kein Zurück gab. Zwar hatten sich ein paar Männer mit roten Armbinden bemüht, den Eingang zu sperren und versucht, den Leuten gut zuzureden und von geordneter Verteilung zu sprechen, aber man hatte sie niedergeschrien, sie waren beiseitegedrängt worden, fast hätte man sie verprügelt. Sie besaßen ja noch keinerlei Autorität und erst recht keine Waffen, sie waren nur auf ihre Hände und Fäuste angewiesen, ohnmächtig angesichts der Menge, deren Bemühungen, in den Turm zu gelangen, sich bis zur Raserei steigerte.

Rauer hatte das vom Fenster, vom gleichen Fenster aus, an dem er jetzt steht, beobachtet, es hatte ihn zwar geschüttelt vor Ekel, aber er hatte dennoch ein Fernglas genommen, um das Schauspiel genauer beobachten zu können. Es war wie eine bittere Medizin, die er sich selbst verordnete. So würdest auch du aussehen, Herbert Rauer, wenn du dich von dieser Massenhysterie einfangen ließest, dein

Gesicht wäre verzerrt und verkniffen, als würde es von einer Teufelsfaust zusammengepreßt.

Als er das Glas beiseitelegte, hatte er sich eine Zigarette angebrannt, um den üblen Geschmack loszuwerden, aber er hatte sie nicht zu Ende rauchen können, denn Gerda war ins Zimmer gestürzt und hatte ihn mit Vorwürfen übersprudelt. Es gebe herrliche Sachen im Wasserturm, Schokolade, ganze Kartons, Ölsardinen, ganze Kisten, Fleischbüchsen in riesigen Mengen, Zucker und Mehl, ganze Säcke voll, Fett in großen Paketen! Ob er denn nicht etwas holen wolle? Ob er nicht an seine Familie denke? Jeder ginge doch! Es sei allerhöchste Zeit, sonst sei das Lager geräumt und man habe das Nachsehen, die letzte Gelegenheit ungenützt vorbeigehen lassen.

Rauer hatte sich gesträubt, aber er war schließlich mitgegangen, jedoch nicht, wie Gerda annahm, um sich gleichfalls in das Gewühl zu stürzen, er war mitgegangen, weil sich möglicherweise die Gelegenheit bieten würde, den Männern mit der roten Armbinde zu helfen. Er fand keine Gelegenheit mehr dazu, denn die Männer vom Ordnungsdienst hatten sich vor der Übermacht zurückziehen müssen. So sah er das abstoßende Schauspiel ganz aus der Nähe. Er stand dabei, angewidert und doch seltsam angezogen, einmal in die unverhüllte Fratze des entfesselten Menschen zu blicken, die blanke Gier in den Augen der Menschen zu sehen und den Speichel, der ihnen aus den Mundwinkeln tropfte, die Entschlossenheit, den anderen rücksichtslos beiseitezudrängen, niederzustoßen, um eher an die Beute zu gelangen, um größere, um bessere Beute zu machen. Alte Feindschaften, die längst vernarbt schienen, brachen wie oberflächlich verheilte Wunden auf und verspritzten ihren Eiter weithin. Rauer hörte das Geschrei, die Dissonanzen der Wut und der Gier, der Habsucht und des Neides, das Gekeife, Gekreische, das Gebrüll und Gestöhn. Er sah auch den alten Mann aus Guben, er kam auf allen Vieren aus dem Turm gekrochen, man trat ihm auf die Hände, auf das Kreuz, auf die Beine, aber er schien es nicht zu merken, er hielt die Henkel einer alten Tasche zwischen den Zähnen, und seine Augen strahlten vor Glück. Rauer sah auch die dicke Frau Schäfer und ihren Mann, die Nachricht, daß es Lebensmittel zu erjagen gälte, hatte selbst ihn aus dem Bett getrieben.

Gerda hatte Rauer aufgefordert, ebenfalls in den Turm einzudringen und Ölsardinen, vor allem Ölsardinen mitzubringen, aber er rührte sich nicht. Gerda schrie ihn an und rüttelte an ihm, überhäufte ihn mit Redensarten und Vorwürfen, ja hatte ihn fast beschimpft, aber er hatte sich nicht dazu bewegen lassen. Da hatte sich – und es überschauert ihn noch jetzt, da er daran denkt – da hatte sich Gerda in die Menge gestürzt. In diesem Augenblick hatte er seine Frau, mit der er doch über zehn Jahre verheiratet warr, von einer Seite kennengelernt, die ihm bisher völlig unbekannt geblieben war: Sie wurde – im Haufen der Tobsüchtigen, der Entfesselten, der Rasenden – zur Furie, schmolz in den Haufen ein, ohne sich noch von ihm zu unterscheiden. Und sie kam zurück, zerrauft, mit zerrissenem Kleid, mit nur einem Schuh, über und über mit Mehl bestäubt, aus einer Kratzwunde an der Wange blutend, aber zufrieden, fast lächelnd, mitleidig auf jene herabblickend, die sich noch bemühten, in den Turm zu gelangen, oder die den geringen Ertrag ihres Beutezuges beklagten. Denn sie hatte einen großen Klumpen Rohfett erwischt, den sie fest an sich gepreßt hielt. Ölsardinen hatte sie allerdings nicht mehr vorgefunden, leider keine Ölsardinen wie Frau Nowak, die eine ganze Kiste Ölsardinen erobert hatte, eine ganze Kiste!

Rauer schrickt zusammen, als die Tür klappt. Nein, es ist nicht der Junge, es ist Gerda. Sie hat sich wieder zurechtgemacht, die Haare gekämmt, das Gesicht ein wenig übergepudert, sogar die Lippen nachgezogen, ein anderes Kleid angezogen, die Wunde auf der Wange mit einem Streifen Hansaplast verklebt.

Gerda blickt ihren Mann finster an. »Das vergesse ich dir nicht«, sagt sie mit eisiger Stimme, »daß du mich vorgeschickt hast.«

Rauer erwidert nichts. Er könnte sagen, daß er sie ja nicht vorgeschickt habe, daß sie von selbst gegangen sei, und er könnte hinzufügen, daß auch er den Anblick nicht vergessen würde, wie sie sich in die Menge gestürzt habe, mit einem Gesicht, das bis zur Unkenntlichkeit verzerrt war. Wenn ihn eine Schuld trifft, dann die, Gerda nicht zurückgehalten zu haben. Vielleicht wird er ihr später einmal sagen, wie sehr es ihn erstaunt und zugleich geschmerzt hat, sie so verwandelt gesehen zu haben. Jetzt ist wohl nicht der geeignete Zeitpunkt dafür, er zieht es vor, zu schweigen und ins Unrecht gesetzt zu werden. In Debatten dieser Art zieht er, auch wenn er im Recht ist, doch den kürzeren, die Erfahrung hat es ihn oft genug gelehrt. Gerda sieht nur sich, ihn und den Jungen, und an diesem familären Egoismus prallen alle Argumente, die über den Kreis der Familie hinausgreifen, wirkungslos ab.

»Steh nicht herum!« murrt Gerda. »Tu lieber etwas!«

Rauer atmet auf. Ihre Stimme hat nicht mehr die gleiche Schärfe. Sie ist zwar noch nicht freundlich oder gar versöhnlich, aber doch milder, sie ist wie das Grollen eines langsam abziehenden Gewitters. Zwar wird nicht gleich wieder die Sonne scheinen, sie wird noch eine Weile, eine ganze Weile auf sich warten lassen, aber das ist erträglich und verständlich. Er rechnet es seiner Frau nicht an, an ihren Nerven hat zuviel gezerrt. Bombenkrieg und Flucht, der Kleinkrieg mit Frau Nowak und die Ungewißheit, wie dieser Krieg einmal zu Ende gebracht werden würde, das alles hat die Substanz ihrer Nerven aufgezehrt. Dazu kommt noch, daß sie am gestrigen Abend, als sie für kurze Zeit allein im Hause war, von einem angetrunkenen mongolischen Soldaten überfallen worden ist, er hatte sie bereits zu Boden geworfen, ihr das Kleid und die Unterwäsche zerrissen, als eine Patrouille ihre Hilfeschreie hörte und schnell eingriff. Rauer kennt viele Fälle, in denen es nicht so glimpflich abgelaufen ist, aber er kann einfach nicht vergessen, daß seine Frau ihm beim Sturm auf den Wasserturm eine Seite ihres Wesens offenbart hat, die ihn in Abgründe schauen ließ . . . Immer wieder bedrängen ihn die Bilder.

»Antworte doch wenigstens, Herbert«, sagt Gerda ärgerlich und blickt ihm ins Gesicht. »Was ist denn mit dir?«

Rauer wendet sich ihr zu. Was hat sie gesagt? »Was ist denn?« fragt er. Tu doch wenigstens etwas, hat sie gesagt. Ja, er will gern etwas tun, dieses Nichtstun ist ihm ohnehin seit langem über. »Was soll ich denn tun?«

»Holz holen!« erwidert Gerda schnell und weist mit einer Kopfbewegung auf den Platz, über den die Leute mit allen möglichen Handwagen ziehen. »Du siehst doch, sie sind alle schon unterwegs.«

Rauer hat noch immer nicht ganz begriffen. »Holz holen?« fragt er zurück. »Was für Holz? Und wo? Ich weiß von nichts.«

»Du kümmerst dich auch um gar nichts«, sagt Gerda vorwurfsvoll. »In der Lichtung, nach Köckeritz zu, soll viel Holz liegen, schon geschnittenes Meterholz oder wie das heißt. Mein Gott, eh' du so begreifst.«

Rauer sieht sie verständnislos an. Holz, das im Wald liegt, geschnittenes, gestapeltes Holz, also fiskalisches Eigentum, das soll er holen? Deshalb also sind die Leute mit ihren Wagen unterwegs . . .

»Was ist denn da noch zu überlegen!« bricht Gerda ungeduldig los. »Wir müssen doch für den Winter vorsorgen, und außerdem . . .« Sie zögert, ist sogar ein wenig verlegen und drückt die Enden des Hansaplaststreifens fester an ihre Wange.

»Na, was ist außerdem?« fragt Rauer. Er ist gespannt, was jetzt kommt, was sie sich nun wieder ausgedacht hat.

»... und außerdem würde Frau Nowak Ölsardinen gegen Holz eintauschen«, vollendet sie den Satz.

Ölsardinen, das ist ihr Tick. Sie würde ihre Seele verkaufen, denkt Rauer, das ist wie die Gier einer Schwangeren auf Scharfes, Gewürztes. Holz gegen Ölsardinen will also die Nowak tauschen, welch eine absurde Idee. »Das ist doch Unsinn«, sagt er ruhig. »Tausch doch von dem Fett gegen ihre Ölsardinen, wenn du schon unbedingt welche haben willst.«

»Von dem Fett gebe ich nichts her«, entgegnet sie empört, »ich bin doch noch normal. Außerdem hat Frau Nowak mein Fett nicht nötig, der Dieter hat einen ganzen Kanister mit Schmalz er ..., er hat ... Na ja, einen ganzen Kanister mit Schmalz geholt.«

Sie geniert sich doch wohl, erbeutet zu sagen, und ein anderer Ausdruck fällt ihr im Augenblick nicht ein, aber daß sie jetzt *Frau* Nowak sagt, während sie bisher immer nur von *der* Nowak gesprochen hat, und daß sie deren Sohn Dieter nennt, während sie ihn bislang nur als den Bengel oder den Lausejungen bezeichnet hat, das ist doch ein starkes Stück. Es hat den Anschein, als ob Gerda mit den Nowaks bereits gütlich übereingekommen ist.

»Komm schon, Herbert«, sagt Gerda noch ungeduldig, aber doch sanfter. »Es ist doch in unserem eigenen Interesse.«

Aber Rauer will nichts davon wissen. »Soll die Nowak mit ihren Sprößling doch selbst Holz holen«, weist er das Ansinnen zurück.

»Das ist es ja eben, der Dieter hat sich den Fuß verstaucht«, sagt Gerda, »oder vielleicht sogar gebrochen, das ist noch nicht raus. Die Menschen sind ja so rücksichtslos!«

Beinahe hätte Rauer laut herausgelacht. Ausgerechnet sie sagt das, sie, die sich kaum zwei Stunden zuvor wie eine Berserkerin in das Menschengetümmel geworfen hat, aber er spricht es nicht aus, sagt nur, ein wenig überrascht, ein wenig schadenfroh: »Ach nee, dem Bengel haben sie auf die Hühneraugen getreten? Schadet ihm gar nichts!« Den Kopf hätten sie ihm abtreten müssen, dieser Großfresse, denkt er. »Du sollst nicht so reden«, verweist ihn Gerda.

Sieh an, wie milde sie geworden ist, und alles wegen der Ölsardinen. Aber sie hat recht. Was hast du da eben gesagt und gedacht? ruft er sich selbst zur Ordnung. Der Junge kann doch nichts dafür, der ist das Produkt seiner Eltern, seiner Erziehung im tausendjährigen Reich, nein, der hat keine Schuld. Dennoch kann Rauer nicht verhindern, daß ein Bodensatz an Schadenfreude und Genugtuung in ihm zurückbleibt.

»Dann soll die Nowak allein gehen«, sagt er entschieden, »so oft sie will, ich kann sie nicht daran hindern.«

Gerda schüttelt verzweifelt den Kopf. »Wie du dir das vorstellst! Sie kann doch die Meterstücke nicht allein heben. Weißt du, was so ein Meterstück wiegt? Über einen halben Zentner. Mach doch, Herbert, sie borgt uns auch ihren Wagen.«

Minutenlang geht der Streit um Holen oder Nichtholen. Schließlich gibt Rauer erschöpft nach, sie ziehen los, Gerda, Frau Nowak und Peter. Für den Jungen ist das ein Spiel, ein Vergnügen, eine jubelnd begrüßte Abwechslung.

Rauer fühlt sich gar nicht wohl dabei. Er hat versucht, sich einzureden, daß die Plünderung des Lebensmitteldepots im Wasserturm etwas anderes ist als die, wie es auf neudeutsch heißt, Organisierung einiger Meter Holz. Aber worin besteht der Unterschied? Doch lediglich darin, daß die Lebensmittel in einem geschlossenen massiven Gebäude lagerten, während das Holz im Wald, unter freiem Himmel herumliegt. Nein, es liegt ja nicht herum, es ist ordentlich gestapelt, und selbst wenn es nicht gestapelt wäre, die Stämme tragen bereits den Brandstempel der Försterei. Nein, nein, er will sich gar nichts vormachen. Plünderung ist Plünderung, Diebstahl ist Diebstahl, hier im Wald sieht es nur scheinbar harmloser aus.

In der Lichtung nach Köckeritz zu geht es ruhiger, geordneter als am Wasserturm zu, weil viel, sehr viel Holz da liegt, hier kann jeder wählen, hier hat es niemand nötig, um Beute zu kämpfen oder sie dem anderen zu entreißen. Hier läßt man den anderen nach Belieben walten. Jeder ist eifrig damit beschäftigt, seinen Wagen zu beladen, eilig davonzufahren und möglichst schnell wiederzukehren. Die Leute kümmern sich nicht im geringsten um die drei Männer, die dem Treiben Einhalt zu gebieten suchen. Jahrelang haben sie vor jeder Uniform gezittert, vor jedem Achselstück, jeder Tresse, vor jedem Stück bunter Emaille, jetzt lassen sie sich – einmal entfesselt – durch niemanden mehr hindern, auch nicht durch die Anwendung massiver Gewalt; sie beantworten sie mit Schimpfreden, mit Schmähungen, ja mit Handgreiflichkeiten. Sie lachen über die Männer mit den roten Armbinden, spucken sogar nach ihnen, die guten Bürger und Kleinbürger, die sonst von der Heiligkeit des Eigentums, von der Unantastbarkeit des Besitzes reden – sofern es sich um ihren eigenen Besitz handelt.

Frau Nowak treibt zur Eile, ihre Augen glänzen vor Eifer. Die kleine, verwachsene Frau hat all ihre Leiden, die sie stets so bilderreich zu beschreiben pflegte, vergessen, sie klettert auf die Stapel, packt fest zu und sucht mit sachkundigen Blicken die besten Stücke aus, diejenigen nämlich, die sich, wie sie erklärt, später am besten zu Kloben zersägen lassen, hält sie es doch auch für ratsam, die Meterstücke baldmöglichst zu zerlegen und in den Keller zu schaffen, um einer eventuellen späteren Nachforschung keine Anhaltspunkte zu bieten.

Während der Fahrten von und zur Köckeritzer Lichtung hat Frau Nowak überreichlich Gelegenheit, ihre Ansichten zum besten zu geben. Das Holz gehöre doch, so erklärt sie, allen, und jeder dürfe seinen Teil davon nehmen, das sei nicht mehr als recht und billig, denn es gäbe ja keine Regierung mehr, und die Grauen ließen anscheinend alle fünfe gerade sein. Ja, das ist wahr, im Wald, neben der holzreichen Lichtung, lagern russische Soldaten mit ihren Pferden. Die Pferde weiden zwischen den Bäumen, die Soldaten liegen im Gras oder sitzen auf Baumstümpfen, schneiden sich gewaltige Scheiben von ihrem Brot herunter oder drehen sich Zigaretten aus Zeitungspapier, sie beobachten das geschäftige Treiben, aber sie greifen nicht ein, lassen es geschehen. In ihren Augen aber sitzen unverhohlene Geringschätzung, Spott und Verwunderung. Es hat Rauer sehr geschmerzt, als solche Blicke auch ihn getroffen haben.

Als die Dämmerung herabsinkt und sie zum letzten Male den sandigen Platz am Wasserturm überqueren, hat Rauer einen, wie ihm scheint, erlösenden Gedanken. Das Holz in der Köckeritzer Lichtung ist zum Barrikadenbau bestimmt gewesen, und so ist es letzten Endes doch eine verdienstliche Sache, es zu beseitigen. Es ist ein schwacher Trost, eine zweifelhafte Rechtfertigung, die er erfindet, um sich selbst zu beschwichtigen. Als er aber hört, wie Gerda mit der Nowak über die Relation verhandelt, wie man Holz gegen Ölsardinen tauschen könne, da ist auch dieser Trost kein Trost, da ist er nichts als eine faule Ausrede.

Verdammt noch mal, flucht er in sich hinein, dann hat er sich – auf dem Umweg über das Holz – doch an der Plünderung des Lebensmittellagers im Wasserturm beteiligt. Es wird notwendig sein, Gerda den Tausch zu untersagen. Rauer atmet schwer, nicht von der Anstrengung, den hochbeladenen Wagen durch den knöcheltiefen Sand zu ziehen. Er zweifelt daran, ob er es wird durchsetzen können, daß dieser Tausch unterbleibt.

Viertes Kapitel
Die neue Verwaltung beginnt zu arbeiten

1.

Bürgermeister Andrikeit unternimmt seine erste Amtshandlung

Endlich hat sich die Tür hinter Steinle geschlossen. Andrikeit läßt sich erschöpft in einen Sessel fallen und wischt sich den Schweiß von der Stirn. Das ist ein bißchen viel auf einmal gewesen. Die Sitzung mit dem Kommandanten ist allerdings kurz gewesen. »Du – Arbeiter?« hat der Kommandant gefragt, und als Andrikeit bejahte und zum Beweise seine Hände vorzeigte, war, wie Alfons Steinle sagte, »die Sache geritzt«, obwohl die weiteren Fragen, die der Kommandant durch den Mund des Dolmetschers dann noch stellte, reichlich unangenehm waren. Aber was dann kam, nämlich die Besprechung mit Steinle, Ziegler, den Burmesters und den anderen, die mit Forderungen, Ansprüchen, Verlangen auf ihn eingedrungen sind, diese zweite Sitzung hat es in sich gehabt. Jeder hat sofort, dem ihm übergebenen Ressort entsprechend, bestimmte Maßnahmen vorgeschlagen und seine, Andrikeits, Bürgermeister Andrikeits, Zustimmung zu erlangen versucht. Und dann, gewissermaßen über allen schwebend, hat Steinle ihm im Parteichinesisch politische Richtlinien gegeben, für deren Einhaltung er den neuen Bürgermeister verantwortlich gemacht hat. Das alles hat pausenlos auf ihn eingehämmert, ist in seinen armen Kopf wie in einen Sack hineingestopft worden.

Andrikeit seufzt tief auf. Hätte er sich nur nicht darauf eingelassen! Er hat ja früher einmal davon geträumt, eine Rolle als Politiker zu spielen, und – gewiß – Franz Andrikeit, Bürgermeister von Lindenthal, das hört sich ja recht gut an, denn Lindenthal ist nicht irgendein kleines Nest, ein gottverlassenes Dorf, wo sich die Füchse gute Nacht sagen, es ist eine Stadt von mehr als achttausend Einwohnern, die vielen Flüchtlingen, die jetzt von Osten her einströmen, noch nicht einmal gerechnet, aber …

Andrikeit holt einen Seufzer ganz tief aus seiner Brust. Er ist kein junger Mann mehr, nicht einmal mehr ein Mann in den sogenannten besten Jahren, er ist müde, er ist verbraucht, für die paar Jahre, die er noch zu leben hat, möchte er seine Ruhe haben. Weshalb hat er sich nur darauf eingelassen? Kein Mensch, kein Genosse hätte etwas dabei finden können, wenn er abgelehnt hätte. Er hat sich seinen Eintritt in die große Politik eigentlich ganz anders vorgestellt. Vor Jahren hat er in der Volksbühne ein Stück gesehen, es hieß »Die Journalisten«, und da hat ihm besonders gefallen, wie sogar dem bei der Wahl unterlegenen Politiker ein Ständchen gebracht wurde, von einer Liedertafel und einer Musikkapelle und mit Hurrageschrei und Tschingdara. Bei seiner Einsetzung aber ist alles so unfeierlich, fast unter Ausschluß der Öffentlichkeit vor sich gegangen. In einer alten, miesen Laube war der Beschluß gefaßt worden, und der russische Major hatte ihn mißtrauisch beäugt, »Dokument, Dokument« verlangt, in den vorgelegten Papieren herumbuchstabiert, den Dolmetscher dieses und jenes gefragt, mit ihm geflüstert, und Andrikeit dann wieder durchdringend angesehen wie ein Untersuchungsrichter oder Kriminalkommissar.

Ja, Andrikeit hat sich das alles so ganz anders gedacht. Er hat zumindest erwartet, daß der russische Kommandant aufstehen und ihn, den alten, weißhaarigen Genossen, nach russischer Art umarmen und auf beide Wangen küssen würde, aber nichts von alledem war geschehen. Der Kommandant war allerdings aufgestanden, aber er hatte ihm kurz zugenickt und durch den Dolmetscher sagen lassen, daß er den neuen Bürgermeister am nächsten Tage zur Berichterstattung zu sehen wünsche. So war das vor sich gegangen. Punkt. Aus. Schluß. Der große Augenblick, von dem er früher geträumt und auf den er lange gewartet hat, ist zerronnen, aufgeschluckt worden wie ein Wassertropfen, der in losen Sand fällt.

Andrikeit springt hoch und reißt das Fenster auf, rafft die Gardine beiseite, damit die frische Luft in breiten Wellen in das Zimmer strömen kann. Jetzt ist ihm etwas wohler. Er fährt sich mit dem Zeigefinger zwischen Kragen und Hals hin und her, er ist es nicht gewohnt, steife Kragen zu tragen, und auch der Anzug beengt ihn. Andrikeit knöpft das Jackett auf, aber das schafft nur wenig Erleichterung. Das Jackett ist in den Schultern zu eng, die Weste spannt sich über der Brust, und der Hosenbund preßt den Leib zusammen, daß ihm das Atmen beschwerlich wird. Es ist ja nicht sein Anzug, den er heute trägt, auch das weiße Oberhemd und der steife Kragen sind nicht sein Eigentum. Weidinger hat ihm die Sachen geliehen, Weidinger hat etwa die gleiche Größe, nur ist er eben schmaler in den Schultern und in den Hüften.

Andrikeit schließt das Fenster wieder. Eben war er noch wie in Schweiß getaucht, jetzt fröstelt ihn. Während er das Fenster schließt, blickt er auf die Straße. Die Rathausstraße ist wie leergefegt, nur ein paar Russenwagen, hoch beladen mit Matratzen, Säcken und Kisten, rumpeln über das Kopfsteinpflaster. Die Soldaten blicken auf das kleine Schild mit den kyrillischen Buchstaben, das wohl den Weg zur Kommandantur weist, dann werden die Geräusche schwächer. Die Wagen haben die Bahnhofstraße mit dem asphaltierten Fahrdamm erreicht.

Andrikeit wendet sich wieder ins Zimmer zurück und lauscht nach dem Vorzimmer hin, aber da ist alles ruhig. Eine Stenotypistin oder Sekretärin ist noch nicht da, Besucher haben sich ebenfalls noch nicht eingefunden, denn es hat sich noch nicht herumgesprochen, daß Lindenthal einen neuen Bürgermeister hat, Andrikeit ist also allein. Er öffnet die obersten Knöpfe der Hose und die untersten der Weste und lockert die Krawatte. So, jetzt ist ihm wohler, die Beklemmung von vorhin ist verflogen. Es ist wohl nur ein körperliches Unbehagen gewesen, das ihn unsicher gemacht hat. Er geht ein paar Schritte auf und ab, die Hose fällt in tadelloser Bügelfalte auf die schwarzen Halbschuhe, die ebenfalls von Weidinger sind. War übrigens sehr anständig von dem, die Sachen herzuleihen. Dieser Weidinger ist überhaupt ein netter Kerl, höflich, zuvorkommend, gefällig, der ist auch der einzige, der ihm die gebührende Ehrerbietung zollt. Bei den anderen hat er das Gefühl, daß sie ihn immer noch nicht ganz für voll nehmen, auch jetzt nicht, da der Kommandant ihn bestätigt hat und er nun ganz legal Bürgermeister, Herr über die Stadt Lindenthal ist, Herr neben oder unter dem Kommandanten selbstverständlich, der ja wohl in allen Dingen das letzte Wort sprechen wird.

Andrikeit gibt sich einen Ruck und setzt sich in den Sessel hinter dem großen Schreibtisch. Es sitzt sich gut dort. Der Sessel steht fast in einer Ecke, der Schreibtisch quer davor, von diesem Platz aus kann er das ganze Zimmer übersehen. Rechter Hand steht das Telefon, links ist eine Tastatur mit Klingelknöpfen und eine Tischlampe, dazwischen sind Schreibzeug, Briefständer, Locher, ein Kalender mit Umlegeblättern, das oberste Blatt zeigt den 23. April 1945 an, bis zu diesem Tage hat also der Nazibürgermeister hier noch gesessen. Sonst scheint sich in diesem Zimmer nichts verändert zu haben. Es ist sogar gesäubert worden, der Fußboden ist blank, wie es scheint, gebohnert, auf dem Schreibtisch ist Staub gewischt worden (Andrikeit fährt mit dem Finger die Kante entlang, tatsächlich, kein Stäubchen ist an ihm haften geblieben), die Scheiben des Bücherschrankes glänzen, so blank geputzt sind sie. Augenscheinlich hat man das alles für ihn, den neuen Bürgermeister, hergerichtet.

Befriedigt nickt Andrikeit. Ordnung scheint hier zu herrschen, zumindest bei den Putzfrauen. Er blickt sich noch einmal im Zimmer um. Doch, da ist etwas verändert. An der Querwand, der Tür gegenüber, ist auf der Tapete ein großer dunkler, viereckiger Fleck. Es ist wohl die Stelle, an der Adolf zwölf Jahre lang gehangen hat. Sonst aber ist hier alles ganz ordentlich, das kann man nicht anders sagen. Hier wird er also arbeiten. Zwar hat er noch keine Ahnung, wie diese Arbeit vor sich gehen wird, aber er hat ja Wernicke und Ziegler, auch den Steinle und die Burmesters ...

Als er an Burmester denkt, ist sein Mißbehagen plötzlich verflogen. Das Gefühl, Sieger geblieben zu sein, kommt in ihm auf, und irgendwie ist auch Schadenfreude in dieses Gefühl gemischt. Andrikeit grinst über das ganze Gesicht. Der Burmester hat sich in diesen Sessel setzen wollen, und als man ihn, Franz Andrikeit, gewählt, ja, doch gewissermaßen gewählt hat, da hat der Schwiegersohn gehässig gesagt: »Aber du bist *uns* verantwortlich!« Die blanke Wut hat dem in den Augen gesessen.

In Andrikeits Gesicht tritt ein verkniffener Zug. Wie gut hat er daran getan, seinen Siegerstolz zu verbergen. Der Burmester ist gefährlich, und dessen Schwiegersohn, der Fechmann, der erst recht, die muß er sich vom Leibe halten oder ... Nein, noch besser, die muß er zu sich heranziehen. Der lange Schlaks hat so hinterhältige Augen, soll der seine Tücke gegen andere ausspielen, seine Wut an anderen auslassen, nicht gerade an ihm, Bürgermeister Andrikeit. Vielleicht hauen die auch bald wieder ab, der Burmester und der Fechmann, die sehen gar nicht so aus, als ob sie etwas umsonst täten, besonders der Fechmann hat so gierige Augen, die immer auf der Lauer liegen. Aber die Frau Burmester, die hat Haare auf den Zähnen, vor der muß man sich in acht nehmen, merkwürdig, wie die zu dem Mann gekommen ist. An die müßte er herankommen. Wer die hat, hat die ganze Familie. Na, er wird ja sehen.

Andrikeits Blick kehrt, wie magisch angezogen, wieder zu dem dunklen Fleck an der Wand zurück. Hier hat man Adolf abgehängt, sein Bild vielleicht sogar zerrissen oder auf den Müllhaufen geworfen, und ein oder zwei Dutzend Kilometer weiter in Berlin, da regiert er noch, da ist er noch der Führer und Reichskanzler und oberster Befehlshaber, Herr über Tod und Leben. Es ist unheimlich, beklemmend, aber auch großartig, daß der Arm, der bis zur Wolga und nach Ägypten und bis zum Nordkap langte, nun nicht mehr über die kurze Entfernung bis Lindenthal bei Berlin reichen soll. Andrikeit setzt sich in dem Sessel zurecht. In Lindenthal herrscht nicht mehr Adolf Hitler, sondern er, Franz Andrikeit, Bürgermeister. Er greift nach dem Hörer des Telefons. Es ist kein Geräusch im Apparat, es gibt ja keinen Strom, aber Andrikeit hat ohnehin nicht telefonieren wollen, er hält nur eine Probeübung ab. »Hier Bürgermeister Andrikeit«, sagt er laut. Seine Stimme ist etwas verschleimt, er räuspert sich, schluckt den Schleimpfropfen herunter und sagt dann noch einmal, diesmal klar und deutlich: »Hier Bürgermeister Andrikeit!« Dann legt er den Hörer wieder auf die Gabel, zieht die Schubkästen des Schreibtischs auf und öffnet die Seitentüren. Er findet Bleistifte, Kopierstifte, Rot- und Blaustifte, allen möglichen Schreibkram, ein paar Notizblöcke, einen Stoß Akten. Neugierig besieht er alles. Die Stifte, sämtlich von Faber aus Nürnberg, sind tadellos angespitzt, die Akten sind geschieden in blaue, grüne, rote Akten. Das hat bestimmt etwas zu bedeuten. Er wird es schon herausfinden.

Andrikeit nimmt die oberste Akte, legt sie vor sich auf den Tisch und schlägt sie auf. Er beginnt seine Arbeit im Rathaus zu Lindenthal und liest. Das oberste Blatt ist aus dünnem, grünlichen Papier. Aha, es ist der Durchschlag eines Briefes, der im Rathaus geschrieben worden ist. »Frau Katharina Nowak, Lindenthal, Eschenstraße 27«, liest er, dann folgt ein Aktenzeichen, schließlich der Text. Es ist ein kurzer, aber in recht gepfeffertem, ja drohendem Ton abgefaßter Brief. Diese Frau Nowak wird darin dringlichst und zum allerletzten Male ersucht, die über sie verhängte Ordnungsstrafe von 250 Reichsmark innerhalb einer Woche zu bezahlen, andernfalls ... Donnerwetter, denkt Andrikeit, der ging ja ordentlich ran, mein Vorgänger: andernfalls die Geldstrafe in die an sich verwirkte Haftstraße von je einem Tag für zehn Reichsmark umgewandelt werden würde.

Andrikeit blickt auf das Datum der Kopie. Der Brief ist am 26. März 1945 geschrieben worden, und diese Frau Nowak hat sich bis heute nicht gerührt. Hätte sie inzwischen bezahlt, so würde die Akte wohl nicht mehr beim Bürgermeister gelegen haben, oder man hätte einen Vermerk darauf gesetzt oder so irgend so etwas.

So eine Frechheit, entrüstet sich Andrikeit. Sich einfach nicht zu rühren. Wie gut, daß jetzt einer nach dem Rechten sieht, er, Bürgermeister Andrikeit, wird schon dafür sorgen, daß die Frau bezahlt. Wäre ja noch schöner ... Worum handelt es sich überhaupt? Er blättert zurück. An sich ist es gleichgültig, Strafe ist Strafe, entweder muß sie bezahlt oder abgesessen werden, das ist doch mal klar. Aha, da steht es ja. Laut Paragraph soundso des Gesetzes vom Soundsovielten und der Durchführungsverordnung vom Soundsovielten und der Ergänzungsvorschriften vom Soundsovielten hat Frau Nowak gegen die Kriegsbewirtschaftsverordnungen verstoßen. Andrikeit blättert noch ein paar Seiten weiter zurück. Das ist es also! Die Frau hat Eier nicht abgeliefert, sie hat sie statt dessen zu überhöhten Preisen verkauft oder unzulässigerweise gegen andere bewirtschaftete Waren getauscht, wie es im Amtsdeutsch heißt. Die Sache schwebt schon seit Januar.

Andrikeit schlägt mit der Faust auf den Tisch, daß der Telefonwekker leise anschlägt. Wie heißt die Frau? Katharina Nowak. Der wird er es besorgen. Das wird seine erste Amtshandlung sein, jawohl. Das ist eine Unbotmäßigkeit gegen den Bürgermeister, gegen die ganze Verwaltung. Ja, und schließlich gegen den Staat. So etwas wird er, Bürgermeister Andrikeit, nicht durchgehen lassen.

Da ist ja die Tastatur mit den Klingelknöpfen. Andrikeit drückt auf einen der Knöpfe, wartet, drückt auf einen anderen, wartet, er drückt auf drei, vier, fünf Knöpfe zugleich, nichts rührt sich, kein Schritt naht, keine Tür klappt. Das ist toll, das ist unerhört! Andrikeit springt auf, stößt den Schreibtischsessel heftig zurück, stürzt durch das Zimmer, reißt die Tür weit auf und schreit ins Vorzimmer: »Hört denn niemand, wenn ich klingle?«

Der Stimmaufwand ist vertan, denn das Vorzimmer ist leer. Andrikeit läuft durch das Vorzimmer und reißt die Tür zum Korridor auf. »Hört denn niemand, wenn ich klingle? Was ist das für eine Sau ...« Die Wirtschaft bleibt ihm im Halse stecken. Er ist mit Steinle zusammengeprallt.

»Was brüllst du denn so, Franz?« fragt Steinle, schiebt Andrikeit über die Türschwelle ins Zimmer zurück und zieht die Tür hinter sich ins Schloß.

Andrikeit ist noch ein wenig außer Atem, aus Luftknappheit, aus Ärger, vor Erregung. »Ich hab' geklingelt, auf die verschiedenen Knöpfe da gedrückt, aber kein Aas ist gekommen ... Das ist hier eine Wirtschaft ... Es ist die höchste Zeit ...«

Steinle winkt lässig ab. »Gib nicht so an, Franz«, sagt er und dirigiert Andrikeit über die Schwelle ins Zimmer des Bürgermeisters. »Reg dich erst mal ab.«

Aber Andrikeit will sich nicht beruhigen. Die Sache mit der Frau Nowak hat ihn gepackt, er will dem Steinle auch beweisen, daß er sein Amt ernst nimmt. »Ich hab' eben eine Sache aufgedeckt«, sprudelt er, und ist schon ganz heiser, »da muß unbedingt durchgegriffen werden.« Er greift nach der Akte und schwingt sie vor Steinle hin und her.

Steinle greift nach der Akte. »Mitgliederlisten der Nazipartei oder so was?« fragt er und schlägt die Akte auf. Er liest, blättert ein paarmal und wirft die Akte auf den Schreibtisch, daß die Blätter herumfliegen. »Bist ja total blödsinnig!« sagt er und schüttelt den Kopf. »Wir haben wohl gar nichts anderes zu tun?«

Andrikeit stemmt die Beine fest aufs Parkett. Was erlaubt der sich? Wie redet der mit ihm? Der hat schon vorhin beim Kommandanten so getan, als ob er der große Herr sei. Der hat vorhin genau so breitbeinig und massiv vor dem Kommandanten gestanden wie jetzt vor ihm, in seinem grünlich-gelben Manchesteranzug und der grauen, hochgeschlossenen Strickjacke, der hat vorhin wie jetzt mit seinen ungefügen Händen herumgefuchtelt.

»Genosse Steinle, die Sache ist wichtiger, als du denkst«, sagt Andrikeit schließlich trotzig. »Man kann doch so etwas nicht auf sich beruhen lassen, da muß doch durchgegriffen werden. Sonst denken diese . . .« Steinle blickt ihn böse lächelnd an. »Quatsch doch nicht«, sagt er kurz. Dann fügt er milder hinzu: »Laß das jetzt.«

Andrikeit ist damit beschäftigt, die verstreuten Blätter der Akte Nowak wieder einzusammeln. Muß er sich diese Behandlung gefallen lassen? Darf man mit einem Bürgermeister so reden? Er richtet sich aus seiner Hockstellung auf und sagt: »Ich tue, was ich für richtig halte.«

»Langsam, langsam, Franz«, sagt Steinle und macht dann eine abwehrende Handbewegung. Es hat keinen Zweck, mit dem zu streiten, das mag sie wohl bedeuten. »Wir suchen die Personalakten«, sagt er sachlich. »Es sollen rote Aktendeckel sein. Hast du so etwas gesehen?«

»Im rechten Seitenfach, oben«, antwortet Andrikeit mit einer Kopfbewegung. Er legt die Blätter der Akte Nowak wieder ordentlich zusammen. Mit Leuten wie Weidinger ist bestimmt ein besseres Arbeiten, denkt er dabei.

2.

Das Rathaus wird entlaust

Wernicke hat die Ellenbogen auf die Tischplatte gestützt und den Kopf in beide Hände gelegt. Eine Verwaltung ist eine komplizierte Maschinerie. Sie kann nicht nur mit gutem Willen und großem Eifer in Gang gehalten werden, man muß sie auch zu bedienen verstehen, die Handgriffe und Regeln kennen. Es ist klar, die Übernahme der Verwaltung kann nicht einfach so vor sich gehen, indem man die Beamten und Angestellten vor die Tür setzt und ihre Plätze einnimmt. Die Verwaltung ist ja kein Selbstzweck, sie hat nur die eine Aufgabe: die öffentlichen Angelegenheiten zu ordnen, vor allem die Versorgung der Bevölkerung zu sichern und die Ordnung herzustellen und aufrechtzuerhalten. Steuergesetze und Polizeiverordnungen sind zu beachten, standesamtliche Vorschriften und Schulgesetze, es gibt eine Haushaltsrechnung, Dienstvorschriften und Erlasse, die beachtet werden müssen, wenn der Betrieb einigermaßen ordnungsgemäß weiterlaufen oder wieder aufgenommen werden soll.

Als Wernicke sich einen ersten Überblick über die verschiedenen Dezernate der Lindenthaler Verwaltung zu verschaffen versuchte, hatte man ihm keinen Widerstand geleistet. Das wagte man nicht oder noch nicht oder nicht mehr, hatte es sich doch mittlerweile herumgesprochen, daß der russische Kommandant einen neuen Bürgermeister ernannt und den sogenannten Ordnungsdienst des Nationalkomitees legalisiert hatte. Nein, man hatte den Bemühungen Wernickes keinen, auch nicht einen passiven Widerstand entgegengesetzt, aber man hatte die Handhabung des Verwaltungsapparates als ungeheuer schwierig dargestellt und darauf verwiesen, daß nur langjährig geschulte und erprobte Kräfte diese Schwierigkeiten, die sich jetzt zweifellos noch vergrößern würden, zu meistern vermöchten. Man hatte nicht verfehlt, Wernicke darauf aufmerksam zu machen, daß auch der geringste Schaden im Getriebe zu schweren, in dieser Zeit doppelten nachhaltigen Folgen führen müsse. Man hatte das nicht unfreundlich, nein, man hatte es fast freundlich, mitunter sogar zuvorkommend gesagt, aber in allen Mienen hatte dabei auch ein besorgter Zug gesessen. Man hatte doziert, und Wernicke hatte geglaubt, im Hintergrund der Augen und in den

Winkeln der Münder so etwas wie eine vorsichtig-spöttische Überlegenheit zu erblicken, etwa von der Art, die ein Schriftkundiger einem Analphabeten gegenüber an sich hat, wenn er die Bedeutung der Schriftzeichen erklärt. Man hatte Wernicke mit Fachausdrücken und Verwaltungschinesisch überhäuft, ihn in die – wie es auf den ersten Blick schien – mit hieroglyphischen Zeichen versehenen Kladden und Haushaltspläne blicken lassen, Karteikästen aufgezogen und deren Bedeutung im Eiltempo mehr verschleiert als erklärt, man hatte von Paragraphen, Verordnungen, Erlassen, Vorschriften, Durchführungsbestimmungen gesprochen, und keiner der Beamten hatte, im Brustton des Ernstes, verfehlt, ihm klarzumachen, daß man seine Pflicht im Dienste der Allgemeinheit getan habe und weiter tun werde, was da auch kommen möge. Diese Versicherung wurde allerdings meist in einem etwas gepreßten Tone abgegeben, und bei dem »Was da auch kommen möge« hatte eine bange Frage in den Augen aufgeleuchtet, nachdem man die Ironie aus Augen und Mundwinkeln verbannt hatte.

Wernicke lächelt still vor sich hin. Er hatte diese bange Frage recht wohl verstanden, aber er hatte sie angelegentlichst überhört, auch als ein junges Mädchen, ein Verwaltungslehrling, wie er später hörte, ganz direkt die Frage stellte: »Und was wird nun mit uns?« Wernicke hatte nur die Achseln gezuckt. Es hatte nicht in seiner Absicht gelegen, irgendwelche Erklärungen abzugeben oder gar Versprechungen zu machen. Daß diese Frage gerade von einem jungen Mädchen an ihn gerichtet worden war, hatte ihn verdrossen, und jetzt, in diesem Augenblick, wird er sich über die Ursache dieses Verdrusses klar. Diesem jungen Mädchen von schätzungsweise siebzehn Jahren hatte er nicht so antworten können, wie wenn ein älterer, ein »altgedienter« Beamter, womöglich ein Zwölfender oder eine von den germanischen Heroinen mit geflochtenem Haarkranz oder Hängeknoten, mit vorgewölbter Brust und rosigem Doppelkinn, wenn einer von diesen also mit der bewußten Frage an ihn herangetreten wäre. Denen hätte er eine patzige, eine pampige Antwort gegeben, eine Antwort, die von Ironie und Hohn getrieft hätte, er hatte sich längst ein paar kurze, aber knallige Sätze zurechtgelegt. Er hatte sie nicht anbringen können, und das verdroß ihn. Er hatte nur, als die Blicke der Beamten bange und da und dort auch unterwürfig geworden waren, nunmehr seinerseits ironisch und vieldeutig lächeln können, und das war immerhin etwas gewesen, das hatte ihn ein wenig entschädigt.

So war er durch die verschiedenen Amtsräume, die Kasse und den Sitzungssaal, die Meldestelle, das Ernährungs- und Wirtschaftsamt, das Polizeirevier und den Wohnungsnachweis gegangen, und überall hatten sie gesessen und sich sehr beschäftigt gezeigt, hatten auf den Schreibmaschinen geklappert, in ihren Büchern geschrieben, Formulare ausgefüllt, Akten sortiert, sogar Geld gezählt, sie hatten überhaupt wie sonst gearbeitet oder wenigstens so getan, sie hatten sich ja – von einigen Ausnahmen abgesehen – am Morgen pünktlich zum Dienst eingefunden, wie ein Blick in die Präsenzliste ergab. Diese Präsenzliste wies, wie Wernicke sich hatte überzeugen können, noch etwas anderes aus, nämlich daß von den 53 im Rathaus beschäftigten Beamten, Beamtinnen und Angestellten oder, das hatte Wernicke schon erfaßt, den Verwaltungshilfskräften, wie sie von den Beamten mit Herablassung bezeichnet wurden, daß also von diesen 53 nur acht nicht erschienen waren, und daß von diesen acht drei durch ein ärztliches Attest krank gemeldet und somit entschuldigt waren.

Weshalb, darüber grübelt Wernicke jetzt, sind sie alle, trotz des Schocks, der ihnen durch den Einmarsch der Roten Armee versetzt worden ist, erschienen? Weshalb haben sie sich, trotz der zwar begründeten, aber hysterisch übersteigerten Angst vor Beraubung und Vergewaltigung in der Frühe aus dem Schutze ihrer Häuser oder Wohnungen auf die Straße begeben, um pünktlich zum Dienstbeginn, 7 Uhr 30 Minuten, im Rathaus zur Stelle zu sein? Zu einer Tätigkeit, die – aus ihrer Perspektive gesehen – doch sehr fragwürdig, wenn nicht sinnlos geworden war? Was war es? Pflichterfüllung zum Wohle der Allgemeinheit? Diensteifer im Interesse des Volkes? Gewiß, mein Lieber, aber das allein ist es nicht. Karrengäule sind sie, die nur in einem, nur in einem einzigen Trott zu gehen vermögen, die keinen Schritt tun können, wenn sie die Sielen nicht spüren, deren Leben sinnlos werden würde, wenn sie nicht ihren gewohnten Platz einnehmen können und sich vom übrigen Volk nicht durch eine Barriere oder einen Schalter zu trennen vermöchten. Sie sind – höchstes deutsches Ideal – Beamte oder haben doch wenigstens den Vorhof des Beamtenparadieses erreicht. Sie wollen ihre Rechte und Ansprüche wahren, deshalb haben sie sich heute und gestern wie vorgestern und wie seit je im Rathaus eingefunden, bereit, den neuen Herren zu dienen, wie sie bisher jedem Herrn zu dienen bereit waren, wenn sie von diesem nur gebührend respektiert und wenn ihre Rechte und Ansprüche von ihm nicht angetastet wurden.

Wernicke hebt den Kopf aus den Händen. Wo Steinle nur bleibt? Nachdem man sich darüber klar geworden war, daß es unmöglich ist, auf alle alten Fachkräfte zu verzichten, ehe man sich nicht selber eingearbeitet hat und den komplizierten Verwaltungsapparat selbst einigermaßen zu übersehen in der Lage ist, war man übereingekommen, zunächst nur die Nazis, die Parteigenossen und die wilden Schreier zu entfernen, den anderen aber eine gewisse Bewährungsfrist einzuräumen. Da sie sich aber, wie Steinle es drastisch ausgedrückt hatte, nicht gegenseitig in die Fresse spucken würden, weil sie alle mehr oder weniger Dreck am Stecken und sich ihre weißen Vorhemden und hellen Mieder wohl mehr oder weniger reichlich mit brauner Scheiße bekleckert hätten (auch das stammte von Steinle), weil alle ihre mündlichen Erklärungen einen feuchten Kehricht wert wären, deshalb also hatte man beschlossen, die Personalakten hinzuziehen und so den Herrschaften auf den Zahn zu fühlen. Steinle und Wernicke waren dazu bestimmt worden, diese Siebung durchzuführen, jetzt wartete Wernicke auf Steinle, der die Personalakten heranschaffen sollte, damit man umgehend mit den Verhören oder den Vernehmungen oder den Verhandlungen (oder wie man es sonst nennen wollte) beginnen könnte.

Endlich! Wernicke blickt Steinle erwartungsvoll an, als dieser mit einem Stoß Akten den kleinen Raum betritt. »So, da sind die Steckbriefe!« ruft Steinle und packt den Aktenstoß auf den Tisch. »Na, alter Junge, dann wollen wir mal!« Er reibt sich die Hände und knöpft den Kragen seiner grauen, grobwollenen Strickjacke auf.

Wernicke blickt ein wenig hilflos auf den Stoß roter Akten. Wo soll man anfangen? »Hast du schon einen Plan, Alfons?« fragt er.

Steinle schüttelt den Kopf. »Nee, hab' ich nicht.« Er setzt sich hinter den anderen Schreibtisch, zieht eine Akte zu sich heran und beginnt zu lesen. »Der kommt gar nicht in Frage!« sagt er nach einer Weile und schlägt mit der flachen Hand auf die Akte. »Partei seit dreiunddreißig, Truppführer im Kraftfahrkorps, vorbildlich im Einsatz für die Winterhilfe . . . Nee, kommt nicht in Frage. Ab dafür! Mit dem brauchen wir uns gar nicht aufzuhalten. Soll schippen gehn, wenn die Russen ihn nicht vorher einsperren.« Er schließt die Akte und legt sie beiseite. »Der Nächste!« Er nimmt eine andere Akte zur Hand, überliest den Fragebogen und sagt dann: »Mit der wolln wir uns mal befassen.«

Wernicke hat still dabeigesessen und Steinle beobachtet. Ihm gefällt Steinles unkomplizierte Art, direkt auf eine Sache zuzugehen, nur scheint ihm, daß Steinle sich ein bißchen sehr gehen läßt, gleich zu heftig aus allen Löchern bläst. Schließlich wird man ja mit einigen, zunächst vielleicht sogar mit vielen von diesen Leuten zusammenarbeiten müssen. Man wird sogar auf sie, auf ihre Gutwilligkeit, auf ihre Bereitschaft und ihre Kenntnisse angewiesen sein. Man wird also den Alfons Steinle ein wenig zügeln müssen. Was draußen, im Betrieb oder auf der Baustelle, angebracht, mitunter sogar der rechte Ton ist, das kann hier falsch sein und mehr Schaden anrichten als Nutzen stiften. Schließlich soll ja auch die Parteibuchwirtschaft der Nazis nicht wieder neu aufleben. »Kann ich die Akte mal sehen, Alfons?« fragt er. »Mit Vergnügen!« sagt Steinle und schiebt die Akte über den Tisch. »Kennst dich mit diesem Kram ja besser aus als ich, bist ja selber so'n halber Bürohengst.«

Wernicke zieht die Akte zu sich heran. »Kannst sie ja inzwischen holen.«

Steinle steht sofort auf. »Mach ich«, erwidert er. »Wie heißt das Mädchen?«

Wernicke lächelt. »Frau Grosser, Kartenstelle.«

»Frau Grosser, Kartenstelle«, wiederholt Steinle. »Hast du 'ne Zigarette für unterwegs, Gerhard?«

Wernicke wirft ihm eine Zigarette zu und läßt sein Feuerzeug aufspringen. »Noch eins, Alfons«, sagt Wernicke langsam, fast zögernd, während Steinle die Zigarette anbrennt. »Die Verhandlung . . . die überläßt du mir, ja?«

Steinle raucht ein paar Züge. »Gemacht«, sagt er und ist gar nicht beleidigt. »Ich bin wohl zu vorneweg mit der Schnauze? Laß gut sein, Gerhard, du wirst es schon richtig machen.«

Als die Tür sich hinter Steinle geschlossen hat, beginnt Wernicke, die eingehefteten Blätter zu überlesen. Es ist kein umfangreiches Aktenstück, Frau Grosser ist erst seit drei Jahren in der Stadtverwaltung tätig; sie ist als Stenotypistin eingetreten, hat dann als Verwaltungshilfskraft, hiernach als Verwaltungsangestellte gearbeitet. Jetzt ist sie stellvertretende Leiterin der Kartenstelle. Eine rasche Karriere hat sie gemacht, denkt Wernicke, dabei ist sie nicht einmal in der Partei oder in der Frauenschaft, hat kein Eisernes Sparkonto, ist nur in der Arbeitsfront, aber das mußten sie ja alle. Die scheint besonders tüchtig zu sein. Bewerbung und Lebenslauf, alles ist da, werden wir gleich mal sehen, was . . .

Da ist Steinle schon zurück. Das also ist Frau Grosser, eine kleine, ein wenig mollige Frau, dunkelbraun oder fast schwarz, mit spitzer

Nase und ziemlich kleinen Augen, aber nicht unhübsch, wenn sie lächelt, und jetzt, als sie mit Steinle über die Schwelle tritt, lächelt sie, nicht nur über das ganze Gesicht, fast möchte Wernicke sagen, sie lächelt auch mit den Händen und den Füßen. Sie bewegt die gelenkigen Finger graziös, als zerreibe sie ein Stäubchen zwischen ihnen, und setzt die Füße mit wohlberechneten kleinen Schritten, ohne zu trippeln. Ihr plissierter Rock ist sehr kurz und läßt die geraden, schlanken, muskulösen Beine bis zum Knie frei, und als sie sich jetzt auf den Stuhl setzt, auf den Wernicke weist, kommen auch ihre hübschen, rundlichen Knie und ein Stück fester, kräftiger Schenkel gut zur Geltung.

Steinle ist an der Tür stehengeblieben, er lehnt sich gegen den Türpfosten und blinzelt Wernicke an, läßt seine Augen wohlgefällig über Frau Grosser wandern, spitzt den Mund und schnalzt ein paarmal.

Wernicke lächelt, er versteht Steinle, auch ohne mit ihm zu sprechen. »Hier im Rathaus gibt es ein paar schnaftige Puppen«, hat Steinle vorhin ganz nebenbei gesagt. Diese Frau Grosser ist wohl eine von ihnen. Wernicke strafft die Züge seines Gesichts wieder, indem er die Unterlippe zwischen die Zähne zieht. »Sie sind also«, wendet er sich an Frau Grosser und blickt in die Akte, »Frau Anneliese Grosser geborene Schultze, zur Zeit stellvertretende Leiterin der Kartenstelle.«

Frau Grosser nickt. »Ja«, sagt sie und wendet sich mit halber Wendung zu Steinle. »Ich war nicht in der Partei, meine Herren«, schnattert sie wie eingelernt los, »auch nicht in der Frauenschaft, ich hab' mich überhaupt nicht politisch betätigt, natürlich war ich in der Arbeitsfront, das mußte man ja, aber am ersten Mai hab' ich nie mitgemacht, da hab' ich mich immer gedrückt, nein, meine Herren, für so was war ich nicht und . . .«

»Holen Sie erst mal Luft, junge Frau«, sagt Steinle von der Tür her. »Sie sind also 'ne ganz große Antifaschistin, nee, Sie wissen ja nicht, was das ist, dazu sind Sie ja noch zu jung. Dreiundzwanzig, schätz' ich, nicht wahr?«

Frau Grosser lächelt geschmeichelt. »Danke schön fürs Kompliment, aber fünf Jahre müssen Sie schon zulegen.«

»Gut gehalten«, konstatiert Steinle anerkennend und schnalzt laut vernehmlich. »Sie sind also 'ne Nazigegnerin?«

»Jawohl!« antwortet Frau Grosser schnell. »Ich kann Ihnen so viele Zeugen bringen, wie Sie wollen, ich hab' immer gesagt, daß wir den

Krieg verlieren, und ich hab' nie geglaubt, was die da oben erzählten, und ich hab' auch Juden geholfen, zum Beispiel dem . . .«

Wernicke, der den Redewechsel zwischen Steinle und Frau Grosser ungeduldig mitangehört hat, hemmt ihren Redefluß mit einer energischen Handbewegung und wirft Steinle einen vorwurfsvollen Blick zu. »Lassen Sie mich einmal zu Wort kommen, Frau Grosser«, sagt er ruhig, aber bestimmt. »Beantworten Sie mir einmal diese Frage: Wie erklären Sie es, daß Sie, die doch ziemlich neu in der Verwaltung und noch recht jung sind, auf diesen verantwortungsvollen Posten gelangt sind, obwohl Sie nicht in der Partei sind und sich, jedenfalls Ihrer Personalakte nach, im nationalsozialistischen Sinne keineswegs ausgezeichnet haben. Wie erklären Sie das?«

Frau Grosser lächelte triumphierend. »Die gute Leistung ist auch damals anerkannt worden, meine Herren«, antwortet sie selbstbewußt. »Ich hab' eben die älteren Kolleginnen und die, die schon länger im Amt waren, überflügelt. Das gibt es doch!«

Wernicke nickt ganz unmerklich und blättert verstohlen in der Akte.

»Ich hab' mich eben durchgebissen«, spricht Frau Grosser weiter und beschäftigt sich eingehend damit, ihren Plisseerock anmutig um sich zu verbreiten.

Durchgebissen? denkt Wernicke. Hier dürfte es weniger auf die Qualität der Zähne als auf die der Beine angekommen sein. Es sind, zugegeben, bemerkenswert hübsche Beine, mit schlanken Fesseln und wohlgeformten Waden, und den hellgelben Pullover trägt diese Dame wohl weniger der Wärme als ihrer spitzen, steilen Brüste wegen, die unter dem Wollgewebe so plastisch zur Geltung kommen.

»Ich bin wirklich niemals nationalsozialistisch eingestellt gewesen«, beteuert Frau Grosser weiter. »Heil Hitler mußte ich hier natürlich sagen und für die Winterhilfe spenden, denn sond . . . Aber sonst nichts weiter, meine Herren, nicht in die Tüte. Sie werden mit mir zufrieden sein.« Sie schlägt die Beine übereinander und wippt mit den Fußspitzen, die schöne Ordnung des Plisseerocks dadurch wieder zerstörend.

Wernicke schießt einen raschen Blick auf ihre Knie und Schenkel ab und kann nur mühsam ein Lächeln unterdrücken. So machen wir hier nicht Politik, schönes Kind, denkt er und blickt verstohlen in die Akte. Lebenslauf und Bewerbungsschreiben dieser unternehmungslustigen Frau Grosser hat er noch nicht gelesen.

Frau Grosser hat Wernickes Blick bemerkt und lächelt geschmeichelt. Offenbar ist sie es gewohnt, daß man ihren schönen Beinen Aufmerksamkeit zollt. »Sind Sie der neue Bürgermeister?« fragt sie. »Ich würde gern bei Ihnen arbeiten. Ach, ich bin ja so froh, daß der ganze Nazirummel endlich vorbei ist, Sie wissen ja gar nicht, wie ich darunter gelitten ...«

»Jetzt halt mal die Luft an, Mädchen«, ruft Steinle von der Tür her. »Siehst mir gar nicht nach Seele aus, und nach 'ner leidenden schon gar nicht. 'n bißchen Zurückhaltung und Bescheidenheit würd' Ihnen ganz gut stehen.«

Frau Grosser schwingt das übergeschlagene Bein empört zurück. »Erlauben Sie mal, mein Herr! Mit Ihnen spreche ich ja gar nicht, ich spreche mit ...«

»Mit mir, Frau Grosser«, vollendet Wernicke. Er hat inzwischen die beiden letzten Einlagen der Akte gelesen. Es ist nicht uninteressant, was ihm da zur Kenntnis gekommen ist. »Es stimmt alles«, fährt er mit ruhiger, aber gehobener Stimme fort. »Sie sind nicht in der Partei gewesen, richtig, aber ...« Er legt eine Pause ein und spricht dann, jedes Wort betonend, weiter. »Ich habe hier Ihren Lebenslauf vor mir liegen. Sie schreiben darin unter anderem: ›Ich bin die Tochter des Bücherrevisors Heinrich Schultze, Parteigenosse seit 1928, Zellenleiter und SA-Truppführer‹, und an anderer Stelle: ›Im Jahre 1941 heiratete ich den Industriekaufmann Werner Grosser, Parteigenosse seit 1934, Führer des SA-Sturms 3/206, und ...‹ Nun, das weitere ist nicht so wichtig.«

Frau Grosser ist unter dem geschickt aufgetragenen Rouge erblaßt. »Ja, mein Vater ... Ja, und mein Mann auch. Aber dafür kann ich doch nichts! Ja, um Gottes willen, Herr Bürgermeister, was denken Sie ...« Sie ist plötzlich gar nicht mehr redegewandt. Es hat ihr fast die Sprache verschlagen.

Wernicke ist ganz ruhig. Steinle hat die Hände aus den Hosentaschen genommen und kommt langsam näher.

»Sie haben sich auf die Parteizugehörigkeit Ihres Vaters und Ihres Mannes berufen«, sagt Wernicke ruhig und nimmt ein Blatt aus der Akte. »Und hier in Ihrem Lebenslauf schreiben Sie: ›In einer konsequent nationalsozialistischen Familie aufgewachsen, habe ich das Gedankengut unseres Führers schon als Kind in mich aufgenommen, im BDM und im Arbeitsdienst weiter entwickelt ...‹ Und hier steht: ›Ich werde jederzeit rückhaltslos für den Führer und den nationalsozialistischen Staat eintreten.‹ Na, und so weiter und so weiter.«

Steinle ist hinter Wernicke getreten, blickt ihm über die Schulter und dann auf Frau Grosser. »Na, Ackermann, was sagste nu? Nett von euch, daß ihr alles so schön aufbewahrt habt.«

Frau Grosser ist aufgestanden. Ihre schönen, hellen Strümpfe ziehen ein paar häßliche Falten, aber sie achtet nicht darauf. »Aber meine Herren, das habe ich doch nur so geschrieben . . .«

Steinle hebt seine mächtigen Hände und weist mit dem Daumen zur Tür. »Hau ab, sag ich dir«, sagt er, gar nicht mal laut, aber drohend. »Hast dir wohl gedacht, kannst auch bei uns den Betthasen spielen, und alles ist in Ordnung? Nee, Mädchen, ist nicht.«

Frau Grosser ringt die Hände. »Aber meine Herren, das ist ein schreckliches Mißverständnis, hören Sie doch erst einmal . . .«

Wernicke nimmt seine Brille ab. »Das haben Sie nur so hingeschrieben? Und was Sie jetzt schreiben, das werden Sie auch nur so hinschreiben. Ihr habt immer nur so getan, als ob . . .« Er deutet mit der Brille nach der Tür. »Gehen Sie!«

Frau Grosser zuckt zusammen, dann dreht sie sich um und geht auf die Tür zu, nicht mehr beschwingten Schrittes und erhobenen Hauptes. In der Nähe der Tür wendet sie sich noch einmal halb um. »Es ist noch nicht aller Tage Abend, meine Herren!« schreit sie wütend. »Vielleicht sprechen wir uns noch mal wieder!«

Steinle macht einen Satz auf sie zu, aber da ist sie schon aus der Tür. »Junge, Junge«, sagt er, »das ist dir vielleicht 'n Aas auf der Baßgeige.« Er schnauft ein paarmal. »Ist mir doch tatsächlich die Zigarette ausgegangen.« Er raucht den Stummel wieder an und lächelt Wernicke breit an. »So, wen nehmen wir jetzt in die Mangel?«

3.

Rauer bekommt endlich eine rote Armbinde

Rauer steht ratlos am Fuß der Treppe, die vom Parterre in den Keller führt. Die Tür des Büros ist verschlossen, die anderen Türen im Kellergang sind ebenfalls zugesperrt. Kein Mensch ist zu sehen, es ist ganz still. Was geht hier vor sich? Ist irgendein Umschwung eingetreten? Zwar hat sich in Lindenthal äußerlich nichts geändert, aber große politische Ereignisse wirken auch von fern und strahlen bis in die entlegensten Winkel, ohne daß sich im Straßenbild wesentliche Veränderungen bemerkbar machen. Sollte wirklich . . .

Aber das ist ja nicht gut denkbar, der Kampf in Berlin soll, wie allgemein erzählt wird, zu Ende gegangen sein, Hitler soll sich das Leben genommen haben. Es gibt sogar Leute, die davon gehört haben wollen, daß die Amerikaner und Engländer nach Berlin kommen werden. Andere dagegen wollen wissen, daß bei Cottbus und Luckenwalde noch sehr starke Wehrmachtsverbände stünden, und knüpfen daran die Vermutung, daß der Krieg noch keineswegs beendet sei, jedenfalls nicht in der Gegend, der man Lindenthal zurechnet, nämlich im südöstlichen Teil des Landes vor Berlin. Die Gerüchte überschneiden sich. Keiner weiß etwas Genaues, aber jeder hat hundert Vermutungen. Die meisten Leute sind ängstlich bemüht, sich von allem fernzuhalten, jeder hat nur eine Parole: Abwarten!

Stufe für Stufe steigt Rauer die Kellertreppe wieder hoch. Das Schild mit der Aufschrift »Nationalkomitee Freies Deutschland« hat zwar noch an der Tür gehangen, aber das will gar nichts besagen, das kann vergessen worden sein. Und dann fällt ihm etwas ein. Er bleibt betroffen stehen und blinzelt unruhig in das Licht, das durch die Glastür des Einganges in den Kellerhals fällt. Das ist es, was ihm jetzt nachträglich einfällt: Am Bahnhof hat kein Mann mit einer roten Armbinde gestanden!

Rauer denkt angestrengt nach. Er ist zwar sehr schnell durch die Siedlung und die Bahnhofstraße gegangen, denn es hat geregnet, nicht sehr heftig, aber ein böiger Wind hat ihm die Nässe ins Gesicht geweht. Er war ohne Mantel von der Eschenstraße losgegangen. Als er das Nowaksche Haus verließ, hatte die Sonne hell geschienen. Aber das Wetter ist unbeständig, Regenschauer und Sonnenschein wechseln in rascher Folge. Rauer hatte deshalb den Kragen seiner Jacke hochgeschlagen und den Kopf tief zwischen die Schultern gezogen, doch ist er nicht blind durch die Straßen gegangen. Nein, er hat keinen Mann mit einer roten Armbinde gesehen, an der Bahnunterführung nicht und in der Bahnhofstraße ebenfalls nicht. Hat eigentlich ein russischer Soldat vor dem Rathaus gestanden? Doch, ja, Rauer erinnert sich, daß es ein mittelgroßer, stämmiger Mann mit mongolischen Zügen und einem hängenden schwarzen Schnurrbart war. Er hatte wegen des Regens in der Rathaustür gestanden und Rauer bereitwillig Platz gemacht, als er an ihm vorbeigegangen war. Ja, Rauer hatte ihm zugelächelt und an den Hutrand getippt, und der Soldat hatte breit zurückgelächelt, daß seine weißen Zähne zwischen den dicken Lippen sichtbar wurden und die Enden seines langen Schnurrbarts zitterten. Daran erinnert sich Rauer genau.

Die Russen sind also noch da. Zunächst ist Rauer beruhigt. Aber was ist mit dem Nationalkomitee und dem Ordnungsdienst? Vielleicht haben sie wieder eine Sitzung? Das wäre eine Möglichkeit, die haben es ja sehr mit Sitzungen, und daß er jetzt niemanden, nicht einmal das hübsche Mädchen vorgefunden hat, auch dafür gibt es eine Erklärung: Vielleicht haben sie so eine Art Generalversammlung. Rauer ist ärgerlich. Er wird also wieder vergeblich gekommen sein und abermals ohne die rote Armbinde zurückkehren und Gerdas spöttischen Blicken und abfälligen Bemerkungen ausgesetzt sein. Ihm ist bereits unbehaglich, wenn er nur daran denkt. Er steigt die letzten Stufen der Treppe empor. Ganz umsonst will er aber nicht hierher gekommen sein. Er wird sich heute anmelden, bei der Polizei und bei der Kartenstelle. Gerda hat ihn schon gemahnt, sie will endlich auch Lebensmittelkarten für ihn haben. Bisher hatte er sich illegal in Lindenthal aufgehalten und mußte mit durchgefüttert werden.

Aber auch mit der Anmeldung wird es heute nichts. »Für Publikumsverkehr heute geschlossen«, das besagt ein Schild an der Tür des Wirtschaftsamtes, und Rauer erinnert sich, daß ein Schild mit der gleichen Aufschrift an der Außentür des Rathauses befestigt ist. Die Treppe zum ersten Stock, in dem sich die Meldestelle befindet, ist mit einem Seil abgesperrt. Also auch da ist nichts zu machen.

»Heute klappt aber auch gar nichts«, schimpft Rauer. Er steht unschlüssig im Flur. Hinter den Türen ist es merkwürdig still, keine Schreibmaschine klappert, kein Telefon läutet. Sonst stelzen die Beamten, wichtigtuerisch und mit Akten unter dem Arm, durch den Flur, gehen von einem Zimmer in ein anderes. Heute scheinen die Türen hermetisch geschlossen. Es ist eine fast unheimliche Stille.

Was geht hier vor sich? Für einen Augenblick huscht eine Erinnerung an eine frühere Zeitungsmeldung durch Rauers Hirn. »Abtransport nach Sibirien« hieß es damals im »Völkischen Beobachter«. Er hat das nicht geglaubt oder zumindest für maßlos übertrieben gehalten, aber jetzt, auf dem Flur dieses Rathauses, in dem jeder Laut erstickt zu sein scheint, wird ihm unbehaglich, ja unheimlich. Er wendet sich zum Gehen. Nur raus, weiß der Teufel, was hier inzwischen vor sich gegangen ist.

Als er die Innentür öffnen will, hört er einen Schritt auf der Treppe. Es ist ein leichter Schritt. Rauer hält inne und blickt die

Treppe empor. Er wird stark geblendet, denn die Sonne scheint gerade hell durch das Fenster an der Treppenkehre. Ein Mädchen kommt die Treppe herunter, nicht sehr eilig, fast tänzelnd. Das ist doch ... Natürlich, das hübsche Mädchen mit der Stupsnase. Die Sonne flirrt in ihrem rötlichblonden Haar, und als sie die Stufen zum Parterre herabsteigt, durchleuchtet die Sonne ihr Kleid. Die langen Beine werden bis zum Schritt sichtbar. Rauer fühlt sein Herz kräftig schlagen. Eigentlich sollte er fortblicken, diskreterweise, aber ... Nein, er wendet den Blick nicht ab, gleich ist es sowieso vorbei, wenn das Mädchen wieder in den Schatten tritt.

Das Mädchen schlüpft unter dem Tau, das die Treppe absperrt, durch, eilt an Rauer vorbei und stutzt. »Guten Tag«, sagt sie fröhlich, und die Freude, ihn wieder zu treffen, leuchtet in ihren Augen; sie streckt ihm die Hand hin wie einem guten, alten Bekannten und sagt: »Sie sind doch Herbert Rauer, nicht wahr?«

Rauer bestätigt es und nimmt ihre Hand. Sieh an, sie hat seinen Namen, sogar seinen Vornamen behalten. Es schmeichelt ihm sehr. Er blickt ihr in das hübsche bewegliche Gesicht, fast vergißt er darüber, nach Ziegler und Wernicke zu fragen und ob ihnen ausgerichtet worden sei, daß er zur verabredeten Stunde vorgesprochen, aber niemanden angetroffen und lange Zeit vergeblich gewartet habe. »Haben Sie das nicht vergessen, kleines Fräulein?«

Das Mädchen quittiert das »kleine Fräulein« mit einer Unmutsfalte in der rechten Wange. »Ich habe meinem Vater gesagt, daß Sie da waren«, sagt sie, nicht mehr ganz so freundlich.

Rauer blickt sie fragend an. »Ihrem Vater?«

»Ja, meinem Vater«, bestätigt das Mädchen nickend und fügt erklärend hinzu: »Dem Genossen Ziegler. Ich bin Edith Ziegler.«

Sieh an, die Kleine ist Zieglers Tochter. Und wie sie das sagt: Meinem Vater, dem Genossen Ziegler! Mit Selbstverständlichkeit und einer tüchtigen Portion Stolz, als ob sie daran Anteil hätte, daß ihr Vater ein, wie wohl anzunehmen, tüchtiger Genosse ist.

»Das wußte ich nicht«, entschuldigt sich Rauer.

Das Mädchen lacht schon wieder. »Konnten Sie ja auch nicht wissen. Wo wollen Sie denn hin?«

Rauer sagt ihr, daß er zu Wernicke und Ziegler oder zu Wernicke oder zu Ziegler wolle, aber im Nationalkomitee niemanden angetroffen habe.

»Der Genosse Wernicke hat heute keine Zeit«, sagt das Mädchen. »Wenn Sie zu meinem Vater wollen ...«

Wernicke wäre ihm lieber gewesen, der ist nicht so scharf wie Ziegler, der guckt einem nicht so durch und durch, aber ehe er wieder unverrichteterdinge umkehrt, da geht er schon lieber zu Ziegler. Außerdem hat er zu diesem Ziegler doch jetzt so etwas wie eine persönliche Beziehung gewonnen. Bisher ist Ziegler für ihn der Mann mit dem Sowjetstern gewesen, der Politiker Ziegler, der dem Nationalkomitee angehört, der so eine Art politischer Kommissar ist oder sich doch so aufspielt. Rauer hat ihn bisher als ein Politikum, nicht als Menschen gesehen, jetzt ist er ihm plötzlich nahegerückt, sieht hinter dem Politiker Ziegler den Familienvater Ziegler, das ist irgendwie beruhigend, nein, es ist mehr, es ist bewundernswert, denn während viele Einwohner der Stadt Lindenthal auf Beute aus sind, Magazine plündern, unbewohnte Häuser ausrauben, Waldfrevel begehen und sich von niemandem daran hindern lassen, es sei denn durch russische Soldaten, zur gleichen Zeit sitzen Ziegler und Wernicke und sicher noch andere hier im Rathaus und beginnen mit der Arbeit.

»Wo sitzt denn Ihr Vater, Fräulein Ziegler?« fragt Rauer.

»Im ersten Stock, Zimmer 22«, antwortet das Mädchen. »Im Wohnungsamt.«

Im Wohnungsamt; Nicht mehr im Nationalkomitee? »Was ist denn hier eigentlich los?« will Rauer wissen. »Oder weshalb ist hier nichts los?«

»Das wissen Sie nicht?« fragt das Mädchen. Und Rauer erfährt nun, daß der russische Kommandant einen neuen Bürgermeister ernannt hat, daß man dabei sei, eine neue Stadtverwaltung zu bilden, und daß man gerade jetzt die Beamten und Angestellten des Rathauses überprüfe und untersuche, wen man behalten könne und wen man entlassen müsse. Das Mädchen hat sich in Eifer geredet, ihre bleichen Wangen röten sich. Und Ziegler, Vater Ziegler, Genosse Ziegler, hat also das Wohnungsamt übernommen.

»Gehen Sie nur hinauf«, sagte das Mädchen schließlich.

Rauer hat noch ein paar Fragen (und er möchte dem Mädchen auch noch länger ins Gesicht und auf die hübsche, kleine Brust unter dem dünnen Musselin schauen), aber ehe er noch etwas sagen kann, ist sie schon weg, in irgendeinem Zimmer verschwunden. Rauer hebt bedauernd die Schultern, dann klettert er über das Sperrtau und steigt die Treppe hinauf.

Auf dem Korridor im ersten Stock ist es dunkel, keine Lampe brennt, es gibt ja schon seit Tagen keinen Strom, und das Fenster am

Ende des Korridors reicht nicht aus, ihn zu erhellen. Nur mit Mühe vermag Rauer die Schilder an den Türen zu entziffern, Anmeldung, Bürgermeister, Handel und Industrie, Einwohner-Meldeamt, liest Rauer, schließlich muß er sogar ein Streichholz anzünden, um überhaupt noch etwas zu erkennen. Allgemeine Verwaltung, Schulamt, aha, und da ist das Wohnungsamt. Rauer klopft an, drückt nach einigen Sekunden des Wartens die Klinke nieder und tritt ein.

»Guten Tag«, sagt er laut und deutlich und ist enttäuscht. Das Zimmer ist leer. Nein, doch nicht, hinter der geöffneten Tür eines Schrankes bewegt sich jemand. Jetzt kommt der Jemand hinter der Tür hervor; es ist Ziegler. »Guten Tag, Herr Ziegler«, sagt Rauer erfreut und geht auf ihn zu.

»Guten Tag«, sagt Ziegler freundlich und nickt ihm zu. »Ich war vor ein paar Tagen schon da, wie verabredet«, beginnt Rauer, »aber leider . . .«

»Bin im Bilde«, winkt Ziegler ab. »Edith hat mir Bescheid gesagt.« Er setzt sich an den Schreibtisch und schichtet einen Stapel Akten vor sich auf, dann blickt er auf Rauer. »Hier gibt's allerhand Arbeit!«

Rauer ist an der Schranktür stehengeblieben. Er ist befangen, fast eingeschüchtert. Ziegler sagt kein Wort darüber, ob er, Rauer, nun mitmachen dürfe oder nicht. Ziegler hat schon, wie es scheint, mit Selbstverständlichkeit von diesem Büro Besitz ergriffen und kümmert sich nicht mehr um andere Dinge. Er trägt auch nicht die rote Armbinde, nicht einmal den Sowjetstern. Hat der vielleicht nur das eine Ziel gehabt, sich hier breitzumachen, und darüber alles vergessen?

»Ich wollte einmal fragen, was mit mir . . .«, beginnt er zaghaft.

Ziegler steht auf und lächelt. »Jetzt wird nicht mehr gefragt, Rauer«, sagt er, »jetzt wird gearbeitet. Wir haben Arbeit genug und keine Zeit mehr zu verlieren, verstehst du?«

Du hat er gesagt. Rauer fühlt, daß er bis in die Ohren errötet. »Ja, und ich . . . ich meine . . .«

»Steh nicht herum«, sagt Ziegler aufgeräumt. »Hast du Lust, bei mir im Wohnungsamt zu arbeiten?«

Welch eine Frage! »Selbstverständlich!« antwortet Rauer rasch. Das »Herr Ziegler« kann er gerade noch herunterschlucken.

»Dann häng deinen Hut dort auf den Riegel und setz dich her.«

Rauer ist wie benommen. Es ist ein bißchen viel auf einmal, aber was hat er erwartet? Ein neues peinliches Verhör? Eine feierliche, zeremonielle Amtseinführung? Er weiß es nicht, er hängt seinen Hut auf den Riegel an der Schrankseite, dann setzt er sich und blickt Ziegler erwartungsvoll an.

Ziegler zieht einen langen Karteikasten zu sich heran und klappt ihn auf. »Nun hör mal gut zu, Rauer. Das hier ist die Kartei über den vorhandenen Wohnraum . . .« Er unterbricht sich und legt Rauer eine Hand aufs Knie. »Daß du's weißt: Wir alle arbeiten hier freiwillig, das heißt nicht nur freiwillig, auch ohne Gehalt oder Entschädigung, zunächst wenigstens. Wenn du dich also bei uns gemeldet hast, um eine Stellung zu bekommen, bist du hier an der falschen Adresse.«

Rauer will beteuern, daß es ihm darum nicht geht, aber er kommt nicht dazu.

»Laß mich erst mal ausreden«, fährt Ziegler fort. »Deine Mitarbeit begründet keinerlei Ansprüche, mir, uns allen geht es nicht anders. Wir haben uns hier eingefunden, weil die Arbeit getan werden muß und weil sie von den Leuten, die sie bisher getan haben, nicht weiter getan werden kann, wenigstens von den meisten nicht. Verstehst du?«

Rauer nickt. »Ich bin wirklich nicht hierher gekommen, um Beamter zu werden«, sagt er, und das ist in der Tat die Wahrheit. Bisher hat ihn nur ein Gefühl der Schuld getrieben, der Schuld, sich stets immer abseits gestellt, nie etwas getan zu haben, was der Allgemeinheit nützlich gewesen wäre. In diesem Augenblick versteht er, daß seine Meldung auch anders gewertet werden kann, nämlich als Postenjägerei, und deshalb sagt er noch einmal: »Daran hab' ich wahrhaftig nicht gedacht.«

»Um so besser«, meint Ziegler und zieht den zweiten Karteikasten zu sich heran, »dann verstehen wir uns ja. Es ist für uns nicht ganz leicht, sich hier reinzufinden, 's ist sogar verdammt schwer. Ich hab' mein Lebtag auf dem Bau gearbeitet . . .« Er unterbricht sich wieder. »Es ist selbstverständlich möglich, daß diejenigen von uns, die sich einarbeiten, später hier Beamte oder Angestellte oder was weiß ich werden, wir wissen ja noch gar nicht, wie sich alles entwickeln wird, und 's soll uns ja auch egal sein, ich meine, das soll uns an der Arbeit nicht hindern. Zunächst kommt's ja darauf an, die Zügel nicht schleifen zu lassen, 's geht sowieso genug drunter und drüber.«

»Ja«, bestätigt Rauer, »der Wasserturm ist geplündert worden, das städtische Baumaterialiendepot soll erbrochen worden sein . . .«

». . . und das Holz wird aus dem Wald geholt«, ergänzt Ziegler. »Ja, ich weiß Bescheid, die Leute sind wie losgelassen.« Er ist ernst geworden und blickt für Sekunden wie verloren aus dem Fenster.

»Es ist eine verfluchte Erbschaft, die wir antreten, aber wir können sie nicht ausschlagen. Bist du dir eigentlich darüber klar, daß wir mehr Konkursverwalter als Erben sind?«

Rauer hat bei der Erwähnung des Holzdiebstahls einen roten Kopf bekommen und Husten vorgetäuscht. Jetzt nickt er bekümmert. Ein bißchen mehr Mut dürfte der Ziegler ihm schon zusprechen. »Wir werden es schon schaffen«, sagt er und weiß genau, daß das nicht mehr als eine Redensart ist, hat er doch keine Ahnung, wie es zu schaffen, ja nicht einmal, was eigentlich zu schaffen ist. In dieser Sekunde erst wird ihm klar, daß hier viel mehr vor sich geht als eine Umbesetzung der Posten, der Ämter oder auch der Regierung.

Ziegler hat den Blick wieder vom Fenster ins Zimmer gewandt. »Hier im Wohnungsamt haben wir ganz besondere Aufgaben«, sagt er sachlich. »Wir müssen für die Russen umgehend eine Anzahl Häuser frei machen und die Leute aus diesen Häusern anderweitig unterbringen. Das ist aber noch gar nichts im Vergleich zu dem, was uns dann bevorsteht, denn jetzt kommen die Flüchtlinge von der anderen Oderseite, sie sollen schon zu Tausenden unterwegs sein.« Er holt tief Atem. »Wir werden natürlich versuchen, sie weiterzuschicken, denn wir haben keine Landwirtschaft in Lindenthal und nur eine ganz kleine Industrie, aber einige Flüchtlinge, vielleicht ein paar hundert, vielleicht sogar ein paar tausend, werden wir doch hier behalten müssen, das wird nicht zu vermeiden sein. Verstehst du?«

Rauer nickt. »Es wird also darauf ankommen, festzustellen, wo noch Platz vorhanden ist.«

»Sehr richtig, und wir dürfen dabei nicht zimperlich sein, Rauer, und auf die zarten Nerven der Leute Rücksicht nehmen. Die Leute müssen zusammenrücken, und wenn sie es nicht freiwillig tun, dann werden wir sie zwingen und tüchtig Druck dahintersetzen.«

»Und die Kartei?« fragt Rauer und deutet auf die langen Kästen. »Nach der können wir nicht arbeiten?«

Ziegler winkt ab. »Die stimmt nicht mehr, wohl schon lange nicht mehr, wer weiß, ob sie je gestimmt hat. Die Leute werden sich natürlich mit Händen und Füßen dagegen sträuben, Zimmer abzugeben. Es soll mit deine Aufgabe sein, Rauer, sie umzustimmen.«

Rauer erschrickt. Wird er dieser Aufgabe gewachsen sein? Ob Ziegler ihm da nicht zuviel zutraut? Es wird alles andere als leicht sein, mit den Leuten zu verhandeln, ihnen klarzumachen, daß sie zusammenrücken, sich beschränken müssen. »Ja, ich verstehe«, sagt er bedrückt, »aber das wird eine verdammt schwere Arbeit sein.«

»Klar«, meint Ziegler, »das wird allerhand Sturm geben. Die werden sich von uns nicht gern was sagen lassen. Aber du bist der geeignete Mann für diese Sache, du hast doch keine Verwandten und Bekannten hier. So hast du wenigstens gesagt.« Ziegler blickt Rauer fragend an.

»Ja, das stimmt«, sagt Rauer. »Aber was hat das damit . . .«

»Was das damit zu tun hat?« fällt ihm Ziegler ins Wort. »Mann, dann nimmst du keine Rücksicht auf diesen oder jenen, mit dem du verwandt oder verschwägert oder befreundet bist, verstehst du?«

Rauer ist fast ein wenig gekränkt. »Du mußt nicht glauben, daß ich mich, wenn es anders wäre, in meinen Entscheidungen beeinflussen lassen würde.«

Ziegler winkt ab. »Kräh nicht zu früh, Rauer. Du gehst natürlich nicht allein. Entweder gehen wir beide, oder du gehst mit Mausolf. Wir werden das Kind schon schaukeln, und wenn's aus der Wiege fliegt. Oder traust du dir das nicht zu?«

»Doch«, sagt Rauer. Ihm ist eingefallen, daß es in Lindenthal viele Nowaks gibt, auch wenn sie nicht gerade Nowak heißen. Die kann man bei dieser Gelegenheit einmal gehörig zusammenstauchen, daß sie klein und häßlich werden. »Doch«, wiederholt er. »Mit dir geh' ich durch dick und dünn, Ziegler!«

4.

Der Schritt in die Freiheit ist schwer

Mit langsamen, gemessenen Schritten geht Bernstein durch die Straßen der Stadt Lindenthal. Zwar kennt er sie genau, denn er ist ja hier groß geworden, er hat hier de Schule besucht, einige Freunde gehabt, hat in einigen bürgerlichen Familien, denen seiner Schulkameraden, verkehrt und ist später, nachdem er in Chemnitz gelernt und sich in Berlin selbständig gemacht hatte, immer wieder in Lindenthal gewesen, solange seine Eltern hier lebten.

Bernstein erkennt jede Straße, fast jedes Haus wieder, er erkennt auch viele Menschen, wenn er sich auch nur selten ihrer Namen erinnert. Viele der Straßen und gerade die unbebauten Grundstücke, die Waldstreifen, der See und vor allem das Eisenbahngelände sind mit Jugenderinnerungen verknüpft. Sie sind Bestandteile dieser Erinnerungen, an unbekümmerte, kindliche Spiele, allerdings auch an manche Demütigung, die ihm, dem jüdischen Knaben, zuteil wurde, hier hatte er das erste zarte Liebeserlebnis, empfing er den ersten Kuß (Bernstein muß heute noch lächeln, wenn er an ihn denkt, an diesen ungeschickten, schüchternen Kuß, bei dem seine Zähne und die des Mädchens Hildegard gegeneinander klirrten). Lindenthal ist immer so etwas wie eine Heimat gewesen, auf jeden Fall war es das Nest, dem er entstammte und in dem er flügge wurde. Dieses Gefühl hatte sich nie ganz verloren, wenn es ihn auch nicht gerade rührselig gestimmt oder gar überwältigt hat.

Jetzt, da Bernstein in dieser frühen Nachmittagsstunde durch die Straßen von Lindenthal geht, spürt er allerdings wenig, nein, wenn er ganz genau in sich hineinhorcht, eigentlich gar nichts von diesem Gefühl. Es ist unbezweifelbar die Stadt Lindenthal. Die Straße, die er entlang geht, heißt wie früher Bahnhofstraße, diese Querstraße, die er jetzt gleich überschreiten wird und an deren Ecke sich das große Schulgebäude befindet, hieß Joachimstraße. Ja, sie heißt auch jetzt noch so. Die nächste Querstraße mit der Spar- und Darlehnskasse des Kreises war die Kurfürstenstraße. Ja, auch sie hat noch ihren alten Namen. Sogar die Geschäfte haben fast sämtlich die alten, bekannten Firmenschilder. Hier ist alles dauerhaft, hier ist, wie es scheint, alles beim alten geblieben, wenigstens was die Fassaden betrifft, nur . . .

Bernstein hemmt den Schritt, schießlich bleibt er stehen, er fühlt den Schlag seines Herzens bis in den Hals. Nur zwanzig, dreißig Meter trennen ihn jetzt von dem Hause, in dem er aufgewachsen. In dem seine Eltern und Geschwister gelebt haben, dem er schließlich entwachsen ist, zu dem er aber immer wieder zurückkehrte, bis man den Eltern das Geschäft zerschlug und sie ebenfalls nach Berlin übersiedelten. Seitdem die braunen Kolonnen »spontan« angetreten waren und das ihnen befohlene Werk in der sogenannten Kristallnacht vollführt hatten, ist Bernstein nicht mehr in Lindenthal gewesen. Sieben Jahre sind es jetzt her. Sein Vegetieren im Keller des Professors Fabricius kann wohl kaum als eine »Anwesenheit« oder als ein »Aufenthalt« gewertet werden.

Plötzlich ist ein anderer Ton in den Straßenlärm gemischt. Gesang. Ja, Gesang. In den Straßen von Lindenthal ist in den letzten Tagen oft gesungen worden, marschierende Rotarmisten haben gesungen, und es hatte ganz anders geklungen als der zackige, zerschmetterte Rhythmus, wenn »Ein Lied! Drei-vier!« befohlen worden war. Der Gesang der Russen war kein Bestandteil des Marsches, er ordnete sich dem Marsche nicht unter, er war ein gleichberechtigter Begleiter, er zog mal schneller, mal langsamer nebenher.

Doch der Gesang, der sich jetzt durch die Kurfürstenstraße nähert, ist von ganz anderer Art, er ist ungleichmäßig in seiner Stärke, schwankend in seinem Rhythmus, er torkelt gleichsam dahin und wird von Schreien durchtönt. Für Sekunden denkt Bernstein an das Gegröl einer Horde von Männern, wie sie an Himmelfahrtstagen durch die Straßen zu ziehen pflegen, teils mit gewollter, teils mit vom Alkohol erzeugter Ausgelassenheit, und nur zu einem kleinen Teil mit echter Heiterkeit. So etwa klingt der Gesang, aber es ist undenkbar, es ist töricht, jetzt an eine sogenannte Herrenpartie zu denken. Die Männer, die sich jetzt in loser Gruppierung der Bahnhofstraße nähern, haben sich untergefaßt, und sie schwenken Fähnchen, aha, blauweißrote, rotweißblaue, grünweißrote und schwarzgelbrote. Sie singen und schreien und wirbeln ihre Fähnchen umher, und immer wieder reckt sich eine Stimme auf, wie ein hochgestreckter Arm und eine geballte Hand über die Köpfe, ruft ein »Evviva!« oder ein »A bas!«, und dröhnend wiederholen alle anderen den Ruf.

Bernstein läßt den Zug an sich vorüberziehen, er mustert die Gesichter der Männer, und ihm ist, als müßte er jedem von ihnen zunicken, jedem die Hand fest drücken und eine gute Reise wünschen, nach Frankreich, nach Belgien, nach Holland, nach Italien, in ihre Heimat ... Er, Ernst Bernstein, ist in seiner Heimat, er hat sie nie verlassen und ist doch ein Vertriebener inmitten der vertrauten Umgebung, sie dünkt ihn immer noch gefährlich und voller Hinterhalte.

Bernstein bemüht sich, sachlich zu sein, aber er vermag eine Aufwallung des Hasses nicht zu unterdrücken. Ihn befällt ein Zwang, sich die Menschen, die an ihm vorüberhasten, in Uniformen, braunen, schwarzen und grauen Uniformen vorzustellen, mit Abzeichen, Tressen und Auszeichnungen, mit Schaftstiefeln und Schulterriemen und Koppeln, auf denen das Hakenkreuz eingraviert ist. Kreisen in ihren Hirnen nicht noch die Gedanken von Führer und Reich und Blut und Boden und Endsieg und Herrenrasse?

Bernstein steht, das Kinn auf die Brust gesenkt, unschlüssig auf der Straße, mitten auf dem Bürgersteig. Rechts und links gehen Leute eilig an ihm vorbei. Ihre Blicke streifen ihn. Es sind Blicke der Verwunderung und des Mißtrauens, Bernstein hat sie vorhin schon bemerkt, ohne daß sie in ihn eindrangen. Jetzt fallen sie ihm auf. Er trägt doch den gelben Stern nicht mehr, und sein Äußeres ...

Er sieht in die Spiegelscheibe eines Geschäfts. Nein, ihm blickt – von der ein wenig überhängenden, leicht gekrümmten Nase abgesehen – kein ausgesprochen jüdisches Gesicht entgegen. Weshalb also ...

Das wird es sein: In diesen Tagen schlendert niemand, bleibt niemand gedankenverloren oder gedankenvoll mitten auf der Straße stehen. In diesen Tagen hat es jedermann eilig, geht niemand spazieren, da bringt jeder rasch eine verschlossene Haustür zwischen sich und die Welt.

Immer noch steht Bernstein unbeweglich auf dem Bürgersteig. Fürchtet er sich vor den letzten Schritten, fürchtet er, daß die Erinnerungen über ihn herfallen und ihn zerfleischen könnten? Fürchtet er, hinter dem Schaufenster das strenge, kühle, schmale, bärtige Gesicht des Vaters zu erblicken? Das gutmütige, weiche, breite Antlitz der Mutter? Fürchtet er etwa, sich selbst zu sehen, wie er zwischen Ladentischen und Regalen, Modellpuppen und Vitrinen herumturnt, zum Ärger des Vaters, zur Freude der Verkäuferinnen? Fürchtet er das?

Bernstein atmet schwer. Noch immer steht er mit gesenktem Kopf auf dem Bürgersteig der Bahnhofstraße. Kaum merkt er, daß es wieder zu regnen beginnt. Die Stadt, das hat sich inzwischen herausgestellt, ist ihm fremd, fast gleichgültig geworden. Zwischen den Erinnerungen aus der Kindheit und diesem Tag, da er zum ersten Male wieder durch die Straßen von Lindenthal geht, liegen zwölf Jahre, zwölf lange Jahre, die doppelt, dreifach und vierfach zählen, für die es überhaupt kein Gleichnis gibt, für die kein Rechenexempel zutrifft. Diese Jahre haben alles an Gefühl, nein, nicht alles, aber vieles, das meiste an Gefühl ausgelöscht. Wo vordem Zuneigung war, ist jetzt Ablehnung, fast Haß, wo Freundschaft war, ist jetzt Fremdheit, wo Verstehen, Duldung und Achtung waren, sind jetzt Unduldsamkeit, Verachtung und bestenfalls Verwunderung. Alles ist ins Gegenteil verkehrt, ist fremd geworden. Jeder hier kann ein Feind gewesen sein, kann immer noch ein Feind sein (nur daß er es jetzt nicht mehr auszusprechen wagt). An jedem dieser Häuser, das jetzt die weiße Fahne der Kapitulation trägt, hat die verhaßte Fahne mit dem Hakenkreuz gehangen.

Seit Bernstein heute zum ersten Male das Haus des Professors Fabricius verlassen hat, nachdem ihn eine Erkältung für ein paar Tage niedergeworfen hatte, bis zu diesem Augenblicke, da er unschlüssig in der Bahnhofstraße steht, in dieser Zeitspanne, es mögen zwanzig Minuten gewesen sein (denn Bernstein ist sehr langsam gegangen), hat er sich selbst sehr genau beobachtet, seine Gefühle zergliedert, seine Gedanken kontrolliert. Nein, er fürchtet die Begegnung mit der Vergangenheit, mit der Erinnerung nicht, nein, es hat sich keine Furcht eingestellt und sie wird wohl auch nicht mehr kommen, denn Vergangenheit und Erinnerung gehören einem Leben an, das er früher einmal gelebt hat, das mit der Verwandlung des gewohnten Lebenskreises in eine feindliche Umwelt endgültig vorüber ist. Die Erinnerungen an die Menschen, Straßen und Häuser dieser Stadt sind vergilbte, verblaßte, unkenntlich gewordene Photographien, die man zwar noch aufhebt, aber nie mehr besieht, weil es nicht die Mühe lohnt, die Personen und die Gegenstände zu identifizieren.

Doch jetzt, da er die letzten Schritte bis zum Hause Bahnhofstraße Nummer 5 zurückzulegen hat, da befällt ihn doch Furcht. Dieses Haus hat etwas mit ihm, mit ihm ganz persönlich zu tun. Daß es in der deutschen Stadt Lindenthal steht, ist ganz gleichgültig und zufällig. Er kann dieses Haus völlig aus seiner Umgebung herauslösen, jedenfalls versucht er es. Auf dieses Haus hat er Erinnerungsrechte, ja, auf dieses Haus hat er auch noch andere Rechte, Besitzerrechte vor allem. Was damals mit dem Schein der Gesetzmäßigkeit vor sich gegangen ist, das dürfte jetzt wohl keine Gültigkeit mehr haben.

Bernstein hebt entschlossen den Kopf. Ist er nicht bisher durch die Straßen gegangen, als trüge er noch den gelben Stern, als sei er noch ein Getretener, ein Niedergehaltener, einer, der aus dem Ghetto entwichen ist? Hat er den Druck noch nicht abzuschütteln vermocht? Sitzen ihm die argwöhnischen Blicke der Leute noch im Nacken? Bernstein strafft sich, er blickt die Vorübergehenden herausfordernd an, dann geht er schnell weiter. Und da ist auch schon das Haus Nummer 5. Die drei Schaufenster und die große Drehtür nehmen die ganze Breite der Hausfront ein.

Jetzt, da Bernstein vor dem Haus steht, ist er ganz ruhig. Er prüft sachlich die Auslagen und lächelt über den Kram, der in den Fenstern ausgebreitet ist: Schnallen und Knöpfe, ein paar Besätze und Kragen, Gürtel und Spangen, Igelithauben und ähnliche Dinge. Boppkes wurde das früher genannt. Dann blickt Bernstein auf das große Glasschild, das die ganze Hausbreite einnimmt. »Mühlbauer-Kleidung« liest er.

»Kleidung!« sagt Bernstein höhnisch. »Wo ist hier Keidung?« Damals, als noch »Siegfried Bernstein« da oben stand, einfach Siegfried

Bernstein, nicht Kaufhaus und nicht Kleidung, da gab es hier Kleidung, Kleidung für jedermann und für jeden Geschmack, da kamen die Bauern aus der Umgebung hierher, um einzukaufen, und sie verstanden sich ausgezeichnet mit dem ollen Kleiderjuden, wie sie ihn nannten, mit manchem stand der Vater sogar auf du und du, seltsamerweise, denn mit den Bürgern dieser Stadt hatte er sich nie befreunden können oder sie sich nicht mit ihm.

Bernstein tritt vor die Tür, vor das große Scherengitter, das vor die Schaufenster und die Tür gezogen ist (denn das Geschäft ist wie alle Geschäfte, geschlossen), und blickt auf die Firmeninschrift, »Ludwig Mühlbauer GmbH« steht auf dem kleinen Glasschild an der Tür. Auch da hatte früher »Siegfried Bernstein« gestanden, nur Siegfried Bernstein. Es war der Wunsch des Vaters, daß es einmal ausgewechselt werden würde mit einem Schild »Siegfried Bernstein & Söhne« und ganz später einmal mit »Siegfried Bernstein Söhne«, aber daraus war nun nichts geworden, und das war nicht die Schuld der Nazis, nein, ausnahmsweise nicht. Der alte Bernstein hatte, wie er sagte, kein Glück mit seinen Söhnen. Leo Bernstein war nicht Kaufmann, sondern Ingenieur geworden und – vom zionistischen Experiment gelockt – bereits vor 1933 nach Palästina ausgewandert. Er, Ernst Bernstein, war zwar Kaufmann geworden, sogar in der gleichen Branche, aber er hatte die nach des alten Bernsteins Meinung absurde Idee gehabt, eine Christin zu heiraten, noch dazu eine ohne Vermögen. Das hatte er ihm sein Lebtag nicht recht verziehen, wenn es auch nicht gerade zu einem Bruch kam. Er war schon ein seltsamer alter Herr, der Vater, eine eigenartige Mischung von orthodoxem Juden und modernem Geschäftsmann. Er beschäftigte zwar stets christliche Verkäuferinnen, aber er wollte, als der Sohn Ernst eine dieser Verkäuferinnen heiratete, nicht dulden, daß diese gleiche Verkäuferin, die nun seine Schwiegertochter geworden war, weiter in seinem Geschäft arbeitete. Lieber gab er, als Vorschuß auf das Erbteil, Geld her, damit der Sohn sich selbständig machen konnte. Nur die Tochter Dora war »gut eingeschlagen«. Sie hatte den Textilvertreter Viktor Rosenthal geheiratet, und der war ein Schwiegersohn so recht nach dem Herzen des alten Bernstein, Kaufmann *und* Jude, und der Alte hatte ihn mit offenen Armen aufgenommen.

Daran muß Bernstein jetzt denken, und nun steigt doch die Rührung in ihm auf. Er betrachtet intensiv den Plunder in der Auslage, um nicht den Blick auf die Fenster über dem Laden, die Fenster der Wohnung, zu werfen.

»Boppkes!« sagt er laut und holt ein paar Lachtöne aus der Kehle. »Tinneff! Das nennt sich nun Bekleidungshaus!«

Er hat so laut gelacht und gesprochen, daß ein vorübergehender Mann stehenbleibt und fragt: »Was ist los?«

»Schon gut«, wehrt Bernstein ab und wendet sich vom Schaufenster ab. »War nicht für Sie bestimmt«, fügt er hinzu und geht wieder in die Bahnhofstraße hinein. Er hat sich vor der Begegnung mit diesem Haus gefürchtet und gemeint, daß die Erinnerungen aus diesem Haus strömen, daß jeder Ziegelstein, jedes Fenster und jede Tür zu ihm sprechen, daß die Erinnerungen ihn ergreifen, sich seiner bemächtigen und ihn überwältigen würden, aber er weiß jetzt, daß die Erinnerungen nur in ihm, nicht in diesem Haus sind. Das Haus ist leer und stumm, es ist ein Haus wie viele andere Häuser, aus Ziegelsteinen, Mörtel, Kalk und Holz, nicht aus Erinnerungen gefügt.

Leben, überleben, weiterleben, das hat ihn bisher aufrechterhalten, ihn gestützt. Er hat es überlebt, wunderbarerweise, und jetzt muß er weiterleben. Das ist, wie sich herausstellt, gar nicht so einfach. Wie soll man weiterleben? Er hat sich noch nicht viel Gedanken darüber gemacht, hatte er doch alle Energie bisher nur darauf richten müssen, das Nazireich zu überleben. Das hatte alle Gedanken, alle Kraft beansprucht. Jetzt sind sie, die Gedanken und die Kraft, frei für das Weiterleben, und das wird, darüber ist er sich klar, sehr schwierig sein.

Es hat begonnen, stärker zu regnen. Bernstein schlägt den Kragen seines dünnen Sommermantels hoch und beschleunigt den Schritt. Schließlich, als ein Platzregen niedergeht, läuft er. Die breite Tür des Rathauses bietet guten Schutz, Bernstein stellt sich unter das schützende Vordach und nickt dem russischen Soldaten freundlich zu. Er nickt jedem russischen Soldaten freundlich zu. Zwar hat er nicht viel übrig für die Russen oder für die Sowjetunion, wie sie es nennen. Rußland, die Sowjetunion, der Sozialismus, das ist nichts für einen Kaufmann, auch nicht für einen jüdischen Kaufmann, der hinter seinem eigenen Ladentisch stehen, der Handel und Wandel sehen, der sich nicht nach irgendwelchen Plänen richten möchte. Aber er vergißt darüber nicht, daß die Russen es waren, die ihn aus seiner Kellerhaft erlösten, deshalb entbietet er jedem russischen Soldaten einen freundlichen Gruß.

Einige Minuten steht Bernstein unter dem Vordach des Rathauses und blickt auf die Wassertropfen, die aufschlagen, Kreise bilden, verspritzen, zusammenfließen. Hin und wieder mustert er den russischen Soldaten von der Seite und lächelt nachsichtig, wie man einem Kind zulächelt, das von einem neuen Spielzeug ganz und gar in Anspruch genommen ist. Der Soldat schiebt fortwährend die Ärmel seines Uniformmantels zurück und blickt auf die Armbanduhr, dann versucht er, sie aufzuziehen, führt sie an sein Ohr und nickt befriedigt, dann lächelt er breit über das ganze Gesicht und sagt anerkennend: »Urr gut.«

Plötzlich fällt Bernstein etwas ein. »Bringen Sie doch mal die Sache mit der Wohnung in Ordnung, bevor hier andere Leute eingewiesen werden«, hat Frau Goerke gesagt. Sie hat dann von den vielen Flüchtlingen gesprochen, die jetzt vom Osten her kämen und daß sie davon gehört habe, daß alle leeren Wohnungen jetzt mit ihnen belegt werden würden. Daran erinnert Bernstein sich jetzt, er hat ja versprochen, sich sofort im Rathaus zu melden, sobald er wieder auf dem Posten sei, die Erkältung überwunden habe. Das Wohnungsamt sei im ersten Stock, Zimmer 22, hat Frau Goerke noch gesagt, bisher sei der Regierungsrat Bromme der Leiter gewesen.

Hat ihn der Regen schon ins Rathaus getrieben, so mag er ihn auch noch ins Wohnungsamt treiben. Bernstein lächelt dem russischen Soldaten noch einmal zu, dann geht er ins Rathaus hinein. Zwar wundert er sich, daß die Treppe in den ersten Stock mit einem Seil versperrt ist, und dann sieht er auch das Schild »Für Publikumsverkehr heute geschlossen«, aber er schlüpft doch unter dem Seil durch und steigt die Stufen der Treppe hinauf. Was für alle gilt, muß nicht unbedingt für ihn gelten. Jahrelang hat er unter Ausnahmegesetzen, Verboten, Verordnungen gestanden, geschriebenen und ungeschriebenen, haben Zwang und Druck jede seiner Lebensäußerungen beherrscht. Jetzt will er sich frei fühlen, die Unfreiheit, das Bedrücktsein, das Geducktsein abstreifen wie zu lose, zu weit gewordene Fesseln. Jetzt will er sogar einen Vorrang genießen.

Merkwürdig, denkt Bernstein, während er Stufe für Stufe bedächtig nimmt, wie zögernd sich das Gefühl der Freiheit doch einstellt, und plötzlich weiß er, weshalb das so ist: weil ihn ein anderes, ein neues, nicht weniger niederdrückendes und erschreckendes Gefühl befallen hat, das der Fremdheit. Bernstein hat einmal einen Afrika-Film gesehen, eine Szene ist in seiner Erinnerung haftengeblieben: Ein Löwe, der jahrelang gefangen gehalten worde war, wurde freigelassen. Das Gitter wurde geöffnet, die Freiheit des afrikanischen Urwaldes tat sich vor ihm auf. Aber der Löwe sprang nicht mit einem

Satz aus dem Käfig. Er verließ den Käfig langsam, nach allen Seiten sichernd, beroch die Erde, über die er schritt, schlich, blieb stehen, wandte sich um, schlich weiter, blieb wieder stehen und hieb mit der Tatze durch die Luft. Offenbar wußte er mit der Freiheit nichts anzufangen und mißtraute ihr. Für Sekunden hatte es sogar ausgesehen, als wollte er in den Käfig zurückkehren, aber dann schlich er doch weiter, langsam, zögernd, wie bedrückt, wenn Tiere solche Empfindung haben sollten. Der Urwald war ihm fremd geworden.

An diesen Film, an diese Szene muß Bernstein jetzt denken. Auch er ist die Luft der Freiheit nicht mehr gewöhnt, er ist noch befangen, und das ärgert ihn. Er nimmt die letzten Stufen rasch, geht in den Flur des ersten Stockwerks hinein und findet die Tür mit dem Schild »Wohnungsamt« (Frau Goerke hat ihm die Lage des Zimmers genau beschrieben), klopft kurz, gar nicht sehr vernehmlich an und öffnet die Tür fast im gleichen Augenblick. Aber kaum daß er im Zimmer steht, fällt die Forsche schon wieder von ihm ab. Zu jäh ist in ihm die Erinnerung aufgestiegen, wie er bisher bei Behörden demütig dastehen mußte, wie ein Aussätziger behandelt und stets zuletzt abgefertigt wurde. Unwillkürlich greift er nach seiner Kennkarte, die er – wenn er bei einer Behörde oder in einem Amt vorsprach – sofort vorzuweisen verpflichtet war, um sich als Jude zu erkennen zu geben. Das hat er hier und jetzt ja wohl nicht mehr nötig, deshalb zieht er schnell die Hand zurück, die sich schon nach seiner Brieftasche ausstreckte.

Er sagt laut: »Guten Tag!« und bleibt an dem Schreibtisch, der wie eine Barriere dicht bei der Tür längs im Zimmer steht, stehen.

Drei Männer sind in dem Zimmer, zwei von ihnen stehen beisammen an einem geöffneten Aktenschrank, einer sitzt hinter dem Schreibtisch dicht bei der Tür. Der hinter dem Schreibtisch, ein älterer oder alter Mann, mit dünnem, glattem, dunklem, sorgfältig gekämmtem und gescheiteltem Haar, mit grauem, gefälteltem, verkniffenem Gesicht und trüben Augen unter wimperlosen Lidern, dieser Alte also blickt nur kurz auf. Über den Rand seiner Brille hinweg, und während seine Hand den Federhalter nicht einmal absetzt, sagt er, nicht gerade sehr unfreundlich, aber doch verweisend und sehr geschäftsmäßig: »Heute ist keine Abfertigung. Kommen Sie morgen wieder.« Dann senkt er sofort wieder den Kopf und schreibt weiter.

Bernstein blickt auf den Alten. Für einen Augenblick ist er fast gewillt, wieder umzukehren, aber er hält die Rückwendung zur Tür gerade noch auf. Nein, denkt er, ich will heute abgefertigt werden, ich bin nicht irgendwer, ich will mich von so einem nicht wie irgendeiner abfertigen lassen. Dieser Alte, das ist doch ein typischer Beamter, sauber rasiert und gekämmt, aber in einem alten vertragenen, verschlissenen Sakko, der schon überall glänzt, mit Gummikragen und Gipskrawatte und Ärmelschoner. Der hat doch bestimmt all die zöwlf jahre hier gesessen, und der will mich jetzt . . .

»Entschuldigen Sie«, sagt Bernstein bestimmt und tritt ganz dicht an den Schreibtisch heran, »aber es handelt sich bei mir um einen Sonderfall. Ich bin . . .« Er zögert etwas.

Der Alte benutzt die Pause des Zögerns, um sofort einzuhaken. »Heute nicht«, sagt er, ohne aufzublicken. »Und Sonderfälle gibt es nicht mehr. Kommen Sie morgen wieder.«

Es gibt keine Sonderfälle mehr? Ja, hat sich denn noch nichts geändert? Ist hier noch alles beim alten? »Erlauben Sie mal«, sagt Bernstein erbost, »Sie müssen mich doch erst einmal anhören.«

Der Alte legt den Federhalter beiseite, steht auf und stützt sich mit beiden Händen auf die Schreibtischplatte. »Ich habe es Ihnen doch laut und deutlich genug gesagt, daß heute keine Abfertigung ist«, sagt er böse. »Wir haben mehr zu tun, als uns . . .«

»Augenblick, Herr Schadow«, sagte da der eine Mann im Hintergrund und kommt rasch näher, dabei schlenkert er mit seinen langen Armen. »Weshalb sind Sie ein Sonderfall?« wendet er sich Bernstein zu.

Der fragt wenigstens vernünftig, denkt Bernstein und blickt dem Manne forschend ins Gesicht. Der sieht nicht wie ein Beamter aus, sein ganzer Habitus spricht dagegen, und als er sich jetzt mit der einen Hand über das dunkelblonde gewellte Haar fährt, sieht Bernstein auch, daß er Arbeiterhände hat, mit Schwielen und dicken Adern, mit breiten, verarbeiteten Fingern und zwar sorgfältig geschnittenen, aber sehr kurzen Nägeln.

»Ich habe bisher illegal gelebt«, antwortet Bernstein. »Im Haus des Professors Fabricius. Und ich möchte jetzt gern . . .«

»Kommen Sie näher, bitte«, sagt der Mann und weist auf einen Stuhl. »Nehmen Sie Platz.«

Bernstein wirft dem Alten einen triumphierenden Blick zu und geht um den Schreibtisch herum, dann setzt er sich auf den ihm angewiesenen Stuhl. »Danke«, sagt er und blickt dem Mann ins Gesicht, der jetzt hinter dem anderen Schreibtisch, der quer im Zimmer bei einem der Fenster steht, Platz nimmt.

»Ich möchte mit dem Leiter des Wohnungsamtes sprechen«, sagt Bernstein bestimmt, »nicht mit irgendeinem Beamten.«

»Ich bin der Leiter des Wohnungsamtes«, sagt der Lange, »allerdings erst seit heute. Wir sind gerade dabei, uns mit der Sache vertraut zu machen. Ziegler ist mein Name.«

Bernstein sagt seinen Namen. Wir sind gerade dabei, uns mit der Sache vertraut zu machen, hat der eben gesagt. Auf wen bezieht sich das Wir? Auf alle drei? Wohl doch nur auf diesen Ziegler und vielleicht auf den anderen, denn der Alte, der hat doch wohl schon einige Jahrzehnte hier, oder wenn nicht hier, so doch in anderen Beamtenstühlen abgesessen. Dieser Ziegler scheint ein netter Mann zu sein, er sieht gut aus, intelligent, schade nur, daß seine Nasenwurzel eingedrückt ist wie bei einem Boxer. Bernstein blickt auf den anderen Mann, der im Hintergrund gegen den Aktenschrank lehnt und aufmerksam herübersieht. Der ist kaum kleiner als Ziegler, ein hübscher Kerl, von einer etwas verwegenen Hübschheit, mit freundlichen Augen, glattem, seitlich gescheiteltem dunkelbraunem Haar, dessen Strähnen lose über die Schläfen und manchmal über die Stirn fallen. Der ist kein Arbeiter, der hat schmale, schlanke Hände, und der Anzug, den er trägt, ist nicht von der Stange, der ist von einem guten Schneider, englische Ware, ein guter Gabardine, Bernstein hat einen Blick dafür.

»Ja, also, um was handelt es sich, Herr Bernstein?« fragt Ziegler.

Bernstein gibt sich einen Ruck. Er erzählt in kurzen Zügen von seinem illegalen Aufenthalt im Hause Fabricius und bringt dann seinen Wunsch vor, dieses Haus zugewiesen zu erhalten, wenigstens zunächst oder so lange, bis Professor Fabricius zurückkehrt.

Ziegler hat ihm zugehört, ohne ihn zu unterbrechen. Bernstein hat den durchdringenden Blick seiner hellen Augen auf sich gefühlt, er ist ein wenig unangenehm gewesen, und die Frage, die er jetzt stellt, findet Bernstein reichlich überflüssig. »Haben Sie irgendwelche Unterlagen, Herr Bernstein?« fragt er. »Sie verstehen, daß wir nicht ohne irgendwelche Unterlagen . . .« Eine bedauernde Handbewegung vollendet den Satz. »Wie ist bisher in solchen Fällen verfahren worden, Herr Schadow?« wendet er sich an den alten Beamten.

Der Alte hat bis jetzt weitergearbeitet, ohne aufzusehen, und so getan, als ginge ihn das Ganze nichts mehr an, seit Ziegler sich eingeschaltet hat. Jetzt dreht er sich eilfertig um, fast macht er eine Verbeugung. »Der Herr muß zuerst eine Abmeldung aus seinem letzten Wohnort vorlegen, Herr Ziegler.«

Bernstein wäre fast aufgesprungen. Abmeldung! Wo soll er eine Abmeldung hernehmen? Hätte er, als er untertauchte, vielleicht zuvor zum Polizeirevier gehen und sagen sollen: Meine Herren, mein Name ist Ernst Israel Bernstein, ich werde jetzt illegal, gestatten Sie, daß ich mich abmelde, geben Sie mir nur noch ein Stempelchen mit? Der Alte ist ja total meschugge, jetzt und ausgerechnet von ihm so etwas zu verlangen, aber daß die beiden andern sich das mit anhören ... Bernstein hat schon eine scharfe Entgegnung auf der Zunge.

Da sagt der Dritte, der hübsche Kerl, vom Schrank her: »Aber Herr Schadow, das ist wohl ein bißchen zuviel verlangt. Herr Bernstein hat uns doch eben mitgeteilt, daß er illegal gelebt hat. Seit wann, Herr Bernstein?«

»Seit März vierundvierzig«, antwortet Bernstein und wirft ihm einen dankbaren Blick zu.

»Also seit über einem Jahr illegal«, fährt er fort. »Sie wissen vielleicht nicht, was das heißt, Herr Schadow. Ich will es Ihnen sagen, damit Sie Bescheid wissen, für zukünftige Fälle. Illegal leben, Herr Schadow, das heißt unter anderem auch polizeilich nicht gemeldet sein, keine Abmeldung, keine Anmeldung haben, keine Lebensmittelkarten ... Na, und so weiter.«

»Rauer hat recht«, sagt Ziegler. »Ich meinte auch nicht ... Ist ja egal. Das Haus steht leer, Herr Bernstein?«

Bernstein bestätigt es, auch Frau Goerke wohne zeitweise in dem Hause, sie könne im übrigen seine Angaben bestätigen. Sie wisse auch, daß Professor Fabricius ihm die Benutzung des Hauses für die Dauer seiner Abwesenheit gestattet habe.

»Benutzung des Hauses?« fragt der Alte und blickt über den Rand seiner Brille hinweg. »Vorhin sprachen Sie nur vom Keller.«

»Mein Gott«, sagt Bernstein, »ist denn das so schwer zu begreifen ...«

»Schon gut«, fährt Ziegler dazwischen. »Erregen Sie sich nicht, Herr Bernstein. Für manche Leute ist eben manches schwer zu begreifen.« Er macht eine kleine Pause. »Besitzen Sie noch Ihren Personalausweis?«

Nein, ich besitze keinen, hat Bernstein in der ersten Aufwallung sagen wollen. Er hat zwar seine Kennkarte, aber er will sie nicht vorweisen, er weiß nicht genau weshalb. Schämt er sich, weil die Kennkarte mit einem großen gelben J versehen und seinem Vornamen noch ein Israel hinzugefügt ist? Wenn sich jemand zu schämen hat, dann sind es die, die solche Gesetze erfunden und durchgeführt, die sie geduldet haben. Nein, Scham ist es nicht, es ist etwas wie Trotz. Es soll endlich Schluß sein mit dem Judenstern, mit dem J, mit dem Zunamen Israel. Er hat sich nie eingeredet, zum auserwählten Volk zu gehören, er will aber auch nicht mehr zum ausgeschlossenen Volke gehören, er will wieder sein, was er früher gewesen ist, der Kaufmann Ernst Bernstein, nicht mehr, nicht weniger. Eine dunkle Röte ist in Bernsteins Wangen gestiegen. Er reißt die Kennkarte aus der Brusttasche und wirft sie auf den Tisch.

»Da!« sagt er schroff. Die können ihn ja doch nicht verstehen.

Ziegler blickt Bernstein betroffen an, ehe er die Hand nach der Kennkarte ausstreckt. Eine kleine Pause ist entstanden, eine lähmende Stille. »Wir haben doch vorhin ein sogenanntes Einweisungsformular gesehen, Rauer«, sagt Ziegler dann über die Schulter und schlägt die Kennkarte auf. »Nimm doch mal eins zur Hand.«

Ich darf nicht so empfindlich sein, denkt Bernstein, die meinen es vielleicht nicht so. Der Alte, ja, der ist ein Risches, aber die beiden anderen wohl nicht. Der eine, der hübsche Kerl, den Ziegler mit Rauer angeredet hat, kommt mit einem Formular an den Schreibtisch. Nicht zu glauben, die haben es auch schon mit Formularen . . .

»Schreib doch mal, Rauer«, sagt Ziegler, »du bist flinker mit der Hand. Wie heißt es da?«

»Hierdurch wird Herr/Frau/Fräulein . . .«, liest Rauer.

». . . Herr Ernst Bernstein, das Israel können wir jetzt wohl weglassen, geboren am 15. April 1904 in Samter, Kreis Posen, zuletzt wohnhaft in . . . Wo haben Sie zuletzt gewohnt, Herr Bernstein?«

»Wo er polizeilich gemeldet war«, ruft der Alte dazwischen, »darauf kommt es an, Herr Ziegler.«

»In Berlin N 58, Kastanienallee 7«, antwortet Bernstein.

Ziegler wiederholt es und blickt Rauer über die Schulter.

»Mit . . . mit wieviel Personen, Herr Bernstein?«

»Mit einer«, antwortet Bernstein leise.

»Ach ja«, entsinnt sich Ziegler. »Entschuldigen Sie.« Er macht eine bedauernde Handbewegung, dann fährt er sachlich fort: »Mit einer Person in die Wohnung Lindenallee 29 bei Professor Fabricius eingewiesen.« Er lächelt ein wenig. »Das ist meine erste Amtshandlung. Ich freue mich, daß ich gerade Ihnen helfen kann, Herr Bernstein.«

Bernstein erhebt sich. »Ich danke Ihnen, Herr Ziegler. So weiß ich fürs erste doch, wo ich bleiben kann. Kann ich diese Einweisung gleich mitnehmen?«

Ziegler schüttelt den Kopf. »Sie muß erst vom Bürgermeister unterschrieben werden. Können Sie morgen vorbeikommen?«

Bernstein nickt. Er ist befriedigt, wenn auch nicht gerade dankbar, ihm ist ja nicht mehr als sein gutes Recht geworden. Allerdings hätte er es bei dem Alten nicht durchsetzen können, jedenfalls nicht so schnell.

»Herr Schadow«, sagt Ziegler noch, »machen Sie doch eine Eintragung in der Kartei, damit wir über das Haus nicht noch einmal verfügen.«

Schadow springt auf. »Jawohl, Herr Ziegler«, sagt er, »wird sofort gemacht.«

Alter Kriecher, denkt Bernstein, während er zu Ziegler und Rauer hin leichte Verbeugungen macht. »Auf Wiedersehen.«

Fünftes Kapitel
Umwege, Seitenwege, Auswege

1.

Rauer macht sich unbeliebt

Der Abend beginnt, sich im Zimmer zu verbreiten, immer weiter streckt er seinen Schatten aus.

Rauer lehnt sich weit zurück und streckt die Füße weit von sich. Er ist müde, die Füße schmerzen, denn er ist wieder einmal während des ganzen Tages unterwegs gewesen, hat Wohnungen besichtigt, freie Zimmer festgestellt, leere Wohnungen, ja, leere Häuser ausfindig gemacht – und vor allem mit Leuten gestritten, mitunter so gestritten, daß es fast zu Tätlichkeiten gekommen wäre. Nur wenige Leute sind bereit gewesen, ein Zimmer, geschweige denn eine Wohnung freiwillig herzugeben. Um beinahe jedes Haus mußte gerungen werden. Am ersten Tage seiner neuen Tätigkeit ist Rauer noch gutgläubig gewesen, hat die Argumente, die man vorbrachte, als wahr unterstellt, etwa, daß die Bewohner dieses oder jenes Zimmers, dieser oder jener Wohnung nur vorübergehend abwesend seien und jeden Tag, ja, jede Stunde zurückkehren könnten, oder daß dieses oder jenes Zimmer von einem Schwerkranken bewohnt würde, den man nicht in die gemeinsame Wohnung aufnehmen könnte oder daß dieses oder jenes Zimmer als Arbeitsraum gebraucht würde oder ein Durchgangszimmer sei oder keinen Ofen habe oder unmöbliert oder baufällig sei oder . . . Es ist erstaunlich, wie viele Oders es gab. Alle versicherten sie, daß es nicht möglich, beim besten Willen nicht möglich sei, ein Zimmer abzugeben, er, Rauer, müßte das doch einsehen.

Rauer hatte das zuerst auch eingesehen, die vorgebrachten Gründe hingenommen und – wenn auch mit einigem Widerstreben – anerkannt.

Er hatte zwar versucht, von der Not der Ausgebombten und Flüchtlingen zu sprechen, die aus den Ostgebieten und aus Berlin kamen, in Scharen durch Lindenthal zogen und deren Strom immer mächtiger anschwoll, aber das hatte auf die Hausbesitzer und Wohnungsinhaber keinen Eindruck gemacht, sie verwiesen auf die Nachbarn, die viel eher einen Raum entbehren könnten, schüttelten bedauernd den Kopf und sagten »Schlimm, schlimm« oder »Furchtbar«, aber sie gaben kein Zimmer her, sie wären nicht, sie wären wirklich nicht dazu in der Lage, zumal Rauer auf Befragen zugeben mußte, daß die Frage der Mietzahlung noch nicht geregelt sei, und daß es sich vorerst nur darum handele, den Flüchtlingen, die den Trecks nicht mehr zu folgen vermochten, sei es, daß sie krank oder nur erschöpft, alt oder gebrechlich waren, daß man diesen Flüchtlingen zunächst ein Dach über den Kopfe verschaffen müsse.

Nach mehreren solcher Vorsprachen und Abweisungen waren Rauer und Mausolf stehengeblieben und hatten sich angesehen. Mausolf war bis dahin merkwürdig schweigsam gewesen, hatte zwar seine Fuchsaugen überall umhergehen, aber die Verhandlungen durch Rauer führen lassen. Er war mit Rauer mitgegangen, etwa wie ein Polizeibeamter einen Gerichtsvollzieher begleitet, gewissermaßen um die Autorität zu stärken und gegebenenfalls ihren Schutz zu übernehmen. Nach der Serie von Mißerfolgen aber sagte er: »So geht das nicht, Rauer, *den* Leuten kommst du *so* nicht bei.« Rauer war wütend geworden. »Wenn du das Rezept kennst, weshalb tust du dann den Mund nicht auf?«

Mausolf hatte die Achseln gezuckt. »Ich sollte dir die Verhandlungen überlassen, hat Ziegler gesagt.«

»Stimmt schon«, hatte Rauer zugegeben, »aber deswegen hättest du doch . . . Ich versteh dich wirklich nicht, Mausolf. Sind wir denn Beamte, stramm und stur, nur mit anderen Vorzeichen?«

Mausolf hatte listig gelächelt. »Hätte ich von Anfang an, so . . . na, so auf meine Art mit den Leuten gesprochen, dann hättest du gesagt, man darf mit den Leuten nicht so verfahren, auf diese Weise gewinnen wir ihr Vertrauen nicht. Aber nun hast du ja mittlerweile gesehen, wie weit du mit deiner Höflichkeit kommst, mit deinem Verhandeln. Im Verhandeln sind *die* dir überlegen, Rauer.«

Wenn er es sich selbst bisher nicht eingestehen wollte, jetzt war es offenbar geworden. »Und wie soll man es machen, Mausolf? Kannst du mir das sagen?«

Mausolf hatte genickt. »Mit dem Sagen ist das bei mir so'ne Sache. Aber ich werd's dir vormachen.«

Und Mausolf hatte es ihm vorgemacht. Er hatte den Leuten, wie er sagte, die Faust vor die Fresse gehalten, nicht etwa wirklich mit der Faust herumgefuchtelt oder gar zugeschlagen. »Die Faust muß in den Worten drin sein«, hatte er später gesagt, «dein Gesicht schon muß eine Faust sein und deine Haltung auch, das verstehen die, das sind die gewohnt, auf die Faust reagieren die, nicht auf deine Höflichkeit und deine guten Gründe.«

Es hatte sich erwiesen, daß es in der Tat so war. Zwar hatten die Leute nun nicht mehr bedauernd ihre Schultern gehoben, nicht mehr verbindlich, sondern abweisende Mienen aufgesetzt, die falsche Treuherzigkeit in ihren Mienen war Empörung und Erbitterung gewichen, sie hatten die Hände gerungen, Wehklagen angestimmt und schließlich resignierend geseufzt, aber sie hatten schließlich Zimmer, Dachkammern, Gartenhäuser, Lauben hergegeben.

Wie hatte Mausolf das fertiggebracht? Rauer denkt daran zurück und lächelt vor sich in. Schon die Art, wie Mausolf geklingelt hatte, dreimal, viermal hintereinander, stürmisch und ungeduldig, oder wie er einfach über den Zaun geklettert war, wenn nicht alsbald geöffnet wurde oder die Klingeln nicht anschlugen, wie er kurz »Guten Tag« murmelte, die Mütze aufbehielt und ungeniert alle Türen öffnete, das hatte die Leute schon eingeschüchtert, sie reif gemacht. Mausolf hatte ihr Gejammer überhört, und auch Rauer hatte es bald gelernt, denn sehr schnell hatte er heraus, daß sie ihren Jammer und ihre Verzweiflung, ihre salbungsvollen Worte und bedauernden Gebärden wie Schleier über ihren Eigennutz und ihre Habsucht ausbreiteten, und aus Rauers anfänglichem Ärger war ein erbitterter Grimm geworden. Er hatte, als sie den Rundgang des ersten Tages beendeten, Mausolf kaum noch nachgestanden – nicht in der Härte seiner Worte, nicht in der Kälte seiner Blicke, nicht in der Entschlossenheit seiner Miene und seiner Haltung und vor allem nicht in der Unwiderruflichkeit seiner Entscheidungen.

Was hatte diesen Umschwung in Rauer bewirkt? Nicht allein, daß Mausolfs Art, mit den Leuten zu sprechen, den Erfolg geradezu verbürgte, nicht allein das Gefühl, ein Arm der ausgleichenden Gerechtigkeit zu sein (wobei er sich völlig klar darüber war, daß von einem tatsächlichen Ausgleich noch lange nicht die Rede sein konnte), auch nicht der Fall Elsholz (der Mann hatte, um eine Dachstube unbewohnbar zu machen, Tür und Fenster ausgehoben und im Keller versteckt), nein, das allein hat Rauer nicht gewandelt und ihn gepanzert. Jetzt, da er an seinem oder vielmehr am Tische der Frau Nowak sitzt, sich entspannt und eine Art Rückschau auf die ersten Tage seiner Tätigkeit hält, weiß er es.

Da sitzen die Leute in ihren unbeschädigten oder fast unbeschädigten Häusern und Wohnungen, sie haben wenig oder nichts verloren, sie bewahren in ihren Kellern ihre Schätze und Vorräte und haben, wenn sie schon nicht am Krieg verdienten, so doch ihr Eigentum über den Krieg hinübergerettet. Sie hätten alle Ursache, Gott oder an wen immer sie glauben mögen dafür zu danken, aber sie blicken blind auf das Elend, das sich ringsum auszubreiten beginnt, auf die Ausgebombten und Flüchtlinge, die nicht mehr besitzen, als sie bei sich tragen, und oft tragen sie nicht einmal etwas bei sich, weil sie binnen weniger Stunden ihren Hof oder ihr Haus verlassen mußten oder weil ihnen die geringe Habe, die sie mitnehmen durften, unterwegs von Russen oder Polen abgenommen worden war. Sie, die vom Kriege Verschonten, brechen in Wehklagen aus, weil die Russen diesem ein Fahrrad, jenem einen Anzug, einem anderen sogar zwei Steppdecken, allen aber die Uhren weggenommen haben, sie weisen mit Wehmutsmienen auf die Schäden, die sie erlitten haben, auf zerbrochene Fensterscheiben und ein paar fehlende Dachziegel, auf abgefallenen Putz oder einen niedergerissenen Zaun oder einen umgehauenen Obstbaum. Sie kommen sich allen Ernstes bedauernswert vor, weil sie sich nicht vorstellen können, was es heißt, aus einem Hause zu gehen und sich, schutzlos und jedem Zugriff ausgeliefert, auf einen ungewissen Weg zu machen. Das hat Rauer so aufgebracht, daß er, je öfter er auf Wohnungsjagd ging, um so energischer und rücksichtsloser, ganz kalt und eisern wurde, Mausolf mitunter sogar übertraf.

»Sie können gar nicht mitreden!« hatte Mausolf die Leute abgefertigt, wenn sie auf diese Weise lamentierten, und Rauer hatte ihm angesehen, daß er sich sehr zusammennehmen mußte, um nicht mit der Faust auf den Tisch zu schlagen.

»Sie sollten sich schämen!« hatte Rauer die Leute angefahren, aber sie schämten sich nicht, sie kannten nur ein Gefühl, die Habgier, den Geiz. Sie hätten die Unglücklichen, die sich schon seit Tagen und Wochen auf der Landstraße befanden, verhungern und verkommen lassen, ehe sie sich von ihnen in Küche und Keller hätten sehen lassen. Wenn sie sich schließlich den Anordnungen, der Beschlagnahme eines Zimmers oder einer Wohnung, beugten, dann nicht etwa, weil sie zu Einsicht und Vernunft gelangt waren, sondern weil sie hinter Rauer und Mausolf den drohenden Schatten der Kommandantur sich aufzurecken vermeinten.

Rauer vermag seine Gedanken nicht mehr zu sammeln, die Müdigkeit drückt auf die Augenlider, er versinkt in einen leichten Schlaf. Als die Tür geht, fährt er erschrocken auf.

»Schlaf nicht«, sagt Gerda und setzt das Tablett auf den Tisch. »Du hast doch noch nichts gegessen.«

Rauer ermuntert sich. Ja, er hat Hunger, großen Hunger, aber der ist von der Müdigkeit überdeckt worden. Jetzt spürt er ihn wie einen beißenden Schmerz. »Was gibt's denn?«

Gerda verzieht das Gesicht. »Kohlrüben und Kartoffeln«, antwortet sie. »Was anderes habe ich nicht, es gibt ja nichts.«

Rauer nickt. Gerda hat, ausnahmsweise einmal, nicht übertrieben. Es gibt in der Tat nichts. Die Lebensmittelgeschäfte, auch die Bäckereien, haben geschlossen. Als Rauer an diesem Morgen bei Ziegler war, hatte der ihm erzählt, daß die Bestandsaufnahmen bei den Kaufleuten und Bäckern ein niederschmetterndes Ergebnis gehabt hätten. Frau Burmester, die das Ernährungsamt übernnommen hat, hatte in der Dezernentensitzung berichtet, daß die Mehlvorräte der Bäcker gerade ausreichten, um jedem Einwohner von Lindenthal ein Brot von anderhalb Kilo zuzuteilen, daß Zufuhren nicht in Aussicht ständen (woher hätten sie auch kommen sollen?), daß die Bestände an Nährmitteln, Zucker, Butter und dergleichen eine Verteilung nicht lohnten, daß auf Fleisch oder Fleischwaren überhaupt nicht zu rechnen sei, da das Vieh von den Russen weggetrieben würde. Ziegler, sonst immer lebhaft und optimistisch, ist sehr bedrückt gewesen, hat regungslos am Fenster gestanden und auf die Straße gestarrt, dann hatte er sich umgedreht und bitter gesagt: »Ich hab' dir's ja gleich gesagt, das ist 'ne Konkursmasse, keine Erbschaft.« Und als Rauer dazu nicht umgehend etwas sagte, hatte er noch hinzugefügt: »Und auf unsere Schultern wird das alles geladen, und auf unsere Rücken werden die Hiebe niedergehen. Die Leute werden wieder einmal Ursache und Wirkung verwechseln und die Schuld nicht bei sich, sondern bei uns suchen. Tut's dir leid, daß du mit eingestiegen bist, Rauer?«

Die Stimmung Zieglers war auch auf Rauer übergesprungen. Eigentlich war er sich erst in diesem Augenblick ganz der Tragweite seines Entschlusses bewußt geworden, hatte er erst jetzt begriffen, daß er für alles, was jetzt geschah, die Verantwortung mit übernahm, daß das, was geschah, auch in seinem Namen geschah. Diese Erkenntnis hatte ihn beklommen, sogar ein wenig bange gemacht, vielleicht hatte er sich sogar verfärbt, als Ziegler auf ihn zugetreten war, ihm die Hand auf die Schulter gelegt und ihm fest in die Augen geblickt hatte. In dieser Sekunde eigentlich erst hatte er die Entscheidung zu fällen, eine Entscheidung, die unwiderruflich war. Er hatte auf Mausolf geblickt, der mit den Händen in den Hosentaschen dem alten Schadow über die Schulter blickte und aufmerksam die Eintragungen verfolgte, die der in die Listen pinselte. Als dann Rauers Blick zu Ziegler zurückgekehrt war, hatte er die Bangigkeit in sich überwunden, sich einen Ruck gegeben und statt einer Antwort gesagt: »Komm, Mausolf, wir gehn los. Wir haben heute viel zu erledigen.«

»Hättest mich sehr enttäuscht, Rauer, wenn du jetzt . . .«, hatte Ziegler begonnen und dann abgewinkt. »Macht nicht zuviel Kleinholz!« hatte er ihnen noch nachgerufen. Dann waren sie, Rauer und Mausolf, losgegangen.

Daran denkt Rauer jetzt, während Gerda ihm das Essen auftut. Er ißt gierig und blickt nicht auf. Erst als Gerda ihm den Teller zum zweiten Male füllt, mäßigt er das Tempo, ruht zwischen den Bissen aus und blickt auf seine Frau. Er fühlt die Ungeduld, mit der sie ihn betrachtet.

Gerda hat die Hände auf dem Tisch übereinander gelegt und sieht ihn unverwandt an. Rauer kennt diese Haltung, er kennt auch diesen Blick und weiß, daß sie etwas auf dem Herzen hat, irgend etwas, eine entscheidende Frage, eine Forderung oder dergleichen. Rauer ißt weiter. Er gibt sich den Anschein, als bemerke er ihren Blick nicht. Er weiß natürlich, daß das eine dilatorische Methode ist, aber er hofft, daß irgend etwas dazwischen kommen möge, was Gerda ablenkt. Er möchte jetzt keine Auseinandersetzung mit ihr, sie ist ungewöhnlich reizbar geworden. Aber es kommt nichts dazwischen, und als er den letzten Löffeln Rüben gegessen, sich mit der Serviette den Mund gewischt hat und nach dem Zigarettenetui greift, da nimmt Gerda auch schon die Hände auseinander und legt sie um die Tischkante.

»Wir müssen mal etwas besprechen, Herbert«, sagt sie ruhig, fast lässig, aber der entschlossene Glanz in ihren Augen straft ihre Stimme Lügen.

»Ja, bitte«, sagt Rauer, lehnt sich zurück und klopft die Zigarette auf dem Handgelenk locker, eine überflüssig gewordene Hantierung, da die Zigarette ohnehin lose gestopft ist.

»Ich habe mal so etwas wie eine Inventur gemacht«, beginnt Gerda langsam, und dann berichtet sie, daß sie noch etwa einen halben Zentner Kartoffeln, einige Pfund Gries, Erbsen und Graupen, etwas Mehl und ein paar Dosen Gemüsekonserven besäße, das wäre alles. »Ach ja, wir haben auch noch ein paar Brühwürfel und zwei Maggisuppen«, schaltet sie ein und verzieht den Mund zu einem ironischen

Lächeln. Das wäre, wie er zugeben müßte, sehr wenig, eigentlich gar nichts, und da jetzt und für wer weiß wie lange nichts mehr hinzukäme, würde es in aller Kürze verbraucht sein, und man stände vor dem Nichts. »Hast du dir schon einmal Gedanken darüber gemacht, was dann werden soll?«

Rauer seufzt in sich hinein. Das wird eines jener Gespräche, die er haßt. Sie sind notwendig und sogar lebenswichtig, aber unangenehm, weil an ihrem Ende eine Forderung steht, die dieses oder jenes zu tun heischt. Es hat, seit der Krieg ausgebrochen ist, viele solcher Gespräche gegeben. Er hat sich immer gegen Gerdas Forderungen gewehrt, hat sie von sich gewiesen und schließlich doch meist nachgegeben, weil er ihre Berechtigung nicht gut bestreiten konnte. Und diesmal weiß er, daß Gerda mehr denn je im Recht ist, hat man ihm doch, als er sich vor etwa vierzehn Tagen ordnungsgemäß anmeldete, nicht etwa Lebensmittelkarten, sonder nur einen sogenannten Bezugsausweis mit etwa vierzig oder fünfzig Abschnitten ausgehändigt. Er entsinnt sich noch genau des maliziösen Lächelns, mit dem ihm die vollbusige Dame im Ernährungsamt diesen Bezugsausweis überreichte und dazu sagte: »*Wenn* etwas zugesteilt wird, dann wird ein Abschnitt des Bezugsausweises aufgerufen.« Dabei hatte sie das Wenn ganz auffällig betont. Rauer hatte den Unterton genau herausgehört, diesen Unterton, der etwa so lautete: Ja, früher, da war hier Ordnung, früher war überhaupt alles besser. Rauer hätte dieser Dame am liebsten eine Grobheit ins Gesicht geschrien, aber er hatte den Empfang des Ausweises schweigend quittiert, sich umgedreht und die Tür hinter sich ins Schloß geworfen. Wir werden es euch schon zeigen, hatte er dabei gedacht, und ein großes Zusammengehörigkeitsgefühl mit Ziegler, Mausolf, Wernicke und den anderen war in ihm aufgestiegen.

»Willst du dich dazu nicht äußern, Herbert?« fragt Gerda.

Rauer zuckt die Achseln. »Was soll ich dazu sagen?«

Gerda steht auf und bleibt vor ihm stehen. »Ach, dazu gibt's nichts zu sagen? Ich glaube, es gibt eine ganze Menge dazu zu sagen. Eure neue Verwaltung scheint nicht viel zu taugen, denn das ist doch das erste . . .«

Rauer schiebt den Stuhl so heftig zurück, daß er umfällt. »Du redest, wie du es verstehst. Hast du dir schon mal unsere Lage klar gemacht? Wir sind ganz auf uns gestellt, eine Stadt ohne Landwirtschaft, ohne landwirtschafltiches Hinterland, es gibt keine Post und kein Telefon, die Eisenbahn fährt nicht, es gibt keine Organisation, keinen staatlichen Apparat, in der ganzen Stadt gibt es einen einzigen Lastkraftwagen, der leidlich in Ordnung ist, und wir haben für ihn fünfundzwanzig Liter Sprit, rechne mal aus, wie weit wir damit kommen. Und da machst du mir, machst du uns Vorwürfe! Bring deine Vorwürfe an der richtigen Stelle an, zum Beispiel bei Frau Nowak. Wir tun, was wir können, aber zaubern können wir nicht.«

»Zaubern! Wer spricht von Zaubern?« entgegnet Gerda heftig. »Es klappt nicht bei euch, es kann einfach nicht klappen, weil ihr keine Ahnung habt, wie man so etwas macht. Ein Tischler ist Bürgermeister, die andern sind Arbeiter, Schlosser, Dreher. Frau Nowak sagt auch, man hätte die alten Beamten ruhig noch . . .«

»Jetzt halt gefälligst den Mund!« sagt Rauer wütend. »Die andern waren gelernte Beamte und gewitzte Fachleute, aber Nazis oder ihre Handlanger, und was die angerichtet haben . . . Mein Gott, ist denn das so schwer zu begreifen?«

Gerda setzt sich auf das altmodische Sofa. »Das interessiert mich alles nicht«, sagt sie ruhiger. »Ich will nur wissen, wovon wir in der nächsten Woche leben werden, ich habe nur noch ein Brot, der Junge hat dauernd Hunger, ich weiß nicht, wie ich ihn satt machen soll. Das ist wohl auch sehr schwer zu begreifen?«

Rauer atmet schwer, dann setzt er sich neben seine Frau und nimmt ihre Hand. Gewiß, sie hat es schwer, die Mütter haben es stets am schwersten. »Nicht gleich verzweifeln«, begütigt er sie, »es wird sich schon ein Ausweg finden.« Das ist eine leere Redensart, er weiß es, aber ihm fällt nichts anderes ein.

Gerda fährt auf und entzieht ihm ihre Hand. »Das ist doch nur ein fauler Trost«, sagt sie. »Du mußt etwas unternehmen, Herbert!«

Rauer fragt nicht, was zu unternehmen ist, er weiß, daß Gerda es ihm auch ohne besondere Aufforderung sagen wird. Er hat endlich ein Streichholz gefunden und zündet die Zigarette an, es ist übrigens eine der letzten.

»Wenn du nicht fragst, was zu unternehmen ist, dann werde ich es dir sagen«, fährt Gerda fort. »Du wirst den Rucksack und den zusammenklappbaren Transportkarren nehmen und versuchen, bei den Bauern etwas zu kaufen oder zu tauschen. Andere tun das auch.«

Rauer atmer schwer. Es liegt ihm gar nicht, zu den Bauern zu gehen. Während des ersten Weltkriegs hat er seine Mutter auf ihren Fahrten begleiten müssen, in die nahrhaften Gebiete, und hat die Demütigungen miterlitten, die der Mutter von hartherzigen, kaltschnäuzigen Bauern zuteil wurden. Er hat in ohnmächtiger Wut gezittert, wenn die Mutter offensichtlich übervorteilt wurde, er hat mitgetragen an den Lasten und dabei stets gedacht, daß das alles immer nur ein Aufschub, keine wirkliche Hilfe war. Nein, es liegt ihm nicht, er haßt diese Kartoffelfahrten, aber da ist ja noch viel mehr, das ihm solche Unternehmung von vornherein als aussichtlos erscheinen läßt. Die nähere Umgebung Lindenthals hat wenig Landwirtschaft. Die paar Bauern werden von den Kartoffelfahrern überschwemmt, denn von Berlin schwärmen jetzt Tausende und aber Tausende über Land. Er mußte also, um auch nur einige Aussicht auf Erfolg zu haben, in die weitere Umgebung, aber außer ein paar Kohlenzügen fahren keine Eisenbahnen, und mit dem Fahrrad, das ist eine gewagte Sache. In den Wäldern streifen Marodeure umher, da kann man nicht nur das Fahrrad, da kann man auch die Schuhe und die Tauschware sehr schnell loswerden und wenn man sich wehrt, einen Schlag mit dem Gewehrkolben übergezogen oder gar eine Kugel in den Leib bekommen. Rauer würde dieses Risiko auf sich nehmen, vorausgesetzt, daß sich jemand findet, der ihm ein Fahrrad leiht. Die Not ist wirklich bedenklich nahegerückt, der fruchtbare Spreewald liegt nur siebzig Kilometer entfernt, aber er ist für ihn, Rauer, unerreichbar, denn ...

»Ich kann jetzt hier nicht fort«, sagt er bestimmt. »Ich habe eine Aufgabe übernommen, die kann ich nicht einfach im Stich lassen, ich will es auch nicht.«

»Und vernachlässigst darüber deine Familie«, sagt Gerda angreiferisch.

»Wir werden uns schon durchhelfen«, entgegnet Rauer.

»Aber wie? Aber wie?« ruft Gerda. »Ihr sorgt doch nicht dafür, daß Lebensmittel herankommen. Ihr denkt doch nur an eure Politik! Die Bevölkerung, pah, was geht die euch an!«

Rauer fährt auf. »Jeztt ist's aber genug!» Er besinnt sich und wird sofort ruhiger. Nein, so nicht. Er fühlt zwar, wie seine Geduld durch ihre ständigen Vorwürfe langsam zersetzt wird, doch er nimmt sich zusammen. Wenn man jemanden überzeugen will, kann man es nicht mit Aufgeregtheit tun, dann muß man ruhig und sachlich sein, und er möchte Gerda doch gern davon überzeugen, daß die Politik, die richtige Politik nur einen Sinn hat, nämlich für das Volk zu sorgen, für das tägliche Brot und für Kartoffeln, wenn schon im Augenblick nichts anderes zu beschaffen ist. Rauer versucht, Gerda das auseinanderzusetzten, aber sie ist keinem Zureden zugänglich.

»Das hört sich ja alles ganz gut und schön an«, sagt sie und lächelt ironisch, »aber es kommt auf die Gegenwart an, nicht auf das, was mal sein wird. Du bist es uns einfach schuldig, Herbert . . .«

Sie will nicht begreifen, sie will einfach nicht. Oder kann sie es nicht? Aber weshalb hat ein so junges Ding wie diese Edith Ziegler das alles im Handgelenk, und Gerda . . . Er schüttelt die Fragen, die ihn bedrängen, ab, er faßt nach Gerdas Hand und streichelt sie ein wenig. »Bitte, Gerda, versuch nicht, mich von dem Weg abzubringen, den ich als richtig erkannt habe.«

Gerda wehrt seine Worte mit raschen Handbewegungen ab. »Nein, nein, ich will dir gar nicht dreinreden, Herbert, du mußt ja wissen, was du tust. Aber die Feststellung, daß deine Tätigkeit dir bisher nicht so viel« – sie schnippt mit den Fingern – »eingebracht hat, wird doch erlaubt sein und auch, daß du für dich und deine Familie noch keine ausreichende Wohnung besorgt hast. Und im übrigen solltest du bedenken, daß die Folgen deiner Handlungsweise auch auf uns zurückfallen. Denn das muß ich dir einmal sagen, daß . . .« Sie zögert und stemmt die Fingerspitzen gegeneinander.

Rauer blickt sie erwartungsvoll an. »Nun, was?«

». . . daß du dich hier in Lindenthal ganz schön verhaßt machst. Die Leute sind gar nicht gut auf dich zu sprechen.«

Rauer ist betroffen. Er hat sich verhaßt gemacht? Man spricht schlecht über ihn? »Welche Leute?« fragt er.

»Denen du die Wohnungen und Zimmer beschlagnahmst«, antwortet Gerda.

Rauer lacht befreit auf. »Ich hab nicht erwartet, daß die mich reizend finden«, sagt er und wird gleich wieder ernst. »Merkwürdig, daß du die Partei dieser Leute nimmst, Gerda. Wie oft hast du auf diese Leute, Frau Nowak eingeschlossen, geschimpft! Und jetzt, da wir ihnen einmal auf die Pelz rücken . . .« Er schüttelt den Kopf. »Gerda, Gerda, besinn dich ein bißchen auf deinen Verstand.«

»Ach was«, sagt Gerda unwillig. »Ich will Ruhe und meinen Mann für mich haben. Ist das zuviel verlangt?«

Da ist sie wieder bei ihrem alten Argument angelangt. Gerda ist sicher nicht schlechter und nicht besser, nicht dümmer und nicht klüger als viele, als die meisten Frauen. Sie alle wollen ihre Männer für sich haben, sie wollen sie fernhalten von allem, was irgendwie mit Politik zu tun hat, sie haben immer noch nicht eingesehen, daß gerade diese ihre Haltung ihnen ihre Männer und Söhne nimmt.

Rauer seufzt tief auf. »Es hat keinen Zweck, immer wieder von vorn anzufangen«, sagt er. Im gleichen Augenblick besinnt er sich darauf, was Ziegler vor ein paar Tagen gesagt hat. »Man muß immer wieder von vorn anfangen«, hat er gesagt, »bis es endlich begriffen wird.« Aber Rauer ist jetzt zu müde, und Gerda ist auch nicht in der Verfassung, ihn ruhig anzuhören, sie ist nur für Knödelgründe und Suppenlogik zu haben, starrt wie hypnotisiert auf ihre schwindenden Lebensmittelvorräte und hat keinen Blick für die anderen Notwendigkeiten.

»Willst du nun endlich etwas organisieren oder nicht?« fragt Gerda, und es klingt wie ein Ultimatum.

»Ich will sehen, was sich machen läßt«, weicht Rauer aus. Er hat so etwas wie einen Plan, er ist ihm schon seit Tagen im Kopf herumgegangen, aber er hat noch mit niemandem davon gesprochen. Ganz wohl ist ihm bei diesem Plan auch nicht, aber etwas muß getan werden, das ist klar.

Rauer denkt an das hübsche Holzhaus in der Seestraße. Es gehört einem Berliner Bäckermeister Fahlbusch. Mausolf und er haben das Häuschen beschlagnahmt, Fahlbusch ist gerade anwesend gewesen. Er hat der Beschlagnahme nicht widersprochen und die Berechtigung dieser Maßnahme eingesehen, zumal er ja eine Wohnung in Berlin besitzt und das Holzhaus ihm nur als Wochenend- und Sommerhaus dient. Dieser Fahlbusch hatte nun Rauer in einem günstigen Augenblick beiseite genommen und ihm erzählt, daß er ein Pg, aber nur ein ganz kleiner sei, der sich niemals habe etwas zuschulden kommen lassen und den man in die Partei hineingezwungen habe (er hatte noch kurz eine Geschichte erzählt, daß er einer alten Jüdin Weißbrot verkauft habe und daß man ihn deshalb beim Kanthaken habe nehmen wollen, da sei er rasch in die Partei eingetreten). Er hatte Rauer gebeten, ein Augenmerk auf sein Häuschen zu haben und wenigstens dafür zu sorgen, daß ein »vernünftiger Mensch« eingewiesen werde, der ein bißchen sorgsam mit Haus und Inventar umgehe und der sich auch um den Garten, vor allem um die Obstbäume kümmere. Dabei hatte er durchblicken lassen, daß er sich erkenntlich zeigen würde, er wohne in der Heinrich-Roller-Straße in der Nähe des Friedrichshains in Berlin, dort habe er auch seine Bäckerei. Rauer hatte nichts erwidert, nur ganz beiläufig genickt und sich dann wieder zu Mausolf gesellt, um das Haus weiter zu besichtigen.

Während des ganzen Tages, während aller darauffolgenden Tage war ihm dieser Fahlbusch nicht aus dem Sinn gekommen. Rauer hatte bisher nichts unternommen, um ihm einen Gefallen zu tun, sondern Ziegler nur ganz nebenbei gefragt, wer in das Holzhaus in der Seestraße eingewiesen werden würde, aber Ziegler hatte noch nicht darüber entschieden, und Rauer hatte sich damit zunächst begnügt. Doch immer wieder hatte er an Herrn Fahlbusch, den Bäckermeister, denken müssen. Das war eine Beziehung, die man sich erhalten, die man ausbauen müßte. Es gab kaum wertvollere Beziehungen in dieser Zeit. Deshalb sind seine Worte »Ich will sehen, was sich machen läßt« nicht einfach in den Wind geredet, sie haben einen Hintergrund, auf dem sich Brot abzeichnet.

Gerda sieht ihn prüfend an. Sie hat das Spiel seiner Gesichtszüge beobachtet und erkannt, daß das nicht nur so dahergeredet ist, ein Anflug von Zuversicht und Entschlossenheit ist in seiner Miene gewesen. Deshalb gibt sie sich mit der Antwort zufrieden. Sie hat auch noch andere Wünsche, die ganz unmittelbar mit Rauers Tätigkeit zusammenhängen, doch sie hält diese Wünsche zurück, bis sich eine günstigere Gelegenheit ergibt, außerdem weiß sie, daß sie ihrem Manne nicht mit einem Bündel von Wünschen kommen darf.

Und so sagt sie ruhig und abschließend: »Es läßt sich sehr viel machen. Man muß nur wollen.«

2.

Weidinger erkennt einen Pullover und zieht daraus einen Vorteil

Feihmann dreht sich auf der Schwelle noch einmal um und lächelt breit. »Na, dann mach's gut, Rudi.«

Weidinger blickt Feihmann strahlend ins Gesicht und nickt ihm lebhaft zu. »Kannst dich darauf verlassen, Ernst, ich werde . . .« Er spricht nicht zu Ende, denn Feihmann hat die Tür rasch hinter sich zugezogen.

Weidinger lauscht den derben, hallenden Schritten nach, dann dreht er sich auf dem Absatz des rechten Fußes um, wirbelt sich zweimal, dreimal herum, reibt sich die Hände und schlägt sich kräftig gegen die Brust. Schließlich juchzt er leise vor sich hin. Weidinger ist vergnügt, sogar fröhlich und ausgelassen. Hat er nicht auch alle Ursache dazu? Hat er nicht allen Grund, sich zu freuen? Hat er nicht vor sich selbst bewiesen, daß er ein tüchtiger Kerl ist, ein

»gehenkter Junge«, wie Steinle sagt? Es liegt zwar Geringschätzung und sogar Verachtung in dieser Bezeichnung, aber doch auch ein wenig Anerkennung, und Weidinger hat die Gabe, nur das herauszuhören, was ihm zusagt, und das zu überhören, was ihm nicht gefällt. Ein gehenkter Junge zu sein, ist das nicht eine Qualifikation, die nur wenige erreichen? Heißt das nicht, aus jeder Situation das Beste herauszuholen? Einen untrüglichen Blick für die Gegebenheiten des Tages zu haben? Nicht nach Grundsätzen zu leben, sondern die Grundsätze dem Leben anzuspassen?

Wieder juchzt er auf und dreht sich auf dem Absatz herum, daß ihm beinahe schwindlig wird, aber dann hält er mitten in der Drehung inne, bremst sie jäh ab und steht unbeweglich. »Hier werden keine Faxen gemacht, mein Lieber!« hat der Steinle gesagt. »'n bißchen Haltung, 'n bißchen Ernst können dir nichts schaden, kleiner Friseur. Bist hier nicht bei Albatros.« Daß der Steinle das mit dem »kleinen Friseur« nicht lassen kann, das ärgert Weidinger, aber davon abgesehen hat der Steinle schon recht. Bei Albatros hat er sich mit faulen Witzen, mit Wortverdrehungen und ähnlichen Scherzen die Leute gefügig gemacht und sie angetrieben, ohne mit der Peitsche auch nur ausholen zu müssen, wie er die Normen herausholte, ob mit Witzen oder Drohungen, Hauptsache war, daß er sie erreichte. Hier aber und jetzt, im Rathaus von Lindenthal Anfang Mai fünfundvierzig, da wird mehr von ihm verlangt, nicht nur, daß er eine bestimmte und nicht ganz leichte Arbeit leistet, daß er auch den Betrieb, daß heißt die Verwaltung reprä . . . Wie heißt das? Ja, richtig: re-prä-sen-tiert, repräsentiert, repräsentiert, repräsentiert. Er, Weidinger, ist also ein Re-prä-sen-tant, Repräsentant der neuen Verwaltung, jawohl!

So geht Weidinger mit langsamen, gemessenen Schritten auf den Schreibtisch zu und legt sein Gesicht in ernste Falten, zieht die Mundwinkel tief nach unten und preßt das Kinn gegen den Hals, runzelt die Stirn und kneift die Augen zusammen. Das alles zusammen gibt eine ernste, würdige Miene. Schade, daß er keinen Spiegel zur Hand hat, um sich selbst ins Gesicht zu blicken. Aber so ungefähr wird's wohl gut sein, diese Miene muß man als Re-prä-sen-tant, Repräsentant, Repräsentant aufsetzen.

Weidinger setzt sich mit geradem Rücken in den Sessel und legt die Hände vor sich auf den Tisch. Da sitzt er also tatsächlich im Rathaus von Lindenthal, Zimmer 16, und draußen an der Tür hängt ein Schild: »Transport und Verkehr«. Weidinger gibt sich Mühe, den

Ernst und die Würde, die er seinem Gesicht aufgezwungen hat, zu bewahren, aber es gelingt ihm nicht. Er ist zu vergnügt, als daß er seine Miene in der Gewalt zu halten vermöchte, sie entgleist ihm, und schließlich gibt er es auf, sie zu dirigieren. Er lehnt sich behaglich in den Sessel zurück und schlägt die Beine übereinander, grinst fröhlich vor sich hin, lächelt sich selber zu und blickt zur Abwechslung mal wieder auf die Armbanduhr. Jawohl, er hat es wieder einmal geschafft. Und wie hat er es geschafft? Hat er die Sowjetunion gepriesen und den Kommunismus herrlich gefunden? Hat er die Proleten übers Ohr gehauen? Hat er mit ihnen geschmust? Hat er sich ein rotes Bändchen oder einen mit rotem Stoff bespannten Knopf ins Knopfloch gegesteckt? Weidinger schüttelt den Kopf. Nein, das alles hat er nicht getan. Er hat es nicht nur nicht getan, weil ja auch nach der Kapitulation längst noch nicht alles klar war und weil noch immer davon gemunkelt wurde, daß die Amis diesen südöstlichen Teil im Berliner Vorfeld besetzen würden, er hat es vor allem deshalb nicht getan, weil es bei Steinle und seinen Genossen, wenigstens bei vielen seiner Genossen, kaum verfangen hätte. Sie hätten ihn nur ausgelacht und ihn schnell abgewimmelt, wie sie schon andere abgewimmelt haben, die sich übereifrig und mit überlauten Beteuerungen an sie herangedrängt haben. Die wollen, das hat Weidinger längst gemerkt, möglichst unter sich bleiben. Er hat es anders angefangen, sich nützlich zu machen, und zwar dort, wovon er wirklich etwas versteht. Er hat sich erboten, ein paar Lastwagen instandzusetzen, denn es war ja klar, daß – da die Eisenbahn ausfiel und auf wer weiß wie lange Zeit noch ausfallen würde – die Lebensmittel ausschließlich mit Autos herangeholt werden mußten. Weidinger versteht etwas von Autos (er hat ja Autoschlosser gelernt), und er hat seine Kenntnisse nicht angepriesen, sondern ganz oder doch fast wortlos unter Beweis gestellt, indem er eine alte Opel-Limousine, die die Russen nicht hatten haben wollen, wieder fahrfertig gemacht hatte. Die Russen hatten ja alle Autos beschlagnahmt, wie sie auch befohlen hatten, alle Radioapparate, Schreibmaschinen, Kameras und Ferngläser bei der Kommandatur abzuliefern (wo die meisten Sachen verfaulten, verrosteten, verkamen), Zwar hatte er nur eine Kardanwelle einzubauen und ein paar Ventile einzuschleifen, aber das hatte er natürlich nicht gesagt: Er arbeitete, wie es schien, zwei Tage im Schweiße seines Angesichtes und war dann mit dem Wagen, der gar nicht so sehr alt war (nur der hellgrüne Lack war an vielen Stellen abgeplatzt), vor dem Rathaus vorgefahren, um

Andrikeit, Bürgermeister Andrikeit nach Walldorf zu fahren, wo sich eine Bezirkskommandantur befindet. Andrikeit war hocherfreut, stieg mit strahlendem Gesicht in den Wagen, und als Weidinger mit ihm losfuhr, hatte er gesagt: »Du bist der tüchtigste von allen, Weidinger.« Vielleicht war Andrikeit noch nie mit einem Auto gefahren. Besonders hatte dem Alten wohl gefallen, wie Weidinger, als sie in Walldorf angekommen waren, ausgestiegen, um das Auto herumgelaufen war und die Tür eilfertig und untertänig aufgerissen hatte. Ganz verklärt hatte der Alte ausgesehen, dann hatte er sich gestrafft, war würdevoll ausgestiegen und mit gemessenen, stelzenden Schritten in das Walldorfer Rathaus gegangen.

Weidinger nickt sich selbst zu. Mit Andrikeit steht er sich ausgezeichnet, seit er ihm damals Anzug, Schuhe und Wäsche geliehen hat. Man muß den Leuten gefällig sein, ohne direkt etwas zu verlangen, darauf kommt es an. Er hat den Andrikeit eingekleidet, damit der sein Amt als Bürgermeister in anständiger Kleidung antreten konnte, er hat ihm den Wagen repariert und ihn kutschiert und das alles unterwürfig und beflissen, als erkenne er die Bedeutung des neuen Bürgermeisters an, als habe er Respekt vor dessen Würde. Weidinger hat ihn spüren lassen, daß er der einzige ist, der ihn wirklich ernst nimmt, der den Wert seiner Persönlichkeit voll zu schätzen weiß. Die anderen nehmen Andrikeit nicht ganz für voll oder sind, wie Burmester und sein Anhang, neidisch, oder sie sind gar mißtrauisch, wie Wernicke und Ziegler. Weidiger hat nicht vergessen, wie Ziegler damals, bei der Besprechung in Steinles Laube, die Papiere Andrikeits unschlüssig in der Hand gehalten und nur zögernd zugestimmt hat. Und dabei waren es doch glänzende Papiere! Ein Mitgliedsbuch der Kommunistischen Partei aus dem Jahre achtundzwanzig und ein Entlassungsschein aus dem KZ Oranienburg von achtunddreißig.

Mit solchen Papieren würde ich Minister werden, denkt Weidinger, und die hier meckern und nörgeln. Wie hat der Ziegler neulich zu Andrikeit gesagt? »Deine Terminologie stammt aus dem Jahre siebenundzwanzig, Andrikeit!« Und dabei hat Ziegler böse ausgesehen, über seiner eingedrückten Nasenwurzel hat sich eine tiefe Falte hoch bis in die Stirn geschoben. Weidinger hat das nicht verstanden, er ist bis jetzt nicht dahintergekommen, was der Ziegler damit gemeint haben kann, und Andrikeit danach zu fragen, das ging wohl nicht an, denn Andrikeit war daraufhin seltsamerweise nicht böse, sondern kleinlaut geworden. Dieser Ziegler ist überhaupt ein Ekel, der guckt einem durch und durch und hat eine Art, einen auszufragen, daß man am liebsten den ganzen Dreck hinschmeißen und als Privatmann leben möchte.

Eben ist Weidinger noch vergnügt und mit sich selbst zufrieden gewesen, jetzt ist er ärgerlich und gar nicht mehr sehr aufgeräumt. Er hatte ja erwartet, daß man ihn, den fixen Jungen, der eine ganze Menge versteht, in die neue Verwaltung holen würde, er stand ja auf du und du mit denen, die sich zu den Mächtigen von Lindenthal aufgeschwungen hatten, mit Steinle und Burmester, und auch zu Andrikeit hatte er, bevor die Russen kamen, ein erträgliches Verhältnis hergestellt. Das ist eine ganze Menge. Wer kann sich dessen schon rühmen? Weidinger ist zwar auf den Posten eines Direktors oder Oberingenieurs der Städtischen Werke scharf gewesen, aber man hat ihm diesen Posten nicht gegeben – weil es ihn nicht gibt. Ja, das hat Weidinger nicht gewußt, daß Lindenthal den Strom aus der Kreisstadt, Wasser und Gas aus Berlin bezieht: Im Ort ist nur ein Pumpwerk, das von zwei Mann bedient wird. Das ist eine Enttäuschung, ein schwerer Schlag gewesen. Aber Weidinger hat sich noch niemals auszählen lassen, wenn ein Mißerfolg ihn wie ein Uppercut aufs Kinn traf. Er ist ein Stehaufmännchen. Solch einen Schlag gibt es gar nicht, der ihn für die Zeit auf die Bretter werfen könnte, und wenn er einmal bis neun am Boden war, dann nur, um sich auszuruhen.

So sitzt er jetzt also im Lindenthaler Rathaus, Zimmer 16, und er ist – wie nennt man das? – ja, Dezernent oder Referent oder Leiter oder sonst was der Abteilung Transport und Verkehr. Das ist eine neue Absteilung, die früher nicht bestanden haben soll, und es wird ganz auf ihn ankommen, was er daraus macht. Er hat vor ein paar Stunden in der Magistratssitzung (der ersten, an der er teilnahm) ganz ruhig und sachlich über die Gründung eines städtischen Fuhrparks gesprochen, auf die Wichtigkeit einer eigenen Transportorganisation hingewiesen, da mit der Eisenbahn zur Zeit und vielleicht auf absehbare Zeit nicht zu rechnen sei. Er hat der Angelegenheit große Bedeutung beigemessen, sie ist vielleicht auch wirklich wichtig, und er muß das wohl mit entsprechender Stimme und Überzeugungskraft vorgetragen haben, denn man hat ihm zugestimmt. Dabei ist ihm, im Vertrauen gesagt, das Ganze nur einen Scheißdreck wert; der Posten im Rathaus ist eine Sache für Tintenpisser, überdies steht ja noch nicht einmal fest, ob und wie er überhaupt bezahlt wird. Aber, ja, daß ist das große Aber: Der Posten ist wie ein

Sprungbrett, ein guter Start. Bei einem Zusammenbruch wie diesem geht zwar viel zum Teufel, aber ein paar nahrhafte Brocken werden doch ans Ufer gespült, und da heißt es dann schnell zugreifen, ehe ein anderer die Finger danach ausstreckt. Es ist aber nicht nur ein einfaches Zugreifen, man muß auch zugreifen *dürfen.* Und eine solche Erlaubnis erteilen der Bürgermeister oder der Kommandant, und da muß man eins wissen, und das hat Weidinger mittlerweile herausbekommen: Der Bürgermeister führt aus, was der Kommandant befiehlt, und der Kommandant befiehlt, was der Bürgermeister vorschlägt, das ist eine Wechselwirkung, die man kennen muß und die reiche Früchte trägt, wenn man sich im richtigen Augenblick an der richtigen Stelle einschaltet.

Ja, Weidinger lebt von der Hand in den Mund, aber er plant auch auf weitere Sicht, Weidinger kann beides. So hat er in der Sitzung einmal für eine Viertelstunde nicht auf die Armbanduhr geblickt und die dunkle Locke zurückgestrichen, sondern ernsthaft und im Brustton der Überzeugung gesprochen, sich im übrigen – auf Hildes Rat – aber ruhig verhalten. Zurückhaltung, Zurückhaltung, das hat er sich selbst immer wieder verordnet. Ich sage nichts gegen die Russen, aber ich nehme auch nicht ihre Partei, ich bin kein Politiker und will auch keiner werden, ich war auch bei den Nazis nur ein Fachmann und will es auch unter dem neuen Kaiser Stalin bleiben. Von dem politischen Kram versteh' ich nichts, es interessiert mich auch nicht. Er vermochte auch nicht zu begreifen, weshalb die sich die Köpfe heiß redeten, besonders Burmester und Ziegler haben sich allerhand an den Kopf geworfen. Wenn Weidinger auch nicht begriffen hat, worüber man sich stritt, eines ist ihm jedoch klar geworden, nämlich daß sich zwei Gruppen gegenübergestanden haben, die Gruppe Ziegler und die Gruppe Burmester, und in der Mitte hat der Bürgermeister gestanden, hilflos, schwankend, unsicher. Steinle hat bei dieser Sitzung gefehlt. Er war, wie Weidinger einer Bemerkung Zieglers entnahm, nach Berlin gefahren, mit dem Rad natürlich (Mut hat der Alfons ja, das muß man ihm lassen), um dort »Verbindungen aufzunehmen«. Mit wem, das hat Ziegler nicht gesagt, aber es war unschwer zu erraten, daß er sich nach seinen alten Genossen umsehen wird, vielleicht um sich irgendwelche Richtlinien zu holen. Möglicherweise haben die in Berlin schon wieder ihren Parteiladen aufgemacht, die Russen sollen ja ein paar deutsche Kommunisten aus Moskau mitgebracht haben, wie man sich erzählt. In Lindenthal erfährt man ja nicht viel. Zwar gibt es seit ein paar Tagen wieder eine Zeitung, die »Tägliche Rundschau« mit dem schönen Untertitel »Frontzeitung für die deutsche Bevölkerung«, und gleich in der ersten Nummer haben die ihren Genossen Ehrenburg zurückgepfiffen. Man hat aus dem Artikel allerdings nicht genau erfahren, was der Genosse Ehrenburg damals eigentlich gesagt hat, aber es müssen wohl haarige Dinge gewesen sein, und daß man ihn erst jetzt zurückpfeift, das scheint doch darauf zu deuten, daß man immerhin einige Zeit nach seinem Rezept verfahren hat. Und auch der Berliner Rundfunk hat wieder mit Sendungen angefangen (und man kann ihn hören, sofern man noch einen Apparat hat und wenn es, zweite Bedingung, zufällig einmal Strom gibt), aber die Zeitung und der Rundfunk wissen nur davon erzählen, wie toll es die Nazis getrieben haben und wie heldenhaft die Rote Armee das gelobte Land der Arbeiter und Bauern im »Großen Vaterländischen Krieg« unter der weisen, genialen Führung des größten Feldherrn aller Zeiten, Josef Wissarionnowitsch Stalin, gekämpft hätte. Was nun mit den Deutschen, den vielen Weidingers, werden soll, darüber sagen sie kein Wort, wahrscheinlich wissen sie es selbst noch nicht. Zunächst wollen sie uns, denkt Weidinger und wiegt zweifelnd den Kopf, Demokratie und Humanismus beibringen. Hoffentlich fangen sie bald an damit. Oder ist das, was sie uns jetzt Tag für Tag vorexerzieren, schon Humanismus? Ist das schon die Demokratie, mit der sie uns beglücken wollen?

Weidinger stützt den Kopf schwer in die linke Hand, die flinken, lebhaften Augen sind für einige Sekunden starr auf einen Fleck an der Wand gerichtet. Wie einfach war das doch unter den Nazis! Da bekam man Befehle, da wurde alles angeordnet, vorgedacht, befohlen, da gab es keine Auseinandersetzungen. Hier ist das alles so kompliziert, weil niemand weiß, wie der Hase läuft. Man müßte näher an Andrikeit herankommen. Gewiß, der ist freundlich, der ist sogar dankbar, für den Anzug und für das Auto, aber Weidinger überschätzt diese Dankbarkeit nicht. Der Alte ist unsicher, weiß der Teufel weshalb, und wird jeden stützen, der ihn stützt, das ist ein Geschäft auf Gegenseitigkeit.

Weidingers gehobene Stimmung ist stark genug, um die dunkle Wolke, von der sie vorübergehend beschattet war, wieder zu vertreiben. Ich muß ihn in meine Gewalt kriegen, denkt Weidinger. »Ja«, sagt er laut, »das ist es!« Er hat laut gesprochen und erschrickt vor seiner eigenen Stimme, sieht sich rasch um und lauscht nach der Tür hin, aber er ist allein im Zimmer, und auf dem Korridor ist alles ruhig. Nein, da kommen Schritte. Weidinger setzt sich rasch zurecht und breitet ein paar Papiere vor sich aus. Als die Schritte vor seiner Tür haltmachen und die Klinke heruntergedrückt wird, legt er die Stirn in Falten und versucht, sie krampfhaft festzuhalten, dazu stützt er den Kopf in beide Hände und sieht nicht auf, als die Tür geöffnet und wieder geschlossen wird.

»Na, schon tüchtig bei der Arbeit?« fragt eine Stimme.

Das ist doch Burmester! Weidinger läßt die Hände auf die Schreibtischplatte fallen. »Ja«, sagt er wie abwesend und hebt den Kopf. »Der Fünftonner Vomag macht mir schwere Sorgen. Ich werd' versuchen, einen Holzgasofen einzubauen, Sprit wird ja kaum zu haben sein.« Die Burmestern ist ja auch mitgekommen, denkt er. Was wollen die denn? »Nehmt Platz. Was gibt's denn?«

Burmester blickt auf seine Frau. »Martha hat schwere Sorgen«, sagt er. »Die Leute rennen ihr die Bude ein und jammern . . .«

»Ja, das Ernährungsamt«, sagt Weidinger sorgenvoll. Die haben sich schön in die Nesseln gesetzt, denkt er dabei schadenfroh. »Aber was kann ich dazu tun?«

Frau Burmester lehnt sich gegen die Stirnseite des Schreibtisches und beugt sich zu Weidinger hinüber. »Eine ganz Menge, Weidinger«, antwortet sie, »indem Sie nämlich allerschnellstens ein paar Lastwagen fahrfertig machen. Der Kommandant hat uns Mehl zugesagt, aus Berlin, aber holen müssen wir es selbst.«

»Zeig mal, was du kannst«, sagt Burmester. »Hast ja so große Bogen gespuckt.«

»Ich will tun, was ich kann, aber zaubern kann ich nicht«, erwidert Weidinger und ist bemüht, die Schadenfreude, die seine Mundwinkel kräuselt, zu unterdrücken. Das ist nun 'ne Frau, denkt er, hinten nichts, vorn nichts, nicht 'ne Spur von Brust, und mit so einem Gerippe geht der Burmester nun Abend für Abend ins Bett, na, guten Appetit. An Hilde ist doch was dran, mit der macht es Spaß, wenn sie auch nichts weiß über Marxismus und den andern Schiet.

»Mehl ist ja ganz schön«, fügt Weidinger dann hinzu und versucht ein paar Falten der Kümmernis in sein Gesicht zu legen, »aber Mehl allein tut's auch nicht. Was ist mit Fett und Fleisch und Zucker?«

»Sparen Sie sich Ihre Überlegungen«, unterbricht ihn Frau Burmester heftig. »Oder glauben Sie etwa, ich wüßte nicht, daß es mit Mehl allein nicht getan ist?«

»Immerhin ist Mehl das wichtigste«, pflichtete Burmester seiner Frau bei. »Wenn wir erst einmal Brot verteilen können . . .«

Die sitzen ganz schön in der Tinte, die haben sich da was Schönes aufgeladen, denkt er und kann es sich nun doch nicht versagen, Frau Burmester mit einem hämisch abschätzenden Blick zu mustern. Die müßte man eigentlich in ihrem eigenen Saft schmoren lassen, aber ... Weidinger erschrickt: Ja, irgendwie sitzt er selbst ja mit drin, wenn auch nur als Fachmann, aber immerhin ... »Wann soll das Mehl denn geholt werden?« erkundigt er sich.

»Ich weiß noch keinen genauen Termin«, antwortet Frau Burmester kurz. »Sie müssen die Wagen jedenfalls schnellstens fertigmachen, Weidinger.«

Wie sie das sagt! Sie müssen die Wagen fertigmachen, Weidinger! Einen Ton erlaubt sich die alte Ziege. Weidinger will wütend auffahren, aber er besinnt sich, bremst die begonnene Bewegung und hält sich zurück. Weidinger wird noch ganz andere Sachen machen, schöne Frau, denkt er, Weidinger wird noch ganz was anderes heranschaffen als ein paar Sack Mehl. In diesen Sekunden ist ein Plan in ihm aufgetaucht, den wird er einmal in Ruhe überdenken, hiernach wird er ihn ausführen, und dann ist er, Ingenieur Weidinger, der große Mann, der Retter von Lindenthal.

»Die Wagen werden fertiggemacht, Frau Burmester«, bestätigt er, »Sie können sich auf mich verlassen«.

»Gut«, sagt Frau Burmester. »Sagen Sie mir Bescheid, wenn die Wagen fahrbereit sind. Sie erhalten dann von mir weitere Weisungen.« Sie nickt Weidinger zu und geht zur Tür. An der Schwelle dreht sie sich noch einmal um und blickt ihren Mann an.

»Ich komme gleich nach«, sagt Burmester. Er sagt es, als bringe er eine Entschuldigung vor.

Der hat bei ihr nichts zu lachen, denkt Weidinger, die hat den ganz schön am Bändel. Könnt' ich noch verstehn, wenn sie schön oder hübsch wäre, wenn sie ihn nicht ranläßt, oder wenn er nicht so will, wie sie will. Aber dieses magere Gestell, ohne Brust und Hüften, mit dem knochigen Gesicht und dem glatten, glanzlosen Haar ... Unbegreiflich, der würd' ich ganz schön die Flötentöne beibringen. Ach quatsch, mit der würd' ich mich gar nicht erst einlassen.

»Du mußt ihr das nicht übelnehmen«, sagt Burmester, als sich die Tür hinter seiner Frau geschlossen hat. »Sie war mal im Lager, sie ist doch erst durch die zwölf Jahre so geworden. Und jetzt hat sie den Kopf voll.«

Weidinger winkt großzügig ab. »Schon gut«, sagt er, »ich hab' ja 'n dickes Fell. Sachlich hat sie ja recht.«

Burmester nickt ihm dankbar zu. »Mir ist furchtbar heiß«, sagt er und fährt sich mit den Fingern zwischen Kragen und Hals hin und her.

»Kommst in die Wechseljahre, Willi«, lacht Weidinger. »Willst 'ne Zigarette?«

»Gib her!«

Sie rauchen. Für Minuten fällt kein Wort zwischen ihnen. Weidinger blickt aus dem Fenster. Die Bäume haben schon dicke Knospen angesetzt, da und dort schieben sich bereits kleine hellgrüne Triebe heraus. Sind das nun Linden oder Kastanien? Er wird das nie lernen. Zwischendurch mustert er Burmester verstohlen. Wie steht er eigentlich mit ihm? Bei Albatros war Burmester einer von vielen in der Abteilung, nicht gerade ein sehr intelligenter, aber ein ganz brauchbarer Arbeiter, er riß sich zwar kein Bein aus, aber er war auch nicht faul. Er war einer aus der Masse, fiel weder angenehm noch unangenehm auf. Wenn man ihn zu nehmen wußte, konnte man ihn um den Finger wickeln. Weidinger ist gut mit Burmester ausgekommen, es war ja auch nicht seine Art, die Leute zu schikanieren; er hatte sie nur fühlen lassen, daß sie von ihm abhängig waren und ein paar Stufen tiefer standen. Jetzt aber stehen sie beide gewissermaßen gleich. Burmester ist Polizeichef von Lindenthal, und Weidinger hat die Abteilung Transport und Verkehr. Burmester ist so, plötzlich und fast über Nacht, wer geworden, ein Mann, der einem von Nutzen sein kann, den man sich verpflichten muß, ein Mann, den man in die Hand bekommen müßte. Weidinger wird schon Mittel und Wege finden. Wie war doch nur die Sache damals ...

Burmester drückt die Zigarette aus. »Puh!« stöhnt er und knöpft seine Jacke auf. »Jetzt ist mir noch heißer geworden.«

»Die schwarzen Zigaretten haben es in sich«, sagt Weidinger so obenhin, »du hast auch zu schnell geraucht.« Er wendet Burmester langsam den Blick zu. Für eine oder zwei Minuten hat er in den blauen Himmel hinein gedacht, der sich über den Bäumen spannt, jetzt wird Weidinger ganz aufmerksam, überwach, gespannt. Was hat der denn für einen Pullover an? Den kennt er doch! Das ist doch ... Plötzlich fällt eine Klappe in seinem Gehirn. Klar, Mensch, das ist der Pullover, der damals dem Schmidtke geklaut worden ist. Schmidtke hat ihn genau beschrieben, und Weidinger hat ihn ja auch oft genug gesehen, da ist keine Verwechslung möglich, das ist kein Konfektionspullover, den hat Schmidtkes Braut oder Freundin gestrickt, deshalb war er ja auch so aufgebracht, daß einer die langen

Finger danach ausgestreckt hat. Klar, das ist der Pullover, marineblau mit roten Rändern am Kragen, an den Ärmeln und am unteren Rande, Blau und Rot, ja, das waren die Farben von Schmidtkes Fußballverein, BFC Blau-Rot von 1906. Weidinger entsinnt sich jetzt genau. Nur die aufgestickten Buchstaben P und S, Paul Schmidtke, fehlen, aber die kann man ja beseitigen, indem man die Fäden auszieht.

»Hübschen Pullover hast du, Willi«, sagt Weidinger bewundernd.

»Ja«, sagt Burmester gepreßt und knöpft die Jacke rasch wieder zu.

Weidinger steht auf, geht um den Tisch herum und befühlt den Pullover. »Reine Wolle«, sagt er, »so was gibt's schon lange nicht mehr zu kaufen.« Er lehnt sich gegen den Schreibtisch und lächelt. Er hat gesehen, was er sehen wollte, nämlich daß der Pullover an der linken Seite, da, wo die Buchstaben aufgesetzt waren, ein wenig beschädigt, daß die marineblaue Farbe gerade an diesen Stellen ein wenig intensiver ist.

»Den hab' ich mal geschenkt bekommen«, sagt Burmester. »Von 'ner Freundin, das darf Martha nicht wissen.«

»Ja, so«, meint Weidinger und blinzelt verständnisvoll. Jetzt muß er dem Burmester zu verstehen geben, daß er die Herkunft des Pullovers kennt. »Was ich dich schon lange mal fragen wollte, Willi: Was ist eigentlich aus dem Paul Schmidtke geworden? Den kennst du doch?«

Burmester hat sich bei der Nennung des Namens verfärbt. Seine Hände werden unruhig, die Augenlider flattern auf und nieder, sein Blick irrt umher. »Keine Ahnung«, antwortet er. »Weiß ich wirklich nicht.«

»Der hatte übrigens so'n ähnlichen Pullover wie du«, fährt Weidinger ruhig fort. »Ich möcht' sogar sagen: genau so einen.«

Burmester bemüht sich, seine Hände stillzuhalten, er preßt die Kiefer zusammen und schluckt heftig. »Kann ja sein«, murmelt er.

»Habt ihr vielleicht dieselbe Freundin gehabt?« fragt Weidinger weiter und lächelt ungläubig. »Wär' ja 'n ulkiger Zufall.« Es ist ihm ein großes Vergnügen, Burmester zu reizen, ihn mit Andeutungen und Vermutungen unsicher zu machen, dieses Spiel verschafft ihm ein wonniges Gefühl von Kraft und Überlegenheit.

Burmester wühlt in den Taschen seiner Jacke, ohne anscheinend zu wissen, was er sucht. Schließlich ringt er sich ein paar Worte ab, er hat offenbar Mühe, sie über die Lippen zu bringen. »Gibt viele Zufälle im Leben.«

»Weiß ich, weiß ich«, sagt Weidinger mit einem zähen Lächeln. Dann wird er ernst. »Aber denk mal, Willi, wie unangenehm die Sache für dich hätte werden können.«

»Ja«, sagt Burmester nur und zieht den Kopf ein, als erwarte er einen Schlag.

Ja, sagt er, er fragt gar nicht einmal, welche Sache, denkt Weidinger. »Du weißt ja, Willi«, sagt Weidinger und schüttelt den Kopf, als begreife er es nicht, »daß man dich damals verdächtigt hat. War 'ne unangenehme Geschichte.«

»Hör schon auf!« fährt Burmester auf ihn los. »Was sollen die alten Geschichten?«

Erst wird er blaß und zittert, und dann fängt er an zu schreien, typische Reaktion eines, der sich schuldig fühlt. Der soll sich bloß nicht aufspielen, Ganove der. »Schrei mich nicht an«, sagt Weidinger bestimmt. »Die Sache kann für dich auch heute noch unangenehm werden, wenn Alfons Steinle davon erfährt.«

Burmester läßt sich wieder gegen die Stuhllehne zurückfallen. »Das ist nicht Schmidtkes Pullover«, sagt er matt, »ob du es mir nun glaubst oder nicht.«

Weidinger lächelt vor sich hin. »Aber er *könnte* es sein, Willi!«

»Könnte, könnte«, sagt Burmester gereizt. »Könnte viel.«

»Manchmal kommt's gerade auf das Könnte an«, sagt Weidinger nachdenklich. Dann fährt er gelassen fort: »Du machst *mir* doch nichts vor, Willi. Das *ist* Schmidtkes Pullover, ich hab' nämlich verdammt gute Augen.«

Burmester beißt sich auf die Lippen. »Was willst du eigentlich von mir, Rudi?« fragt er.

Es gelingt Weidinger nicht, seine Züge zu beherrschen, deshalb wendet er sein Gesicht beiseite, um das Grinsen, das ihn unwiderstehlich anfällt, zu verbergen. Wollen? Von *dem*? Was ich wollte, hab' ich längst erreicht, nämlich den in die Hand kriegen, daß er sich nicht zu mucksen wagt. Weidinger weiß, daß es das Schimpflichste unter den Arbeitern ist, wenn einer den andern beklaut. Sonst sind sie gar nicht so, sonst nehmen sie aus dem Betrieb mit, was sie brauchen, und sie betrachten es sogar als ihr gutes Recht, es gibt welche, die haben sich ein ganzes Haus oder doch eine Laube zusammengeklaut, Stein für Stein, Brett für Brett, Zement und Kalk pfundweise nach Hause geschleppt, bis sie alles beisammen hatten. Wer Gott vertraut und Bretter klaut, der hat 'ne billige Laube, heißt es. Aber wenn einer dem anderen bloß 'ne Frühstücksstulle oder 'ne Viererpackung Caid klaut, dann sind sie böse, denn man schädigt zwar den Gegner im Klassenkampf, wie sie das nennen, aber untereinander hat man ehrlich zu sein. Der Steinle würde dem Burmester allerhand durchgehen lassen, und wenn der eine ganze Maschine nach und nach abgebaut und herausgeschleppt hätte, aber wegen des geklauten Pullovers würde er ihn im hohen Bogen hinausfeuern. Und das weiß der Burmester ganz genau. In diesen Dingen versteht der Steinle keinen Spaß.

»Gar nichts will ich von dir«, sagt Weidinger nach einer kleinen Pause. »Ich möchte nur, daß wir beide gut zusammenarbeiten.«

Burmester steht auf. »Das ist doch selbstverständlich, Rudi.«

Weidinger erhebt sich gleichfalls und wiegt den Kopf hin und her. »Es ist nicht alles selbstverständlich, was auf den ersten Blick so scheint«, sagt er. »Du wirst es erleben.«

Burmester, schon auf dem Wege zur Tür, bleibt stehen und wendet den Kopf zurück. »Was willst du damit sagen?«

»Überleg dir's in Ruhe«, sagt Weidinger. So dumm ist der doch nicht, daß er das nicht versteht.

Burmester zuckt mit den Achseln. »Wirst du den Mund halten, Rudi?« fragt er.

Weidinger nickt. »Kannst dich auf mich verlassen, Willi. Wenn – ich mich auch auf dich verlassen kann.«

»Kannst du!« sagt Burmester kurz, wendet den Kopf brüsk zurück und verläßt das Zimmer. Mit einem Knall fliegt die Tür hinter ihm zu.

Weidinger läßt sich langsam in seinen Sessel gleiten. Um seinen Mund spielt ein Lächeln der Befriedigung. Den hab' ich in der Hand, denkt er, und mit ihm auch die miese Ziege und wahrscheinlich auch den schlaksigen Schnösel, den Pechmann. Jetzt muß ich noch ein Ding drehen, um den alten Andrikeit in die Finger zu kriegen, dann können mich Steinle und Ziegler und Wernicke sonstwas. Mir wird schon was einfallen, ich muß bloß rauskriegen, wo der Alte verwundbar ist.

Die gehobene Stimmung Weidingers steigert sich zu glänzender Laune.

3.

Mühlbauer muß umdisponieren

Mühlbauer geht erregt auf und ab. Der Fußboden schüttert unter seinen schweren Schritten, die Scheiben des Büffets klirren leise. Mühlbauers Augen in dem feisten, rosigen Gesicht verengen sich, als er auf den Mann im Sessel blickt. Er nimmt die Zigarre, die zwischen den Lippen erloschen ist, aus dem Mund und sagt zornig: »Und das sagen Sie mir erst heute, Herr Schadow? So ganz nebenbei sagen Sie mir das?«

Schadow duckt sich unter den zornigen Worten und zieht die Schultern eng zusammen. »Ich habe doch nicht gewußt, daß das für Sie von solcher Bedeutung ist, Herr Mühlbauer.«

Diese Beamten haben überhaupt kein Gehirn, die sehen nicht über ihre Nasenspitze hinaus, denkt Mülbauer und legt die Zigarre beiseite. »Sie hätten sich doch sagen müssen, daß es für mich zumindest von großem Interesse sein würde, zu erfahren, daß der junge Bernstein zurück ist.«

»Natürlich habe ich mir das gesagt, Herr Mühlbauer«, pflichtet Schadow bei, »aber« – er seufzt tief und schließt für einige Sekunden die Augen – »aber ich habe den Kopf jetzt so voll. Die Umstellung auf dem Amt, die neuen Leute . . .« Er seufzt noch einmal. »Schreckliche Leute sind das, die haben vor nichts Achtung, werfen verdiente Leute auf die Straße, nur weil sie 'n bißchen in der Partei waren. Verstehen Sie mich doch, Herr Mühlbauer!«

Mühlbauer nickt und blickt auf den dünnen, aber sorgfältig geglätteten Scheitel Schadows. Der Alte bangt um seine Stellung, der hat nichts anderes gelernt als den Beamtensessel auszufüllen, der ist untauglich geworden für den Daseinskampf und im zivilen Leben hilflos wie eine Schildkröte im Gebirge. Reserven hat er wahrscheinlich nicht außer einem kümmerlichen Häuschen mit 'nem kleinen Obstgärtchen, und dabei kann der noch von Glück sagen, daß sie ihn im Amt behalten haben, weil er versehentlich nicht in den braunen Haufen getreten ist. »Ja, ja«, sagt Mühlbauer ungeduldig und schon ein wenig nachgiebig. Verärgern will er den Alten ja auch nicht. Es ist immer gut, einen in der Verwaltung zu haben, der zuverlässig ist und Informationen besorgt. »Wo kommt der Bernstein denn so plötzlich her? Und was wollte er auf dem Wohnungsamt?«

»Er wollte das Haus von Professor Fabricius zugewiesen haben, für sich und seinen Sohn«, antwortet Schadow.

»Und Sie haben es ihm zugewiesen?« fragt Mühlbauer schnell.

Schadow schüttelt den Kopf. »Ich nicht, Herr Mühlbauer, ich nicht, bei mir hätt' der kein Glück gehabt. Er ist ja seit einunddreißig von Lindenthal fort, und er hat hier kein Heimatrecht mehr.« Wieder seufzt Schadow tief auf. »Aber ich hab' ja da oben nichts mehr zu sagen, ich bin bloß das fünfte Rad am Wagen, seit sich Herr Bromme das Leben genommen hat.«

Mühlbauer setzt sich breitbeinig in den anderen Sessel, nimmt seine Zigarrentasche vom Rauchtisch und hält sie Schadow hin. »Bitte, bedienen Sie sich, Herr Schadow.«

»Bin so frei«, sagt Schadow und zieht mit spitzen Fingern eine Zigarre aus der Tasche. »Danke vielmals, Herr Mühlbauer, danke vielmals.« Er holt eilfertig einen Zigarrenabschneider aus der Westentasche.

Mühlbauer übersieht Schadows ausgestreckte Hand, beißt die Spitze seiner Zigarre ab und spuckt sie auf den Fußboden.

Ganz schön nervös ist der, denkt Schadow und reibt ein Streichholz an. Der ist doch sonst die Ruhe selbst. Wie dem die Hände zittern, wie seine Augenlider auf und nieder flattern, wie der schnauft.

Mühlbauer raucht die Zigarre an und tut ein paar schnelle Züge. »Der Bernstein ist also in das Haus von Fabricius eingewiesen?« fragt er noch einmal.

»Ja, das hat der Ziegler gemacht, ohne weiteres hat der das bewilligt. Bei mir hätte der Bernstein . . .«

Mühlbauer winkt energisch ab. »Das interessiert mich nicht, Herr Schadow«, sagt er und blickt starr auf das glühende Ende seiner Zigarre. »Hat der Bernstein um seine Einweisung gebeten? Oder wie war das?«

Schadow blickt Mühlbauer verständnislos an. »Der Bernstein hat darum gebeten. Aber ich weiß nicht recht . . .«

Mühlbauer winkt brüsk ab und lehnt sich in das Polster zurück. Der Bernstein hat um die Einweisung gebeten, überlegt er. Das ist sehr wichtig, denn das bedeutet, zumindest kann es bedeuten, daß Bernstein keinen Anspruch auf die Wohnung seiner Eltern, das kann sogar bedeuten, daß er keinen Anspruch auf das Geschäft erhebt. Hat er denn überhaupt einen Anspruch? Hat der alte Bernstein seinen Sohn nicht enterbt oder zumindest abgefunden, als der damals die Elli Nitsche, dieses leckere Mädchen, geheiratet hat? Es wird notwendig sein, die Frau Goerke, das Faktotum des Hauses Fabricius, einmal zu befragen. Die alten Bernsteins waren, merkwürdig genug, ausgerechnet mit den Fabricius' befreundet, weiß der Teufel, was der Professor an dem alten Kleiderjuden und der an dem Professor gefunden hat. Vielleicht haben sie sich über den Talmud unterhalten, der Professor war ja Orientalist an der Berliner Universität. Die Sache muß Mühlbauer in Ruhe überdenken, er wird den Rechtsanwalt Kaiser dazu heranziehen. Mit dem jungen Bernstein wird er schon fertig werden, die Hauptsache ist, daß der Alte nicht zurückkommt.

Mühlbauer streift die Asche seiner Zigarre bedächtig ab. »Eins hätte ich noch gern gewußt, Herr Schadow«, sagt er. »Hat der Bernstein sich darüber geäußert, was er jetzt anfangen will?«

Schadow schüttelt den Kopf. »Nein, Herr Mühlbauer.«

Mühlbauer beugt sich vor. »Aber der Mann hat doch seit einunddreißig in Berlin gewohnt. Was will der denn hier?« Er steigert sich erst in einen lebhaften, dann in einen aggressiven Ton hinein. »Warum haben Sie ihm das nicht gesagt? Weshalb haben Sie ihm nicht geraten, daß er versuchen soll, wieder in seine Berliner Wohnung zu gelangen?«

Schadow hebt bedauernd die mageren Hände. »Ich sagte Ihnen doch schon, Herr Mühlbauer, daß ich gar nichts mehr zu sagen habe, ich bin bloß noch ein Schreiber. Ich hätt' den Bernstein glatt abgewiesen. Aber der Ziegler faßt die Leute mit Seidenhandschuhen an, wenn sie Juden sind oder Antifaschisten, wie die das nennen. Oder wenn einer aus dem Lager kommt, dann reißen sie sich die Beine aus. Als ob das nicht genügt, wenn man ihnen sagt: Ihr seid jetzt wieder gleichberechtigt. Aber nein, die kriegen Sonderrechte, die werden bevorzugt. Als ob *wir* nichts durchgemacht haben!«

Der Alte soll bloß nicht anfangen zu lamentieren. Mühlbauer hat den Kopf selbst voll, die Sorgen anderer haben ihn seit je ohnehin kaum interessiert. Aber er wird so tun, als ob er den Alten zu seinem Vertrauten macht (wenn er ihm auch, versteht sich, nur das sagen wird, was ohnehin bekannt ist oder in Kürze offenbar werden wird), dann fühlt sich der Alte geschmeichelt und geehrt.

»Sie verstehen, daß mich das sehr interessiert, Herr Schadow«, sagt er milde und legt ihm eine Hand auf das Knie. »Ich halte es nicht für ausgeschlossen, daß der junge Bernstein, frech wie die Juden nun mal sind, einfach von mir das Geschäft seines Vaters zurückverlangt, obwohl ihm bekannt sein muß, daß ich es ganz regulär erworben habe, und zwar von Herrn Krüger. Und ich will Ihnen noch mehr sagen, Herr Schadow, aber behalten Sie das bitte für sich. Meine Filialen am Wedding und in Moabit sind ausgebombt, was mit der Filiale in Steglitz ist, weiß ich noch nicht. Das einzige Aktivum ist die Filiale in Lindenthal. Da werden Sie es verstehen, daß ich die unter keinen Umständen hergeben will. Ich bin nicht weniger ein Opfer des Faschismus wie die Juden und die Kommunisten und die anderen Leute, die nie etwas gehabt haben und jetzt Ansprüche wie Großmoguln stellen. Ich glaube, Herr Schadow, wir beide sind da völlig einer Meinung. Wenn Sie mir irgendwie behilflich sein können, die eventuellen Ansprüche des Bernstein zurückzuweisen . . .«

Schadow nickt ein paarmal und erhebt sich ein wenig. »Was ich dazu tun kann . . . Ich fürchte nur, es wird nicht viel sein.«

Mühlbauer lächelt. »Ihre Bescheidenheit in allen Ehren, Herr Schadow, aber unterschätzen Sie sich nicht selber. Es ist Ihnen doch wohl auch klar, daß wir bürgerlichen Menschen zusammenhalten müssen gegen das Pack, das sich jetzt überall breit macht und uns, Sie und mich, mit Haut und Haaren verschlingen möchte.«

Schadow nickt lebhaft und saugt genießerisch an der Zigarre. »Ganz recht, Herr Mühlbauer, ganz recht.«

»Ob einer nun ein Großkaufmann ist oder nur ein Beamter«, fährt Mühlbauer fort und knetet die Fettpolster seines Doppelkinns, »so bewegen uns doch die gleichen Ideale, sie verpflichten uns, in Zeiten wie diesen zusammenzustehen. Nicht wahr?«

Schadow nickt. Er ist ja gewohnt zu nicken, wenn gewichtige Leute wie Mühlbauer mit ihm sprechen und mit einem »Nicht wahr?« eine Bestätigung verlangen, aber er nickt weit weniger lebhaft, als er es vorhin getan hat. Es ist ein mechanisches, gedankenloses Nicken, denn dieses Nur, »Nur ein Beamter«, nur, das kränkt ihn, kränkt ihn tief, das riecht – durch das Aroma der ausgezeichneten Sumatrazigarre hindurch – nach Herablassung, nach Geringschätzung, ja nach Verachtung. Diese Mühlbauers, erkennt Schadow plötzlich, berufen sich auf die gemeinsame Idee immer nur dann, wenn es ihnen in ihre Pläne paßt, sie appellieren an unseren Gemeinschaftssinn erst, wenn sie uns brauchen. Bisher hat ihm dieser Mühlbauer, mit seiner Körperfülle, seinem breiten, rosigen Gesicht, den weißen, gepflegten Händen, bisher hat der ihm imponiert, hat der ihm als nachahmenswürdig, erstrebenswert gegolten, jetzt ist er ihm zuwider, wie er sich im Fett seiner Wohlanständigkeit und Wohlhabenheit spreizt und idealistisch daherredet.

Schadow sagt nichts, er nickt noch einmal kurz, denn Mühlbauer ist ins Reden gekommen, er hat noch mehr zu sagen.

Mühlbauer streckt die Hand aus und bewegt sie wie ein Lehrer, der einen Lehrsatz vorträgt. »Und noch eins, mein lieber Schadow, dürfen wir nicht außer acht lassen, und das sage ich als Deutscher: Wir dürfen den jüdischen Einfluß nicht wieder groß werden lassen. Denn das werden Sie zugeben, daß die Juden sich bei uns sehr vorgedrängt hatten. Ich nehme nur unser Lindenthal als Beispiel: Wer hatte hier die größte Arztpraxis? Der Dr. Aron. Wer hatte das größte Geschäft? Der alte Bernstein.«

Diesmal nickt Schadow nicht mehr. Der Dr. Aron hatte die größte Praxis in Lindenthal, jawohl, aber er hatte sie, weil er etwas verstand und weil ihm nichts zuviel war, weil er für jeden Patienten und zu jeder Zeit zur Verfügung gestanden und armen Leuten sogar das Geld für die Medizin gab, alles was recht ist. Und der alte Bernstein hatte das größte Geschäft gemacht, weil er tüchtig war, geschäftstüchtig natürlich, weil er ein Ohr für die Wünsche der Kundschaft hatte und preiswert war, weil er einen Riecher für die Entwicklung der Stadt hatte, der anderen abging.

Laß den doch reden, denkt Schadow, das ist doch bloß Neid.

»Ich habe die Judenverfolgung nicht gebilligt«, setzt Mühlbauer noch hinzu, »aber auch nicht den jüdischen Einfluß. Schließlich sind wir doch in Deutschland. Nicht wahr?«

Schadow blickt an Mühlbauer vorbei und knurrt. Mag Mühlbauer das als Zustimmung auslegen oder auch als Widerspruch. Nein, hoffentlich nicht als Widerspruch, man darf sich Leute wie Mühlbauer nicht zu Feinden machen, denkt Schadow bekümmert, und alles in ihm ist Abwehr gegen diesen Großkotz. Wie ist das überhaupt mit mir? Ich weiß gar nicht, wo ich hingehöre. Für Mühlbauer bin ich nur ein Beamter, nur, und für Ziegler und seine Leute bin ich ein altes Möbel, das man bald ausrangieren und in die Rumpelkammer stellen wird.

»Ich hätte noch eine Frage«, sagt Mühlbauer und nimmt die Zigarre aus dem Munde. »Was sind das eigentlich für Leute, die uns jetzt im Rathaus regieren?«

Schadow sieht die Spannung in Mühlbauers Augen und wendet den Blick sogleich wieder ab. Die Frage ist ihm unangenehm, nicht, weil er keine Antwort wüßte, sondern weil er nicht weiß, *wie* er sie beantworten soll. Die neuen Leute, er hat sie nicht gern im Rathaus gesehen, sie sind nicht seine Freunde, bei Gott nicht, aber sie sind auch nicht seine Feinde, jedenfalls nicht, wenn sie ihn im Amt lassen. Sie entsprechen zwar keineswegs den Vorstellungen, die er von Beamten hat, sie sind ein wenig laut, manchmal lärmend, mitunter ruppig, sie setzen sich über Vorschriften und Verordnungen und alte Traditionen mit einer lässigen Handbewegung hinweg, sie reden viel, zuviel von Politik, sie sympathisieren mit den Russen oder tun wenigstens so, sie haben für alles, was die Russen tun, Entschuldigungen und Erklärungen, aber sie geben sich große Mühe, die Karre aus dem Dreck zu ziehen, und Pack, wie Mühlbauer gesagt, nein, Pack sind sie nicht, und man kann sie auch nicht alle über einen Kamm scheren. Aber Schadow spricht sich weder für sie noch gegen sie aus, für sie, das hört Mühlbauer sicher nicht gern, und gegen sie, dann heißt es nachher: Der Schadow hat dies und das gesagt.

Er zuckt also die Achseln und weicht aus: »Das ist schwer zu sagen, Herr Mühlbauer.« Und weil ihm diese Antwort doch ein wenig dürftig erscheint, fügt er noch hinzu: »Ich kenne nur Herrn Ziegler und Herrn Rauer, die jetzt im Wohnungsamt sind. Ach ja, und Herrn Mausolf.«

Mühlbauer nimmt die Antwort zur Kenntnis, obwohl sie ihn nicht befriedigt, aber er ist in seinen Gedanken schon weiter. Er erkennt, daß Schadow es mit keinem verderben will, mit ihm nicht und mit den neuen Leuten auch nicht, der arme Hund kann sich weder das eine noch das andere leisten. Es mit jemanden zu verderben, das kann sich nur einer leisten, der entweder Geld oder eine Gesinnung hat, und der Alte hat weder das eine noch das andere.

»Ziegler«, sagt Mühlbauer wie zu sich selbst, »Ziegler, ich glaube, den kenne ich.« Er wendet sich wieder an Schadow. »Ist das nicht so ein langer, blonder Kerl, mit 'ner eingedrückten Nase und unglaublich langen Armen? Und stinkigen Tabak raucht er, nicht wahr?«

»Ja«, sagt Schadow kurz, fast böse. Kann sich nicht jeder so gute Zigarren leisten, denkt er dabei und Zorn brennt in ihm und die Ohnmacht dieses Zornes, die Aussichtslosigkeit, diesem Zorn einmal Ausdruck verleihen, ihm freien Lauf lassen zu können. Ich rauch' auch nur selbstgezogenen Tabak, stinkigen, wie der sagt. Aber Mühlbauer kennt den Ziegler? Es wäre interessant, zu erfahren ...

»Ja, den kenne ich«, sagt Mühlbauer, »den hab' ich mal genossen, den Genossen, vor vierzehn Tagen ungefähr.« Er erinnert sich belustigt und selbstgefällig jener Unterredung mit den Herren Genossen, die ihn hatten hereinlegen wollen.

»So?« sagt Schadow nur.

»Ja, denken Sie nur, Herr Schadow«, fährt Mühlbauer fort, lehnt sich behaglich zurück und schlägt die Beine übereinander. »Dieser Ziegler und noch zwei andere Leute, die waren so vor etwa vierzehn Tagen bei mir und boten mir die Mitarbeit in der neuen Verwaltung an, weil ich nicht in der Partei war. Wie finden Sie das?« Der Alte ist zwar ein einfältiger Kerl, ein subalterner Beamter, aber seine Meinung ist doch nicht ganz uninteressant, schließlich arbeitet der ja schon eine ganze Weile mit Ziegler und Genossen zusammen. Mühlbauer raucht genießerisch und klappt die Augenlider herunter, um die Spannung, mit der er die Antwort des Alten erwartet, zu verbergen.

Schadow ist überrascht. Ziegler ist bei Mühlbauer gewesen? Und nicht nur Ziegler, noch zwei andere, vielleicht Steinle oder Burmester oder Wernicke oder gar Andrikeit, der neue Bürgermeister? Und sie haben dem Mühlbauer, diesem vollgefressenen Bürger, einen Posten in der neuen Verwaltung angeboten? Das ist interessant, das ist sogar sehr interessant, das eröffnet ganz neue Perspektiven, das heißt ... Ja, das heißt nichts anderes, als daß sie mit den Bürgerlichen, wie sie sagen, zusammenarbeiten wollen, sofern sie sich die Weste nicht braun bekleckert haben. Und das bedeutet, es *kann* zumindestens bedeuten, daß sich auch ihm, Schadow, die Möglichkeit bietet, auf seinem Posten zu bleiben. Auch er ist ja nicht Mitglied der Partei gewesen. Im Nu verwandelt sich die Depression, die ihn seit Wochen umklammert, in eine freudige Erregung.

»Wie ich das finde?« ruft er. »Großartig finde ich das! Das ist eine Chance ohnegleichen!«

Mühlbauer kneift die Lippen zusammen, um nicht zu lächeln. Das arme Schwein! Für den ist das natürlich eine Chance, für ihn, Mühlbauer, ist das ein Schiet. Wie dem die Hände zittern vor Freude, jetzt läßt der Esel doch tatsächlich die Asche auf den Teppich fallen, da hat Thea nachher wieder etwas zu meckern. »Ich habe abgelehnt«, sagt er kühl und bläst den Rauch gemächlich vor sich hin.

»Abgelehnt?« Schadow ist fassungslos.

»Ja, abgelehnt«, wiederholt Mühlbauer. »Ich bin ein Geschäftsmann. Was geht mich die Verwaltung an, noch dazu *diese* Verwaltung!«

»Sie könnten Einfluß gewinnen!« sagt Schadow beschwörend.

Alter Esel, als ob ich das nicht selbst weiß! denkt Mühlbauer. »Was geben *die* Brüder schon auf meinen Einfluß«, sagt er verächtlich.

»Sind nicht schon ein paar sogenannte Bürgerliche in der Verwaltung? Und haben die einen Einfluß? Haben Sie schon etwas gemerkt von diesem Einfluß?«

»Ach«, sagt Schadow mit einer wegwerfenden Handbewegung. »Die Frau Doktor Fliesser, die das Volksbildungsamt übernommen hat, und den Ingenieur Weidinger, den sie in die Abteilung Transport und Verkehr eingesetzt haben, und Herrn Rauer, die meinen Sie? Das sind sogenannte Antifaschisten. Wissen Sie eigentlich, was das ist? Sowas hat es früher doch nicht gegeben. Und außerdem, Herr Mühlbauer, das habe ich auch schon gemerkt: Die ziehen doch mit Ziegler und den andern an einem Strang.«

Als Schadow das ausspricht, legt sich ein dichter Reif auf seine Freude. Das hat er vorhin nicht bedacht. Daß einer nicht in der Partei war, das ist ja für die selbstverständlich, die verlangen ja viel mehr, nämlich daß einer Antifaschist ist, weiß der Teufel, was das ist und wie man das beweist. Aber gerade deshalb wäre es gut, wenn einer wie Mühlbauer in die Verwaltung käme, ein Bürgerlicher, aber kein Antifaschist. Oder ist der auch einer?

Und deshalb sagt er ganz direkt: »Gerade Sie sollten in die neue Verwaltung eintreten, Herr Mühlbauer, gerade Sie, weil Sie kein sogenannter Antifaschist sind. Oder sind Sie einer?«

Mühlbauer hätte beinahe laut losgelacht, aber er hält an sich. Was fällt dem alten Kerl eigentlich ein, ihn so auszufragen? Er ignoriert die Frage völlig und streift die Asche seiner Zigarre sorgsam ab. »Sie meinen also wirklich, ich sollte in die neue Verwaltung eintreten? Denken viele der alten Beamten so?«

»Bestimmt«, versichert Schadow. »Und eines möchte ich mir erlauben, Ihnen zu bedenken zu geben. Wenn Sie einen Posten in der Verwaltung übernehmen, Herr Mühlbauer, nicht irgendeinen, das wird man ja nicht wagen, dann haben Sie doch ganz andere Möglichkeiten, die eventuellen Ansprüche des Bernstein abzuweisen.«

Mühlbauer nickt. Gerade das ist ihm soeben durch den Kopf gegangen. Wo gibt es ein Gesetz, daß den Juden ihr früheres Eigentum, das von anderen regelmäßig erworben wurde, wieder zuerkennt? Und wo kann man ein solches Gesetz, falls dessen Erlaß beabsichtigt sein sollte, am besten verhindern oder doch wenigstens hinauszögern? In der Verwaltung!

»Ich habe dem Ziegler und seinen Kumpels damals keine endgültige Absage erteilt«, sagt er. »Ich sagte ihnen nur, daß ich es mir noch überlegen müsse. Nun, ich habe es mir inzwischen überlegt.«

Schadow springt auf. »Sie werden also in die neue Verwaltung eintreten?« fragt er freudig erregt. Welch ein Glück, daß er es mit Mühlbauer nicht verdorben hat!

»Ich werde es unter Hintanstellung meiner eigenen Person tun«, sagt er würdevoll und erhebt sich. »Ich rechne dabei auf Ihre Unterstützung, Herr Schadow.«

»Ich stehe zu Ihrer Verfügung«, sagt Schadow schnell und deutet durch eine leichte Verbeugung seine Willfährigkeit an. »Ich darf mich jetzt wohl verabschieden?«

Mühlbauer nickt und streckt ihm die fleischige, rosige Hand hin. »Es können immerhin noch einige Tage vergehen, bis es so weit ist. Halten Sie bis dahin Augen und Ohren offen.«

»Sie können sich ganz auf mich verlassen«, versichert Schadow und schüttelt Mühlbauers Hand kräftig. Dann läßt er die Hand sinken und blickt Mühlbauer fragend an. »Ich hätte ... ich hätte noch eine Frage, Herr Mühlbauer«, sagt er zögernd.

»Bitte, fragen Sie nur.«

»Die bilden jetzt wieder eine Kommunistische Partei«, sagt Schadow langsam, »noch nicht offiziell, aber so ... gewissermaßen illegal, ich weiß nicht, ob das der richtige Ausdruck ist, und da wollte ich Sie mal fragen, ob man da nicht ...«

»... eintreten sollte?« vollendet Mühlbauer den Satz und lächelt. »Weshalb nicht? Es kann jedenfalls nichts schaden. Solange die Russen hier sind, werden sie wohl kaum eine andere Partei zulassen, und die Russsen werden sehr lange hier bleiben, das ist wohl ziemlich klar. Aber ich will nicht dazu geraten haben. Das müssen Sie mit sich selber abmachen, Herr Schadow.«

»Sie hätten jedenfalls nichts dagegen, Herr Mühlbauer?«

»Ich?« fragt Mühlbauer und legt die rechte Hand auf die Brust. »Ich? Was habe ich dagegen zu haben? Das ist Ihre eigene Angelegenheit, Herr Schadow.«

»Ja, ja, natürlich«, sagt Schadow ein wenig bekümmert und strebt linkisch der Tür zu. »Auf Wiedersehen, Herr Mühlbauer.«

»Auf Wiedersehen, Herr Schadow. Wie hat Ihnen übrigens die Zigarre geschmeckt?«

»Ausgezeichnet, ausgezeichnet, das ist noch Friedensware, rein Übersee, ich versteh' etwas von Zigarren.«

»Davon habe ich noch mehr, Herr Schadow«, sagt Mühlbauer bedeutungsvoll. »Passen Sie gut auf, dann können wir wieder einmal eine Zigarre zusammen rauchen.«

Dann schließt er die Tür hinter Schadow, Mühlbauer läßt sich in einen Sessel fallen und lacht laut auf. Endlich kann er lachen, es hat ihn reichlich Mühe gekostet, ernst zu bleiben. Wie der Alte sich gespreizt hat, wie der sich vorkommt, als sein, Mühlbauers, Verbündeter. Laß ihm den Kinderglauben! Solche Leute muß man sich warmhalten, und dümmer ist er durch das Gespräch auch nicht geworden. Er raucht die Zigarre zu Ende und blickt auf, als die Tür geht. »Na, Thea, was gibt's denn?«

»War das nicht Herr Schadow vom Wohnungsamt?« fragt Frau Mühlbauer. »Was wollte der denn?«

»Was der wollte, das weiß ich schon nicht mehr«, antwortet Mühlbauer, »aber er hat mir recht interessante Dinge erzählt.«

Frau Mühlbauer setzt sich in den anderen Sessel und blickt ihren Mann fragend an. »Was für interessante Dinge, Ludwig?«

»Der Bernstein ist wieder da«, erwidert Mühlbauer. »Nicht der Alte, der Sohn, der Ernst, der damals die hübsche Elli geheiratet hat.«

Frau Mühlbauer richtet nervös ihr Haar. »Um Gottes willen, was hat das zu bedeuten, Ludwig?« ruft sie angstvoll.

»Reg dich nicht gleich auf, Thea«, begütigt Mühlbauer sie. »Ich werde erst einmal abwarten, das heißt nicht nur abwarten, sondern schon vorher Konterminen legen. Ich habe mich entschlossen, nun doch in die neue Verwaltung einzutreten.«

»Du mußt ja wissen, was du tust«, sagt Frau Mühlbauer ein wenig spitz. »Ich rede dir nicht rein. Ich will dich nur daran erinnern, daß du es immer abgelehnt hast, dich politisch festzulegen. Und jetzt willst du dich unter die Proleten mischen . . .«

Mühlbauer lächelt überlegen. »Stimmt, hab' ich gesagt. Aber, meine Liebe, die Kunst des Kaufmanns besteht darin, daß er sich nach den gegebenen Verhältnissen richtet, daß er sich, wenn es sein muß, radikal umstellt.« Allerdings, sinnt er den gesprochenen Gedanken nach, die Umstellung, die diesmal notwendig zu sein scheint, ist radikaler als je eine zuvor. Die Abneigung, sich an eine Partei oder auch nur eine Anschauung oder eine Richtung zu binden, beherrscht ihn seit je, und es ist immer ausgezeichnet gegangen. Er hat – aus geschäftlichen Gründen – dem jeweilig herrschenden System zugestimmt, ohne jedoch seine Zustimmung durch eine äußere Verpflichtung zu bekunden. Daß am Flaggenstock auf seinem Hause im Lauf der Jahre drei verschiedene Flaggen gehißt worden sind, die schwarzweißrote, die schwarzrotgoldene und die Hakenkreuzflagge, das geschah in Erfüllung staatsbürgerlicher Pflichten. Mit Gesinnung hat das nichts zu tun gehabt. Es war nichts anderes als der Ausdruck eines allgemeinen Zustandes, wie er jetzt auch durch ein weißes Flaggentuch ausgedrückt wurde.

»Nun gut«, sagt Frau Mühlbauer nachgiebig, »wenn du meinst, daß es für das Geschäft gut ist . . .«

»Wenn es sein muß, werde ich sogar in die Kommunistische Partei eintreten«, sagt Mühlbauer wie triumphierend.

»Aber Ludwig!« ruft Frau Mühlbauer empört aus, »das kannst du doch nicht tun!«

Mühlbauer lächelt breit. »Bleib ruhig, Thea. Ich sagte ja schon: wenn es sein *muß*. Im übrigen, meine Liebe, würde dir eine kleine Reminiszenz nicht schaden. Nach dem ersten Weltkrieg traten die Bürger in die Sozialdemokratische Partei ein, fast hätte ich es damals auch getan. Und sind die Bürger dadurch Sozialdemokraten geworden? Nicht die Spur! Umgekehrt, die Sozialdemokratische Partei ist bürgerlich geworden! Wenn wir jetzt in die Kommunistische Partei gehen, werden wir dadurch etwa Kommunisten? Natürlich nicht! Laß uns nur machen, Thea, wir werden das Kind schon schaukeln!«

4.

Ziegler gerät in Versuchung und erliegt ihr

Ein Mann geht durch die Ahornallee. Er hält sich ganz dicht an den Zäunen, die die Vorgärten gegen die Straße hin abgrenzen. Er geht nicht langsam, aber auch nicht sehr rasch. Er schiebt sich gewissermaßen an den Zäunen entlang. Obwohl da und dort ein zerrissener Maschendraht oder eine zerbrochene Zaunlatte ihm in den Mantel fetzen, ändert der Mann diese Art des Schreitens nicht, er bleibt dicht an den Zäunen und streicht fast mit dem Rücken an ihnen entlang. Wenn er noch den einen Arm nach vorn hielte, als taste er sich an den Zäunen vorwärts, und den anderen Arm nach hinten ausstreckte, als müsse er sich nach rückwärts sichern, so könnte man fast von Schleichen reden. Der Mann hat zwar die Hände tief in die Taschen gesteckt, aber weshalb hat er den Kragen seines halblangen Mantels hochgestellt? Ein dünner Regen kreiselt zwar in der kühlen Luft, mal weht er dem Manne ins Gesicht, mal näßt er ihm den Hinterkopf, aber nicht des Regens wegen hat der Mann den Kopf tief eingezogen und in dem hohen Kragen seines Mantels versteckt, was macht schon das bißchen Regen, das bißchen feuchter Wind aus. Nein, der Mann hat noch einen anderen Grund, seinen Kopf einzuziehen: Er möchte nicht erkannt werden. Das ist überhaupt *der* Grund. Der Mann möchte nicht erkannt werden. Die Gefahr ist allerdings denkbar gering. Die Straße ist von trostloser Leere. Es ist ziemlich dunkel, beinahe schon nachtfinster, obwohl es erst gegen neun Uhr ist. Die Gaslaternen, die wenigen, die in der Ahornallee aufgestellt sind, brennen selbstverständlich nicht, und hinter den Fenstern ist es auch dunkel, selten nur flackert eine Kerze. Die meisten Fenster sind immer noch verdunkelt. Nein, es ist unwahrscheinlich, daß der Mann überhaupt gesehen, geschweige denn erkannt wird.

Vor einem einstöckigen Hause bleibt der Mann schließlich stehen. Er nimmt eine Hand aus der Tasche und drückt mehrmals auf eine Dynamotaschenlampe. Das auf- und abschwellende Geräusch des Dynamos ist der einzige Laut in der nächtlichen Straße. Ein schwaches Licht sprüht auf, verlischt, sprüht auf, verlischt wieder, aber es genügt.

»Hier ist es«, murmelt der Mann. Er stößt die Luft mit einem Fauchen aus und drückt gegen die Pforte, hinter der sich ein Kiesweg hell von der Dunkelheit abhebt.

Die Pforte ist verschlossen. Der Mann rüttelt an der Klinke. Das Schloß ächzt und quietscht, aber es läßt sich nicht öffnen. Der Mann gibt es schließlich auf, er formt die Hände zu einem Schalltrichter vor den Mund und ruft, nicht sehr laut: »Hallo! Hallo, Frau Grosser!«

Das Haus ist wie ein dunkler Klotz, kaum daß seine Umrisse sich gegen den nachtdunklen Himmel abzeichnen. Kein Schimmer dringt nach außen. Entweder hat sie verdunkelt oder die Jalousien heruntergelassen. Oder sie schläft schon ...

»Hallo!« ruft er noch einmal. »Hallo, Frau Grosser!« Er hat lauter als vorhin gerufen und wendet sich sogleich sichernd nach allen Seiten um, aber die Straße bleibt dunkel und verlassen. Der Mann tritt ungeduldig von einem Fuß auf den anderen, dann steht er unbeweglich und lehnt gegen die Betonsäule, in die die Pforte eingelassen ist. Er überlegt, ob er noch einmal rufen oder ob er es bleiben lassen soll, nicht nur das Rufen, das *Ganze* bleiben lassen soll, aber da rührt sich etwas im Hause.

»Na also«, sagt der Mann und nickt sich selbst zu. Dann soll es eben doch sein. Er glaubt ein wenig daran, daß man gute oder schlechte Dinge tun oder lassen kann, je nachdem die Verhältnisse, die Umstände oder die Menschen es zulassen oder untersagen, ohne daß man den eigenen Willen einschaltet, oder indem man ihn nur daneben gewissermaßen leerlaufen läßt. Wenn sie nicht dagewesen wäre oder schon geschlafen hätte oder ...

Die Tür des Hauses hat sich geöffnet, ein Lichtschein fällt in den Vorgarten, auf die Stufen der Freitreppe, auf den Kiesweg, der von einer niedrigen gestutzten Hecke eingefaßt ist, so viel ist jetzt im Schein der Petroleumlampe zu erkennen. Die Person, die die Lampe in der erhobenen Hand hält, das müßte sie sein ...

»Wer ist dort?« fragt eine Frauenstimme.

Ja, sie ist es, er hat die Stimme sofort erkannt. »Ich bin es«, ruft der Mann nicht sehr laut, ziemlich gedämpft eigentlich.

Die Frau hat die Lampe irgendwo abgestellt, kommt rasch näher, ja, sie läuft sogar ein paar Schritte und reicht dem Manne die Hand über die Gartentür. »Guten Abend, Herr Ziegler«, sagt sie freundlich. »So spät noch?«

»Es ging nicht eher«, antwortete Ziegler, »Sie müssen schon entschuldigen, Frau Grosser.«

»Macht nichts«, sagt Frau Grosser, während sie die Pforte aufschließt. »Eigentlich ist es ja noch früh am Abend, früher begann man um diese Zeit überhaupt erst zu leben. Es ist nur diese schreckliche Dunkelheit, daß man sich immer wie in tiefster Nacht vorkommt.«

Eine hübsche Stimme hat sie, denkt Ziegler, als er neben ihr auf das Haus zugeht, als ob ein Singvogel spräche, so lustig, so hell, immer ein wenig verwundert, ein bißchen träumerisch. Es ist eigentlich die Stimme eines jungen Mädchens, das das Frauendasein ahnt und spürt, aber noch nicht erfahren hat. Wenn das ihre richtige Stimme ist ...

»Legen Sie Ihren Mantel hier ab«, sagt Frau Grosser in der Veranda.

Ziegler versucht, ihr ins Gesicht zu sehen, aber es ist hinter der Petroleumlampe verborgen. »Ich bin ja eigentlich nur gekommen ...

»Eigentlich«, sagt Frau Grosser, und Ziegler ahnt die Bewegung ihres Kopfes mehr, als er sie sieht. »Natürlich, Herr Ziegler, und das wollen wir auch nicht vergessen.«

Ziegler scheint es, als ob es ein wenig, ein ganz klein wenig ironisch geklungen hat. Was berechtigt sie eigentlich zu der Annahme, daß er nicht nur ihrer Beschwerde wegen gekommen ist, ihrer Beschwerde gegen die Rauersche Anordnung, daß sie zwei Zimmer abzugeben hätte? Gewiß, Ziegler hat ihr, als sie im Wohnungsamt erschienen war und ihm wortreich darlegte, daß sie unmöglich zwei Zimmer abzugeben in der Lage sei, als sie ihn dabei hilfeflehend angesehen hatte und so dicht an ihn herangetreten war, daß ihre kleinen spitzen Brüste unter dem hellgelben Pullover so angenehm seinen Arm berührten, da also hatte Ziegler ihr freundlich zugelächelt, wohl mehr als nur freundlich. Er hatte ihr begehrlich tief in die Augen gelächelt und seinen Arm für einige flüchtige Sekunden gegen ihre Brust gedrückt. Er werde die Sache selbst nachprüfen, hatte er gesagt, und am Abend vorbeikommen. »Es kann aber spät werden«, hatte er dann noch hinzugefügt. Dann war sie gegangen. In der Tür hatte sie sich noch einmal umgedreht und ihm – nein, nicht eigentlich zugelächelt, sondern ihn mit einem langen Blick angesehen, mit einem Blick durch die halbgesenkten Wimpern, einen Blick, in dem Verlockung, Aufforderung, Versprechen, ja fast schon Gewährung lagen, einem Blick, der Ziegler durch und durch gegangen war und ihn – zum ersten Male wieder nach langer Zeit – daran erinnert hatte, daß er ein Mann in den sogenannten besten Jahren war.

Er hatte zunächst über sich selbst den Kopf geschüttelt, aber wenig später auf der Toilette sehr aufmerksam in den Spiegel geblickt, anders als er morgens beim Kämmen oder beim Rasieren in den Spiegel zu sehen pflegt. Er hatte sein Gesicht Zug um Zug geprüft, die Zähne entblößt und die Haare zurückgestrichen, er hatte nach Jahren zum ersten Male wieder die Farbe seiner Augen festgestellt – waren sie nicht noch heller, war der Glanz der Pupillen nicht noch intensiver geworden? –, und er war befriedigt vom Spiegel zurückgetreten: Niemand würde ihm seine neunundvierzig Jahre ansehen. Und plötzlich entsann er sich auch, daß er, als Edith ihn einmal vom Betrieb abgeholt hatte, am nächsten Tag gefragt worden war, wo er denn die hübsche Freundin her hätte, und daß die Kollegen nur mit Mühe davon überzeugt werden konnten, daß Edith seine Tochter sei.

Daran denkt er jetzt, als er seinen halblangen Mantel auszieht, ihn an einen Haken in der Veranda hängt und Frau Grosser durch einen Korridor folgt. Er kommt, noch immer seinen Gedanken nachhängend, ihrer Einladung nach, Platz zu nehmen, und blickt erst auf, als sie sagt: »Entschuldigen Sie mich für ein paar Sekunden, ich bin gleich wieder da.«

Sie geht, die Petroleumlampe in der Hand, zur Tür. Auf der Schwelle bleibt sie noch einmal stehen und sieht ihn an. Diesmal bleibt ihm ihr Gesicht nicht verborgen, denn sie hält die Lampe seitwärts. So nimmt er ihren Blick wahr. Es ist der gleiche Blick, der ihn am Vormittag im Wohnungsamt getroffen und etwas in ihm entzündet hat, das lange in ihm nur geschwelt hatte. Es ist stets da gewesen, es war nur von Resignation und Müdigkeit überdeckt und nur in seltenen Augenblicken, nächtens, wenn er nicht einschlafen konnte, ins Bewußtsein getreten oder hatte seine Träume unruhig gemacht. Wenn solche Träume gelegentlich in seiner Erinnerung aufzuckten, hatte er sie mit einem Achselzucken abgetan und sich bemüht, sie zu verbannen. Sie wurden auch sehr rasch durch die dauernde Anspannung, in der er durch die Arbeit und die Bombennächte lebte, aufgesogen und sanken rasch wieder in sein Unterbewußtsein zurück. Nur eine leise zitternde, quälende Unruhe, einer Strömung unter einem unbewegten Wasserspiegel vergleichbar, war jedesmal zurückgeblieben. Durch den Blick dieser Frau Grosser aber waren Träume und Erinnerungen wieder aufgestiegen, und diesmal scheucht Ziegler sie nicht fort. Im Gegenteil, er hält sie fest und malt sie in seiner Phantasie aus. Die Last, die der Krieg ihm auferlegt hatte, ist zwar noch nicht von ihm genommen, aber ihr Gewicht hat sich doch verringert. Es gibt sogar Augenblicke, in denen er sie nicht mehr zu spüren vermeint. Dies ist solch ein Augenblick ...

Frau Grosser tritt wieder ein. Sie setzt die Lampe ab und stellt eine Dose Kekse vor Ziegler hin, fordert ihn auf, zuzulangen, und setzt sich in einen Sessel, schlägt die Beine übereinander und lächelt.

Ziegler ißt rasch hintereinander. Wie soll das hier nun weitergehen? Was diese Frau will, ist ihm jetzt ganz klar, ist ihm eigentlich von vornherein klar gewesen: Sie will ihn korrumpieren, durch ihren Augenaufschlag, durch ihre Beine, an denen die helle Seide so verführerisch glänzt, daß er den Blick kaum abwenden kann, möglicherweise sogar dadurch, daß sie mit ihm schläft. Das ist ihm also klar. Unklar ist nur, was *er* von ihr will, richtiger, wie er das, was er von ihr will (und das weiß er jetzt ganz genau), mit seiner Amtspflicht vereinbaren soll. Sie möchte, daß er die Beschlagnahme der zwei Zimmer aufheben soll, er möchte mit ihr schlafen, sie bezahlt mit sich selbst, er mit ... ja, womit?

»Darf ich Ihnen kurz erläutern, wie die Dinge hier im Hause liegen?« fragt Frau Grosser und beugt sich ein wenig vor.

Ziegler schrickt fast auf, so sehr hat er seinen Gedanken nachgehangen. »Ja, bitte«, sagt er mühsam und langt wieder in die Keksdose.

Frau Grosser beginnt zu sprechen. Sie zählt auf, wieviel Zimmer es im Hause gebe, wieviel von diesen unbenutzbar seien, wieviel von ihnen dringend benötigt würden, und sie kommt endlich zu dem Schluß, daß sie nicht nur *kein* Zimmer abgeben könne, beim besten Willen nicht, daß sie im Gegenteil sogar noch zusätzlich Wohnraum benötige. Aber sie erhöbe darauf selbstverständlich keinen Anspruch, man müsse sich eben beschränken, das sei ja jetzt wohl eben so. Sie spricht lebhaft, hebt und senkt die Stimme, seufzt dazwischen ein paarmal und unterstreicht ihre Worte mit schnellen Handbewegungen.

Ziegler weiß das alles bereits, sie hat es ihm ja am Vormittag ausführlich mitgeteilt, fast mit den gleichen Worten, beinahe mit der gleichen Betonung und den gleichen Gesten. Er hört kaum hin und blickt wie gebannt auf ihre spitzen, steilen Brüste, die bei jeder Bewegung ihrer Arme unter der gelben Wolle zittern. Es kostet ihn Anstrengung, zwischendurch den Blick einmal abzuwenden. Er versucht, während Frau Grosser spricht und die Verhältnisse eingehend erläutert, die eine Beschlagnahme von zwei Zimmern als eine unbillige Härte und Ungerechtigkeit – sie sagt wirklich unbillige Härte und Ungerechtigkeit – erscheinen lassen würden, Ziegler versucht also, während die Rede der Frau ununterbrochen an sein Ohr plätschert wie ein Wasserfall, mit sich ins reine zu kommen, aber er vermag seine Gedanken nicht zu einer logischen Kette zusammenzuknüpfen. Die Rede, das Gerede der Frau stört ihn, und wenn er auch gelernt hat, ruhig und präzise zu denken, während Redefluten an seinem Ohr ablaufen, als sei es mit einer dicken Fettschicht isoliert, so ist das hier anders, denn erstens vergewissert sich Frau Grosser fortwährend seiner Aufmerksamkeit durch Fragen und Anrufe wie »Sie verstehen, Herr Ziegler, nicht wahr?« oder »Hören Sie auch gut zu, Herr Ziegler?« oder »Bitte, beachten Sie das, Herr Ziegler«, und zweitens – ja, gib es nur ruhig zu, alter Junge, steigt dir das Blut in den Kopf, wenn du auf ihre Brüste guckst, die bei der geringsten Bewegung nur so wippen, hin und her und auf und ab, und deren Spitzen durch die gelbe Wolle stechen, dir gerade in die Augen.

»Und jetzt überzeugen Sie sich selbst davon, daß Ihr Herr Rauer, ich will nicht sagen seine Befugnisse überschritten, aber einen ungewöhnlich strengen Maßstab angelegt hat«, sagt Frau Grosser und steht entschlossen auf. »Die Keksdose ist ja mittlerweile leer geworden«, setzt sie lächelnd hinzu.

Ziegler ist ein wenig verwirrt und blickt in die Porzellandose. Tatsächlich, er hat die Kekse aufgefressen und es nicht einmal bemerkt. »Entschuldigen Sie«, murmelt er schuldbewußt.

»Aber dazu sind sie ja da!« ruft Frau Grosser fröhlich. »Die Hauptsache, sie haben Ihnen geschmeckt. Oder nicht?«

Ziegler weiß es nicht, er hat die Kekse ganz gedankenlos gegessen und nur gespürt, daß er etwas zwischen den Zähnen gehabt hat. Jetzt sucht er rasch, als hätte er etwas nachzuholen, mit der Zunge die Krümel zusammen, die sich noch in den Zahnlücken und in der Mundhöhle befinden, als könnte er den Geschmack der Kekse dadurch noch nachträglich feststellen. »Doch, doch« versichert Ziegler und nickt eifrig, »ausgezeichnet.«

Frau Grosser lächelt Ziegler an, dann nimmt sie die Lampe vom Tisch. »Erlauben Sie, daß ich vorgehe.«

Während sie nun durch das Haus gehen und Zimmer für Zimmer besichtigen, wobei Frau Grosser noch weitere Erklärungen abgibt, versucht Ziegler noch einmal, seine Gedanken zu ordnen und vor sich selbst so etwas wie eine Rechenschaft abzulegen. Er ist hergekommen, nicht als Leiter des Wohnungsamtes, sondern als Mann, als Privatmann sozusagen, weil die Frau ihn gelockt hat, ihre sinnlichen Augen, ihr weiches, lockeres Fleisch, das ihm eine rasende Wollust verspricht. Es muß doch, zum Teufel, möglich sein, den, nun, sagen wir mal, den Politiker Ziegler und den Mann Ziegler auseinanderzuhalten. Aber hat er das getan? Nein, sei einmal ganz ehrlich, alter Junge, das hast du nicht getan, gerade *das* nicht. Die Frau ist zu dir gekommen, weil du der Leiter des Wohnungsamtes bist, und du hast dir in eben dieser Eigenschaft Zutritt zu ihr verschafft. Jetzt hast du erst einmal eine amtliche Entscheidung zu treffen, unabhängig davon, ob die Frau hübsch ist und eine Brust hat, die dich zum Rasen bringen kann, oder ob sie häßlich, schiefäugig und bucklig ist. Ist das klar, Karl Ziegler?

»Das hier ist mein Schlafzimmer«, sagt Frau Grosser und öffnet eine Tür. Ziegler zuckt zusammen. Er wirft einen Blick durch die geöffnete Tür, sein Blick fällt auf ein breites Doppelbett, das schon zur Nacht gerichtet ist und nur darauf zu warten scheint ... Nimm dich zusammen, Mensch, du stehst jetzt als Leiter des Wohnungsamts hier, was dann kommt, werden wir schon sehen.

»Kommen Sie ruhig herein, Herr Ziegler«, sagt Frau Grosser und lacht leise. »Sie sind ja kein Jüngling mehr, da wird das Schlafzimmer einer Frau Sie wohl nicht mehr verwirren.«

Ziegler tut ein paar Schritte in das Zimmer hinein und blickt sich flüchtig um. Ein dunkles Schuldgefühl überkommt ihn. Ist er denn als der Mann vom Wohnungsamt hergekommen? geht es ihm durch den Kopf. Nun, darüber läßt sich streiten. Wer dich vorhin gesehen hat, wie du die Straße entlang geschlichen bist, ja, *geschlichen*, der könnte anderer Meinung sein. Weshalb hast du dich vorhin, bevor du von Hause fortgingst, so sorgfältig rasiert und hast Ediths fast inquisitorische Frage, seit wann du dich zweimal am Tag rasierst, so geflissentlichst überhört und ihren erstaunten Blick übersehen? Mensch, guck dir selbst einmal ins Gesicht, ohne mit der Wimper zu zucken und dir verstohlen zuzublinzeln. Du weißt ganz genau, was los ist. Und was ist los? Daß du jetzt nicht zurück willst, du willst in diesem Schlafzimmer bleiben, bis . . . na ja, bis du sie hast.

Ziegler dreht sich mit einem Ruck um und blickt der Frau fest ins Gesicht. Ihre Augen sind ganz groß geworden, ihr Blick, eben noch gewollt unbefangen, beginnt zu verschwimmen und feucht zu schimmern, rasch zieht sie die Lider wie einen Vorhang über ihre unverhüllten Wünsche und weicht einen Schritt, einen ganz kleinen Schritt zurück, aber dieses Zurückweichen ist keine Abwehr, im Gegenteil, es ist eine Lockung, sich tiefer in das Jagdrevier zu begeben.

Auch Ziegler tut einen Schritt zurück, und auch das ist kein Zurückweichen, es ist wie ein Anlauf. Alle Scheu, die ihn zuerst unsicher gemacht hat, alle Zweifel, die sich an ihn wie Spinnweben gehängt haben, sie werden jetzt plötzlich von der wilden Abenteuerlust des Mannes, der Gier überrannt. Er packt die Frau bei den Schultern und reißt sie an sich. Sie macht noch eine schwache Gebärde der Abwehr, ihr Körper entzieht sich ihm noch. Jetzt nicht locker lassen, das meint sie doch nicht ernst, das gehört doch dazu, du merkst, wie sie schon in den Knien einknickt? Hörst du, wie sie schon vor Lust stöhnt? Spürst du, wie weich und warm sie ist? Riechst du, wie wunderbar sie duftet?

Sechstes Kapitel
Man nehme ...

1.

Bürgermeister Andrikeit wird munter

Mühlbauer erhebt sich langsam und läßt dabei seinen Blick rasch über die Gesichter gleiten. »Ich danke Ihnen für das Vertrauen, das Sie in mich setzen«, sagt er mit seiner tiefen sonoren Stimme. »Sie dürfen sich darauf verlassen, daß ich meine ganze Kraft einsetzen werde, um der notleidenden Bevölkerung zu helfen. «

»So sieht der grade aus«, flüstert Steinle hinter der vorgehaltenen Hand Ziegler zu.

Ziegler nickt ihm kurz zu, ohne aufzusehen. Er hat die Hände zwischen den Knien fest eingeklemmt. Über seiner tiefliegenden Nasenwurzel ist eine steile Falte fest eingeknifft.

Steinle blickt Ziegler von der Seite an. Was hat der denn? Der ist seit ein paar Tagen wie verändert, der sieht aus wie einer, der sich selbst nicht gut ist. Fast könnt' man denken, der hat kein reines Gewissen. Wenn der 'ne Frau wäre, würd' ich sagen, bei der ist's wieder mal soweit. Ich werd' ihm mal gehörig den Puls fühlen. Oder vielleicht hat er nur private Sorgen? Hat der nicht 'ne Frau, die schon seit Jahren gelähmt ist? Wir wissen eigentlich verdammt wenig voneinander. Wir sind Genossen oder wollen es werden, aber Freunde sind wir noch nicht. Ich muß mal die Edith fragen, was ... Was sagt er? Steinle zwingt sich wieder zur Aufmerksamkeit. Andrikeit, Bürgermeister Andrikeit, hat sich erhoben, stemmt die Fäuste auf seinen Bürgermeisterschreibtisch – er genießt offensichtlich die Wichtigkeit seines Postens – und schnauft erst ein paar Mal, dann öffnet er den Mund. »Ich danke Ihnen, Herr Mühlbauer«, sagt er mit einer Stimme, die sich ihrer Bedeutung voll bewußt ist, und streckt ihm die Hand über den Schreibtisch entgegen.

Steinle schürzt die Lippen. Warum sagt der Alte ich und nicht wir? Zuerst konnte der nicht bis drei zählen, und jetzt wird er von Tag zu Tag munterer, er hat erstaunlich an Selbstbewußtsein und Selbstvertrauen gewonnen. Über Mühlbauers Gesicht läuft ein Zucken. Er zieht rasch das Fleisch seiner Wangen zwischen die Backenzähne, um die feierliche Miene zu bewahren, ergreift die Hand des Bürgermeisters und schüttelt sie kräftig. Steinle hüstelt und prustet in sein Taschentuch. Dicke Männer versuchen gemeinhin, die Brust vorzuwölben und den Bauch einzuziehen, wenn sie sich feierlich erheben, Mühlbauer aber trägt seinen Bauch mit einem Stolz, als sei er ein hoher Orden, als begründe erst der Bauch seine bürgerliche Würde.

»Ich werde Sie jetzt in Ihre Abteilung, das Wirtschaftsamt, einführen, Genosse Mühlbauer«, sagt der Bürgermeister würdig. »Ach, entschuldigen Sie, *Herr* Mühlbauer«, verbessert er sich rasch.

»Dummes Aas«, zischt Steinle vor sich hin. Der Andrikeit spricht doch heute so anders, der kaut die Worte erst durch, und dann wälzt er sie förmlich aus dem Mund. Seine Stimme klingt auch so anders, es ist, als ob ständig ein Zischen mitklingt. Der bewegt die Schnauze, als ob er erst sprechen lernt oder als ob es ihm Schmerzen bereitet. »Der Franz spricht ja heute so ulkig«, sagt er zu Ziegler, gar nicht mehr leise, denn auch die anderen erheben sich, Stühle werden gerückt, Stimmen schwirren durcheinander.

Ziegler deutet mit einer Kopfbewegung zu Andrikeit. »Hast du nicht gesehen, Alfons? Er hat doch ein neues Gebiß.«

Richtig, das ist es. Steinle schlägt sich mit der flachen Hand gegen die Stirn. Deshalb also ist ihm Andrikeit heute so verändert erschienen. Und einen neuen Anzug trägt er auch. Sieh an, dazu hat es immerhin schon gereicht. *Einen* neuen Anzug? Zum Teufel, mindestens zwei, gestern trug er doch einen braunen Anzug mit feinen weißen Streifen, heute hat er einen hellgrauen Zweireiher an. Fängt der Alte etwa an, für sich zu organisieren? »Du, Karl«, sagt er zu Ziegler, »wo hat denn der Franz die piekfeinen Anzüge her? Die sind doch nicht auf seinem Mist gewachsen.«

»Nee«, bestätigt Ziegler mit einem Kopfnicken, »die hat er aus der Tresckowschen Wohnung.«

Steinle pfeift durch die Zähne. »Ich hab' ja nischt dagegen, daß unser Franz 'nen Anzug von Herrn Dr. von Tresckow trägt, aber müssen es gleich zwei sein?«

Ziegler lacht kurz auf. »Du hast 'ne Ahnung, Alfons! Franz hat den ganzen Kleiderschrank und noch viele andere Sachen für sich beschlagnahmt und in seine Wohnung bringen lassen.«

Steinle blickt sich um, aber sie sind allein im Zimmer, der Bürgermeister und alle anderen Mitglieder des Magistrats haben den Raum bereits verlassen. »In seine Wohnung, sagst du, Karl?« sagt

Steinle langsam und kneift die Augen zusammen. »Sag mal, was ist das für 'ne Wohnung? In seiner Laube wohnt er doch nicht mehr.«

Ziegler hat sich ans Fenster gestellt. »Du wirst staunen, Alfons«, erwidert er und blickt starr aus dem Fenster. »Er hat sich die Wohnung von Konietzny genommen.«

Steinle blickt Ziegler fragend an. »Von dem SS-Häuptling?«

Ziegler nickt nur, ohne sich zu Steinle umzuwenden.

Steinle überlegt angestrengt. Die Wohnung von Konietzny, in der haben sie doch gleich, nachdem die Russen da waren, eine Haussuchung gemacht, da waren doch Möbel, die traute man sich kaum anzufassen, so fein waren die, Chippendale oder wie das Zeug heißt, und das waren doch mindestens . . . »Das sind doch mindestens fünf Zimmer«, sagt er laut.

»Sechs«, verbessert Ziegler, »und zwei Kammern.«

Steinle rudert wild mit den Armen umher. »Mensch, ich könnte platzen vor Wut«, schreit er.

Ziegler dreht sich um. »Schrei doch nicht so, Alfons.«

»Mensch, da geht dir doch der Hut hoch, selbst wenn du keinen aufhast«, schnauft Steinle. Er geht hin und her und stößt die Stühle ärgerlich beiseite. »Ich hab' ja gar nischt dagegen, daß der Bürgermeister anständig wohnt, ich hab' überhaupt nischt dagegen, daß man anständig wohnt, aber das ist doch . . .« Er stampft wütend auf. »Wir wissen nicht, wie wir die Leute unterbringen sollen, die Flüchtlinge und die andern, die ihre Wohnungen räumen mußten, und das Schwein muß sechs Zimmer für sich alleine haben? Mensch, Karl, woll'n wir uns nachsagen lassen, wir hätten uns nur in die Verwaltung gedrängt, damit wir erst mal unsern eignen Arsch weich betten können? Nur damit wir unsere unegalen Pfoten mal nach Sachen ausstrecken können, die wir bisher nicht mal vom Angucken kannten? Mensch, Karl Ziegler, sind wir den Sozialisten, um uns gesundzustoßen?«

»Wem sagst du das, Alfons?« sagt Ziegler müde und zuckt die Achseln. »Aber was willst du im Augenblick dagegen machen?«

Steinle tritt dicht an Ziegler heran und blickt ihm fest in die Augen. Für ein paar Sekunden herrscht Schweigen zwischen den Männern. Steinle furcht die Stirn. »Wir werden vielleicht noch manchen Kompromiß schließen müssen, mit anderen«, sagt er dann bedächtig, aber jedes Wort betonend, »aber unter *uns* gibt es keinen Kompromiß. Das ist dir doch hoffentlich klar, Genosse Karl Ziegler?«

Ziegler hebt die Augenlider, die er halb gesenkt hatte, und blickt Steinle an. Wie häßlich der Steinle ist, aber ein Herz hat er, fast könnte man ihn darum beneiden. Er nickt und sagt: »Theoretisch schon, Alfons.«

»Ach was!« poltert Steinle. »Theorie und Praxis in Übereinstimmung zu bringen, das gerade ist unsere Aufgabe, besonders hier in der Verwaltung. Aber sag mal, Karl . . .« Steinle hält inne, plötzlich ist ihm etwas eingefallen. Daß er das bisher übersehen hat! Er tippt Ziegler mit dem Zeigefinger auf die Brust und sagt fast drohend: »Du bist doch der Leiter des Wohnungsamts, da hat der Alte doch zu dir kommen müssen, hast du ihn etwa in die Wohnung eingewiesen? Du, wie war das?«

Wenn Steinle erwartet hat, daß Ziegler aufbrausen würde, so hat er sich getäuscht. Ziegler hebt resigniert die Schultern. »Ich will dir genau erzählen, wie das war, Alfons. Vor ein paar Tagen, ich glaube, vorigen Donnerstag, da kam der Alte zu mir. ›Schreib mir 'ne Einweisung für die Konietznysche Wohnung, Karl‹, sagt er. ›Konietznysche Wohnung?‹ frag' ich. ›Köckeritzer Weg 14?‹ Ich dachte, vielleicht gibt's hier noch 'ne andere Familie Konietzny, aber nein, er meinte das Haus am Köckeritzer Weg. ›Aber das sind sechs Zimmer und zwei halbe‹, sag' ich, ›und da sind Flüchtlinge aus der Neumark drin!‹ Da fährt er mir doch übern Mund: ›Das weiß ich!‹ faucht er. Du hättest mal sein Gesicht sehen müssen, so als ob er der große Mann ist und ich nur so'n kleiner Popel. ›Das kann ich nicht machen‹, hab' ich gesagt, ›eine einzelne Person in eine Sechszimmerwohnung einweisen.‹ Da hat er doch losgebrüllt: ›Ich bin der Bürgermeister, ich habe 'ne anständige Wohnung zu beanspruchen, und du hast zu machen, was ich dir sage!‹ Na, ich bin auch nicht ruhig gewesen, kannst du dir ja denken, Alfons, wir haben uns ganz schön in die Wolle gekriegt. Ich kann dir gar nicht sagen, wie peinlich mir das vor dem alten Schadow war.«

Steinle hat zugehört, ohne den Blick von Ziegler zu wenden. Jetzt macht er eine abwehrende Handbewegung. »Ach Quatsch, was heißt hier peinlich, wenn du 'n saub'res Hemd anhast. Aber das Ende vom Lied? Du hast dich weich machen lassen!«

Ziegler schüttelt den Kopf. »Hab' ich nicht.«

Steinle kneift die Augen zusammen und fährt sich mit den Händen durch das kurze borstige Haar. »Du hast ihm die Einweisung nicht ausgeschrieben? Und trotzdem hat er . . .« Er schüttelt den Kopf. »Verstehe ich ohne Brille nicht, Karl.«

Ziegler grunzt auf. »Das ist ja, was mich rasend gemacht hat. Weil der Alte bei mir kein Glück hatte, ist er zum Kommandanten gegangen, und der hat ihm das Papierchen ausgestellt oder durch den Dolmetscher ausstellen lassen ... Siehst du, Alfons, so wird's gemacht. Und der Weidinger hat sich auf die gleiche Masche 'ne Wohnung besorgt, und der Burmester war auch schon drauf und dran, aber da hat die Martha gebremst. Jetzt bist du platt, Alfons, nicht wahr?«

Steinle schiebt den eckigen Schädel vor. »So 'n Ding und so 'ne Sache, die mich plattwalzt, die gibt's überhaupt nicht, das mal zuerst. Aber was hast du unternommen? Warum bist *du* nicht zum Kommandanten gegangen und hast ihm gesagt ... Nein, falsch, warum hast du uns nicht erst informiert, Karl?«

»Ich hab' mit Wernicke gesprochen, und dann sind wir beide beim Kommandanten gewesen«, erwidert Ziegler. »Wernicke wollte zuerst nicht mitkommen. ›Der Andrikeit ist doch *dein* Genosse‹, hat er gesagt. ›Zeig doch mal, was eure soviel gepriesene Parteidisziplin wert ist‹, aber dann ist er doch mitgekommen. Und das Resultat? Der Kommandant hat seine Entscheidung mit der Wohnung für Andrikeit bestätigt.«

»Na, und habt ihr nicht ...«, sagt Steinle ungeduldig. »Mensch, kurbel dich doch mal 'n bißchen an, du sprichst ja heute wie 'ne Schnecke, wenn 'ne Schnecke sprechen könnte«, schnauzt er. »Na und? Na und?«

»Gar nicht na und«, gibt Ziegler zurück. »Der Kommandant hat uns kaum zugehört und gesagt, wir sollten uns um unsere eignen Angelegenheiten kümmern. Wenigstens hat's der Dolmetscher so übersetzt.«

Steinle geht ein paar mal auf und ab, dann bleibt er mit einem Ruck stehen. »Ihr habt nur nicht genügend Dampf dahintergesetzt«, sagt er. »Ich geh' zum Kommandanten. Du wirst sehen ...«

»Gar nichts wirst du sehen,« sagt Ziegler lebhaft. »Der Kommandant und Andrikeit, das ist ein Gespann. Solange *der* Dolmetscher da ist ... Das ist wie eine Mauer.«

Steinle blickt Ziegler scharf an. »Du meinst ...«

»Ja!« sagt Ziegler bestimmt.

2.

Rauer teilt Belehrungen aus

Rauer ist damit beschäftigt, sich die Tour für den nächsten Tag zusammenzustellen. Er sitzt im Wohnungsamt an Zieglers Schreibtisch, macht sich Notizen und hängt zwischendurch seinen Gedanken nach. Vorhin ist Edith Ziegler hier oben gewesen. Sie hat ihren Vater sprechen wollen, aber der ist gerade zu einer Dezernentenbesprechung gewesen. Das hätte, durchfährt es Rauer jetzt plötzlich, das hätte Edith doch wissen müssen. Sie sitzt doch im Vorzimmer des Bürgermeisters, sie ist also ... Natürlich, sie ist zu ihm, Rauer, gekommen; daß sie ihren Vater sprechen wollte, das ist nur ein Vorwand gewesen. Zu ihm ist sie gekommen! Das hätte er eigentlich gleich merken und sich nicht so schüchtern benehmen müssen wie ein Jüngling, der gerade erst entdeckt hat, daß es zweierlei Menschen gibt. Sie hat ihre Hand ziemlich lange in der seinen liegen lassen, ehe sie sie ihm entzog, wobei ihr das Blut heftig in die Wangen gestiegen ist. Und hätte sie nicht eigentlich wieder gehen können, als sie »entdeckte«, daß ihr Vater nicht anwesend war? Aber sie war noch geblieben und hatte sich mit ihm unterhalten, und es hatte sich nicht vermeiden lassen, daß sie sich hin und wieder in die Augen sahen, und Blick und Stimme waren in ihn geströmt und hatten ihn ganz erfüllt. Sie haben über die allgemeine Lage gesprochen, über die Vorgänge im Rathaus, über die Aufteilung Deutschlands in vier Besatzungszonen, über dieses und jenes, aber das Gespräch hat sich nur dahingeschleppt, und ihnen beiden ist wohl auch klar geworden, daß das Gespräch nur ein Vorwand war, um beieinander zu seien, sich in die Augen zu sehen und, wenn das Gespräch einmal doch lebhaft wurde, dem anderen die Hand auf den Arm zu legen. Der alte Schadow hatte zwar einmal recht auffällig gehüstelt, sich zwei- oder dreimal umgedreht und ziemlich mißbilligend über den Rand seiner Nickelbrille zu ihnen herübergesehen, aber sie hatten sich dadurch gar nicht stören lassen.

Rauer hält in seiner Arbeit inne und blickt zu Schadow hinüber. Wie der Alte um die Frau herumscharwenzelt, mit der er bis jetzt gesprochen hat. Nein, man muß wohl von einer Dame sprechen, die da jetzt aufsteht und dem Alten hoheitsvoll zunickt, das Lorgnon zuklappt und vor ihrem Busen in ihrem eleganten Schneiderkostüm verstaut.

»Ich will sehen, was sich machen läßt, gnädige Frau«, meckert der Alte, und jetzt steht er sogar auf, läuft auf seinen wackligen Stelzen um den Schreibtisch herum und öffnet der hoheitsvollen Dame die Tür. »Auf Wiedersehen, gnädige Frau!« kräht er und verbiegt sich dabei fast das Kreuz.

Sieh an, wie höflich der sein kann. Als der neulich den Bernstein abgefertigt hat, da ist er unnahbar und eisig gewesen, da hat er keinen Stuhl angeboten, seinen schmalen Hintern fest auf den Stuhl geklemmt und ihn nur gelüftet, um dem armen Kerl, dem Bernstein, böse und schneidend zu sagen: »Ich habe Ihnen doch laut und deutlich genug gesagt, daß heute keine Abfertigung ist.« Rauer hat das nicht vergessen, und deshalb wurmt ihn dieses Scharwenzeln und dieses »Gnädige Frau« hinten und »Gnädige Frau« vorn, nur weil es sich offenbar um eine Dame der Lindenthaler Gesellschaft handelt. Rauer ist versucht, aufzustehen und dem Alten anzuempfehlen, sich solcher Höflichkeit nicht nur in Ausnahmefällen zu befleißigen.

Aber Rauer winkt sich selber ab. Laß doch, denkt er, so was stirbt eines Tages aus. Er nimmt sich wieder die Kartei vor. Und außerdem ... Ja, er fühlt sich nicht so recht behaglich. Er ist zwar dem Alten keinerlei Rechenschaft schuldig, aber das lange Gespräch mit Edith hat ja wohl nicht ins Wohnungsamt gehört, und dann ist da noch diese dumme Szene mit Gerda gewesen ...

Rauer beißt die Lippen zusammen und taucht den Federhalter so tief und so heftig in das Tintenfaß, daß die Stahlfeder auf dem Glas knirscht und der alte Schadow ihm einen strafenden Blick über die Schulter zuwirft.

Das ist ja auch ärgerlich gewesen. Gerade als sie beide, er und Edith, einander angeschwiegen hatten, gerade als er Edith tief in die großen, hellblauen Augen geblickt hatte, als sie, ja, wie ineinander versunken waren, als ständen sie sich nicht im Wohnungsamt des Lindenthaler Rathauses, sondern auf einem einsamen Waldweg gegenüber, gerade in diesem Augenblick mußte wohl Gerda eingetreten sein.

Sie stand plötzlich neben ihnen, sagte kein Wort und blickte nur von einem zum anderen. Rauer ist so erschrocken gewesen, daß er Gerda anstarrte, als sei sie eine fremde Frau (sein Blick war so verschleiert, daß er sie tatsächlich nicht sofort erkannte), daß er kein Wort verstand, nur den Klang ihrer Stimme vernahm, und es dauerte Sekunden, bis er seine Zunge, die dick und verquollen in seinem Mund lag, in seine Gewalt bekam. »Meine ... meine Frau«, bekam er eben noch heraus, »und das ... das ist Fräulein Ziegler.« Dazu hatte er zwei kraftlose Handbewegungen gemacht und ließ die Hand in der Luft schweben, als müsse sie in jeder Sekunde bereit sein, zwei Gegner zu trennen. Und der alte Schadow hatte sich auf seinem Stuhl herumgedreht, die Brille abgenommen, das Kinn auf die Stuhllehne gestützt und ganz ungeniert herübergestarrt.

Gerda hatte das Mädchen von Kopf bis zu den Füßen mit einem abschätzenden Blicke gemustert und höhnisch gesagt: »Das haben Sie wohl gar nicht gewußt, Fräulein, daß Herr Rauer verheiratet ist?«

Um Ediths Mundwinkel hatte es verdächtig gezuckt, dann hatte sie den Kopf in den Nacken geworfen und schnippisch gesagt: »Wie kommen Sie mir denn vor?« Sie hatte wohl noch mehr sagen wollen, aber doch rasch die Lippen zwischen die Zähne gezogen und war ohne jedes weitere Wort aus dem Zimmer gegangen.

Gerda hatte ihr wütend nachgeblickt, »Dumme Pute« gezischt und den alten Schadow angefahren: »Was glotzen Sie denn so? Haben Sie gar nichts anderes zu tun?«, worauf der Alte sich wieder zurückgeschwungen und in seine Akten vertieft hatte. Dann hatte Gerda, als habe sie der Vorfall nicht im mindesten berührt, ganz ruhig gesagt: »Ich muß dich für einen Augenblick sprechen, Herbert.«

Rauer zuckt die Schultern. Das ist nun einmal geschehen und nicht mehr zu ändern. Aber soll er wegblicken, wenn ein hübsches Mädchen ihn aus strahlenden Augen anblickt, und »Führe uns nicht in Versuchung« murmeln? Und wenn Gerda auch heute abend erst richtig auspacken wird, das war die Sache schon wert, und im übrigen hat er doch gar keine weitergehenden Absichten auf Edith Ziegler. Hast du die wirklich nicht? Untersuchen wir das im Augenblick lieber nicht, mein Junge. Wenn du könntest, wie du wolltest ... Gib doch zu, daß das Mädchen sehr oft in deinen Gedanken ist und du immer noch das Bild vor Augen hast, das sich dir bot, als sie, von Sonnenlicht durchflutet, die Treppe herunterkam, daß dieses Bild immer wieder vor dir auftaucht, dich beunruhigt und gierig macht, Vorstellungen in dir erweckt, deren du dich kaum erwehren kannst und denen du dich schließlich überläßt. Aber nebenbei bemerkt: Gerda hat sich ausgezeichnet gehalten, daß muß er ihr schon lassen.

Rauer zieht die Karteikarten wieder zu sich heran. Er hat das, was sich soeben abgespielt hat, so lebhaft in seinem Gedächtnis nachgezeichnet, daß er darüber überhört hat, was inzwischen an Schadows Schreibtisch vor sich gegangen ist. »Ich kann Ihnen nicht helfen, Frau«, hört er den Alten mürrisch sagen, und auf einen Einwand schreit er fast: »Lassen Sie mich zufrieden, Frau. Wir haben den Krieg verloren. Und nun gehen Sie, Frau, und halten Sie mich nicht auf.« Das bellt er schon fast.

Rauer blickt auf die Frau, die vor Schadows Schreibtisch steht. Aha, deshalb die andere Tonart. Die Frau trägt allerdings kein Schneiderkostüm, sondern ein einfaches graues Kleid, und hat ein schwarzes Umschlagetuch um die Schultern, ihr Gesicht ist nicht in hoheitsvolle Falten gelegt und nicht mit einer feinen Puderschicht bedeckt. Es ist das verwitterte, verrunzelte Gesicht einer Landarbeiterfrau in mittleren Jahren. Offenbar gehört sie zu den Flüchtlingen, die immer noch in Lindenthal eintreffen.

Jetzt kann Rauer sich doch nicht mehr beherrschen. Er springt auf und schlägt mit der Faust wütend auf den Tisch. »Vorhin, da konnten Sie höflich sein, einen Stuhl anbieten, da haben Sie gnädige Frau gekräht und sich das Kreuz verbogen. Jetzt können Sie nur Frau sagen, Frau! Frau!« Rauer macht eine kleine Pause. Schadow will etwas erwidern, aber Rauer holt nur tief Luft: »Bei uns gibt es das nicht mehr, da gnädige Frau und hier Frau! Frau! Das heißt jetzt Frau Krüger oder Frau Schmidt! Merken Sie sich das, Herr Schadow!«

Schadow ist aufgestanden. »Ich brauche Ihre Belehrungen nicht, Herr Rauer«, sagt er mit zitternder Stimme. »Schreien Sie mich nicht so an!«

Ich hätte das auch anders sagen können, denkt Rauer, aber dann hätte der das gar nicht zur Notiz genommen. An dem rinnt doch alles ab, an dem sind schon dreißig oder vierzig Jahre Beamtendasein abgelaufen. Der schmeckt nur noch Riesenzigarren. »Richten Sie sich bitte danach, Herr Schadow«, sagt er, zwar noch scharf, aber nicht mehr so laut.

Schadow nimmt seine Brille ab und schwenkt sie vor Rauers Gesicht hin und her. »Spielen Sie sich bloß nicht so auf, Herr Rauer«, fistelt er aufgeregt. »Hier im Rathaus wird sich noch manches ändern.«

Rauer blickt den Alten scharf an. Wie seine grünlichen Augen funkeln, das ist unverhohlener Haß. »Wie meinen Sie das?«

Schadow setzt die Brille wieder auf, seine Hände zittern dabei ein wenig. Er nimmt wieder seinen Platz ein und sagt von unten her: »Sie wissen anscheinend nicht, daß heute Herr Mühlbauer in den Magistrat von Lindenthal eingetreten ist. Denken Sie einmal darüber nach, was das zu bedeuten hat.« Dann wendet er sich seiner Arbeit zu, als sei nichts geschehen.

»Reden Sie sich bloß nichts ein«, sagt Rauer noch, aber er ist doch betroffen. Der dicke Mühlbauer ist in den Magistrat eingetreten? Was hat das zu bedeuten? Er wird nachher mit Ziegler darüber sprechen.

3.

Provisionen sind unter Geschäftsleuten nicht verpönt

Nachdem Mühlbauer den fünf Angestellten des Wirtschaftsamtes die Hand geschüttelt und sich ein paar salbungsvolle Worte über eine gute Zusammenarbeit zum Wohle der Bevölkerung hat aus dem Munde träufeln lassen, zieht er sich in den kleinen Büroraum zurück, der ihm allein vorbehalten ist. Er schließt die Tür sorgfältig und läßt sich in den Schreibtischsessel fallen. Der Sessel ächzt und knackt unter dem gewaltigen Gewicht, Mühlbauer stemmt die Füße fest gegen die Diele, für den Fall, daß der Sessel ... Nein, der Sessel ist stabil, Mühlbauer erinnert sich, daß hier ja der dicke Söhngen jahrelang gesessen hat, Söhngen, dessen ungeheurer Hintern sich in der prall anliegenden SA-Hose so prächtig ausnahm wie eine Riesenapfelsine.

Mühlbauer lehnt sich zurück und schließt die Augen bis auf einen schmalen Spalt. So, das hätte er also hinter sich, darauf darf er sich zunächst einmal eine Zigarre genehmigen. Er legt die grünliche Saffiantasche auf den Schreibtisch, wählt bedächtig eine Zigarre aus, schneidet die Spitze mit dem Taschenmesser ab und tut sie in einen Tabaksbeutel. Dann läßt er das Feuerzeug aufspringen und raucht die Zigarre langsam und genießerisch an. Er lehnt sich wieder zurück und faltet die rosigen, fleischigen Finger über den dicken Leib. So läßt sich großartig nachdenken.

Da ist er nun also in den roten Haufen hineingetreten. Jetzt heißt es, die Ohren steif halten. Wenn die Brüder nun glauben, daß er nach ihrer Pfeife tanzen wird, dann haben die Herren Genossen sich gewaltig geirrt. Er, Ludwig Mühlbauer, wird mitpfeifen, zuerst nur leise, daß man einen kleinen Unterton heraushören, und dann lauter, daß die Melodie zu Dissonanzen wird, aber er wird seine eigene Melodie nicht allein pfeifen, einigen von diesen Brüdern wird er seine Noten unterlegen, ganz unmerklich, daß sie meinen, es seien ihre eigenen.

Mühlbauer klopft die Asche seiner Zigarre ab. Er hat die Brüder vorhin genau beobachtet. Den Langen mit der Boxernase, Ziegler heißt er wohl, den Hundekopf, Steinle oder Steidle oder so ähnlich, und den Wernicke, den mit der Brille – die drei kannte er ja schon, die scheiden von vornherein aus, die drei Burschen sind nicht geheuer, die wissen genau, was sie wollen. Der Ziegler und der Wernicke, die hatten ziemlich abweisende Mienen, als er ihnen vorhin in der Magistratssitzung die Hand reichte, aber der Hundekopf hat breit über seine häßliche Proletenvisage gegrinst, als habe er sagen wollen: Na, du dickes Schwein, jetzt hast du es wohl doch mit der Angst gekriegt, abgehängt zu werden. Nein, die drei kommen nicht in Frage und die beiden Frauen wohl auch nicht, die flachbrüstige Ziege, die nicht Fisch und nicht Fleisch ist, und diese Frau Dr. Fliesser, deren Blick ihm durch und durch ging und um deren Lippen so ein unangenehmer Zug lag. Aber die anderen, bei denen müßte man einhaken können, der flinke Junge, dieser Weidinger, der lange Bengel, Fechmann heißt er wohl, und auch der sogenannte Polizeichef, wenn er recht verstanden hat, ist das der Mann der Flachbrüstigen. Das sind zwar auch Leute, die wissen, was sie wollen, aber das scheint recht verschieden zu sein von dem, was der Hundekopf und seine Genossen und die Halbseidenen wollen. Für den, der ganz genau hinsah (und Mühlbauer hat sehr genau hingesehen), sind das deutlich zwei Gruppen. Er wird zunächst darauf ankommen herauszufinden, ob das zufällige persönliche Spannungen sind, oder ob sachliche oder gar politische Gründe eine Rolle spielen.

Bleibt der Bürgermeister. Der ist einfach ein Trottel. Zwar hat sich der Alte ganz nobel herausstaffiert und versucht manchmal aufzutrumpfen, aber was er redet, ist vollendeter Stuß. Wie der schon bei jeder Gelegenheit »in dieser Beziehung« und »als solches« sagt ...

Mühlbauer richtet sich wieder auf. Vor allem aber wird er den Herren Genossen und denen, die es gern sein möchten, einmal ein anständiges Stück Arbeit hinlegen. Während des ersten Weltkrieges ist Mühlbauer in einer Etappenintendantur in Belgien tätig gewesen, und das ist nicht nur eine recht einträgliche, sondern auch eine organisatorisch lehrreiche und wichtige Arbeit gewesen. Ja, das waren noch Zeiten, damals in Brüssel und Genf und Mecheln, da war man rund dreißig Jahre jünger, da nahm man es noch mit jedem Mädchen auf ...

Mühlbauer schrickt zusammen. Hat es nicht eben geklopft? Da geht auch schon die Tür, die in den Korridor führt, und herein tritt . . . Wer? Der Herr Ingenieur Weidinger. Der kommt gerade recht. Das ist ein fixes Kerlchen, das seinen Vorteil gebührend zu schätzen weiß. Der spricht, wie die ollen Briten, von Gott und meint Kattun. Mühlbauer deutet ein Erheben an, indem er den Hintern um wenige Zentimeter lüftet, und blickt Weidinger fragend an.

Weidinger tritt rasch näher und streckt Mühlbauer die Hand hin, obwohl er ihm doch eben erst, vor knapp einer halben Stunde, die Hand geschüttelt hat. »Ich wollte Sie noch einmal begrüßen, Herr Kollege, gewissermaßen privat«, sagt Weidinger.

Mühlbauer ergreift Weidingers Hand und drückt sie kräftig. »Danke schön, Herr Weidinger«, sagt er und weist auf einen Stuhl. »Bitte Platz zu nehmen.« Was will der von mir? denkt Mühlbauer und verbirgt sein Gesicht hinter dicken Rauchwolken.

Weidinger setzt sich, zieht die Hosenbeine hoch, um die Bügelfalten an den Knien zu schonen, und lächelt Mühlbauer an.

Mühlbauer ist noch sehr mit dem Deckblatt seiner Zigarre beschäftigt. Mit dem kann man, glaube ich, ganz unverblümt reden, aber ich werd' mich schön hüten. Man soll auch unter gleichen Brüdern die Ideale hochhalten, um darunter um so ungestörter die Geschäfte abzuwickeln. Wozu aussprechen, was auch indirekt verstanden wird? Und im übrigen laß den man reden, der kann sowieso nichts für sich behalten, wenn er eine gleichgesinnte Seele spürt.

Weidinger blickt auf seine Armbanduhr, zieht sie auf und streicht sich die Haarlocken zurück, die ihm in die Stirn gefallen sind.

Mühlbauer raucht bedächtig weiter. Der wird schon von ganz allein die Schnauze aufmachen. In den Nebenräumen klappern ein paar Schreibmaschinen, auf den Gängen sind Stimmen und eilige Schritte, aber in dem Zimmer ist es ganz still. Mühlbauer schnauft ein wenig, denn er ist kurzatmig, aber das ist kein Geräusch, das die Stille durchdringt.

»Ich bin gekommen, Herr Kollege«, setzt Weidinger endlich an, »um unsere Zusammenarbeit zu besprechen.«

Mühlbauer nickt. »Sehr schön, Herr . . . Weidinger war doch wohl Ihr Name? Sehr schön, Herr Weidinger, Sie leiten die Abteilung . . .«

». . . Transport und Verkehr«, ergänzt Weidinger rasch.

»Richtig«, nickt Mühlbauer, als falle es ihm jetzt wieder ein, und beugt sich ein wenig vor. »Ich stehe ganz zu Ihrer Verfügung, Herr Weidinger.«

Weidinger lächelt geschmeichelt. »Um gleich zur Sache zu kommen, Herr Kollege«, sagt er. »Es ist notwendig, das Sie mir den

Transportraum, den Sie für Ihre Abteilung benötigen, stets so bald wie möglich bekannt geben.« Dann verbreitet er sich darüber, daß er aus dem Nichts, buchstäblich aus dem Nichts, einen kleinen Fuhrpark, bestehend aus drei Lkws und einem kleinen Lieferwagen, geschaffen und aus dem Schrott Ersatzteile gebaut habe. Mit welcher Mühe das verbunden gewesen sei, das sei gar nicht zu beschreiben, aber jetzt sei er soweit, daß er Fahrten antreten könne, nur wüßte er im Augenblick nicht, was und von wo er etwas holen solle, es sei ja nichts da. Daß er einmal aus Berlin eine Ladung Mehl geholt habe, sei ein großer Glücksfall gewesen, weil der Kommandant, »ein prima Kerl übrigens«, eine Sondergenehmigung erteilt habe. An sich dürfte aus Berlin nichts abgezweigt werden, aber Lindenthal gehöre ja eigentlich zu Berlin, es sei von Berlin ja nur durch eine Straßenbreite getrennt.

Mit dem Kommandanten sei übrigens ein ganz gutes Auskommen, wenn man ihm seinen Willen täte, Schienen abschraubte und abends Ballett vorzauberte. Jeden Abend nehme er sich eine andere mit, und was er mit denen anstelle, na, tolle Sachen erzähle man sich . . . Müsse ja nicht alles wahr sein, aber manches werde schon stimmen, etwas sei ja an solchen Erzählungen immer dran. Sicher aber sei (und das werde der Kollege Mühlbauer bald feststellen), daß die Tänzerinnen eine Sonderverpflegung erhielten, eben weil sie die Beine nicht nur hochwürfen, sondern auch schön breitmachten.

Mühlbauer hat ruhig und mit unbeweglich interessiertem Gesicht zugehört, zwischendurch mal »Hm, hm« gebrummt und dabei weiter geraucht. Von allem, was der Bursche ihm da erzählt, hat ihn nur die Tatsache interessiert, daß drei Lkws da sind. Die wird er vielleicht noch sehr notwendig brauchen. Und eins ist ihm noch aufgefallen. Der Bursche ist wohl ziemlich gerissen, aber doch nicht gerissen genug, daß er, Mühlbauer, nicht den Widerspruch entdeckte, der sich auftut. Wenn die Lkws zur Zeit unbenutzt dastehen, weshalb hat dieses Jüngelchen es denn so eilig, ihm um Angabe des eventuell benötigten Transportraumes anzugehen? Der möchte doch noch eine andere Sache schaukeln. Laß ihn nur gehörig zappeln, dann quatscht der sich das von allein heraus.

»Sehr interessant, Herr Weidinger«, sagt er und blickt mit betonter Uninteressiertheit nicht auf sein Gegenüber, sondern sieht aus dem Fenster, als verfolge er den Flug der Schwalben.

Weidinger hat wohl mehr erwartet. Er sitzt für ein paar Sekunden still da und besieht sich die Fingernägel, dann blickt er auf. »Solange der Fuhrpark nicht mit Transporten für die Stadt ausgenutzt ist, könnte ich – unter uns gesagt – hin und wieder eine private Fuhre machen.«

Mühlbauer nickt ein paarmal ganz langsam, nimmt sein fettes, schlaffes Doppelkinn zwischen zwei Finger und streicht es wie einen Bart. Also darauf will der hinaus. Der Bursche ist nicht dumm, aber wenn der denkt, daß ich ihm gleich auf die Nase binde, daß ich ihn eventuell brauchen, sogar sehr gut gebrauchen kann, dann irrt der sich. »Ich werde auf Ihr Angebot zurückkommen, Herr Weidinger«, sagt er nur. »Wenn ich einmal Bedarf haben sollte«, fügt er vorsichtshalber hinzu.

Weidinger flicht die Hände spielerisch ineinander. »Die Hauptsache ist, daß Sie mir rechtzeitig Bescheid geben, Herr Kollege.« Er wendet den Blick von Mühlbauer ab und spricht zum Fenster hin weiter, als seien die Worte nicht an Mühlbauer, sondern an irgendeine Person gerichtet. »Es kommt ja häufig vor, daß große Firmen ihre Waren verlagert haben.«

Mühlbauer horcht auf. Der Bursche hat ein gutes Näschen. Genau das ist nämlich der Fall. Mühlbauer hat in der Tat größere Warenbestände, Oberbekleidung und Wäsche, aus seinen Berliner Filialen verlagert, gerade in diesen Tagen hat er erfahren, daß die Waren unangetastet geblieben sind. Er hat bereits die Möglichkeiten erwogen, wie die Waren nach Lindenthal zu schaffen seien, selbstverständlich unauffällig und nur nach und nach, denn er hat keineswegs die Absicht, die Waren zu regulären Preisen zu verkaufen. Zunächst braucht er dringend ein paar gute Stoffe, der Kommandant hat durch den Dolmetscher schon ein paarmal nachfragen lassen, und auch die Genossen haben zwar im Scherz, aber mit ernstem Unterton Interesse für Oberhemden und Anzüge gezeigt. Da kommt ihm der Weidinger wie gerufen, aber er läßt sich nichts anmerken. Nur Ruhe, nur Ruhe, gebietet Mühlbauer sich selbst, der junge Mann muß das Gefühl haben, *ich* tue *ihm* einen Gefallen, wenn ich die Ware durch ihn holen lasse. So sagt er jetzt, ohne daß auch nur eine Spur von Erregung in seiner Stimme mitschwingt. »Ich werde zu gegebener Zeit auf Sie zukommen, Herr Weidinger.«

Weidinger hat Mühlbauer wieder den Blick zugewandt und sieht ihn fest an. »Allzu weite Fahrten kann ich allerdings nicht unternehmen. In Frage kämen als Endpunkte etwa Zossen oder Mittenwalde oder Storkow.« Er macht eine kleine Pause und fügt dann noch hinzu: »Eventuell Beelitz«.

Mühlbauer ist betroffen. Wie kommt der ausgerechnet auf Beelitz? Zossen, Mittenwalde, Storkow, das liegt gewissermaßen in der weiteren Umgebung von Lindenthal, aber wie kommt der gerade auf Beelitz? Das ist eine ganz andere Gegend, und der Bursche hat das so mit einer besonderen Betonung gesagt ... Zum Teufel, der weiß was! Der kann mir das ganze Geschäft vermasseln.

Mühlbauer kann nicht verhindern, daß die Zigarre in seiner Hand ein wenig zittert, als er sagt: »Wie gesagt, ich werde zu gegebener Zeit ...«

Aber Weidinger läßt ihn nicht ausreden, er beugt sich über den Schreibtisch und sagt sehr bestimmt: »Je länger Sie zögern, Herr Kollege, um so größer ist die Gefahr, daß jemand eine Anzeige erstattet und das Lager auffliegen läßt.« Er fischt eine Zigarette aus der äußeren Brusttasche, klopft sie locker und steckt sie sich in den Mund. »Darf ich um Feuer bitten?«

Mühlbauer reißt sich zusammen. Er muß sich abwenden, um seine Wut zu verbergen, und schiebt Weidinger das Feuerzeug über den Tisch. Der Hund weiß, daß ich mein Lager in Beelitz habe. Woher weiß der das nur? Egal, darauf kommt es jetzt gar nicht an. Was der jetzt mit mir macht, ist eine glatte Erpressung, und ich kann nichts dagegen unternehmen, ich bin dem Kerl einfach ausgeliefert. »Ja, so ist das wohl«, sagt er und wundert sich, wie gelassen seine Stimme klingt.

Weidinger hat seine Zigarette in Brand gesetzt. Mit einem gemurmelten »Danke schön« gibt er das Feuerzeug zurück, dann fährt er fort, als vollende er den vorherigen Satz: »Ich würde die Ware gegen eine bescheidene Provision heranholen, für die notwendigen Bescheinigungen, Propuske, wie die das nennen, würde ich ebenfalls sorgen, Herr Kollege. Ich meine für den Fall, daß Sie auswärts ein Warenlager besitzen.«

Mühlbauer nimmt das Feuerzeug an sich und steckt es in eine Westentasche. Er versucht, sein Gesicht oder wenigstens den Mund zu einem anerkennenden Lächeln zu verziehen, aber er merkt, daß es ihm nicht gelingt. Das Lächeln dringt nicht durch. »Gut, Herr Weidinger«, sagt er und gibt sich Mühe, wenigstens Jovialität in seine Stimme zu legen, »ich werde Ihr Angebot erwägen, ich habe in der Tat ein Warenlager in der Umgebung von Berlin.«

Weidinger lächelt sich selber zu wie ein Jäger, der auf der richtigen Spur ist, blickt auf seine Armbanduhr und steht auf. »Ich wußte doch, daß wir uns verständigen würden, Herr Kollege«, sagt er mit

Triumph in der Stimme. »Auf Wiedersehen. Sie wissen ja, wo Sie mich erreichen, Zimmer 16.« Er geht auf die Tür zu, dreht sich dann aber noch einmal um.

»Was ich noch sagen wollte, Herr Kollege. In den nächsten Tagen starte ich eine große Sache. Ich habe im Lindenthaler Sägewerk ein paar Kubikmeter erstklassiges Bauholz ausfindig gemacht, Kantholz, Dielenbretter, Dachlatten, prima Kernbohlen und Herzdielen. Das wollen wir in den Spreewald bringen und Lebensmittel dagegen eintauschen, der Kommandant hat seine Einwilligung schon gegeben. Ist ja auch wohl höchste Zeit, daß wieder mal was zur Verteilung kommt.«

Mühlbauer sitzt noch immer unbeweglich im Schreibtischsessel, die Zigarre zwischen seinen rosigen Fingern haltend. »Und weshalb erzählen Sie mir das? Soll ich meinen Senf noch dazu geben?«

Weidinger lächelt. »Ich meine nur für den Fall, daß Sie etwas, na, sozusagen privat eingetauscht haben wollen. Ich würde das dann für Sie besorgen, wenn Sie mir einen entsprechenden Gegenwert mitgeben.«

Mühlbauer saugt an seiner Zigarre. »Auch gegen eine bescheidene Provision?«

Weidinger schlägt die Augen voll auf. »Aber, Herr Kollege! Das ist eine reine Gefälligkeitssache.«

Mühlbauer blickt ihn über die Zigarre hinweg an. »Wenn das so ist ... Ich sage Ihnen nachher Bescheid, ich weiß ja, wo Sie zu erreichen sind. Zimmer 16.«

4.

Rauer entdeckt Lücken in der Kartei

Rauer hat sich wieder in die Kartei des Wohnungsamtes vertieft. Ab und zu schickt er noch einen bösen Blick zu Schadow hinüber, der, über seine Akten gebeugt, eifrig und ohne abzusetzen arbeitet oder doch wenigstens so tut. Die Zorneswelle, die vorhin in Rauer emporgebrandet ist, ebbt nach und nach ab und macht einem Gefühl des Bedauerns, nein, eher des Mitleids Platz. Mausolf hat ihm einmal gesagt, in deinen Worten, in deinem Gesicht muß die Faust sein, und Ziegler hat ihm das Versprechen abgenommen, stets die Ruhe zu bewahren. »Mit Geschrei, mit Anbrüllen überzeugst du keinen«, die Argumente müßten sich leise, fast unmerkbar wie ein Samenkorn in die Erde senken, sie müßten wie ein Serum wirken, das einem Körper injiziert wird. Was ist nun das richtige Mittel, die Faust oder das Samenkorn, das Serum?

Rauer stützt den Kopf in beide Hände und richtet den Blick starr auf die Karteikästen. Was ist richtig? Beides ist richtig, beschließt er, beides, es kommt auf die Situation und es kommt auf die Menschen an. Sicher hätte er vorhin auch ganz ruhig und überlegen zu Schadow sagen können: Nein, lieber Herr Schadow, so wollen wir das in Zukunft nicht mehr machen, hier gnädige Frau und da Frau, Frau. Das wäre richtiger gewesen, vielleicht. Der Schadow ist ein alter Mann, der weiß es nicht besser, dem kann man etwas Neues, wenn überhaupt, nur mit Milde beibringen. In Schadows Alter, sicher ist er schon an die Siebzig, lernt man kaum noch um. Was hier vor sich gegangen ist, nämlich daß hier Leute, die bisher an Schraubstöcken und Drehbänken oder auf dem Gerüst standen und allenfalls in privaten Betrieben an Schreibtischen saßen, sich auf die geheiligten Beamtensessel gesetzt haben, das hat die Weltordnung, wie sie in diesem alten Kopf gegründet ist, so völlig umgestülpt, daß er es wahrscheinlich nie begreifen wird.

Fast ist Rauer versucht, aufzustehen, dem Alten die Hand auf die Schulter zu legen und zu sagen: Es tut mir leid, Herr Schadow, ich bin ein wenig heftig geworden, nichts für ungut. Aber Rauer gewinnt es nicht über sich, und er erinnert sich auch, wie der Alte mit Bernstein umgegangen ist. Nein, du kannst nicht alles mit seinem Alter entschuldigen, es ist ein gut Teil Bösartigkeit dabei. Allerdings ist diese Bösartigkeit wohl nicht eine angeborene und unveränderliche Eigenschaft, sie ist wohl in ihm erzeugt worden, von der bösartigen Ideologie der Rassenfanatiker.

Nun, was es auch sei, Rauer beschließt, künftig etwas nachsichtiger mit Schadow umzugehen, eine große Versöhnungsaktion braucht er deshalb wohl nicht gleich zu unternehmen. Er wird die Zeit besser ausnutzen, um einige Feststellungen zu treffen, die ihn schon seit ein paar Tagen sehr interessieren. Jetzt, da Ziegler nicht da ist, ist die beste Gelegenheit dazu. Was ist mit dem großen Haus am Köckeritzer Weg 14? Vor ein paar Tagen sind die Flüchtlinge wieder ausgezogen, seitdem steht das Haus leer. Und was ist aus den überzähligen Zimmern bei Frau Grosser in der Ahornallee geworden? Die Frau ist zuerst honigsüß gewesen, und dann hat sie wütend aufgeschrien, als er es wagte, die Zimmer zu betreten, fast war sie tätlich geworden. »Ich beschwere mich! Ich beschwere mich!« hat sie geschrien. »Und wenn ich bis zum Kommandanten gehen muß!« Rauer erinnert sich mit einem Schmunzeln, wie sie ihn zuerst, na, wie sagt man doch? Richtig, wie sie ihn bezirzt, wie sie ihm zu verstehen gegeben hat, daß sie vielleicht nicht abgeneigt wäre ... Aber da hat sie bei Rauer kein Glück gehabt, er hat es nie gemocht, sich die Hingabe einer Frau durch irgendetwas zu erkaufen.

Ja, und vor allem interessiert ihn am meisten: Wen hat Ziegler in das hübsche Holzhaus von Fahlbusch in der Seestraße eingewiesen? Das werden wir gleich haben. Er blättert in der Kartei. Seestraße 104, 105, hier ist es, Seestraße 106. »Eingewiesen auf Anordnung des Kommandanten am 21. Mai 1945: Frau Erika Dietzmann, 28 Jahre alt, mit Tochter Marie-Luise, 6 Jahre alt.« Eine Frau mit *einem* Kind also, das ist recht günstig. Das ist sogar sehr günstig. Rauer beschließt, in der Seestraße vorbeizugehen und sich die Frau einmal anzusehen, dann kann er Herrn Bäckermeister Fahlbusch darüber berichten. Morgen will er zum erstenmal wieder nach Berlin.

Rauer blättert weiter. Zu Frau Grosser ist noch niemand eingewiesen, das muß Ziegler übersehen haben. Er wird ihn nachher darauf aufmerksam machen. Er nimmt die Karteikarte heraus und legt sie beiseite. So, und nun Köckeritzer Weg 14, da hat das große SS-Tier gewohnt. Der hat sich natürlich rechtzeitig verkrümelt, leider. »Aus dem Haus könnt' man ein prima Jugendheim machen«, hat Mausolf damals gesagt. Nanu, wo ist denn das Blatt Köckeritzer Weg 14? Köckeritzer Weg 12, 13, 15, 16 ... Das Blatt für Nummer 14 fehlt.

Vielleicht ist es falsch einsortiert? Rauer fängt ganz von vorn an. Der Köckeritzer Weg hat nur zweiundzwanzig Häuser, richtiger gesagt, zweiundzwanzig Grundstücke, denn einige von ihnen sind unbebaut. Aber das Blatt für das Grundstück Nummer 14 fehlt.

Rauer räuspert sich. »Eine Frage, Herr Schadow«, sagt er, »Wo ist die Karteikarte für Köckeritzer Weg 14?«

Schadow dreht sich langsam um und nimmt die Brille ab. »Die Karte hat Herr Ziegler an sich genommen«, sagt er.

Um mir das zu sagen, hätte er sich nicht umzudrehen brauchen. Und weshalb guckt er mich dabei so hinterhältig an? Der weiß doch noch mehr ... »Das Haus wird wohl als Jugendheim verwendet werden«, sagt Rauer wie für sich.

Schadow schüttelt den Kopf, seine faltigen, rotgeäderten Wangen sind ganz angespannt. »Nein, Herr Rauer«, erwidert er, »in dieses Haus zieht Herr Bürgermeister Andrikeit.«

Rauer ist so überrascht, daß sein Unterkiefer herabklappt, als habe sich ein Scharnier gelöst. »Das ist doch ein großes Haus mit sechs großen und zwei halben Zimmern!« sagt er lauter, als er es gewollt hatte.

»Ganz recht, Herr Rauer«, sagt Schadow. Seine Stimme klingt ganz korrekt, doch in seinen Augen flackert es vor Schadenfreude. Oder ist es Haß? Er könnte sich ja jetzt wieder umdrehen, um seine Arbeit aufzunehmen, aber er blickt Rauer unverwandt an.

Es kann doch nicht sein, daß Ziegler, der gerechte, anständige, anspruchslose Ziegler ... Sicher sind mit Andrikeit noch andere Personen dort eingewiesen worden.»Und wer ist mit dem Bürgermeister noch ...«

»Eine Verwandte vom Herrn Bürgermeister«, antwortet Schadow schnell, noch ehe Rauer seine Frage vollendet hat, er hat offensichtlich auf sie gewartet. »Sie soll ihm den Haushalt führen.« Er macht eine kleine Pause, in der sich tiefe Falten der Ironie um seine Lippen legen. »Sozusagen als seine Hausdame. Oder als seine Gesellschafterin, vielleicht stellt er auch ein Dienstmädchen ein. Sechs ganze und zwei halbe Zimmer machen ja schließlich eine ganze Menge Arbeit.«

Rauer ist wie vor den Kopf geschlagen, die Ironie des Alten trifft ihn wie der Strahl einer ätzenden Lauge. »Herr Scha ...« beginnt er und weiß gar nicht, was er sagen will.

»Bitte verlangen Sie von mir nicht, daß ich mich dazu äußere«, sagt der Alte schneidend, setzt seine Brille auf und dreht sich um. Er setzt den Federhalter an, um weiterzuschreiben, aber er wendet sich noch einmal um und nimmt die Brille ab, als wollte er mit dieser Bewegung seinen Worten noch größeren Nachdruck verleihen. »Auch Herr Mühlbauer ist für das Wohnungsamt ein interessanter Fall«, sagt er mit schneidender Stimme. »Sein Haus hat vier große Zimmer, und die bewohnt er allein mit seiner Frau. Offiziell hat er ein Zimmer als Büro seiner Firma angegeben, obwohl er hinter seinem Laden zwei Räume hat, und ein Zimmer bewohnt angeblich das Dienstmädchen. Ich sage angeblich, weil ich genau weiß, daß das Mädchen in dem halbverfallenen Pavillon in seinem Garten hausen muß. So wird das gemacht, und das Wohnungsamt schreitet nicht ein, weil es eben Herr Mühlbauer ist. Daß Sie's nur wissen, Herr Rauer!« Schadow blickt Rauer fest an und wendet sich dann brüsk um.

Rauer ist empört. Die Empörung zittert mit jedem Herzschlag in ihm, er vermeint sie in jedem Nerv, in jeder Ader seines Körpers zu spüren. Er versucht, sich zur Ruhe zu zwingen und weiterzuschreiben, aber seine Hände zittern so heftig, daß er es aufgeben muß. Soll sich denn gar nichts gegen früher ändern, nur das jetzt eine andere Couleur an der Reihe ist? Wenn nur Ziegler käme, er möchte ihm in die klaren Augen sehen und die feste Stimme hören. Es kann doch nicht sein, daß Ziegler ... Mein Gott, wieviel Vertrauen hat er in Ziegler gesetzt, gerade weil der ihm anfangs mit so viel Mißtrauen entgegengetreten ist. So eine Magistratssitzung kann doch nicht ewig dauern.

Die Minuten vergehen schrecklich langsam. Rauer starrt, über den Rücken des alten Schadow hinweg, auf die Tür, durch die Ziegler eintreten muß. Es ist ganz stumpf in ihm, trotz der Erregung, die ihn immer noch durchwogt. Nur Warten ist in ihm, auf den Augenblick, wenn Ziegler ... Da ist er endlich!

Rauer springt auf. »Karl«, sagt er atemlos, »ich muß ...«

Ziegler weist mit einer Kopfbewegung auf Schadow. Rauer begreift. Nicht vor dem Alten, heißt das. Anscheinend ahnt Ziegler, daß etwas Wichtiges beredet werden soll.

Ziegler geht an Schadow vorbei in das kleine Nebenzimmer, das nur als Aktenablage benutzt wird, und bedeutet Rauer mit einer Kopfbewegung, ihm zu folgen.

Als Rauer die Tür hinter sich zuzieht, legt ihm Ziegler die Hand auf die Schulter. »Was ist denn, Herbert? Du bist ja ganz verstört.«

Rauer atmet tief. Zieglers Hand auf seiner Schulter, das tut ihm wohl. »Was ich eben festgestellt habe, Karl«, beginnt er und dann sprudelt es aus ihm heraus, jeder Muskel seines hübschen Männergesichts ist in Bewegung. »Das kannst du doch nicht gemacht haben, Karl!« Es ist keine Frage, es ist keine Feststellung, es ist ein Aufschrei, eine Bitte. Sag nein, um Gottes willen, sag nein!

Ziegler lächelt müde. »Nein, ich habe es wirklich nicht gemacht«, sagt er und erzählt dann, auf welche Weise Andrikeit in den Besitz der Konietznyschen Wohnung gelangt ist. »So, nun weißt du Bescheid.«

Rauer hat, während Ziegler gesprochen hat, aufgeatmet, aber damit, daß er nun Bescheid weiß, ist er nicht zufrieden. »Und weil er die Wohnung nun einmal hat, soll es dabei bleiben, findet ihr euch damit ab.«

Ziegler schüttelt den Kopf. »Ich habe eben mit Alfons Steinle darüber gesprochen«, sagt er ruhig. »Selbstverständlich sehen wir uns das nicht stillschweigend mit an, zumal die Sache damit ja nicht zu Ende ist, sondern Schule macht.« Ziegler wird ganz ernst. »Wenn wir nicht von Anfang an ganz eisern sind, dann wachsen uns solche Burschen über den Kopf. Die Schwierigkeit ist nur, mein lieber Herbert, daß wir in unseren Entschlüssen nicht frei sind, die Kommandantur hat überall ein Wort mitzureden. Und da liegt der Haken. Der Kommandant ist begeistert von Andrikeit, weil er zu allem ja und amen sagt und 'nen gewaltigen Stiefel Wodka vertragen kann.« Ziegler reibt die Zähne gegeneinander. Für ein paar Sekunden schweigt er verbissen, dann bricht er wütend los: »Noch zehn Häuser beschlagnahmen? Jawohl, Genosse Kommandant! Noch fünfzig Frauen zum Abbau der Schienen? Jawohl, Genosse Kommandant! Werden sofort zusammengetrieben! Zeig's den deutschen Schweinen, sind alles Kapitalisten! Jawohl, jeder Besitzer eines Büffets oder einer Badewanne ist ein profitgieriger Ausbeuter, ein Kapitalist, ein Faschist! Prost, Genosse Kommandant!« Ziegler hält inne, wie einer, der plötzlich merkt, daß er zuviel gesagt hat und räuspert sich verlegen. »Wir vermuten, daß der Dolmetscher nicht einwandfrei ist«, spricht er dann ruhig weiter. »Wir müßten . . .« Er hält inne und legt Rauer eine Hand auf die Schulter. »Hast du mir nicht einmal von einem Polen erzählt, der gut Russisch spricht?«

Rauer nickt. »Kraschinski heißt der Mann«, sagt er, »aber ich hab' ihn ganz aus den Augen verloren. Ich weiß nur, daß er sich am Tag, als die Russen nach Lindenthal kamen, gelegt hat. Der hat irgend 'ne Lungengeschichte.« Rauer hat sich um Kraschinski nicht mehr gekümmert. Jetzt, da er an ihn erinnert wird, hat er ein schlechtes Gewissen.

»Vielleicht ist er inzwischen gesund geworden«, sagt Ziegler, »oder es geht ihm wenigstens besser. Möchtest du nicht einmal mit ihm sprechen?«

Rauer nickt. »Will ich gern tun. Soll ich gleich gehen?«

»Geh nur«, stimmt Ziegler zu. »Aber sprich mit niemandem darüber, sonst wird das ein Schlag ins Wasser.«

»Wiedersehn, Karl!« Rauer nickt Ziegler zu und geht auf die Tür zu. An der Schwelle bleibt er, die Hand bereits auf der Klinke, unschlüssig stehen und wendet sich halb zurück.

»Na, hast du noch was auf dem Herzen, Herbert?« fragt Ziegler.

Ja, Rauer hat noch etwas auf dem Herzen. Gerda liegt ihm bereits seit Tagen in den Ohren, er solle nun auch einmal für sich, für seine Familie eine Wohnung besorgen, ihr Wunsch ist ja auch nicht unberechtigt. Er hat es immer wieder hinausgeschoben, weil er auch den Anschein vermeiden wollte, als ginge es ihm um seine eigenen

Wünsche, aber heute hat er endlich Ziegler darauf ansprechen wollen. Jetzt jedoch, nach der Debatte über die Bürgermeisterwohnung, bringt er sein Anliegen nicht über die Lippen, nein, er will Ziegler jetzt nicht damit kommen. Da er sich aber nun einmal zurückgewandt hat, so will er wenigstens die Sache mit der Frau Grosser bereinigen. »Ja«, antwortet er daher, »mir fiel vorhin auf, daß du in die Wohnung von Frau Grosser in der Ahornallee noch niemand eingewiesen hast, Karl.«

»Laß das nur meine Sache sein«, sagt Ziegler etwas unwirsch.

Weshalb ist der mit einem Mal so verärgert? Bisher hat er doch alle Sachen mit ihm kameradschaftlich besprochen. Na ja, er hat ja den Kopf wirklich voll, aber Rauer will sich keines Versäumnisses schuldigmachen. »Ich weiß nicht, ob ich es dir damals gesagt habe«, fährt er ruhig fort, »die Grosser und ihr Vater, der Bücherrevisor Schultze, das sind ganz scharfe Nazis gewesen, wahrscheinlich sind sie es heute noch, außerdem haben sie tatsächlich freien Raum. Was die an Gründen vorbringen, sind nichts als faule Ausreden. Mausolf meint auch ...«

»Was Mausolf meint, ist nicht so wichtig«, unterbricht ihn Ziegler ziemlich heftig. »Laß mich jetzt damit zufrieden. Und ... und im übrigen habe ich schon Leute hingeschickt, aber die konnten sich mit Frau Grosser nicht einigen.«

Rauer schickt einen schnellen Blick zu Ziegler hinüber. Ganz rot ist der geworden. Man kann rot werden, weil man wütend ist, sich schämt oder lügt. Such dir was aus, Herbert Rauer. Unverständlich ist es auf jeden Fall, daß Ziegler so ungewöhnlich heftig wird. Und diese Röte dazu, die sich über das ganze Gesicht ausbreitet und bis in die Haarwurzeln steigt. Rauer schüttelt verwundert den Kopf und drückt die Tür auf, zieht sie aber wieder ins Schloß. »Wenn du auch meinst, daß Mausolfs Meinung ... Ich muß es dir trotzdem sagen, Karl, bitte, unterbrich mich jetzt nicht. Die Grosser hat uns mit einer so unverhohlenen Wut behandelt, daß Mausolf meint, es müsse noch was anderes dahinterstecken. Ich wollte es dir auf alle Fälle gesagt haben, Karl! Wiedersehn!«

Siebtes Kapitel
Bernstein und Rosenthal contra Mühlbauer

1.

Bernstein erlebt Üerraschungen verschiedenster Art

Es hat wenig Sinn, gegen Ende Mai einen Garten umzugraben, hat Frau Goerke versichert, das müsse man im Herbst tun, jedenfalls bevor der Boden gefriere, aber schaden könne es auch nicht, auf alle Fälle müsse der Boden aufgelockert werden, bevor man Erbsen und Bohnen stecke und Kohlpflanzen setze. Bernstein stößt den Spaten tief in die Erde, drückt mit dem Fuß kräftig nach und wirft Scholle um Scholle um. Dann bückt er sich, um das Unkraut auszureißen und beiseitezuwerfen, ganz so, wie Frau Goerke es ihm gezeigt hat. Es ist, wer hätte das gedacht, keine eintönige Arbeit. Bernstein schnäufelt den herben Geruch der umbrochenen Erde ein und blickt ab und zu hinter sich. Jede Furche, die er mit seinem Spaten zieht, jedes Stück des grünen Rasens, das sich in dunkelbraunes Erdreich verwandelt, erfüllt ihn mit Befriedigung. Hin und wieder hält er inne, stützt einen Fuß auf das Spatenblatt und den Unterarm auf den Griff, läßt sich von der Luft umfächeln und blickt über den Zaun auf die Straße. Aber dort gibt es nicht viel zu sehen.

Die Lindenallee hat keinen Durchgangsverkehr. Sie ist von jeher eine ruhige Straße gewesen, jetzt ist sie es erst recht. Die Einfamilienhäuser und die Landhäuser stehen in weitem Abstand. Das ist Bernstein in gewisser Weise durchaus recht, denn es kommt seiner Menschenscheu, die ihn immer noch gefangenhält, entgegen. Oft allerdings wünscht er, daß es nicht so sein möge, denn er möchte auch, nein, er *muß* ja einmal damit beginnen, sich wieder an den Umgang mit Menschen zu gewöhnen, aber dazu gibt es in der Lindenallee wenig Gelegenheit. Jedes Haus ist schon früher wie eine Insel gewesen, nicht nur von weitläufigen Gärten, sondern mehr noch von Bürgerstolz, Zurückhaltung und Herablassung umgeben. Jetzt sind die Häuser nicht einmal mehr wie Inseln. Inseln haben immerhin einen Strand, den man anlaufen kann. Die Häuser sind jetzt wie Basteien. Aus den Zäunen sind tiefe Gräben, aus den Pforten Zugbrücken, aus Fenstern und Türen Wälle geworden, um die Wasser der neuen Sintflut aufzuhalten.

Bernstein wirft einen flüchtigen Blick über den Zaun, der den Fabriciusschen Garten vom Nebengrundstück trennt. Mehr als ein gelegentlicher Blick, ein hoheitsvolles Nicken über den Zaun ist ihm von den Bewohnern von »Haus Gudrun« bisher nicht zuteil geworden. Und als er einmal hinter einer dichten Hecke, die ihn den Blicken der Nachbarn entzog, Unkraut zupfte, hatte er ein paar Gesprächsfetzen aufgefangen. »Was der Jude hier noch zu suchen hat«, und »Er soll froh sein, daß er noch lebt«, und dann war noch von »ungerechtfertigten Ansprüchen« die Rede und davon, daß alle ja gleicherweise unter den Nazis gelitten hätten. Bernstein hatte, als diese Reden zu ihm gedrungen waren, sich nicht etwa empört aufgerichtet und seinen Zorn herausgeschrien (denn es war kein Zorn in ihm, nur eine ungläubige Verwunderung), im Gegenteil, er hatte sich noch mehr zusammengekauert, um nicht gesehen zu werden. Erst als er sicher sein konnte, daß die Nachbarn nicht mehr im Garten, jedenfalls nicht mehr in unmittelbarer Nähe des Zaunes waren, war er aufgestanden, hatte sich vorsichtig umgesehen und war schnell ins Haus gegangen, fast geflohen. An diesem Tage hatte er nicht im Garten weitergearbeitet.

Bernstein wendet den Blick von »Haus Gudrun« ab und beginnt wieder zu graben, Scholle um Scholle fliegt herum. Er steigert das Tempo, um nicht denken zu müssen, und bald strömt ihm der Schweiß aus allen Poren. Als er innehält, um sich mit dem Unterarm den Schweiß von der Stirn zu wischen, sieht er einen Mann auf der anderen Straßenseite die Lindenallee entlang kommen. Bernstein sieht ihm entgegen, mit einer Art von Spannung, die ihm ganz unverständlich ist, und geht an den Zaun, der den Garten von der Straße trennt. Das ist eine Gelegenheit, einen Gruß, und sei es auch nur ein ganz flüchtiger, zu empfangen und entbieten, immer wieder verspürt er den unwiderstehlichen Drang, als sichtbares Zeichen dafür, nicht mehr in das Dunkel der Unterwelt verbannt zu sein, sondern wieder teilzuhaben am Licht des Lebens.

Der Mann kommt nur langsam näher. Er bleibt an jeder Pforte stehen und besieht die Namensschilder, dann überquert er den Fahrdamm, da er das letzte Haus auf der anderen Seite, die nur zur Hälfte bebaut ist, erreicht hat. Jetzt hat er »Haus Gudrun« passiert und nähert sich dem Fabriciusschen Grundstück.

Er besieht im Vorüberschreiten nicht nur das Namensschild, er bleibt stehen und drückt gegen die Pforte, dann ruft er, da sie verschlossen ist, ein paar Mal »Hallo!«

Bernstein ist überrascht. Das ist der erste Mensch, der – außer Frau Goerke, die nach wie vor das Haus besorgt – zu ihm will. Er legt den Spaten beiseite und geht langsam zur Pforte. Dabei mustert er den Mann unauffällig, sein Gesicht und seine Erscheinung. Der Mann ist mittelgroß, er trägt einen funkelnagelneuen schwarzen Lederolmantel, der in vielen weiten Falten fällt (der Gürtel ist zwar eng geschnallt, aber offenbar ist der Mantel dem Mann auch viel zu weit, Größe 50, schätzt Bernstein, und der Mann hat doch höchstens 46er Größe). Das Gesicht des Mannes ist unglaublich mager. Unter der Haut, die wie straff gespannt scheint, ist jeder Knochen, jede Sehne und jeder Muskel deutlich markiert, zumal der Mann sehr sorgfältig rasiert ist. Die gar nicht sehr große Nase und das kleine Kinn springen scharf und weit vor, die Augen liegen tief in den Höhlen, die Stirn unter der Sportmütze ist hoch und von tiefen Falten durchzogen. Die dünnen Lippen sind so blaß, daß sie sich kaum von der Weiße des Gesichts abheben.

Bernstein kennt den Mann nicht, aber irgend etwas an ihm ist ihm vertraut oder kommt ihm bekannt vor, er überlegt krampfhaft, was es ist, aber es fällt ihm nicht ein. Als er dem Mann an der Pforte gegenübersteht (er zögert, sie aufzuschließen), verstärkt sich dieser Eindruck noch. »Wollen Sie zu mir?« fragt er, denn er erinnert sich, daß an der Pforte nur ein Schild mit der Prägung »Prof. Dr. W. Fabricius« angebracht ist. »Mein Name ist Bernstein.«

Der Mann verzieht das Gesicht. Es ist der Versuch eines Lächelns. »Mein Gott«, sagt er mit rauher Stimme. »Erkennst du mich nicht, Ernst?«

Bernstein stutzt. Die Stimme ist rauh und gequält, aber es ist ein Klang, eigentlich nur ein Unterton in ihr, der eine Saite in ihm zum Schwingen bringt, eine Saite, die er lange nicht angerührt, nicht anzurühren gewagt hat. Diese Stimme, dieser Torso einer Stimme!

Der Mann nimmt die Mütze ab, dabei sagt er kein Wort. Er blickt Bernstein nur unverwandt an.

Bernstein ist zurückgewichen. Der Kopf des Mannes ist kahlgeschoren, richtiger, kahlgeschoren gewesen, denn die Haare sprießen einzeln und in Büscheln auf dem Schädel, und diese Haare – die Sonne fällt gerade auf den Mann – diese Haare sind fuchsrot. Mein Gott, sollte dieser Mann . . . Das ist doch kaum möglich! In Sekundenschnelle ersteht das Bild seines Schwagers Viktor Rosenthal vor ihm, eines gemütlichen, pausbackigen Mannes, dessen Augen stets fröhlich funkelten und der einen stattlichen Leib vor sich herschob, dem mit Nudelspeisen garnierten Gemeinschaftsgrab ganzer Gänseherden, wie er selbst zu sagen pflegte.

Bernstein zwingt sich zur Ruhe. »Viktor?« fragt er leise.

Der Mann nickt. »Hast mich also doch noch erkannt?«

Bernstein schließt die Gartenpforte auf. Seine Hände zittern so heftig, daß es viele Sekunden dauert, bis er den Schlüssel in das Schloß zu stecken vermag.

»Ich war nur so überrascht«, sagt er dabei, um die Wirkung seines Verhaltens abzuschwächen.

Rosenthal winkt müde ab. »Red nicht, Ernst, du hast mich zuerst nicht erkannt«, sagt er, tritt durch die Pforte in den Garten und streckt Bernstein die Hand entgegen.

»Viktor!« sagt Bernstein mit erstickter Stimme. Er ergreift die Hand des Schwagers, zieht ihn dicht zu sich heran und umfaßt ihn. Sekundenlang halten sich die beiden Männer fest umarmt.

Als sie auf das Haus zugehen, sagt Rosenthal mit einem heiseren Lachen: »Ja, ja, da bin ich nun wieder, ziemlich angeknackst, aber sonst . . .« Eine unbestimmte Handbewegung beendet den Satz. »Ein nettes Haus«, sagt er anerkennend. »Wie bist du dazu gekommen?«

Bernstein berichtet, und Rosenthal fragt nach Einzelheiten, nach der Anzahl der Zimmer, ob das Haus Zentralheizung habe oder mit Kachelöfen ausgestattet, wie groß der Garten sei und was er anbauen wolle. Bernstein beantwortet alle Fragen gewissenhaft, aber hinter diesen belanglosen, ja lächerlichen Fragen und ihren ebenso unwichtigen Antworten stehen andere, schwere, düstere Fragen, die beide noch nicht zu stellen wagen, weil sie die Antworten fürchten. Aber schließlich weiß Rosenthal nichts mehr zu fragen, und Bernstein hat somit nichts mehr zu antworten.

In die Stille, die jetzt in dem großen Herrenzimmer entsteht, tönt nur das Ticken der Pendule, die auf dem Sims des imitierten Kamins steht, das Zwitschern der Vögel im Garten und das Schwirren der Sperlinge auf der Straße. Rosenthal und Bernstein sehen aus dem Fenster, auf die Weide, deren hellgrüne Perlenschnüre in der Sonne funkeln. Fast in der gleichen Sekunde wenden die Männer wieder einander die Blicke zu, aber während Bernstein in sich zusammensinkt, richtet Rosenthal sich auf.

»Wo ist Elli?« fragt Rosenthal schließlich ganz direkt.

Bernstein hebt den Kopf. »Elli ist März vierundvierzig gestorben, bei einem Bombenangriff ums Leben gekommen«, antwortet er tonlos.

»Und Horstl?« fragt Rosenthal rasch und beugt sich weit vor.

Bernstein antwortet, daß Horst lebe, er müsse in einer halben Stunde aus der Schule kommen, aber dann, ja, dann muß er nach Dora, seiner Schwester fragen, und da er die Antwort ahnt, wagt er die Frage kaum. Er öffnet den Mund, seine Kiefern zittern wie im Krampf, aber der Schwager versteht ihn auch so.

Rosenthal schiebt das magere Kinn vor und holt ganz tief Luft. »Ich weiß nicht, was aus Dora geworden ist, Ernst«, heisert er heraus. »Als wir nach Auschwitz kamen, wurden wir getrennt, ich kam nach Monowitz, Dora ins Frauenlager Birkenau. Als die Rote Armee anrückte . . .« Rosenthal berichtet, wie sie, immer vor der Front her, quer durch Deutschland getrieben wurden, bis sie endlich in der Nähe von Lübeck von britischen Truppen befreit worden waren. »Ich weiß nicht, was aus Dora geworden ist«, schließt er resigniert. »Ich habe wenig Hoffnung, daß sie es überlebt hat, sie war ja so zart . . . Und die Eltern sind auch nicht aus Theresienstadt heimgekehrt?«

Wieder schweigen die Männer. Nun ist alles gesagt. Das, was vorhin nur Ahnung war, ist nun als Gewißheit vor sie gestellt, und es bleibt nur ein winzig kleiner Raum für Hoffnung, ein so schmaler Spalt, daß nicht einmal der dünnste Hoffnungsstrahl durch ihn einfallen kann.

Leben, überleben, weiterleben, denkt Bernstein, gut, aber *wie* weiterleben, das ist die große Frage. Er hat sich zwar oft Vorstellungen von diesem Weiterleben gemacht, aber sie haben noch nie Gestalt angenommen, er hat Entschlüsse bisher von sich ferngehalten. Die Tatsache, daß er es überlebt hat, genügt ihm zunächst; Er fühlt sich berechtigt, zwischen der Erlösung aus dem Ghettodasein und dem Eintritt in eine neue Daseinsform einen Zwischenraum zu legen, der ein Vakuum, nichts als ein Vakuum ist. Über die Größe dieses Vakuums oder seine Dauer (wenn man bei einem Vakuum von Dauer reden kann) hat er sich noch keine Gedanken gemacht. Es wird doch etwas geschehen, es muß doch etwas für die Juden geschehen, und darauf zu warten, das ist bisher sein eigentlicher Entschluß gewesen.

Jetzt aber, da er in die harten entschlossenen Augen seines Schwagers blickt, sieht er ein, daß er sich mit dem Warten nicht länger begnügen darf, und viele Gedanken, die er bisher nur flüchtig und obenhin erwogen hat, kreisen nun blitzschnell in seinem Hirn. Er möchte nicht mit leeren Händen vor seinem Schwager stehen. Und plötzlich weiß er auch, was er will, allerdings nicht wie, nur was er will.

Rosenthal beugt sich vor. »Und was hast du inzwischen begonnen, Ernst?« fragt er eindringlich.

»Begonnen?« fragt Bernstein zurück. »Eigentlich nichts, so gut wie nichts. Was sollte ich denn auch beginnen? Ich habe mir die amtliche Einweisung für dieses Haus besorgt, das ist zunächst alles.«

»Das ist nichts, rein gar nichts«, sagt Rosenthal sachlich. »Das ist noch nicht mal ein erster Schritt. Hast du noch nicht daran gedacht, endlich einmal dein Schicksal in deine eigene Hand zu nehmen?«

Bernstein ist verwirrt. Er versteht seinen Schwager nicht. Der deutlich aggressive Ton in seiner Stimme tut ihm fast körperlich weh. Eben waren sie sich noch ganz einig in der Trauer um ihre Angehörigen, und jetzt tut sich bereits wieder eine Kluft auf . . . Es erweist sich, daß die Fremdheit, die ihn vorhin angewandelt hat, keineswegs nur in Viktors äußerer Erscheinung begründet ist. Es ist vielmehr Viktors Wesen, das sie erzeugt. Zögernd nur entschließt er sich zur Antwort, und um den Schwager zufriedenzustellen, verwandelt er das, was bisher nur Erwägungen gewesen sind, in Entschlüsse. »Ich habe noch nichts unternommen«, antwortet er, »aber ich bin im Begriffe, etwas zu tun. Gerade in den nächsten Tagen, morgen oder übermorgen, wollte ich die ersten Schritte unternehmen.«

Rosenthal nickt. »Sehr schön«, sagt er. »Und was sind das für Schritte?«

»Ich werde Anspruch auf Vaters Geschäft erheben«, erwidert er entschlossen. »Es muß mir – und selbstverständlich auch dir, Viktor – als Erben zurückgegeben werden.«

»So?« sagt Rosenthal nur, und es klingt fast ein wenig ironisch.

Bernstein bemerkt den Unterton nicht. »Die sogenannte Arisierung von Vaters Firma war doch kein reguläres Rechtsgeschäft, Vater hat sie doch weit unter dem tatsächlichen Wert und unter Zwang verkauft, außerdem ist er niemals in den Besitz der Kaufsumme gelangt. Aber das ist dir ja alles bekannt, Viktor.«

Rosenthal blickt seinen Schwager unverwandt an, dabei nickt er ein paarmal wie abwesend. »Und . . . und die Wiedererlangung des Geschäfts, das ist also dein Ziel, darin siehst du also deine Aufgabe, Ernst?«

»Wie merkwürdig du das sagst, Viktor. Ist das vielleicht kein erstrebenswertes Ziel?«

Rosenthal lacht heiser auf. »Du willst also wieder ein Geschäftsmann werden, Ernst, so wie du früher einmal einer warst, und so wie ich übrigens auch einer war, nur ein Geschäftsmann. Ja?«

»Ja, nur ein Geschäftsmann«, bestätigt Bernstein etwas kleinlaut. Das Gespräch, das so versöhnlich begann, nimmt allmählich eine Wendung, die ihm unangenehm, ja sogar peinlich und zuwider ist. Worauf will Viktor hinaus? Er fragt so merkwürdig, fast habe ich den Eindruck, als nähme er mich nicht ernst. »Ich habe früher nur als Geschäftsmann gelebt . . .«

». . . und willst es jetzt wieder tun«, fällt Rosenthal ein. »Verstehe, du willst, wie du schon früher immer gesagt hast, nichts mit Politik zu tun haben, nicht wahr?«

»Ja«, gibt Bernstein zu, »so ist es, und du hast früher auch nicht anders geredet.«

Rosenthal blickt starr an Bernstein vorbei. »Das habe ich in der Tat«, sagt er, »aber ich bin nicht mehr derselbe, der ich einmal war, ich habe im Lager etwas dazugelernt, nämlich politisch zu denken.«

Bernstein wehrt mit beiden Händen ab. »Laß mich damit zufrieden, Viktor, nein, nein, damit will ich nichts zu tun haben. Ich habe mich früher als unpolitischer Mensch sehr wohl gefühlt, und mir ist es gut gegangen. Und da soll ich jetzt anfangen . . . Nein, nein, Viktor!«

Rosenthal ist aufgestanden und ein paar Schritte hin und her gegangen. »Du hast dich wohl gefühlt, und es ist dir gut gegangen, sagst du. Andere haben sich, wie du sicher nicht umhin konntest zu bemerken, weniger wohl gefühlt, und ihnen ist es gar nicht gut gegangen, das einmal nebenbei, aber reden wir einmal nur von dir. In der Wirtschaftskrise, so einunddreißig, zweiunddreißig, hast du dich da auch wohl gefühlt und so weiter?«

»Es gibt immer mal Flauten im Geschäft«, wendet Bernstein ein.

»So? Die Krise, die große Weltwirtschaftskrise war also nur eine Flaute?« sagt Rosenthal, jetzt ganz offen ironisch. »Und die Jahre von dreiunddreißig bis fünfundvierzig, was waren die? Vielleicht nur eine besonders große Flaute?«

»Sprich nicht so mit mir«, sagt Bernstein traurig. »Dreiunddreißig bis fünfundvierzig, was hat denn das mit dem Geschäft zu tun? Durch die Politik, diese verdammte Politik ist doch alles so gekommen.«

Rosenthal bleibt am Kamin stehen und lehnt sich gegen das Sims, er betrachtet die Pendule und sagt über die Schulter hinweg: »Ganz recht, mein lieber Ernst.« Dann dreht er sich um und blickt Bernstein an. »Und du bist nicht der Meinung, daß man das dritte Reich hätte verhindern können?«

Bernstein schüttelt den Kopf. »Ich weiß, worauf du hinauswillst, Viktor. Du meinst, ich hätte nicht nur Geschäftsmann, sondern gewissermaßen auch Politiker sein müssen, nicht nur Verkäufer, sondern auch Agitator. Das meinst du doch?«

Rosenthal löst sich vom Kamin und geht auf seinen Schwager zu. »Genau das, Ernst.«

Bernstein lacht auf. »Und du glaubst, ich hätte damit den nazistischen Koloß aufhalten können?«

Rosenthal bleibt dicht vor Bernstein stehen und lächelt überlegen. »Du nicht und ich auch nicht, aber die vielen Millionen Dus und Ichs, die alle *nur* Geschäftsmann, *nur* Wissenschaftler, *nur* Fachleute, *nur* Kaninchenzüchter oder *nur* Briefmarkensammler, *nur* Familienväter oder was weiß ich sein wollten, die hätten den nazistischen Koloß, wie du sagst, sehr wohl aufhalten, sie hätten sogar verhindern können, daß er überhaupt erst einer wurde. Das, mein lieber Ernst, habe ich gelernt, und es wird mir für die Zukunft eine Lehre sein. Indem wir jetzt um unsere Frauen und unsere Eltern trauern, damit verhindern wir zukünftiges Unglück nicht, wohl aber wenn wir erkennen, was wir falsch gemacht haben, daß sie und wir im Grunde unserer eigenen Ignoranz zum Opfer gefallen sind.« Rosenthal hat schnell und erregt gesprochen, jetzt hält er erschöpft inne und stützt sich auf die Armlehne des Sessels, auf dem Bernstein sitzt.

Bernstein hat mit wachsendem Erstaunen zugehört. Niemals hat er seinen Schwager so reden hören. Er kennt ihn nur als einen sanften, nachgiebigen Mann, den nichts anderes als das Geschäft, seine Familie, gutes Essen und eine solide Skatrunde interessiert haben. Bernstein begreift die Wandlung, die mit seinem Schwager vor sich gegangen ist, nicht. Sicher ist er im Lager mit Ideen, die er früher stets so weit von sich gewiesen hat, in Berührung gekommen, und ebenso sicher wird er sie auch, je mehr er körperlich und materiell in einen Normalzustand zurückgleiten wird, wieder abstreifen. Waren wir nicht alle in der Jugend mal ein bißchen radikal? Vielleicht ist Viktor es nicht gewesen und holt es jetzt nach, man muß es hinnehmen wie eine Laune oder wie ein Kinderkrankheit, durch die man hindurch muß. Bernstein spricht nicht aus, was ihm in diesem Augenblick durch den Kopf geht, weil er meint, auf den Schwager Rücksicht nehmen zu müssen, und gibt scheinbar nach. »Du meinst also, ich sollte Politiker werden?« fragt er.

»Unsinn«, wehrt Rosenthal ab, »aber politisch denken sollst du und vielleicht irgendwo mitmachen, es gibt genug Möglichkeiten, aber nicht mehr alles von der Warte deines Ladentischs aus sehen.«

Nicht alles von der Warte des Ladentisches aus sehen. Wieviel Verachtung in Viktors Stimme liegt! Wenn ich nur erst einmal wieder einen Ladentisch hätte! Oder meint Viktor gar, ich sollte darauf verzichten? »Du hältst es also womöglich für falsch oder gar verachtenswert, daß ich auf Vaters Geschäft Anspruch erhebe?«

Rosenthal schüttelt den Kopf. »Du hast mich gründlich mißverstanden, Ernst. Das Geschäft der Eltern, das steht auf einem ganz anderen Blatt. Ich weiß doch, wie das seinerzeit vor sich gegangen ist. Selbstverständlich müssen wir diesem Mühlmann oder Mühlbauer oder wie der Mann heißt, die Beute wieder abnehmen.«

Bernstein ist erleichtert und atmet auf. »Ich freue mich, daß wir wenigstens darin einig sind, Viktor. Du bist . . .« Er zögert. Du bist Kommunist geworden, hat er sagen wollen, aber er hält die Worte zurück, zu absurd erscheint ihm die Vermutung.

»Aber du mußt einsehen«, schickt Rosenthal hinterher, »daß unser Kampf um Wiedergutmachung außer der juristischen und moralischen Seite auch und vor allem ein politischer Kampf ist.«

Bernstein schüttelt den Kopf. »Wir werden wohl verschiedene Wege gehen«, sagt er wie abschließend. »Ich will keinen Kampf. Ich bin müde, sehr müde.« Und jetzt spricht er die Frage, die er vordem zurückgehalten hat, doch aus. Er will wissen, was mit dem Schwager vor sich gegangen ist. »Du bist Kommunist geworden, Viktor?« fragt er und gibt sich Mühe, einen wohlwollenden Ton zu treffen.

Rosenthal lacht in kurzen Stößen. »Nein, mein Lieber«, sagt er dann. »Ich habe im Lager auch noch etwas anderes gelernt, nämlich Toleranz zu üben, und Kommunismus und Toleranz schließen einander aus. Die Kommunisten sind noch viel doktrinärer und genau so stur wie die Nazis, ihnen heiligt der Zweck auch alle Mittel, sie gebrauchen genau so skrupellos die Lüge, die Verdrehung, die Demagogie. Sie wenden genau so brutal Macht, Gewalt und Terror an, um ihr Ziel durchzusetzen.«

Bernstein ist entsetzt und schließt rasch das Fenster. »Wenn uns einer hört, Viktor!« sagt er vorwurfsvoll. »Du kannst doch die Kommunisten nicht mit den Nazis vergleichen!«

Rosenthal lächelt ironisch. »Du hast dich eben selber widerlegt, Ernst«, sagt er, »widerlegt durch deine hastige Gebärde, mit der du eben ans Fenster liefst.« Er setzt sich auf die Lehne eines Sessels und flicht die Finger ineinander. »Du meinst, man könnte die Kommunisten nicht mit den Nazis vergleichen? Man kann es, der Vergleich drängt sich einem geradezu auf. Nicht im Ziel sind sie gleich, aber in den Methoden. Frag nur einmal diejenigen, die den russischen Alltag miterlebt haben, und sieh dich hier genau um. Ich will gar nicht bestreiten, daß viele es ehrlich meinen, ich habe im Lager prächtige Kerle, gute Kameraden kennengelernt, aber sie ließen keine andere Meinung gelten. Tatsachen, die ihnen nicht paßten, übersahen sie einfach. Sie sprachen zwar stets von Einheit und Einigung, aber sie verlangten, daß wir uns auf ihrem Standpunkt einigten und ihre Meinung anerkannten. So ist das, mein lieber Ernst.«

Bernstein ist ratlos, er blinzelt unruhig und heftet den Blick schließlich auf einen beliebigen Punkt. »Aber du mußt doch zugeben, daß die Russen uns befreit haben. Und Antisemiten sind sie auch nicht.«

Rosenthal nickt lebhaft. »Natürlich haben sie viele von uns befreit, und das soll auch nicht vergessen werden, aber sie haben uns nicht um unseretwillen befreit. Ich fürchte, daß sie uns von der Diktatur der Nazis befreit haben, um uns ihrer eigenen Diktatur zu unterwerfen. Die braune Sintflut hat sich noch nicht verlaufen, und schon werden wir von der roten umspült.«

2.

Mühlbauer bewahrt die Fassung und läßt sich auf nichts ein

Nur ruhig Blut, alter Junge, es besteht gar kein Grund zur Beunruhigung. Du bist schon seit langem darauf gefaßt, du hast doch sogar darauf gewartet. Mühlbauer nimmt seine Jacke, die über einer Stuhllehne hängt, und zieht sie an. »Laß die Herren hereinkommen, Thea«, ruft er durch die halbgeöffnete Tür.

Er setzt sich in einen Sessel und lehnt sich weit zurück. Wenn er jetzt aufsteht und den beiden entgegengeht, das macht einen guten Eindruck. Er rückt noch die Krawatte zurecht, da treten die beiden auch schon ein. Ja, das ist der junge Bernstein, er erkennt ihn sofort, aber der andere, der Hagere mit der spitzen Nase, den eingefallenen

Wangen und einem Schädel, der wie ein mit dünnem Moos bewachsener Feldstein aussieht, der ist ihm unbekannt, den hat der Bernstein wohl als eine Art Rechtsanwalt oder Winkeladvokat mitgebracht. Nun, man wird ja sehen.

Mühlbauer legt die Zigarre beiseite, mit weit ausladender Bewegung, das sie unmöglich übersehen werden kann (und darauf kommt es ihm an), erhebt sich, geht den beiden, die an der Tür stehengeblieben sind, entgegen. »Treten Sie näher, meine Herren«, sagt er verbindlich und macht eine korrekte Verbeugung: »Mühlbauer.« Er hätte es ja eigentlich nicht nötig gehabt, sich dem jungen Bernstein vorzustellen, der kennt ihn ja, oder weiß wenigstens, mit wem er es zu tun hat, die Familien Bernstein und Mühlbauer sind ja immerhin ein Jahrzehnt lang, wenn auch nicht bekannt oder gar befreundet miteinander gewesen, so doch oft aneinander vorübergegangen und haben sich sogar gelegentlich gegrüßt. Sie haben sich gekannt, wie man sich in einer Kleinstadt eben kennt. In diesem Augenblick aber, da die beiden Juden zögernd in das Zimmer treten, beschließt Mühlbauer, den jungen Bernstein nicht zu kennen. Ist es seine, Mühlbauers Aufgabe, den jungen Bernstein gewissermaßen zu identifizieren und dadurch als Rechtsnachfolger von Siegfried Bernstein anzuerkennen? Natürlich nicht. Er, Mühlbauer, wird keinen Schritt tun, zu dem er nicht genötigt wird, das hat er sich ohnehin vorgenommen.

Bernstein macht gleichfalls eine kleine Verbeugung und sagt: »Bernstein.«

Der andere nickt ganz unmerklich und murmelt: »Rosenthal.«

Mühlbauer streckt ihnen die Hand, seine fleischige, rosige Hand hin, dabei sagt er, auf die Sessel weisend: »Nehmen Sie Platz, meine Herren.«

Bernstein und Rosenthal setzen sich. Mühlbauer nimmt seine Zigarre aus dem Aschenbecher und holt das Saffianetui aus der Brusttasche. »Rauchen die Herren?« Falsch, sagt er sich im gleichen Augenblick. Du bist zu früh mit den Zigarren bei der Hand, das sieht aus, als ob du sie für dich einnehmen willst, und die haben doch noch gar nicht den Mund aufgetan und gesagt, was sie von dir wollen. Aber er kann das Angebot nun nicht mehr zurücknehmen und hält den beiden die Saffiantasche hin.

Bernstein nickt und streckt schon die Hand nach der Tasche aus, aber Rosenthal sagt kurz und heiser, ohne jeden Anflug von Höflichkeit: »Danke schön, Herr Mühlbauer.« Dabei schießt er einen verweisenden Blick auf Bernstein ab, und dieser Blick bewirkt, daß Bernstein die bereits ausgestreckte Hand wieder zurückzieht und ebenfalls ein Dankeschön murmelt.

Mühlbauer steckt die Tasche wieder weg und läßt sich keinen Ärger anmerken. Die sind offenbar zu stolz, seine Zigarren zu rauchen, denn nicht rauchende Juden hat er noch nicht kennengelernt. Nun gut, wenn die von vornherein eine schärfere Gangart einschlagen wollen, ich kann da auch mithalten, meine Herren. Er dreht einen der Stühle, die unter den Tisch geschoben sind, herum und setzt sich breit und schwer nieder. »Kommen die Herren mit einer privaten oder einer ... nun, nennen wir es einmal mit einer öffentlichen oder amtlichen Angelegenheit zu mir?« fragt er.

»Wie meinen Sie das?« fragt Bernstein und wirft einen verwirrten Blick auf Rosenthal, der ganz ruhig dasitzt und nur die Augen umherlaufen läßt.

»Ich meine«, erklärte Mühlbauer, »ob Sie zu mir als einem Privatmann kommen, oder ob Sie mich in meiner Eigenschaft als Mitglied des Magistrats von Lindenthal aufsuchen. Falls die Herren es nicht wissen sollten: Ich bin der Leiter des Wirtschaftsamtes.« Vielleicht wollen die nur ein paar Bezugscheine haben, als ... als ... Da ist doch in diesen Tagen ein neuer Ausdruck aufgekommen ... Richtig, als Opfer des Faschismus. Aber er verwirft diese Erwägung sogleich wieder. Nein, nein, red dir nichts ein, dazu sieht der Hagere nicht harmlos genug aus, und im übrigen werden sie dir gleich die Rechnung präsentieren.

»Nein, das ist uns nicht bekannt«, erwidert Bernstein. »Sie wissen wirklich nicht, weshalb wir zu Ihnen kommen, Herr Mühlbauer?«

»Ich bin kein Hellseher«, sagt Mühlbauer lächelnd. »Sie müssen mir schon verraten ...« Du darfst ihnen keinen Schritt entgegenkommen, sonst heißt es: Sie waren doch selbst der Ansicht oder so ähnlich. Das sind doch ganz gerissene Brüder, besonders der Hagere, der sitzt nur da, sagt kein Wort und guckt und glotzt, aber die Zurückhaltung ist bestimmt nicht echt. Der kleine David wartet nur auf den Augenblick, in dem ich ihm wie Goliath meine Stirn darbiete, um dann sofort einen Stein zu schleudern.

Bernstein reibt sein Kinn, als wollte er prüfen, ob es gut rasiert ist. »Sie wissen nicht, wer wir sind, Herr Mühlbauer?«

Mühlbauer schüttelt den Kopf und gibt sich Mühe, treuherzig dreinzuschauen. »Sie haben mir vorhin zwar Ihre Namen genannt, meine Herren, aber ich habe mir unter Ihnen, entschuldigen Sie schon, nichts weiter vorstellen können, außer natürlich, daß Sie, Ihren Namen nach zu urteilen« – und dem Ponim nach, aber das denkt er nur –, »jüdisch sind.«

Bernstein blickt wie hilfesuchend zu Rosenthal, doch der sitzt unbeweglich da und starrt in die Luft. So wendet sich Bernstein wieder Mühlbauer zu. »Ich bin Ernst Bernstein, Sohn von Siegfried Bernstein, und Herr Rosenthal ist mein Schwager.«

Da ist ja die halbe Mischpoke zusammen, denkt Mühlbauer und ruft sich selber zu: Lächle, lächle freundlich, lächle freudig überrascht. Es ist zwar kein Spiegel im Zimmer, durch den er seine Gesichtszüge zu kontrollieren vermöchte, aber er glaubt doch, daß er sein Gesicht in Lächelfalten hat legen können. »Ich freue mich, meine Herren, ich freue mich aufrichtig, daß Sie der Nazihölle entronnen sind«, sagt er feierlich. »Seien Sie willkommen in meinem Hause und in Lindenthal. Ich habe Ihren Herrn Vater beziehungsweise Ihren Herrn Schwiegervater nicht näher gekannt, aber was ich über ihn gehört habe: ein vorbildlicher Kaufmann.«

Rosenthal verzieht das Gesicht zu einer geringschätzigen Miene und blickt Mühlbauer herausfordernd an, aber er sagt immer noch nichts.

Bernstein hat den Kopf gesenkt, jetzt sieht er wieder auf. »Sie ahnen jetzt wohl«, sagt er langsam und beinahe zaghaft, »weshalb wir gerade zu Ihnen gekommen sind, Herr Mühlbauer.«

Mühlbauer nickt lebhaft. Harmlos mußt du scheinen, ganz harmlos, völlig ahnungslos, als ein Zeichen deines guten Gewissens. Laß dich von den Juden nicht überraschen. »Selbstverständlich«, sagt er. »Sie sind sicher der Meinung, von mir etwas über das Schicksal Ihrer Eltern erfahren zu können, weil ich mein Geschäft im Laden der früheren Firma Bernstein führe.« Weil ich mein Geschäft im Laden der früheren Firma Bernstein führe, das habe ich großartig formuliert. Er hebt die Schultern und breitet die Arme bedauernd aus. »Aber da muß ich Sie leider enttäuschen, meine Herren, ich weiß nichts, absolut nichts. Aber wenn ich Ihnen anderweitig irgendwie behilflich sein kann . . .«

»Be-hilf-lich«, sagt Bernstein gedehnt und wie für sich. »Es geht hier eigentlich nicht um *Hilfe.*«

Wenn ich nur mit *dem* zu tun hätte, mit *dem* würde ich schon fertig werden, denkt Mühlbauer, der ist weich wie Wachs, aber der rothaarige Itzig, der ist gefährlich, obwohl er noch nicht die Schnauze aufgemacht hat. Er mustert ihn mit einem Blick, wie man ein seltenes, aber ekelhaftes Tier betrachtet. Wie der schon dasitzt, und wie der guckt, wie der auf der Lauer liegt ... Als ob er seine Zunge anspitzt. Siehst du, jetzt tut er die Schnauze auf, jetzt wird der mit seinen paar Zahnstummeln auf mich loshacken. Na, soll er nur, ich hab 'n dickes Fell, ich hab 'ne Hornhaut wie Siegfried, aber nicht wie Siegfried Bernstein, ha, ha. Was sagt der?

Um Rosenthals Mund hat der Anflug eines verächtlichen Lächelns geschwebt. Jetzt öffnet er den Mund: »Sie belieben sich recht merkwürdig auszudrücken, Herr Mühlbauer«, sagt er ruhig und bestimmt. »Wir sind nicht zu Ihnen gekommen einer Auskunft wegen oder um irgendwelche Hilfe zu erbitten, weil Sie, wie Sie eben so schön sagten, Ihr Geschäft im Laden meines Schwiegervaters betreiben. Wir, mein Schwager Bernstein und ich, sind die Rechtsnachfolger von Siegfried Bernstein und haben diese Unterredung herbeigeführt, um von Ihnen die Rückgabe des Bernsteinschen Besitzes zu fordern. Mit einer Bitte hat das absolut nichts zu tun.«

Mühlbauer zieht bedächtig an seiner Zigarre. Welch ein Glück, daß er sich, sofort nach Schadows Besuch, mit Dr. Kaiser beraten hat. »Ich verstehe Ihre Erregung, Herr Rosenthal ...«

Rosenthal unterbricht ihn mit einer schroffen Handbewegung. »Ich bin nicht im geringsten erregt, Herr Mühlbauer. Wie Sie sehen, bin ich ganz ruhig.« Er sagt das mit fast unbewegter, aber schneidend scharfer Stimme. »Wir erwarten von Ihnen, daß Sie sich jetzt präzise zu unserer Forderung äußern.«

Mühlbauer blickt dem Rauch seiner Zigarre nach. »Zunächst einmal, Herr Rosenthal, und das ist die eine Seite«, antwortet Mühlbauer bestimmt, »haben Sie sich noch in keiner Weise als Vertreter oder als Rechtsnachfolger und Erben von Siegfried Bernstein legitimiert. Dazu bedarf es im ersteren Falle einer Vollmacht, im zweiten Falle eines Erbscheins. Zuvor aber müßten Sie, da ich bisher nicht den Vorzug hatte, Sie zu kennen, müßten Sie also überhaupt erst einmal nachweisen, daß Sie diejenigen sind, für die Sie sich ausgeben ...«

»Herr Mühlbauer!« ruft Bernstein erregt und springt auf.

»Setz dich wieder, Ernst«, sagt Rosenthal verweisend. »Sprechen Sie nur weiter, Herr Mühlbauer.«

Mühlbauer klopft die Asche der Zigarre ab. »Aber die Richtigkeit Ihrer Angaben, sowohl was Ihre Person wie auch die Rechtmäßigkeit Ihres Anspruches anbelangt, einmal vorausgesetzt – und ich zweifle nicht im mindesten daran –, haben Sie eines nicht beachtet oder nicht gewußt. Sie sind der – wie ich gleich sagen will – irrigen Ansicht, daß ich das Geschäft Ihres Herrn Vaters beziehungsweise Ihres Herrn Schwiegervaters gekauft oder, wie es damals hieß, arisiert habe. Das ist nicht der Fall. Ich bin gar nicht der Erwerber der Bernsteinschen Firma. Sie wurde seinerzeit von einem gewissen Krüger übernommen. Ich habe es später von diesem erworben. Das ist der Sachverhalt, und ich will Ihnen gern die Kaufverträge, die seinerzeit zwischen Herrn Krüger und mir abgeschlossen wurden, vorlegen, obwohl ich an sich keine Veranlassung hierzu habe. Wünschen Sie die Verträge einzusehen?«

»Dieser Herr Krüger ...«, fährt Bernstein auf.

Rosenthal winkt ab. »Nicht nötig, Herr Mühlbauer, wir sind besser unterrichtet, als Sie glauben. Dieser Friedrich Krüger ist einer Ihrer Angestellten gewesen ...«

Das haben die Juden also auch schon herausgeschnüffelt. Aber wenn sie glauben ... Mühlbauer pflegt sonst nur in langen, tiefen Zügen zu rauchen. Jetzt aber zieht er ein paarmal hintereinander an seiner Zigarre, was er nur tut, wenn er erregt ist. Die Gelassenheit Rosenthals, seine gemessenen Bewegungen und seine Art, die Worte genau abzuwägen, als hingen von jedem einzelnen Wort allerwichtigste Entscheidungen ab, flößen Mühlbauer Besorgnis ein, doch er beruhigt sich selbst sogleich wieder. Wenn die glauben ... Nun, er hat sich nach allen Seiten hin gesichert, so leicht können die ihm die Socken nicht ausziehen. Dennoch heißt es ruhig sein, um die Juden nicht zu reizen, weiß der Teufel, ob die beste Juristerei heute noch anerkannt wird. »Aber Herr Rosenthal«, sagt er mit unverändert höflicher Stimme, »konnte ich meinem Angestellten etwa untersagen, das Geschäft Ihres Herrn Schwiegervaters käuflich zu erwerben?«

Rosenthal geht auf die Frage gar nicht ein, er kräuselt die schmalen blassen Lippen. »Sie konnten es ihm nahelegen, Sie konnten es ihm empfehlen, Sie konnten ihn schließlich dazu veranlassen, indem Sie ihm das Geld dazu zur Verfügung stellten. So oder so ähnlich ist es gewesen. Das können Sie nicht bestreiten.«

»Lieber Herr Rosenthal ...«

»Ich bin nicht Ihr lieber Herr Rosenthal!«

Mühlbauer zuckt gleichmütig mit den Schultern. »Also Herr Rosenthal«, sagt er, »es gibt wohl keine Gesetzesbestimmung, die es mir verwehrt hätte, einem meiner Angestellten ein Darlehen zu gewähren, um es ihm zu ermöglichen, sich selbständig zu machen. Dafür sollten gerade *Sie* Verständnis haben. Jüdische junge Leute haben doch stets den Drang zur Selbständigkeit gehabt, und ich finde das sehr lobenswert.«

»Ihre Ansichten über jüdische junge Leute interessieren mich nicht im mindesten«, entgegnet Rosenthal. Er beherrscht sich sichtlich mit äußerster Mühe. Seine blassen Wangen sind erst rosa und dann blutrot geworden, die dünnen, dickgeäderten Hände krampfen sich um die Lehne des Sessels. »Und wie erklären Sie es, daß dieser Herr Krüger das Geschäft nach einem knappen halben Jahr bereits wieder verkaufte, und zwar Ihnen, gerade Ihnen?«

Mühlbauer schlägt die Hände zusammen. »Weil er der Verantwortung nicht gewachsen war, meine Herren«, erwidert er. »Und daß er gerade mir das Geschäft verkaufte ... Ich war doch sein Darlehnsgeber, wir standen uns menschlich sehr gut. Das ist doch wohl einleuchtend.« Mühlbauer nimmt die Hände wieder herunter und legt sie auf seine breiten Schenkel. Die Itzigs können mir gar nichts, doch, eines, die können mich mal kreuzweise, die wissen ja gar nichts, die vermuten nur was (und gar nicht einmal unrichtig), aber wissen tun sie gar nichts, nicht soo viel. Da hat sich der schlaue Jidd vorhin doch verraten. So oder so ähnlich ist es gewesen, hat der gesagt. Mühlbauer lächelt vor sich hin. Friedrich Krüger ist längst tot, in Holland gefallen, Gott hab ihn selig, er war ein netter junger Mann, anstellig und willig und gerade mit jener Portion Doofheit begabt, die man als Chef bei seinen Angestellten so sehr schätzt.

Bernstein blinzelt ein paarmal unruhig. »Herr Mühlbauer«, sagt er mühsam, »so können Sie mit uns doch nicht ...« Er beendet den Satz nicht und schluckt heftig.

»Meine Herren«, sagt Mühlbauer abschließend und hebt bedauernd die Hände, »es tut mir aufrichtig leid. Ich habe Ihnen weit über das notwendige Maß hinaus Auskunft gegeben, ich tat es im Hinblick auf Ihren Herrn Vater ...«

Rosenthal schnellt auf. »Komm, Ernst«, sagt er befehlend und zieht die Schnalle seines Mantels fester. »Schade um jedes Wort, das wir *hier* mit Herrn Mühlbauer reden.« Er wendet sich Mühlbauer zu und kneift die Augen zusammen. »Aber wir werden uns noch an anderer Stelle sprechen. Darauf können Sie sich verlassen, Herr Mühlbauer!«

3.

Blockwalter Assmann tritt wieder in Erscheinung, aber nicht in Aktion

Ich bin gleich so weit, Herr Assmann«, sagt Mühlbauer ohne aufzublicken, »ich will nur rasch noch ein paar Briefe unterschreiben.«

»Bitte, bitte«, sagt Assmann. Er sitzt auf einem Stuhl vor Mühlbauers Schreibtisch im Wirtschaftsamt und blickt den Dicken verstohlen an. Was will der nur von ihm? Immer wieder hat er sich die Frage vorgelegt, seit ihn die Aufforderung Mühlbauers, ihn im Wirtschaftsamt aufzusuchen, erreicht hat. Irgendeinen Antrag habe ich doch nicht gestellt, ich habe mich doch überhaupt sehr zurückgehalten, mich klein und häßlich gemacht und in der Öffentlichkeit kaum sehen lassen. Irgendwelche persönlichen Beziehungen zu Mühlbauer habe ich auch nicht, nie welche gehabt ... Was will der also von mir?

Assmann blickt auf Mühlbauers fleischiges, rosiges Gesicht mit dem schlaffen Doppelkinn. Seine Lippen bewegen sich beim Lesen, jetzt setzt er seine weißliche, zarthäutige, massige Hand mit der Füllfeder in Bewegung und schnörkelt mit elegantem Schwung den Namen unter den Brief. Der hat es wieder mal geschafft! Solche Leute wie Mühlbauer schaffen es immer, die fallen stets wieder auf ihre Plattbeine, weiß der Henker, wie sie das machen. Der hat sein Geschäft und sein Haus behalten, und jetzt sitzt er sogar hier im Rathaus. Halt einmal, sein Geschäft? Ihm fällt die Unterredung ein, die er mit Mühlbauer an jenem Tag gehabt hat, als die Russen nach Lindenthal kamen. Der Mühlbauer hat das Geschäft des ollen Bernstein auf eine ganz raffinierte Weise an sich gebracht, indem er seinen jungen Mann vorschob. Niemand weiß das besser als er, Otto Assmann, damals Ortsobmann der Arbeitsfront.

»So, noch ein Brief«, sagt Mühlbauer und blickt kurz über den Rand seiner großen Hornbrille.

Assmann nickt ihm zu. Wenn es sich um diese Angelegenheit Bernstein handelt, weshalb bestellt der mich denn hierher ins Rathaus, zu Hause könnte er doch ... Ach, der weiß schon genau, was er tut. Na klar, der will mir demonstrieren, was für eine gewichtige Persönlichkeit er ist, nicht nur als Bürger von Lindenthal, sondern auch hier im Rathaus, im neuen Magistrat, und wenn er auch mit

Recht annehmen darf, daß dieses allen Leuten bekannt ist, der persönliche Augenschein ist doch ein viel überzeugenderer Beweis. Na, hören wir uns mal an, was er will.

Mühlbauer klappt die Unterschriftenmappe zu und schraubt die Füllfeder wieder ein. »So, mein lieber Herr Assmann«, sagt er jovial, »und nun zu Ihnen. Wie ist es Ihnen inzwischen ergangen? Das Leben noch frisch?«

Assmann nickt. »Danke«, erwidert er. Der hat mich doch nicht kommen lassen, um sich nach meinem Wohlbefinden zu erkundigen. Der braucht mich für irgendwas, er wird schon mit der Sprache herausrücken. Manchmal kann man auch einen ausrangierten Nazi noch gebrauchen.

Mühlbauer nimmt die Hornbrille ab und legt sie auf den Schreibtisch. »Und wie geht es Ihrer Gattin?« fragt er und legt die Stirn in Sorgenfalten. »Sie war doch, wenn ich mich recht erinnere, zur Zeit des Russeneinmarsches ernstlich erkrankt.«

»Sie ist wieder einigermaßen auf dem Posten«, antwortet Assmann kurz, weil ihn die Interesselosigkeit der Stimme, mit der Mühlbauer die Frage stellt, ärgert. Wie besorgt der tut, der fette Heuchler, und Gattin sagt er. Gleich wird er mir 'ne Zigarre anbieten.

»Wie ich sehe«, fährt Mühlbauer fort und spielt mit seiner Hornbrille, »sind Sie noch hier, im Gegensatz zu vielen Ihrer . . . na ja, Ihrer Parteigenossen. Ich freue mich für Sie, Herr Assmann, daß die Sache für Sie so glimpflich abgelaufen ist.«

Assmann kaut auf seinen Lippen. Nur weil der nicht in der Partei war, deshalb gibt er jetzt an wie 'ne Lore Affen, dabei sind solche Brüder wie der Mühlbauer, diese vollgefressenen Wänste, diese Dickärsche, die schlimmsten, die ziehen aus jedem System ihren Nutzen, die werden unter jedem Kaiser fett, die heulen immer mit den Wölfen, ob die nun ein braunes oder ein rotes Fell haben, aber ich muß jetzt die Schnauze halten, vielleicht brauch' ich ihn so wie er mich.

»Und Sie wollen also hierbleiben?« fragt Mühlbauer lauernd und ist bemüht, das große Interesse, das er an der Beantwortung dieser Frage hat, durch den sachlichen Ton, in dem er sie stellt, zu verbergen oder doch wenigstens abzuschwächen. »Die Verhaftungen gehen nämlich noch weiter, Sie wissen ja, mitunter genügt schon eine kleine Denunziation. Und Sie wissen sicher auch, in einer chaotischen Zeit wie dieser genügt schon ein mit Nachdruck geäußerter Verdacht, um Tatsachen zu erzeugen.«

Soll das 'ne Drohung sein? Assmann schneuzt sich umständlich, ehe er sagt: »Ich hab' mich entschlossen, hierzubleiben. Sehen Sie, Herr Mühlbauer, hier kennt mich jeder, und jeder kann bezeugen, daß ich nur 'n ganz kleines Würstchen war, daß ich nicht mehr gemacht habe als jeder andere auch.« Er steckt das Taschentuch wieder ein und blickt Mühlbauer herausfordernd an. »Und woanders, wo ich fremd bin, da können die Leute mich für sonstwas halten. Nein, nein, ich bleibe hier.«

Mühlbauer holt das Saffianetui aus der Brusttasche und hält es Assmann hin. »Na, Zigarre gefällig?«

Assmann greift zu und blinzelt zur Seite. Aus dem ist noch mehr herauszuholen als eine Zigarre. Mehr als Mühlbauers Mienenspiel verraten diese freundliche Geste, diese überraschend schnelle Aufforderung, daß er Hintergedanken hat, die er noch nicht ausspricht. »Danke verbindlichst«, sagt er und holt eine Schachtel Streichhölzer aus der Tasche.

Mühlbauer und Assmann beißen die Spitzen der Zigarren ab und brennen sie an. Sie tun die ersten Züge. Im Nebenraum klappern die Schreibmaschinen, Stimmen dringen gedämpft durch die Tür, draußen rattert eine Autokolonne vorüber, russische Soldaten singen, Liedfetzen fliegen wie Sturmwolken vorüber, im Sonnenstrahl, der durch das Fenster fällt, flirren die Stäubchen. In Mühlbauers Büro ist es ganz still, bis Mühlbauer seine fleischigen Hände schwer auf den Tisch fallen läßt.

»Ja, mein lieber Herr Assmann«, sagt er langsam, »die Ansichten darüber, wer nur ein kleines Würstchen oder eine große pralle Wurst war, gehen sehr auseinander, ich selbst bin mir gar nicht so klar darüber, wie Sie zu beurteilen sind.« Er blickt Assmann dabei fest an, um die Wirkung seiner Worte festzustellen.

Aha, denkt Assmann, der schüchtert mich erstmal ein, um dann ... Wenn der nun endlich sagen würde, was er von mir will, langsam wird mir das hier ungemütlich. Er denkt an jene Schrecksekunde, als eines Tages in seinem Hause zwei Männer mit roten Armbinden und ziemlich grimmigen Gesichtern auftauchten. Zwar stellte sich bald heraus, daß sie nur wegen der Wohnung gekommen waren, wegen freier Räume (und Assmann hatte, in der Freude darüber, daß sie von ihm persönlich nichts wollten, sofort und bereitwilligst ein Zimmer hergegeben), aber der Schreck sitzt noch in ihm und lebt sofort wieder heftig auf, wenn er nur von Verhaftung und Denunziation hört oder einen Mann mit einer roten Armbinde sieht. Hat nicht auch so mancher sein Mütchen gekühlt und sein ganz privates Süppchen am großen Feuer aufgewärmt?

»Es werden jetzt nämlich Kommissionen gebildet«, fährt Mühlbauer hinter seiner Zigarre mit vollkommen unbewegter Stimme fort, »in denen man darüber befinden wird, wer ein großer und wer ein kleiner Nazi gewesen ist.« Er besieht die Asche seiner Zigarre. »Ich werde wahrscheinlich in einer dieser Kommissionen sitzen, gewissermaßen als Vertreter der bürgerlichen Richtung. Ich könnte da für Sie ein gutes Wort einlegen.« Er streift die Asche der Zigarre ab und ermuntert sich. »Aber das wollte ich nur nebenbei erwähnen. Was machen Sie jetzt eigentlich, Herr Assmann?«

Der Gauner soll mir nichts erzählen von nebenbei erwähnen, das war sehr wohl berechnet. Das war eine Schlinge, die er ausgeworfen hat, und ich kann nichts machen, ich muß stillhalten, denkt Assmann ergeben, aber dann zuckt ein Zorn wie eine Stichflamme auf. Wenn's noch ein anständiger Kerl wäre, meinetwegen sogar einer von der Kommune oder ein Sozi oder irgendeiner, der nicht zum großen Haufen gehört hat, aber dieses dicke Schwein, das sich unter jedem Kaiser vollgefressen hat, ob der nun Wilhelm oder Ebert oder Hindenburg oder Adolf hieß, dieser Gesinnungsakrobat soll mich nun beurteilen, mehr noch, über mich urteilen, mich sogar verurteilen dürfen? Am liebsten hätte Assmann in das feiste, rosige Gesicht Mühlbauers geschlagen, die Faust in diese Selbstzufriedenheit hineingestoßen, aber er atmet nur schwer und unterdrückt seinen Widerwillen. »Was ich mache, Herr Mühlbauer?« fragt er und wundert sich, wie höflich ihm das noch über die Zunge gelaufen ist. »Gar nichts. Ab übermorgen soll das Sägewerk demontiert werden, dabei bin ich eingesetzt, aber 'ne Tätigkeit ist das wohl nicht.«

»Natürlich nicht«, bestätigt Mühlbauer und nickt so heftig, daß seine fleischigen Wangen hin und her wabbeln. »Aber das wird ja wohl nicht lange dauern. Was sind Sie eigentlich von Beruf?«

»Expedient«, antwortet Assmann. »Während der letzten Jahre war ich Lagerverwalter bei Schwartzkopff in Wildau.«

»Hm, hm«, grunzt Mühlbauer. »Also Expedient. Wäre nicht ausgeschlossen, daß ich Sie bei mir unterbringen könnte, sobald ich meine Geschäfte wieder eröffnet habe. Was halten Sie davon? Würden Sie bei mir arbeiten wollen?«

Assmann ist von diesem plötzlichen Angebot überrascht. Sogar eine Stellung bietet der ihm an! Da steckt doch was ganz Großes dahinter! Jetzt muß der mit der Sprache heraus. Blindlings lasse ich mich auf nichts mehr ein, nie mehr, einmal ist's passiert, und das hat mir gelangt. Er holt tief Luft und befeuchtet seine trockenen Lippen. »Entschuldigen Sie, Herr Mühlbauer, wenn ich mal frage«, beginnt er, »Sie erkundigen sich nach meinem Wohlergehen, nach meiner Frau, Sie wollen bei dieser Kommission für mich ein gutes Wort einlegen, jetzt bieten Sie mir sogar 'ne Stellung an, alles ganz gut und schön, aber das tun Sie doch nicht, weil ich Ihnen so ans Herz gewachsen oder weil ich Ihnen so sympathisch bin. Sie wollen doch was von mir, Herr Mühlbauer!«

Mühlbauer lächelt breit. »Sie merken aber auch alles«, sagt er gemütlich. »Natürlich will ich was von Ihnen. Umsonst ist nichts in dieser Welt.«

Assmann räuspert sich. Jetzt ist der endlich da angelangt, wo er hin wollte. Na, ich bin gespannt. »Und was soll ich tun?« fragt er.

»Vergessen«, sagt Mühlbauer und fuchtelt mit der Zigarre herum, »nichts als vergessen.«

»Vergessen?«

»Ja, Mann, und zwar die Sache mit dem Bernsteinschen Laden.«

Siehst du, das war es, das hab' ich mir doch gleich gedacht! Na schön, wenn weiter nichts ist. Die Hauptsache ist, daß der ... »Die Hauptsache ist aber, daß Sie auch Wort halten, Herr Mühlbauer. Ich werde schon das Meinige tun.«

»Ich halte Wort«, sagt Mühlbauer bestimmt, »das Wort eines ehrlichen Kaufmannes.« Assmann reibt sich die Nasenspitze. Eines ehrlichen Kaufmannes, sagt der. Eine Stirn haben die Leute! Aber was soll ich machen? »Ich kann mich auf nichts besinnen«, sagt Assmann und lächelt dazu. »Aber was ist mit diesem Krüger?«

Mühlbauer winkt ab. »Der ist schon vierzig gefallen, in Holland, von dieser Seite aus ... Aber damit Sie's wissen: Es geht mir bei dieser Sache nicht allein um mein Geschäft, es geht um das deutsche Volksvermögen, denn mit einem Mal sind die Juden wieder da, Herr Bernstein und Herr Rosenthal.« Er lacht meckernd. »Schöne Namen, was? Möchten Sie Bernstein heißen oder Rosenthal?«

Assmann sitzt starr da. Ah, sieh an, aus dieser Luke pfeift der Wind. Das ist hier keine theoretische Erörterung, das ist ... Was weiß ich, was das ist, aber der hat mich und mein schlechtes Gedächtnis nötig, sonst ist womöglich sein Geschäft im Eimer. Aber von wegen deutsches Volksvermögen, du Riesenarschloch du! Für wie dumm hält der mich eigentlich? Verdammt, daß so ein Kerl einen in der Hand hat.

Mühlbauer beugt sich vor und legt die Hände auf den Schreibtisch. »Unsere politischen Anschauungen, Herr Assmann, sind zweifellos nicht die gleichen, ich bin nie ein Nazi gewesen – wie Sie«, sagt er und hebt die Hände, »aber in bezug auf die Juden sind wir doch so ziemlich einer Meinung, nicht wahr?«

Assmann nickt flüchtig. Was interessieren mich die Juden, denkt er, aber dieses dicke Schwein da ist schlimmer als eine ganze Synagoge.

Achtes Kapitel
Die Aktion Kranzow

1.

Rauer hat einen nahrhaften Ausflug nach Berlin gemacht

Rauer trottet durch den Köckeritzer Wald. Ab und zu beschleunigt er den Schritt, denn er möchte gern, nein, er muß ja vor Beginn der Sperrstunde wieder in Lindenthal sein. Aber er ist müde, der Rucksack wird immer schwerer, und so verfällt er bald wieder in seinen schleppenden Schritt. Es muß schon gegen neun Uhr sein, denn die Dämmerung geht schon sacht in Dunkelheit über. Die hohen Wipfel der Kiefern beginnen sich scharf gegen den Himmel abzuzeichnen. Zwischen den Stämmen sind Schleier aufgehängt, die sich immer mehr verdichten. Die ersten Sterne blinken auf, der Geruch des Mooses wird intensiver.

Rauer blickt auf den Rücken des alten Mannes, der ein paar Meter vor ihm geht und ein kleines Wägelchen zieht. Die niedrigen Räder versinken immer wieder im Sande des Waldweges. Der alte Mann quält sich sehr, er hat beide Hände um den Griff der Deichsel gekrampft und liegt fast schräg, wenn er die Füße gegen den Boden stemmt, um eine besonders tiefe Sandstelle zu überwinden. Der kleine Wagen ist hoch beladen, mit allerlei Hausrat, einem alten, zerbeulten Koffer, mit Persil-Kartons, einer Zinkwanne, ein paar Eimern, einer großen Bratpfanne, einem alten Fahrradrahmen, aber immerhin könnte man doch noch ...

Rauer ermuntert sich und trabt los. Bald hat er den alten Mann eingeholt. Als Rauer kurz hinter ihm ist, dreht sich der alte Mann erschrocken um. Seine trüben, wässerigen Augen flackern angsterfüllt, sein halblanger, strähniger, weißgrauer Bart zittert, sein eingefallener zahnloser Mund ist halb geöffnet. Rauer legt dem alten Mann begütigend eine Hand auf die Schulter. »Keine Angst, Opa«, sagt er freundlich. »Ich wollt' nur fragen, ob ich meinen Rucksack auf Ihren Wagen legen darf, ich helfe Ihnen dann beim Ziehen.«

Der alte Mann mustert Rauer eindringlich und mahlt mit seinen zahnlosen Kiefern, dann nickt er, nicht gerade freundlich, aber auch nicht sehr unwirsch. »Legen Sie ihn man rauf«, murmelt er.

Rauer verstaut seinen Rucksack sorgfältig zwischen der Zinkwanne und der Holzkiste, dann greift er nach der Deichsel. »Na, dann mit vereinten Kräften. Wollen Sie auch nach Lindenthal?«

»Nach Köckeritz«, antwortet der alte Mann kurz.

»Dann haben wir ja 'n hübsches Stück Weg gemeinsam«, meint Rauer.

Der alte Mann nickt nur und blickt Rauer prüfend von der Seite an.

Ich sehe ja wohl nicht gerade wie ein Räuber aus, denkt Rauer, aber mißtrauisch ist der Alte doch, und er hat ja recht. Das bißchen Kram, das er auf seinem Wägelchen hat, ist vielleicht alles, was er noch besitzt, was von einem – Rauer blickt auf die verarbeiteten, mageren, dick geäderten Hände des Alten – langen, arbeitsreichen Leben übrig geblieben ist. Er möchte mit dem Alten in ein Gespräch kommen, ihm ein paar gute Worte geben, ihm so etwas wie Trost verabreichen. »Sind Sie auch mit dem Zug vom Görlitzer Bahnhof gekommen?« fragt er zunächst.

Der alte Mann schüttelt den Kopf. »Von Bohnsdorf«, antwortet er, ohne den Kopf zu heben. »Zu Fuß.«

Rauer stellt noch ein paar Fragen, aber der Alte gibt nur einsilbige Antworten, manchmal brummt er nur »hm« vor sich hin, offenbar ist er nicht zu einem Gespräch aufgelegt. Rauer gibt es wieder auf. Wenn der nicht reden will, soll ihm das auch recht sein.

So ziehen sie den Wagen schweigend. Ab und zu blickt Rauer sich um, um sich zu vergewissern, daß sie auch nichts verloren haben oder ob sich nicht irgendein Verdächtiger nähert. Der Wald zwischen Grünau und Köckeritz gilt nicht gerade als sicher. Bei hereinbrechender Dunkelheit ist es ohnehin riskant, unterwegs zu sein, nicht nur zwischen Grünau und Köckeritz, sondern auf allen Straßen und Wegen, aber Rauer kann nichts entdecken, was Anlaß zu übermäßigen Besorgnissen zu geben vermöchte, zu übermäßigen, denn angsterregend ist heutzutage nicht nur jeder Russe, auch fast jeder Fremde, besonders aber in der Waldeinsamkeit und wenn man einen prall gefüllten Rucksack oder einen Handwagen bei sich hat.

Die Leute jedoch, die vor oder hinter ihnen auf dem Waldweg nach Köckeritz und Lindenthal sind, dürften kaum Wegelagerer sein, denen ist es wahrscheinlich ebenso ergangen wie Rauer. Er hatte auf dem Görlitzer Bahnhof gerade noch den Dampfzug nach Königs Wusterhausen erwischt, den einzigen, der während der zweiten Tageshälfte fährt. Früher fuhren, wie Rauer sich erinnert, so etwa vierzig Züge am Tag, aber früher ist vorbei und kommt so bald nicht wieder. Und doch ist dieser einzige Zug, mit einer zerbeulten, durchlöcherten, notdürftig geflickten Lokomotive und halbzerstörten Waggons, teils ohne Türen, meist ohne Bänke, ohne die winzigste Spur von Glas in den Fenstern, trotzdem ist dieser Zug schon fast ein Wunder, weil er wirklich fährt. Er hat sogar einen Fahrplan, aber der wird nie eingehalten, weil der Zug erst abfahren kann, wenn der Bahnhofskommandant in Königs Wusterhausen die Fahrerlaubnis erteilt. Und da der Kommandant oft keine Lust hat, sie zu erteilen, entweder weil er schlechter Laune oder betrunken oder gar nicht da ist und sein Stellvertreter jede Verantwortung von sich fernhält, so kommt es eben zu den stundenlangen Verspätungen, oft fällt der Zug auch aus.

Rauer hatte sogar noch einen Platz bekommen, einen Platz auf dem Trittbrett, versteht sich, denn die Abteile waren schon lange vor der Abfahrt überfüllt. Die Bremserhäuschen, die Puffer, die Kupplungen, die Trittbretter, die Dächer, der Tender, sogar der Platz vor der Rauchkammer der Lokomotive waren schon besetzt, es war ein seltenes Glück, daß Rauer noch eine kleine Lücke auf einem der Trittbretter fand. Der Zug war sogar einigermaßen pünktlich abgefahren (was man jetzt so unter pünktlich versteht, mit nur zwanzig Minuten Verspätung), aber er hatte über drei Stunden auf dem Betriebsbahnhof Schöneweide gestanden, und in Grünau hieß es nach, wie es schien, endloser Wartezeit dann schließlich: »Alles aussteigen, der Zug setzt hier aus.« Der Lokomotive war die Puste ausgegangen, oder auf der nunmehr eingleisigen Strecke war ein Zug liegen geblieben, niemand wußte etwas Genaues. So ist Rauer jetzt, um diese Abendstunde, da er hätte längst zu Hause sein müssen, immer noch unterwegs, er mag gar nicht ausrechnen, wieviel Stunden Verspätung er hat.

Gewiß, er hätte auch Zieglers Fahrrad benutzen können, er hat es ihm angeboten, und Edith hat ihm auch eine Bescheinigung besorgt. »Herr Herbert Rauer, Lindenthal, Eschenstraße 27, hat für die Stadtverwaltung Lindenthal wichtige Angelegenheiten in Berlin zu erledigen. Es wird gebeten, ihm sein Fahrrad zu belassen«, in Deutsch und Russisch stand es auf einem schönen amtlichen Briefbogen, aber Rauer hat es doch vorgezogen, mit der Eisenbahn zu fahren, zu oft hat er davon gehört, daß die Russen sich um derartige Bescheinigungen nicht kümmern. Sie schreien zwar immer »Dokument! Dokument!« aber wenn man es ihnen vorweist, dann lachen sie einen aus, zeigen auf den Stempel der Kennkarte (der ja noch den Adler mit dem Hakenkreuz trägt), sagen »Du Faschist!« und das Fahrrad oder was man sonst bei sich hat ist verloren.

Immer wieder wendet Rauer sich um und blickt zufrieden auf seinen Rucksack. Es hat sich gelohnt, die Expedition nach Berlin zu unternehmen, und er hat eigentlich, nein, nicht eigentlich, er hat tatsächlich nichts Unrechtes getan. Gott, ja, er hat ein bißchen geschwindelt, aber das hat niemandem weh getan.

Er ist bei Fahlbusch gewesen, bei Herrn Bäckermeister Fahlbusch in der Heinrich-Roller-Straße, und hat ihm berichtet, daß in seinem, Fahlbuschs, Holzhaus eine junge Frau mit einem Kind eingewiesen worden ist, die, wovon er sich selbst überzeugt hat, das Haus tadellos in Ordnung hält, die Einrichtung schonend behandelt und sogar den großen Garten bestellt, sie hat Beete angelegt, die Kieswege ordentlich geharkt, die Obstbäume mit Leimringen versehen, sogar den Zaun geflickt. »Sie können sehr zufrieden sein mit solch einer Mieterin, Herr Fahlbusch«, hat Rauer gesagt.

Daß Frau Dietzmann auf Befehl des Kommandanten in das Haus eingewiesen worden ist, das behält Rauer für sich, nicht nur, weil er Herrn Bäckermeister Fahlbusch in dem Glauben erhalten möchte, daß Rauer es war, der Frau Dietzmann diese Wohnung zugesprochen hat, sondern auch, weil er sich geniert, daß gerade diese Frau Dietzmann das Häuschen beziehen durfte. Sie ist, wie er von ihr selbst gehört hat, Kreisfrauenschaftsleiterin gewesen und immer noch stolz darauf, aber ... Ja, sie ist als Laborantin beim Zahnarzt Dr. Holzendorff beschäftigt, der sogar der SS angehört hat. Da jedoch Dr. Holzendorff ein tüchtiger Zahnarzt und Frau Dietzmann seine beste Laborantin ist und die russischen Offiziere eine unbezähmbare Vorliebe für Goldzähne haben, erfreuen sich beide der großen Gunst des Orts- und des Kreiskommandanten, sie werden mit Lebensmitteln überhäuft und machen noch ihren Schnitt mit dem Beutegold, das die Offiziere für ihre Zähne bringen.

Fahlbusch hat genickt, ihm die Hand dankbar geschüttelt und gar nicht gefragt, ob das nun Rauers Verdienst sei, das hat er als selbstverständlich angenommen, und Rauer hat ihn in dieser Ansicht bestärkt, ohne daß er es nötig hatte, ganz direkt zu schwindeln. Es ist wohl die Art, wie Rauer aufgetreten ist, daß in Fahlbusch erst gar keine andere Auffassung aufkommen konnte.

»Ob und in welcher Höhe Frau Dietzmann eine Miete zu bezahlen hat«, hatte Rauer dann in einem Ton versichert, als ob er an dieser

Entscheidung maßgeblich beteiligt sei, »vermag ich jetzt noch nicht zu sagen, aber ich werde Sie sofort davon verständigen«, und er hatte durchblicken lassen, daß die junge Frau Dietzmann, wie schon gesagt, sehr sauber und fleißig, aber auch wohl recht gerissen sei.

Fahlbusch hatte immer nur genickt und dazu gemeint, er überlasse es Rauer, er solle sich gewissermaßen als sein Treuhänder betrachten. Aber dann war Fahlbusch ins Erzählen gekommen, hatte lang und breit die Geschichte berichtet, wie man ihn in die NSDAP hineingezwungen hätte, und Rauer hatte ihn nicht zu unterbrechen gewagt, obwohl er die Geschichte ja schon kannte. Er hatte geduldig zugehört und gewartet, gewartet, gewartet. Sollte Fahlbusch sein Versprechen etwa vergessen haben? Was interessierten ihn schon Fahlbuschs Geschichten und seine Meinungen über dies und das. Rauer war zu Fahlbusch gekommen, um dessen Erkenntlichkeiten entgegenzunehmen, das müßte der Mann doch wissen. Er hatte doch schon davon gehört, wie es in Lindenthal aussah, nämlich daß man dort buchstäblich hungerte, wenigstens was die Ausgebombten und Flüchtlinge betraf.

In Rauer hatte sich die Ungeduld bereits in Ärger verwandelt, und der Ärger begann bereits Zorn abzusondern, doch da war Fahlbusch mit einem Lächeln aufgestanden und hatte gesagt: »Sie haben doch was mit, Herr Rauer, 'ne Tasche oder 'n Rucksack?« Rauer wies seinen Rucksack vor, ein gewaltiges Ding, wie für einen Zeitungsfahrer, sie gingen hinunter in den Keller, zuerst in die Backstube. Hier war Fahlbusch stehengeblieben, hatte gefragt: »Waren Sie schon einmal in einer Backstube?« und fing dann, als Rauer verneinte, des langen und des breiten an, den Betrieb einer Bäckerei zu erläutern.

Rauer, sonst stets begierig, Neues kennenzulernen, hatte geduldig zugehört und flüchtig auf die vielen Gerätschaften und Maschinen geblickt, auf Backtrog und Knetbrett, auf die Knet- und Schlagmaschine. Er hatte sich auseinandersetzen lassen, was eine Streiche, was ein Butterpinsel und ein Beutebesen ist. Als Fahlbusch aber nicht aufhörte, war Rauer ungeduldig geworden. Jetzt komm aber mal rüber mit den Schmalzstullen, verehrter Herr Fahlbusch, hätte er am liebsten gesagt, aber er ließ nur ein paar Worte fallen, daß er heute nachmittag noch nach Lindenthal zurück müßte, doch das hatte auf Fahlbusch kaum Eindruck gemacht. Der fuhr fort, umständlich und pedantisch zu erklären, so daß in Rauer schließlich der Verdacht aufkam: Der will dich hinhalten und auf die Folter spannen, das ist so seine kleine Rache. Der will dich fühlen lassen, daß er zwar abhängig von dir ist, daß er dich aber auch so ein bißchen in der Hand hat, daß du nicht weniger in seiner Macht bist.

Na schön, hatte Rauer sich seufzend gesagt, da kannst du nichts machen, hatte Interesse für den Backofen, das Manometer und den Lüfter gezeigt, eigentlich geheuchelt, und schließlich in die Backröhre geblickt. Aber dann waren sie schließlich doch in einen Raum gegangen, der offenbar die Vorratskammer war. Säcke mit Mehl hatten da herumgestanden, in den Regalen waren Kartons, lagen frische Brote, sogar Bleche mit Kuchen, eine Semmellatte mit Judenzöpfen, so einer Art Weißbrot.

»Wir werden scharf kontrolliert«, hatte Fahlbusch gesagt und war nachdenklich vor einem offenen Mehlsack stehen geblieben. »Haben Sie Tüten mit, Herr Rauer?« hatte er dann gefragt. Tüten, *Tüten* hat er gesagt, nicht *eine* Tüte, hatte es Rauer durchfahren. Er hatte vor Aufregung kaum antworten können, mit fliegenden Händen seinen Rucksack aufgeschnürt und wortlos ein paar Leinenbeutel auf den Tisch gelegt.

Rauer wirft wieder einmal einen Blick auf das Wägelchen des alten Mannes und stellt befriedigt fest: Der Rucksack ist noch darauf, prall gefüllt und fest verschnürt und in ihm befinden sich ... Zum wievielten Male rechnet er sich das selbst vor und versucht dabei, sich Gerdas Gesicht vorzustellen, wenn er langsam und bedächtig auspacken wird. Ja, also er bringt zwei Beutel mit hellem Mehl, sicher an die fünf Pfund, einen Beutel mit Zucker, schätzungsweise drei Pfund, drei große Roggenbrote und einen Judenzopf mit nach Hause. Die fünf Schrippen hat er unterwegs bereits aufgegessen, er konnte nicht widerstehen, und außerdem war der Hunger zu groß, denn Gerda hatte ihm für den ganzen Tag nur vier geröstete Scheiben Brot, kahl und blank, Karo einfach, mitgeben können, da war es doch wohl sein gutes Recht ...

Und noch in einer anderen Beziehung hat sich der Ausflug nach Berlin gelohnt. So schrecklich der Anblick der zerstörten Stadt, so niederdrückend der Gang durch die unzähligen Ruinenstraßen war, so ermutigend war es doch zu sehen, daß das Leben in ihr nicht erstorben war, sondern pulsierte, hart und unregelmäßig zwar, aber kräftig. Rauer hatte gesehen, daß die Berliner daran gegangen waren, die Trümmer beiseitezuräumen, die Schächte der Untergrundbahnen leerzupumpen. Schon fuhren wieder ein paar Straßenbahnen. In einigen Stadtteilen gab es bereits wieder Gas und Wasser, an manchen Stellen schlugen russische Pioniere behelfsmäßige Brükken, an den Kreuzungspunkten standen Frauen in russischen Uniformen und versuchten, den Verkehr zu regeln. In den Straßen arbeiten Männer und Frauen unter der Aufsicht russischer Soldaten, die mit gespannter MP dabeistehen und in regelmäßigen Abständen »Dawei, dawei!« oder »Rabotti, rabotti!« schreien.

Immerhin, so hat Rauer gedacht, sie bringen so etwas wie eine Ordnung in die Ruinenstadt. Wie hat Ziegler neulich gesagt? »Die Russen werden uns helfen, ein neues Leben aufzubauen!« Diese Meinung hatte Rauer ausgesprochen, als er in der Wiener Straße den Trümmerarbeitern zusah, aber der Mann neben ihm hatte nur grimmig gelacht und gemeint: »Du glaubst doch nicht, daß die das unsretwegen machen? Damit sie die Maschinen noch rasch abtransportieren können, bevor der Ami und die Engländer nach Berlin kommen, darum lassen sie die Straßen aufräumen und rasch ein paar Brücken bauen. Die tun nischt für uns, mein lieber Scholli!«

Rauer hatte die Reden des Mannes ärgerlich abgeschüttelt, aber er muß zugeben, daß sie nicht so ganz unlogisch waren, denn er hat es ja selbst gesehen, daß viele Betriebe in ungeheurer Eile demontiert werden, Mauerwände werden eingerissen, um Maschinen herauszuholen, und es sind nicht nur die Rüstungsbetriebe, die abgebaut werden, auch Zuckerfabriken, Druckereien, Spinnereien, Webereien werden ...

»Wie bitte?« Der alte Mann hat etwas gefragt.

»Ich habe gefragt, ob Sie eine Uhr bei sich haben«, sagt der Alte. »Ich hätte gern gewußt, wie spät es ist. Um zehn Uhr ist doch Sperrstunde.«

Rauer muß sich erst auf die Frage konzentrieren, so sehr ist er mit seinen Gedanken noch in Fahlbuschs Backstube gewesen. »Wer trägt denn jetzt eine Uhr mit sich herum?« sagt er und überlegt. Wie spät es ist? Das muß er erst einmal ausrechnen. So um siebzehn Uhr ist der Zug vom Görlitzer Bahnhof abgefahren, siebzehn Uhr plus Wartezeit in Schöneweide plus Fahrt und Wartezeit in Grünau, dann der Weg vom Bahnhof Grünau durch den Köckeritzer Wald ... Er blickt in den Himmel, der jetzt fast dunkelblau ist. »Neun, halb zehn, schätze ich.«

Der Alte nickt. »Dann wolln wir 'n bißchen zumachen«, brummelt er vorwurfsvoll. »Fassen Sie ruhig 'n bißchen fester zu. So 'n junger Kerl!«

Ohne mich wären Sie noch nicht so weit, will Rauer antworten, aber er läßt es. Die Alten sind heute komisch.

Sie trotten nebeneinander her. Der Weg wird jetzt fester. Nun, da die Häuser von Köckeritz am Ende des Waldes auftauchen, wird der Alte plötzlich gesprächig.

»Sie wohnen in Lindenthal?«

Rauer nickt.

»Was machen Sie denn da?« fragt er weiter, und im Unterton seiner Stimme ist so etwas wie Schärfe. »Ich überleg' schon 'ne ganze Weile hin und her, weil Sie mir bekannt vorkommen. Kann das stimmen, daß ich Sie schon auf dem Amt gesehen habe?«

»Das ist möglich«, erwidert Rauer. »Ich bin im Rathaus beschäftigt, Rauer ist mein Name.«

»Dann sind Sie also auch daran schuldig!« schreit der Alte los.

Das kommt so heftig, daß Rauer zusammenschrickt. Es ist dunkel, Rauer kann das Gesicht des Alten nicht mehr deutlich erkennen, aber er kann sich vorstellen, daß der Großvaterbart zittert, daß dem Alten der Speichel aus dem zahnlosen Mund rinnt. »Schuldig?« fragt er. »Woran schuldig?« Habe ich ihm ein Zimmer beschlagnahmt? überlegt er. Ich kann mich nicht besinnen.

»Das fragen Sie auch noch?« eifert der Alte. »Daß ihr Köckeritz einfach zu eurem lausigen Lindenthal geschlagen habt!«

Ach, darum geht es. Rauer atmet auf. Köckeritz gehört verwaltungsmäßig zu Berlin, aber da es von Berlin durch den großen Grünauer Forst getrennt ist, wurde es seit dem Einmarsch der Roten Armee von Lindenthal, von dem es nur eine halbe Straßenbreite getrennt ist, mitverwaltet. Niemand hatte zuerst etwas dagegen einzuwenden. Lindenthal und Köckeritz waren vom Krieg fast völlig verschont geblieben, kaum eine Fensterscheibe war entzweigegangen. In Lindenthal war bereits eine straff organisierte Kommandantur eingerichtet worden, hatte schon ein einigermaßen geordnetes Leben wieder begonnen, während in Berlin noch hart gekämpft wurde und man nach dem Abschluß der Kämpfe glauben mochte, daß in dieser Wüste rauchender Trümmer und schwelender Ruinen, dem offenen Massengrab von Hunderttausenden nie wieder ein auch nur annähernd normales Leben möglich sein würde. Köckeritz gehört ja eigentlich auch zu Lindenthal, hatten die Köckeritzer damals gesagt, sehr zufrieden darüber, sich an eine intakt gebliebene Stadt anlehnen zu können. Als aber auch in Berlin eine neue Ordnung sich abzuzeichnen begann, wieder Lebensmittelkarten ausgegeben und sogar teilweise beliefert wurden, wurden die Köckeritzer unruhig und besannen darauf, daß sie ja eigentlich zu Berlin gehörten. Aber der zuständige Verwaltungsbezirk war weit, die Köckeritzer hatten bis jetzt noch nicht die neuen Berliner Lebensmittelkarten erhalten. Sie besaßen lediglich den Lindenthaler Bezugsausweis, auf den bisher in drei Wochen ein Brot und sonst gar nichts zugeteilt worden war.

»Das ist eine Gemeinheit, eine ganz große Gemeinheit!« belfert der Alte. »Und ihr seid schuld daran! Wir gehören zu Berlin, wir haben genau die gleichen Rechte wie die Berliner, wir wollen nichts zu tun haben mit euerm Scheißlindenthal!«

Rauer kennt die Melodie, nicht nur die Köckeritzer, auch die Lindenthaler singen sie, und er hat beiden immer das Gleiche geantwortet. »Hören Sie mal zu, Opa«, sagt er ruhig, »Sie hier in Köckeritz können überhaupt nicht mitreden, Sie leben doch hier in einer Oase, jeder hat sein Häuschen und seinen Garten. Sie haben doch im Vergleich mit den Berlinern überhaupt nichts mitgemacht. Danken Sie Gott, wenn Sie noch an ihn glauben, und meckern Sie nicht.« Das mit dem Meckern hätte ich mir sparen können, denkt Rauer, aber diese Leute können einen ja auch reizen . . .

»Das ist ganz egal«, zetert der Alte, »wir sind Berliner und damit basta! Mit euerm Drecknest wollen wir nichts zu tun haben.«

»Erlauben Sie mal . . .«

»Und was ist mit der Beschlagnahme bei Kranzow?« schreit der Alte wütend. »Das freßt ihr im Rathaus wohl ganz alleine auf?«

»Ich weiß von keiner Beschlagnahme«, sagt Rauer. »Wovon reden Sie überhaupt?«

»Weiß nicht, weiß nicht«, kreischt der Alte. »Ihr seid alle ein Gelichter.« Er reißt die Deichsel herum, auf einen Nebenweg zu, der zu einem Hause am Rande der Schonung führt. »Ich bin hier zu Hause.«

Rauer antwortet nicht, er läßt die Deichsel los, nimmt seinen Rucksack auf und schultert ihn. »Schlafen Sie gut, Opa«, sagt er, legt zwei Finger an den Hutrand und geht weiter.

Der Alte kann sich noch immer nicht beruhigen. »Scheißlindenthal! Scheißlindenthal!« schreit er hinter Rauer her.

Als Rauer sich noch einmal umdreht, sieht er, daß der Alte ihm mit der Faust hinterherdroht. Dann wird er in der herabgesunkenen Dämmerung zu einem Schatten.

2.

Frau Burmester hat ein Amt, das Sorgen bereitet und Angst einbringt

Sie möchte mit beiden Fäusten auf den Tisch trommeln, sie möchte wild um sich schlagen und laut schreien . . . ja, schreien. Aber was? Und wem soll sie ihre Qual ins Gesicht schreien, ihre Ohnmacht, ihre Hilflosigkeit?

Frau Burmester sinkt in sich zusammen, stützt den Kopf schwer in die Hand und schließt die Augen, dann seufzt sie tief auf, fast ist es ein Stöhnen. Soviel Not, soviel Elend, soviel Jammer türmen sich vor ihr auf, und sie sitzt mit leeren Händen da. Ihr ist, als sei auch sie selbst ganz ausgeleert, soviel bedauernde Worte hat sie sagen, soviel Trost hat sie zusprechen, soviel Mut hat sie den Leuten einflößen müssen, daß letztlich für sie selbst kein Endchen Trost, kein Fädchen Mut mehr übrig geblieben ist. Vom Bedauern will sie schon gar nicht reden, denn sie bedauert sich selbst nicht, obwohl . . . Nein, nein, sie will keine Gedanken an ihre privaten Sorgen und Kümmernisse wenden, das kann sie sich jetzt nicht leisten, dafür hat sie jetzt keine Zeit, darf sie keine Zeit haben.

Sie glaubte, gewußt zu haben, welche Aufgabe sie hier auf sich nahm, aber so schwer, nein, so schwer hatte sie sich die Arbeit nicht vorgestellt, das hat sie nicht geahnt: Ein Ernährungsamt ohne Ernährung, ohne jede Aussicht auf geregelte Zufuhren, ein Ernährungsamt, angewiesen auf zufällige Lieferungen und Tauschgeschäfte – die zudem noch ständig bedroht sind von willkürlichen Beschlagnahmen. Sie will das Wort Plünderungen nicht denken, aber es drängt sich ihr auf, die Enttäuschung über das Auftreten der Roten Armee wühlt wie ein körperlicher Schmerz in ihr, wie damals, als Stalin mit Hitler den Nichtangriffspakt abschloß und Polen aufgeteilt wurde. Um sich abzulenken, lenkt sie die Gedanken auf Weidinger, diesen Wieselflinken, diesen ausgekochten Burschen. Wie hat sie sich gegen seinen Plan gewendet, mit Holz in den Spreewald zu fahren, mit wertvollem Schnittholz, das in Berlin so dringend benötigt wird. Ist das eine Basis, um die Bevölkerung zu versorgen? Ob man zur Naturalwirtschaft zurückkehren wolle, hatte sie wütend gefragt. Bis die Verhältnisse sich geklärt hätten, bliebe kein anderer Ausweg, war ihr entgegnet worden. Oder ob sie einen anderen

Ausweg wüßte, hatte der Bürgermeister sie gefragt und sie dabei ärgerlich angesehen. Es sei im Augenblick die einzige Möglichkeit, man müßte die Lebensmittel nehmen, wo man sie bekäme und dabei nicht zimperlich in der Wahl der Mittel sein; ob sie nicht wisse, was der Kommandant gesagt habe, nämlich daß die kleinen Städte sich vorerst selber irgendwie helfen müßten. Berlin gehe vor. So war ihre Abwehr schwächer geworden, sie hatte schließlich nachgegeben, zumal Steinle und Wernicke resigniert die Schultern gehoben hatten. Ziegler hatte übrigens unbeteiligt dabeigestanden, weder ja noch nein gesagt.

Frau Burmester seufzt noch einmal tief auf und drückt die Handflächen gegen den Leib, da, wo Galle und Leber sitzen, dann bewegt sie sich heftig hin und her, als könnte sie damit die Schmerzen und die Sorgen aus sich herausschütteln. Sie schluckt krampfhaft, um einen Brechreiz zu unterdrücken. Jetzt nicht weich werden, sich nicht von Sorgen niederdrücken und von Schmerzen überwältigen lassen. Man muß den Dingen ins Gesicht sehen, auch wenn dieses Gesicht noch so medusenhaft verzerrt ist. Sie strafft sich und öffnet entschlossen die Augen. Man darf die Krankheit einfach nicht beachten. Wer soll es denn schaffen, wenn nicht wir? Das ist doch die Stunde, auf die wir gewartet haben. Da gibt es keine Rücksicht auf die eigene Person, schon gar nicht etwa Selbstbemitleidung.

»Wir haben jetzt die Hände an der Spritze«, hat Alfons Steinle gesagt, »die lassen wir nicht mehr los, und wenn sie uns noch so sehr auf die Hände trampeln. Nur sauber müssen die Hände sein und sauber müssen sie bleiben.«

Sie zieht den Zettel, der auf dem Schreibtisch liegt, zu sich heran. Das ist, besser, das war der gestrige Bestand, über den sie in ganz besonders dringenden Fällen zu verfügen berechtigt ist: einige hundert Dreipfundbrote, rund ein Zentner Nährmittel, Grieß, Erbsen, Linsen, Mondamin, Maizena, etwa vierzig Pfund Zucker und sonst nichts, keine Kartoffeln, nicht ein Gramm Fett, nicht ein Gramm Fleisch – und die Stadt, ihre mehr als achttausend Einwohner, warten auf Zuteilungen.

Sie beginnt zu rechnen und die heute ausgegebenen Mengen vom Bestand abzusetzen. Es ist nicht viel, denn sie hat gespart, geknausert, um jedes Pfund gerungen, in den Leuten wie ein Inquisitor gewühlt, ob sie nicht doch noch irgendwelche Reserven hätten, ob sie wirklich zu den Bedürftigsten gehörten. Sie hat auch die Ballettmädel wieder fortgeschickt, die frech und herausfordernd Anweisungen des Kommandanten vorlegten, und sich von ihren Drohungen nicht einschüchtern lassen. Sie ist entschlossen, die kleine Reserve, die noch bei den Kaufleuten lagert, so zweckmäßig wie möglich ...

Ach, und dann fällt ihr ein ... Die Hand sinkt kraftlos auf das Papier, der Bleistift entfällt ihren Fingern. Sie hat ja vergessen, daß der Bestand sich außerdem um zwanzig Pfund Zucker, fünfzehn Pfund Grieß, vierundzwanzig Packungen Mondamin und Maizena verringert hat. Janotta ist ganz früh dagewesen. Dort, vor dem Schreibtisch hat er gestanden, das wohlgenährte Gesicht in kummervolle Falten gelegt und die Arme bedauernd weit ausgebreitet. Er bäte, keine Bezugsscheine mehr auf sein Geschäft auszustellen. Bei ihm sei in der vergangenen Nacht eingebrochen, sein Lager total ausgeräumt worden. Frau Burmester hat es mit kalter Wut zur Kenntnis genommen. Sie hat ihm nicht geglaubt. Sie hält den Einbruch für fingiert, aber sie kann es ihm nicht beweisen, so hat sie ihn nur dafür tadeln können, daß er die Hintertür ungenügend gesichert hatte, und ihm gedroht, ihn zukünftig von der Verteilung von Lebensmitteln auszuschließen, das war alles, was sie hat tun können. Sie glaubt Janotta nicht, diesem Schuft, der dreiunddreißig oder vierunddreißig die Konsumfiliale für einen Pappenstiel in seinen Besitz gebracht hat und jetzt fortwährend angeschwänzelt kommt, seine Dienste zur Verfügung stellt (er hat ja das größte und modernste Lebensmittelgeschäft in Lindenthal) und am liebsten in die Kommunistische Partei eintreten möchte, wenn es sie schon wieder gäbe. Dieser Janotta ist ein Mann, der seine Vergangenheit glatt vergessen, der überhaupt keine Vergangenheit hat, der wie neugeboren in eine neue Zeit tritt.

»Ja, ich war in der Partei, ich mußte doch drin sein, mein Gott, das war doch eine reine Formalität, Frau Burmester«, hat er damals gesagt, als die neue Verwaltung zu arbeiten begann, und sich, wie stets, die Hände gerieben, es ist unklar, ob er es aus Verlegenheit tut oder weil ihn friert. Dieser ekelhafte Kerl, wenn man ihn ansieht, hat man das Gefühl, daß er nur aus weichem, nachgiebigem Fleisch besteht. Nicht daß er in der Partei war, vermerkt Frau Burmester so übel (er ist wirklich nur ein »kleiner Pg«, ein Nomineller gewesen, wie der landläufige Ausdruck jetzt lautet), es ist die unterwürfige Bereitwilligkeit Janottas, die ihr zuwider ist.

Hat es nicht eben geklopft? Frau Burmester lauscht zur Tür hin. Ja, jetzt klopft es wieder. »Herein!« ruft sie laut und fährt sich mit der

Hand über das Gesicht, als könnte sie die Falten der Sorge und des Kummers fortwischen.

Eine junge Frau mit einem Kind auf dem Arm tritt ein. Sie bleibt an der Schwelle stehen und drückt die Tür hinter sich zu. Sie trägt das Kind, das in ein dunkles Wolltuch eingeschlagen ist, auf dem linken Arm. Zuckte der rechte Arm nicht, als sie sich dem Schreibtisch zuwendet, zum Hitlergruß hoch, und wurde die Bewegung nicht erst im letzten, im allerletzten Augenblick abgefälscht, indem die Hand über das weizenblonde Haar fuhr?

Frau Burmester beobachtet die junge Frau, während sie sie auffordert, näherzutreten und Platz zu nehmen. Das ist eine deutsche, eine teutsche Frau, wie aus einem nationalsozialistischen Bilderbuch, groß, schlank, doch nicht zu schlank, weizenblond, mit zwei mächtigen Zöpfen, die um den Kopf liegen, blauäugig, kurz, eine jüngere Ausgabe der Reichsfrauenführerin, nur daß ihr Gesicht nicht mehr jenen sieghaften Ausdruck hat, der so stereotyp aus Illustrierten und von Plakaten herabzustrahlen pflegte. Nein, das Gesicht der jungen Frau ist von Sorge überschattet, trotzdem ist es leer, ein – ja, doch, ein hübsches Gesicht, wenn Ebenheit, Regelmäßigkeit und zarter Teint allein Hübschheit ausmachen, aber es ist ein langweiliges, beinahe charakterloses Gesicht. Frau Burmester muß ihren Widerwillen gewaltsam niederhalten und ihre Stimme zur Höflichkeit zwingen, als sie nach dem Begehren der jungen Frau fragt.

Die junge Frau, Frau Gerloff, wie sie sich vorstellt, ist als Flüchtling nach Lindenthal gekommen, mit ihrer Mutter und vier Kindern, sie besäße nicht mehr als sie auf dem Leibe trügen. »Na ja, und zwei kleine Koffer, aber was geht da schon hinein«, sie hat bei Verwandten ihres Mannes eine Unterkunft gefunden, in zwei kleinen Mansarden, »aber ohne jeden Komfort, und in Görlitz hatten wir eine Vierzimmer-Neubauwohnung mit Zentralheizung und Warmwasser« (das sagt sie so nebenbei und doch mit Betonung), ihr Mann sei Stabszahlmeister der Wehrmacht und habe zuletzt in der Heeresgruppe Schörner, »Sie wissen doch, im Protektorat«, gekämpft. Sie wisse nicht, wo er jetzt sei, »hoffentlich hat er sich zu den Amerikanern durchschlagen können«, ja, und jetzt wäre sie hier, es ginge ihr schlecht, sehr schlecht, der Onkel habe selber nichts zu essen, »aber das brauche ich Ihnen ja nicht zu sagen, Sie wissen ja wohl selbst am besten Bescheid, wie es jetzt« – tiefer Seufzer, sie nickt dabei ganz unmerklich, aber dieses Nicken ist schwer von den Erinnerungen an die gute, alte, nun entschwundene Hitlerzeit – »wie es jetzt in Deutschland aussieht.« Sie wolle ja nicht von sich reden, sie werde schon durchkommen, ein Erwachsener habe ja immer noch Reserven, die er zusetzen könne, aber die Kinder ...

Frau Burmester hat geduldig zugehört, mit keinem Wort den Redefluß der jungen Frau gehemmt und nur, während sie wie mechanisch jedes Wort in sich aufnahm, die junge Frau gemustert. Sie sieht wohlgenährt aus, an ihrem Körper gibt es sicher noch keine Stelle, die nicht wohlgepolstert ist. Sie trägt ein Schneiderkostüm aus bestem Tuch, in Farbe und Schnitt der Uniform einer BDM-Führerin verdammt ähnlich, und ganz bestimmt hat der Gatte Stabszahlmeister bis zuletzt Beutegut aller Art und Lebensmittel, um die er die Landser beschiß, nach Hause geschickt. Ob sie sich allen Ernstes bedauernswert vorkommt? Ob sie schon einmal eine eigene Schuld oder wenigstens Mitschuld erwogen hat? Sie ist nicht so jung, wie es Marta Burmester zuerst schien, sie ist mindestens Mitte, wahrscheinlich Ende zwanzig. Als die braune Pest über uns hereinbrach, war sie bereits ein junges Mädchen und muß doch noch etwas mitbekommen haben ...

»Sie müssen mir helfen, Frau Burmester«, sagt die junge Frau. »Die Kinder gehen mir sonst ein.«

Wie war ich denn mit sechzehn, siebzehn Jahren? denkt Frau Burmester den Gedanken noch rasch zu Ende. Aufgeschlossen, revolutionär, von einem Lerneifer, der wie ein körperliches Bedürfnis war, aber ich habe von Haus aus nicht viel mitbekommen, Vater war Schärer in einer Weberei, und die da, das ist eine sogenannte höhere Tochter aus dem Hause eines begüterten Kaufmannes oder Regierungsbeamten oder höheren Angestellten, sie hat ja durch die Erwähnung ihrer Wohnung – vier Zimmer im Neubau, mit Zentralheizung und Warmwasser – deutlich zu erkennen gegeben, daß sie etwas »Besseres« ist. Ein Gefühl des Triumphes steigt heiß in Marta Burmester auf. Endlich einmal sind die Rollen vertauscht! Die ist unten, und ich bin oben, sie kommt zu mir mit einer Bitte, und in meiner Hand liegt es, zu gewähren oder abzulehnen. Die ist, wenn schon nicht mitschuldig (denn es ist ja keine Schuld, bürgerlich geboren zu sein, ebensowenig wie ein Neger daran schuld ist, daß seine Haut schwarz ist), so doch verantwortlich, mitverantwortlich, und *wir* müssen ihr und ihresgleichen das beibringen, während die Sowjets uns hier täglich demonstrieren, um wieviel sie angeblich besser sind als die Nazis. Heiliger Marx, welch eine Aufgabe! Frau Burmester erschrickt über ihre eigenen Gedanken, blickt auf die junge Frau, die auf eine Antwort wartet, und forscht in deren Zügen, als ob sie eben nicht vielleicht laut gedacht hat. »Wie alt sind Ihre Kinder, Frau Gerloff?« fragt sie. »Gunhild ist sechs Jahre, Ingemar und Gerlinde sind viereinhalb, Klein-Karin wird im nächsten Monat zwei«, antwortet Frau Gerloff schnell und streicht dem Kind, das sie im Arm hält, über die Wangen.

In Marta Burmester wallt es wieder heiß auf, die angenehme Wärme des Triumphes wird zu einem brennenden, verbrennenden Haß. Gunhild, Ingemar, Gerlinde, Karin! Zum Teufel müßte man euch Nazipack schicken! Sie holt eine Zigarette aus dem Schubfach und zündet sie mit bebenden Fingern an, um sich zu beruhigen und den Zug von Unversöhnlichkeit aus ihrem Gesicht zu bannen. Wie gut ein paar Züge tun.

Die junge Frau beugt sich vor. »Sie haben wohl auch viel durchgemacht?«

Frau Burmester kann sich nicht mehr beherrschen. »Auch?« schreit sie auf. »Auch? Was haben Sie denn schon durchgemacht? Sind *Sie* im Konzentrationslager gewesen? Hat man *Sie* geschlagen, wie man kein Tier schlägt? Ist *Ihr* Mann hingerichtet worden? Hat man *Ihnen* die Tochter weggenommen, weil Sie nicht würdig waren, ein deutsches Mädchen zu erziehen? Was haben *Sie* denn durchgemacht? Und wenn Sie Ihr ganzes Eigentum verloren hätten . . .« Sie sinkt erschöpft zurück, die Zigarette entfällt ihren Fingern, sie preßt beide Hände gegen den schmerzenden Leib, sie krümmt den Rücken und ringt nach Luft, ihr Hirn ist überschattet von einer dunklen Wolke, die keinen klaren Gedanken aufkommen läßt. Triumph und Haß werden von der Woge des Schmerzes überspült.

Die junge Frau fährt erschrocken auf und preßt das Kind an sich. »Entschuldigen Sie«, sagt sie mit bebenden Lippen, »ich konnte ja nicht wissen, daß . . .« Sie steht auf und wendet sich halb fort, um das Zimmer zu verlassen. »Da habe ich hier wohl keine Aussicht, für meine Kinder etwas zu bekommen.«

Frau Burmester reißt sich gewaltsam zusammen, der Schmerz ebbt zurück. Plötzlich wird der Kopf wieder kalt und klar. Du darfst es die Kinder nicht entgelten lassen, die Kinder nicht. »Bleiben Sie!« Sie nimmt die Zigarette wieder auf und raucht ein paar Züge.

Die junge Frau wendet sich wieder zurück. »Ich wußte wirklich nicht, Frau Burmester, daß . . .«

Frau Burmester winkt ab und deutet auf den Stuhl. Dann stellt sie kurze Fragen, ermittelt die Verhältnisse und macht der jungen Frau klar, daß sie nur in ganz begrenztem Umfang in der Lage sei, zu helfen. Dann stellt sie einen Bezugsschein für ein Pfund Grieß und ein Pfund Zucker aus. »Ich weiß, das ist sehr wenig, das hilft bestenfalls über ein paar Tage hinweg, aber« – sie hebt die Schultern – »aber das ist das Äußerste, was ich verantworten kann.« Sie stempelt die Bezugsscheine und schiebt sie der jungen Frau über den Tisch.

Frau Gerloff nimmt sie an sich und dankt mit einem hoheitsvollen Neigen des Kopfes. Dabei zieht sie die Mundwinkel nach unten und atmet schwer, als ob sie sagen wollte: Daß ich das nötig habe!

Frau Burmester hat sie sehr genau beobachtet. Weiß diese Frau denn überhaupt, was Not ist, bittere Not nicht nur in Zeiten wie diesen, sondern bittere Not in der frühesten Jugend eines Arbeiterkindes, die bittere Not der Arbeitslosigkeit, die bittere Not unter der Knute der Nazis? Weiß sie denn, wie das ist, wenn jede Freude von den Fäden der Sorge durchzogen ist und in jedem Genuß die bittere Neige vorschmeckt? Wenn Not einem so vertraut ist wie ein unbequemer Stuhl, den man benutzen muß, weil man keinen anderen besitzt? Die sieht doch nur, daß ich mies und alt aussehe, und dabei bin ich nur frühzeitig verbraucht. Auch ich war einmal jung und hübsch dazu, und die Männer haben sich um mich gerissen.

Sie raucht die dünn gestopfte Zigarette rasch zu Ende und sagt dabei schroff: »Aber kommen Sie nicht schon morgen oder übermorgen wieder gelaufen, Frau Gerloff. Es wäre völlig zwecklos. Der Bestand, über den ich verfügen kann, die paar Nährmittel und das bißchen Zucker, ist winzig klein, und ob und wann etwas dazu kommt . . .«

Die junge Frau hat die Scheine eingesteckt und das Tuch fester um das Kind gewickelt, dann hebt sie den Blick und sagt bestimmt: »Na ja, die guten Sachen bleiben für die Herren im Rathaus.«

Frau Burmester fährt auf und blickt Frau Gerloff an, ohne zu begreifen, was diese gesagt hat. »Was sagen Sie da?«

Die junge Frau steht auf und sagt, halb über die Schulter: »Pöh, die ganze Stadt spricht davon.«

»Wovon?« fragt Frau Burmester scharf und steht auf.

»Tun Sie bloß nicht so«, erwidert die junge Frau geringschätzig. »Oder wollen Sie behaupten, daß Sie von der Aktion bei Kranzow nichts wissen?«

Kranzow, überlegt Frau Burmester rasch, Kranzow, ist das nicht das große Restaurant am Bahnhof? Von welcher Aktion spricht die? Und was hat das mit dem Ernährungsamt zu tun? Die ganze Stadt spricht davon und sie, Marta Burmester, weiß davon nichts? Willi war gestern so eigenartig, aber das ist er oft. Sie vermag ihre Gedanken jetzt nicht zu sammeln. »Sie müssen sich schon deutlicher ausdrücken, Frau Gerloff«, sagt sie und gibt sich Mühe, ihrer Stimme Festigkeit zu geben.

Die junge Frau lacht schrill auf. »Fragen Sie doch Ihre Polizei«, sagt sie höhnisch. »Die hat doch einen ganzen Handwagen voll mit Weckgläsern und Schmalztöpfen beschlagnahmt und hierher ins Rathaus gefahren.« Sie nimmt eine aggressive Haltung ein. »Ihr Mann ist doch Polizeichef, Frau Burmester. Wem wollen Sie da erzählen, daß ausgerechnet Sie davon nichts wissen! Sie sind mir schöne ...« Sie verschluckt den Rest des Satzes und wirft die Tür hinter sich zu.

Frau Burmester sinkt erschöpft in den Schreibtischsessel zurück. Ich weiß wirklich nichts, hat sie der jungen Frau nachrufen wollen, aber sie bringt kein Wort mehr über die Lippen, kaum daß sie noch Luft bekommt. Ihr ist, als sei ihr der Hals zugedrückt worden. Einige Minuten sitzt sie ganz unbeweglich, ihre Augenlider blinzeln unablässig, es dauert lange, bis sie einen Gedanken zu fassen vermag. Hat sie im rechten Schubfach nicht noch ein paar Urotropin-Tabletten? Sie zieht die Schublade auf. Ja, da ist das Röhrchen. Sie läßt zwei Tabletten in die geöffnete Hand fallen und schluckt sie, würgt sie herunter. Dann rafft sie sich auf. Diese Angelegenheit Kranzow muß sofort geklärt werden!

3.

Polizeichef Burmester wird aus seiner Behaglichkeit aufgestört

Burmester hat sich in seinem Schreibtischsessel behaglich zurückgelehnt und die Füße weit von sich gestreckt. Er bestätigt sich selber seine Zufriedenheit, besieht schmunzelnd die weiße Asche des großen Stumpens, den er zwischen den Fingern hält, und atmet das würzige Aroma gierig ein. So könnte er es unendlich lange aushalten. Solch einen Posten hat er sich schon lange gewünscht, einen Posten mit Machtvollkommenheit und doch mit wenig Arbeit. Als es klopft, richtet er sich ein wenig auf und zieht die Beine zurück, langt rasch eine Akte vom Schreibtisch, schlägt sie auf und lächelt mit schiefem Mund. Der Polizeichef darf, wenigstens offiziell, nicht dasitzen wie Graf Koks von der Gasanstalt.

Als ein Polizist das Büro betritt, läßt Burmester sich langsam wieder in seine bequeme Haltung zurückgleiten und wirft die Akte auf den Schreibtisch zurück. Ach, nur der Petereit. Sollte der heute nicht ... Der sieht so besorgt aus. Hat der wieder 'n fetten Bock geschossen?

»Na, was ist denn, Hermann?« fragt er und mustert den Polizisten mit wohlgefälligen Blicken. Der Petereit ist zwar kein großes Licht (und das ist ganz gut so, denn um so besser gehorcht er), aber er sieht wenigstens wie ein Polizist aus, im Gegensatz zu manchen anderen, die wie Arbeiter aussehen, die mal Polizist spielen. Petereit ist groß, kräftig, mit einer gewissen Sturheit im Gesicht, und die graugrüne Gendarmerieuniform sitzt ihm wie angepaßt. Wenn der nicht 'ne rote Armbinde hätte, man könnte den glatt für ...

Petereit bliebt in ziemlich strammer Haltung vor Burmesters Schreibtisch stehen. »Da ist doch wieder 'ne tolle Schweinerei passiert, Willi«, sagt er.

»Wird nicht so schlimm sein, Hermann«, winkt Burmester unbekümmert ab.

»Setz dich doch und rauch dir mal eine an. Das ist noch 'ne richtige Villiger, so was hast du schon lange nicht mehr durch die Lunge gepustet.« Er schiebt ihm die angerissene weiße Packung hin und zündet ein Streichholz an. – »Danke«, schnarrt Petereit, setzt sich zögernd und raucht den Stumpen an.

»Wenn man was Anständiges zu rauchen hat, kann einem so leicht nichts passieren«, sagt Burmester. Was der Piesepampel schon als Schweinerei ansieht, denkt er. Und wenn schon, auf eine Schweinerei mehr oder weniger kommt's heute nicht an, die Hauptsache ist, daß wir uns mit dem Kommandanten gut stehen. Und mit dem Dolmetscher. »Na schieß schon los.«

»Es handelt sich um die Beschlagnahme bei Kranzow«, sagt Petereit. Er spricht schnell und kurz abgehackt, als ob er eine militärische Meldung erstattet.

Aus Burmesters Gesicht weicht die Sorglosigkeit. Die Zufriedenheit, die ihn soeben noch erfüllt hat, ist im Nu zerstoben. Die Beschlagnahme bei Kranzow, das ist der größte Fischzug, der nahrhafteste, der fetteste gewesen, den er bisher ausgeführt hat, und gerade damit soll es schief gegangen sein? »Mensch, nu red' schon 'nen Ton!«

Petereit sitzt kerzengerade da, als müsse er gewissermaßen strammsitzen, wenn er schon nicht strammstehen kann. »Es sollte doch nicht drüber gesprochen werden, Willi«, sagt Petereit umständlich, »deshalb bist du doch nur mit mir und Fechmann gegangen und erst, als es dunkel wurde, denn wir waren doch übereingekommen . . .«

Der soll nicht so viel drum herum reden, das weiß ich doch alles besser als er, daß wir den Inhalt von Kranzows Keller unter uns verteilen wollen. Wir machen ja schließlich die Arbeit. »Halt dich nicht so lange mit der Vorrede auf, Hermann«, unterbricht Burmester ungeduldig. »Brauchst nicht bei Adam und Eva zu beginnen.«

Petereit holt tief Luft. »Na, und jetzt reden die Leute schon darüber, Willi«, sagt er endlich.

Burmester läßt den Stumpen, den er gerade zum Munde führen will, wieder sinken. »Mensch!« sagt er wütend. »Dann hast du in deiner Dussligkeit gequatscht! Fechmann und ich, wir haben bestimmt kein Wort darüber verlauten lassen.« Er denkt rasch nach. Nein, er hat Marta nichts gesagt, die wäre ja wohl auch so ziemlich die letzte, der er es sagen würde, und Fechmann, er sagt bestimmt kein Wort, bis er nicht das letzte Stück intus hat. Dieser dämliche Petereit! Na ja, Dämlichkeit hat eben auch seine Schattenseiten. »Oder dann hat deine Olle wohl in die Runde gequatscht, Hermann«, setzt er etwas versöhnlicher hinzu.

Petereit schüttelt den Kopf und saugt an seinem Stumpen. »Nee, nee, Willi«, entgegnet er. »Ich hab' ihr die zwei Gläser Schweinefleisch, die du mir so . . . wie soll ich sagen? Na ja, so als Vorschuß gegeben hast, auf 'n Tisch gestellt, und damit hatte sich's. Natürlich hat sie gefragt, wo ich das her hab', so 'ne Frau, die das einfach nimmt und nischt fragt, die gibt's wohl nicht . . .«

Wie umständlich der so erzählt, aber den muß man ablaufen lassen, sonst kommt der mit seinen paar Gedanken noch durcheinander, und dann dauert's noch länger. Man muß dem bloß immer 'nen kleinen Schubs geben, damit er nicht einschläft. »Na, und was hast du gesagt?«

»Garnischt hab' ich gesagt«, antwortet Petereit mit einem gewissen Stolz. »Meinste, ich laß mir von meine Olle aushorchen? Da kennste Petereiten schlecht. Ich hab' meine Olle in Zug, kann ich dir nur flüstern, die pariert, wenn ich nur mit 'n kleinen Finger winke.«

Burmester muß gewaltsam an sich halten. »Dann verstehe ich aber nicht . . .«

Petereit zieht den Stumpen unter der Nase durch. »Is 'n prima Kraut«, sagt er, wie für sich. »Haste noch mehr von die Sorte?«

»Da, nimm die ganze Packung, Hermann«, sagt Burmester ungeduldig. »Wenn du nicht gepfiffen hast und Fechmann das Maul gehalten hat, und der hat es gehalten, dafür steh' ich grade«, sagt er, »dann versteh' ich nicht . . .«

Petereit steckt das Päckchen Stumpen ein. »Soweit ich rausgekriegt habe«, sagt er bedächtig, »hat der Kranzow gequatscht, und dann hat es natürlich schnell die Runde gemacht.«

Was der schon ermittelt hat! Der kann vielleicht Posten schieben und die Leute anschnauzen, aber mehr auch nicht. »Das ist doch Unsinn, Hermann«, sagt Burmester. »Ausgerechnet der Kranzow soll das ausgequatscht haben?«

Petereit nickt eifrig. »Doch, doch, das ist schon so. Der hat sich vielleicht gedacht, na, wenn er schon nicht sein Zeug behalten kann, dann sollen die im Rathaus das auch nicht alleine fressen, und wenn sie's doch tun, dann sollen alle Leute davon wissen. Ich hab' dir ja gleich gesagt, Willi, das beste ist, wir verhaften den Kerl gleich. Aber du wolltest ja nicht.«

Was der Petereit da sagt, das hat schon etwas für sich. Das ist Kranzows Rache. Aber so schnell wird er, Willi Burmester, Polizeichef von Lindenthal, sich die Beute, ach was, die beschlagnahmten Lebensmittel nicht abjagen lassen. Jetzt heißt es, sie so schnell wie möglich zu verteilen. Er hat ja die Hand drauf, der Schlüssel zum Asservatenraum befindet sich in seinem Besitz, und er hat sogar, was der gute Petereit noch nicht weiß, einen ordnungsgemäßen Beschluß durch den Bürgermeister herbeigeführt. Er hat dem Alten einen Schmalztopf und eine Kiste 30-Pfennig-Zigarren auf den Schreibtisch gestellt, die Menge der beschlagnahmten Lebensmittel um einiges reduziert und dafür die Erlaubnis erhalten, sie an die Polizeiangehörigen zu verteilen, »nach eigenem Ermessen.«

»Wir hätten den Kranzow wenigstens so lange einspunnen können«, fährt Petereit belehrend fort, »bis wir die schönen Sachen intus haben, dann hätten die Leute meckern können, soviel sie wollen. Wir haben dann unsern Teil weg, und die können sich ihren Anteil meinetwegen aus der Latrine rauskratzen, wenn's ihnen Spaß macht.« Er hält inne und legt, sich vorbeugend, beide Arme auf den Schreibtisch. »Gibst du mir noch zwei Gläser Vorschuß, Willi?«

Burmester nickt. »Sollst du haben, Hermann, steht dir ja zu. Aber jetzt am Tage . . . Du weißt doch, da unten ist das Arbeitsamt, da ist jetzt viel Betrieb. Du hast doch heute wieder Nachtdienst, dann machen wir die Sache. Ja?« Den muß er jetzt erst mal abwimmeln, so lange der hier quatscht, kann er nicht nachdenken. Er ist gewohnt, langsam, gewissermaßen schrittweise zu denken. Und vor allen Dingen – er muß mit Fechmann reden. Und im übrigen hat Andrikeit seine Zustimmung gegeben, alles übrige soll ihn nicht kitzeln.

»Is gut«, sagt Petereit und steht auf. »Und du weißt, was wir vereinbart haben, Willi. Diejenigen, die das Hamsterlager entdeckt und die Beschlagnahme durchgeführt haben, sollen besonders berücksichtigt werden. Ich seh' gar nicht ein . . .«

Burmester ist aufgefahren. Wer wagt es denn, ohne anzuklopfen, hier hereinzukommen? Das kann nur der Kommandant sein, und wenn der selber kommt . . . Nein, eiwei, es ist Marta. Und wie sie aussieht, aufgeregt, mit hektischen Flecken auf den Wangen, Empörung in den Augen, die Halsadern stramm und geschwollen. »Das Ernährungsamt stattet uns einen Besuch ab«, versucht er zu scherzen.

Petereit wirft einen schiefen Blick auf Frau Burmester. »Ich geh' jetzt, Willi«, sagt er und geht rasch aus dem Zimmer.

»Ich muß mit dir sprechen, Willi«, sagt Frau Burmester erregt.

Die weiß es also auch schon, denkt Burmester, verflucht nochmal. »Du sollst dich doch nicht so aufregen, Marta«, sagt Burmester begütigend. »Das ist nicht gut für dich.«

»Wenn du nur sonst immer daran gedacht hättest, Willi«, sagt Frau Burmester und stützt beide Hände auf die Lehnen seines Schreibtischsessels. »Ist es wahr, daß du gestern eine ganze Fuhre Lebensmittel bei Kranzow im Bahnhofsrestaurant beschlagnahmt hast?«

Burmester versucht, sie langsam von sich fortzuschieben. »Setz dich erst, Marta, und rauch 'ne Zigarette, damit du ruhiger wirst.« Er hält ihr das geöffnete Etui hin und läßt sein Feuerzeug aufspringen.

Frau Burmester nimmt eine Zigarette und raucht sie hastig an, dann setzt sie sich und schlägt die Beine übereinander. »Also was ist mit der Beschlagnahme?« fragt sie streng.

Wie sie mit mir umspringt! Immer ist sie so gewesen, und ich hab' mir's gefallen lassen müssen, weil sie mich aus 'm Dreck gezogen hat, als die Gestapo hinter mir her war, aber das hat alles seine Grenzen, und jetzt ist sie nicht mehr so obenauf, wenn sie das auch noch glauben mag.

»Vielleicht antwortest du mir bald? Ich warte!« sagt Frau Burmester fast drohend.

Ich will versuchen, mit ihr gütlich auszukommen, denn gefährlich ist sie immer noch in ihrem Fanatismus, denkt Burmester. »Ja, wir haben gestern bei Kranzow ein paar Lebensmittel beschlagnahmt«, sagt er nachgiebig. »Weshalb bist du eigentlich so aufgeregt, Marta?«

Frau Burmester geht auf die Frage nicht ein. »Ein paar Lebensmittel? Was heißt das: ein paar? Es soll eine ganze Fuhre gewesen sein!«

Burmester versucht aufzulachen, aber er fühlt selbst, daß es falsch klingt. »Die Leute übertreiben maßlos«, sagt er. »Wie immer.«

»Und weshalb hat das Ernährungsamt noch keine Aufstellung bekommen?« fragt Frau Burmester eindringlich. »Und hast du nicht, als du heute nacht nach Hause gekommen bist, auf meine Frage geantwortet, es sei nichts los gewesen?«

Jetzt nimmt sie mich ins Kreuzverhör, darin ist sie groß. Dem kann ich nur entgehen, wenn ich richtig auftrumpfe. Aber versuchen wir's erst einmal mit sanften Tönen. »Es handelt sich wirklich nur um 'ne ganz kleine Menge, Marta«, antwortet er und rollt einen Bleistift hin und her, um anzudeuten, wie belanglos die Sache ist. »Es lohnt nicht, deswegen auch ein kleines Stück Papier zu beschmieren. Du glaubst doch nicht etwa . . .«

Marta Burmester läßt ihn nicht ausreden. »Augenblick mal, Willi! Wenn es tatsächlich wirklich so eine kleine Menge war, weshalb habt ihr sie denn beschlagnahmt?«

Da hat sie recht, zum Teufel. »Das ist doch 'n Nazi, Marta«, sagt er und weiß im gleichen Augenblick, daß das nur eine schwache Rechtfertigung ist, wenn überhaupt eine. Deshalb setzt er noch hinzu: »Und sooo klein war die Menge ja nun auch wieder nicht.« Herrgott, das ist auch falsch, da wird sie gleich wieder einhaken, klar.

»Du widersprichst dir ja in einem fort selber, Willi«, sagt Frau Burmester hart. »Also nun einmal ganz konkret: Was habt ihr beschlagnahmt? Am besten, du läßt mich einmal das Protokoll einsehen.«

Hach, jetzt kommt sie auch noch damit! Furchtbar sind die Weiber, wenn sie Verstand im Kopf haben und in die Jahre kommen, in denen das Bett für sie nur noch zum Schlafen da ist. »Du könntest dich im Ton ein bißchen mäßigen, du hast kein Recht, mich zu verhören! Verstehst du?«

Frau Burmester klopft mit dem Nagel des Zeigefingers ein paarmal auf den Schreibtisch. »Wo ist das Protokoll?«

»Es ist keins da«, antwortet Burmester grob. »Hat sich gar nicht gelohnt, eins aufzunehmen, hab' ich dir ja schon gesagt. Laß mich endlich zufrieden, ich hab' anderes zu tun. Geh jetzt!« Frau Burmester springt auf. »So laß ich mit mir nicht reden!« ruft sie empört. »Ich bin hier als Dezernentin des Ernährungsamtes und politisch verantwortungsbewußter Mensch und nicht als deine Frau, und auch dann dürftest du mit mir so nicht umspringen. Ich verlange augenblicklich Rechenschaft, oder . . .« Sie sinkt auf den Stuhl zurück und preßt die Hände auf ihren Leib.

Das hat sie nun davon. Anstatt sich, nachdem die blöde Hitlerei endlich vorbei ist, erst einmal richtig auszuruhen und auszukurieren, macht sie sich fertig und regt sich über allen möglichen Kram auf. Zwölf lange Jahre hat sie in ständiger Anspannung gelebt und sich hart gemacht, jetzt könnte sie Anspannung und Härte von sich abstreifen und vermag es nicht, weil diese Gewohnheiten fast schon Eigenschaften geworden, weil Hülle und Haut zusammengewachsen sind und es langer, sorgfältiger Präparierung bedürfte, um sie wieder voneinander zu trennen.

»Das hast du nun davon, Marta«, sagt er milder mit einem Versuch, herzlich zu sein und betrachtet die Frau, die zusammengekrümmt und stöhnend auf dem Stuhl hockt. Im Grunde kann sie einem leid tun. Vor zehn Jahren, als er sie kennenlernte, da war sie eine ganz hübsche Frau, mit einer guten Figur und schönem dunkelbraunen Haar und Lichtern in den Augen, die einen schwindlig machen konnten. Kein Mensch sah ihr an, daß sie fast ein Dutzend Jahre älter war als er, aber das KZ, der Krieg und vor allem die illegale Arbeit haben sie hingemacht, haben sie regelrecht vertrocknen lassen. Sie hatte nichts dagegen, daß er, als sie ihn zurückstieß, weil sie »dafür keinen Sinn mehr« hatte, zu andern Frauen ging. Im Grunde hat er – und das war zumindest zu Beginn ihrer Bekanntschaft, der schnell die Ehe folgte – ihre Kraft und ihre Energie bewundert, ihre innere Festigkeit und ihre Zähigkeit, die trotz aller Widerstände und Widrigkeiten nicht zu brechen waren.

Diese ihre Haltung hat ihn, der damals mehr als je einen Halt brauchte, unwiderstehlich angezogen, später allerdings, da er wieder festen Boden unter den Füßen spürte, auch ebensosehr gestört. Anziehung und Abstoßung waren einander rasch und fast so regelmäßig wie Ebbe und Flut gefolgt. Da sie ihm immer ein wenig fremd geblieben war, weil in seinem Entschluß, sie zu heiraten, Erwägungen über Zweckmäßigkeit und Vorteil eine nicht unbeträchtliche Rolle gespielt hatten, konnte er sie auch mit Blicken betrachten, die nicht von Erinnerungen an eine zwar alte, aber unvergessene Liebe getrübt waren. Er sah die Frau nicht mit Nachsicht oder gar jener leisen Rührung, mit der man gemeinhin das Altern eines geliebten Menschen bemerkt, so entging ihm keine Veränderung in ihrem Äußeren. Er sah, wie das Netz der Fältchen in ihrem Gesicht sich immer mehr verdichtete, die Schatten unter den Augen dunkler, die Lider runzlig wurden, er bemerkte, daß die Haut des Halses erschlaffte, die Brüste verwelkten. Der körperliche Verfall der Frau bot sich ihm, der stets nur die Gegenwart erblickte und nie die Erinnerung zu Rate zog, immer deutlicher dar, und das Gefühl, so gar nicht zu ihr zu passen, war immer stärker in ihm geworden. Ihr ist es vermutlich, obgleich sie darüber kein Wort verlauten ließ, ähnlich ergangen, mit den Jahren verblaßte das Bild ihres ersten Mannes, der bald nach der sogenannten Machtergreifung von der SA erschlagen worden war, nicht, wie zu erwarten gewesen wäre; es wurde im Gegenteil immer deutlicher und leuchtender und verdrängte sein, Burmesters, Bild in dem Maße, als er sie wohl enttäuschte, obwohl er seine illegale Arbeit gewissenhaft verrichtete.

Burmester zuckt die Achseln. Sie hatten von Anfang an nicht zusammengepaßt, aber das wurde ihnen erst klar, als der erste Rausch verflogen war. Sie waren beieinander geblieben, weil es das einfachste und, was die illegale Arbeit betraf, auch das zweckmäßigste war.

»Geh nach Hause und leg dich hin, Marta«, redet er ihr zu.

Die Frau richtet sich auf. »Es geht schon vorbei«, sagt sie mit schmerzverzerrtem Gesicht. »Wenn schon – gegen alle Vorschrift – kein Protokoll aufgenommen worden ist, dann will ich wenigstens wissen, was bei Kranzow beschlagnahmt wurde.«

Sie läßt doch nicht locker. »Mein Gott, als ob das so wichtig ist«, antwortet Burmester beiläufig. »Ein paar Weckgläser mit Fleisch und 'n bißchen was zu rauchen. Bist zu nun zufrieden?«

»Nein, ich will ganz genau wissen, was und wieviel es ist«, entgegnet Frau Burmester.

Burmester winkt ab. »Brauchst dich nicht mehr darum zu kümmern«, sagt er gleichmütig. »Es ist schon darüber verfügt.«

Frau Burmester steht langsam auf und geht um den Schreibtisch herum. »Wer hat darüber verfügt, und wie ist darüber verfügt worden?« fragt sie, ihre Stimme hat den scharfen, drohenden Ton wiedergefunden.

Burmester zuckt unmerklich mit den Schultern. Nun muß er es ihr sagen. Vielleicht wird sie es verstehen. Und wenn sie erst die vier

Gläser sieht, die er ihr heute nacht ins Küchenspind gestellt hat, dieses herrliche fette Schweinefleisch und die knusprigen Gänsekeulen, dann wird sie sich damit schon abfinden. Sie läßt sich ja eigentlich auf diese Weise nicht beeinflussen, gibt er sich selbst zu bedenken, aber wenn man so parterre ist wie sie ... Täte ihr, weiß Gott, gut, mal wieder was Anständiges in den Magen zu kriegen. »Andrikeit und ich haben beschlossen, die paar Gläser unter unsere Polizisten zu verteilen«, sagt er. »Die tun Tag und Nacht Dienst, die haben das wahrlich verdient. Oder gönnst du es ihnen nicht?«

Frau Burmester ist wieder dicht an ihren Mann herangetreten. »Es geht hier nicht um Gönnen oder Nichtgönnen«, sagt sie. »Begreifst du denn nicht, Willi, daß wir das einfach nicht tun *dürfen?* Sollen die Leute uns nachsagen, wir beschlagnahmen für uns selbst und die Bevölkerung hungert? Ist das so schwer zu verstehen?«

»Hör doch auf mit den Leuten«, sagt Burmester ärgerlich. »Die Leute sollen mir den Buckel runterrutschen. Ich begreife nicht, daß du auf die Meinung der Leute so großen Wert legst. Und angenommen, wir verteilen das bißchen Dreck, auf jeden kommen dann fünf oder zehn Gramm Fleisch, meinst du etwa, die Leute hungern dann weniger? Mach dich doch nicht lächerlich, Marta!«

Frau Burmesters Stimme steigert sich wieder in Erregung. »Entweder willst du mich nicht verstehen, oder du kannst es nicht«, schreit sie. »Ich weiß doch, daß wir das Fleisch – ich weiß noch nicht wieviel es ist – nicht fünf- oder zehngrammweise verteilen können, darum handelt es sich gar nicht. Es geht darum, daß wir mit jedem Stück Fleisch und jeder Zigarette, die wir uns aneignen, das Zehnfache oder das Hundertfache an politischem Kredit verlieren, und daß uns das noch lange vorgerechnet werden wird. Die neue Verwaltung, die wir darstellen, kann sich – leider! – nicht dadurch auszeichnen, daß wir die Bevölkerung gut und ausreichend versorgen, das wird jeder einsehen. Wir können daher zunächst nur durch Sauberkeit und Gerechtigkeit an Ansehen gewinnen. Ist das klar?«

Burmester nickt. Sie hat recht, wie sie meist recht hat, theoretisch, aber ... Ach, sie soll mich zufrieden lassen, sie sieht alles, aber auch alles politisch, sie glaubt, weil sie selbst bedürfnislos ist oder sich dazu erzogen hat, müssen andere auch so sein. Und was das Ansehen der neuen Verwaltung angeht, so interessiert ihn das nicht sehr, er hat sowieso nicht die Absicht, in diesem Kaff, als Polizeichef und Herr über sechs Figuren, seine Tage zu beschließen, er ist auch der Politik reichlich müde. Vielleicht hätte man jetzt ganz neu beginnen können, sogar mit den alten Ideen und Parolen, aber unsere angeblichen Genossen in Uniform verwirtschaften ihren und unseren Kredit, und ich möchte nicht zu den neuen Schuldnern gehören, ich steige aus der Scheißpolitik aus, sobald ich eine ganz fette Sache kassiert habe. In Berlin wird man sicher bald Geschäfte anderer, größerer Art machen können, laß die nur den ersten Dreck beiseite geräumt haben. »Du bist übergenau, Marta«, sagt er versöhnlich. »Und dann mußt du noch eins bedenken: Wenn ich meinen Leuten nicht ab und zu was Besonderes bieten kann, dann laufen sie mir davon, dann . . .«

». . . dann laß sie laufen!« fällt ihm seine Frau ins Wort. »Dann sind sie nicht mehr wert, und im übrigen schätze ich die meisten unserer neuen Polizisten anders ein, das sind alte Genossen und Gewerkschafter.«

Jetzt ist ihm über dem blöden Gerede doch der schöne Stumpen ausgegangen. Burmester säubert das angebrannte Ende sorgfältig von Asche und sagt dabei: »Alte Genossen hin, alte Gewerkschafter her, umsonst tun *die* auch nischt, und sie haben ganz recht.«

»Du willst ein guter Genosse sein? Ich verbiete dir, so zu reden!« ruft Frau Burmester empört.

»Schrei nicht so! Und im übrigen hast du mir gar nichts zu verbieten! Die Sache ist entschieden und damit basta!« Burmester setzt den Stumpen wieder in Brand. »Und jetzt hau ab und kümmere dich um deine Angelegenheiten, verstanden?«

Frau Burmester stemmt beide Hände auf den Tisch. »Gar nichts ist entschieden, das werde ich dir beweisen, und wenn ich darüber krepiere!«

4.

Weidinger beschafft Kartoffeln für die Stadt, und gewisse Leute kommen dabei nicht zu kurz

Steinle blickt aus dem Fenster auf den weiten Hof, der zwischen dem Rathaus und der Stadtgärtnerei liegt. Da stehen – kein Zweifel ist möglich, er sieht es ja mit seinen eigenen Augen – da stehen zwei Lastwagen mit Anhängern, und sie sind hoch beladen mit Kartoffeln. Am Gitter, der den Rathaushof von der Goethestraße trennt, stehen viele Leute und starren auf die beiden Lastzüge. So viele

Kartoffeln! Auch Steinle kann sich von dem Anblick nicht losreißen, er versucht zu schätzen, wieviel Zentner das sein mögen, aber er gibt es bald wieder auf, er hat keine Übung darin.

Er wendet sich wieder ins Zimmer zurück. Da steht der kleine Friseur mitten im Zimmer, und Wernicke, Ziegler, der Bürgermeister, der dicke Mühlbauer, Frau Dr. Fliesser, Fechmann und Burmester bilden einen Kreis um ihn, der Kleine strahlt über das ganze Tangobubigesicht unter den gesalbten, glänzenden Friseurlocken. Der kommt sich vor wie Napoleon nach der Schlacht von Jena und Auerstädt, erzählt von der Fahrt, wie er mit den gerissenen Bauern gehandelt hat und wie gut es war, daß der Kommandant ihm einen Sergeanten mit so 'nem ulkigen Ding, das sie Propusk nennen, mitgegeben hat, wie sie kurz vor Königs Wusterhausen noch 'ne Panne gehabt hätten, aber die hätte er schnell behoben, »ich bin ja schließlich Ingenieur«, und daß man noch öfter in die Lübbener Gegend fahren könnte. Weidinger übersprudelt sich förmlich, dabei blickt er sie alle der Reihe nach an, so, als wollte er fragen: Na, was bin ich für ein Kerl? Wie hab' ich das gemacht?

Steinle grunzt vor sich hin. Mensch, das ist doch auch 'ne Sache. Das war der erste Versuch, und er ist auf Anhieb geglückt. Das muß man dem kleinen Friseur lassen, er hat das prima geschaukelt. Jetzt kommt er auf mich zu. Hat er noch was Besonderes auf dem Herzen?

»Und du sagst gar nichts dazu, Alfons?« fragt er und blickt zu Steinle auf. »Für dich ist das wohl 'ne Selbstverständlichkeit, was?«

Steinle schlägt ihm mit seiner breiten schweren Hand auf die Schulter, daß Weidinger fast in die Knie geht. »Nee, nee«, sagt er gemütlich. »Hast du gut gemacht, Junge. Kriegst auch 'nen Kuß von mir, wenn du Wert drauf legst.«

Weidinger schüttelt sich. »Danke für Backobst, da halt ich mich lieber an meine Hilde, die versteht das besser.«

Steinle grinst. »Na, wenn's nur ums Verstehen geht, da kann ich ihr vielleicht nach Feierabend noch was beibringen, da gibt's allerhand ...« Mensch, halt die Schnauze, ruft er sich selbst zur Ordnung, Wernicke macht ein eisernes Gesicht, und die Fliessern glotzt hinter ihrer Hornbrille rüber, na ja, das gehört ja auch nicht hierher. »Entschuldigen Sie, Frau Doktor, das ist mir so aus 'm Hals gerutscht.«

Frau Dr. Fliesser lächelt in den Mundwinkeln und Augenfältchen. »Tun Sie sich keinen Zwang an, Herr Steinle.«

Die ist gar nicht so, na klar, das ist eigentlich 'ne ganz patente

Person, nur hat man immer den Eindruck, daß sie sich 'n bißchen lustig über einen macht und uns nicht für voll nimmt, aber so 'n guter Bürger wie der dicke Mühlbauer ist auch nicht ihre Kragenweite. Die weiß zwar mehr als wir, Lateinisch und Mathematik und den Kram, und doch hat sie noch 'ne ganze Menge zu lernen, was wir schon wußten, als wir noch auf 'm Nachttopf saßen.

Weidinger reibt sich die schmerzende Schulter. »Einen Schlag hast du, Alfons«, sagt er klagend, dann fügt er triumphierend hinzu: »Das hätt'st *du* nicht fertig gebracht!«

»Kriegst 'nen großen Kartoffelorden mit Brennesseln und Disteln, Kleiner«, sagt Steinle gemütlich und wird dann ernst. »Wieviel Zentner sind denn das?«

Weidinger macht eine unbestimmte Handbewegung. »So genau kann ich das nicht sagen, aber ungefähr ... Auf den Vomag gehen fünf Tonnen, auf den Büssing nicht viel weniger, die beiden Anhänger ... Ich schätze, es werden noch so an die vierzehn Tonnen sein.«

Vierzehn Tonnen, überlegt Steinle, das sind wieviel Zentner ... Ach, damit will er sich nicht den Kopf zerbrechen. »Wo ist das Ernährungsamt?« fragt er.

»Marta ist vorhin zusammengeklappt«, sagt Burmester. »Sie liegt nebenan auf dem Sofa. Laß sie man in Ruhe, die ist fix und fertig.«

Steinle nickt ihm zu. Die hat sich zuviel zugemutet, ein Jammer, das ist die Beste von uns allen, und ausgerechnet die ... »Dann muß eben unser Rechenkünstler ran. Los, Gerhard, nun zeig mal, was du kannst. Vierzehn Tonnen, wieviel Pfund sind das und wieviel kommt auf jeden? Ich meine, so ganz rund mal Schnauze.«

Wernicke scheint das längst ausgerechnet zu haben. »Vierzehn Tonnen auf achttausend Einwohner, das gibt pro Kopf dreieinhalb Pfund«, sagt er bekümmert.

»Wieviel?« fragt Steinle und tippt sich an die Stirn. Der hat wohl nicht alle Lichter auf 'm Weihnachtsbaum!

»Doch, doch, das stimmt schon, Herr Steinle«, bestätigt der dicke Mühlbauer und schmaucht an seiner Zigarre. »Herr Wernicke hat schon richtig gerechnet.«

Du mein liebes Lieschen! Vierzehn Tonnen, das hört sich gewaltig an, und wenn man das auf achttausend Leute aufteilt, dann reicht es gerade für zwei Mahlzeiten ...

»Guck nicht so entgeistert, Alfons«, sagt Ziegler und schlenkert mit seinen langen Armen. »Das ist doch erst der Anfang. Weidinger hat doch gesagt, daß er noch mehr ranholen kann.«

Weidinger nickt heftig. »Aber wir müssen auch was mitbringen, Herrschaften«, sagt er und fühlt sich in seiner Rolle. »Solange wir noch Holz haben, gut, aber was dann?«

Wernicke blickt Weidinger über die Brillengläser hinweg an. »Bis dahin ist die neue Ernte da, Weidinger, und wir hoffen ja wohl, daß bis dahin eine Organisation wenigstens im Kreismaßstab bestehen wird. Sie müssen nicht glauben, daß dieses Chaos ewig dauert.«

»Richtig!« fällt Steinle ein. Wernicke hat wieder mal die richtigen Worte gefunden; daß einer organisatorisch denken kann, ist auch was wert. Wie der Wernicke sich übrigens in die Kassengeschäfte eingearbeitet hat, alle Achtung. Schade, daß er nicht immer spurt und an den Russen herumzumeckern hat, aber aus dem macht er auch noch 'nen richtigen Kommunisten. »Daß wir jetzt von der Hand in den Mund leben, ist doch schon 'n Fortschritt. Wer kommt denn . . .« Ach, die Marta Burmester. Die sieht ja fast gelblich aus, wenn die nur nicht die Gelbsucht bekommt. »Na, Marta, wie geht's denn? 'n bißchen erholt?«

Frau Burmester nickt und läßt sich auf einen Stuhl fallen, den Wernicke ihr rasch hinschiebt. »Ich habe alles gehört«, sagt sie leise, und ihre Stimme ist ohne die Energie, die sie sonst auszeichnet. »Die Kartoffeln werden nur an die Haushalte verteilt, die keine Einkellerungskartoffeln mehr haben.«

»Ausgezeichnet!« sagt Mühlbauer wie in die Luft hinein, ohne jemand anzublicken. »Aber wie wollen Sie das durchführen, Frau Burmester?«

»Das muß noch überlegt werden«, erwidert Frau Burmester. »Aber weshalb ich gekommen bin . . . Mich hat etwas stutzig gemacht, Weidinger.«

Weidinger blickt auf seine Armbanduhr. »Ich bin müde, Frau Burmester. Wir sind heute früh um halb vier losgefahren . . .«

Frau Burmester krampft die Hände ineinander. »Den Augenblick werden Sie schon noch Zeit haben, Weidinger«, sagt sie hart. »Sie haben vorhin gesagt: es werden *noch* so an die vierzehn Tonnen sein. Was heißt das: noch?«

Richtig, überlegt Steinle, das ist mir vorhin auch aufgefallen, ich entsinne mich, *noch* an die vierzehn Tonnen, hat er gesagt. »Ja«, sagt er, »was heißt das?« Guck, wie weiß das kleine Aas wird, wie weißer Käse mit Schnee.

Weidinger dreht sich unruhig hin und her. »Hab' ich noch gesagt? Das muß ein falscher Zungenschlag gewesen sein, Herrschaften.«

»Erzähl uns nichts«, sagt Steinle und stößt Weidinger mit dem Ellenbogen in die Seite. »Der Anhänger von dem Büssing ist auch nicht voll geladen, Rudi. Na, nu man raus mit der Sprache!«

Weidinger wendet sich mit erklärenden Gesten an die Anwesenden. »Die Hinterachse des Anhängers ist nicht sehr stabil ... Deshalb hab' ich ...«

Steinle schiebt den eckigen Kopf vor. »Die Achse guck ich mir nachher gleich mal an«, sagt er entschlossen. »Davon versteh' ich nämlich was.«

»Hier stimmt doch was nicht«, sagt Frau Burmester. »*Noch* an die vierzehn Tonnen, noch, das bedeutet doch nichts anderes, daß es ursprünglich mehr gewesen sind.«

»Vielleicht sind ihm unterwegs Kartoffeln abgenommen worden, sowas kommt doch vor«, sagt Fechmann.

Jetzt gibt das Rindvieh ihm das Stichwort, grollt Steinle, daran wird der Kleine sich sofort klammern. Siehst du! Was sagt er? Die soll'n doch nicht alle durcheinander quasseln.

»Fechmann hat's getroffen«, sagt Weidinger und nickt eifrig. »Mir war doch schon die ganze Zeit, als ob ich was vergessen hätte. Ja, das war hinter ... hinter Halbe, so halbwegs zwischen Halbe und Oderin ...«

Ziegler schiebt sich dicht an Weidinger heran und faßt nach dem Mittelknopf seiner Jacke.

»Stimmt doch wieder mal nicht, Weidinger«, sagt er ruhig und überlegen. »Du hast doch vorhin gesagt, ihr seid hinter Königs Wusterhausen auf der Autobahn gefahren, und die macht doch 'nen weiten Bogen um Halbe.«

»Herrgott!« wehrt Weidinger ärgerlich ab, »legt doch nicht jedes Wort auf die Goldwaage, ich meine das doch so ...«

Zum ersten Male spricht jetzt der Bürgermeister. Er hat bisher merkwürdig unbeteiligt dabeigestanden, während er es sonst nicht ertragen kann, nicht im Mittelpunkt des Interesses zu stehen und das Wort zu führen. »Aber Herrschaften«, sagt er vermittelnd, »wir woll'n doch froh sein ...«

Der soll nur die Schnauze halten, denkt Steinle wütend, mit dem hab' ich sowieso noch 'ne Mastgans zu rupfen. »Marta Burmester hat recht«, sagt er entschieden. »Was du da jetzt erzählst, Rudi, ist doch gekohlt. Los, mach jetzt die Schn ..., den Schnabel auf und sag uns, wo die Kartoffeln von dem Büssing-Anhänger geblieben sind. Du, du gehst sonst auf der Stelle k. o.!«

Weidinger ist zurückgewichen, er hebt die Schultern, blickt nacheinander den Bürgermeister, Mühlbauer und Fechmann an und sagt gleichmütig: »Na ja, schließlich brauchen wir ja kein Geheimnis daraus zu machen, daß wir 'n paar Zentner beim Bürgermeister, bei Herrn Mühlbauer und bei Fechmann, also bei Burmesters abgeladen haben . . .« Er spricht zwar zu Steinle, blickt aber dabei unverwandt auf den Bürgermeister, um sich dessen Einverständnisses zu versichern.

Das hab' ich mir doch fast gedacht, denkt Steinle. Dieses kleine Miststück, den zerquetsche ich wie eine Laus. Er packt Weidinger an den Jackenreversen und schüttelt ihn. »Du blödsinniger Hund«, brüllt er und ist so erregt, daß ihm der Speichel durch die Zahnlükken spritzt, »was fällt dir ein, du räudiger Köter, du . . .« Er besinnt sich und läßt Weidinger los. »Entschuldigen Sie, Frau Doktor.« Das war falsch, was hat die jetzt 'nen Eindruck von uns. Er legt doch Wert auf ihre Meinung.

Aber Frau Dr. Fliesser winkt ab und nickt Steinle ermunternd zu. »Schon gut, Herr Steinle«, sagt sie. »Das tut mal gut, daß hier . . . Wir reden später noch mal darüber.«

Weidinger hat sich in die Nähe des Bürgermeisters begeben und hinter dem breiten Rücken Mühlbauers Schutz gesucht. »Ich weiß gar nicht, weshalb du dich so aufregst«, sagt er. »Herr Mühlbauer und Fechmann haben mir 'n paar Sachen mitgegeben, die hab' ich für sie eingetauscht. Gib bloß nicht so an.«

»So ist es«, bestätigt Mühlbauer mit seiner sonoren Stimme. »Schließlich kann ich ja eintauschen, was ich will, wie jeder andere das auch tut.«

Möglich, das es so ist, überlegt Steinle, aber darauf kommt es ja gar nicht an. »Sie verkennen die Bedeutung der Sache, Herr Mühlbauer«, sagt er schnell und abweisend, so als wünsche er dieses Thema nicht zu erörtern. »Von mir aus können Sie Ihr letztes Hemd gegen Kartoffelschalen eintauschen, das geht mich nichts an. Aber wenn hier ein Transport für die Bevölkerung eintrifft, und da werden vorher 'n paar Zentner bei dem und 'n paar Zentner bei jenem abgeladen, was glauben Sie wohl, was die Leute denken und was sie sagen, wenn wir morgen dreieinhalb Pfund pro Kopf aufrufen? Ich überlasse es Ihrer Phantasie, verehrter Herr Mühlbauer.«

Mühlbauer wendet sich Steinle zu und blickt ihn an, als bemerke er ihn erst jetzt. »Entschuldigen Sie gütigst, Herr Steinle«, sagt er und nimmt die Hornbrille ab, »aber mit welchem Recht spielen Sie sich hier eigentlich so auf? Sie haben, soweit mir bekannt ist, im Magistrat keine Funktion, aber Sie führen das große Wort, als ob Sie und nicht Herr Andrikeit der Bürgermeister wären.«

»Herr Steinle vertritt gewissermaßen die Interessen der Bevölkerung im Magistrat«, sagt Ziegler. »Aber darum geht es jetzt ja gar nicht. Ich muß sagen, ich finde es unerhört, daß von dem Transport vorher einige Zentner abgezweigt worden sind. Ich verlange, daß das rückgängig gemacht wird.«

»Das kommt gar nicht in Frage«, sagt der Bürgermeister. »Ich habe Weidinger 'nen erstklassigen Bezugsstoff mitgegeben, und dafür hat er bei mir ein paar Kartoffeln abgeladen, ich weiß nicht wieviel. Wir wollen das doch auseinanderhalten.«

Der Bezugsstoff, wo hat er den denn her? denkt Steinle und weiß, daß alle anderen das Gleiche denken. 'ne geflickte Hose hat er angehabt, als wir ihn in den Bürgermeistersessel geschoben haben. Himmelsakrament, was bin ich für ein Hornochse gewesen! Na warte, Alter, mit dir rede ich noch Fraktur, aber nicht hier, die schmutzige Wäsche soll man möglichst nicht vor Zeugen waschen, hier müssen wir Einigkeit mimen.

»Eins steht jedenfalls fest«, beginnt er und will sagen, daß die Kartoffeln wieder herausgegeben werden müssen, und wenn – Gold dafür hergegeben worden ist, aber er kommt nicht dazu, den Satz zu vollenden.

Weidinger hat hinter Mühlbauers Rücken wie aus einem Versteck hervorgesehen. »Ihr seid ja bloß so wütend, weil Ihr keine Kartoffeln abbekommen habt«, kräht er wie ein kleiner Junge, der ätsch, ätsch sagt.

Steinle schnappt nach Luft, dann schäumt die Wut aus ihm heraus. Was wagt dieser Dreckslümmel zu sagen? Mit einem Satz ist er bei Weidinger, holt aus und schlägt ihm die beiden gewaltigen Hände ins Gesicht, daß Weidinger laut aufheult und gegen einen Aktenbock fliegt. »So, mein Junge, das war die erste Runde«, sagt er dabei verächtlich.

»Das ist aber zu stark, Steinle«, sagt der Bürgermeister und tritt vor. »Das kann ich nicht dulden.«

Steinle atmet schwer. »Das war wirklich stark«, sagt er und lehnt sich gegen einen Schrank. »Ich verlange, daß der Magistrat sofort einen Beschluß in der Sache faßt. Was ist, Marta?«

Frau Burmester hat wie zusammengesunken auf dem Stuhl gesessen und sich nicht gerührt, jetzt hebt sie die Hand und sagt mit schwerer Stimme: »Bei dieser Gelegenheit muß auch über eine andere Sache beschlossen werden, die ich jetzt vorbringen werde. Gestern sind im Bahnhofsrestaurant Lebensmittel beschlagnahmt worden . . .«

5.

Gerda Rauer wartet

Der Regulator schlägt zehnmal. Gerda Rauer schrickt zusammen und wendet sich mit einem Ruck ins Zimmer zurück. Sie hat am Fenster gestanden und auf den Wald gestarrt, der am jenseitigen Rand des großen Platzes immer mehr zu einer kompakten Masse zusammenwächst, je dunkler es wird. Die Wipfel der Bäume heben sich kaum noch vom Himmel ab; bewegten sie sich nicht unter den leichten Stößen des Windes, so könnte man die Trennungslinie kaum wahrnehmen.

Wie oft hat die Uhr geschlagen? Gerda versucht das Zifferblatt der Uhr zu erkennen, aber das Licht der kleinen Kerze reicht nicht so weit, das Weiß des Zifferblatts verschwimmt im Flackerschein. Gerda faßt nach dem Leuchter, um ihn emporzuheben, doch sie läßt die Hand wieder müde sinken. Sie hat einen Augenblick versucht, sich einzureden, daß es erst neun Uhr ist, und es sich durch den Anblick der Uhr zu beweisen versucht, aber sie gibt es sofort wieder auf. Die Dunkelheit draußen ist so dicht, daß die Nacht schon angebrochen sein muß, und außerdem erinnert sie sich jetzt, daß sie um neun Uhr den Jungen endlich zum Einschlafen hat bewegen können. Sie weiß es ganz genau, denn sie hat von Peters Bett aus zur Uhr hinübergeblickt. Peter hatte, schon halb vom Schlaf umfangen, nach der Zeit gefragt, auf die Auskunft, daß es gerade neun Uhr sei, sich endgültig zurechtgelegt und war dann sofort eingeschlafen, als sei nur noch das Wissen um die Uhrzeit notwendig gewesen, um sich beruhigt dem Schlaf anheimzugeben.

Wo Herbert nur bleibt? Gegen sechs Uhr wollte er von Berlin zurück sein, »wenn alles klappt«, aber so etwas klappt heutzutage ja selten, das weiß sie. Es ist möglich, daß er den Zug, den einzigen, der am Nachmittag vom Görlitzer Bahnhof nach Königs Wusterhausen fährt, nicht erreicht hat oder daß er, wahrscheinlicher noch, nicht mitgekommen ist. Aber dann hätte er immer noch mit der Straßenbahn bis Schöneweide fahren können, die 87 soll, wie erzählt wird, schon seit fast vierzehn Tagen wieder fahren, und von Schöneweide läuft man, wie sie aus Erfahrung weiß (sie ist diese Strecke, wenn nach Fliegerangriffen die Bahnen zunächst nicht fuhren, schon oft selbst gelaufen), nur gute zwei Stunden. Die Möglichkeit, daß ihm etwas zugestoßen sein könnte, erwägt sie nicht, noch nicht, sie drängt sie in ihren Gedanken weit zurück, so weit, daß sie sie nicht einmal mit einem Anflug streift. Herbert hat immer Glück gehabt, er ist immer irgendwie heil durchgekommen, manchmal nur mit knapper Not, aber doch durchgekommen, und das ist die Hauptsache.

Es kann natürlich sein ... Ja, davon haben schon viele erzählt, daß die Russen in Berlin, wenn eine Straße für den Durchgangsverkehr von den Trümmern schnell geräumt werden muß, jeden aufgreifen, der in der Nähe ist, ihm eine Schippe oder eine Hacke in die Hand drücken und ihn zur Arbeit kommandieren. Es soll sogar viele Leute geben, die das gern mitmachen, weil es hinterher oft einen kräftigen Schlag Essen aus der Feldküche geben soll. Es wäre also nicht das Schlimmste, wenn Herbert dadurch aufgehalten worden ist, und dann erst dazu kam ...

Ja, wozu? Er hat nichts über den Zweck seiner Fahrt nach Berlin verraten, hat ihr nur zugeblinzelt und gesagt: »Wirst schon sehen.« Sie war natürlich in ihn gedrungen (welche Frau hätte das nicht getan), aber er wollte über »ungelegte Eier« nicht sprechen und hatte sie damit abgewehrt, daß sie ihn doch schon mehrmals aufgefordert hätte, »etwas zu unternehmen«, und jetzt sei es eben soweit. Damit hatte sie sich zufriedengeben müssen, obwohl sie es verwunderlich fand, daß er nach Berlin und nicht in Richtung Spreewald oder wenigstens in die nächstgelegenen Bauerndörfer gefahren war. In Berlin ist doch nichts zu holen, jedenfalls nicht für einen, der nur lumpige hundertundfünfzig Mark in der Tasche hat.

Gerda seufzt tief auf, als sie einen Stuhl ans Fenster zieht und sich müde niedersetzt. Wie still es im Zimmer ist. Der Pendelschlag der Uhr, der Atem des Kindes, das Klopfen ihres Herzens, das sind keine Geräusche, die die Stille durchdringen, das sind Teile der Stille. Draußen streicht der Wind über den Platz und wirbelt Papier auf, und auch das gehört zu den gleichmäßigen Geräuschen der Stille. Die Häuser rund um den Platz stehen stumm und abweisend da, und nur nebenan, bei Frau Nowak, ist noch Leben: Frau Nowak hat noch zu später Stunde Besuch bekommen, und da wird jetzt geredet, die Stimmen schwellen an und werden wieder gedämpft, Gerda lauscht zur Wand hin, aber sie versteht die Worte nicht, sie vernimmt nur den Klang der Stimmen.

Wieder wendet sie sich dem Fenster zu. Sind das nicht Schritte? Ach, es ist die Russenpatrouille, die ihre Runde geht. Jetzt gehen sie im Schlenderschritt am Nowakschen Zaun vorüber, Gerda erkennt die runden Pelzmützen und die Maschinenpistolen, die sie umgehängt haben, sie hört ein paar Worte, die sie natürlich nicht versteht. Sie schauert zusammen, rasende Angst steigt in ihr auf. Die da draußen vorübergehen, das sind Soldaten der Kommandantur, vielleicht sind es sogar dieselben, die sie vor ein paar Tagen befreit haben, als sie von dem Mongolen überfallen und fast schon überwältigt worden war. Vielleicht sind es dieselben Soldaten, und obwohl dieser Gedanke ihr eine gewisse Beruhigung verschaffen müßte, wird sie von der Angst so heftig gewürgt, daß sie sich fast erbrechen muß.

In diesem Augenblick, da ihr Gehirn von Angst durchflackert wird, erinnert sie sich eines Erlebnisses, das sie mit sieben Jahren hatte. Im halbdunklen Toreingang eines Hauses war ihr ein Mann mit weit geöffneter Hose und entblößten Genitalien entgegengekommen und hatte sie zu berühren versucht. Sie war zurück auf die Straße gelaufen und hatte ihr Entsetzen herausschreien wollen. Aber nur ein heiseres, ersticktes Röcheln hatte sich ihrer Kehle entrungen. Seit diesem Tag war sie jedesmal, wenn sie einem Mann in einem dunklen Hausflur begegnete, von Entsetzen durchrüttelt worden. Zwar hatte die Mächtigkeit des Entsetzens mit den Jahren abgenommen, ganz abgeklungen war es jedoch nie, immer noch fürchtete sie sich vor dunklen Haustoren, und es war ihr erklärt worden, daß dies ein Trauma sei.

Daran muß Gerda in diesem Augenblick denken, und sie weiß gewiß, daß sie von dem Entsetzen, das sie jetzt durchzittert, jedesmal gepackt werden wird, wenn russische Soldaten in ihr Blickfeld geraten, ja, wenn auch nur ein russischer Laut ihr Ohr erreicht. Sie weiß, daß ein neues, schreckliches Trauma sich ihrer bemächtigt hat.

Zehn Uhr, denkt sie, sich gewaltsam umschaltend, zehn Uhr, das ist ja schon Sperrstunde. Wenn Herbert jetzt noch unterwegs ist, kann er aufgegriffen und bis zum Morgen festgehalten werden. *Wenn* er noch unterwegs ist ... Nicht daß Herbert noch nicht zu Hause ist, bedrückt sie, daß er woanders sein könnte, bei dieser Edith Ziegler womöglich, das ist es, was sie unruhig und beklommen macht. Sie versucht, das Bild in ihrem Gedächtnis auszulöschen, wie man mit einem Schwamm über eine Kreideschrift fährt, aber es gelingt ihr nicht, das Bild ist kräftiger als ihr Bemühen, es schimmert immer wieder durch, wird in seinen Umrissen sogar noch deutlicher, je mehr sie sich bemüht, es zu überdecken.

Wie die beiden dagestanden haben! Als ob sie ganz ineinander aufgegangen waren. Das ist doch kein zufälliges Zusammentreffen gewesen, obwohl Gerda sich auch schon oftmals gesagt hat, daß die beiden sich ja nicht ausgerechnet so öffentlich im Wohnungsamt zeigen würden. Aber für jeden guten Grund gibt es einen nicht weniger guten Gegengrund. Vielleicht ist es mit den beiden schon so weit, daß sie sich vor dem alten Schadow gar nicht mehr genieren, möglicherweise weiß es bereits die halbe Stadt. Sogar Frau Nowak weiß es vielleicht schon ... Nein, die hätte es ihr bestimmt nicht vorenthalten, *die* nicht. Niemals hat Herbert von diesem Mädchen erzählt. Von allen anderen hat er gesprochen, von Ziegler, von Mausolf, von Wernicke, vom Bürgermeister, vom alten Schadow und wie sie alle heißen, aber nicht von diesem Mädchen. Erst als er an jenem Tag nach Hause kam, hat er beiläufig und mit angespannt harmloser Miene von ihr erzählt. Sie hat bis dahin gewußt, daß Ziegler verheiratet und daß seine Frau schon seit Jahren gelähmt ist; daß Ziegler eine erwachsene Tochter hat, die im Rathaus tätig ist, hat sie erst an diesem Abend erfahren. Weshalb hat Herbert ihr das verschwiegen? Das kann doch nur den einen Grund haben, daß zwischen den beiden ...

Gerda legt die Stirn an die Fensterscheibe und schließt die Augen, die Kühle des Glases tut ihr gut. Für jeden Grund gibt es einen Gegengrund. Vielleicht hat Herbert nur ihre Eifersucht nicht erregen wollen. Sie ist leicht eifersüchtig und, wie sie sich eingestehen muß, meist ohne Grund, meist, nicht immer. Die Sache mit der Werkstattschreiberin Anni ist eine einmalige Sache gewesen und längst vorbei, aber sie lebt noch in ihr und wird immer in ihr leben (wenn sie auch nur wenig Atem hat, gerade soviel, daß sie nicht ganz stirbt), aber der Atem wird ihr sofort wie mit einem Blasebalg eingehaucht, wenn so etwas geschieht. Ist denn schon etwas geschehen, außer ein paar Blicken? Herbert hat an jenem Abend harmlos getan, »ein ganz hübsches Mädel, findest du nicht auch?« und war dann redselig gewesen wie selten.

Gerda hatte sich nichts anmerken lassen, den Sturm der Empfindungen in sich verschlossen und die Leidende gespielt. Sie hatte ja auch wirklich gelitten, und Herbert hatte das natürlich bemerkt. In dieser Nacht war er zum ersten Male wieder zu ihr gekommen, als könnte er damit etwas beweisen, und er hatte damit doch nichts bewiesen, eher sogar das Gegenteil, denn die Art, wie er zu ihr kam, hatte etwas Gewaltsames, Gewolltes an sich, als müsse er sich dazu zwingen. Zärtlichkeiten zwischen ihnen, sie waren nie nur die Befriedigung der Sinne, der Anprall der Körper, das reine sinnliche Begehren gewesen. Gerade das hat sie an Herbert so geliebt: Die Vereinigung war immer nur der Schlußpunkt gewesen, sie war stets erwachsen aus einer guten Stimmung, aus einer Harmonie, aus Küssen, die erst sanft zärtlich und dann leidenschaftlich wurden. Ein paar heftige Worte, über Belanglosigkeiten gewechselt, hatten bereits genügt, jede intimere Zärtlichkeit zwischen ihnen zu unterbinden. In dieser Nacht aber war keine Harmonie und nichts dergleichen zwischen ihnen gewesen, plötzlich hatte Herbert, wohl ihre Frage fürchtend, sie gepackt, auf die Couch, auf der er zu schlafen pflegt, gerissen und war über sie gekommen, so wie ein greller Lichtstrahl in eine schwarze Dunkelheit fällt, wieder verlischt und die Dunkelheit nur um so lastender zurückläßt.

Gerda stöhnt leise auf, als sie an jene Minuten denkt, wie sie versucht hatte, sich ihm zu entwinden und sich dann doch hatte mitreißen lassen, wie sie schließlich, schwach vor Verlangen, in Herberts Armen gelegen und dabei ganz genau gewußt hat, daß er sich die Kraft und die Zärtlichkeiten nur abgerungen hat, um sie zu versöhnen. Ach, wenn es noch um eine Versöhnung gegangen wäre, um sie zu besänftigen, zu begütigen, um sie abzulenken, um ihre Fragen in seiner Umarmung zu ersticken. Sie glaubt gefühlt zu haben, daß, während sich sein Körper in den ihren drängte, seine Gedanken nicht bei ihr waren, ja daß sogar Feindseligkeit in seinen Zärtlichkeiten gewesen ist. Nie zuvor hat sie einen solchen Gedanken auch nur erwogen.

Von der Eisenbahn her ertönt das langgezogene Heulen einer Lokomotive. Der Scheinwerfer eines Autos streut über den großen Platz und erfaßt den Wasserturm. Dann sinkt der Platz wieder in Dunkelheit zurück, das Heulen der Lokomotive entfernt sich, und finsteres Schweigen entfaltet sich wieder. Es ist nachtstill, Häuser, Wald und Himmel sind jetzt wieder ganz ineinander verschmolzen.

Nebenan wird immer noch geredet. Wo mag Herbert jetzt sein? Ist er unterwegs zu ihr, oder ist er bei der Blonden, oder . . .

Und jetzt sind die Gedanken doch da, die sie bisher so beharrlich abgewehrt hat, wie man eine lästige Fliege zu verscheuchen versucht. Wie leicht kann Herbert in eine der willkürlichen Verhaftungsaktionen geraten sein. Sie hat davon gehört, daß da Männer ohne jeden ersichtlichen Grund auf der Straße verhaftet worden sind, und sei es auch nur, um eine Kolonne von Gefangenen, die sich um einen Flüchtigen verringert hat, wieder auf die Sollstärke zu bringen. Gerda weiß sehr wohl, daß das nicht nur Erzählungen sind. In ihrer nächsten Umgebung hat sich vor wenigen Tagen ein solcher Fall ereignet. Der alte Mann aus Guben, der einige Male in Frau Nowaks Keller Zuflucht gefunden hatte, hatte am frühen Nachmittag eines Maitages am Straßenrand gestanden, wo einige russische Soldaten mit einem Trupp Zivilgefangener rasteten. Als der Trupp wieder aufbrach, stellten die Wachposten fest, daß ihnen ein Gefangener fehlte. »Mann, kommt mit«, sagte einer der Russen zu dem alten Mann und packte ihn bei der Schulter. Kein Protest half, die Tränen der alten Frau verfehlten ebenso ihre Wirkung wie ihr Jammern und Klagen. Der alte Mann mußte mit. Seitdem war er verschollen, und die alte Frau wurde überall mit einem Achselzucken abgewiesen.

Daran muß Gerda jetzt denken. Wie leicht kann es Herbert so ergangen sein. Ein Mensch verschwindet in den Riesenräumen, die unter sowjetischer Gewalt stehen, und nirgends ist etwas über ihn in Erfahrung zu bringen. Er ist wie ausgelöscht, abtransportiert wie irgendein Stück Beute, niemand macht sich die Mühe, sie zu registrieren, allein die Stückzahl ist wichtig. Sie muß stimmen.

Gerda versucht, die Gedanken abzuschütteln und andere Möglichkeiten zu ersinnen. Ja, auch das ist möglich: Er ist über Nacht in Berlin bei ihren Eltern geblieben. Er wollte dort ja auch nach dem Rechten sehen. Unmittelbar springen ihre Gedanken zu den Eltern über. Sie ist froh, die Qual des Wartens durch andere Gedanken zu unterbrechen. Die Eltern haben es überlebt, das hat sie schon erfahren, aber sie weiß noch nichts Näheres, da sie sich bisher nicht nach Berlin gewagt hat. Sie fürchtet auch die Klagen des Vaters, den Jammer der Mutter, den zweistimmigen Chor über das Thema: Was soll aus uns bloß werden?

Das Geschäft des Vaters in der Alten Jakobstraße ist am 3. Februar beim großen Bombenangriff, der die Innenstadt völlig niederlegte, zerstört worden. Der Vater wurde dann als Hilfsarbeiter bei Borsig dienstverpflichtet und hatte seine Freizeit ausschließlich dazu verwendet, eine Art Inventur des Verlustes aufzunehmen, um seine Entschädigungsansprüche zu errechnen. Gerda hat sich damals über die sinnlose Rechnerei geärgert, heute sieht sie ein, daß diese Liste der verlorenen Gegenstände für den Vater ein letzter Halt war.

Sie erinnert sich, daß die einzige Gelegenheit, den Abglanz eines Lächelns auf dem Gesicht ihres Vaters zu sehen, eintrat, wenn er sich eines verbrannten Gegenstandes entsann, den er bisher in seine Liste einzutragen vergessen hatte. Wenn ihm solch ein Gegenstand einfiel, stand er vom Essen auf oder erhob sich mitten in der Nacht, um die Liste zu vervollständigen und die Eintragung mit seiner korrekten Kaufmannshandschrift sofort vorzunehmen. Er quälte seine Frau ständig mit Fragen, was denn im Büfett rechts unten oder in der Kommode links oben gelegen habe, ihm sei, als ob da noch etwas fehle, und die Liste müsse doch vollständig sein, denn er wolle, wie er stets betonte, »dem Staat nichts schenken, aber auch nichts von ihm geschenkt haben.« Ob der Vater inzwischen wohl begriffen hat, daß eine Entschädigung nicht mehr in Frage kommt?

Und wie wird er Herberts neue Tätigkeit aufnehmen? Zwischen ihm und dem Vater hat es selten eine Übereinstimmung gegeben. Der Vater hatte für sie, die einzige Tochter, einen tüchtigen Geschäftsmann, möglichst aus der Branche, gewünscht, und dann war sie mit Herbert angekommen, »einem halben Künstler«, denn Gebrauchsgraphiker, »das ist doch kein Beruf«, er höre zum ersten Male davon. Aber er konnte sich ihrer Verbindung nicht mehr entgegenstellen, als er – auf dem Umweg über die Mutter – erfuhr, daß die Tochter mit diesem »windigen Herrn«, der nichts hatte und nichts konnte (»Das bißchen Pinseln, was ist das schon?«) »intim verkehrt« hatte und daß »ein Malheur passiert« war, das nur durch eine Heirat »gradegebogen« werden konnte. Daß das Kind tot zur Welt kam, war ein Unglück oder ein Glück, wie man will. Immerhin hatte der Vater später nichts mehr oder nicht mehr viel an Herbert auszusetzen gehabt. Zwar betrachtete er die Reklameplakate, die Herbert ihm für die Schaufenster malte, stets mit einem verwunderten Seitenblick auf den »Windhund« und konnte sich nicht genug wundern, daß jemand damit Geld verdiente, aber »es gibt nun mal komische Sachen auf unserer Welt«, und Herbert hatte, merkwürdigerweise, eine Familie ernähren können, obwohl der Vater, »offen gesagt«, erwartet hatte, daß Herbert »alle naselang« im Geschäft erscheinen würde, um »unbar» einzukaufen. Gerda schien glücklich, von der Sache mit der Werkstattschreiberin Anni hat der Vater niemals etwas erfahren. Als Herbert später zum technischen Zeichner ausgebildet wurde und in der Industrie arbeitete, war es der Vater sehr zufrieden, war das doch in seinen Augen ein »nützlicher und solider Beruf«. Der Vater hatte Herbert zwar immer etwas begönnert, mit der überheblichen Miene des selbständigen Kaufmanns, der auf einen Angestellten herabsieht, der es »niemals schaffen würde«, aber wie würde es jetzt sein? Der Vater war nichts mehr und besaß nicht mehr als diese traurige Laube am Bahnhof Bornholmer Straße, in der er seit der Ausbombung hauste (von Wohnen kann man hier wirklich nicht sprechen), und Herbert, nun ja, der hatte gewissermaßen sofort festen Fuß gefaßt, und eines Tages würde man ihn ja wohl auch bezahlen, auf die Dauer konnte man ja keine Arbeit unsonst verlangen.

Gerda ist mit ihren Gedanken so weit in der Vergangenheit gewesen, daß sie aufschrickt, als die Haustür geht. Das Herz pumpt das Blut in gewaltigen Stößen durch ihren Körper. Herbert!

6.

Auch Frau Nowak weiß schon von der Sache

Frau Nowak zieht die Tür ins Schloß, dreht den Schlüssel herum und schiebt den Riegel vor. Ach, der Rauer ist ja noch nicht zurück, fällt ihr dann ein. Oder hab' ich ihn überhört? Frau Rauer hat ja noch Licht, es blinkt schwach durch die Türritzen. Werd' ich sie gleich mal fragen. Bei der Gelegenheit kann ich ihr dann gleich verpassen, was mir die Schäfern eben erzählt hat.

Frau Nowak klopft an die Tür. »Frau Rauer«, ruft sie leise. »Sind Sie noch auf?«

Die Tür öffnet sich, Gerda Rauer steht auf der Schwelle. »Ja, bitte?« fragt sie und blinzelt in das Licht der Petroleumlampe, die Frau Nowak in der Hand hält.

Ach so, die hat auf ihren Mann gewartet. »Ihr Mann ist noch nicht da, Frau Rauer?« fragt sie. »Es ist wegen des Riegels . . .«

»Bitte riegeln Sie noch nicht ab«, antwortet Gerda Rauer. »Mein Mann ist heute nach Berlin . . .«

Frau Nowak nickt mehrmals, die Rauer hat ihr ja schon davon erzählt. »Ob er heute noch kommt?« sagt sie zweifelnd. »Ist ja schon Sperrzeit.« Der kommt doch heute nicht mehr, den haben die Russen festgesetzt. Oder der ist sonst wo hängengeblieben.

»Ich möchte noch etwas warten«, sagt Gerda Rauer.

Wenn die noch nicht ins Bett will . . . »Wenn Sie doch noch aufbleiben wollen, Frau Rauer«, sagt Frau Nowak eifrig und geheimnisvoll flüsternd, »dann komm' Sie doch noch 'nen Augenblick zu mir rüber. Ich hab' Ihn' was Interessantes zu erzählen, Hochinteressantes!«

Gerda Rauer zögert. »Es ist schon spät«, sagt sie zaghaft. »Komm' Sie nur, Frau Rauer«, redet Frau Nowak ihr zu. »Sie werden staun'!« Sowas muß dem andern heiß ins Maul geschoben werden. Und außerdem ist das auch eine Gelegenheit, die eigenen Sachen mal zur Sprache zu bringen. Die Rauer sieht vergrämt aus. Ob sie Ärger mit dem Mann hat? Na klar, welche Frau hat mit ihrem Mann keinen Ärger? Wenn die so in die gewissen Jahre kommen, kriegen sie alle noch mal Appetit auf Kalbfleisch. Da kann man nichts machen. »Komm' Sie schon, Frau Rauer«, wiederholt sie. Siehst du, jetzt kommt sie. Zureden hilft. Und außerdem ist man in solchen Stunden nicht gern allein.

Gerda Rauer wirft noch einen Blick auf den schlafenden Knaben. »Aber nicht lange, Frau Nowak. Ich bin so müde.«

»Sie werden gleich munter werden«, sagt Frau Nowak, als sie Gerda sanft vor sich herschiebt. »Passen Sie mal auf, wie Ihn' die Müdigkeit vergeht.« Die soll bloß nicht so angeben mit ihrem Herbert. Der schläft jetzt wahrscheinlich bei 'ner anderen. Und im Rathaus mischt der auch ganz schön mit. »Nehm' Sie doch Platz, Frau Rauer. Kekschen gefällig?« Sie reicht eine Gebäckschale hinüber. »Sind selbstgebackene. Schön mürbe. Sind auch viel Eier drin. Die Hühner legen ja noch.« Sie nimmt sich selbst zwei Kekse, stopft sie zusammen in den Mund und kaut geräuschvoll.

Gerda Rauer hat einen Keks genommen, sie ißt ihn nicht, sie läßt ihn langsam im Mund zergehen und schluckt ihn dann herunter, dabei blickt sie an Frau Nowak vorbei, die Hände liegen ruhig in ihrem Schoß.

Na, wenn sie nicht fragt, dann sag' ich's ihr auch so. Es stört Frau Nowak nicht, daß Gerda Rauer müde und teilnahmslos aussieht, sie räuspert sich und fährt mit der Zunge im Mund umher, um Gaumen und Kiefer noch schnell von Kekskrümeln zu reinigen. »Eben war die Schäfern bei mir, Frau Rauer«, beginnt sie. »Sie kenn' sie doch? Natürlich kenn' Sie die, Sie haben ja oft genug mit ihr in mei'm Luftschutzkeller gesessen.«

Gerda Rauer sitzt noch immer unbeweglich da. Kein Muskel ihres Gesichts läßt erkennen, daß sie ein Wort in sich aufgenommen oder gar verstanden hat.

Was ist denn mit der? Die sitzt da wie ... wie ... Ach, ich weiß nicht wie. Na, laß nur, die wird gleich mobil werden. Die denkt wohl, die ist schon wer, weil ihr Herbertchen im Rathaus sitzt. Auch schon was, in *dem* Rathaus! »Sie wissen doch, die kleine dicke Frau«, sagt Frau Nowak ungeduldig. »Die mit dem verrückten Mann. Der nie in 'n Keller kam.«

»Ja, was ist mit ihr?« fragt Gerda Rauer, ohne sich zu bewegen, ohne jeden Frageton in der Stimme.

»Also, die Schäfern hat mir Sachen erzählt«, sagt Frau Nowak geheimnisvoll – eindringlich. »Sachen, sage ich Ihn', die ganze Stadt spricht schon davon.«

Die Starre in Gerdas Gesicht weicht langsam einer wachen Angespanntheit. »Wovon?«

Endlich wacht die auf, denkt Frau Nowak und schlägt die Hände zusammen. »Sie werden staun', Frau Rauer«, sagt sie eifrig. »Heute nachmittag sind doch Kartoffeln gekomm'. Zwei Lastwagen mit Anhängern, aber bevor sie die auf 'n Rathaushof gefahr'n haben, da haben sie erst 'n paar Zentner abgeladen. Beim Bürgermeister. Bei Herrn Mühlbauer, bei dem Burmester. Wahrscheinlich bei allen neuen Bonzen. Nur bei Ihn' nicht.« Was wird die nun sagen? Wird sie die Herrschaften vom Rathaus immer noch verteidigen, wie sie das jetzt manchmal tut? Weil doch ihr Herbertchen da mitmacht. Ja guck nur, wie sie jetzt hochgeht.

Gerda Rauer fährt auf. »Das ist nicht wahr, Frau Nowak!« sagt sie empört.

»Wieso, wissen Sie's anders?« fragt Frau Nowak höhnisch.

Gerda Rauer schüttelt den Kopf. »Ich weiß gar nichts, Frau Nowak, ich war heute den ganzen Tag nicht draußen, aber ich glaub' es nicht.«

Frau Nowak kichert leise vor sich hin. »Sie werden's schon noch glauben, meine Liebe. Und das ist noch nicht mal alles. Da gibt's noch and're hübsche Sachen. Von den' wissen Sie vielleicht auch noch nichts. Obwohl Ihr Mann da oben sitzt. Aber er spricht vielleicht nicht darüber.«

»Wovon reden Sie eigentlich?« fragt Gerda Rauer scharf.

Tut die nur so ahnungslos? Oder weiß die wirklich von nichts? »Bei Kranzow am Bahnhof hat die Polizei gestern Lebensmittel beschlagnahmt, 'nen ganzen großen Handwagen mit Weckgläsern. Fast nur Fleisch. Und Schmalz. Und zu rauchen noch und noch«, sagt Frau Nowak atemlos und überstürzt fast die Worte. »Und das Ernährungsamt, die Frau Burmester, die weiß davon angeblich nichts.

Dabei ist die Burmestern doch die Frau vom Polizeichef, wie der saubere Herr sich nennt, in der Magistratssitzung soll'n sie sich fast das Hauen gekriegt haben. Weil sie sich über die Verteilung, über die Verteilung untereinander, versteht sich, nicht einig werden konnten . . .« Sie ringt heuchlerisch die Hände. »Zustände sind das, Frau Rauer, Zustände, womit haben wir die verdient?« Sie stopft sich ein paar Kekse in den Mund und hält Gerda Rauer die Schale hin.

Gerda Rauer streckt die Hand aus und zieht sie rasch wieder zurück. »Diese Frage sollten *Sie* nicht stellen, Frau Nowak«, sagt sie entschieden.

Frau Nowak stellt die Keksschale mit einem Achselzucken wieder auf den Tisch zurück. Solange der Führer noch da war, da waren die klein und häßlich. Da haben sie kaum aufgemuckst. Und jetzt geben sie groß an. Frau Nowak läßt die Unterlippe hängen in Erinnerung an die vergangene glorreiche Zeit. Die junge Person müßte man eigentlich . . .

Nein, nein, ich laß das lieber, die sind jetzt obenauf. Ach, die wissen gar nicht, wie gut sie dran sind. Er war nicht in der Partei. Sie auch nicht. Und der Junge war nicht mal Pimpf. Die sind schlau gewesen. Und ich brauche sie. Da muß ich mir manches verkneifen. So fragt sie zwar nicht versöhnlich, aber doch viel sanfter, als sie beabsichtigt hat: »Das ist alles, was Sie dazu zu sagen haben, Frau Rauer?«

»Ich muß erst mit meinem Mann darüber sprechen«, weist Gerda Rauer sie zurück. »Und wenn es wirklich so ist, wie Sie behaupten, dann wird er schon etwas dagegen unternehmen.«

Die soll sich bloß nicht so aufblasen, die dumme Gans. Zuerst ist sie doch selber nicht damit einverstanden gewesen, daß ihr Mann in den roten Haufen reintrat. Hitler wollte sie nicht. Und die Roten will sie auch nicht. Was will sie denn eigentlich? Ach, laß sie doch. Sei freundlich zu ihnen. Solche Leute sind jetzt Gold wert. »Kindchen«, sagt sie begütigend, »ich hab' Ihn' das doch nicht erzählt, um etwa Kritik zu üben. Ich wollte Sie nur darauf aufmerksam machen. Damit *Sie* dabei nicht zu kurz komm'. Schließlich ist Ihr Mann doch nicht schlechter als die anderen, nicht wahr?« Wenn schon geschoben wird, setzt sie in Gedanken hinzu, dann muß man eben mitschieben. Die Zeiten sind eben so.

»Ich danke Ihnen für den Hinweis, Frau Nowak«, sagt Gerda förmlich. »Mein Mann hätte auch ohnehin davon erfahren.«

Das ist eine klare Zurückweisung. Diese dumme Göre ist nicht mal dankbar. Die hat wohl ganz vergessen, daß ihr Mann monatelang unangemeldet bei mir gewohnt hat. Ich hätt' nur 'n paar Worte fallen zu lassen brauchen, und der wäre hops gegangen. Ob die das ganz vergessen hat? Dann muß ich ihr mal kräftig aufs Gedächtnis tippen. »Vergessen Sie doch bitte eins nicht, liebe Frau Rauer«, sagt Frau Nowak und zwingt ihre Stimme zur Freundlichkeit, »daß ich Ihn' doch sehr geholfen habe. Wenn ich Ihr'n Mann hier nicht geduldet hätte, wer weiß, was dann aus ihm geworden wäre.«

Gerda Rauer nickt. »Das weiß ich sehr wohl, obgleich« – sie zögert für ein paar Sekunden und blickt vor sich nieder – »obgleich ich dazu noch einiges zu sagen hätte, ich habe nämlich auch ein gutes Gedächtnis. Rühren wir also lieber nicht daran.« Mit einer wegwerfenden Geste unterdrückt sie die Anwandlung, sich zu ereifern. »Oder« – sie zögert abermals und richtet den Blick jetzt fest auf Frau Nowak – »oder haben Sie bestimmte Wünsche, wie diese Dankbarkeit bewiesen werden soll? Darauf läuft es doch hinaus, Frau Nowak?«

Jetzt hab' ich sie genau dahin gekriegt, wohin ich sie haben wollte, frohlockt Frau Nowak, stopft sich noch ein paar Kekse in den Mund und kaut darauf los, um das triumphierende Lächeln zu verbergen. »Es ist nur 'ne Kleinigkeit«, sagt sie und rückt mit dem Stuhl näher. »In der Nazizeit haben die mir mal 'nen Strafbefehl über zweihundertfuffzig Mark zugestellt. Das war ganz ungerecht. Und deshalb hab' ich die Strafe auch nicht bezahlt. Und jetzt, jetzt schickt mir der neue Bürgermeister 'nen Polizisten mit 'ner Mahnung ins Haus. Ich denke, wir fangen jetzt neu an? Und was mal gewesen ist, das ist gewesen?«

Gerda Rauer hat zum Fenster hingelauscht, ihr ist, als habe sie ein Geräusch gehört. »Und da meinen Sie, daß mein Mann . . .«

». . . da mal ein gutes Wort einlegen kann«, fällt Frau Nowak ihr ins Wort. »Er hat doch Einfluß im Rathaus. Woll'n Sie ihm das nicht mal beibringen, liebe Frau Rauer? Die Unterlagen habe ich hier.« Sie nimmt Papiere zur Hand und blättert in ihnen. »Sehn Sie, das hier ist . . .«

An der Haustür wird geschlossen, dann klopft es.

»Mein Mann!« ruft Gerda Rauer, springt auf und läuft aus dem Zimmer. Frau Nowak schiebt die Papiere resigniert wieder zusammen. »Wenn's nicht anders ist«, murmelt sie, »dann muß ich eben mal 'n paar Gläser Kirschen rausrücken. Oder ob ich ihr lieber bloß Apfelstücke gebe?«

Neuntes Kapitel
Überall Zweifel

1.

Rauer im Vorzimmer des Bürgermeisters

Rauer überliest noch einmal die Notizen, die er sich gemacht hat. Es sind durchweg Beschwerden, über Plünderungen und Vergewaltigungen, über wahllose Beschlagnahmen durch die Polizei und über Lebensmittelschiebungen. Daraus soll Rauer nun einen Wochenbericht für die Kommandantur machen. »Der Kommandant liebt negative Berichte nicht«, hat der Bürgermeister zu Rauer gesagt. »Richte dich gefälligst danach.« Rauer kennt die Berichte, die bisher von Andrikeit verfaßt worden sind. In ihnen ist zu lesen, daß die Bevölkerung die Maßnahmen der Roten Armee begrüße und Vertrauen zur sowjetischen Verwaltung habe, daß in Lindenthal Ruhe und Ordnung herrsche, daß durch die großzügige Hilfe der Roten Armee die Lebensmittelversorgung in Gang gekommen sei, was in der Bevölkerung Freude und Dankbarkeit ausgelöst habe, daß die Aufführungen der sowjetischen Filme gern besucht würden und daß überhaupt alles in bester Ordnung sei.

Einen solchen Bericht wird er nicht schreiben, hat Rauer sich vorgenommen. Er wird zwar nicht alles hineinschreiben, was ihm an Beschwerden zugekommen ist, aber er wird sie andeuten. Er ordnet die Notizen, um sie zu dem Bericht zusammenzufassen, den er nachher Edith Ziegler diktieren wird.

Merkwürdig, wie selbstverständlich ihm das schon ist, im Vorzimmer des Bürgermeisters als dessen Sekretär zu sitzen und Edith als Stenotypistin neben sich zu haben.

»Edith kann das nicht mehr allein machen«, hat Ziegler vor ein paar Tagen gesagt, »sie ist zu jung, und außerdem . . .« Ziegler hatte gezögert und dann entschlossen gesagt: »Also wir haben beschlossen, daß du ab morgen im Vorzimmer des Bürgermeisters arbeitest. Ist dir doch recht?«

Rauer hat gespürt, wie ihm die Röte ins Gesicht gekommen ist. Das ist eine Auszeichnung, eine Beförderung sozusagen, denn im Vorzimmer des Bürgermeisters laufen die Fäden zusammen, oft allerdings wohl derart, daß sie erst entwirrt werden müssen, denn jeder geht entweder zuerst zum Bürgermeister, um seine Meinung zu erkunden, oder zuletzt, um gegen die Entscheidung eines Dezernates zu protestieren, und der Bürgermeister zappelt dann, davon hat Rauer schon oft gehört, unentschieden hin und her, trifft Verfügungen, deren Tragweite er gar nicht zu übersehen vermag und die nachher nur schwer abgeändert werden können. Oder Andrikeit ist – wohl über seine eigene Unzulänglichkeit – gereizt und weist Leute, die sich mit berechtigten Ansprüchen an ihn wenden, barsch ab. Er ist in letzter Zeit immer selbstherrlicher geworden und hat, wenn er nicht weiter wußte, alle Einwände und Bedenken mit dem lakonischen Hinweis »Der Kommandant!« abgetan. Es ist schließlich nicht bei dem Hinweis geblieben, sondern fast zur Drohung geworden.

Deshalb hat Rauer, so sehr er auch das in ihn gesetzte Vertrauen zu schätzen wußte, der Versetzung in das Vorzimmer des Bürgermeisters keineswegs freudig zugestimmt. Ihm ist sofort klar gewesen, daß mit der Erhöhung seiner Verantwortung auch das Maß an Unannehmlichkeiten steigen würde, daß er seine bisherige Taktik, sich von der eigentlichen Politik fernzuhalten, nicht länger würde beibehalten können. Hatte er bisher seinen Ehrgeiz auf die einwandfreie Ausführung seiner Arbeit gerichtet, ohne sich viel um die Sache selbst zu kümmern (eine Einstellung, die sich im Grund in nichts von seiner Haltung im tausendjährigen Reich unterschied), so würde die Sache jetzt ihren Anspruch auf Gleichberechtigung, wenn nicht gar auf Bevorrechtigung erheben. Dieser Eindruck hatte sich noch verstärkt, als Steinle, der bei dieser Unterredung mit Ziegler zugegen war, gesagt hatte: »Du bist 'n gebildeter Mann, Rauer, du verstehst es, mit den Leuten zu reden, mir läuft immer sehr schnell die Schnoddrigkeit aus 'm Maule, und der Bürgermeister ... Na also, es kommt drauf an, daß einer dem Alten 'n bißchen auf die Gichtknochen guckt, überhaupt, daß er nicht so viel Bockmist macht.«

Rauer hatte noch auf Wernicke und Fechmann verwiesen, aber davon wollte Steinle nichts wissen. »Wernicke hat mit der Kasse genug zu tun und Fechmann, das wäre doch, als ob man Casanova zum Haremswächter macht, nee, nee, Fechmann kommt gar nicht in Reichweite.«

Rauer sträubt sich trotzdem, denn im Vorzimmer des Bürgermeisters saß ja doch Edith Ziegler. Es war nicht so, daß er sich die

Tätigkeit in Andrikeits Vorzimmer nicht zugetraut hätte, keine Maschinerie, erst recht nicht die Verwaltung einer Kleinstadt, ist so kompliziert, als daß man ihre Handhabung nicht erlernen könnte. Rauer hatte mit Edith seit jenem Tage, an dem sie beide von Gerda überrascht worden waren, nicht wieder gesprochen, sie nur von weitem gegrüßt, und sie hatte gedankt. Mitunter schien es ihm allerdings, als ob sie weggesehen hätte (wenn sie nicht gar seinen Gruß übersehen hatte), dann wiederum meinte er, daß sie auf ein Wort von ihm wartete. Eins war ihm jedenfalls klar, nämlich daß die gemeinsame Arbeit ihre Beziehungen komplizieren oder aber – vereinfachen würde. Beides lag im Bereich des Möglichen, doch zu Überlegungen dieser Art wurde ihm keine Zeit gelassen. Ziegler redete ihm zu, Steinle drängte ihn, und so hatte er nachgegeben.

Und es ging – jedenfalls was Edith anbetraf – alles viel besser, als er erwartet hatte. Sie arbeiteten ausgezeichnet zusammen, sie waren freundlich miteinander, kamen mit keinem Wort auf die unliebsame Szene im Wohnungsamt zurück und waren zueinander wie gute Kollegen.

Jedenfalls war das der äußere Eindruck, den sie auf andere zu machen sich bemühten und den sie vor sich selber – oft mühsam genug – aufrechterhielten, denn im Grunde hatte sich sehr bald wieder jene geladene Atmosphäre eingestellt, die Liebesbeziehungen voranzugehen pflegt und die, das weiß Rauer aus Erfahrung, oft betäubender und reizvoller als die Liebesbeziehung selbst sind. Diese Spannung hatte sich immer mehr verdichtet.

Rauer fühlt diese Spannung körperlich, auch wenn Edith, wie jetzt, nicht im Zimmer ist. Er blickt zu der Schreibmaschine hinüber, an der Edith sonst sitzt, er sieht ihren rötlichblonden Kopf, der leicht über die Maschine gebeugt ist, den weißblonden Flaum in ihrem Nacken, und blickt in ihre Augen, wenn sie den Kopf hebt. Sie ist, seit er mit ihr im Vorzimmer sitzt, sehr ernst und still. Die Lustigkeit, die Unbekümmertheit, die er zuerst an ihr kennengelernt hat, kommt kaum mehr zum Durchbruch, ist fast ganz verschwunden, und das scheint Rauer als ein deutliches Zeichen. Liebe macht ernst und nachdenklich, solange sie sich nicht erklärt hat, solange sie sich im Stadium des Zweifels befindet, des Zweifelns mit sich selbst und des Zweifelns am anderen. Liebe macht erst froh und glücklich, wenn sie sich entfaltet hat und bestätigt wird.

Rauer hat wiederholt versucht, sein Gefühl zu Edith zu analysieren. Es ist ihm nicht gelungen, zumal er es stets sehr bald wieder aufgegeben hat, weil er merkte, daß ihm die Klarheit gar nichts nutzen würde. Er hat beschlossen, die Dinge auf sich zukommen zu lassen, und hofft, daß sich eine Lösung von selber einstellen wird. Die Gedanken an Gerda hat er von sich zu schieben versucht, aber damit hat er nichts gewonnen, er hat nur das Chaos in sich verstärkt. Dazu besitzt Rauer die Gabe, sich selbst zu beschwichtigen. Hier eine Ehe und da ein Flirt, weshalb soll das nicht gehen?

Als die Tür knarrt, schrickt er zusammen. Edith kommt aus dem Zimmer des Bürgermeisters.

»Der Alte möchte dich sprechen, Herbert«, sagt sie.

Rauer nickt. »Gleich«, sagt er und holt tief Luft. Er braucht ein paar Minuten, um sich gewissermaßen umzuschalten, denn er muß Andrikeit gegenüber auf der Hut sein. Der Alte kann ihn nicht leiden, der ist böse, daß er, Rauer, jetzt im Vorzimmer regiert. Rauer hat Andrikeit, bis er zu ihm ins Vorzimmer kam, nur ganz flüchtig gekannt. Er hat ihn für einen freundlichen alten Mann gehalten, und allein die Tatsache, daß er der Bürgermeister ist, hat ihn mit Achtung, sein weißes Haar sogar mit gewisser Ehrfurcht erfüllt. Das hat sich, seit Rauer täglich mit Andrikeit zu tun hat, gründlich geändert. Er hat ständig das Gefühl, daß der Alte auf der Lauer liegt, eine schwache Stelle herauszufinden, um dann nachzustoßen. Rauer hat Andrikeit noch nie anders gesehen als mit tiefgefurchter Stirn und halbzugekniffenen Augen, seine Miene drückt stets Gereiztheit, oft sogar Feindseligkeit aus, und wenn er lächelt, dann ist es ein bösartiges Lächeln; wenn er freundlich ist, ist es eine hinterhältige Freundlichkeit. Andrikeits helle, kleine Augen glitzern tückisch wie die eines alten Katers, der sprungbereit vor einem Mauseloch kauert oder ein Vogelnest beobachtet.

Es ist Rauer auch nicht entgangen, daß sich im Magistrat zwei Gruppen gebildet haben, die einander – wenn auch nicht offen – bekämpfen, die Partei Steinle und die Partei Burmester, wie er sie nennt, und daß der Bürgermeister es mit der Partei Burmester hält und die Partei Steinle fürchtet.

Vielleicht ist der Alte nicht gut auf mich zu sprechen, überlegt Rauer, weil Steinle mich hier hereingesetzt hat und weil ich offen zu erkennen gegeben habe, daß ich von Steinle sehr viel halte und von Ziegler noch mehr. Sicher empfindet der mich als so eine Art Spion der feindlichen Partei, wahrscheinlich hat Steinle mir auch diese Rolle zugedacht. Was anders hat denn seine Bemerkung, ich solle dem Alten auf die Gichtknochen gucken, zu bedeuten?

»Geh doch schon«, mahnt Edith, »der Alte wartet auf dich.« Rauer steht auf. Er hat sich jetzt umgeschaltet. Ich werde dem Alten nicht auf die Gichtknochen gucken, denkt er grimmig, ich werde auf sie, wenn es not tut, sogar gehörig draufhauen.

2.

Andrikeit hat einen Sonderauftrag für Rauer

Andrikeit wischt die Einwände des Besuchers mit einer ungeduldigen Handbewegung weg. »Kommen Sie nächste Woche wieder, Herr Bernstein«, sagt er entschieden und steht auf. Das ist doch wohl ein deutliches Zeichen dafür, daß er die Unterredung als beendet betrachtet. Der Kerl kann doch nicht einfach sitzenbleiben, wenn der Bürgermeister aufsteht, aber der bleibt doch auf seinem Stuhl kleben und scheint entschlossen, die Sache mit seinem dämlichen Textilladen ausführlich vorzubringen, so einen Schietkram, den der für wichtig hält, wo eines Tages doch alle Läden sozialisiert werden, auch die jüdischen. Der Rauer versteht es nicht, die Besucher abzuwimmeln, dieser Rauer, den er einmal ganz gehörig ...

»Nächste Woche erst, Herr Andrikeit? Bis dahin ...«

»Nächste Woche«, sagt Andrikeit mit einer Betonung, als gäbe es über diesen Punkt keinerlei Diskussion. »Herr Andrikeit« sagt der Kerl, wo es doch Herr Bürgermeister heißen muß, und sitzengeblieben ist er auch. Der scheint nicht zu wissen, was sich gehört, obwohl er doch ein Jude ist und ein Kaufmann dazu. Dem werde ich schon zeigen, wer hier was zu sagen hat. »Nächste Woche«, wiederholt er und tut, als müsse er scharf nachdenken. »Und zwar kommen Sie am Mittwoch, um zehn Uhr.« Er hält inne und legt die Stirn in Falten. »Nein, besser um zehn Uhr fünfzehn. Aber pünktlich!«

Bernstein holt tief Atem. »Nun gut«, sagt er resigniert, aber doch ein wenig getröstet. »Mittwoch, um zehn Uhr fünfzehn. Ganz bestimmt?«

»Ganz bestimmt«, versichert Andrikeit und nickt dazu. »Auf Wiedersehen!«

»Auf Wiedersehen!« erwidert Bernstein und steht langsam auf.

Andrikeit lächelt vor sich hin, als sich die Tür hinter dem Besucher schließt. Das ist ein prima Trick, schmunzelt er, als er sich wieder in seinen Sessel setzt, ein prima Trick ist das. Wenn man den Leuten einfach sagt »Kommen Sie nächste Woche wieder« oder »Ich habe jetzt keine Zeit«, dann sind sie schwer abzuweisen. Sie spüren dann genau, daß man sie nur loswerden will, aber wenn man ihnen, so mit sorgenschwerer Stirn, in die Luft hinein einen genauen Termin sagt und sie dazu noch zur Pünktlichkeit ermahnt, dann glauben sie dir, dann kannst du sie ganz leicht abwimmeln. Das hat ihm niemand gesagt, Andrikeit ist ganz von selbst darauf gekommen, und er ist sehr stolz auf diese Entdeckung. Mittwoch, zehn Uhr fünfzehn, das macht sich ausgezeichnet, das sieht vertrauenerweckend aus, das gibt so einem Quälgeist wie diesem Bernstein das Gefühl, in einen Terminplan fest eingereiht zu sein, und dabei ...

Vergnügt kichert Andrikeit vor sich hin, dann setzt er sich zurecht. Gleich wird der Rauer kommen. Immer, wenn Andrikeit einen Besucher erwartet, setzt er sich in Positur, indem er sich mit den Unterarmen, die Hände leicht zu Fäusten geballt, gegen die Schreibtischkante stützt und den Kopf über eine aufgeschlagene Akte beugt. Wenn es klopft, ruft er regelmäßig erst beim zweiten, meistens sogar erst beim dritten Anklopfen »Herein!« Wenn die Tür geht, blickt er nicht eher auf, bis der Eintretende sich räuspert oder etwas sagt. Erst dann hebt er flüchtig den Blick, weist – anscheinend noch ganz abwesend – mit lockerer Handbewegung auf einen Stuhl, senkt den Blick wieder in das Aktenstück und malt irgendein Zeichen an den Rand. Erst dann entschließt er sich, nach wie vor ein wenig zerstreut, den Besucher nach seinen Wünschen zu fragen, wobei er sich immer noch nicht vom Studium der Akte losreißen kann. Wenn der Besucher dann zu sprechen beginnt, sogleich wieder stockt, weil er der Aufmerksamkeit des Bürgermeisters nicht ganz sicher ist, und wieder ansetzt, dann erst entschließt sich Andrikeit, die Brille abzunehmen und auf die Akte zu legen. Diese Brille hat Andrikeit sich vor wenigen Tagen zugelegt, obwohl seine Augen noch ausgezeichnet sind (die Gläser sind aus gewöhnlichem Glas, aber das weiß außer ihm nur Weidinger, der ihm die Brille besorgt hat), denn Andrikeit findet, daß eine Brille ihm gut steht (»Prima siehst du aus, wie ein Professor«, hat Weidinger gesagt), und es hat ihm auch imponiert, wie Mühlbauer seine Brille aufsetzt, mit geradezu eleganter Bewegung abnimmt und vor sich aufbaut, indem er die Bügel kreuzt und sie genau ausrichtet. Das hat Andrikeit dem Dicken abgesehen. Er ist zwar nicht ganz sicher, daß seine Bewegungen die elegante Lässigkeit Mühlbauers haben, aber es kommt auf die Wirkung an, und die ist wohl: Andrikeit ist ein Bürgermeister, der würdig aussieht und arbeitet, tüchtig arbeitet. Die Pose, die er gelernt hat, ist schon fast eine Gewohnheit geworden, die er kaum noch lassen kann. Er spielt sie mit der Routine eines Schauspielers, der die gleiche Rolle vielmals gespielt hat und Wirklichkeit und Spiel kaum mehr auseinanderzuhalten vermag. Nur einem einzigen gegenüber wagt Andrikeit diese Haltung nicht mehr einzunehmen, und das ist Steinle. Steinle hat die unangenehme Angewohnheit, ins Zimmer zu treten, ohne vorher anzuklopfen (aber das mag noch hingehen, denn Andrikeit hat es schon soweit gebracht, daß er seine Pose blitzschnell einzunehmen vermag), Steinle ist noch viel frecher. Anstatt im Türrahmen oder wenigstens *vor* dem Schreibtisch stehenzubleiben, tritt er ganz dicht an Andrikeit heran und blickt ihm ungeniert über die Schulter, wobei er ironisch zu fragen pflegt, ob der Bürgermeister sich wieder einmal mit nicht abgelieferten Nazi-Eiern beschäftige. Nein, dem Steinle kann Andrikeit nichts vormachen, möglicherweise auch manchem anderen nicht, aber diese anderen respektieren doch immerhin Andrikeits Haltung und sein weißes Haar. Steinle dagegen ... »Ein alter Esel ist auch ein Esel«, hat der Hundekopf letztens gesagt, zwar in einem anderen Zusammenhang, aber doch, wie es Andrikeit schien, auch mit einer Anspielung auf ihn.

Über Andrikeits Gesicht läuft ein bösartig triumphierendes Lächeln. Der kommt sich nur so schlau vor, und dabei weiß er nichts, gar nichts, dabei war der so leicht übers Ohr zu hauen. Wenn der denkt, daß er in mich reingucken kann ...

Andrikeit tippt mit dem Zeigefinger gegen die Stirn. Er freut sich der eigenen Schlauheit so sehr, daß er noch ein paarmal gegen seine Stirn tippt und befriedigt grunzt. Als es klopft, fährt er zusammen und besinnt sich sofort auf seine Pose. Erst nach dem zweiten Klopfen ruft er: »Herein!« Mit einem sekundenschnellen Blick hat er gesehen, daß es Rauer ist. Er weist, ohne aufzusehen, auf einen Stuhl und blickt in die Akte.

Das ist auch so ein Heini, denkt Andrikeit, während er in die Akte blickt, den hat Steinle mir vor die Nase gesetzt. Weiß der Kuckuck, was der an dem Rauer findet. Mit dem Mädel bin ich gut fertig geworden, aber der Rauer ist bockig, der widerspricht in einem fort, und das einzige Argument, das den noch einigermaßen in Schach hält, ist das Zauberwort: »Der Kommandant!«

Wenn er den Rauer aus dem Vorzimmer wieder hinauskriegen könnte! Aber das ist nicht so einfach, Steinle steht hinter ihm, und hinter Steinle stehen Ziegler und Wernicke und vielleicht auch die

Burmestern. Man müßte dem Rauer was nachweisen können, vielleicht, daß er ein SS-Mann oder so was war. Man könnte natürlich etwas erfinden, aber gerade damit hat der Burmester in den letzten Tagen schlechte Erfahrungen gemacht. Er hat den Kranewitz, der das schöne große Farbengeschäft in Lindenthal besitzt, denunzieren lassen, weil Burmesters Schwiegersohn auf den Laden scharf war. Und was ist dabei herausgekommen? Gar nichts, im Gegenteil, der Kommandant hat einen Wutanfall gekriegt. Zuerst hat er den Kranewitz natürlich abführen lassen und ihn zunächst ein paar Tage im Keller schmoren lassen, aber merkwürdigerweise ist der Kranewitz dann nicht mit irgendeinem Gefangenentransport abgegangen, sondern zum NKWD gebracht worden, die sich inzwischen in Köckeritz niedergelassen hat. Dort haben sie den Kranewitz sehr peinlich und handgreiflich und mit massiven Drohungen verhört, aber die Denunziation ist entweder zu dumm und zu durchsichtig gewesen, oder der Kranewitz hat denen was erzählt, was ihnen in den Kram paßte, oder die Zeugen sind umgefallen, jedenfalls ist der Kranewitz nach knapp acht Tagen wieder in Lindenthal gewesen und hat überall herumerzählt, die Russen wären ganz anständig, aber die Deutschen, so eine gewisse Sorte von Deutschen, die wären Schweine.

Andrikeit erinnert sich ungern der Szene, die der Haftentlassung des Kranewitz gefolgt ist. Der Kommandant ist sehr ungemütlich gewesen, anscheinend stand er sich nicht gerade gut mit dem NKWD-Chef von Köckeritz, oder die Rote Armee und der NKWD waren sich überhaupt nicht grün, so wie die Wehrmacht und die Gestapo. Jedenfalls hat Andrikeit es schwer gehabt, den Kommandanten zu beruhigen, und erst der Wodka hat den Frieden zwischen ihnen wiederhergestellt. Immerhin hat der Kommandant kategorisch verlangt, daß, bevor ihm jemand zur Verhaftung gemeldet wird, die deutschen Stellen erst einmal gründlich nachzuforschen hätten und daß eine Anzeige hieb- und stichfest zu sein habe, er habe keine Lust, sich mit dem NKWD ... Dann hat er noch ein drohendes Andernfalls hintergeschickt, andernfalls ... Was für ein Andernfalls er meinte, hatte er nicht mehr gesagt, oder der Dolmetscher hat es lieber für sich behalten, man kann sich darunter alles mögliche vorstellen, nur nichts Angenehmes.

Daran denkt Andrikeit jetzt, als er so angestrengt in die Akte starrt, ohne zu lesen. Nein, den Rauer muß er auf andere Art loswerden, so ein zweiter Fall Kranewitz darf das unter keinen

Umständen werden. Und Andrikeit weiß auch schon, wie er den Rauer hereinlegen wird, aber dazu muß er den erst mal ein bißchen ausholen. »Na, wie kommst du denn mit deiner Arbeit zurecht?« fragt er und blickt auf.

Rauer sieht den Bürgermeister verdutzt an. »Wie bitte?«

Die Frage hat er wohl nicht erwartet, denkt Andrikeit. Er lächelt Rauer zu und wiederholt die Frage.

»Gut«, antwortet Rauer. »Zuerst war's ja ein bißchen ungewohnt, aber jetzt habe ich mich gut eingearbeitet.«

Andrikeit nickt und bemüht sich, einen vertraulichen Ton anzuschlagen. »Sag mal«, beginnt er in gedehnter Sprechweise, »wie geht es dir eigentlich so privat? Ich meine, wenn man so zusammenarbeitet wie wir beide, da interessiert man sich doch auch für die privaten Verhältnisse, du mußt das nicht als Neugierde auffassen.«

Rauer ist sichtlich verwirrt. »Ich kann mich nicht beklagen«, antwortet er zögernd, »wir sind heil durchgekommen . . .«

»Wir?« fragt Andrikeit schnell. »Wer ist wir?«

Während Rauer nun, immer noch verwirrt, fast bestürzt, zögernd und immer wieder stockend von sich erzählt, notiert Andrikeit in seinem Gedächtnis das, was ihn interessiert. Verheiratet also ist der, einen Jungen von zehn Jahren hat er, total ausgebombt ist er, sie haben kaum mehr, als sie auf dem Leibe tragen, das ist ausgezeichnet, das paßt, das ist wie nach Maß. Er wohnt in Untermiete. Wo? Bei Frau Nowak in der Eschenstraße 27? »Bei der Nowak wohnst du? Mensch, das ist doch 'ne Naziege erster Güte!«

Rauer hebt die Schultern. »Na und?« sagt er. »Meine Frau hat sich das Quartier damals nicht aussuchen können, als sie nach Lindenthal kam.«

Andrikeit hebt die Hand. »Langsam, langsam, Rauer«, sagt er. »Man könnte dir das auch so auslegen, daß du zu Gesinnungsfreunden gezogen bist.«

Rauer schüttelt ärgerlich den Kopf. »Das ist doch Unsinn!«

Andrikeit hebt und senkt die Hände ein paar Mal. »Ich sage ja nicht, daß *ich* so denke«, begütigt er, »ich sage nur, man *könnte* es so auslegen.«

Rauer steht auf und stützt sich auf die Stuhllehne. »Was soll das Gerede? Bin ich deshalb gerufen worden?«

Wie der es vermeidet, eine Anrede zu gebrauchen, das hat der von Anfang an so gemacht. Der will sich mit mir nicht duzen, aber ein Sie bin ich ihm auch nicht wert. Na, warte, du Bursche, dir werd' ich's schon noch besorgen, daß dir Hören und Sehen versteht. »Setz dich nur wieder, Rauer«, sagt er sanft, aber nicht ohne einen gewissen Befehlston in der Stimme. »Ich hab' hier 'nen besonderen Auftrag für dich.«

Rauer setzt sich widerstrebend, aber er sitzt ganz am Rande des Stuhles, wie sprungbereit. »Bitte«, sagt er abweisend.

Der Bürgermeister zieht eine Akte zu sich heran. »Du mußt in der Wohnung von Hartung am Kaiser-Wilhelm-Platz 8 eine Bestandsaufnahme machen.«

»Das ist Sache des Wohnungsamtes oder der Polizei«, entgegnet Rauer.

Andrikeit nickt ein paarmal. »Ja doch«, sagt er geduldig, »ich weiß. Aber da sind letztens unangenehme Sachen passiert mit den Bestandsaufnahmen . . . Also ich möchte, daß du das machst. Wenn du mich auch schon oft angeblubbert hast, Rauer, aber 'n anständiger Kerl bist du doch.«

Rauer flicht nervös die Finger ineinander. »Allein mach' ich das nicht. Und wann soll ich das machen?«

»Sofort!« hakt Andrikeit ein. »Sofort muß das gemacht werden, und du kannst das ruhig allein machen, ich wüßte auch nicht, wer jetzt gerade frei wäre. Also mach schon, tu mir den Gefallen.«

Rauer zerrt nervös an seinen Fingern, daß die Gelenke knacken. »Wenn es sein muß . . .«

Der Bürgermeister hat Mühe, seine Gesichtszüge seinem Willen zu unterwerfen, um ein triumphierendes Lächeln zu verbergen. Er wendet sich zur Seite und hüstelt. »Was ist denn das für ein Lärm da draußen?« fragt er, obwohl ihn das gar nicht interessiert, aber die unwirsche Frage beseitigt das verräterische Lächeln vollends.

»Die Kinder kommen zur Speisung«, antwortet Rauer, die angespannten Züge seines Gesichts mildern sich, sie werden fast zu einem glücklichen Lächeln.

»Ach ja, die Kinderspeisung«, erinnert sich Andrikeit, jetzt wird sein Gesicht von einem echten Unmut überschattet. Die Kinderspeisung, damit hat es auch haufenweise Ärger gegeben, Zank und Streit, vor allem grundsätzliche Auseinandersetzungen (für manche Leute nehmen auch die einfachsten Dinge stets sofort grundsätzlichen Charakter an), schließlich hat die Marta Burmester es durchgedrückt, daß die bei Kranzow beschlagnahmten Lebensmittel nicht unter die Polizisten verteilt, sondern für eine Kinderspeisung verwendet wurden. Sie hat die vier Gläser, die Burmester für sich selbst mitgenommen hat, wieder in den Asservatenraum zurückgebracht, sie hat es sogar fertigbekommen, die bereits verteilten Weckgläser und Schmalztöpfe wieder einzufordern und sich nicht einmal geniert, auch aus seiner Speisekammer den Schmalztopf abzuholen; sie hat außerdem darauf bestanden, daß Weidinger die Kartoffeln, die er bei ihr abgeladen hatte, wieder abholt, und jetzt kriegen die Kinder jeden Tag 'nen fetten Fraß, nur weil die Burmestern hysterisch ist und es so will.

Manchmal muß man eben nachgeben, denkt Andrikeit, schlägt die Akte auf und entnimmt einem angehefteten Kuvert ein Schlüsselbund. »Das sind die Schlüssel zum Haus«, sagt er und schiebt sie über den Tisch. Als Rauer aufsteht, um nach den Schlüsseln zu greifen, schlägt Andrikeit die Akte schnell zu und schickt einen schnellen, abschätzenden Blick zu Rauer. Hoffentlich hat er nicht gesehen, daß ganz obenauf das Inventarverzeichnis gelegen hat. Aber nein, der scheint arglos, der steckt die Schlüssel ein und steht abwartend da.

»Geh nur gleich«, sagt Andrikeit. »Ist ja lange hell, da schaffst du's heute noch. Und bring mir gleich morgen früh die Liste.«

Rauer nickt nur, dann geht er rasch aus dem Zimmer.

Der Bürgermeister blickt ihm höhnisch nach und reibt sich die Hände, dann schlägt er die Akte auf. Da liegt das genaue Inventarverzeichnis der Hartungschen Wohnung, ausgefertigt am 28. Mai 1945, unterschrieben von den Polizisten Scharnke und Lehmann. Andrikeit geht Posten für Posten durch. Das müssen vermögende Leute gewesen sein, die Hartungs. Da sind hundert und mehr Sachen, die ein Ausgebombter gut gebrauchen kann, nach denen er sich alle zehn Finger lecken müßte. Andrikeit verzieht das Gesicht zu einer bösen Grimasse. Morgen vormittag wird er die Liste, die ihm Rauer bringen wird, mit diesem Verzeichnis hier vergleichen, und wehe dir, Rauer, wenn nur ein Gegenstand fehlt, dann bist du geliefert.

3.

Auch im Keller wird über den Bürgermeister geprochen

Steinle schüttelt Frau Dr. Fliesser kräftig die Hand. »Ist nett, daß Sie mich mal besuchen kommen, Frau Doktor«, sagt er. »Hauen Sie sich mal irgendwo hin, ich meine, nehmen Sie Platz.«

Frau Dr. Fliesser zieht ihre Hand rasch zurück. Einen Griff hat der Mann! Aber sie empfindet den kräftigen, wenn auch schmerzhaften Händedruck Steinles als angenehm. Sie mag Leute nicht, deren Händedruck lau und weich ist. Es bereitet ihr geradezu körperliches Übelsein, wenn Hände schwammig und schleimig wie Mollusken sind. Sie reibt sich die schmerzende Hand, setzt sich auf einen wackligen Stuhl und schlägt die Beine übereinander.

»Sie hausen hier ja wie eine Kellerassel«, sagt sie und blickt sich um. Ihr Blick kehrt sogleich wieder zu Steinle zurück, denn es gibt in dem Zimmer nichts zu sehen. Es ist klein, die vier Wände sind grau getüncht, an Möbeln gibt es nur einen einfachen Schreibtisch und ein paar Stühle. An dem Zimmer, wenn man es überhaupt als ein Zimmer bezeichnen mag, ist nichts auffallend als seine Kargheit und die beiden vergilbten Bilder bärtiger Männer, aha, Marx und Engels.

Steinle ist ihrem Blick gefolgt und lacht breit. »Gefällt's Ihnen hier nicht, Frau Doktor?«

Frau Dr. Fliesser gibt das Lächeln zurück. »Hier geht es nicht um Gefallen oder Nichtgefallen«, entgegnet sie. »In eleganten Zimmern habe ich mich schon oft unbehaglicher gefühlt. Es kommt ganz auf den Menschen an, die ich in einem Zimmer antreffe. Obwohl ...« Sie zögert. Sie hat mit Steinle ernste Dinge bereden wollen, und es ist ihre Art, direkt auf ein Ziel loszugehen, ohne zuerst das Terrain zu erkunden. Außerdem geht sie das hier nichts an.

»Reden Sie nur«, ermuntert Steinle sie, faltet den Bogen Pergamentpapier, der vor ihm auf dem Schreibtisch liegt, zusammen und läßt die Brotkrumen in die hohle linke Hand gleiten. »Mit mir können Sie reden wie mit jedem gewöhnlichen Menschen.«

Frau Dr. Fliesser lacht auf. Der Mann hat eine Art sich auszudrükken, die ihr Spaß macht, sie könnte ihm stundenlang zuhören, denn sie hat Sinn für Mutterwitz, für den derben, zupackenden Berliner Humor. »... obwohl ich mir sehr wohl vorstellen könnte«, beendet sie den Satz, »daß Sie es hier behaglicher haben könnten.«

Steinle schüttet sich die Brotkrumen in den Mund und nickt. »Stimmt! Aber ich hab' wahrhaftig noch keine Zeit gehabt, mich darum zu kümmern.« Er befeuchtet den Zeigefinger seiner rechten Hand, nimmt mit ihm einige Brotkrümel vom Schreibtisch auf und führt sie zum Munde, dann lehnt er sich breit über den Schreibtisch und zwinkert verschmitzt. »Sie sind doch nicht etwa zu mir in die gute Stube gekommen, um sich mit mir über die Ausgestaltung dieses Lokals zu unterhalten?«

Frau Dr. Fliesser blickt ihm geradewegs in die Augen. Steinles Augen sind rot und ein wenig entzündet, sicher hat er in den letzten Tagen oder Wochen wenig geschlafen. Trotzdem ist in seinem Blick keine Müdigkeit, sondern ein wacher Ernst, im Hintergrund seiner Augen lauern Schalkhaftigkeit und gute Laune. Dieser Steinle ist – und das ist ein Eindruck, den sie nicht erst jetzt gewinnt – dieser Steinle ist ein Mann, der seine Gefühle durch derbe Witze verdecken oder abschwächen will, der alles auf humorige Art ernst nimmt, und dabei doch mit sachlichen Argumenten so zu überzeugen versteht, daß alle Rabulistik wirkungslos wird, und das findet sie großartig. Er sieht aus, wie Thersites ausgesehen haben mag, er ist ein Schalk, wie Eulenspiegel wohl einer gewesen ist, und dabei weiß er doch seine Autorität zu wahren.

»Sie sehen so vergnügt aus, Frau Doktor«, sagt Steinle und hält ihrem Blick stand. »Sicher haben Sie mir was Gutes zu erzählen.«

Der hat 'ne Ahnung, denkt Frau Dr. Fliesser. Es ist nur meine Art oder mein Naturell, daß ich auch unangenehme Dinge – und was ich ihm jetzt erzählen will, ist sehr unangenehm – mit einem fröhlichen Gesicht vorbringe. Deshalb hab' ich's ja mit meinen Schülern leichter als die Pauker, die wie Hohepriester auf den Kathedern thronen und vor lauter Ernst vergessen, daß sie Kinder vor sich haben, keine Rekruten, keine Gefangenen und keine Roboter.

»Sie schweigen sehr interessant«, sagt Steinle und lacht dröhnend.

Frau Dr. Fliesser stimmt in sein Lachen ein und wird dann doch ernst. »Ich bin zu Ihnen gekommen, um eine wichtige Sache zu bereden, Herr Steinle. Zunächst aber habe ich eine Frage. Welche Funktion haben Sie hier eigentlich im Rathaus? Ich habe schon oft darüber nachgedacht, aber ich bin noch nicht dahintergekommen.«

Steinle blickt verlegen zur Seite, holt einen Tabaksbeutel aus der Tasche und beginnt, sich eine Pfeife zu stopfen. »Meine Funktion, hm, tja, wie soll ich Ihnen das erklären . . . Sie sind ja viel zu studiert, um das zu verstehn . . .«

Sieh nur, wie verlegen der sein kann. »Nehmen Sie ruhig an, daß ich mir trotz meines Studiums noch eine gute Portion gesunden Menschenverstandes bewahrt habe, Herr Steinle.«

Steinle läßt die Pfeife sinken und blickt auf. »Das haben Sie prima gesagt, Doktorn, das hätt' ich nicht besser sagen können.«

Frau Dr. Fliesser lächelt spitzbübisch. »Freut mich, daß ich in Ihren Augen doch nicht so ganz . . . na, so ganz unintelligent bin.«

»Jetzt machen Sie aber mal 'nen Doppelpunkt, Frau Doktor«, fährt Steinle auf. »Sie wissen ganz genau, daß wir alle mächtig zufrieden mit Ihnen sind. Wie Sie 'n paar Tage nach dem Russeneinmarsch plötzlich da waren und die Schule ausgemistet haben, wie Sie mit den paar Männekens und Weibleins, die übriggeblieben waren, die braunen Flecken aus den Schulbüchern rausgeschnippelt und die Volksbibliothek entbräunt haben . . . Mann, das war 'ne Leistung! Oder glauben Sie, wir wissen nicht, daß das allein Ihr Verdienst ist, wenn die Kinder heute schon wieder 'nen einigermaßen geregelten Unterricht haben? Ich hatt' Ihnen das gar nicht zugetraut, offen gestanden. Als Sie damals kamen, da hab' ich bei mir gedacht: Was, die olle Tante will . . .« Er schlägt sich auf den Mund. »Nehmen Sie's mir nicht übel, Frau Doktor, aber meine Berliner Kodderschnauze. . .«

Frau Dr. Fliesser hat amüsiert zugehört, jetzt lacht sie schallend auf. »Im Vertrauen gesagt, Herr Steinle«, sagt sie fröhlich, »glauben Sie wirklich, ich hätte in den letzten Jahren nicht in den Spiegel geschaut?«

Steinle bewegt die Hände in der Luft. »Spiegel? Einen Spiegel? Ach, jetzt geht mir 'ne große Konfirmandenkerze, ach was, 'n ganzer Kandelaber auf. Sie meinen . . .«

». . . daß ich mittlerweile auch entdeckt habe, daß ich fast grau geworden und nicht mehr taufrisch wie eine Sechzehnjährige bin?« fällt ihm Frau Dr. Fliesser ins Wort. »Aber ja doch, Herr Steinle. Und ich will Ihnen auch ganz genau sagen, was Sie damals gedacht haben: nicht nur die olle Tante, die olle *bürgerliche* Tante. Ich kenne doch Ihr Vorurteil gegen alle, die aus dem Bürgertum stammen.«

Steinle stopft den Tabak fest in den Pfeifenkopf hinein. »Na ja, wenn Sie's selbst sagen . . . Aber ich weiß auch, daß es Ausnahmen gibt, und Sie sind eine. Manchmal stolpert man über Vorurteile wie über Baumwurzeln.«

Frau Dr. Fliesser nickt. »So ist das wohl, und jetzt sagen Sie mir etwas über Ihre Funktion, Herr Steinle.«

Steinle nimmt die Pfeife in den Mund und setzt sie in Brand. »Das ist im Grunde ganz einfach, aber gerade die einfachen Sachen begreifen die Intellektuellen so schwer. Also ich bin, hm, wie sag' ich's meinem Kinde, ich bin gewissermaßen der Sekretär der Partei . . .«

Der Partei, denkt Frau Dr. Fliesser, der Kommunistischen Partei sicher, aber die gibt es doch nicht, es gibt doch überhaupt noch keine Parteien.

»Sie wissen doch«, fährt Steinle fort, »daß sich hier in Lindenthal 'ne Anzahl Kommunisten zusammengefunden haben, und die bilden nun, solange wir noch keine Partei oder sonstige politische Organisationen haben, 'ne Art Fraktion, und deren Sekretär bin ich.« Er schnauft. »Na, das war 'ne schwere Geburt.«

So ungefähr habe ich mir das gedacht, es gibt zwar noch keine Kommunistische Partei, aber die Kommunisten, die ehemaligen und die Neokommunisten, besetzen schon die Machtpositionen und bereiten ihre Diktatur vor. Und der Steinle ist sozusagen der Politkommissar. »Ihr Wort hat also Gewicht?« fragt sie.

Steinle nickt. »Ich denke schon, aber Sie dürfen meinen Einfluß auch nicht überschätzen.« Er pafft in langen Zügen. »Ich darf doch rauchen?«

Ein bißchen spät fragt er, lächelt Frau Dr. Fliesser in sich hinein. »Sie dürfen.« Dann wird sie ernst, nur der Abglanz des Lächelns bleibt noch auf ihrem Gesicht. »Ja, und nun hören Sie mal gut zu, Herr Steinle, ich möchte mit Ihnen mal ganz offen reden. Hier im Magistrat stimmt Verschiedenes nicht. Ich habe . . .«

»Entschuldigen Sie, wenn ich dazu gleich mal 'ne Bemerkung loslasse«, unterbricht Steinle. »Sie haben völlig recht, Frau Doktor.«

Umso besser, wenn er auch schon was gemerkt hat, dann werde ich mich mit ihm schnell verständigen können. »Ich habe«, fährt sie fort, »meinen guten Namen hergegeben und möchte nun nicht mit Dingen identifiziert werden, die in der Bevölkerung Ärgernis und Unwillen erregen, und das mit vollem Recht. Ich meine den übertriebenen Aufwand des Bürgermeisters, die Kartoffelgeschichte und noch einiges andere. Wissen Sie davon, daß einige unserer neuen Polizisten Haussuchungen zusammen mit den Russen vornehmen und dabei nach Herzenslust klauen? Und wissen Sie ferner, daß unsere Polizisten wegsehen oder sich sogar seitwärts in die Büsche schlagen, wenn die Russen Frauen massiv belästigen oder Leute vom Fahrrad stoßen, um es ihnen abzunehmen? Jetzt wird sogar davon gesprochen, daß Herr Weidinger den gerade hergerichteten städtischen Fuhrpark in seine private Regie übernehmen wird, und zwar zu den sogenannten Stoppreisen von vierundvierzig. Sagen Sie mir auf Ehre und Gewissen: Heißen Sie das gut, Herr Steinle?«

»Wofür halten Sie mich denn?« poltert Steinle los.

»Ich halte Sie für einen anständigen Kerl, einen anständigen Mann, wollte ich sagen«, sagte Frau Dr. Fliesser schnell, da Steinle sich anscheinend auf eine längere Rede vorbereitet, denn er hat die Pfeife aus dem Munde genommen und sie in den Aschenbecher gelegt. »Für einen Mann, der den Sozialismus nicht als ein Mittel auffaßt, um sich selbst zu bereichern. Deshalb bin ich ja zu *Ihnen* gekommen. Lassen Sie Ihre Pfeife nicht ausgehen!«

»Danke«, sagt Steinle und nimmt die Pfeife wieder auf. »Hör'n Sie mal, Doktorn, das, was Ihnen nicht gefällt, das kratzt mich schon lange, glauben Sie ja nicht, daß ich hier auf meinem Stühlchen sitze und warte, was nun kommen wird. Nee, liebe Doktorn, das rumort in mir wie 'n Furz, der nicht rauskann.« Er schüttelt über sich selbst den Kopf. »Na, da hab' ich wieder was gesagt.«

Frau Dr. Fliesser hat ganz ungeniert gelacht. »Lassen Sie nur, meinetwegen brauchen Sie sich die Zunge nicht zu verrenken«, sagt sie. »Und wenn wir schon bei der Metapher bleiben wollen: Mit dem Rumoren ist es nicht getan, der Furz muß raus, und wenn er noch so stinkt.«

Steinle grinst breit und schlägt auf den Tisch, daß es in dem kleinen Raum laut widerhallt. »Sie sind in Ordnung!« Dann wird er ernst und beugt sich vor. »Ob Sie es glauben oder nicht: Ich hab' mit Wernicke und Ziegler schon darüber gesprochen, und wir sind uns ganz einig, nämlich darüber, daß der Bürgermeister abtreten muß, und zwar so schnell wie möglich!«

Ich hab' mich in ihm nicht getäuscht, der Mann hat das Herz auf dem rechten Fleck und den nötigen Verstand dazu, aber es ist nicht der Bürgermeister allein, da ist doch ein ganzer Rattenschwanz. »Das kann aber nur der Anfang sein«, beginnt Frau Dr. Fliesser, »denn . . .«

»Na klar«, sagt Steinle und pafft in kurzen Zügen, »da sind noch mehr Figuren, die mir gar nicht gefallen, aber das ist ja wohl immer so. Wenn 'ne Überschwemmung zurückgeht, bleibt außer 'n paar brauchbaren Sachen auch allerhand Dreck am Strand liegen. Und wir haben 'ne riesige Überschwemmung gehabt, da dauert es schon 'ne Weile, bis alles fortgeräumt ist und die brauchbaren Gegenstände nicht nur auf ihre Nützlichkeit, sondern auch auf ihre Herkunft geprüft sind. Das war 'n bißchen durch die Blume gesagt, aber Sie verstehen mich vielleicht.«

»Ganz genau«, sagt Frau Dr. Fliesser. Das hat er schön gesagt, denkt sie, das ist ein ausgezeichneter Vergleich. »Sie glauben also, daß manche Ihrer Genossen gar keine Genossen sind?«

Steinle wiegt den eckigen Kopf hin und her. »Ich meine, daß sie – und wir beide wissen wohl, um wen es sich handelt – vielleicht Genossen sind oder waren, was ihre Zugehörigkeit zur Partei betrifft, daß sie es aber hier« – er tippt mit ein paar Fingern gegen seine Schläfe – »und hier« – er schlägt gegen seine linke Brustseite – »nicht sind, oder daß sie in den scheißbraunen Jahren alles vergessen haben, daß das Klassenbewußtsein in ihnen erstorben ist. So meine ich das, Frau Doktor.«

Das Klassenbewußtsein, wie Steinle es nennt, ist nicht erst im dritten Reich gestorben, denkt Frau Dr. Fliesser. Sind nicht Tausende und Abertausende von den Kommunisten gleich zur SA übergelaufen, nachdem sie schon beim Berliner Straßenbahnerstreik gemeinsame Sache gemacht hatten? Und hätte Hitler seinen ersten 1. Mai so groß feiern können, wenn das Klassenbewußtsein wach gewesen wäre?

Steinle hat seine Formeln gut gelernt, aber er merkt nicht, wie dürr sie inzwischen geworden sind, er hat noch nicht bemerkt, daß der Arbeiter von heute der Kleinbürger von früher ist und genau wie dieser um seinen Besitz bangt, um sein Fahrrad, sein Schlafzimmer, seinen Radioapparat. Frau Dr. Fliesser hat große Lust, das, was ihr durch den Kopf geht, auszusprechen, aber sie unterläßt es, sie redet sich ein, es werde sich einmal eine besesre Gelegenheit ergeben.

»Sie sind also der Meinung, daß der Bürgermeister zuerst verschwinden muß«, geht sie nun direkt wieder auf das Thema zu. »Gut! Und weshalb ist er noch nicht verschwunden?«

»Hm, hm«, räuspert sich Steinle und lächelt ein wenig überlegen. »Wenn das so einfach wäre, liebe Doktorn. Der Bürgermeister ist durch den Kommandanten eingesetzt worden, und der allein kann ihn auch wieder absetzen.«

»Und weshalb tut er das nicht? Andrikeits Unfähigkeit ist doch erwiesen, von anderem will ich noch gar nicht reden,« sagt Frau Dr. Fliesser etwas erregt. »Wie ist der Kommandant gerade auf Andrikeit gekommen? Jemand muß ihn doch vorgeschlagen haben.«

»Ich! sagt Steinle kleinlaut. »Ja, da staunen Sie, ausgerechnet ich, aber ich konnte doch nicht ahnen . . .«

So ist das also! Und jetzt ist es ihm peinlich, zum Kommandanten zu gehen und zu gestehen: Ich habe einen Fehler gemacht, Genosse Kommandant. »Die Geister, die ich rief . . .«

»Was für Geister?«

»Ich zitierte nur eine Zeile aus einem Gedicht von Goethe: Die ich rief, die Geister, werd' ich nun nicht los.«

»Das hat der olle Goethe gesagt?« ruft Steinle. »Sehn Sie, der hat das auch schon gewußt.« Er atmet ein wenig schwer. »Dafür hat unsereiner nie Zeit gehabt, es hat kaum für Marx und Bebel gereicht. Acht und zehn Stunden Knochenarbeit und dann 'n Kopf wie meinen . . . Ihr habt's gut, euch ist das schon in die Wiege gelegt worden. Während ihr schön behaglich zu Hause gesessen und euch die guten Bücher aus der Bibliothek genommen habt, da haben wir schon Zeitungen ausgetragen und Kohlen geschleppt, um 'n paar Groschen mitzuverdienen. Das ist gar nicht aufzuholen.« Er gibt sich einen Ruck. »Aber das gehört ja nicht hierher.«

»Wir sprechen ein andermal darüber«, sagt Frau Dr. Fliesser leise, und dann fragt sie bestimmt. »Weshalb gehen Sie denn nicht zum Kommandanten und erzählen ihm . . .«

»Halt mal!« sagt Steinle ein wenig aufgebracht. »Ich bin kein Baby, mir brauchen Sie nicht die Brust zu geben.« Er wird ruhiger und klopft die Pfeife aus. »Sie glauben wohl, auf diesen Gedanken ist der Ochse, der Steinle, noch nicht gekommen? Winken Sie nicht ab. Vielleicht haben Sie nicht gerade ›der Ochse‹ gedacht, mir rutscht sowas schnell durch die Zahnlücken, das müssen Sie nicht so genau nehmen, aber die Richtung stimmt schon. Ja, lieber Doktorn, der Kommandant spricht kein Wort Deutsch. Und ist mit Andrikeit zufrieden, sehr zufrieden sogar, weil der immer ›Ja!‹ und ›Jawohl!‹ und ›Zu Befehl!‹ sagt. Und der Dolmetscher . . . Sehen Sie, das ist auch noch so 'n Haken. Sie können nicht Russisch?«

»Leider nicht«, muß Frau Dr. Fliesser bekennen.

»Ihr seid mir schöne Intellektuelle«, sagt Steinle kopfschüttelnd. »Da ist der größte Staat, den es überhaupt gibt, ein Sechstel der Erde, aber die Sprache, die da geredet wird, die kümmert euch nicht, da lernt ihr lieber Griechisch und Lateinisch und was weiß ich. Ist ja auch ganz schön, vielleicht sogar nützlich, aber wenn's drauf ankommt, wißt ihr das Wichtigste nicht, dann könnt ihr mit eurer Weisheit nichts anfangen. Und diese blassen Weisheiten, dieses abstrakte Wissen, das pauken Sie den armen Kindern nun noch Tag für Tag in der Schule ein. Na ja, das war mal so nebenbei.«

Zuerst war etwas in Frau Dr. Fliesser, das sich gegen die Belehrung sträubte, aber dann hat sie den Ärger in sich zum Schweigen gebracht. Es ist etwas Wahres daran, aber darüber mag sie jetzt nicht mit Steinle streiten. »Ich muß gleich in die Schule zurück«, sagt sie und blickt auf die Uhr. »Was ist mit dem Dolmetscher?«

Steinle dreht die Hände hin und her und hebt zugleich die Schultern. »Tja, der Dolmetscher«, sagt er verlegen. »Ich halte ihn nicht für echt«, fügt er dann entschieden hinzu, »bestimmt ist der nicht echt, aber . . .«

». . . der Kommandant ist mit ihm zufrieden«, ergänzt Frau Dr. Fliesser. »Merkwürdig, der Kommandant ist mit allen denen zufrieden, die . . .« Sie vollendet den Satz nicht. Die ohne alle Rücksicht und ohne jede Würde alle Befehle ausführen, hat sie sagen wollen. Sie blickt Steinle voll ins Gesicht. Der hat es nicht leicht, denkt sie. Der ist Kommunist, und als Kommunist muß er für die Sowjets und ihre Rote Armee sein, und nun muß er für alles geradestehen, was die hier anrichten und dabei noch so tun, als geschehe alles zu unserem Besten. Steinle sitzt ganz ruhig da. Er gibt sich den Anschein, als warte er darauf, daß Frau Dr. Fliesser den Satz zu Ende spricht. »Die Dinge sind in Fluß«, sagt er schließlich, als Frau Dr. Fliesser schweigt. »Verlassen Sie sich darauf.«

»Ich nehme jedenfalls die Gewißheit mit, daß etwas geschieht«, sagt Frau Dr. Fliesser mit Betonung.

»So wahr ich Alfons Steinle heiße«, ruft Steinle aus und legt die rechte Hand auf die linke Brustseite. »Und ich will Ihnen noch was mit auf den Weg geben, damit Sie sehen . . . Also ich fahre morgen nochmal nach Walldorf, zum Bezirkskommandanten, damit der hier aufräumt.«

Frau Dr. Fliesser zieht die Augenbrauen hoch. »Sie glauben, daß der Bezirkskommandant gegen den Ortskommandanten . . .« Sie lächelt Steinle ermunternd zu. »Ich kann nur hoffen, daß der Bezirkskommandant Sie als seinen Genossen empfangen und anhören und nicht als unbotmäßigen oder gar aufsässigen Befehlsempfänger hinauswerfen läßt.«

»Erlauben Sie mal!« fährt Steinle auf. »Nicht alle Kommandanten sind Kusnezows«, setzt er ruhiger hinzu.

»Ich wünsche es Ihnen und uns allen«, sagt Frau Dr. Fliesser und steht auf. Sie vermag ein skeptisches Lächeln nicht zu unterdrücken. Auch der Bezirkskommandant ist zuerst einmal Soldat, dann Russe und dann vielleicht Kommunist. »Ich nehme Sie beim Wort, Herr

Steinle«, sagt sie ernst. »Und noch eines: Ich halte es für notwendig, daß die Dinge so schnell wie möglich geregelt werden, bevor weiterer Schaden angerichtet werden kann. Ich habe keine Lust ...«

Steinle ist ebenfalls aufgestanden. »Meinen Sie, ich habe Lust, mir Andrikeits Fehler unters Hemde schieben zu lassen? Nee, liebe Frau Doktor, das kommt gar nicht in die Tüte. Aber ich möchte an Sie noch eine Frage richten. Sind Sie sich darüber klar, daß es hier im Magistrat einen gewaltigen Kampf geben wird? Und werden Sie in diesem Kampf auf unserer Seite stehen?«

Frau Dr. Fliesser stützt sich auf den Schreibtisch und blickt Steinle offen ins Gesicht. »Weshalb wohl bin ich zu Ihnen gekommen, Herr Steinle? Glauben Sie, ich wollte mit Ihnen nur ein Plauderstündchen halten, weil ich nichts anderes zu tun habe?«

»So interessant ist der Hundekopf nun wieder nicht, woll'n Sie damit sagen, nicht wahr?«

Frau Dr. Fliesser geht um den Schreibtisch herum und legt die Hand auf Steinles Arm. »Das dürfen Sie nicht sagen, Herr Steinle, da tun Sie mir sehr unrecht«, sagt sie ruhig und lacht dann. »Sie werden nicht erwarten, daß ich jetzt sage: Sie haben einen Kopf wie Apollo. Den haben Sie wirklich nicht, aber weshalb sollte mich das auch interessieren? Ich bin schon fast eine alte Frau« – sie greift in ihr Haar – »ich bin schon ziemlich grau, die unruhigen Jahre habe ich, weiß Gott, hinter mir ... Ach, wozu erzähle ich Ihnen das eigentlich?« Weshalb erzähle ich das wirklich? denkt sie verwirrt, ich bin hergekommen mit der festen Absicht, den Kram mit dem sogenannten Volksbildungsamt hinzuwerfen, um nicht in die Affäre Andrikeit verwickelt zu werden, weil ich der Meinung bin, daß die nur Demokratie spielen und uns nur als Aushängeschild benutzen, als Renommierbürger sozusagen, mich, den dicken Mühlbauer und den kleinen Weidinger, und einen Renommiersozialdemokraten haben sie sich ja auch besorgt. Aber der hier ist ... Na, was? Ein gradliniger Kerl. Der schwindelt nicht, der ist gar nicht imstande, seine Gedanken zu verbergen. Sein Gesicht ist wie ein Spiegel. Dem trau ich sogar zu, daß er seinen russischen Genossen einmal die Wahrheit auf gut berlinisch und derb proletarisch sagt. Aber ob er es mehr als einmal wird tun können ...

»Na, jetzt sind Sie ganz stille«, sagt Steinle. »Jetzt denken Sie wohl: Da bin ich in was Schönes reingetreten.«

»Das habe ich bisher gedacht«, sagt Frau Dr. Fliesser entschieden, »so ähnlich habe ich sogar noch gedacht, als ich vorhin zu Ihnen kam, aber jetzt ... Ich stehe jedenfalls auf Ihrer Seite, Herr Steinle. Sie können auf mich rechnen – wenn Sie so bleiben, wie Sie sind.«

»Das ist 'n Wort, Doktorn«, lacht Steinle froh und schlägt ihr mit seiner gewaltigen Tatze auf die Schulter.

Frau Dr. Fliesser ist unter dem Schlag in die Knie gegangen. Als sie sich wieder aufrichtet, reibt sie sich die schmerzende Schulter und lächelt ein wenig kläglich. »Sie dürfen Doktorn zu mir sagen, meinetwegen auch Fliessern oder altes Mädchen«, sagt sie, und ihr Lächeln wird nun spitzbübisch, »und wir werden uns auch einmal ernsthaft über die beiden Herren da« – sie deutet auf die Bilder von Marx und Engels – »unterhalten. Sie dürfen mir sogar von Ihrem Tabak annbieten, aber eins dürfen Sie nicht, nämlich mir Ihre Zuneigung durch Schulterschlag kundtun. Solchen Argumenten bin ich nicht gewachsen.«

4.

Noch eine ernste Unterhaltung

Na, Karl, setz dich«, sagt Wernicke und schiebt das große Hauptbuch beiseite. Er nimmt die Brille ab und sieht Ziegler prüfend an. Wie blickt der denn drein? Als ob ihm etwas sehr verquer gelaufen ist. »Was führt dich in die geheiligten Kassenräume?« versucht er zu scherzen. Ziegler setzt sich schwerfällig und vermeidet den Blick. Er mag Wernickes Art nicht, jeden sofort abschätzend zu mustern, ehe überhaupt ein paar Worte gewechselt sind, und geht auf den leichten Ton nicht ein. »Macht dir das hier Spaß, ich meine die Arbeit hier im Rathaus?« fragt er ganz abrupt.

Der fällt gleich mit der Tür ins Haus, ein Zeichen, daß ihn etwas ganz gewaltig drückt. »Du fragst seltsam, Karl«, sagt Wernicke und schüttelt verwundert den Kopf. »Geht es denn hier um Spaß?«

»Leg doch nicht jedes Wort auf die Goldwaage«, entgegnet Ziegler ärgerlich. War Unsinn, zu Wernicke zu gehen, denkt er, du kannst dich ihm ja doch nicht anvertrauen, keinem kannst du sagen, was dich bedrückt. Aber der Zwang, mit jemandem zu reden oder wenigstens darum herumzureden, ist so groß geworden ... War auch 'ne dumme Frage von mir, das mit dem Spaß. »Natürlich geht's nicht um Spaß, das weiß ich allein. Ich meine, ob dich die Arbeit befriedigt, ob sie dich ausfüllt ...«

Wernicke wird ungeduldig. »Was soll die Frage eigentlich? Bist du zu mir gekommen, um dich mit mir nur so zu unterhalten, dann sage ich dir gleich, daß ich jetzt dazu keine Zeit habe.« Er macht eine Pause und sucht Zieglers Blick. Ich muß ihn zwingen, mit der Sprache herauszurücken. »Oder hast du etwas Wichtiges mit mir zu besprechen. Dann sag's direkt, ohne Schmus und Schnörkel.«

Ist das ein gottverdammter Redant! Der kann einen verrückt machen mit seinem ewigen ›Ohne Schmus und Schnörkel‹. »Beantworte mir doch mal meine Frage«, sagt Ziegler, ohne sich Wernicke dabei zuzuwenden.

Die Frage ist zwar klar, aber hinter der Frage steckt doch viel mehr. Wernicke zuckt mit den Schultern. »Wenn du so großen Wert darauf legst, na schön«, sagt er langsam. »Ja, die Arbeit befriedigt mich, weil sie in gewisser Weise meiner früheren Tätigkeit ähnelt, aber den Vorzug hat, daß sie mit mehr Verantwortung verbunden ist. So, das wolltest du doch wissen, Karl?« Er blickt Ziegler erwartungsvoll an und schiebt ihm eine Schachtel mit selbstgedrehten Zigaretten hin.

»Siehst du, und das ist bei mir nicht der Fall!« sagt Ziegler lebhaft, weil das Gespräch die beabsichtigte Wendung nimmt. »Mich kotzt das ganze Wohnungsamt nachgerade an. Du bist Buchhalter und machst jetzt hier auch den Buchhalter oder so was Ähnliches« – er holt tief Luft –, »aber ich bin Zimmermann und will wieder mit Richtblei und Winkeleisen, mit Stechbeitel und Zimmermannsaxt arbeiten. Verstehst du das, Gerhard?«

Das ist doch nur die halbe Wahrheit, wenn es überhaupt eine ist. Wernicke nickt. »Nimm 'ne Zigarette«, sagt er bedächtig. »Bisher hatte ich allerdings nicht den Eindruck, daß dir die Arbeit im Wohnungsamt nicht zusagt, aber lassen wir das einmal beiseite. Du hast doch stets behauptet, daß unsere Arbeit hier zu allererst einmal eine politische ist . . .«

»War!« ruft Ziegler. »War, mein lieber Gerhard!«

»Aach«, sagt Wernicke gedehnt. »Du bist also der Meinung, daß es für uns bereits an der Zeit ist, wieder auszusteigen?« Das kann der doch nicht im Ernst meinen, bei den Kommunisten gibt es doch nichts, das unpolitisch ist.

Ziegler nickt eifrig. »Ja, genau das meine ich!«

Wernicke greift in die Blechschachtel. »Wenn du nicht rauchen willst, ich fang' schon immer an.« Er brennt die Zigarette an. Er muß versuchen, Ziegler auf andere Weise beizukommen. »Erinnerst du dich noch, als wir uns am 24. April gewissermaßen zusammengeraucht haben? Ist ja noch gar nicht so lange her, gerade erst sieben Wochen.«

»Ja doch«, sagt Ziegler gereizt. »Aber was soll das?« Sieben Wochen ist das erst her, aber es scheint schon unendlich weit zurückzuliegen. Was damals im Köckeritzer Forst begann, das ist längst überdeckt von einem Unbehagen, das mit jedem Tage größer wird.

Ist ihm die Erinnerung unangenehm? »Ich dachte«, sagt Wernicke bedächtig und blickt Ziegler groß und ruhig an, »daß wir die Sache, die wir damals angefangen haben, auch gemeinsam zu Ende führen werden.«

Zieglers Augenlider beginnen unter Wernickes eindringlichem Blick zu flattern. »Ich hab' nie gesagt, daß ich mein Lebtag so 'ne Art Beamter bleiben würde« sagt er erregt.

Der ist schwer angeschlagen, denkt Wernicke. Er reagiert völlig unsachlich, fast hysterisch, ich muß ganz ruhig bleiben und ihn nicht reizen. »Dein Lebtag? Wer spricht davon? Kein Mensch weiß, was ihm sein Lebtag noch bringt«, sagt er und blickt Ziegler fragend an. »Oder willst du etwa behaupten, daß die Aufgabe, die wir hier begonnen haben, bereits durchgeführt ist?«

Ziegler greift nach den Zigaretten, um Wernickes Blick auszuweichen. Die Art, wie der einen anguckt und wie der fragt, bringt einen ganz aus der Fassung. Ziegler erwägt für einen Augenblick, einfach aufzustehen und das Zimmer zu verlassen, aber er verwirft den Gedanken gleich wieder. »Ich sagt' es ja schon«, murmelt er.

Wernicke trommelt mit den Fingern auf der Schreibtischplatte. Es nutzt nichts, ich muß es aus ihm herausfragen. »Das kannst du doch nicht im Ernst meinen, Karl. Es wird sich ja auch schon bis zu dir herumgesprochen haben, daß die Verwaltung in ihrer jetzigen Besetzung nicht weiterbestehen kann und darf . . .«

»Grade deshalb will ich ja raus!« ruft Ziegler. Und dann kann mir keiner mehr wegen der Sache mit Liesel Grosser etwas nachsagen. Das kann er natürlich dem Wernicke nicht sagen. Weshalb ist er eigentlich zu Wernicke gegangen? Damit der ihm zuredet, das Amt aufzugeben, ja, deshalb und jetzt scheint der im Gegenteil . . .

»Laß mich ausreden«, sagt Wernicke bestimmt. »Innerhalb unserer Verwaltung gibt es schon seit längerer Zeit Spannungen, sie haben sich jetzt so verstärkt, daß sich nun fast zwei feindliche Parteien gegenüberstehen.«

»Das ist übertrieben!« ruft Ziegler. Zwei feindliche Parteien, und auf beiden Seiten Kommunisten, das gibt es, das darf es nicht geben.

Wernicke nickt zustimmend. »Es ist übertrieben formuliert, zugegeben, aber du wirst nicht bestreiten können, daß die Clique um Andrikeit ganz was andres will als Steinle und du«, sagt er. Und ich möchte draußenbleiben, gewissermaßen neutral sein, denkt er, auf mein Wort legen die ohnehin nicht sehr viel Wert. Zu internen Besprechungen ziehen sie mich nicht hinzu, ich darf nur hinterher mein Ja sagen. Wenn ich mir nicht sagte, daß es grundfalsch gewesen wäre, den Kommunisten den ganzen Verwaltungsapparat zu überlassen, dann hätte ich das hier schon längst aufgesteckt. »Es ist dir doch nicht entgangen, daß die Andrikeit-Leute versuchen – und zwar mit Erfolg –, ihre neue Tätigkeit mit ihrem persönlichen Vorteil zu verbinden und keine Rücksicht darauf nehmen, in welchem Maß sie eure Partei, aber auch die ganze Verwaltung diskreditieren?«

»Ich bin ja nicht blind und taub«, murmelt Ziegler. Es war ja von jeher so, daß in der Partei immer der etwas galt, der die vorgeschriebene Parteilinie genau einhielt und strenge Parteidisziplin übte, er mochte sonst noch so verkommen sein. Wenn die Parteiweste rein war, durfte das Privathemd darunter schmutzig sein. Andrikeit steht bei dem Kommandanten so hoch in der Gunst, weil . . .

»Na also!« fällt Wernicke sofort ein. »Es bedarf nur noch eines geringen Anlasses, um den offenen Kampf hier im Rathaus zu entfesseln. Und in diesem Augenblick willst du fortgehen? Soll Andrikeit ganz Oberwasser bekommen?«

Ziegler richtet sich auf. »Ich glaube, immer meinen Mann gestanden zu haben.«

Wernickes Lippen werden ganz schmal. »Ich rede nicht davon, daß du früher deinen Mann gestanden hast, es kommt darauf an, daß du es jetzt tust. Ich verstehe ja, daß du gern wieder auf dem Bau arbeiten möchtest, und zu tun wird es ja genug geben, aber ein paar Wochen wirst du doch wohl noch aushalten können.«

Ein paar Wochen! Wenn Andrikeit verschwinden sollte, dann wird ein anderer Andrikeit Bürgermeister. Es finden sich immer Andrikeits, der Kampf gegen sie ist ein Kampf gegen Windmühlenflügel, solange die Rote Armee da ist. Weshalb sitzt der Wernicke da und redet gescheit daher, anstatt zu mir zu sagen: Es hat keinen Zweck mehr. Wenn wir sauber bleiben wollen, müssen wir gehen. Sollen die andern sehen, wie sie fertigwerden. Warum sagt er das nicht? Die Entschlußkraft, den Schritt allein zu wagen, bringt Ziegler nicht auf. Er ist wütend über sich selber und schreit: »Ich will einfach nicht mehr!«

»Schrei nicht so!« verweist Wernicke ihn. »Was wir uns hier zu sagen haben, brauchen die Angestellten in der Kasse nicht zu hören. Die liegen sowieso nur auf der Lauer, um uns Fehler nachzuweisen oder sich über uns zu mokieren.«

Ja, siehst du, das ist auch ein Grund, aber einer, über den man reden kann. »Gib mir mal Feuer, Gerhard«, sagt Ziegler, nimmt eine Zigarette und spricht dann ruhig weiter: »Sich über uns zu mokieren, sagst du. Sehr richtig! Ich kann das schon nicht mehr ertragen, wie der alte Zausel, der Schadow, mir auf die Pfoten guckt, wenn ich mit meiner schweren Hand meinen Namen unter ein Schriftstück setze. Du, ich kann dir sagen, mir kommt sonst was an, wenn der mit 'nem krummen Rücken, aber so höhnischen Augen vor mir steht. Wie das in denen glitzert . . . Da kannst du glatt verrückt werden, da möchtest du am liebsten . . .«

»Augenblick mal, Karl«, unterbricht Wernicke. »Da komm ich nicht ganz mit. Das macht dich nervös? Da kriegst du Minderwertigkeitskomplexe, wie man das nennt?« Wernicke erinnert sich, wie das damals war, als sie mit der Arbeit im Rathaus begannen. Jetzt wollen wir den Bürgern mal tüchtig einheizen, die sollen mal die proletarische Faust spüren, hatte Ziegler gesagt. Und nun kapituliert er vor einem kleinen Beamten? Da stimmt doch etwas nicht. Der ist angeschlagen, von seinen eigenen Genossen, den deutschen und den russischen. »Ich wußte gar nicht, daß du so empfindlich bist, Karl. Was ist denn nur mit dir los?«

»Guck mich nicht so an, Gerhard!« sagt Ziegler schroff, da Wernickes Blick ihn nicht losläßt. Der hat es gut, ist ein halber Bürger, und als Sozialdemokrat hat er keine Verantwortung für das, was die Russen hier anstellen, aber das kann er natürlich nicht aussprechen, und so muß er bei den Nebengründen bleiben. »Das ist 'ne ganz besondre Luft da oben.«

»Quatsch!« sagt Wernicke entschieden. »Das ist die gleiche Luft, die du immer zu atmen hast, wo die Überheblichkeit der Beamten herrscht. Daß dich das umwirft! Die Hauptsache ist doch, daß es bei dir im Wohnungsamt klappt. Es klappt doch?«

Das ist fast nie ein Stichwort. »Ja, eben weil's klappt und weil die Karre jetzt läuft«, stimmt Ziegler zu, »da kann ich doch . . .«

»Nein, das kannst du nicht, wenigstens jetzt noch nicht«, fällt ihn Wernicke ins Wort. Wenn der hier weggeht, weil er sich zu gut ist dafür, so eine Art Quisling zu sein, dann bin ich hier fast allein in dem Saustall. »Eins verstehe ich übrigens nicht.«

Der fragt und fragt und kann mir doch nicht helfen. Die Entscheidung kann mir keiner abnehmen. »Was denn noch?« fragt Ziegler gequält.

Daß ihm das nicht früher eingefallen is! »Daß du ausgerechnet zu mir kommst«, sagt Wernicke. »Weshalb gehst du nicht zu Alfons Steinle? Der ist dafür doch zuständig.«

Das ist ja gerade die Frage, der er, auch vor sich selber, hat ausweichen wollen. »Zuständig, zuständig«, wehrt Ziegler unwirsch ab. »Geht's denn bei uns auch schon nach Zuständigkeit?«

»Ein bißchen schon«, antwortet Wernicke. »Sprich doch erst mal mit Steinle, er ist doch schließlich dein Parteisekretär.« Es ist doch wohl Steinles Aufgabe, die Genossen auf die Parteilinie zurechtzubiegen, als seien sie Drahtpuppen.

»Ach der«, sagt Ziegler mit wegwerfender Handbewegung. »Der fragt einen um und dumm, der krempelt dir das Innen nach außen . . .« Der ist ein guter Kerl, aber der wird, wenn es darauf ankommt, stets das tun, was die Partei befiehlt, auch wenn er anderer Meinung ist.

Der hat Angst vor Steinle, sieh an. »Karl, du verheimlichst mir doch etwas.«

Ziegler dreht die Zigarette zwischen den Fingern und senkt den Blick, um Wernickes forschenden Augen zu entgehen, aber dann wird er sich bewußt, daß seine Haltung wie ein Eingeständnis ist, und er sagt böse: »Wenn ich schon seh', wie du aufstehst, wie ein Richter oder 'n Staatsanwalt . . .«

Wernicke möchte Ziegler gern helfen, aber dazu muß er wissen, was mit ihm los ist, und alles aus ihm herausfragen. Er ignoriert Zieglers Worte und sagt ein wenig betrübt: »Wenn du nicht offen und vertrauensvoll mit mir reden kannst oder willst, hat es wenig Sinn, daß wir uns noch weiter unterhalten. Dann ist es nur schade um die Zeit.«

So mußte es ja kommen, aber vielleicht ist es ganz gut so. Ziegler erhebt sich mühsam und sagt so forsch wie möglich: »Also ein Rausschmiß? Auch gut!«

Der möchte dem Gespräch jetzt entkommen, aber daraus wird nichts. Wernicke drückt die Zigarette im Aschenbecher aus und reibt die Fingerspitzen sauber. »Nun mal langsam, Karl, so verkehren wir doch nicht miteinander. Aber wenn du mir nicht sagst, weshalb du eigentlich zu mir gekommen bist, dann ist so eine Unterredung doch sinnlos. Dann kann ich dir auch nicht helfen.«

Ziegler wendet sich brüsk ab. Der versöhnliche Ton Wernickes beschämt ihn. »Wer spricht denn von Hilfe? Habe ich von Hilfe gesprochen?«

Wernicke tritt an Ziegler heran. »Mach mir doch nichts vor, Karl. Hast du was vermauert? Mensch, so etwas ist doch wieder gutzumachen.«

Ziegler holt ein paarmal tief Luft. »Ach, was weißt du denn«, sagt er mit hilfloser Handbewegung.

Jetzt wird er weich, denkt Wernicke, gleich habe ich ihn so weit. »Karl«, sagt er eindringlich, »ich kann mir denken, daß es manchmal schwer ist . . .« Er hält inne und blickt zur Tür, die geöffnet worden ist. »Ich bin jetzt nicht zu sprechen. Ach, du bist's, Mausolf. Na, komm schon rein und mach die Tür zu. Ist ja bald das ganze Wohnungsamt hier versammelt. Was gibt's denn?«

Mausolf tritt ins Zimmer. »Ich wollt' zu Karl Ziegler«, sagt er. »Der Schadow sage, daß er hier bei dir ist, Wernicke, und deshalb . . .«

»Schon gut«, winkt Wernicke ab, »ist kein Beinbruch.«

»Ich muß dich dringend mal sprechen, Karl«, sagt Mausolf.

»Doch nicht hier«, sagt Ziegler, faßt Mausolf an den Oberarm und versucht, ihn vor sich herzuschieben.

Mausolf widerstrebt und bleibt stehen. »Warum nicht hier? Wenn Wernicke nichts dagegen hat«, sagt er. »Da oben spitzt nur der alte Zausel seine großen Ohren, und was ich dir zu sagen habe, bleibt besser unter uns.« Er wendet sich an Wernicke. »Unter uns, das bist selbstverständlich auch du, Wernicke.«

Wie großzügig die Genossen manchmal sind, denkt Wernicke und deutet auf die Blechschachtel. »Greif zu, Mausolf«, sagt er. »Ich kann aber auch rausgehn, wenn dir das lieber ist, Karl.«

Ziegler winkt gequält ab. »Red' schon, Bruno.«

Mausolf raucht sich umständlich eine Zigarette an. »Ich hatt' heut in der Ahornallee zu tun«, beginnt er umständlich, »und da hab' ich Verschiedenes gehört, was man nicht so ohne weiteres durchgehen lassen kann, ich meine, was man untersuchen muß, und zwar bald.«

»Komm mir nur nicht mit Klatsch«, entgegnet Ziegler barsch und winkt ab, wie man eine Belästigung abwehrt. »Wenn wir auf alles hören wollten, was die Leute erzählen . . .«

»Hör erst mal zu«, sagt Mausolf geduldig. »Da ist doch das Haus von dem Bücherrevisor Schultze, nicht gerad 'n großes Haus, aber auch nicht 'n kleines. Soweit ich mich erinnere, mit drei Zimmern im Parterre und zwei oder zweieinhalb im Oberstock, und in dem Haus wohnen sage und schreibe nur vier Personen, der Bücherrevisor Schultze und seine Frau und seine Tochter, eine Frau Grosser, und eine alte Tante. Du erinnerst dich an die Sache, Karl?«

»So dunkel«, murmelt Ziegler. Jetzt kommt der auch noch *damit* an. »Na und?«

»Na und, fragst du?« sagt Mausolf erbost. »Die Leute regen sich darüber auf, daß drei Personen in fünf oder fünfeinhalb Zimmern wohnen, und woanders werden die Flüchtlinge nur so reingestopft. Wir haben da doch schon vor ein paar Wochen zwei oder drei Zimmer beschlagnahmt. Ich möcht' wissen, was da vor sich geht.«

»Ich hab' da längst Leute, ausgebombt aus Berlin, eingewiesen«, sagt Ziegler schroff. »Wenn die nicht eingezogen sind, ist das doch nicht meine Schuld.«

Mausolf stemmt die Hände in die Seiten. »Ach, wenn die nicht einziehen, weil sie vielleicht woanders untergekommen sind, dann bleibt es also dabei?« fragt er böse. »Dann dürfen diese Nazis also allein in diesem großen Haus bleiben . . .«

»Wieso Nazis?« fragt Ziegler erstaunt. »Diese Frau Grosser und ihr Vater . . .«

Wernicke hat bisher aufmerksam zugehört und den Blick zwischen Ziegler und Mausolf hin und hergehen lassen. »Ich möcht' mal was fragen«, schaltet er sich jetzt ein. »Frau Grosser, ist das so eine kleine Dunkle, 'n bißchen mollig?«

»Ja«, sagt Mausolf lebhaft. »So eine, die mit den Augen klappert wie im Film.«

»Und die früher hier im Rathaus beschäftigt gewesen ist?« fragt Wernicke weiter.

»Das ist sie«, bestätigt Mausolf. »Du, das ist vielleicht 'n Biest, sag' ich dir.«

Wernicke nickt. »Ganz mein Eindruck.«

Ziegler wendet sich Wernicke zu. »Du kennst sie, Gerhard?«

»Ja, die kenne ich«, sagt Wernicke. »Sie war die erste, die wir entlassen haben. Das ist eine richtige Naziziege, wenn sie vielleicht auch nicht in der Partei war. Dafür waren ihr Vater und ihr Mann schon in der Kampfzeit, wie sie es nennen, dabei.« Er geht auf und ab und bleibt vor Ziegler stehen. »Das Wohnungsamt ist ja nicht mein Ressort, aber deswegen mach' ich mir doch Gedanken darüber, weshalb gerade *diese* Leute geschont werden.«

Ziegler bewegt sich unruhig hin und her. »Ist doch Unsinn, die werden nicht geschont. Ich habe doch schon gesagt, daß ich . . .«

Mausolf tritt jetzt von der anderen Seite an Ziegler heran. »Karl, das stimmt nicht«, sagt er laut. »Ich hab' vorhin den Schadow in der Kartei nachsehen lassen, und da steht nichts von 'ner Einweisung.«

»Mensch, laß mich zufrieden«, braust Ziegler auf. »Dann hat der Alte die Eintragung eben vergessen.«

Mausolf winkt ab. »Nee, nee, Karl, der vergißt nischt. Du hast hier zumindest fahrlässig gehandelt.«

»Du bist ja verrückt!« schimpft Ziegler.

»Fahrlässig?« fragt Wernicke. »Das ist wohl nicht der richtige Ausdruck. Fahrlässigkeit ist, wenn ...«

»Ich weiß schon, was ich sage«, fällt Mausolf ihm ins Wort. »Die Hauptsache hab' ich nämlich noch nicht erzählt. Die Leute behaupten, daß bei der Grosser zwei Männer unangemeldet wohnen. Tagsüber sieht man sie nicht, aber nachts kommen sie an die frische Luft.«

Ziegler ist ganz blaß geworden, aber er bemüht sich eine gleichgültige Miene aufzusetzen. »Was die Leute so reden ... Was soll'n denn das für Männer sein?«

»Wenn ich das wüßte ...«, sagt Mausolf gedehnt. »Visitenkarten haben sie am Gartentor leider nicht angebracht.«

Ziegler blickt zu Boden. »Ich werd' mich gelegentlich darum kümmern.« Wenn das wahr ist, was Mausolf erzählt, das wäre ja ... Ich muß Liesel sofort zur Rede stellen, um meinet-, um ihret-, um unseretwillen. Sie muß ... Natürlich, Wernicke hat dazu auch 'ne Bemerkung zu machen.

»Gelegentlich?« fragt Wernicke. »Du solltest die Sache ernster nehmen, Karl. Ich glaube auch, daß das nicht mehr eine Angelegenheit des Wohnungsamtes ist, sondern eher eine der Polizei und vielleicht sogar der Kommandatur.«

»Jawoll«, poltert Mausolf, »bin ganz deiner Meinung, Wernicke.« Er schüttelt den Kopf. »Das man dir das erst sagen muß, Karl!«

Ziegler zuckt ärgerlich mit den Schultern. »Ach, laß mich doch zufrieden!« ruft er, geht aus dem Zimmer und wirft die Tür hinter sich zu.

Mausolf versucht, Ziegler zu folgen, doch Wernicke hält ihn zurück. »Bleib noch einen Augenblick hier, Mausolf.« Er zündet sich eine Zigarette an und setzt sich auf die Schreibtischkante. »Was ist denn mit Ziegler eigentlich los?«

Mausolf schüttelt ratlos den Kopf. »Weiß der Kuckuck!«

»Ziegler ist in der letzten Zeit so verändert«, sagt Wernicke nachdenklich. »Er war zuerst so voll Schwung, ich möcht' sagen, auch voll

Kampfeslust, den konnte so leicht nichts umwerfen, und jetzt . . . Wie sieht' denn im Wohnungsamt aus?«

Mausolf wirft die Lippen auf. »Soweit ich das beurteilen kann, ist alles in Ordnung, nur eben die Sache mit der Grosser. Und das ist nicht von heute, Rauer hat ihn deshalb auch schon einmal angegangen. Resultat: Null Komma nischt.«

Wernicke reibt die Zähne gegeneinander. »Was meinst du, Mausolf, ob er was mit der Grosser hat?«

»Weiß ich nicht, ich guck bei andern Leuten nicht in die Betten«, antwortet Mausolf abweisend.

Ist dem wohl peinlich, denkt Wernicke, daß sein Genosse ausgerechnet einer politischen Feindin beischläft, das ist fast so wie Rassenschande. »Darum geht es hier doch nicht«, sagt Wernicke entschieden. »Aber wenn es so ist, wie du vorhin erzählt hast . . . Fahrlässigkeit ist schon das richtige Wort.«

Mausolf nickt. »Du hast recht, zum Donnerwetter. Meinetwegen soll einer 'n Verhältnis mit meiner Großmutter haben, wenn's ihm Vergnügen macht, aber wenn das in die Politik rüberreicht . . . Ich glaub', die Sache mit den zwei Männern muß ich der Polizei melden.« Wernicke läßt sich vom Schreibtisch gleiten. »Das mußt du, Mausolf, auf jeden Fall, aber wart' noch, bis ich nochmal mit Ziegler gesprochen habe.« Vielleicht kann er Ziegler noch heraushauen, bevor es an die große Glocke kommt.

»Ist gut«, sagt Mausolf und wendet sich zur Tür. »Wiedersehen, Wernicke.«

»Wiedersehen, Mausolf, und paß mir gut auf Ziegler auf. Er ist ein guter Kerl, aber wohl in so einer Art von Krise, da dürfen wir ihn nicht allein lassen.«

5.

Der Appetit kommt, wenn man anderen beim Essen zusieht

Nett hast du's, Rudi«, sagt Burmester und blickt sich nach allen Seiten um. »Das Haus ist wohl noch ziemlich neu?«

»Sechsunddreißig gebaut«, antwortet Weidinger. »Und nicht ein Rührchen dran, nicht eine Fensterscheibe fehlt.«

Burmester blickt durch ein Fenster der Veranda in den Garten. »*Du* hast ein Glück, Rudi.«

Weidinger rollt die Schiebetür, die die Veranda vom angrenzenden Zimmer trennt, spielerisch vor und zurück. »Glück? Wieso Glück? Ich halt' nur die Augen offen, Willi, und dann greif' ich zu.«

Burmester seufzt tief auf. »Neidisch könnt' man werden«, sagt er und bewegt den anderen Flügel der Schiebetür hin und her. »Nicht, daß ich dir das hier mißgönne . . .«

»Verstehe«, sagt Weidinger eifrig. »Aber das liegt doch an dir, Willi. Gibt doch genug hübsche Naziwohnungen. Schüchtern darfst du natürlich nicht sein.«

»Schön ist solche Schiebetür«, meint Burmester und seufzt wieder. »Du weißt doch, wie Marta ist. Die zwei Zimmer genügen uns, sagt sie immer, wir sollten erst was beweisen.«

»Komm, gehn wir rein.« Weidinger gibt Burmester einen leichten Stoß. »Hilde wird uns gleich 'nen anständigen Kaffee bringen und nachher gibt's noch 'nen prima Cognac. Schade, daß deine Frau nicht mitgekommen ist.« Burmester winkt ab. »Ich weiß gar nicht, ob sie mitgekommen wär', hab's ihr gar nicht erst gesagt. Sie hat sich nämlich wieder mal gelegt. Ist auch besser so. Wenn die Bohnenkaffee riecht, fragt sie gleich woher.«

Weidinger knipst die Deckenbeleuchtung an. »Heute gibt's ja mal Licht. Schöne Lampe, nicht wahr?«

Burmester blickt auf die siebenflammige Bronzelampe, nickt und sieht sich im Zimmer um. Er mustert die halbhohe, lange, hellbraune Vitrine aus Nußbaum, die fast eine ganze Querwand einnimmt, den Schreibtisch aus dem gleichen Holz, die breite, flache Couch mit den viereckigen Kissen und den Lehnen aus Rohrgeflecht, den hellen weichen Teppich, der jeden Schritt unhörbar macht. »Muß man ja sagen, Geschmack hat der Nazi gehabt, das muß man ihm lassen«, sagt er dann und setzt sich auf die Couch. »Wie die federt!«

Weidinger fährt mit der Hand wie streichelnd über das blanke, spiegelnde Holz der Vitrine. »Nicht nur der Nazi hat Geschmack gehabt,« sagt er und lächelt selbstgefällig. »Ich hab' ja auch welchen, denn schließlich hab' ich mir ja *dieses* Haus ausgesucht und nicht irgend 'n anderes.«

»Na ja, so war's auch gar nicht gemeint«, sagt Burmester. »Was war denn das für ein Knabe, der hier früher gewohnt hat?«

Weidinger zuckt geringschätzig mit den Schultern. »Soll 'n ziemlich großes Tier gewesen sein, Oberregierungsrat oder sowas im Rassenpolitischen Amt«, sagt er. »Der ist mit seiner Frau sofort abgehauen, als die Russen an der Oder loslegten.«

Burmester nickt ihm zu. »Der wird schon gewußt haben warum. 'n Klavier ist ja auch da.«

»Erlaube mal«, entrüstet sich Weidinger, »das ist 'n Flügel!«

Burmester nimmt die Belehrung ruhig hin. »Kann denn einer von euch spielen?«

Weidinger schüttelt den Kopf. »Nee, aber die Kinder können ja mal spielen.«

Burmester lacht auf. »Die Kinder ist gut. Du hast ja damit noch nicht mal angefangen, Rudi.«

Weidinger grinst. »Weißt du das so genau, Willi?«

Burmester blinzelt ein paar Mal unruhig. »Ich hab' nämlich deshalb gefragt, weil ... Die Fliessern ist nämlich auf der Suche nach 'nem anständigen Klavier oder 'nem Flügel«, sagt er und blickt auf den Flügel, in dessen Politur die Lichter der Bronzekrone funkeln.

Weidinger hat beide Hände in die Hosentaschen gesteckt und bleibt breitbeinig vor Burmester stehen. »Willst du damit sagen, ich sollte ... Kommt ja gar nicht in Frage!«

»Reg dich nicht auf, Rudi«, sagt Burmester ruhig. »Das fiel mir nur gerade so ein. Soll die Fliessern sehn, wo sie ein Klavier herbekommt. Die kann ich sowieso gut leiden.«

Weidinger setzt sich neben Burmester auf die Couch. »Gut, daß du auf die Fliessern zu sprechen kommst«, sagt er, und seine niedrige, glatte Stirn legt sich in tiefe Falten. »Du, Willi die Fliessern war heute eine geschlagene Stunde bei Alfons. Was haben die denn so viel miteinander zu quatschen? Als ich Alfons nachher fragte, was die alte Jungfer so viel mit ihm zu bekakeln gehabt hat, da hat er ... Na, du kennst ja seine Art, da hat er glatt durch mich durch gesehen, und als ich nicht locker ließ, weißt du, was er da gesagt hat? Er hat gesagt: ›Wir woll'n mal 'n bißchen Feuer machen.‹ ›Was für 'n Feuer?‹ hab ich gefragt. Da hat er über den ganzen Hundekopf gegrinst und gesagt: ›Wir woll'n einigen Leuten 'n Feuer unterm Hintern machen, daß sie denken, ihre Därme sind 'ne Zentralheizung.‹ Verstehst du das, Willi?«

Burmester blickt nachdenklich vor sich hin. »Ob er die Lehrer damit gemeint hat?«

Weidinger springt auf. »Siehst du, das wird's sein«, ruft er freudig erregt. »Darauf bin ich noch gar nicht gekommen.«

Burmester hat seine Haltung nicht geändert, er blickt nur kurz auf und sagt: »Kräh nicht zu früh, Rudi. Ist dir bekannt, daß Ziegler heute ziemlich lange bei Wernicke gewesen ist?«

Weidinger erstarrt sofort. »Wirklich?«

Burmester nickt ein paarmal. »Du, ich hab' so ein ungemütliches Gefühl, ich sage dir, da ist was im Gange.«

Weidinger lehnt sich gegen den Flügel und kreuzt die Arme über der Brust. »Das ist mir eigentlich schon lange klar», sagt er ziemlich gelassen. »Ich hab' so was erwartet, aber ich bin nicht ängstlich. Solange Andrikeit mit uns ist . . .«

»Andrikeit ist mit uns«, sagt Burmester, »aber er hat mächtig Angst vor Ziegler und Wernicke. Ich weiß eigentlich nicht weshalb.«

Weidinger läßt die Zunge rasch von einem Mundwinkel in den anderen gleiten. »Du«, sagt er dann langsam, »ich weiß noch, wie ihr ein paar Tage nach dem Russeneinmarsch in Steinles Laube beschlossen habt, daß Andrikeit Bürgermeister werden soll. Erinnerst du dich?«

»Jaa«, brummt Burmester. »Na und?«

»Ich hatte ja damals nichts mitzureden und saß nur als Statist dabei, aber aufgepaßt hab' ich, und da ist mir aufgefallen, was Ziegler und Wernicke für Gesichter gemacht haben, als sie Andrikeits Papiere in der Hand hatten.«

»Und was für Gesichter haben sie gemacht?« fragt Burmester müde und nicht sehr interessiert.

»Na so, als wollten sie sagen: Ganz schön, aber das reicht nicht. Oder: Ob das auch stimmt? Sag mal, Willi, ist der Andrikeit wirklich echt?«

Burmester hebt die Schultern. »Ich weiß nicht mehr als du. Alfons wird doch schließlich gewußt haben, was er tut.«

»Siehst du, das beruhigt mich immer wieder«, sagt Weidinger schnell, »der Vorschlag kam doch von Alfons, und wenn Alfons . . .«

Burmester ermuntert sich ein wenig. »Sag mal, Rudi, weshalb liegt dir eigentlich so viel daran, daß der Bürgermeister wirklich echt ist?«

Weidinger schlägt die Hände zusammen. »Das fragst du auch noch? Wenn Andrikeit nicht echt ist und das kommt raus, dann hängen wir doch alle in der Luft.«

»Du übertreibst«, entgegnet Burmester. »Dann kommt eben 'n anderer.«

»Ach, quatsch doch nicht, Willi«, fährt Weidinger auf. »Bestimmt nicht wieder einer, der sich so leicht handhaben läßt. Mir kann's ja egal sein, ich zieh' mich sowieso bald wieder ins Privatleben zurück.«

»Sobald die Sache mit dem Fuhrpark in Ordnung ist, nicht wahr?« fragt Burmester.

»Die Ironie kannst du dir sparen«, sagt Weidinger. »Die Sache geht ganz regulär vor sich. Andrikeit ist damit einverstanden, und es wäre mir – offengestanden – nicht gerade angenehm, wenn der Bürgermeister ausgerechnet jetzt wechseln würde. Im übrigen zahle ich genau den Taxpreis.«

Burmester hat leise geknurrt. »Wenn ich Taxpreis höre, muß ich immer lachen«, sagt er bissig. »In der vorigen Woche ist beim Schuhmacher Engelbrecht eingebrochen worden, dabei sind über hundert Paar Schuhe, die er zur Reparatur da hatte, abhanden gekommen . . .«

Weidinger hat ungeduldig zugehört. »Was hat das mit . . .«

Burmester winkt ab. »Was hat das mit dem Fuhrpark zu tun? meinst du. Nein, mit dem Fuhrpark hat das nichts zu tun, aber um so mehr mit dem Taxpreis. Engelbrecht hat nämlich seinen Kunden die Schuhe zum regulären Wert, eben zum sogenannten Taxpreis, ersetzt, aber er hat das 'n bißchen zu bereitwillig getan, so daß wir Verdacht geschöpft und 'ne Haussuchung gemacht haben. Und was hat sich dabei rausgestellt? Die Schuhe waren gar nicht gestohlen, sie lagen im Kohlenkeller, ganz gut, aber nicht gut genug versteckt. Der Einbruch war nur fingiert, um die Schuhe für den sogenannten Taxpreis in die Hand zu bekommen und sie dann auf 'm schwarzen Markt zu Schieberpreisen zu verkaufen. Was sagst du nun?«

»Gut eingefädelt, aber dumm durchgeführt«, sagt Weidinger und lächelt. »Aber der Vergleich hinkt, mein lieber Willi. Ich will die Wagen doch gar nicht verkaufen.«

Burmester lächelt zurück. »Aber mit ihnen Geschäfte machen, Rudi, oder was weiß ich. Fest steht jedenfalls, daß du dich in den Besitz der Wagen setzen willst, und zwar auf Kosten der Stadt, denn der Taxpreis steht in gar keinem Verhältnis zum wirklichen Wert der Wagen. Was hat die Mark heut denn noch für 'n Wert.«

Weidinger geht auf und ab. »Weshalb erzählst du mir das eigentlich?«

Burmester steht langsam auf. »Um dir zu sagen, daß du mich nicht unterschätzen sollst, Rudi. Das könnte bös ins Auge gehn.«

Weidinger bleibt dicht vor Burmester stehen und blickt zu ihm auf. »Was willst du damit sagen?«

Burmester blickt auf den glänzenden schwarzen Scheitel Weidingers herab. »Weil ich große Lust habe, mich an einem solch schönen Geschäft mit Taxpreisen zu beteiligen.«

»Ph, ph«, macht Weidinger und schüttelt den Kopf, »du gehst ja ran. Aber daraus wird nichts, das mach dir schleunigst wieder ab.«

Burmester legt ihm eine Hand auf die Schulter. »Dann könntest du vielleicht Schwierigkeiten haben«, sagt er gleichmütig, mit einer leisen Drohung in der Stimme, »denn über die Sache entscheidet nicht der Bürgermeister allein, da hat auch der Magistrat noch ein Wörtchen mitzureden, Kleiner.«

Weidinger befreit sich unwillig von Burmesters Hand. »Mach dich nur nicht mausig, Willi«, sagt er anzüglich. »Ich kenne da eine gewisse Sache mit einem Pullover, marineblau mit roten Rändern ...« Er spricht nicht zu Ende und weicht zurück, denn Burmesters Gesicht hat sich verzerrt.

Burmester hat die Fäuste geballt. »Du hast erst vor ein paar Tagen eins in die Fresse gekriegt«, sagt er wütend, »das kann sich leicht wiederholen. Ich schreibe auch keine schlechte Handschrift.«

»Bitte«, sagt Weidinger ängstlich und bringt einen Sessel zwischen Burmester und sich, »wir wollen uns doch nicht in dieser Weise auseinandersetzen.« Er versucht zu lächeln und wendet sich zur Tür. »Endlich, Hilde, hat ja so lange gedauert mit dem Kaffee.«

Hilde Weidinger ist mit einem Tablett in das Zimmer getreten und setzt es auf dem Tisch ab. Während sie die Gedecke ordnet, blickt sie die beiden Männer abwechselnd an. »Hat es Streit gegeben?«

»Nicht der Rede wert«, winkt Weidinger ab, schnuppert und fächelt sich den leichten Rauch zu, der aus der Tülle der Kaffeekanne steigt. »Ein Aroma ist das!«

»Schade, daß Ihre Frau nicht mitgekommen ist, Herr Burmester«, sagt Hilde Weidinger, als sie sich an den Tisch setzen. »Der Kaffee hätte ihr gut getan. Oder ist Kaffee nicht gut für die Galle?«

»Weiß ich nicht, Frau Weidinger«, antwortet Burmester kurz und trinkt. »Der Kaffee ist prima«, sagt er anerkennend. »Als wir letztens bei Kranzow 'n paar Pfund Bohnenkaffee beschlagnahmt haben, hat meine Frau nicht eher Ruhe gegeben, bis der Kaffee dem Krankenhaus übergeben wurde.«

Weidinger setzt die Tasse nieder. »Nimm's mir nicht übel, Willi«, sagt er, »aber deine Frau ist manchmal reichlich verschroben. Anstatt daß der Kaffee unter uns, die wir doch die Arbeit leisten, aufgeteilt wird, gibt sie ihn dem Krankenhaus. Und wer wird ihn da trinken? Die Patienten? Keine Spur! Die Schwestern saufen ihn, und die Patienten kriegen nur den zweiten Aufguß. Über das Krankenhaus hört man ja Sachen ...«

»Ihre Frau nimmt alles zu genau, Herr Burmester«, sagt Hilde Weidinger.

»Und sie regt sich über jeden Schiet so auf, daß sie nachher auf der Nase liegt«, fügt Burmester hinzu.

»Darf ich noch einmal eingießen, Herr Burmester?« fragt Hilde Weidinger.

Burmester nickt. »Ja, bitte, danke schön.« Er seufzt. »Ja, sie ist nun mal so, sie wird sich wohl auch nicht mehr ändern. Sie hätte im alten Sparta sein müssen, die sollen ja so einfach gelebt haben und so streng gegen sich selbst gewesen sein. Übrigens ist es ganz gut, daß sie nicht mitgekommen ist. Wenn sie die Pracht hier gesehen hätte . . . Na, ich weiß nicht, wie sie dann losgelegt hätte.«

Weidinger schlürft genießerisch den Kaffee. »Ich verstehe deine Frau einfach nicht, Willi«, sagt er. »Jeder Arbeiter ist doch seines Lohnes wert, das gilt doch auch bei den Antifaschisten. Oder nicht? Ja? Na also. Was wollt' ich denn nur sagen? Gib mir noch 'ne Tasse Kaffee, Hilde. Ach ja«, besinnt er sich, »siehst du, wir arbeiten jetzt im Magistrat schon über sechs Wochen, ohne daß wir auch nur einen Pfennig dafür bekommen haben, und es ist noch gar nicht abzusehen, ob und wann wir endlich einmal ein Gehalt bekommen. Da ist es doch nicht mehr als recht und billig, wenn wir auf andere Weise entschädigt werden.«

»Zum Taxpreis natürlich«, sagt Burmester und lächelt hinterhältig.

»Weißt du, Hilde, Burmester ist der Meinung . . . Ich erzähl dir's nachher.« Er wendet sich wieder an Burmester. »Deine Frau ist wohl der Ansicht, wir sollten hier für Null ouvert arbeiten?«

»Allerdings«, bestätigt Burmester. »Sie sagt immer, wir müßten den anderen ein Beispiel geben und uns bescheiden, wenigstens so lange, bis eine einigermaßen erträgliche Ordnung hergestellt ist. Vor allem aber dürfen wir uns keine Vorrechte anmaßen.«

»Weißt du, Willi«, sagt Weidinger und lehnt sich weit über den Tisch, »das klingt alles ganz schön, aber in Wirklichkeit . . . Glaubt sie denn im Ernst, daß euer Stalin und seine Minister oder Kommissare oder wie die sich nennen, daß die keine Gehälter beziehen, und zwar anständige? Und daß jeder 'n Auto und 'ne Datscha und nicht mehr zu fressen hat als das gewöhnliche Volk?«

»Natürlich glaubt sie das nicht«, sagt Burmester ärgerlich, »aber darauf kommt's doch gar nicht an.«

»Worauf denn?« fragt Weidinger. »Ich laß mich gern belehren.«

»Es kommt darauf an, daß einer sich für eine Idee einsetzt, ohne daran zu denken, ob es ihm einen Vorteil, ein Gehalt oder sonstwas einbringt«, erwidert Burmester.

»Das hast du gut gelernt«, sagt Weidinger ironisch anerkennend. »Und du glaubst, daß es solche Menschen gibt? Ich hab' mal gelesen, daß Lenin und Stalin und Trotzki und wie sie alle heißen, daß die Berufsrevolutionäre waren. 'n ordentlichen Beruf soll'n die nie gehabt haben.«

Burmester schiebt die Tasse erbost beiseite. »Weil du nichts tun kannst, ohne an deinen Vorteil zu denken, glaubst du, alle Menschen müssen so sein. Marta zum Beispiel . . .«

Weidinger winkt ab. »Ins Herz kannst du ihr auch nicht gucken«, sagt er und lächelt überlegen. »Und wenn schon, dann ist sie eben 'ne Ausnahme. Und ich habe – das sage ich dir ganz offen – keine Lust, mich nach den Ausnahmen zu richten. Ideale sind ja sehr schön, aber wir können sie uns nicht leisten, sonst werden wir von den anderen mit Haut und Haaren gefressen. Und da fresse ich lieber mit. Und du, mein lieber Willi, frißt auch mit. Wenn ihr Kommunisten erst mal Minister und Regierungsräte und Oberbürgermeister und Direktoren seid, dann werdet ihr euch keine großen Gehälter bewilligen, keine eleganten Dienstautos und keine pompösen Villen? Ihr bleibt, nicht wahr, in Stube und Küche wohnen, denn ihr wollt ja nicht mehr haben, als ein einfacher Arbeiter hat, und eure Frauen werden keine Pelzmäntel und keine Abendkleider tragen und keine Dienstmädchen beschäftigen, sondern selber Kartoffeln schälen und Fenster putzen, weil die Arbeiterfrauen das ja auch selber tun, nicht wahr?«

Burmester blickt starr auf die Tischdecke, preßt die Hände gegeneinander und umklammert die Stuhlbeine mit den Füßen.

»Du sagst nichts«, fährt Weidinger fort, »du sagst nichts, weil du weißt, daß ich recht habe. Wer an die Krippe kommt, der frißt, und zwar soviel er kann, das ist auch bei euch Kommunisten so. Warum denn auch nicht? Die Hauptsache ist, du bist ein anständiger Kerl, sorgst für deine Familie und so.«

»Ja, das ist die Hauptsache«, bekräftigt Hilde Weidinger. »Man kann nicht für alle sorgen.«

Burmester hebt den Blick. »Ihr habt euch da was Hübsches zurechtgeschneidert«, sagt er langsam, »aber das paßt euch gar nicht und mir erst recht nicht, das sind doch nur Ausreden, die ihr vor euch selber hinstellt wie 'n Kugelfang.«

»Sie meinen, daß wir uns selbst . . . na, gewissermaßen selbst belügen und betrügen?« fragt Hilde Weidinger. Burmester nickt ihr zu. »Ja, so ungefähr«, sagt er, »aber . . .«

»Erlaube mal!« fährt Weidinger auf. »Das ist 'ne Beleidigung.«

»Hör mich erst mal an«, sagt Burmester schnell. »Mir ist das alles nämlich ganz egal. Ich weiß nur eins gewiß, und zwar daß ich jetzt endlich einmal als Mensch leben will. Mein Lebtag ist es mir schlecht gegangen, immer hab' ich zu kämpfen gehabt, oft hab' ich nicht gewußt, woher ich das Geld nehmen sollte, um mir ein paar trockene Brötchen zu kaufen. Deshalb bin ja Kommunist geworden, dafür habe ich gekämpft, um aus dem Dreck zu kommen. Aber dann haben uns unsere eigenen Genossen das Genick gebrochen, die Genossen, die jetzt zu uns gekommen sind. Die haben sich damals, vor sechs Jahren, mit Hitler verbündet, sie haben ihm Öl und Erz und sonst noch was geliefert, damit er seinen Krieg gegen Polen führen und das Baltikum schlucken konnte, und sie hätten ihm weiter und immer mehr geliefert, wenn der Hitler ihnen nicht selbst an die Gurgel gesprungen wäre. Damals haben die meisten von unseren Leuten einen Schock gekriegt, von dem sie sich bis heute nicht richtig erholt haben.«

»Genau«, sagt Weidinger und nickt eifrig. »Und diese Schocktherapie setzen eure russischen Genossen jetzt fort, indem sie sich genau oder beinah so benehmen, wie Hinkefuß Goebbels immer geschrieben hat.«

Burmester lächelt bitter. »Leider hast du recht, Rudi, und darum scheiße ich auf die ganze Politik. Wenn denen die Politik nur Mittel zum Zweck ist, dann ist sie es mir erst recht. Ich will es endlich besser haben. Und da jetzt so vieles herrenlos geworden ist und beinahe herumliegt, da soll ich nicht die Hand danach ausstrecken dürfen, nur weil . . ., weil . . .«

». . . weil deine Frau es so will, sag es ruhig«, fällt Weidinger ein. »Aus übertriebenem Idealismus.«

»Ich versteh' Ihre Frau nicht«, sagt Hilde Weidinger. »Sie ist doch so krank, und sie hat doch auch nichts vom Leben gehabt . . .«

»So ist es«, sagt Weidinger eifrig. »Es geht mich ja eigentlich nichts an, aber ich hab' mir schon oft gesagt, daß ihr gar nicht zusammenpaßt, ganz abgesehen davon, daß sie wohl doch 'n ganz schönes Stück älter ist als du. Du könntest doch viel jüngere und hübschere haben. Wird 'ne Menge junge Witwen geben, die gern getröstet werden möchten. Wenn ich nicht meine Hilde hätte, Mensch, Willi, ich würd einfach verrückt spielen. Aber was noch wichtiger ist: Wenn deine Frau primitiv leben will, so ist das ihre Sache, wenn sie aber dir ihre Art zu leben aufzwingen will, da hört die Gemütlichkeit auf. Oder hab' ich vielleicht nicht recht?«

Burmester blickt sich im Zimmer um. »Wenn ich euer schönes Haus hier sehe und dann daran denke, wie wir hausen, in den zwei kleinen dumpfen Zimmern mit den alten Klamotten ... Ich will einfach nicht mehr.«

»Siehst du, das ist ein Wort, Willi«, sagt Weidinger erfreut. »Ist ja auch lächerlich. Was der Bürgermeister kann, das kannst du erst recht. Der ist doch nicht mehr als du, der ist doch überhaupt erst durch euch Bürgermeister geworden. Ich sag' dir nur eins, Willi: Greif zu, solange noch was da ist.«

»Das will ich auch«, sagt Burmester. »Und wenn's mit Marta zum Krach oder sogar zum Bruch kommt. Das hier« – er läßt seinen Blick wieder in die Runde gehen – »das hier hat mir den Rest gegeben.«

»So können Sie's doch auch haben«, meint Hilde Weidinger und gießt Burmesters Tasse voll. »Trinken Sie, bevor der Kaffee kalt wird und das Aroma verliert.«

Burmester trinkt hastig und setzt die Tasse klirrend nieder. »Und wie soll das nun alles weitergehen?«

»Zunächst müssen wir mal zusammenhalten«, erwidert Weidinger. »Vorhin hatte ich ja Angst, daß du ausbrechen willst, aber wenn du bei der Stange bleibst, schließlich haben wir doch die Mehrheit im Magistrat, du, Fechmann, Mühlbauer, ich und Andrikeit. Wer steht dagegen? Ziegler, Wernicke, Steinle, möglicherweise die Fliessern ... Ja, es wird auf deine Frau ankommen, Willi.«

Burmester winkt geringschätzig ab. »Meine Frau wird nicht mehr lange machen, schätz' ich«, sagt er und lächelt dazu. »Der Kommandant ist nicht gut auf sie zu sprechen, weil sie seinen Ballettratten keine Bezugscheine ausgeschrieben hat. Befehlsverweigerung, sagt er. Und Alfons Steinle, der ist auch nicht sehr beliebt, weil er letztens gegen die Demontierung des Sägewerks protestiert hat. Und Wernicke ... Der rührt keinen Alkohol an. Vorgestern beim Kommandanten hat er doch eine Einladung auf 'nen Wodka abgelehnt, da war er beim Kommandanten endgültig unten durch, die Russen halten doch jeden, der nicht mit ihnen trinkt, für unzuverlässig. Wenn Steinle und Genossen sich noch einmal mausig machen, werden sie kassiert. Ab nach Sibirien.«

»Ihre Frau wird aber nicht gegen Sie stimmen«, sagt Hilde Weidinger. »Das kann sie doch nicht.«

Burmester lacht kurz auf. »Haben Sie 'ne Ahnung, was die kann. Die ist gegen ihr eigenes Kind, wenn es ideologisch falsch liegt, wie sie immer sagt.«

Weidinger wiegt den Kopf hin und her. »Das wäre, falls deine Frau wirklich gegen uns stimmt, Stimmengleichheit, und bei Stimmengleichheit entscheidet der Bürgermeister.«

Burmester nickt ihm zu, aber er hält in der Bewegung plötzlich inne. »Du hast eins vergessen, Rudi. Verflucht nochmal! Wir haben doch letztens beschlossen, daß der Sekretär des Bürgermeisters, dieser Rauer, stimmberechtigt sein soll. Du, der kann uns die ganze Tour vermasseln. Das ist nämlich ein intelligenter Bursche.«

»Ph«, macht Weidinger geringschätzig und weist den Einwand mit einer lässigen Handbewegung zurück. »Mit Rauers Intelligenz kann's nicht sehr weit her sein. Der saß im Wohnungsamt wochenlang an der Krippe und hat's nicht mal verstanden, sich selbst 'ne Wohnung zu verschaffen. Ich halt' den gar nicht für so intelligent, und außerdem mein' ich, der müßte doch entweder zu ködern sein oder zu Fall gebracht werden können. Der Bürgermeister ist übrigens gar nicht mit ihm zufrieden. Der Rauer schnüffelt ihm zu viel herum.«

»Sag mal«, meint Burmester, »kann das stimmen, poussiert der Rauer mit Edith Ziegler? Wenn man die beiden mal überrascht, dann haben sie immer so komische Gesichter ...«

»Ja, das ist mir auch aufgefallen«, stimmt Weidinger zu. »Wenn man den beiden was nachweisen könnte ... Das wär' doch so 'ne Art Dienstvergehen. Übrigens hat Andrikeit heute nachmittag so 'ne Andeutung gemacht, daß er dem Rauer 'ne Falle stellen wird oder schon gestellt hat.«

Burmester lacht auf. »Vielleicht will er die beiden einschließen und dann durchs Schlüsselloch gucken.«

Weidinger schüttelt den Kopf. »Nee, nee, das muß was anderes sein, irgend 'ne Wohnungsgeschichte, der Alte machte solch pfiffiges Gesicht. Wenn er den Rauer abhalftern kann ... Uns soll's recht sein, unser Mann ist das sowieso nicht.«

Burmester erinnert sich noch an etwas. »Du, Rudi, mir fällt noch was ein. Wird der Sibilitz auch dichthalten?«

»Der Dolmetscher? Na klar. Solange der schön dick und fett verpackt wird, schwenkt der nicht ab. Dafür laß uns nur sorgen.«

Burmester steht auf. »Dann ist ja alles in schönster Ordnung, dann kann ja nichts mehr passieren.«

6.

Blitz und Hagelschlag bei Rauers

Das hätte er also hinter sich. Rauer atmet tief auf und schließt das Haus Kaiser-Wilhelm-Platz 8 sorgfältig ab, dann überquert er den Platz. Das Gitter des Rasenrondells ist niedergerissen, quer über den Rasen und die Blumenbeete zieht sich ein Trampelpfad. Das Schild »Bürger, schützt eure Anlagen« liegt noch herum, der Holzpfahl, der es trug, ist wohl längst in einen Ofen oder einen Herd gewandert.

Rauer schüttelt ärgerlich den Kopf und umgeht das Rondell. Er will nicht auch den Weg der Gedankenlosigkeit, der Gleichgültigkeit, der mutwilligen Zerstörung gehen. In den Häusern rings um den Kaiser-Wilhelm-Platz brennt elektrisches Licht. Das ist zu dieser Stunde keine Selbstverständlichkeit, meist geht das Licht erst gegen zweiundzwanzig Uhr an, aber der Kaiser-Wilhelm-Platz liegt in unmittelbarer Nähe der Kommandantur, und deren Stromkreis wird nicht abgeschaltet.

Wie friedlich das alles aussieht. Der Himmel spannt sich hoch und weit über den kleinen Häusern. Da und dort ragt eine Baumkrone wie eine scharf geschnittene Silhouette in das Licht des Mondes hinein, der groß und prall über den Dächern hängt. Das spärliche Gras schimmert silbern. Aus den Fenstern der Häuser fallen breite Lichtbahnen auf die Straße. Alles ist überhaupt von einer seltsamen Stille. Fast könnte es scheinen, als herrsche hier Frieden und Geborgenheit. Und doch – Rauer weiß es nur zu genau – ist diese Stille und dieser Frieden nur ein Trugbild. Hinter den weißen Mauern, dem grauen Sandsteinbewurf und den rotbraunen Klinkersteinen, hinter den Fenstern mit Wolkenstores, mit Tüllgardinen und Ripsvorhängen, hinter den Holzladen, Schmiedegittern und Stäbchenjalousien herrschen Haß, Neid und Gier, Niedergeschlagenheit, Trauer und Verzweiflung, Geiz, Not und Hunger und nur selten Hoffnung und Freude. Die dünne Lasur, die über wilde Triebe und Instinkte gegossen war, ist aufgeplatzt, hat die Eiterherde aufgehen lassen und Wunden bloßgelegt, die bisher unter der Oberfläche schwärten. Und inmitten dieses riesigen Krankheitsherdes gehen nun ein paar Menschen umher und versuchen, diesen Herd mit ihren bloßen Händen und völlig unzulänglichen Mitteln einzudämmen, obwohl er, wie sie erkennen müssen, ständig neu infiziert wird von jenen, die vorgeben, ihn heilen zu wollen. Es scheint ein aussichtsloses Beginnen zu sein, zu schwer für die schwachen Schultern. Rauer weiß oft selbst nicht, was ihn bewegt, mitzutun.

Jetzt hat er die Bahnhofstraße erreicht. Von der Kommandantur leuchtet ein fünfzackiger Stern, ein Scheinwerfer erhellt den Vorgarten. Rauer nickt dem Wachtposten zu, der vor seinem Schilderhaus auf einem Gartenstuhl sitzt und sich eine Zigarette dreht.

»Kamrad«, ruft der Posten ihm zu, »du Feuer?«

Rauer bleibt stehen. »Da, da«, sagt er und holt ein Feuerzeug aus der Tasche. Es schlägt, was nicht oft vorkommt, schon beim ersten Male Feuer.

Der Soldat raucht seine Zigarette an. »Spassibo«, sagt er und deutet auf das Feuerzeug. »Charascho, Kamrad.«

Rauer steckt das Feuerzeug wieder ein. Er möchte noch etwas sagen, aber er weiß nicht was, die wenigen russischen Worte, die er kennt, reichen nicht aus, um seinen Gedanken Ausdruck zu geben.

»Du nix Zigarett?« fragt der Soldat.

»Njet«, antwortet Rauer und schüttelt den Kopf. »Doswidanje, Towaritsch.«

»Du warten«, sagt der Soldat rasch. »Mgnawjänije!« Er schüttelt ein wenig Tabak aus seinem Beutel auf ein Blättchen Zeitungspapier und rollt es geschickt zu einer Zigarette, dann hält er sie Rauer hin.

Rauer sagt »spassibo«, befeuchtet das Papier mit der Zunge und setzt die Zigarette in Brand.

Beide rauchen, sie schweigen, weil sie verschiedene Sprachen reden und einander nicht verstehen würden, aber es ist ein anderes Verstehen zwischen ihnen. Sie blicken einander an und lächeln, sie mustern sich und lächeln wieder.

Der Russe fragt: »Charascho?« und Rauer nickt eifrig.

Schließlich fragt Rauer: »Du aus Moskau?«

Der Soldat schüttelt den Kopf. »Njet, is Dnjepropetrowsk.«

Dnjepropetrowsk? Rauer sucht in seinem Gedächtnis. Ah, Dnjepropetrowsk, dort ist doch der riesige Staudamm. »Dnjeprostroij?« fragt er und erinnert sich im gleichen Augenblick, daß auch der Dnjeprostroij gesprengt, vernichtet ist. Er bereut die Frage, aber er kann sie nicht mehr zurücknehmen.

Der Soldat nickt. »Kaputt«, sagt er traurig.

Rauer klopft ihm auf die Schulter. Laß gut sein, will er damit sagen, ihr werdet ihn wieder aufbauen, und wir werden euch dabei helfen.

Ein paar Minuten lang sitzen sie schweigend nebeneinander. Rauer fühlt eine ungewisse Zuneigung zu dem jungen Soldaten. Dnjeprostroij ist zerstört, Dnjepropetrowsk ist zerstört, seine Heimat ist zerstört, und er steht hier, in der unzerstörten deutschen Stadt Lindenthal auf Posten und lächelt, bietet mir, dem Angehörigen des Volkes, das diese Zerstörungen begangen hat, eine Zigarette an und raucht sie freundschaftlich mit mir. Wenn er mich böse angestarrt, mich geschlagen, mir das Feuerzeug weggenommen haben würde, hätte ich ihm das übelnehmen können? Er ist ja nicht zu uns gekommen, weil unser Land, unser Reichtum ihn lockte, *wir* haben ihn aus seinem Leben aufgescheucht, und jetzt ist er hier, weil wir den Räubern in unserem eigenen Volke nicht Einhalt geboten haben. Dieser junge Russe hätte sicher lieber auf dem Dnjeprostroij gestanden, über den breiten Strom geblickt, dessen Wasser sich an der hohen Mauer brechen und an ihr aufschäumen, statt in Schützengräben, in Dreck und Blut zu hocken und über aufgewühlte, kraterübersäte Felder zu stürmen. Ganz bestimmt hätte er lieber dem Summen der Turbinen, dem Lachen der Mädchen und dem Gesang der Vögel gelauscht als auf das Schreien der Verwundeten, das Röcheln der Sterbenden und das Eisengebrüll der Kanonen. Er hätte lieber sein ruhiges, bescheidenes und vielleicht auch schweres Leben gelebt, als jetzt hier in der fremden deutschen Stadt Lindenthal auf Posten zu stehen und die schweren Gedanken zu denken, die ihm das Schicksal seiner Angehörigen bereitet.

Die Zigarette ist bald aufgeraucht. Rauer wirft den Stummel fort, tritt ihn sorgfältig aus und erhebt sich. »Doswidanje«, sagt er freundlich und blickt dem Soldaten in das junge Gesicht.

Der Posten nickt ihm zu. Jetzt lächelt er wieder und gibt Rauer die Hand. »Doswidanje«, erwidert er.

Rauer schüttelt kräftig die Hand und tut schon einen Schritt auf die Straße zu. Dann besinnt er sich, nimmt das Feuerzeug aus der Tasche und gibt es dem Soldaten. Er will noch ein paar Worte sagen, aber er kommt nicht mehr dazu. Der Schreck verschlägt ihm die Sprache. Aus dem Hause kommt eilig ein Offizier, ohne Mütze und mit offenem Uniformkragen. Sein Gesicht ist hochrot, er gestikuliert wild mit den Armen, stürzt auf den Soldaten zu und überschüttet ihn mit zornigen Worten. Dann, ja, dann schlägt er ihn mit beiden Händen rechts und links ins Gesicht, wendet sich Rauer zu und schreit ebenfalls auf ihn ein.

Rauer ist wie gelähmt stehengeblieben, obwohl er fürchten mußte, geschlagen zu werden. Ein Offizier, der seinen Untergebenen ohrfeigt! Und ein Soldat, der die Schläge hinnimmt, ohne das Gesicht auch nur zu verziehen, ohne ein Wort zu sagen, als sei er das gewohnt. Ist er es vielleicht gewohnt? Rauer blickt auf den Soldaten. Der Soldat gibt den Blick zurück und hebt unmerklich die Schultern, als wollte er sagen: Da kann man nichts machen, das ist bei uns nun mal so.

Der Offizier schreit immer noch auf Rauer ein und fuchtelt mit den Händen vor Rauers Gesicht. Rauer versteht ihn natürlich nicht, nur daß es eine Drohung ist, das begreift er. Er macht eine entschuldigende Handbewegung, um den Offizier zu besänftigen, dann dreht er sich um und entfernt sich rasch.

Vorhin, als er mit dem Soldaten zusammengestanden, mit ihm geraucht und eine Art Unterhaltung geführt hate, da hatte sich eine beschwingte Stimmung seiner bemächtigt, weil – abseits von Politik und Krieg – zwischen ihnen ein Fluidum von Menschlichkeit gewesen war. Aber dann trat der Offizier dazwischen. Was hat ihn denn so aufgebracht? Daß ein russischer Soldat mit einem Deutschen freundschaftlich sprach und mit ihm den Tabak teilte, als seien sie nicht Sieger und Besiegte? Oder ist es ein Verbrechen, sich einfach als Mensch über Nation, Rasse und Klasse hinweg zu verständigen?

Rauer geht langsam weiter. Die Gedanken haben seine Schritte schwer gemacht.

Plötzlich fällt Rauer etwas ein. Das Feuerzeug, das er dem Soldaten geschenkt hat, ist gar nicht sein Eigentum. Er hat es, als er sich mit ihm in der Hartungschen Wohnung eine Zigarette anzündete, in Gedanken eingesteckt und später vergessen, es wieder herauszulegen, als er die Wohnung verlassen hat. Aber er kann doch jetzt nicht zur Kommandantur zurückgehen und dem Soldaten das Feuerzeug wieder abverlangen.

Ach was, sagt sich Rauer, wenn es auch ein recht kostbares Feuerzeug ist, aus getriebenem Silber, dieser junge Russe hat mehr Ansprüche an uns, als der Wert eines Feuerzeuges ausmacht. Mag er es behalten.

Als Rauer endlich die Eschenstraße erreicht, schlägt es vom Turm der katholischen Kirche die zehnte Stunde.

Gerda ist sofort zur Stelle, als er die Haustür aufschließt. Sicher hat sie ihn gesehen, als er den Platz überquerte, und ihn an der Tür erwartet. Eine warme Welle strömt ihm zum Herzen, aber sie ebbt sogleich wieder zurück.

Gerda umarmt ihn nicht, wie sie es sonst zu tun pflegt, sie steht sehr gerade da und blickt ihn abschätzend an. Dabei sagt sie, dachlich feststellend: »Du kommst ja wieder mal reichlich spät.«

Rauer ist sofort abwehrbereit. »Wollen wir uns hier in der Diele darüber unterhalten, Gerda?« fragt er und macht nun seinerseits keinen Versuch mehr, Gerda mit einem Kuß zu begrüßen.

»Guten Abend zunächst einmal.«

Gerda dreht sich wortlos um. »Gute Nacht wäre wohl richtiger«, sagt sie über die Schulter und klinkt die Tür ihres Zimmers auf. »Sei leise, der Junge schläft schon.«

Rauer geht in das Zimmer und setzt sich an den Tisch, er wirft einen Blick auf Peter, der zusammengerollt auf dem Plüschsofa schläft und laut durch den Mund atmet.

Gerda hat sich gegen den Tisch gelehnt und blickt böse auf Rauer. »Wo kommst du denn so spät her, Herbert?«

Rauer hat ihr eben erklären wollen, daß er in der Hartungschen Wohnung eine Bestandsaufnahme hat durchführen müssen, und von den vielen brauchbaren Sachen, Möbeln, Küchengeräten, Anzügen, Kleidern und Schuhen erzählen wollen, die da ungenützt herumliegen, während ihnen und vielen anderen das Nötigste fehlt, aber jetzt, nach dieser inquisitorischen Frage, hat er keine Lust mehr dazu. »Ich habe Mausolf doch gebeten, hier vorbeizugehen und dir zu sagen, daß ich heute später komme. War er nicht hier?«

»Doch, er war hier«, sagt Gerda. »Aber das nennst du später kommen? Es ist zehn Uhr! Eine Stunde später laß ich mir gefallen, auch zwei. Aber fünf Stunden!«

Ich hab' selbst nicht gemerkt, daß die Zeit so schnell vergangen ist, und auch nicht vorausgesehen, daß es so lange dauern wird, aber in der Wohnung war ja so viel Zeug ... Er könnte es ihr ja erklären, aber er will nicht, er ist müde und er ist trotzig, Gerdas Fragen haben ihm die Lust am Antworten verschlagen. Wir sind doch keine Beamten, die nach der Uhr gucken. »Ich bin nicht eher fertig geworden«, antwortet er kurz.

»Darf man erfahren, was dich so lange aufgehalten hat?« fragt Gerda spitz.

Wie er diesen Ton haßt! Er weiß aus langer Erfahrung, daß jede Antwort sofort eine neue Frage nach sich ziehen wird, Gerda kann nie warten, bis er von selbst erzählt. Sie durchlöchert ihn förmlich mit Fragen, besonders in Zeiten, in denen sie Anlaß zu Mißtrauen zu haben glaubt. Jetzt ist wohl wieder eine solche Zeit, obzwar sie – merkwürdigerweise – noch keinerlei Äußerungen über Edith Ziegler getan hat. Als er am Nachmittag jenes Tages, an dem Gerda ihn und Edith im Wohnungsamt überraschte, nach Hause kam, damals hatte Rauer erwartet, daß Gerda ihn mit einem Schwall von Anschuldigungen überhäufen, in Tränen ausbrechen, ihn kurz und klein fragen würde, aber nichts von alledem war geschehen, weder an diesem Nachmittag noch an den folgenden Tagen. Zuerst war Rauer froh darüber und atmete erleichtert auf, wenn der Abend herum war und er im Bett lag, ohne daß Gerda das gefürchtete Thema angeschlagen hatte, aber es war nur eine scheinbare Ruhe. Gerda trug von diesem Tage an stets eine vorwurfsvolle oder gekränkte Miene zur Schau, wischte sich heimlich (aber nicht so heimlich, daß er es nicht bemerken konnte) eine Träne aus den Augenwinkeln und steigerte sich in die Rolle der leidenden Frau hinein. Eine schwere Wolke hing so ständig über ihm, sie entlud sich nicht, und das war schlimmer als Blitz oder Hagelschlag.

»Weshalb antwortest du mir nicht?« fragt Gerda scharf. »Bist wohl um eine Antwort verlegen?«

»Du könntest ruhig etwas weniger inquisitorisch fragen, Gerda«, antwortet Rauer gelassen und berichtet dann kurz über die Ursache seiner späten Heimkehr.

Gerda nimmt ihm gegenüber Platz und legt beide Hände flach auf den Tisch. »Und das soll ich dir glauben?«

»Es ist die Wahrheit, Gerda«, sagt Rauer. »Ich konnte nicht voraussehen, daß es solange dauern würde.«

Gerda fixiert ihn. »So? Eine Bestandsaufnahme hast du gemacht? Merkwürdig, wirklich sehr merkwürdig.«

Ihre Stimme ist leise und fast sanft, aber Rauer weiß genau, daß die Stimme, die jetzt so nachgiebig scheint, gleich wieder vorschnellen wird wie eine überstraff angezogene Sehne. »Wieso ist das merkwürdig?« fragt er. »Gerda, wir wollen uns doch nicht in diesem Ton . . .«

Gerdas Augen verengen sich zu zwei schmalen Schlitzen. »Weil du gar nicht mehr im Wohnungsamt bist«, kommt ihre Stimme wie ein Pfeil spitz und schnell auf ihn zu.

Rauer zuckt zurück. Mein Gott, ja, ich hab' ihr noch gar nicht gesagt, daß ich jetzt im Vorzimmer des Bürgermeisters bin. Er hat von Tag zu Tag hinausgeschoben, es ihr zu sagen, um ihre Eifersucht nicht anzustacheln, und auf eine günstige Gelegenheit gewartet, sonst hätte sie doch gleich vermutet . . . Und er hat doch wirklich nichts dazu getan und sich doch sogar dagegen gewehrt, aber es war falsch, es Gerda nicht sofort zu sagen. Jetzt ist natürlich die Hölle los.

»Es war ein direkter Auftrag des Bürgermeisters«, sagt er, aber das wird sie ihm jetzt auch nicht glauben. Sie wird jetzt überhaupt nichts mehr glauben, auch die lauterste Wahrheit nicht. Rauer ist sich bewußt, daß der Schein gegen ihn spricht. Ein ohnmächtiges Gefühl überkommt ihn.

»Ich war heute nachmitag im Rathaus, um dich etwas zu fragen«, sagt Gerda und schlägt die Zähne zusammen, als habe sie etwas sehr Hartes zu zerbeißen. »Ich ging natürlich ins Wohnungsamt, ganz nichtsahnend, und da mußte ich mir von dem alten Schadow sagen lassen, du seist schon seit ein paar Tagen nicht mehr im Wohnungsamt, sondern im Vorzimmer des Bürgermeisters. Schön habe ich dagestanden! Ich, deine Frau, wußte von nichts. Wie mich der Alte angesehen hat, so schadenfroh über den Rand seiner Brille hinweg, und wie er das sagte: ›Das müssen Sie doch wissen, Frau Rauer!‹ Seine Stimme hat vor Hohn förmlich getrieft.«

Sie hat recht, in eine ekelhafte Situation habe ich sie da hineingebracht. Wie ein Idiot habe ich mich benommen, wie ein kleiner Junge, der Angst vor Muttis Schelte hat.

»Und dann war ich im Vorzimmer des Bürgermeisters,« fährt Gerda fort. »Und wer saß da? Fräulein Edith Ziegler. Ich war wie vor den Kopf geschlagen, kaum daß ich ein paar Worte herausbekommen konnte. Wie ich dagestanden habe vor dieser Göre! Du hast dich doch nur versetzen lassen, um mit ihr dauernd zusammenzusein.«

Rauer steht auf. »Laß dir doch erklären, wie alles zusammenhängt«, sagt er und fährt seiner Frau über das Haar.

»Rühr mich nicht an!« sagt sie wild. »Und ihr Vater schiebt sie dir noch zu. Ihr seid mir eine schöne Gesellschaft da oben!«

»Das ist nicht wahr!« sagt Rauer entschieden.

»Kein Wort glaub' ich dir mehr, kein Wort!« sagt Gerda wütend. »Als du letztens so spät nach Hause kamst, weil der Zug in Grünau angeblich nicht weiter konnte und du laufen mußtest, da bist du doch bei ihr gewesen, da hast du mit ihr geschlafen. Und heute kommst du auch aus ihrem Bett!«

»Das ist eine Gemeinheit!« sagt Rauer. Nein, das darf er nicht durchgehen lassen. »Ich erlaube dir nicht, so von« – von Edith, hat er sagen wollen, aber er kann es noch zurückhalten – »von Fräulein Ziegler so zu sprechen.«

Gerda ist gleichfalls aufgestanden. »Nimm sie noch in Schutz, diese Nutte!« sagt sie laut. »Schrei nicht so«, versucht Rauer sie zu besänftigen. »Der Junge könnte aufwachen.«

»Soll er doch, soll er ruhig hören, daß sein Vater mit einem Flittchen ins Bett geht, bloß weil sie ein paar Jahre jünger ist und weil sie's vielleicht besser versteht. Du solltest dich schämen, Herbert!«

»Jetzt ist's aber genug!« sagt Rauer erbost. »Zwischen Edith und mir ist nichts gewesen . . .«

»Edith! Edith!« fährt Gerda auf.

»Mäßige dich!« sagt Rauer scharf. »Oder ich rede kein einziges Wort mehr.«

»Ist auch überflüssig«, entgegnet Gerda bissig. »Hat sie dich gut gefüttert, damit du auch recht bei Kräften bist? Sonst bist du hungrig nach Hause gekommen und konntest die Zeit nicht erwarten, bis das Abendbrot auf den Tisch kam. Heute hast du nicht einmal danach gefragt. Meinst du, das merke ich nicht?«

Ach, es läßt sich eine ganze Menge dazu sagen, zum Beispiel, daß sie ihn gar nicht hat dazu kommen lassen, das Abendbrot zu fordern, daß er in der Hartungschen Wohnung ein Glas mit Gänseklein aufgemacht und gegessen hat (das war das einzige, was er angerührt hat, obwohl es ihm oft genug in den Fingern juckte), und daß ihm der kräftige Tabak, den ihm der russische Soldat gegeben hat, den Appetit verschlagen hat, aber es ist wohl sinnlos, das vorzubringen. Gerda ist jetzt einer Verfassung, in der sie nichts glauben kann, selbst wenn sie es möchte, und ihm fehlt die Energie, den Streit auszutragen. »Sei doch vernünftig, Gerda«, sagt er und greift nach ihrer Hand.

»Faß mich nicht an!« sagt Gerda drohend. »Mein Mann schläft mit einem fremden Mädchen, und ich soll vernünftig sein. Sei du lieber vernünftig!«

Ich bin bisher vernünftig gewesen, denkt Rauer, ich habe Edith nicht geküßt, noch nicht einmal richtig gestreichelt, nur so im Vorbeigehen oder aus Versehen, aber jetzt werde ich sie streicheln und küssen und noch mehr, ganz gleich, was daraus wird. Zum Teufel, hier ist es ja nicht mehr auszuhalten! Ihre Manie, jede Auseinandersetzung ins Dramatische zu steigern, bringt mich zum Rasen. »Ich geh' zu Bett«, sagt er und beginnt sich auszuziehen.

Während er die Schuhbänder aufknotet, blickt er auf Gerda. Sie steht mit halboffenem Mund da, dann schwankt sie und droht umzufallen. Rauer springt hinzu, fängt sie auf und bettet sie auf die Couch. Während er ihr einen Schluck Wasser einzuflößen versucht, bemerkt er, daß sie für eine winzige Sekunde die Augen öffnet und ihm einen schnellen Blick zuwirft. Dann klappt sie die Lider schnell herunter.

Rauer setzt das Glas hart auf den Nachttisch und steht auf. »Du solltest um meine Achtung, nicht um mein Mitleid werben, Gerda«, sagt er kalt.

Das Zucken in ihrem Gesicht beweist ihm, daß sie ihn verstanden hat.

Zehntes Kapitel
Der Streit um den Fuhrpark

1.

Ziegler muß sich von seiner Tochter beschämen lassen

Ziegler blickt in den Wandspiegel und besieht mißmutig das eigene Gesicht. Breite, dicke Falten lagern auf der Stirn, dunkle Schatten umranden die Augen. Von den Nasenflügeln zu den Mundwinkeln und von den Mundwinkeln zum Kinn ziehen sich tiefe Runzeln und markieren sich sogar unter dem dünn aufgetragenen Rasierschaum.

Ziegler beginnt sich zu rasieren, mit langsamen, unwilligen Bewegungen. Die Rasierseife taugt nichts, sie schäumt nicht und trocknet viel zu rasch, die Klinge ist stumpf und kratzt wie ein Reibeisen, das alles ist nicht gerade ungewohnt, Ziegler hat es bisher geduldig hingenommen, aber heute ärgert und reizt es ihn. Er hat – wieder einmal – eine unruhige Nacht verbracht, weil ihn die Gedanken nicht einschlafen ließen. Er hat sich hin und her gewälzt, den Schlag des eigenen Herzens belauscht, das groß und unruhig in seiner Brust tobte, in seinen Schläfen pochte und sich nicht beruhigen ließ. Er hat versucht, sich ein wogendes Kornfeld vorzustellen, um die Gedanken zu überlisten und den Schlaf herbeizulocken, und als es nicht gelang, zu zählen begonnen, aber auch damit bald wieder aufgehört, weil er mit dem Rhythmus seines Herzschlages zählte und dadurch jeden Schlag doppelt so heftig zu spüren meinte. Es war ihm nicht gelungen, den Gedanken zu entkommen, und als er endlich gegen Morgen in einen ganz leichten, dünnen Schlaf gesunken war, waren die Gedanken in seinen wirren Träumen gewesen, so heftig, daß er aufschreckte und in das Dunkel des Zimmers starrte. Und es war immer nur ein Gedanke gewesen: Du mußt heute vor dir und den anderen Rechenschaft ablegen.

Nein, er muß es nicht. Ziegler stampft heftig auf. Nein, er muß es nicht, niemand hat bisher Rechenschaft von ihm gefordert. Er hat sie von selbst ablegen wollen, um endlich reinen Tisch zu schaffen und seine Stimme ehrlich abgeben zu können, wenn es heute im Rathaus zum offenen Kampf kommen sollte. Wie könnte er denn seine

Stimme erheben gegen Korruption und Vettermichelei, wenn er selbst nicht frei davon ist? Wenn er nun wirklich illegalen Nazis oder gar SS-Leuten Vorschub geleistet haben sollte?

Ziegler hält im Rasieren inne. Es gibt noch eine Möglichkeit, er hat sie bisher nicht bedacht, nur einmal ganz flüchtig gestreift und sofort wieder als feige verworfen. Jetzt ergreift der Gedanke an diese Möglichkeit wieder von ihm Besitz. Ja, es ist feige, der Verantwortung auszuweichen, die Ablegung der Rechenschaft hinauszuschieben, aber er fühlt sich heute weder dem einen noch dem anderen gewachsen. Er wird, beschließt er, an dem bevorstehenden Kampf, an der zu erwartenden Abstimmung nicht teilnehmen, das ist immerhin anständiger. Ist es anständiger? Er zuckt unwillig mit den Schultern, um die Argumente, die ihm sein besseres Wissen eingibt, abzuschütteln.

»Ich will nicht«, sagt er laut zu sich selbst, »ich will einfach nicht.« Er legt den Rasierapparat beiseite, wischt den Seifenschaum aus dem Gesicht und zieht das Oberhemd über. Dann verläßt er das Badezimmer und geht in sein Zimmer, räumt das Bett von der Couch ab, legt es über einen Sessel und wirft sich auf die Polster. Ich will heute nichts sehen und nichts hören, ich werde im Garten Holz hacken, bis . . . Nein, das geht nicht. Wenn er eine Krankheit vorschützt, ach, gar nicht einmal vorschützt, wenn er krank ist, kann er auch nicht Holz hacken. Und er fühlt sich wirklich hundeelend, er ist müde, wie zerschlagen, jeder Knochen seines Körpers scheint plötzlich das Doppelte seines sonstigen Gewichts zu haben. Aber Ziegler weiß auch, daß sein Zustand keine körperliche Ursache hat, sondern dem Umstand zuzuschreiben ist, daß er von dem Weg abgewichen ist, den er sich selber vorgezeichnet und auf dem er schon so viele Schritte getan hat.

Der Weg, den er sich, seit er politisch zu denken vermag, vorgezeichnet hat . . . Plötzlich weiß Ziegler, daß es nicht die Affäre Grosser ist, die ihn niederzuringen droht. Es ist nicht gerade einfach, vor Steinle und Wernicke hinzutreten und zu sagen: Ich habe einen Fehler gemacht, ich bin ausgerutscht und will die Sache bereinigen, jetzt, sofort. Es wird ihm gewiß schwer fallen, sich selbst zu bezichtigen, aber er würde es tun, und die Sache würde sich ordnen. Was sich aber nicht durch ein Geständnis, durch ein offenes Bekenntnis ordnen läßt, das sind die Zweifel, die ihn befallen haben. Wie Kork im Wasser gelangen sie immer wieder nach oben, wie heftig und wie tief er sie auch unter die Oberfläche zu pressen versucht hat. Die

Zweifel sind es, die ihn lähmen, die ihn einhalten lassen auf dem Weg, den er bisher so selbstsicher gegangen ist.

Ziegler denkt an die Reise, die er im Jahre 1926 mit einer Delegation in die Sowjetunion unternommen hat. Er hat nicht zu denen gehört, die sich mit Führung durch ein paar Moskauer Musterbetriebe, mit einem Meeting im Stadtsowjet und einem Galaabend in der Großen Oper begnügten und mit dem Anspruch, nun die Sowjetunion genau zu kennen, nach Deutschland zurückkehrten. Ziegler hat hinter die Fassaden geblickt, und es hat sich gezeigt, daß wie zu Katharinas Zeiten Potemkin immer noch der größte Baumeister in Rußland war. Welch bittere Armut, welch ungeheures Elend, welch unvorstellbare Primitivität hatte Ziegler damals geschaut. Kein deutscher Arbeitsloser hätte mit einem russischen Arbeiter getauscht (und die es dennoch getan hatten, waren sehr bald zurückgekommen). Ziegler hatte nicht übersehen, was schon aufgebaut war und was gerade aufgebaut wurde, aber unter welchen Opfern, mit welcher Rigorosität, ja Grausamkeit, Brutalität ging das vor sich! Ziegler hatte jedoch sein Wissen für sich behalten – die Parteidisziplin verlangte, daß die Sowjetunion gepriesen, nicht kritisiert wurde. Die Revolution, der Bürgerkrieg, die Rückständigkeit der Menschen, damit war alles erklärt worden, und die Gründe leuchteten auch ein. Seitdem waren fast zwanzig Jahre vergangen, es hätte inzwischen gelungen sein müssen, Elend, Armut und Primitivität zu beseitigen, aber nichts dergleichen schien geschehen zu sein. Die Soldaten, Menschen aus dem Lande der hochentwickelten sozialistischen Kultur, bestaunten das Wasser, das aus der Wand kam, sie waren unerfahren mit den Einrichtungen, die jedes deutsche Haus hatte. Jeder, der ein Wohnzimmer, einen großen Spiegel oder gar ein Klavier besaß, wurde für einen Kapitalisten gehalten und entsprechend behandelt. Waren das die Menschen mit sozialistischem Bewußtsein, die Frauen vergewaltigten, Menschen ausraubten, altes Unrecht mit neuer Gewalttat vergalten?

Diese Zweifel sind es, die Ziegler elend machen. Ihm ist zumute wie einem Bergsteiger, der den Gipfel erreicht hat und unter sich und ringsum statt der erwarteten prächtigen Landschaft nur dichten, grauen, wogenden Nebel erblickt.

»Karl, kommst du nicht zum Frühstück?« Zieglers Mutter steht im Türrahmen. »Was ist dir denn?« Ziegler hebt nur ein wenig den Kopf, um die Mutter nicht ansehen zu müssen. »Ich bin krank«, sagt er. »Habe die ganze Nacht kein Auge zugetan.«

Die alte Frau Ziegler tritt an die Couch. »Was ist dir denn, Karl?« fragt sie besorgt und faßt nach seiner Hand, um ihm den Puls zu fühlen. »Lieg doch mal still, Karl.«

Ziegler entwindet ihr seine Hand. »Laß mich zufrieden, Mutter«, sagt er barsch. »Edith soll im Rathaus Bescheid sagen, daß ich heute nicht komme.«

»Ich werd's Edith sagen«, sagt die alte Frau Ziegler. »Soll ich Dr. Mielow holen?«

»Nein, nein«, wehrt Ziegler heftig ab, »ich komme schon so in Ordnung. Nur Ruhe will ich haben.«

»Meinst du nicht doch, daß es besser ist . . .«, beginnt die alte Frau Ziegler.

»Nein!« ruft Ziegler laut. »Ihr sollt mich zufrieden lassen, das ist alles, was ich von euch verlange. Ich will auch nichts essen. Geh schon!«

Die alte Frau schüttelt mißbilligend den Kopf, dann schlurft sie aus dem Zimmer.

Ziegler atmet auf. Gott sei Dank, jetzt hat er Ruhe. Er nimmt die Wolldecke, die am Fußende liegt, und wickelt sich in sie ein. Ich bin wirklich krank, versucht er sich einzureden. Habe ich nicht Stiche in der Seite und in der Brust, bin ich nicht erkältet? Er hustet ein paarmal, wie um sich zu beweisen, daß er tatsächlich erkältet ist. Wer ruft denn da schon wieder? Ach so, das ist Käte, sie liegt im Nebenzimmer. Schon seit Jahren liegt sie da, die einzige Gelegenheit, bei der sie ihr Zimmer und ihr Lager verließ, war der Fliegeralarm, wenn sie von ihm in den Luftschutzkeller getragen wurde. »Was ist denn, Käte?« fragt er.

»Bist du krank, Karl?« fragt seine Frau.

»Nur erschöpft«, antwortet Ziegler und bemüht sich, seiner Stimme einen gleichgültigen Klang zu geben. »Beunruhige dich nicht, es geht schnell vorüber.« Er richtet sich ein wenig auf und lauscht hinüber. Seine Frau seufzt tief auf, aber sie sagt nichts mehr. Ziegler stopft sich das Kissen unter den Kopf. Vielleicht kann er jetzt schlafen, aber im gleichen Augenblick fährt er abermals auf. Schon wieder geht die Tür. Wer kommt denn jetzt? Ziegler beißt sich auf die Lippen.

Edith ist ins Zimmer getreten, jetzt steht sie bei ihm an der Couch. »Was ist denn?« brummt er unwillig.

Edith blickt streng auf ihn herab. »Oma sagt, daß du nicht zum Dienst gehen willst, Vati.«

»Nicht kann«, verbessert Ziegler. Er weiß genau, was jetzt kommt. Edith hat, seit sie im Rathaus tätig ist, ein überraschendes Selbstbewußtsein entwickelt, trotz der spärlichen Saat, die er in den von Schule und BDM um und um gepflügten Acker säen konnte. Mit der Unbedingtheit der Jugend hat sie sich in den Strom des Neuen geworfen, verströmt sie ihre Glaubensfähigkeit, der sich bisher kein Ziel geboten hat. Sie ist meine Tochter, hat er oft frohlockt, wenn sie die Naziphrasen, mit denen man die kindlichen Gehirne zu benebeln suchte, verächtlich abtat. Nur zu oft hatte er allerdings befürchtet, daß sie in ihrer Offenheit Dinge sagen würde, die zwar nicht ihr, die ja noch ein Kind war, wohl aber ihm zum Verderben gereichen konnten, da ja die Lehrer gehalten waren, verdächtige Äußerungen oder Ansichten der Kinder zu melden. Es hatte sogar Lehrer gegeben, die Kinder »verdächtiger« Eltern geradezu ausfragten und wissen wollten, wie die Eltern zu Hause über Hitler und den Nationalsozialismus sprachen. So mancher gute Genosse und aufrechte Demokrat wurde auf diese Weise das Opfer seiner Kinder, die in ihrer Naivität Meinungen und Äußerungen ihrer Eltern ausplauderten.

»Weißt du denn nicht, daß heute eine wichtige Sitzung bei Andrikeit ist?« fragt Edith weiter.

»Ja doch«, wehrt Ziegler ab und holt einen Husten ganz tief aus seiner Brust, wobei er sich fast verschluckt. »Hörst doch selbst, wie erkältet ich bin. Ich bin vollkommen schachmatt, habe überhaupt nicht geschlafen. Sag dem Alfons . . . «

»Ziehst dich eben warm an«, sagt Edith besorgt und befehlend zugleich. »Du weißt doch, worum es geht.«

»Laß mich zufrieden«, sagt Ziegler barsch und kehrt sein Gesicht der Wand zu. »Ich werd' doch wohl mal krank sein dürfen.«

Edith berührt ihren Vater an der Schulter. »So krank bist du nicht, Vati«, sagt sie streng, »daß du heute nicht an der Sitzung teilnehmen könntest.«

»Du mußt es ja wissen«, schnauzt Ziegler sie an, ohne sich umzuwenden. Mein Gott, wie spreche ich mit ihr, ich weiß doch ganz genau, daß sie recht hat.

»Du weißt ganz genau, daß es auf deine Stimme ankommt«, fährt Edith unbeirrt fort. »Wenn du wirklich nicht kommst, das ist einfach verantwortungslos.« Sie rüttelt ihren Vater an der Schulter. »Verantwortungslos!«

Ziegler wendet sich halb zu seiner Tochter. »Was fällt dir ein, du dummes Ding!« schimpft er. Nein, das hätte ich nicht sagen sollen, das zerstört doch einen guten Teil der Saat, die schon aufgegangen ist.

Edith schluckt heftig. »Ich bin nicht gewöhnt, daß du so mit mir sprichst«, sagt sie, ihre Wangenmuskeln zittern, um den Mund zuckt es. »Ich rede jetzt nicht als Tochter zu dir, sondern als Genossin. Und ich verlange von dir, daß du deine Pflicht tust, Genosse Ziegler.«

Ziegler möchte aufspringen, aber er weiß nicht, ob er sie voll Stolz umarmen oder ob er sie warnen soll, warnen vor den Früchten, die seine eigene Saat zu tragen beginnt, warnen davor, mit wegwerfender Handbewegung und überheblicher Miene die berechtigten Beschwerden und Klagen der Bevölkerung abzutun und unbedingt die Partei der Russen zu nehmen. Wie argumentierte Steinle? 's ist eben Krieg, und im Krieg passieren eben solche Sachen! Das sind Pannen, lieber Mann, da kann man nichts machen. Wenn die zwölfjährige Tochter des Rendanten Köppe von einer Horde Soldaten überfallen und reihum vergewaltigt wird, das ist 'ne Panne, und wenn Soldaten sich auf die Frauen im Kreißsaal des Krankenhauses stürzen, dann ist das eben Krieg, und wenn die Leute im Wald bis aufs Hemd ausgeraubt werden, da kann man halt nichts machen. Und wenn der Rektor Neumann auf der Stelle erschossen wurde, weil er in seinem Bücherschrank einen alten Kavalleriesäbel aufbewahrte, dann hat er eben Pech gehabt. So einfach ist das! Das ist eben Krieg? Führen die ruhmreichen Helden eines sozialistischen Landes auf diese Weise Krieg? Sie verteidigen doch angeblich nur ihr Vaterland, sie tragen den Sozialismus im Tornister, um ihre Feinde zu bekehren, zu überzeugen, zu beglücken, so heißt es.

Da Ziegler nicht sofort antwortet, wiederholt Edith ihre Forderung. »Ich verlange von dir, daß du deine Pflicht tust!« sagt sie mit Nachdruck und Ernst.

Ziegler bezwingt sich, er gewinnt es sogar über sich, seine Tochter anzuherrschen: »Mach dich nicht lächerlich, Edith. Du, ausgerechnet du willst mir beibringen, was Pflicht ist?«

»Ja, ich«, sagt Edith und sieht ihn durchdringend an. »Und von wem habe ich es denn gelernt? Von dir! Und jetzt verrätst du deine eigenen Grundsätze, nennst mich dummes Ding und sagst, ich soll mich nicht lächerlich machen. Weil ich noch nicht in der Partei bin? Weil ich erst zwanzig Jahre alt bin? Manche sind über sechzig Jahre alt und seit achtzehn Jahren in der Partei, und doch sind sie ... Ich will nicht sagen, was Andrikeit ist, aber ein guter Genosse ist er bestimmt nicht, von dem kann ich nichts lernen, jedenfalls nichts

Gutes. Aber von dir habe ich viel gelernt, Vati, du warst mir immer ein Vorbild, und jetzt . . . Ich weiß nicht, was mit dir ist, in der letzten Zeit bist du so seltsam.«

»Gar nicht bin ich seltsam!« bricht es aus Ziegler heraus. »Und ich will dir auch sagen, was meine Pflicht wäre, unter anderem. Ich müßte laut und zornig protestieren dagegen, daß unsere Frauen die deutschen Gefallenen bestatten müssen und ihnen nicht einmal die Erkennungsmarken oder die Soldbücher abnehmen dürfen und daß die Gräber sofort eingeebnet werden müssen und auch sonst nicht kenntlich gemacht werden dürfen. Dagegen meine Stimme zu erheben, das ist meine Pflicht!«

Edith hebt die Schultern. »Im Krieg passieren eben solche Pannen, das ist nun mal so«, sagt sie belehrend.

»Pannen sind das!« sagt Ziegler wütend. »Pannen! Und wenn dich einer vergewaltigt und dir eine ekelhafte Krankheit anhext, dann ist das auch eine Panne, wie? Hast du schon mal eine der Frauen gesehen, die das über sich hat ergehen lassen müssen, solch eine, schönes Wort, solch eine Panne, viele solcher Pannen? Wenn ein Toter gehen könnte, so würde er gehen, mechanisch, wie ein Automat, mit erstorbenem Blick, mit ertaubtem Gehör, mit eingefrorenem Geist, ohne Reflex in seinen Augen.«

Edith geht auf seine Worte nicht ein, sie blickt ihn nur nachsichtig an und sagt: »Du bist in der letzten Zeit so seltsam, Vati. Vielleicht bist du wirklich krank. Aber du solltest trotzdem . . . «

»Nein«, sagt Ziegler, »nein, nein, nein.« Er hustet ein paarmal und richtet sich mit Stöhnen und Ächzen auf. »Es wird schon einmal ohne mich gehen«, sagt er und ist bemüht, seiner Stimme einen kläglichen Ton zu verleihen.

Edith dreht sich brüsk um. »So entschuldigen sich die Spießbürger«, sagt sie mit Verachtung. »Nun gut, ich werde es Alfons Steinle ausrichten.« Dann geht sie aus dem Zimmer.

Ziegler sinkt auf die Couch zurück. Verflucht noch mal! Wie komme ich aus dieser Sackgasse heraus?

2.

Idealismus und Geschäftssinn ergänzen einander ausgezeichnet

»Mit dem Arbeitsamt habt ihr mir was Schönes aufgepackt«, schimpft Fechmann. »Ärger, nichts als Ärger hat man. Gestern zum Beispiel waren hundertfünfzig Leute bestellt, um die Schienen und das Kleineisenzeug zwischen Lindenthal und Grünau zu verladen. Und wieviel Mann sind um sieben Uhr angetreten? Ganze dreiundsechzig, nicht mal die Hälfte. Und dann wundern sich die Leute, wenn der Kommandant Patrouillen herumschickt und jeden arbeitsfähigen Mann einfach auf die Strecke mitnehmen läßt.« Fechmann brennt sich mit fahrigen Bewegungen eine Zigarette an und zieht den Rauch tief ein. »Wißt ihr, was ein Sergeant heute früh gesagt hat? Damals, als im Köckeritzer Wald Holz zu holen war, da habt ihr wie die Verrückten gearbeitet, da war keiner zu alt oder zu jung oder nicht kräftig oder nicht gesund genug. Aber jetzt, wo ihr mal was tun sollt, um von eurer Schuld ein bißchen gutzumachen, da könnt ihr nicht. So ungefähr hat der geredet. Und ich muß sagen, er hat ja recht. Aber auf wem bleibt es sitzen? Auf mir. Was Schönes habt ihr mir da aufgepackt.«

Das ist gerade der richtige Posten für dich, mein Junge, denkt Mühlbauer, verbrenn dir ruhig die Pfoten und die Schnauze, halt deinen Kopf hin, was Besseres kann uns gar nicht passieren. Aber er sagt nichts, er hat beschlossen, die anderen reden zu lassen und seine Stimme erst dann zu erheben, wenn das Feuerchen am Erlöschen ist und geschürt werden muß.

Weidinger streicht sich die dunklen Locken zurück. »Wir machen die ganze Arbeit und schinden uns, während die andern auf Hamsterfahrt gehen oder irgendwelche Geschäfte machen. Wir laden den Zorn der Bevölkerung auf uns. Und warum und wofür? Aus reinem Idealismus!«

»Ich würd' auch gern was anderes machen als den Polizeichef spielen«, sagt Burmester. »Aber wir sind nun mal eingestiegen . . . «

»Was mich am meisten ärgert«, sagt Weidinger, »daß man uns das nicht gönnt, wenn wir mal 'n bißchen Butter oder 'nen Sack Kartoffeln oder sonst was extra kriegen.«

Der hat doch bisher am besten abgeschnitten, denkt Mühlbauer. Der hat sich ein hübsches Haus zugelegt, von mir hat er 'ne runde

Provision eingesteckt, der macht Geschäfte nach allen Seiten. Er mustert den kleinen Weidinger mit wohlgefälligen Blicken. Wenn er mich auch ganz schön in der Zange gehabt hat mit dem Beelitzer Warenlager, der Junge ist tüchtig, den will ich mir warmhalten.

»Und was das Schlimmste ist«, sagt Fechmann und fährt mit den Armen durch die Luft, als wollte er zwei clinchende Boxer auseinanderbringen, »man gönnt uns die bescheidenen Sondervergünstigungen nicht mal hier unter unseren eigenen Kollegen. Ich will nichts gegen deine Frau sagen, Willi, aber sie übertreibt in einer Weise, das ist schon nicht mehr normal.«

Burmester zuckt mit den Schultern. »Mit ihr ist nicht zu reden. Dabei hat sie es nötiger als jeder andere.«

Weidinger lehnt sich zurück und schlägt die Beine übereinander. »Was ich tue, kann ich auch vor mir verantworten«, sagt er und fährt mit den Fingern an seinen Bügelfalten entlang. »Was die andern da machen, hat nichts mehr mit Vernunft zu tun. Was meinen Sie denn dazu, Herr Mühlbauer? Sie haben noch gar nichts gesagt?«

Wenn er so direkt angesprochen wird, kann er nicht länger schweigen. »Tja, meine Herren, was soll ich dazu schon sagen?« sagt er gedehnt und nimmt die Zigarre aus dem Munde. »Das sind politische Fanatiker, da kommt mein gesunder Menschenverstand nicht mit. Jeder Arbeiter ist seines Lohnes wert, heißt es, das bestreiten ja auch die Sozialisten wohl nicht. Merkwürdig ist nur, daß sie es jetzt nicht gelten lassen wollen, ich komme da einfach nicht mit. Ich bin ein einfacher Kaufmann und sage mir: Für nichts ist nichts. Es kann sein, daß Sie mich für furchtbar primitiv halten . . .«

Er spricht den Satz nicht zu Ende und blickt von einem zum anderen. Wie sie nicken und strahlen, nur der Burmester ist gedrückt, aber bei dem ist es ja kein Wunder, bei *der* Frau.

Weidinger nimmt Mühlbauers Worte sofort auf. »Sehr richtig, für nichts ist nichts, das ist ein vernünftiger Standpunkt, der immer seine Gültigkeit hat, auch in der Politik und bei der Arbeit, die wir leisten. Und da wir keine Beamten sind und wohl auch nicht werden wollen, das heißt, auf Pensionsberechtigung und so verzichten, da ist es unser gutes Recht, für *die* Zeit vorzusorgen, wenn unsere Tätigkeit hier einmal beendet ist.« An dem Jungen ist ein Winkeladvokat verloren gegangen, denkt Mühlbauer. »Ich kann es Ihnen nicht verdenken, meine Herren«, sagt er langsam. »Ich habe mein Geschäft und für meine alten Tage ein bißchen hinübergerettet, aber Sie tun ganz recht daran, an die Zukunft, an *Ihre* Zukunft zu denken.«

Klar, daß jeder von den Brüdern etwas vorbereitet, aus dem Chaos die besten Brocken herauszufischen versucht, die allgemeine Unsicherheit, die Gesetzesunklarheit des Interregnums, die einmalige Gunst der Stunde nutzt. Fechmann hat, nachdem es mit dem Kranewitzschen Farbengeschäft nicht geklappt hat, seine dreckigen Hände in den Elysium-Lichtspielen drin, gar nicht dumm übrigens, denn das ist ein erstklassiges Objekt, mit sechshundert Plätzen, das einzige Kino in Lindenthal. Er hatte nur Pech, daß die Stadt schon mit einem gewissen Jungnickel einen Pachtvertrag abgeschlossen hatte. Mühlbauer weiß noch genau, wie dieser Bengel, der Fechmann, hochfuhr, als wir die Sache im Magistrat berieten und dem Pachtvertrag zustimmten. Ganz bleich ist er geworden und konnte vor Unruhe nicht auf seinem Stühlchen sitzenbleiben, er ist ans Fenster getreten und hat gegen die Scheiben getrommelt. Daß ich darauf nicht gekommen bin, wird er wohl gedacht haben. Und nachher hat er mich gefragt, was für ein Mensch dieser Jungnickel eigentlich sei. Ich weiß genau, was der gewollt hat: er hat nach Anhaltspunkten für eine Denunziation gesucht. Aber ich hab' ihm nichts sagen können, erstens kenn' ich den Jungnickel nur ganz flüchtig, der wohnt am andern Ende der Stadt, und zweitens werd' ich mich schön hüten, von jemand zu behaupten, er sei ein Nazi gewesen. Aber die Sache mit den Elysium-Lichtspielen ist dem Fechmann wohl nicht aus dem Kopf gegangen, er hat solange gegen den Pachtvertrag mit einem Bürgerlichen gemosert, bis es ihm geglückt ist, sich noch mit reinzudrängeln, aus ideologischen Gründen natürlich.

»Ja, und deshalb bin ich der Meinung«, nimmt Weidinger wieder das Wort, »daß wir die begonnene Aufbauarbeit nicht durch Störungsversuche gefährden lassen dürfen. Von gewisser Seite wird versucht, gegen unseren verehrten Herrn Bürgermeister zu wühlen, das dürfen wir auf keinen Fall zulassen.«

Unseren verehrten Herrn Bürgermeister, denkt Mühlbauer amüsiert. Der Weidinger soll sich nur nicht die Kiefer ausrenken. Andrikeit ist doch ein Idiot, aber einer, der gut zu gebrauchen ist, weil er von einer unersättlichen Besitzgier ergriffen ist und vor allem, weil es ihm gefällt, hinterm Schreibtisch zu sitzen, Auto zu fahren und die Rücken sich beugen zu sehen. Der hat wahrscheinlich in seinem ganzen Leben nie was besessen und wohl kaum mehr als »Hüh« und »Hott« zu sagen gehabt. Jetzt will er alles nachholen und denkt, daß das immer so weitergehen wird. Ah, und jetzt spricht der Herr Polizeichef.

»Kommen wir zur Tagesordnung«, sagt Burmester ein wenig ungeduldig. »Steinle wird heute versuchen, so eine Art Mißtrauensantrag gegen den Bürgermeister einzubringen, und zwar möchte er ihn über die Genehmigung des Verkaufs des städtischen Fuhrparks an unseren Kollegen Weidinger stolpern lassen. Ich hoffe, wir vier sind uns einig, daß Andrikeit Bürgermeister bleiben muß, mag auch seine Amtsführung da und dort nicht fehlerfrei gewesen sein, schließlich ist er ja auch nur ein Mensch. Und vor allem dürfen wir die Rückwirkung auf die Bevölkerung nicht vergessen. Wir wollen doch in der Öffentlichkeit keine schmutzige Wäsche waschen.«

Mühlbauer hält für einen Augenblick den Atem an. Donnerwetter, dieser Weidinger ist ein ganz gerissener Hund. Will den Fuhrpark kaufen, natürlich zu genehmigten Preisen. Das ist vielleicht ein Geschäft! Die Wagen sind zwar nicht erstklassig, der Büssing ist mindestens fünfzehn Jahre alt und der Vomag so an die acht Jahre, aber mit einer Spedition lassen sich heutzutage große Geschäfte machen.

»Sie wissen ja«, sagt Weidinger bescheiden und zurückhaltend, »daß der Fuhrpark für die Stadt nicht rentabel ist. Deshalb habe ich mich entschlossen, ihn zu übernehmen. Es ist allemal besser, das Risiko wird von einem Privatmann getragen, als daß die Stadt mit ihm belastet wird.« Hat der Bruder schon so viel zusammengeschoben, daß er die Wagen übernehmen kann? fragt sich Mühlbauer. Der amtliche Taxpreis ist doch mindestens fünfundzwanzig bis dreißig Mille, soviel altes Geld kann der Lockenkopf doch gar nicht gehabt haben. Oder hat der Bursche irgendwo eine Leica aufgegabelt? Die Amis sollen für die Dinger ja phantastische Preise zahlen. Ich muß sagen, der Junge imponiert mir.

»Ich bin der Meinung«, nimmt Fechmann das Wort, »es geht hier gar nicht um unsern Kollegen Weidinger, es geht um die Stadt und darum, wie schon ganz richtig gesagt wurde, daß wir interne Dinge nicht in der Öffentlichkeit verhandeln wollen. Herr Mühlbauer, wie stehen Sie dazu?«

Mühlbauer nickt bedächtig und nimmt erst einen langen Zug aus seiner Zigarre. »Ich bin ganz Ihrer Ansicht«, sagt er. »Ich habe an der Amtsführung des Herrn Bürgermeisters nichts Wesentliches zu beanstanden. Darf ich mich jetzt verabschieden? Oder ist noch etwas zu besprechen?«

Burmester blickt auf Weidinger und Fechmann, dann sagt er: »Ich wüßte nicht, Herr Mühlbauer.«

»Dann sehen wir uns also in der Sitzung wieder«, sagt Mühlbauer, winkt den dreien zu und verläßt das Zimmer.

Als er durch den Flur zu seinem Büro geht, lächelt er grimmig vor sich hin. Den Lockenkopf werde ich mir nächstens mal extra vornehmen, denkt er. Wenn ich dafür stimme, daß er den Fuhrpark für ein Butterbrot kriegt, dann muß der kleine Halunke aber auch die Provision wieder rausrücken, die ich ihm für die Fahrt nach Beelitz in den Rachen geschmissen habe. Das wäre ja noch schöner! Die Provision reiß ich ihm wieder aus dem Leib, das ist mal sicher.

3.

Ziegler ist nicht zu Hause und nicht im Rathaus.
Wo ist er?

Wernicke nimmt die Brille mit rascher Bewegung ab und blickt auf Steinle. »Bist ja ordentlich schnell zurück, Alfons.«

Steinle zieht die Tür hinter sich ins Schloß. »Ich bin mit dem Rad zum Erlenholz gefahren«, sagt er.

»Na und?« drängt Wernicke. »Ist Karl wirklich so krank?«

Steinle stellt sich breitbeinig vor Wernickes Schreibtisch und steckt die Hände in die Hosentaschen. »Du wirst lachen, Gerhard, aber Karl ist gar nicht zu Hause.«

»Was?« ruft Wernicke überrascht. »Hat uns Edith etwa angeschwindelt?«

Steinle zieht rasch die Hände aus den Hosentaschen und fuchtelt abwehrend in der Luft herum. »Nee, nee, Gerhard, so ist das nun auch wieder nicht. Edith hat schon die Wahrheit gesagt, aber anscheinend hat Karl die Edith angeschwindelt. Ich hab' mit Karls Mutter gesprochen, und die hat mir gesagt, daß Karl sich heute nicht wohl gefühlt hat, aber so gegen zehn, halb elf ist er dann doch weggegangen. Sie nahm an, er sei zum Dienst gegangen.«

Wernicke blickt auf die Uhr. »Zehn vor zwölf«, stellt er sachlich fest. »Er müßte längst hier sein.«

Steinle setzt sich auf den Schreibtisch und läßt den rechten Fuß hin und her schwingen. »Er ist aber nicht hier, weder im Wohnungsamt noch sonstwo.«

Wernicke blickt starr vor sich hin und blinzelt unruhig. »Vielleicht ist er in irgendeiner Wohnungssache unterwegs.«

»Unwahrscheinlich«, sagt Steinle, »der olle Schadow weiß von nichts. Aber wir können Edith ja nochmal fragen. Ruf doch mal rauf, Gerhard. Oder laß sie besser runterkommen. Dem Lieschen in der Telefonzentrale trau' ich nicht recht.«

Steinle ist grundsätzlich mißtrauisch gegen jeden, der kein Proletarier ist, obwohl doch seine geistigen Stammväter allesamt Bürgerliche waren, wenn es nach ihm ginge, müßten wir vielleicht sofort einen Proletariernachweis einführen. Wernicke lächelt verstohlen, nickt Steinle zu und telefoniert kurz, dann sagt er bekümmert: »Ich habe schon lange das Gefühl, daß mit Karl etwas nicht in Ordnung ist. Hab' ich dir von der Sache erzählt, die Mausolf berichtet hat?«

Steinle nickt. »Ja, ich entsinne mich. Was ist denn daraus geworden?«

Wernicke blickt rasch auf. »Das weiß ich doch nicht, Alfons. Ich nahm an . . . «

Steinle zischt durch die Zähne und gluckert ein böses Lachen aus sich heraus. »Ich nahm auch an . . . Ich hab' die Sache über andern Angelegenheiten total vergessen. Also nichts ist geschehen, es sei denn, daß Mausolf nachgestoßen hat, der ist ja 'ne alte Wühlmaus. Da ist ja unser Herzblatt! Komm rein, Edithchen.«

Edith Ziegler ist in Wernickes Büro eingetreten. »Ihr wolltet mich sprechen?«

Steinle mustert sie mit wohlgefälligen Blicken und schmatzt ein paarmal. »Wie du aussiehst, Mädelchen, einfach süß. Wenn ich so an die zehn Jahre jünger wär' und vor allen Dingen nicht so 'n Hundskopf hätte, ich würd' dich vom Fleck weg heiraten.«

Edith lächelt durch den tiefen, schmerzlichen Ernst, der über ihr Gesicht gebreitet ist, hindurch und sagt: »Schönen Dank fürs Kompliment. Hast du mich gerufen, um mir das zu sagen?«

»Ja, ja, ja«, sagt Steinle und wirft ihr einen Luftkuß zu. »Hast du eigentlich schon 'nen Freund, Edithchen? An dir kann doch kein Mann vorübergehen, ohne . . . Na, da hätt' ich ja beinah wieder was gesagt!«

Wernicke hat die Fingernägel ungeduldig an den Handflächen gerieben und blickt Steinle strafend an. Daß der seine frivolen Späße und dummen Redensarten nicht lassen kann. »Alfons kann nun mal nicht anders«, entschuldigt er sich für Steinle. »Wir wollten Sie noch etwas fragen, Edith. Hat Ihr Vater heute früh irgendeine Andeutung gemacht, daß er etwas Wichtiges zu erledigen hätte, eine Wohnungssache oder so etwas ähnliches?«

Edith schüttelt den Kopf. »Nein«, antwortet sie, »er sagte nur, er sei krank und ich sollte Alfons Steinle Bescheid sagen. Von einer Wohnungssache hat er nichts gesagt. Weshalb fragen Sie?«

»Ja, sehen Sie«, sagt Wernicke zögernd und blickt an Edith vorbei, »wir haben doch jetzt gleich eine wichtige Sitzung, bei der Ihr Vater nicht fehlen darf, und da ... Also Alfons war eben bei Ihnen zu Hause ... «

»Und? Und? Was ist denn?« fragt Edith erschrocken. »Ist Vati etwas zugestoßen?«

Steinle tätschelt Ediths Wangen. »Reg dich nicht gleich auf, meine Süße«, sagt er begütigend. »Aber dein Papa war gar nicht zu Hause.«

»Was?« ruft Edith erregt und beruhigt sich sogleich wieder. »Vielleicht geht es ihm besser, und er ist auf dem Weg hierher. Hast du mit meiner Großmutter gesprochen?«

Steinle nickt. »Ja, das hab' ich, Edithchen. Und Oma sagt, er sei so vor ungefähr anderthalb Stunden fortgegangen.«

Edith erblaßt und stützt sich auf einen Stuhl. »Was hat das zu bedeuten?«

Steinle blinzelt Wernicke zu. »Zerbrich dir nicht den Kopf, Mädelchen«, sagt er. »Er wird schon wissen, was er tut. Da müssen wir in der Sitzung eben ohne deinen Vater auskommen. Geh nur ruhig wieder nach oben.«

»Nein«, sagt Edith fest, »ich will wissen, was los ist, ich bin kein Kind. Meinst du, ich habe nicht gesehen, wie du Gerhard Wernicke eben zugeblinzelt hast?«

»Wir wissen doch selbst nicht, was los ist«, sagt Wernicke nervös. »Bitte lassen Sie uns jetzt allein. Oder wissen Sie noch etwas von Wichtigkeit?«

»Ich weiß nur, daß Vati in der letzten Zeit so merkwürdig war«, antwortet Edith. »Er war so gereizt, er schnauzte über jede Kleinigkeit, über die er sonst mit Humor hinweggegangen ist, er behandelt die Oma und mich wie ...« Sie schließt die Augen, doch die Tränen drängen sich unter den Lidern hervor. »Es war manchmal einfach nicht mehr auszuhalten mit ihm.«

Steinle zieht sie dicht zu sich heran und streicht ihr über das Haar. »Edithchen, mein Goldkind, es wird schon alles wieder in die Reihe kommen, dein Vater ist doch 'n alter Kumpel. Aber auch die alten Kumpels haben ihre gefährlichen Jahre, und da müssen die anderen eben ein bißchen mit aufpassen. Und das werden wir tun, nicht wahr, Gerhard?«

»Selbstverständlich«, antwortet Wernicke. »Hier muß man überhaupt aufpassen. Am meisten auf sich selbst. Auf Wiedersehen, Edith!«

Edith senkt den Kopf, dann geht sie ohne Gruß aus dem Zimmer.

»Ich kann dir gar nicht sagen, wie leid mir das Mädel tut«, sagt Steinle und legt eine Pause ein, dann fragt er: »Was hältst du von der Sache, Gerhard? Bist du nicht auch der Meinung, daß Karl sich drücken will?«

»Fragt sich nur wovor«, erwidert Wernicke. Und weshalb bin ich noch hier? fragt er sich selber. Weil ich glaube, da und dort noch in die Speichen greifen zu können, um die Fahrt aufhalten oder wenigstens verlangsamen zu können. Vermute, daß Ziegler aufgegeben hat und die Karre einfach laufen läßt, er kennt ja seine Genossen besser als ich ...

Steinle reagiert nicht auf Wernickes Einwurf. »Hat wohl wenig Sinn, Vermutungen darüber anzustellen, was ihn aus der Bahn geworfen hat, Tatsache ist jedenfalls, daß wir in der Sitzung nicht mit ihm rechnen können ...«

»Wir müssen versuchen, eine Vertagung zu erreichen.«

»Versuchen können wir es, aber so schlau sind Burmester und sein Anhang auch, daß sie die Gunst des Augenblicks rücksichtslos nutzen werden.«

Beide schweigen. Wernicke malt mit dem Bleistift die leeren Räume der Buchstaben eines Formulars aus, Steinle beobachtet die Frauen, die in der Stadtgärtnerei Bohnenstangen aufstellen. »Tja«, bricht Wernicke nach einer Weile los, »da stehen wir machtlos da!«

»Das meinst du doch nicht im Ernst!« belfert Steinle und wendet sich Wernicke zu. »Wir sind mit den Faschisten fertiggeworden, da werden wir doch wohl auch die Opportunisten in unsren eignen Reihen schaffen.«

Die Opportunisten waren doch stets eure zuverlässigste Stütze, denkt Wernicke, wer die Befehle aus Moskau am striktesten ausführte, der war auch der beste Genosse. »Ich mach' mir Sorgen um Karl.«

Steinle winkt ab. »Es geht hier nicht um Karl ...«, beginnt er und hält sogleich wieder inne, als die Tür geht.

Marta Burmester betritt das Büro. »Ist wohl soweit«, sagt sie. »Irgend etwas von Ziegler gehört?«

»Nein, Marta«, antwortet Steinle, »am Erlenholz nichts Neues.«

»Aber ich weiß etwas Neues«, sagt Marta Burmester, ihre dunklen Augen leuchten auf. »Resi kommt in den nächsten Tagen.«

»Da wird sich der Genosse Schwiegersohn ja mächtig freuen«, sagt Steinle.

»Das ist noch nicht sicher«, entgegnet Marta Burmester. »Die beiden haben sich auseinandergelebt, bevor sie eigentlich zueinander gefunden hatten, aber ich habe noch einen anderen Grund, weshalb ich euch das erzähle, ihr wißt ja, daß ich private Dinge für mich abmache.«

»Siehst du, eben das ist falsch«, sagt Wernicke belehrend. »Der Mensch, auch der politische Mensch, ist eine Einheit, die privaten und die politischen Dinge durchdringen einander, man kann sie nicht trennen. Und das ist dein Fehler, Marta.«

Marta Burmester hat ungeduldig zugehört. »Jaa«, sagt sie und zieht die Augenbrauen unwillig zusammen. »Ich hab' euch das nur erzählt, weil Resi jemanden mitbringt, der Andrikeit von früher her kennt.«

Steinle schlägt auf den Tisch. »Das ist interessant, darauf hab' ich schon lange gewartet. Immer, wenn ich den Alten gefragt hab', mit wem er denn früher zusammengearbeitet hat, hat er Namen genannt, mitunter sogar solche, die mir bekannt waren, und dann stets hinzugefügt: ›Der ist aber schon tot‹ oder ›Der ist im KZ umgekommen‹ oder ›Der ist verschollen‹. Er hat nicht einen einzigen Genossen vorweisen können, dessen Adresse er weiß.«

»Du mußt aber auch zugeben«, wendet Wernicke ein, »daß es unter den heutigen Verhältnissen sehr schwierig ist.«

»Gebe ich ohne weiteres zu«, fällt Steinle ihm ins Wort, »aber merkwürdig ist es doch. Wir alle haben doch Genossen, die uns von früher her kennen und identifizieren können, nur er nicht.«

»In ein paar Tagen werden wir Klarheit haben«, sagt Marta Burmester. »Solange wirst du es doch wohl noch aushalten können, Alfons.«

»Ich werd' mir Mühe geben«, sagt Steinle. »Ich möchte der Fliessern doch gern beweisen, daß sie unrecht hat.«

»Was ist mir Frau Dr. Fliesser?« fragen Marta Burmester und Wernicke gleichzeitig.

»Seid unbesorgt, die Frau ist in Ordnung«, sagt Steinle und entblößt lächelnd sein gewaltiges Gebiß. »Die Fliessern war vor ein paar Tagen bei mir, und da hat sie mir so 'n hübschen Vers vom ollen Goethe gesagt. Ich komm jetzt nicht drauf, aber es war ungefähr so: Wir haben geglaubt, 'ne Puppe in der Hand zu haben und mit ihr zu spielen, aber jetzt hat die Puppe sich selbständig gemacht und macht, was *sie* will. Das kommt bei Alfons Steinle ja nun gar nicht in Frage. Wenn ich 'nen Fehler gemacht hab', dann hab' ich nicht eher Ruhe, bis ich mir selber in 'n Hintern getreten habe.«

Wernicke schüttelt mißbilligend den Kopf und steht auf. »Ich glaube, es ist Zeit zu gehen.«

4.

Rauer erinnert sich, und Andrikeit hat nichts vergessen

Ich danke Ihnen sehr, Herr Rauer«, sagt Bernstein und steht auf. Er zögert eine Sekunde, dann streckt er die Hand über den Schreibtisch hin.

Rauer hat sich gleichfalls erhoben, er nimmt Bernsteins Hand und drückt sie kräftig. »Nichts zu danken, Herr Bernstein«, sagt er freundlich und begleitet Bernstein zur Tür. »Sie können sich darauf verlassen«, setzt er noch hinzu, »daß von unserer Seite alles getan wird, um Ihnen zu Ihrem Recht zu verhelfen. Sie müssen sich nur gedulden, bis eine allgemeine Regelung erfolgt.«

Bernstein hebt leicht die Schultern, es ist eine resignierte Bewegung. »Na ja«, sagt er, »bleibt wohl nichts anderes übrig.«

»Wie gesagt, wenn der jetzige Eigentümer Ihres väterlichen Geschäfts ein Nazi wäre, würde uns die Sache halb so viel Kopfschmerzen machen«, sagt Rauer. »Aber so ... «

Bernstein nickt Rauer noch einmal zu, dann schließt er die Tür hinter sich.

Ob der jetzt jeden haßt, der »arisch« ist? Vielleicht haßt er nicht gerade, aber er ist mißtrauisch, und ich kann's ihm nicht verdenken. Und daß er mir nur zögernd die Hand gab? Das hat wohl nichts mit Haß oder Mißtrauen zu tun. Mensch, der ist das nicht gewöhnt, dem sitzt die Behördenangst noch wie eine Zwangsjacke, der kann es noch gar nicht recht fassen, daß er, der Jude, wie jeder andere zu einer Behörde gehen und sein Anliegen vorbringen kann, ohne als erstes seine Kennkarte mit dem gelben »J« vorweisen zu müssen.

Und jäh steigt in Rauer eine Erinnerung auf an ein Erlebnis, das etwa drei Jahre zurückliegt. Es war in einem Rechnungsbüro der Bewag in der Kopenhagener Straße. Rauer hatte dort etwas zu erledigen. Er trat in das Büro, das durch eine Barriere geteilt war. Hinter der Barriere saßen die Angestellten und schrieben oder rechneten, vor oder richtiger an der Barriere lehnten ein paar Leute und warteten auf Abfertigung. Nur ein älterer Mann stand abseits, dicht an der Wand, und hielt ein paar Papiere in der Hand. In seiner Haltung drückten sich Demut und Ergebenheit, in seinem Gesicht Unterwürfigkeit und unendliche Geduld aus. Der Mann stand mit gesenktem Blick und fast unbeweglich da, nur ab und zu wechselte er das Standbein. Komischer Kauz, hatte Rauer gedacht, da im Eckchen kann er lange warten, an der Barriere ist doch genug Platz. Weshalb tritt er nicht an sie heran und macht auf sich aufmerksam?

Der Mann in seiner vermeintlichen Bescheidenheit oder gar Beschränktheit tat ihm leid, deshalb tippte Rauer ihm auf die Schulter und wollte ihm etwas sagen, aber er kam gar nicht dazu, denn der Mann zuckte erschrocken zusammen, wich einen Schritt von Rauer zurück und deutete ängstlich auf ein Schild, das an der Wand hing, dort, wo die Barriere in die Wand eingelassen war. Und dort las Rauer ...

Rauer bleibt mitten im Zimmer stehen und krampft die Hände zusammen, so sehr fällt ihn die beklemmende Erinnerung noch heute an. Er hatte selbstverständlich schon oft gelesen, und es hatte ihm zuerst stets einen Stich gegeben, bis es als etwas Gewohntes empfunden worden war: »Juden haben keinen Zutritt« und »Für Juden verboten«. Er hatte gewußt, daß Juden Theater, Kinos, Restaurants nicht besuchen, Eisenbahn, Straßenbahn und Untergrundbahn nur mit besonderer Genehmigung benutzen, sich nicht auf Parkbänke setzen, daß sie sich sogar der Rolltreppen und der Fahrkartenautomaten nicht bedienen durften, aber *das* hier, im Rechnungsbüro der Bewag, *das* hatte die Hornhaut der Gewohnheit aufgerissen, denn auf dem Schild stand: »Juden dürfen sich der Barriere nicht mehr als drei Schritte nähern.«

Da erst sah Rauer sich den Mann näher an und entdeckte auf dessen linker Brustseite einen gelben Stern. Rauer wollte dem Mann noch ein Wort des Bedauerns sagen, aber da hatte dieser schon geflüstert: »Sie machen sich nur Unannehmlichkeiten, mein Herr.« Im gleichen Augenblick brüllte bereits einer der Angestellten: »Juden haben das Maul zu halten, sonst ... « Er sprach die Drohung nicht aus, aber alle Greuel des dritten Reiches, Prügel und Stacheldraht und Abtransport waren in dieser Drohung. Rauer wollte zuerst aufbegehren und den fiesen Kerl mit dem Himbeerbonbon über die Schandschnauze fahren, doch er hielt sich nach einem Blick in die vor Entsetzen geweiteten Augen des Juden zurück, weil er im gleichen Augenblick begriff, daß er nicht nur sich selbst, sondern vor allem den Juden in Gefahr gebracht hätte.

Rauer setzt sich wieder an den Schreibtisch und blickt auf den Stuhl, auf dem Bernstein eben noch gesessen hat. Er war mit einer linkischen Verbeugung eingetreten und hatte steif auf dem Stuhl gesessen. Er war zwar ein wenig lebhafter geworden, als er Rauers Anteilnahme spürte, doch blieb er bis zuletzt zurückhaltend und förmlich. Hinter dieser Zurückhaltung, das hat Rauer deutlich gespürt, haben sich nichts als Unsicherheit und Scheu verborgen. Wie gut Rauer den Mann versteht. Dem muß zumute sein wie einem, der zum ersten Mal an einem Fußballspiel teilnimmt, ohne die Regeln zu kennen, und verwundert feststellt, daß der Schiedsrichter ihn nicht als Anfänger, sondern als gleichberechtigten Spieler behandelt.

Dem Bernstein kann nicht geholfen werden, denkt Rauer wütend, als er auf das Schriftstück vor sich blickt, Mühlbauer, der alte Fuchs, hat sich unangreifbar gemacht, aber dem Weidinger wird ein fetter Brocken zugeschoben. Rauer überliest das Sachverständigen-Gutachten, dreieinhalb Seiten, mit der Maschine engzeilig beschrieben, hat Herr Dipl.-Ing. Grassow gebraucht, um den »amtlichen Taxwert« zu ermitteln. Rauer rechnet noch einmal zusammen. Der Vomag mit Anhänger 4800 Mark, der Büssing mit Anhänger 5750 Mark, der Henschel mit Anhänger 6800 Mark und der chevrolet-Lieferwagen 3000 Mark, das macht zusammen 20350 Mark. Das ist viel Geld und ist es wiederum nicht. Viel Geld, wenn man das Gehalt eines Durchschnittsmenschen danebensetzt, und wenig, sehr wenig sogar, wenn man Schwarzmarktpreise zum Vergleich heranzieht: ein Pfund Butter 400 Mark, ein Brot 60 Mark, eine Zigarette 6 Mark. Woher hat dieser Weidinger so viel Geld?

Rauer lacht sich selbst aus. Hat der Herr Weidinger, der Ingenieur Weidinger, wie er sich gern nennt, nicht ein schönes Haus mit einer schönen Einrichtung, mit allem Drum und Dran übernommen? Wenn er nur ein paar gute Stücke verkauft, Porzellan oder Kleidung oder einen Teppich, dann hat er schon das Geld beisammen, das er für den Ankauf der Autos braucht. Der Platz am früheren Reichstag in Berlin ist ein einziger großer Schwarzmarkt. Dort kann man alles kaufen und verkaufen, dort findet sich für alles ein Käufer, der sich sofort oder nur wenig später in einen Wiederverkäufer verwandelt. Der Herr Weidinger ist mit dem Chevrolet-Lieferwagen schon ein paarmal in Berlin gewesen. Und ist er nicht auch schon ein paarmal im Spreewald gewesen? Gewiß, er hat Lebensmittel für die Stadt herangeschafft, aber sicher hat er auch für sich allerlei organisiert. Wer kontrolliert ihn denn schon, ob er nicht einen Teil des Holzes dazu benutzt, um für sich ganz privat Lebensmittel einzutauschen?

Rauer schiebt die Papiere angeekelt beiseite. Daß es doch immer Leute gibt, die von Leichen dick und fett werden! Soll das denn nie anders werden? Soll das immer so weitergehen? Kriegsgewinnler und Inflationsgewinnler, Arisierungsgewinnler, Rüstungsgewinnler und wieder Kriegsgewinnler, und jetzt was für Gewinnler? Zusammenbruchsgewinnler? Ich werde dagegen stimmen, ich bin nicht dafür, daß die Stadt den Fuhrpark aufgibt, und wenn sie es schon tut, weil der Fuhrpark in städtischer Regie unrentabel sein soll (das ist eine Behauptung, die noch gar nicht bewiesen ist), dann soll er nicht so einem Burschen wie diesem Weidinger, dem es im dritten Reich glänzend gegangen ist, sondern Leuten übergeben werden wie Bernstein oder Rosenthal, an denen so viel gutzumachen ist. Das ist übrigens eine gute Idee, er wird sie nachher vorbringen.

Zu dumm, daß Ziegler gerade heute krank ist, auf seine Stimme kann es ankommen. Hoffentlich ist er nicht ernstlich krank. Edith ist sehr gedrückt. Er hat ihr angesehen, wie mühsam sie die Tränen zurückgehalten hat, und er weiß auch, wie oft sie hinausgelaufen ist, wohl weil es ihr nicht immer gelang. Nach der letzten heftigen Auseinandersetzung mit Gerda, als sie Edith so heftig beschimpft hat, ist sein Verhältnis zu Edith äußerlich das gleiche geblieben, aber das Verlangen nach ihr ist in dem Maß stärker geworden, als er sich von Gerda entfernt hat. Rauer ist sich über seine Absichten auf Edith noch gar nicht klar, und das hat ihn Gerda gegenüber ungewöhnlich reizbar gemacht. Kleine Angewohnheiten Gerdas, die ihn bisher nur belustigten, die er belächelte und irgendwie nett, quasi als ihre persönliche Note hingenommen hat, reizen, stören ihn plötzlich, um so mehr, als Edith gerade diese Gewohnheiten nicht an sich hat. Was ihn aber am meisten stört, ist wohl, daß Gerda sich wie so viele Frauen geradezu an den häuslichen Herd klammert, wie Marta Burmester es letztens ausdrückte, daß sie jede andere Betätigung ablehnt, als ob sie unter ihrer Würde sei. »Die Frauen degradieren sich selbst zu Haustieren«, hat Marta Burmester gesagt. Rauer war zuerst empört, aber er sah bald ein, daß es zwar überscharf formuliert, im Grunde aber richtig war. Es trifft ganz und gar auf Gerda zu. Rauer hat Edith einmal gefragt, ob sie, wenn sie heiraten, ihren Beruf aufgeben würde, und Edith hatte ganz entschieden den Kopf geschüttelt. »Ich werde mich doch nicht meiner eigenen Rechte begeben«, hat sie geantwortet, und das hat Rauer sehr gefallen. Wo sie nur bleibt? Was will denn Wernicke überhaupt von ihr? Im Rathaus herrscht seit heute morgen eine Geschäftigkeit und Unruhe. Jeder weiß wohl, daß in der heutigen Magistratssitzung entscheidende Dinge vor sich gehen sollen. Da ist sie ja! Rauer springt auf und blickt Edith ins Gesicht. Sie ist blaß bis in die Lippen, sie zittert, und in ihren Augenwinkeln sitzen Tränen. »Was ist denn, Edith?« fragt er besorgt und greift nach ihrer Hand.

»Ach, Herbert«, sagt Edith nur, schluchzt, daß ihr Körper bebt, und da laufen ihr auch schon die Tränen über die Wangen.

»Was ist denn nur? Sprich doch«, drängt Rauer.

Edith macht gar keinen Versuch, die Tränen zu trocknen, sie steht ganz dicht vor Rauer und blickt ihn durch den Tränenschleier in ihren Augen an.

Rauer legt einen Arm um sie, geht mit ihr in das Zimmer hinein, blickt in ihre Augen wie in einen verheißungsvollen Zugang, und dann kann er einfach nicht anders, er zieht Edith zu sich heran, beugt sich zu ihr hinunter und küßt sie auf den Mund. Er spürt ihre zitternden Lippen, die weich und warm sind, er schmeckt ihre salzigen Tränen, fühlt ihren Körper. Für ein paar Sekunden liegt sie willenlos in seinem Arm, dann spürt er den Gegendruck ihrer Lippen, er saugt ihren heißen Atem ein, ihr Körper schmiegt sich eng an ihn, und dann legt sie die Arme fest um seinen Nacken.

Wie lange haben sie so gestanden, ohne daß sich ihre Lippen und ihre Körper voneinander zu lösen vermochten? Sie fahren auseinander, als eine Stimme loskrächzt: »Na, das ist ja lieblich.«

Rauer ist noch ganz benommen. Er starrt auf den Bürgermeister, der in der Tür steht und ihn aus seinen kleinen Augen böse anfunkelt. Er will etwas sagen, aber er weiß nicht was. Er bringt keinen Ton hervor, die Kehle ist ihm wie abgedrosselt, um seine Stirn liegt ein eiserner Kranz. Eben noch hat das Blut heiß in ihm gepulst wie noch nie in seinem Leben, jetzt scheint es stillzustehen, dickflüssig zu sein, obwohl sein Herz in gewaltigen Stößen in der viel zu engen Brust schlägt. »Komm doch mal rein, Rauer«, sagt der Bürgermeister.

Rauer wirft einen raschen Blick auf Edith. Sie ist auf einen Stuhl gesunken, hat die Arme über die Lehne gelegt und den Kopf in den Händen geborgen, ihr Körper zuckt in krampfhaften Stößen, so heftig, daß der Stuhl jedesmal fast umzufallen droht.

»Na, los 'n bißchen«, sagt der Bürgermeister. »Ich muß mit dir was besprechen.«

Rauer folgt Andrikeit zögernd. Dann steht er dem Bürgermeister gegenüber. »Ich stehe zur Verfügung«, sagt er schwer atmend.

Der Bürgermeister setzt sich nicht in seinen Schreibtischsessel, er bleibt vor Rauer stehen und blickt ihn von unten herauf wütend an. »Was hast du dir eigentlich dabei gedacht?«

Rauer bleibt die Antwort schuldig und blickt unbewegten Gesichts aus dem Fenster. Das geht den gar nichts an, denkt er, ich habe nicht nötig, dem Rechenschaft abzulegen.

»Das geht auf gar keinen Fall«, sagt Andrikeit und begleitet seine Worte mit heftigen Handbewegungen. »Das kann ich nicht dulden. In welchen Ruf kommen wir denn hier?«

Ausgerechnet der alte Halunke spielt sich hier auf, denkt Rauer, und seine Lippen krümmen sich in verhaltenem Spott. Was soll ich dem sagen? Das kann der gar nicht verstehen, so etwas hat der wahrscheinlich nie erlebt.

»Du bist doch verheiratet«, fährt Andrikeit kopfschüttelnd fort und setzt sich hinter seinen Schreibtisch. »Na ja, eins kommt zum andern.«

Was meint der damit? Eins kommt zum andern? Rauer wendet sich dem Bürgermeister zu und will eine Frage an ihn richten, als er bemerkt, daß noch jemand im Zimmer ist, ein Polizist. Ach, das ist Petereit, einer der Polizisten, den er nicht leiden kann, weil man dem die Gerissenheit und Verschlagenheit auf hundert Meilen ansieht. Die anderen Polizisten sind, was ihre äußere Erscheinung angeht, zwar nicht gerade Idealgestalten; sind sind täppisch und linkisch und tragen die graugrüne Gendarmerieuniform nicht gerade mit Vergnügen. Sie sind nicht Polizisten aus Neigung, wohl aber aus Überzeugung. Bei Petereit ist das gerade umgekehrt, dem ist die Neigung alles und die Überzeugung nichts, der ist schon vor dreiunddreißig bei der Polizei gewesen und noch lange nach dreiunddreißig, bis ihn die Nazis geschaßt haben, weil er im Suff mal einen unehrerbietigen Witz über den größten Führer aller Zeiten gemacht hat. Damit prahlt er jetzt und ernennt sich selbst zum Widerstandskämpfer gegen das dritte Reich und zum Antifaschisten. Nun ja, so etwas kommt eben auch nach oben, wenn alles umgepflügt wird, und Polizeichef Burmester hat ihn mit offenen Armen aufgenommen. Aber was hat der hier zu suchen? Er fühlt, wie sich alles in ihm spannt, auf die Lauer legt, daß Andrikeit ihn in die Enge treiben will.

»Komm doch mal her, Petereit«, sagt der Bürgermeister freundlich. »Na, ist er's?«

Petereit steht auf, tritt ein paar Schritte vor und blickt Rauer prüfend ins Gesicht. »Jawoll, Bürgermeister«, sagt er.

Was wollen die von mir? denkt Rauer. Ihm ist unbehaglich. Es ist klar, daß die beiden etwas gegen ihn ausgeheckt haben. Er durchforscht sein Gedächtnis, aber er kommt zu keinem Ergebnis. Er hat mit Petereit nie zu tun gehabt, er ist ihm – außer im Rathaus – selten begegnet. »Darf man erfahren . . .«, beginnt er.

»Gleich«, sagt der Bürgermeister, lächelt höhnisch und blickt auf den Zettel, der vor ihm liegt. »Petereit hat ausgesagt, daß du am 27. April dieses Jahres im Köckeritzer Forst Holz entwendet hast, gestapeltes Klafterholz, fis . . ., fiskalisches Eigentum. Er hat dich wiedererkannt. Nicht wahr, Petereit?«

»Jawoll, Bürgermeister«, sagt Petereit in strammer Haltung.

Soll ich das ableugnen? denkt Rauer. Hat keinen Zweck, die sind doch fest entschlossen, mich zu überführen, auch wenn ich es nicht getan hätte. Der Petereit würde, um dem Bürgermeister einen Gefallen zu tun, mich auch dann beschuldigen, wenn ich nicht dabei gewesen wäre. Die sollen mir den Buckel runterrutschen. Viel wichtiger ist, was jetzt aus Edith und mir wird. Mein Gott, in welch einer Verfassung mag sie jetzt sein?

»Nun, was hast du dazu zu sagen?« fragt Andrikeit lauernd.

Rauer gibt sich einen Ruck. »Ja«, sagt er fest, »ich habe ein paar Meterstück Holz geholt, wie alle.«

»Was alle getan haben, geht mich nichts an«, sagt Andrikeit wegwerfend. »Was *du* getan hast, ist wichtig. Du kannst gehen, Petereit.«

»Jawoll, Bürgermeister«, sagt Petereit, macht eine exakte Kehrtwendung und verläßt das Zimmer.

Eins kommt zum andern, denkt Rauer, jetzt verstehe ich. Ist ja eigentlich Unsinn, mich zu verteidigen, der nimmt mir ja doch keine Entschuldigung ab, aber er versucht es doch. »Wir wußten damals nicht, wie wir ein Mittagessen kochen sollten«, sagt er. »Ich bin total ausgebombt . . .«

»Das ist gar keine Entschuldigung«, sagt Andrikeit streng. »Ich bin auch . . .«

Er hat wohl sagen wollen: Ich bin auch total ausgebombt, aber Holz habe ich nicht geholt. Und das stimmt vielleicht sogar, aber dafür hat er die Hände nach anderen Sachen ausgestreckt. Der soll mir doch damit nicht kommen.

Andrikeit hüstelt. »Ja, und dann ist da noch was, Rauer.«

Noch was? Was grabbelt er denn jetzt raus? Ach, meine Liste aus der Hartungschen Wohnung. Und da ist ja noch eine Liste, aber die ist nicht von mir. Auf meiner Liste hat er ein Kreuz gemacht und ein Fragezeichen, auf der anderen Liste sogar zwei Kreuze. Was soll das nun wieder?

»Du hast doch vor kurzem eine Bestandsaufnahme der Hartungschen Wohnung gemacht«, beginnt der Bürgermeister ganz sachlich. »Und da ist mir was aufgefallen. Du hast acht Weckgläser mit Fleisch angegeben, es müssen aber neun sein. Und es fehlt ein silbernes Feuerzeug in deiner Aufstellung. Was hast du dazu zu sagen?«

Rauer ist betroffen. Woher weiß der denn das? Ein unheimliches Gefühl beschleicht ihn. Hier geht es nicht um Holz, um ein Weckglas oder ein Feuerzeug, hier geht es um etwas ganz anderes. Der will mich beseitigen. Ich bin ihm unbequem, weil ich ihm zu scharf auf die langen Finger gucke. Darum geht es. Jetzt sei auf der Hut, ruft er sich selbst zu, sonst bist du erledigt. Er wird ganz kalt und sachlich. Edith ist vergessen, alles in ihm spannt sich jetzt zum Kampf.

»Wenn du dazu nichts zu sagen hast«, sagt der Bürgermeister und nimmt die zweite Liste zu Hand, »dann werd' ich was dazu sagen. Es ist nämlich schon ein paar Tage vorher eine Bestandsaufnahme bei Hartung gemacht worden, die Liste war nur verloren gegangen. Jetzt hat sie sich wieder angefunden, und da hab' ich sie mit deiner Liste verglichen.«

Die Liste ist nie verloren gegangen, denkt Rauer, der hat mich reinlegen wollen. Ein Glück, daß ich dem Jucken in meinen Fingern nicht nachgegeben habe. Was der da vorbringt, ist ja lächerlich. »Ich hab' bis nach neun Uhr abends zu tun gehabt, da hab' ich ein Glas Gänseklein aufgemacht, weil ich Hunger hatte. Das ist ja wohl kein Verbrechen.«

»Nicht gerade ein Verbrechen«, sagt Andrikeit, »aber auch nicht korrekt. Und was ist mit dem Feuerzeug?«

Rauer wird störrisch und schweigt trotzig. Selbst wenn ich mir das Feuerzeug wirklich angeeignet hätte, hat *der* ein Recht, mich danach zu fragen, ausgerechnet *der*, an dessen dreckigen Pfoten schon so viel kleben geblieben ist? Der kann mich sonst was.

Andrikeit klopft mit dem Bleistift auf den Schreibtisch. »Was ist mit dem Feuerzeug?«

Rauer gibt nach. Weshalb soll ich ihm das nicht sagen? Wenn ich es später vorbringe, heißt es schließlich: Hast ja auch genug Zeit gehabt, dir eine Ausrede zurecht zu legen. »Das ist so«, sagt er beherrscht. »Ich hab' mir eine Zigarette angesteckt, und weil ich keine Streichhölzer bei mir hatte, hab' ich das Feuerzeug benutzt, aus Versehen in die Tasche gesteckt, und deshalb ist es im Verzeichnis nicht aufgeführt.«

»Aus Versehen«, sagt Andrikeit ironisch. »Na ja, dann gib es jetzt her. Damit ist noch nichts entschuldigt, aber . . .«

»Ich bin noch nicht fertig«, sagt Rauer und erzählt, wie er das Feuerzeug dem russischen Soldaten geschenkt hat.

»Und das soll ich dir glauben?« fragt der Bürgermeister. »Mensch, für so dumm kannst du mich doch nicht halten.«

»Ich such den Soldaten heraus und bring' ihn her«, sagt Rauer.

»Selbst wenn es so wäre . . .«, beginnt Andrikeit, dann steht er auf und stemmt die Fäuste auf den Schreibtisch. »Nach allem, was bisher vorgefallen ist, dem Holzdiebstahl und der Unterschlagung von Gegenständen aus der Hartungschen Wohnung, ferner deine Befürwortung, daß der Frau Nowak, dieser Naziziege, bei der du wohnst, daß der die Strafe erlassen werden soll, und dazu noch ein Verhältnis mit Edith Ziegler, also das reicht mir, Rauer. Ich sus . . ., sus . . ., suspendiere oder wie das heißt, ich sus-pen-diere dich ab sofort von deinem Posten als Sekretär, bis die Angelegenheiten geklärt sind. Hast du verstanden?«

»Ich habe verstanden, denn ich bin der deutschen Sprache mächtig und nicht taub«, sagt Rauer noch gelassen.

Er ist bis jetzt ganz ruhig gewesen, denn er fühlt sich, jedenfalls was das Holz, das Weckglas und das Feuerzeug anbelangt, nicht sehr schuldig, aber jetzt spürt er doch, wie eine heftige Erregung sich seiner zu bemächtigen beginnt. Er bemüht sich auch nicht mehr, sie zu unterdrücken, er stemmt ebenfalls seine Fäuste auf den Schreibtisch und blickt den Bürgermeister in die kleinen, trüben, tückischen Augen.

»Und jetzt will *ich* dir mal was sagen«, beginnt er. Bisher hat er eine direkte Anrede stets zu vermeiden gewußt: Das Sie war unter den neuen Leuten im Rathaus von Anfang an nicht üblich, und gegen das Du Andrikeit gegenüber hat sich in ihm stets etwas gesträubt. Zuerst war es eine gewisse Scheu, Andrikeit zu duzen, er ist ja immerhin Bürgermeister, und er, Rauer, ist kein Genosse. Später, als ihm die Machenschaften Andrikeits bekannt zu werden begannen, konnte seine Zunge das Du aus Widerwillen nicht formen. Es gibt im Grunde nur zwei Arten des Du, das mehr oder weniger freundschaftliche, das man Verwandten, Freunden, Kollegen, Genossen gegenüber anwendet, und das verachtungsvolle, das man Invektiven wie Lump, Strolch oder Verräter oder Tiernamen wie Hund, Ochse oder Schwein voransetzt. Jetzt, da Rauer dem Bürgermeister gegenüber zum ersten Male das Du gebraucht, ist es das Du von letzterer Art. »Und jetzt will *ich* dir einmal etwas sagen«, wiederholt Rauer und legt die ganze, tiefe Verachtung, die sich in ihm angesammelt hat, in eine Falte seines Gesichts und in den Ton seiner Stimme. »Keiner wie du, der sich schon so viel fremdes Besitztum angeeignet hat, von der Zahnprothese angefangen bis zur Sechszimmerwohnung, so einer wie du, der sollte ganz still und bescheiden sein und nicht das Maul so aufreißen.«

Andrikeit ist unter dem drohenden Blick Rauers zurückgewichen und schnappt nach Luft. Die Überraschung, die Plötzlichkeit des Angriffs würgt seinen Atem. »Was fällt dir ein, du ... du ... du Strolch!«

Rauer verändert seine Haltung nicht. »Wenn du nicht schon ein alter Mann wärst, Andrikeit«, sagt er und schlägt einen gemäßigteren Ton an, »ich würde dich jetzt beim Kragen fassen und dich beuteln, daß dir Hören und Sehen vergeht. Aber wer Dreck anfaßt ...«

Andrikeit hat den Schreibtischsessel noch zwischen Rauer und sich gebracht. »Raus!« schreit er und weist mit einer Theatergebärde auf die Tür. »Raus, sage ich dir, und laß dich hier nicht mehr blicken, sonst ...« Seine Stimme schnappt über.

»Was sonst?« fragt Rauer gelassen.

Andrikeit ringt nach Luft, Röte ist ihm ins Gesicht gestiegen, er schluckt ein paarmal, ehe er wieder ein Wort hervorbringen kann, mit dünner, heller Stimme wie der eines Kindes. »Du hast hier gar nichts zu fragen! Raus!«

Rauer richtet sich auf. »Ich gehe, Herr Bürgermeister Andrikeit«, erwidert er, ruhig, aber scharf, und lächelt grimmig. »Aber ich komme wieder, darauf kannst du dich verlassen.«

5.

Die Abstimmung

Die Debatte hat ihren Höhepunkt bereits überschritten, die Fronten haben sich klar abgezeichnet. Die Gruppe um den Bürgermeister ist ihres Sieges sicher, sie hält es nicht mehr für notwendig, weitere Argumente für die Überführung des Fuhrparks in Privatbesitz anzuführen. Die Gruppe Steinle hat resigniert: Sie ist in die Minderheit geraten und hat eingesehen, daß kein noch so zwingender Grund die anderen zu einer Meinungsänderung wird bewegen können.

Es hat keinen Zweck mehr, überlegt Wernicke, wir sind geschlagen. Ob es nicht das beste wäre ... Er neigt sich zu Steinle und flüstert: »Vielleicht ist es das beste, Alfons, wenn wir jetzt aufstehen und die Sitzung verlassen.«

Steinle schüttelt den Kopf. »Kommt nicht in Frage, Gerhard«, gibt er leise zurück. »Die beschließen das auch ohne uns, und dann soll wenigstens protokollarisch festgehalten werden, wer dafür und wer dagegen gestimmt hat. Im übrigen sollst du dir den Allerwertesten nicht eher wischen, bis du wirklich fertig bist.«

Wernicke nickt ihm zu. Wer spricht jetzt? Ach, die Dr. Fliesser hat sich zum Wort gemeldet. Die glaubt doch nicht etwa, daß ihre gelehrten Sprüche bei Andrikeit und Weidinger verfangen?

»Bitte schön, Frau Doktor Fliesser«, sagt Andrikeit würdevoll, sein Gesicht strahlt schon in der Gewißheit des sicheren Sieges.

Frau Dr. Fliesser streicht ihr volles, braunes, schon ergrauendes Haar hinter die Ohren zurück. »Ich bin keine Wirtschaftssachverständige und auch keine Juristin«, beginnt sie, »aber ich möchte die Frage aufwerfen, ob die Stadt den Fuhrpark unbedingt zu den Taxpreisen abgeben muß, das heißt, ich bitte zu erörtern, ob es unter den gegenwärtigen Verhältnissen, da ja alle Preise recht fragwürdig geworden sind, nicht vertretbar ist, daß die Stadt auf die Taxpreise einhundert oder zweihundert Prozent aufschlägt.«

Mühlbauers Hand mit der dicken Zigarre geht sofort hoch. »Ich glaube nicht, Frau Doktor Fliesser«, sagt er, ohne darauf zu warten, daß ihm das Wort erteilt wird, »daß die Stadt dazu berechtigt ist. Das würde, ein wenig grob ausgedrückt, doch nichts anderes bedeuten, als daß die Stadt Überpreise nimmt, fast könnte man Schieber- oder Wucherpreise sagen. Sehen Sie, ich muß in meinem Geschäft die Waren auch zu regulären Preisen abgeben. Wenn ich einen Anzug für hundert Mark verkaufe, dann bekomme ich dafür bestenfalls nur ein Viertelpfund Butter, Normalpreis fünfundvierzig Pfennig, oder fünf Zigarren, Normalpreis achtzig Pfennig oder eine Mark.«

Wernicke lächelt geringschätzig. Der verkauft jetzt »kurante Ware« zu genehmigten Preisen? Der macht doch nur noch Kompensationsgeschäfte, hauptsächlich mit den Russen. Was sagt er?

»Was für jeden Privatbetrieb Gesetz ist, meine Damen und Herren«, schließt Mühlbauer, »das gilt erst recht für eine Kommunalverwaltung, das ist doch wohl klar.«

»Das ist im allgemeinen richtig«, wirft Marta Burmester ein und schickt Wernicke einen ermunternden Blick herüber, »aber Sie haben eines zu bedenken vergessen, Herr Mühlbauer, nämlich daß der sogenannte Überpreis hier nicht einem einzelnen, sondern der gesamten Bevölkerung zugute kommt. Aus diesem Grunde bin ich durchaus dafür, daß in diesem Falle der Taxpreis überschritten wird. Was meint denn unser Rendant dazu?«

Wernicke steht auf und nimmt seine Brille ab. »Was hier eben gesagt wurde, ist richtig, aber ich bin der Ansicht, daß es hier nicht um Taxpreis oder Überpreis geht, sondern um Aufrechterhaltung oder Verkauf des städtischen Fuhrbetriebes, und dazu habe ich meine Meinung bereits unzweideutig geäußert: Ich bin gegen den Verkauf. Jede Erörterung über einen eventuell höheren Preis – und sei es auch zum Nutzen der Stadt – ist bereits ein Schritt auf dem Wege zur Konzession. Staat und Kommunen haben in der Preisbildung vorbildlich zu sein.« Er nimmt Platz und setzt seine Brille wieder auf.

»Sehr richtig!« sagt Steinle und flüstert Wernicke zu: »Hast wieder mal ins richtige Astloch getroffen, Gerhard.«

»Jawohl, eine Verwaltung muß in ihrem Geschäftsgebaren einwandfrei sein«, sagt der Polizeichef. Er trägt heute eine Uniform und rückt seinen Kragen zurecht. »Eine solche Preisgestaltung, na, die würde doch ähnlichen Bestrebungen Tür und Tor öffnen. Nein, nein, das geht nicht, ich untersage es sogar, weil der Polizei ja auch die Preisüberwachung obliegt. Aus diesem Grunde ... Na ja, ist ja alles schon gesagt.«

Bürgermeister Andrikeit überblickt die Versammelten. »Wünscht noch jemand das Wort? Das ist nicht der Fall, dann kommen wir zur ...«

»Augenblick noch«, sagt Steinle und klopft seine Pfeife über der hohlen Hand aus. »Ich möchte, daß wenigstens eine Bedingung in den Kaufvertrag (oder wie ihr das nennen wollt) aufgenommen wird, nämlich daß der Kollege Weidinger sich verpflichtet, die Chauffeure, die bisher im städtischen Fuhrpark gearbeitet haben und zwar ohne jeden Lohn, daß er sie übernimmt.«

Ohne jeden Lohn, das stimmt nicht ganz, die haben ganz schön für sich abgezweigt. »Was versprichst du dir davon?« fragt Wernicke leise, als Steinle sich wieder gesetzt hat.

»Sag' ich dir nachher«, antwortet Steinle. »Guck nur, wie der kleine Friseur angibt, wie 'n alter Erpel, dem sie 'n paar Pfauenfedern in 'n Stietz gesteckt haben. Der fühlt sich schon als Speditionsbesitzer.«

Weidinger ist aufgestanden. »Das ist eine selbstverständliche Verpflichtung, meine Herrschaften«, sagt er und wendet sich an Edith Ziegler, die an der Querseite des Schreibtisches sitzt. »Ich bitte darum, daß das ins Protokoll aufgenommen wird.«

Wie der sich spreizt, denkt Wernicke, ich könnte zerspringen. Eine schöne Gesellschaft ist das, und ich habe geholfen, sie großzuziehen. Waren wir zu Beginn nicht wachsam genug, oder wo liegt der Fehler? Daß Ziegler sich gedrückt hat und Rauer so mir nichts, dir nichts weggelaufen ist, das ist, na sagen wir mal, Pech, es wird noch geklärt werden müssen, was mit ihnen ist, aber hier liegt das Grundübel nicht, das liegt tiefer. Wie konnte es geschehen, daß diese Burschen, Weidinger und Konsorten, sich überhaupt in eine solche starke Position schieben konnten?

Wernicke nimmt die Brille ab, wischt sie mit einem Lederläppchen blank und blickt Steinle von der Seite an. Der ist in Ordnung, der hat Erfahrung und ist unbestechlich. Wenn ich bedenke, daß der noch immer in der alten, windschiefen Laube wohnt und Tag für Tag seinen gelben Manchesteranzug und seine graue Strickweste trägt . . . Nein, Steinle ist in Ordnung, Wernicke schämt sich seines Verdachtes, daß Steinle mit Andrikeit unter einer Decke stecken könnte. Aber war der Verdacht nicht begründet? Ist es doch Steinle gewesen, der damals Andrikeit als Bürgermeister vorgeschlagen hat. Wernicke erinnert sich genau an jenen Tag, an dem sie es in Steinles Laube beschlossen haben. Viele Monate scheint es her zu sein, und dabei sind es wenig mehr als sieben oder acht Wochen. Wernicke weiß noch, wie er Andrikeits Papiere in der Hand hatte und Zweifel in ihm aufkamen, wie er sich nachher vornahm, diesen Andrikeit unbedingt näher zu beschnuppern, und daß Ziegler seine Meinung bestätigte, als sie nach Hause gingen. Wernicke hatte sich später seines Vorsatzes oft erinnert und war doch immer von ihm abgekommen, weil der Wirbel der Ereignisse und die Überfülle an Arbeit dafür einfach keinen Raum ließen.

Wie konnten Weidinger und Burmester und die anderen sich eine derart starke Position schaffen? Ganz einfach, weil sie es auf Gedeih und Verderb mit den Russen hielten und deren Befehle ausführten, ohne Rücksicht auf Verluste, wie eine beliebte Redensart besagte. Wernicke zwingt sich wieder zu Aufmerksamkeit und horcht auf, Fechmann hat noch irgend etwas gesagt, aber das wird wohl nicht so wichtig gewesen sein. Und jetzt ist es soweit.

Der Bürgermeister hat sich gravitätisch erhoben und überblickt die kleine Versammlung. »Da das Wort nicht mehr gewünscht wird, komme ich zur Abstimmung. Wer für den Antrag Fechmann – den Verkauf des städtischen Fuhrparks an Herrn Weidinger – ist, bitte ich die Hand zu erheben. Für den Antrag sind: Herr Mühlbauer, Fechmann, Burmester, Weidinger und meine Wenigkeit, das sind fünf Stimmen. Danke. Wer ist dagegen? Wernicke, Steinle, Frau Burmester und Frau Doktor Fliesser, das sind vier Stimmen. Ich stelle fest, daß der Antrag Fechmann mit fünf gegen vier Stimmen angenommen ist.« Er hält inne, holt tief Luft und fährt dann fort: »Wünscht noch jemand zu Punkt Verschiedenes das Wort? In Anbetracht der vorgeschrittenen Zeit . . . Ich schließe die heutige Sitzung.«

Im Vorzimmer hält Wernicke Steinle am Ärmel fest. »Du wolltest mir noch etwas sagen, Alfons.«

Steinle bleibt stehen. »Ja? Wollte ich das?«

Der ist ja so griesgrämig. Oder ist er nur nachdenklich? »Was hast du denn, Alfons?« fragt Wernicke.

»Daß der Rauer so einfach weggelaufen ist«, antwortet Steinle, »das gefällt mir gar nicht.« Er wendet sich an Edith Ziegler. »Sag mal, Edithchen, wie war denn das mit dem hübschen Herbert?«

Wernicke blickt auf Edith. Wie rot sie wird, bis in die Haarwurzeln. Ob sie und Rauer . . . Das wäre wenig korrekt von Rauer, ausgerechnet hier was anzufangen.

Edith blickt von ihrer Maschine nicht auf, als sie sagt: »Er kam vom Alten. ›Der Alte hat mich rausgeschnissen‹, hat er gesagt, seinen Hut genommen und ist losgelaufen. Das ist alles, mehr weiß ich auch nicht.«

»Denken Sie doch mal genau nach, Edith«, sagt Wernicke. »Ich kann mir nicht denken, daß Rauer so einfach davonläuft.« Und doch, ausgeschlossen ist es nicht, überlegt er. Als Rauer uns seine Mitarbeit anbot und wir ihn so gründlich überprüften, da hat er wohl gedacht, in welch erlesenen Kreis er aufgenommen werden würde, jeder einzelne ein Edelkommunist ohne Furcht und Tadel, und jetzt hat er wohl gemerkt, welch ein Sauhaufen, na schön, teilweiser Sauhaufen das hier ist.

Edith Ziegler schüttelt den Kopf. »Ich glaub' nicht, daß er davongelaufen ist. Ach ja, da fällt mir ein, als er schon in der Tür war, hat er sich noch einmal umgedreht und gesagt: ›Dem Alten werd' ich's besorgen, daß ihm der Hut hochgeht‹, oder so etwas Ähnliches.«

»Aha«, sagt Steinle erfreut, »der kommt wieder. Hast du nicht 'ne ganz kleine Ahnung, was er vorhat, kleine Maus? Herbertchen und du, ihr versteht euch doch gut, Onkel Steinle merkt alles. Na, was ist?«

Edith Ziegler senkt den Kopf noch tiefer über die Schreibmaschine und beschäftigt sich mit dem Farbband. »Ich weiß wirklich nichts.«

»Na, dann woll 'n wir dir mal glauben«, sagt Steinle und faßt nach Ediths Ohrläppchen. »Bis in die niedlichen Öhrchen ist sie rot geworden. Laß mal, Kleinchen, Liebe ist kein Verbrechen.«

Daß Steinle doch die Witze nicht lassen kann, denkt Wernicke, und außerdem ist Rauer doch verheiratet. »Jetzt ist keine Zeit für Witze, Alfons«, sagt er streng.

»Siehst du, Edithchen«, sagt Steinle vergnügt, »unser Gerhard Wernicke ist ein prima Kerl, von der Glatze bis zu den Hühneraugen, aber eins ist ihm noch nicht eingegangen, nämlich daß man Sozialist sein und doch Humor haben kann.«

Wernicke hat eine heftige Entgegnung auf den Lippen, doch er behält sie für sich, gegen Steinle kommt er nur selten an. »Ich wollte dich etwas fragen, Alfons«, sagt er ganz sachlich, »nämlich was du vorhin im Auge gehabt hast, als du die Übernahme der Chauffeure durch Weidinger zur Bedingung stelltest.«

»Ich will mir erst einmal 'ne Pfeife stopfen«, sagt Steinle, holt eine Tabakschachtel aus der Hosentasche und beginnt, den Pfeifenkopf mit Tabak zu füllen. »Vorhin wollt' ich das schöne Aroma von Mühlbauers Zigarre nicht mit meinem Bohnenkraut verstänkern. Ja, also zu deiner Frage, Gerhard. Von den Chauffeuren ist einer 'n ganz alter, zuverlässiger Kumpel. Dem hab' ich aufgetragen, 'n bißchen aufzupassen und seine Nase überall reinzustecken. Könnt' ja sein, daß der kleine Friseur, der Herr Ingenieur Weidinger, die Wagen zu verschieben gedenkt. Ist doch klar, daß in dieser Sache noch nicht das letzte Wort gesprochen ist.« Das letzte Wort haben leider immer noch die Russen, denkt Wernicke. »Nicht nur in dieser Sache«, sagt er. »Da ist ja auch noch die Sache mit den Möbelverkäufen. Die hab' ich heute gar nicht erst vorgebracht.« Ja, die Sache mit den Möbelverkäufen hat ihm schwere Kopfschmerzen gemacht. Er hat überhaupt erst davon erfahren, als an die Kasse Zahlungen geleistet wurden und die Einzahler Anweisungen vorlegten, die von Andrikeit unterschrieben waren und nach denen sie für Möbel, Teppiche, Nähmaschinen, Klaviere und Staubsauber lächerlich niedrige Summen, die als Taxpreis bezeichnet waren, an die Stadtkasse zu zahlen hatten. Als Wernicke der Sache nachging, stellte sich heraus, daß Andrikeit die in den sogenannten Naziwohnungen beschlagnahmten Gegenstände irgendwelchen Freunden und Bekannten zugeschlagen hat, obwohl sie – mit einer Ausnahme – weder ausgebombt noch Flüchtlinge waren. Nicht daß die beschlagnahmten Möbel veräußert wurden, hatte Wernicke so erbost, sondern daß sie so verschleudert und an wen sie verkauft wurden, hatte ihn aufgebracht.

»Hast recht daran getan«, sagt Steinle, klopft Wernicke anerkennend auf die Schulter und setzt die Pfeife in Brand. »Die Mehrheit war heute gegen uns. Sie hätte auch jeden anderen Antrag von unserer Seite abgelehnt.«

Wernicke wiegt den Kopf hin und her. Unsere »demokratischen Beschlüsse« sind sowieso nicht sehr viel wert, denkt er. Wenn sie der Kommandantur nicht passen, werden sie einfach annulliert. Wir haben es ja schon erlebt. »Ganz recht«, bestätigt er. »Wir haben heute zwar eine Niederlage erlitten, aber das macht nichts. Niederlagen können uns nicht schwächen, sie können uns nur klüger machen, wenn wir aus ihnen lernen.«

Elftes Kapitel
Es bereitet sich etwas vor

1.

Herr Schultze hat Sorgen, und sie werden durch Ziegler nicht verringert

Nein, Papa, ich würde mit der Neuanmeldung deines Gewerbes als Bücherrevisor noch warten«, sagt Frau Grosser entschieden und blickt unmutig auf ihren Vater. Er ist ungeduldig wie ein Kind, denkt sie, und kann die Zeit nicht erwarten, er hat wohl auch Angst, daß die Kundschaft sich verläuft. Nun ja, das ist gewiß ein Grund, aber er muß doch einsehen, daß es jetzt darauf ankommt, erst einmal abzuwarten, bis sich die Wogen der neuen Sintflut wenigstens geglättet haben. Er soll doch froh sein, daß sie ihn nicht abgeholt haben. Es war ein Glück für ihn, daß der Bücherrevisor Lehnert zwei Tage vor dem Ende beim Volkssturm schwer verwundet worden ist und jetzt irgendwo im Lazarett liegt, wenn er nicht gar inzwischen abgenibbelt ist. Der Lehnert, der wäre jetzt obenauf gewesen und hätte Papa glatt an die Wand gedrückt, vielleicht sogar denunziert, und alles nur, weil er selbst nicht in der Partei war. Frau Grosser seufzt schwer in sich hinein. Papa hat immer noch nicht recht begriffen, daß es mit der braunen Herrlichkeit zunächst einmal aus und vorbei ist.

Schultze hat die Hände hinter dem Rücken ineinander gelegt und geht unruhig hin und her. »Wie lange soll ich denn noch warten, Anneliese?« fragt er erregt. »Ich muß doch wieder einmal anfangen.«

»Das sollst du doch auch, Papa«, sagt Frau Grosser, »aber du mußt Geduld haben. Ich weiß, daß es schwer für dich ist, aber wir müssen uns noch sehr zurückhalten, schließlich bist du doch ein alter Kämpfer, und es gibt Leute, die das wissen. Wenn du jetzt zum Amt gehst und dein Gewerbe anmeldest, dann werden sie gleich aufmerksam, fangen an zu schnüffeln, und schließlich werden sie fragen: Was, der Schultze ist auch noch da? Was dir dann passiert, kannst du dir leicht ausrechnen.«

Schultze stampft wütend auf. »Das es so kommen mußte ...«, schreit er fast. »Mit der Waffe in der Hand hätte man sterben müssen, um diese Schande nicht zu erleben.«

Frau Grosser richtet den Blick nachsichtig auf ihren Vater. »Das hättest du haben können, Papa«, sagt sie langsam, »aber wenn ich mich recht erinnere, warst du damals heilfroh, als Doktor Mielow dir durch ein Attest bescheinigt hat, daß du im Volkssturm keinen Dienst tun könntest.« Und außerdem, setzt sie in Gedanken hinzu, ist der Revolver noch da, Papa kann immer noch für den Führer sterben – wenn er will.

»Das zu sagen, kommt dir nicht zu, Anneliese!« sagt Schultze verweisend. »Es gibt Dinge, die du einfach nicht verstehst. Gerade wir alten Nationalsozialisten haben die Pflicht, am Leben zu bleiben, um das Gedankengut des Führers zu bewahren, jetzt inmitten der roten Sintflut mehr denn je. Glaubst du denn, ich hätte mich sonst damit einverstanden erklärt, daß . . .«

»Pst!« ruft Frau Grosser und fügt dann leise hinzu: »Sprich nicht davon, die Wände haben Ohren.«

»Wir sind sowieso unvorsichtig genug«, sagt Schultze und wirft sich in einen Sessel. »Bolschewisten und Plutokraten in Großdeutschland! Wenn mir das einmal jemand gesagt hätte! Ich würde eher geglaubt haben, daß sich die Naturgesetze ändern ließen. Ich verstehe deine Ruhe nicht, Anneliese. Du nimmst das alles mit einer Gelassenheit hin, als ob du niemals nationalsozialistisch gedacht hättest.«

Glaubt er wirklich immer noch an den Führer, oder ist es nur der Altersstarrsinn? Oder hat er nur Angst um sein Haus und sein Eigentum? »Man muß sich den Verhältnissen anpassen, Papa«, sagt sie milde. »Alle tun es. Es wird auch wieder anders kommen. Mit Ungeduld erreichen wir gar nichts.«

»Du hast gut reden!« sagt Schultze grimmig. »Und inzwischen gewöhnt sich meine Kundschaft an einen anderen Bücherrevisor. Hast du dir schon einmal überlegt, was werden soll, wenn wir unser Geld verbraucht haben?«

»Vorläufig ist ja wohl noch eine ganz anständige Summe da«, wehrt Frau Grosser ab. So schlau war er wenigstens, daß er alles Geld noch rechtzeitig von der Bank geholt hat. Sein Glaube an den Endsieg war nicht so unerschütterlich, als daß er sein Geld ruhig auf der Bank gelassen hätte, aber das sagt sie ihm nicht. Er ist überaus empfindlich, wenn jemand in die neuralgische Lücke stößt, die zwischen seinem Glauben an den Führer und seinen Handlungen besteht.

»Du überschätzst meine Mittel«, sagt Schultze ärgerlich. »Alles ist wahnsinnig teuer, und die Preise steigen noch dauernd. Und außerdem kosten die beiden ... Wie lange soll das mit denen noch weitergehen, Anneliese?«

Frau Grosser zuckt gleichmäßig die Achseln. »Es kann sich nur noch um Tage handeln, Papa. Gerade du solltest doch Verständnis für die jungen Leute haben.« Er hat doch oft genug von »Mannestreue« und »verschworener Gemeinschaft« geredet, aber das ging wohl nur so weit, solange es mit Eintopfessen, Sonderplaketten, Pfundspenden und Kleidersammlung erledigt werden konnte und ihm bei Partei und Behörden einen guten Ruf und damit Aufträge einbrachte (so wie er auch im ersten Weltkrieg Kriegsanleihe gezeichnet hat, nicht ohne dabei die gute Verzinsung zu erwägen). Und was uns jetzt noch aufgeladen worden ist, weshalb habe ich keinen Augenblick gezögert, es auf mich zu nehmen? Weil mir die beiden leid tun, weil es deutsche Jungen sind, noch dazu nette und hübsche, die den Russen nicht in die Hände fallen dürfen ...

Ihre Gedankenkette reißt jäh ab: Es hat geläutet. Vorsichtig nimmt sie den Store beiseite und blickt auf die Straße.

»Wer ist es denn?« fragt der Vater.

»Ziegler«, antwortet Frau Grosser kurz. Was will der denn? Bisher hat er immer gesagt, es wäre besser, wenn er abends käme, um dem Gerede der Leute keinen billigen Anlaß zu geben. Daß er jetzt kommt, am Mittag, das muß seinen besonderen Grund haben.

»So, der Herr Ziegler«, sagt Schultze und zieht seine Augenbrauen mißbilligend hoch.

»Hast du etwas dagegen, Papa?« fragt Frau Grosser scharf, richtet ihr Haar mit beiden Händen und rückt den Rock gerade.

Schultze blickt seine Tochter streng an. »Ich hab' ja für manches Verständnis«, sagt er und runzelt die Stirn. »Du bist eine junge, temperamentvolle Frau, und Werner ist seit zweiundvierzig vermißt ... Aber daß es ausgerechnet so ein roter Häuptling sein muß ... Ist er denn wenigstens arisch?«

Frau Grosser beantwortet die Frage mit einem Achselzucken und will aus dem Zimmer gehen.

»Ich muß mich sehr über dich wundern, Anneliese«, sagt er würdevoll. »Wenn der Führer auch tot ist, deshalb dürfen wir die Grundsätze, an die wir bisher geglaubt und für die wir gelebt haben, doch nicht sofort über Bord werfen. Die beiden da unten sind doch ...«

»Schon gut«, schneidet Frau Grosser ihm das Wort ab. »Ich geh' jetzt öffnen, und du verschwinde. Bitte!«

Als sie durch den Garten auf die Pforte zugeht und Ziegler ins Gesicht blickt, lächelt sie ihm entgegen, und dieses Lächeln ist nicht künstlich, ist nicht aufgesetzt, es ist fast echt. Die beiden, denkt sie, das sind nette Jungens, hat der Vater sagen wollen, hat er schon ein paar Mal gesagt. Wenn du es unbedingt haben mußt, warum denn nicht mit einem von ihnen? Sie hat seine Fragen stets überhört. Was versteht denn Papa davon. Die beiden sind nette Jungen, gewiß, bestimmt keine Roten und bestimmt hundertprozentig arisch, aber sie sind eben noch Jungen, und Ziegler, das ist ein Mann, der ist nicht schüchtern und zart, der ist gewaltsam, in seinen Händen ist Kraft, in jedem Blick, in jeder Geste ist eine Forderung, in seiner Umarmung so etwas wie Brutalität. Sie fühlt sich ihm unterworfen, sie ist, wenn er bei ihr liegt, wie ausgelöscht, nie ist ihr das widerfahren, daß ihr ganzer Körper nur Schoß war. Seltsam, hat sie schon oft gedacht, Berechnung und Begehren sind ganz zusammengefallen und gar nicht mehr voneinander zu trennen.

Als sie die Pforte aufschließt und Ziegler anlächelt, läßt sie sich die Besorgnis, die sie überkommt, nicht anmerken. Zwar ist in Zieglers Gesicht stets ein Zug von innerer Qual gewesen, es war nur ein Zug, und er hat sich stets bemüht, ihn zu überdecken. Heute jedoch ist diese Qual über sein ganzes Gesicht gebreitet wie eine starre Maske.

»Was ist dir, Karl?« fragt sie besorgt, als sie den Gartenweg entlanggehen.

Ziegler schüttelt die Frage unmutig ab. »Doch nicht hier im Garten«, sagt er.

Im Nebengarten gießt eine Frau die Beete, stellt Frau Grosser fest. Ich müßte irgend etwas Unverfängliches sagen, so laut, daß die Frau es versteht, aber ihr fällt nichts ein, so sehr sie sich um ein paar belanglose Worte bemüht. So versucht sie, wenigstens eine unbekümmerte Miene zur Schau zu tragen, obwohl ihr das Herz bis in den Hals hinein schlägt. Sie preßt im Gehen ihre Schulter gegen Zieglers Oberarm. Mein Gott, wie endlos lang der Weg von der Gartenpforte bis zur Veranda sein kann, aber endlich liegt er hinter ihr, und sie steht ihm in der Hausdiele gegenüber.

»Karl«, sagt Frau Grosser mit erstickter Stimme, »was ist denn geschehen?«

»Liesel«, stößt Ziegler heiser heraus, »das geht mit uns beiden nicht so weiter!«

Frau Grosser erschrickt. »Karl«, sagt sie und versucht, ihre Arme um seinen Hals zu legen, »das ist doch nicht dein Ernst!«

Ziegler löst ihre Hände von sich und tritt einen Schritt zurück. »Laß das!« sagt er entschlossen. »Ich bin heute nicht dazu aufgelegt.«

»Komm doch erst mal herein«, sagt Frau Grosser besorgt.

Ziegler wehrt ab. »Nein, nein, was ich dir zu sagen habe, daß kann ich dir ebensogut hier sagen.« Er holt tief Luft, daß es fast wie ein Seufzer klingt.

Mein Gott, was kommt jetzt? denkt Frau Grosser beklommen. Zuerst ist dieser Mann nur ein Werkzeug gewesen, und jetzt bin ich ihm ausgeliefert. Weshalb ist das alles nur so kompliziert, so ins Gegenteil verkehrt?

»Ich kann die Freistellung der Zimmer nicht länger aufrechterhalten«, sagt Ziegler, »es geht einfach nicht mehr . . .«

Frau Grosser atmet auf. Wenn weiter nichts ist! Die beiden haben ja ohnehin beschlossen, in den nächsten Tagen zu gehen, sie wollen sich zur britischen Besatzungszone durchschlagen, da die Zonengrenzen jetzt anscheinend markiert sind. Wenn es also weiter nichts ist . . . Daß er die Freigabe der Zimmer nun nicht länger aufrechterhalten kann, das ist doch kein Grund, so bedrückt zu sein. Oder doch? Es durchfährt sie heiß. Vielleicht glaubt er, mich dann wieder zu verlieren. Er meint wohl, daß er nur deshalb zu mir kommen durfte. Sie blickt Ziegler an und fährt zärtlich über seinen Arm. Hat er wirklich nicht gemerkt, daß der Anlaß, der mich ihm hinwarf, sich inzwischen gewandelt hat, daß er längst vergessen ist?

»Karl«, sagt sie leise, »das ist doch nicht so schlimm.«

Ziegler hat seinen Arm zurückgezogen. »Ich habe dir noch nicht alles gesagt, Liesel. Auch mit uns beiden, das kann nicht weitergehen. Unterbrich mich jetzt nicht, ich bin froh, wenn ich alles gesagt habe. Nein, es geht einfach nicht mehr. Ich habe . . . Wie soll ich mich nur ausdrücken . . . Also ich habe mich selbst verraten, ich habe dich gewissermaßen gekauft um den Preis . . .«

Frau Grosser tritt dicht an Ziegler heran und legt ihm die Hand auf den Mund. »Sprich nicht weiter, Karl«, sagt sie erregt. »Ja, so ungefähr war es zuerst, das gebe ich zu, aber dann . . . Du mußt das doch gemerkt haben! Bring das mit der Wohnungsbeschlagnahme in Ordnung, ich will ja nicht, daß du Unannehmlichkeiten hast, aber dann . . .«

Ziegler hat eine Nippesfigur vom Dielentisch aufgenommen und besieht sie mit leeren Blicken. »Ich glaube nicht, daß es so geht, wie du dir das vorzustellen scheinst.« Er lacht kurz auf. »Unannehmlichkeiten, sagst du. Wenn's nur Unannehmlichkeiten wären! Hier geht es um ganz etwas anderes, aber das verstehst du nicht, das kannst du nicht verstehen.«

»Karl, sieh mich doch an, wenn du mit mir sprichst«, sagt Frau Grosser. »Das kann doch alles in die Reihe kommen. Oder ist es Rücksicht auf deine Frau?«

Ziegler tastet die Konturen der Figur mit dem kleinen Finger ab und schüttelt den Kopf. »Es sind nicht sogenannte moralische Bedenken, daraus mache ich mir nicht so viel.« Er schnippt mit den Fingern, als wollte er ein Stäubchen beseitigen. »Es hat mit uns unter falschen Voraussetzungen und Bedingungen begonnen, und dann . . .« Er hält inne und deutet mit dem Kopf auf ein Mädchen, das lautlos aus dem Keller kommt und ein Tablett mit Geschirr trägt.

Frau Grosser dreht sich rasch um und verfärbt sich. Wie oft hab' ich dem Trampel schon gesagt, daß sie nicht in den Keller gehen oder aus dem Keller kommen soll, wenn jemand im Haus ist. Aber es ist auch meine Schuld. Wir hätten eben nicht in der Diele bleiben dürfen.

»Das ist unser Hausmädchen«, sagt sie wie erklärend. »Wir fangen nämlich an, unser Geschirr wieder auszupacken«, fügt sie rasch hinzu. Das ist ihr gerade noch eingefallen. Keine schlechte Ausrede, denkt sie, vielleicht glaubt er es. Wenn die nur erst fort wären, damit Klarheit zwischen ihm und mir ist.

Ziegler ist dem Mädchen mit den Blicken gefolgt. »Es wäre doch einfacher, die Kiste mit dem Geschirr heraufzuschaffen, als jedesmal mit einem Tablett voll zu jonglieren.«

Frau Grosser versucht, zustimmend zu lächeln. »Natürlich«, sagt sie, »aber wir haben keinen starken Mann im Hause.«

Ziegler stellt die Nippesfigur entschlossen auf den Dielentisch. »Ich will dir die Kiste gern heraufholen«, sagt er und macht ein paar Schritte auf die Treppe zu.

Frau Grosser hält ihn am Ärmel fest. »Aber nicht doch, das kommt gar nicht in Frage.« Das fehlte noch, daß er in den Keller geht, die beiden wären imstande . . . Hat er einen Verdacht geschöpft? Eben noch hat sie ihm zum Bleiben bewegen wollen, jetzt ist ihr klar, daß er sofort gehen muß. »Du bist also gekommen, um mir zu sagen, daß die Zimmer nicht länger frei bleiben können«, sagt sie und spricht schnell, fast überhastet sie sich. »Nun gut, ich will mich nicht länger dagegen sträuben. Verfüge über die Zimmer, aber sorge wenigstens dafür, daß ordentliche Leute eingewiesen werden. Und was uns beide betrifft – nun, warten wir ab.«

Ziegler steht unschlüssig am Dielentischchen und hat den Kopf seitwärts geneigt, als lausche er zur Kellertreppe hin. »Ja, warten wir ab«, sagt er wie abwesend.

2.

Rauer holt ein Versäumnis nach

Als Rauer zornig aus dem Zimmer des Bürgermeisters herausgestürmt ist und das Vorzimmer durchquert hat, bleibt er auf dem Korridor des ersten Stockwerks stehen und holt ein paarmal tief Luft, um sich zu beruhigen und seine Gedanken zu sammeln.

Es hat keinen Sinn, in die Kommandantur zu gehen und nach dem Posten zu suchen, dem er das Feuerzeug geschenkt hat. Erstens ist es nicht leicht, sich Eingang in die Kommandantur zu verschaffen, zweitens ist es, falls es ihm gelänge, kaum möglich, eine Art von Musterung unter den Soldaten abzuhalten, und außerdem ist er nicht in der Lage, sich verständlich zu machen. Mit den paar Worten, die er inzwischen gelernt hat, mit »Spassibo« und »Iswinnitje«, »Charascho« und »Doswidanje«, mit »maslo« und »Chleb« kann man keine Gespräche führen und erst recht keine komplizierten Erklärungen abgeben.

Rauer bleibt auf dem Korridor stehen, inmitten der vielen Leute, die geduldig vor den Zimmern warten, wie sie immer geduldig vor den Amtszimmern gewartet haben. Ich muß zu Steinle gehen, überlegt er, der hat zwar eine Revolverschnauze, aber was er sagt, ist goldrichtig. Er tut ein paar Schritte auf die Treppe zu, aber dann fällt ein anderer Gedanke in ihn hinein: Kraschinski! Hat Ziegler nicht vor ein paar Tagen (oder ist es schon wieder mehr als eine Woche her?) davon gesprochen, daß der Dolmetscher nicht ganz echt zu sein scheint? Rauer hat damals Kraschinski aufsuchen wollen, aber der ist inzwischen verzogen, und die dicke Frau Schäfer, bei der er gewohnt hat, vermochte nicht zu sagen, wo Kraschinski abgeblieben ist. Damit hatte Rauer sich zufrieden gegeben, und dann war Kraschinski im Wirbel der Ereignisse wieder vergessen worden.

Jetzt aber läßt ihn der Gedanke an Kraschinski nicht los. Es muß doch in Erfahrung zu bringen sein, wo er jetzt wohnt und wohin er sich abgemeldet hat. Befindet sich am Ende des Korridors nicht die Meldestelle? Los, hinein, dort muß man es doch wissen.

»Entschuldige, Kollege«, sagt Rauer, »guck doch mal nach, ob bei uns ein gewisser Kraschinski gemeldet ist.« Und dann hat Rauer die Karteikarte in der Hand. »Boleslav Kraschinski, geb. 6.8.05 in Czenstochau, Helena Kraschinski geb. Baumert, geb. 2.2.09 in Kattowitz. Verzogen nach Köckeritz, Waldstraße 240 bei Kroll.«

»In Ordnung«, sagt Rauer erleichtert und gibt die Karte zurück. Also Pole ist der Kraschinski. Weiß der Henker, was der alles durchgemacht hat, die Polen waren fast so schlimm daran wie die Juden. Und den will ich jetzt im Hilfe angehen? Wenn der vor Haß überfließt, ich könnt's ihm nicht verdenken. Wenn der alles, was deutsch ist, nur mit einem von Verachtung getrübten Blick sieht, wen sollte es verwundern? Wenn er sagen würde, er mache für uns nicht einen Finger krumm, er tue nicht einen, auch nicht den kleinsten Schritt für uns, er spräche nicht ein einziges Wort in unserer Sache, wenn er mich hohnlächelnd abweisen würde, hätte ich immer noch kein Recht, ihn dafür zu tadeln. Aber ich will es dennoch versuchen, es geht ja nicht um mich, hier stehen größere Dinge auf dem Spiel.

Rauer verläßt das Rathaus. Er geht rasch durch die Straßen. Alles in ihm ist jetzt Ungeduld, sie pocht in den Schläfen, schlägt im Hals, vibriert in den Fingerspitzen. Er ist ein Mann von langsamen Entschlüssen, es braucht seine Zeit, bis ein Entschluß in ihm reift und sich in die Tat umsetzt; hat er sich aber einmal entschlossen, dann vermag er nicht auch nur eine Sekunde zu zögern, dann ist ihm jede Minute, die er zu warten hat, eine Qual, dann sitzt ihm die Ungeduld wie eine Klammer im Nacken, dann ist sein ganzer Sinn auf die Verwirklichung des Entschlusses gerichtet. So ist es auch jetzt. Deshalb läuft er fast, so bald es ihm sein Atem wieder erlaubt. Er hat kaum einen Blick für die Straßen, die er durcheilt und für die Menschen, denen er begegnet, kaum daß er sich entschuldigt, wenn er jemanden anläuft.

Waldstraße, das ist ganz am Ende von Lindenthal, richtiger von Köckeritz, und Waldstraße 240 ist überhaupt das letzte Haus, es liegt fast an der Einmündung der Waldstraße in die große Chaussee, die nach Berlin führt.

Als Rauer an der Gartenpforte steht, verhält er erst ein paar Minuten, bis das Hämmern seines Herzens ein wenig abgeklungen ist und seine Lungen sich beruhigt haben, er trocknet sein Gesicht, über das der Schweiß perlt, streicht sein Haar zurück, wischt sich den Staub aus den Augenwinkeln und befeuchtet seine trockenen Lippen, dann endlich drückt er auf den Klingelknopf. Bisher hat er keinen Augenblick daran gezweifelt, daß Kraschinski zu Hause sein muß, aber jetzt ist er seiner Sache plötzlich gar nicht mehr so sicher. Vielleicht hat Kraschinski inzwischen eine Stellung in Berlin angenommen, Leute mit russischen Sprachkenntnissen sind jetzt sehr gefragt.

Siehst du, jetzt hast du schon zweimal geklingelt, und keiner hat sich ... Doch, da kommt jemand aus dem Garten hinter dem Haus. Das ist doch ... Natürlich, das ist Frau Kraschinski. Sie ist immer noch schmal, aber die Wangen beginnen schon, sich aufzufüllen, sie sinken unter den Brillengläsern nicht mehr so ein und lassen die Backenknochen nicht so weit hervorstehen. Ihr Kinn ist nicht mehr ganz so spitz, die nervöse Anspannung ist aus ihren Zügen gewichen, sie hat das Haar hübsch frisiert. Merkwürdig, daß ich nie gesehen habe, welch schönen goldbraunen Ton es hat. Rauer entdeckt, daß sie, trotz der Brille, eine recht hübsche Frau ist. Er hat nicht bedacht, daß Not und Furcht ihr Antlitz entstellt haben könnten. Auch ihre Bewegungen sind gelöster und freier.

Frau Kraschinski ist dicht an das Gartentor herangetreten. »Ja, Sie wünschen? Ach, Herr Rauer, Sie sind es!« ruft sie schnell und schließt die Pforte auf. »Wollen Sie uns auch einmal besuchen?«

Besuchen, denkt Rauer und hat ein schlechtes Gewissen, ein Besuch ist es gerade nicht. Wenn ihn die Notwendigkeit nicht hierhergetrieben hätte ... »Ja, Frau Kraschinski«, sagt er. »Nicht eigentlich besuchen«, verbessert er sich dann. »Ich möchte mit Ihrem Mann etwas Wichtiges besprechen. Er ist doch da?«

Frau Kraschinski nickt. »Er ist immer da, es geht ihm immer noch nicht gut. Tun Sie mir einen Gefallen und regen Sie ihn nicht auf. Was wollen Sie denn von ihm?«

Soll ich ihr sagen, worum es geht? Nein, lieber nicht, dann läßt sie mich erst gar nicht zu ihm. Sie sieht, verständlicherweise, nur ihren Mann und nicht die größeren Perspektiven, aber er dürfte wohl mehr Verständnis für sie haben. Hat er nicht einmal davon erzählt, daß er sich die Lungengeschichte bei den Partisanen geholt hat? Ich habe damals nicht so richtig hingehört, habe kaum gewußt, was Partisanen sind. Einer, der eine solche Vergangenheit hat, der schont sich nicht, wenn es um größere Dinge geht. Was ich ihm berichten will ... Ob Kraschinski das als eine größere, wichtige Sache ansieht?

»Das ist mit ein paar Worten gesagt«, antwortet Rauer schließlich, »Ihr Mann soll nur einmal dolmetschen, nur einmal, das wird er doch können?«

»Nur dolmetschen?« Frau Kraschinski blickt Rauer mißtrauisch an. »Wo denn?«

»Ich sage es Ihrem Mann«, weicht Rauer aus, »dann brauche ich es nicht zweimal zu erzählen. Wo ist er denn?«

»Er liegt im Garten«, antwortet Frau Kraschinski. »Na, kommen Sie schon. Sie sind einer der wenigen Einwohner von Lindenthal, den ich in guter Erinnerung habe.«

Sie gehen um das Haus herum. Das ist kein Garten, denkt Rauer, das ist ein Wald, ein Stück eingezäunter Wald. Zwischen den hohen Kiefern ist nicht einmal Rasen, sondern moosiger Waldboden, der von Wurzeln durchzogen und mit Kienäpfeln statt Blumen übersät ist. Hier läßt sich's aushalten. »Schön haben Sie es hier, Frau Kraschinski«, sagt er und ist für Sekunden vom Ziel abgelenkt.

Kraschinski ruht in einem Liegestuhl, bis zum Hals in eine Wolldecke eingepackt, und hat das Gesicht der Sonne zugekehrt. Als Rauer sich nähert, richtet er sich auf und nimmt die Sonnenbrille ab. »Welch' ein überraschender Besuch!« ruft er Rauer entgegen.

»Bleib nur liegen«, sagt Rauer und schüttelt ihm kräftig die Hand. »Wie geht es dir?« Rauer gebraucht das Du wie selbstverständlich, obwohl er es Kraschinski gegenüber noch nie angewendet hat. Erst in dem Augenblick, da er es ausgesprochen hat, wird es ihm bewußt, daß er sich eine Vertraulichkeit erlaubt hat, die möglicherweise gar nicht erwünscht ist, aber eine förmliche Anrede, mit »Herr Kraschinski« und »Sie«, wäre ihm unnatürlich erschienen. Seit jenem Augenblick, da er mit Kraschinski aus dem Haus der Frau Nowak die weißen Tücher als Zeichen der Kapitulation gehängt hat, ist zwischen ihnen eine Kameradschaft, fast eine Freundschaft entstanden. Sie hat sich nie in Worten ausgedrückt und bisher auch noch nicht durch Taten bewiesen, aber ihr erstes Glied ist an jenem Tage des Russeneinmarsches geknüpft worden. »Du siehst ganz gut aus«, fügt Rauer noch hinzu.

Kraschinski läßt sich zurücksinken. »Es geht mir auch wesentlich besser, aber laß dich durch das gute Aussehen nicht täuschen. Es wird noch einige Zeit dauern, bis ich wieder obenauf bin.«

Er nimmt das Du als selbstverständlich hin und gebraucht es ebenfalls, stellt Rauer erfreut fest. »Du wirst es schon schaffen«, sagt er und nickt Kraschinski ermunternd zu.

Kraschinski zieht die Augenbrauen hoch. »Mit meinem Willen allein ist es nicht zu schaffen, lieber Freund«, sagt er. »Was ich haben muß, ist Ruhe, reine Luft und gute Ernährung. Ruhe und reine Luft habe ich ja, aber die Ernährung ... Sag mal, könntest du auf dem Amt nicht durchsetzen, daß ich wenigstens hin und wieder eine Sonderzuteilung an Butter und Milch bekomme?« fragt er. »Du bist doch jetzt ein großer Mann im Rathaus.«

Gewesen, denkt Rauer und ist beschämt, daß er bisher noch nicht daran gedacht hat, etwas für Kraschinski zu tun.

»Obst und Gemüse beschaffen wir uns selbst«, sagt Frau Kraschinski. »Ich habe mich als Schneiderin selbständig gemacht, und da bekomme ich von meiner Kundschaft Obst und Gemüse und hin und wieder Eier, aber Butter und Milch sind einfach nicht zu haben. Oder nur zu Preisen, die für uns unerschwinglich sind. Sagen Sie, Herr Rauer, könnten Sie sich nicht für meinen Mann einsetzen?« Kraschinski richtet sich auf und will etwas sagen, aber seine Frau drückt ihn energisch in die Kissen zurück. »Du sollst nicht so viel reden, ich kann Herrn Rauer auch das Notwendige sagen.«

»Habt ihr denn noch nicht beim Ernährungsamt euer Glück versucht?« fragt Rauer. »Frau Burmester ist doch sicher in der Lage ...«

Frau Kraschinski winkt ab. »Die sagt nein. Ich kann nicht beurteilen, ob es wirklich so ist. Das bißchen Butter und Milch, hat sie mir gesagt, muß für die Säuglinge bleiben, und auch für die reicht es angeblich nicht einmal annähernd.«

»Ich glaube nicht, daß sie Ihnen da etwas vorgemacht hat, Frau Kraschinski«, sagt Rauer. »Es ist wirklich trostlos.« Aber Marta Burmester ist rücksichtslos gegen sich und daher auch gegen andere, das muß wohl so sein. In der heutigen Zeit krank zu sein, noch dazu so krank wie Kraschinski, das heißt schon fast auf dem Weg zum Kirchhof zu sein.

»Vielleicht ist es wirklich so«, sagt Frau Kraschinski, »Sie müßten das ja eigentlich beurteilen können. Aber was ich vorhin sagen wollte, als Sie mich unterbrachen ... Bisher ist nur der rechte Lungenlappen oder richtiger, damit Sie mich nicht mißverstehen, bereits der ganze rechte Lungenlappen infiltriert, und es kommt darauf an, die Infiltration zum Stillstand zu bringen ...«

»Das brauchst du Rauer doch nicht zu erzählen, davon versteht er ja doch nichts«, sagt Kraschinski, »die Untersuchungsergebnisse weisen das ja aus.«

»Ich verstehe davon wirklich nichts«, sagt Rauer. »Aber wenn ich dir helfen soll, ist zunächst einmal etwas anderes notwendig.« Großartig, daß das Gespräch wie von selbst dahin läuft, wohin ich es haben will.

»Da bin ich neugierig«, sagt Kraschinski. »Setz dich doch, Rauer, da auf das Fußende. Herrgott, was ist denn da schon wieder los?«

Rauer wendet sich um. Aus dem Haus kommt eine ältere Frau, sie läuft auf Kraschinski zu und ringt die Hände. »Herr Kraschinski, Herr Kraschinski!« ruft sie und ist ganz außer sich. »Da draußen sind Russen, mit einem Wagen! Sie wollen unser Haus ausräumen!«

»Beruhigen Sie sich doch, Frau Kroll«, sagt Kraschinski.

»Sie haben gut reden«, jammert Frau Kroll. »Aber wenn das Haus leer ist . . .«

»Woher wissen Sie, daß Ihr Haus geräumt werden soll?«

»Wie Sie auch fragen!« ruft Frau Kroll. »Lieber Herr Kraschinski, reden Sie doch mit ihnen, sie klingeln wie verrückt und rufen, und weil ich nicht aufgemacht habe, haben sie versucht, über den Zaun zu klettern . . . O Gott, da sind sie schon!«

Kraschinski wendet sich den zwei russischen Soldaten zu, älteren Männern mit langen Schnurrbärten, und fragt, ohne sich zu erheben: »Schto slutschillos, towaritschi?«

Die Soldaten lächeln und weisen auf die Eimer, die sie in den Händen tragen. »Woda, dla lossadij«, sagt einer von ihnen. »Ponimai?«

Kraschinski lacht hell auf. »Gehen Sie schon ins Haus, Frau Kroll, und ziehen Sie sich aus, die beiden haben sich in Sie verliebt.« Dann fügt er ernster hinzu: »Sie wollen Wasser für ihre Pferde, das ist alles.« Er wendet sich wieder an die Russen und deutet auf die Pumpe. »Tut!«

»Es hätte doch sein können«, murmelt Frau Kroll und geht mit gesenktem Kopf wieder in das Haus.

Kraschinski blickt ihr nach. »Die Alte kann vor Angst um ihren Besitz nicht mehr schlafen. Was meinst du, Rauer, wie oft die nachts durchs Haus geht, um nachzusehen, ob auch alle Türen und Fenster geschlossen sind. In jedem russischen Soldaten sieht sie einen Räuber, der es auf ihr Mahagonibüfett abgesehen hat. Dabei hat sie noch kaum ein Stück eingebüßt. In den ersten Tagen hat ein Major bei ihr gewohnt, und der hat – ich weiß nicht, ob aus Versehen oder absichtlich – das Bettlaken mitgenommen. Das kann und kann sie nicht verschmerzen. Ach ja, im Tran hat er einen Spiegel zerschlagen und den schönen Teppich vollgekotzt.« Er schiebt die Unterlippe vor und nickt ein paarmal. »Natürlich ist die Angst der Leute nicht unbegründet, es ist ja genug vorgekommen, und es passiert immer noch viel.« Er sucht Rauers Blick, um die Wirkung seiner Worte zu ermessen. »Es muß schwer sein für euch, die ihr jetzt die Deutschen mit neuen Ideen regieren und zugleich mit den Russen gut Freund sein wollt – oder sein müßt. Hat sich nicht herausgestellt, daß der verflossene Goebbels mitunter auch die Wahrheit gesagt hat?«

»Sprich nicht so viel«, mahnt Frau Kraschinski und nickt den russischen Soldaten zu, die mit gefüllten Eimern den Garten verlassen. »Ich werde denen aufschließen, damit sie die schöne Farbe von Frau Krolls Zaun nicht beschädigen.«

Rauer ist von Kraschinskis Frage betroffen, und da er keine Antwort auf sie weiß, tut er so, als sei sie nur rhetorisch gemeint. Er setzt sich auf das Fußende des Liegestuhls. »Da kann die alte Tante ja von Glück sagen, daß du bei ihr wohnst, mit deinen Sprachkenntnissen.«

»Deshalb hat sie mich ja nur genommen«, sagt Kraschinski lebhaft. »Aus Menschenliebe oder aus Mitleid tut die nichts, wenn's sich nicht gerade um ihre eigene Sippschaft handelt. Sie hat eine entfernte Verwandte aus Schneidemühl aufgenommen, und das hält sie wohl schon für einen Weltrekord an Barmherzigkeit.«

»Du redest ja schon wieder«, sagt Frau Kraschinski vom Weg her und nähert sich rasch. »Er ist das viele Reden gewöhnt, Herr Rauer, und jetzt fällt es ihm natürlich schwer, den Mund zu halten und nur zuzuhören.«

In diesem Augenblick wird es Rauer bewußt, daß er von Kraschinski eigentlich so gut wie nichts weiß, nicht einmal seinen Beruf, und deshalb fragt er jetzt danach.

»Mein Mann ist Lehrer«, sagt Frau Kraschinski. »Oder vielmehr er war es, am Gymnasium in Lublin, aber nach neununddreißig gab es ja keine Gymnasien mehr in Polen, und Volksschulen auch nur sehr wenige. Die Polen sollten nichts lernen, nur arbeiten oder verrecken.«

Rauer blickt betreten beiseite. Er hat die Polen, die das viereckige blaue Abzeichen tragen mußten, stets bedauert, er hat manchem von ihnen in der Untergrundbahn sogar ein paar Zigaretten zugesteckt, damals, als es die Zigaretten noch reichlich gab, aber ... Ja, er hat es mißbilligt, wie die Polen behandelt wurden, er hat sich niemals an den Schimpfreden oder gar an Mißhandlungen beteiligt, und doch ist er mitschuldig geworden, er hat es mitverschuldet, er hat es nun auch mitzuverantworten. Und obwohl ihm das jetzt bewußt wird, will er Kraschinski um Hilfe angehen.

»Nun sagen Sie uns aber endlich, was Sie zu uns geführt hat, Herr Rauer«, sagt Frau Kraschinski. »Sie wollten vorhin gerade ansetzen, als die dumme Kroll dazwischen kam. Sie sagten, wenn Sie meinem

Mann helfen sollten, dann müßte vorher ... Ich weiß es nicht mehr genau.«

»... dann müßte er zuvor mir, uns helfen«, vollendet Rauer den angefangenen Satz. »Ich will es kurz machen.« Er schildert die Situation und sagt dann: »Ist es zuviel verlangt, wenn ich dich bitte, Steinle oder mich oder uns beide zum Kommandanten zu begleiten?«

»Das ist sehr viel«, sagt Frau Kraschinski entschieden, »ich möchte sagen, das ist zuviel verlangt, denn Boleslav könnte sich dabei sehr aufregen, und das ist nicht gut für ihn.«

Kraschinski hat sich, während Rauer sprach, die Brille wieder aufgesetzt und starr in die Sonne geblickt. »Weißt du, Rauer«, sagt er, ohne ihm den Blick zuzuwenden, »daß ich zuerst, damals als die Russen kamen, gedacht habe, jetzt sollen die Deutschen in ihrem eigenen Saft schmoren?«

Die Frage und das Damals deuten ja bereits an, daß er es nicht mehr tut. »Und wie denkst du heute darüber, Kraschinski?« fragt Rauer.

Kraschinski schiebt die Sonnenbrille in die Stirn und richtet den Blick auf Rauer. »Ich denke, daß man euch helfen muß und daß wir uns selbst helfen, wenn wir euch helfen.«

»Und du hilfst auch den Russen«, sagt Rauer rasch.

Kraschinski zieht die Augenbrauen mißbilligend hoch. »Um den Russen zu helfen, würde ich nicht den kleinen Finger rühren«, sagt er wegwerfend. »Nicht den kleinen Finger würde ich krumm machen.«

Rauer starrt ihn wie entgeistert an. »Das ... das versteh' ich nicht«, stammelt er.

Kraschinski schnaubt verächtlich. »Du hältst die Russen wohl für meine Befreier? Für die Befreier Polens womöglich?« fragt er und richtet sich langsam wieder auf.

Rauer ist immer noch so verblüfft, daß er die Frage nicht zu bejahen wagt. Er macht mit dem Kopf eine Bewegung, die der andere für ein Nicken halten kann.

»Was ich dir jetzt sage, mußt du recht verstehen«, sagt Kraschinski langsam und setzt sich auf. »Ihr Deutschen habt uns überfallen und fürchterlich gepeinigt, davon wird nichts abgestrichen, aber wer hat euch dazu ermutigt, ja, wer hat es euch ermöglicht? Und wer ist uns in den Rücken gefallen und hat die Beute mit euch geteilt? Und wer hat die polnischen Partisanen verraten und die Aufständischen in Warschau im Stich gelassen? Und wer ist für die Massengräber von Katyn verantwortlich? Wer? Wer? Wer?«

»Sie müssen jetzt gehen, Herr Rauer«, greift Frau Kraschinski jetzt ein, »mein Mann hat sich schon viel zu sehr aufgeregt. Ich mach' mir schon Vorwürfe, daß ich Sie so lange ...«

Kraschinski winkt mit matter Gebärde ab. »Ich werd' euch helfen, soweit es in meinen Kräften steht«, sagt er, dann läßt er sich wieder zurücksinken.

3.

Ein Stuhl fällt um, wird wieder aufgestellt, und Andrikeit setzt sich

Weidinger hatte Andrikeit auf die Schulter geklopft und dabei gesagt: »Mach dir keine unnützen Gedanken, Franz, *wir* stehen hinter dir.« Dann war Weidinger gegangen, in der Tür hatte er sich noch einmal umgewandt und Andrikeit zuversichtlich angelächelt.

Andrikeit ist allein geblieben, er sitzt immer noch in seinem Sessel, hat das Kinn auf die Brust gesenkt und läßt die Augen über die Muster seines Anzuges hin und her gehen. Wir stehen doch hinter dir, hat Weidinger gesagt und das Wir dabei so auffallend betont, als sei das Wir eine große Macht, und dabei sind es doch nur Weidinger, Fechmann, Burmester und Mühlbauer. Weidinger, der nur daran denkt, wie er aus seiner Stellung den größten Nutzen für sich ziehen kann, Fechmann, dem man nur ins Gesicht zu blicken braucht, um zu wissen, daß ihn keine ehrlichen Absichten leiten, Burmester, der kein schlechter Kerl ist, aber seine bessere Einsicht schließlich doch immer zugunsten seiner Selbstsucht verleugnet, und schließlich Mühlbauer, dessen Absichten bisher nicht zutage getreten sind, der aber ein kühler Rechner ist und hinter seiner höflichen, gelassenen und jovialen Miene sein wahres Gesicht zu verbergen sucht.

Und er selbst, was ist er, Franz Andrikeit, Bürgermeister von Lindenthal? Niemand kann einen Menschen genau kennen, nur sich selber kennt man genau. Aber gerade diese Nähe, diese genaue Kenntnis, dieses intime Vertrautsein mit sich selbst erschwert eine objektive Beurteilung, macht sie schlechterdings unmöglich. Man vermag einen Gegenstand erst dann richtig zu sehen, wenn man ihn in einiger Entfernung vor Augen hat. Man kann den Zusammenklang der Instrumente zu einer Melodie erst dann vollendet vernehmen, wenn man sein Ohr aus der unmittelbaren Nähe eines der Instrumente entfernt hat und dort Aufstellung nimmt, wo der Strom der Töne aller Instrumente zusammenfließt. Oder halte dein Gesicht so dicht an den Spiegel, daß es das Glas berührt, und du wirst nichts erkennen, nicht einmal die Tönung deiner Haut und die Farbe deines Haares, du vermagst kaum, die Regenbogenhaut und die Pupille deiner Augen zu unterscheiden, und es ist ganz und gar unmöglich, dich in Einzelzügen wahrzunehmen und den Charakter deines Gesichts festzustellen. Aber andererseits bist du nicht imstande, dich so weit über dich selbst zu erheben, dich soweit von dir selbst zu entfernen, daß es dir gelänge, die Totalität deiner seelischen und materiellen Existenz exakt zu erkennen und objektiv einzuordnen.

Genauso ergeht es jetzt Andrikeit. Er zeichnet nur Details nach, jene, die ihm als Rechtfertigung vor sich selbst dienen und Anklage erheben gegen die Ungunst der Verhältnisse, die Zufälligkeit der Umstände oder überhaupt den Lauf des Schicksals, das ihn aus der Bahn warf oder ihn auf Nebenwege drängte, ihn in Strudel oder Stromschnellen riß, deren Vorhandensein er erst bemerkte, als er ihren Sog spürte, und denen er sich dann willig ergab, da ihm, wie er sich einredete, nicht die Kraft innewohnte, sich aus ihnen zu befreien. Immer war er überflüssig, wurde er beiseite geschoben und gerade noch geduldet. Der Mutter, die ihn unehelich geboren hatte, war er unerwünscht, den Pflegeeltern ein lästiges Übel. Stets sah er das volle Leben und griff, wenn er nach ihm fassen wollte, ins Leere, oder er hielt nur ein winziges Zipfelchen dessen, was er Leben nannte, in den Händen, und auch dies entglitt ihm stets sehr bald wieder, je mehr er verzweifelte Anstrengungen machte, es festzuhalten. Er begann, das Recht auf Glück und Leben im gemeinsamen Kampf mit anderen zu suchen, aber er gab es bald wieder auf, weil es ihm zu langsam ging, weil es ihm nicht augenblicklich seinen Anteil am Leben auszahlte, weil das Ziel zu fern lag und ihm zu abstrakt schien. So hatte er sich das genommen, was, wie er meinte, ihm vom Schicksal verweigert worden war.

Man müßte ein neues Leben beginnen, die Vergangenheit so abstreifen können, daß sie einem nicht angerechnet wird, daß sie überhaupt nicht mehr als einem zugehörig erkennbar ist. Aber so, wie sich die Schlange häutet und doch die bleibt, die sie ist, weil sich nur ihre Haut erneuert, so hängt einem die Vergangenheit fest an; sie sitzt in den Windungen deines Gehirns, sie hat deinen Charakter gebildet, sie ist mit dir verwachsen. In *deiner* Erinnerung lebt sie, du kannst dich nicht von ihr trennen, selbst wenn es dir gelingen sollte, alle ihre äußeren Merkmale zu beseitigen, einen Auszug aus dem Strafregister etwa oder gar alle Personen, die das Dunkel deiner Vergangenheit aufzuhellen in der Lage sind, jene Leute, die wissen, daß der alte Klassenkämpfer Franz Andrikeit die KPD verlassen hat, als die größeren Chancen bei den Nazis zu liegen schienen. Oder jene Leute, denen bekannt ist, daß die Nazis ihn in ein KZ steckten, weil er als Hausvater des SA-Heims am Roßgärtner Tor Gelder und Lebensmittel veruntreut hatte.

Andrikeit schrickt zusammen und blickt sich um, als könnten Gedanken verräterisch sein, aber er ist nach wie vor allein in seinem Zimmer. So kann er ungestört nachdenken. Jetzt, da er die Schwelle des Greisenalters erreicht oder bereits überschritten hat, hat ihn der Strom des Lebens doch noch nach oben geführt und ihm seinen Anteil überreichlich vergütet. Er hatte sein Schicksal oft beklagt, und doch vermeint er erst in dieser Stunde die ganze Härte, die volle Schwere seines bisherigen Daseins zu spüren. Um so berauschender empfindet er sein gegenwärtiges Leben, er saugt es mit allen Sinnen ein, genießt es, kostet es aus, schmeckt es nach. Zum ersten Mal in seinem Leben lebt er in Luxus, zum ersten Mal gebietet er über Macht, zum ersten Mal glaubt er sein Wesen entfalten zu können. Andrikeit hält den Spiegel, in den er in dieser Stunde blickt, ein wenig weiter von sich ab, so weit, daß das Bild seines Ichs nicht mehr verschwommen, sondern in Einzelheiten deutlicher und an einer Stelle sogar scharf umrissen ist. Andrikeit erkennt die Triebfeder in sich, die Feder, die sich sein Leben lang in ihm gespannt hat und die sich jetzt zu entspannen beginnt. Er ist sein Lebtag unterdrückt worden und hat nie zu gebieten gehabt, jetzt ist er ein Gebieter. Er entsinnt sich plötzlich des betäubenden Gefühls, als er zum ersten Male Gänse zu hüten hatte; da war er, der immer und überall der Letzte war, der Erste, er unterwarf sich die Gänse, er trieb sie erst da und dann dort hin, aus der reinen Freude, sie zu dirigieren, er schlug auf die Tiere ein, um sie seine Macht fühlen zu lassen. Später hatte er Schafe und Kühe getrieben, und Gänse, Schafe und Kühe waren die einzigen Objekte geblieben, die ihm unterstanden hatten, an denen er den Trieb, zu herrschen und zu beherrschen, zu befriedigen und an denen er sich für sein Schattendasein zu rächen vermochte. Niemals war es ihm gelungen, sich auch nur zu einer bescheidenen Macht über Menschen aufzuschwingen. Jetzt erst, da er kaum noch einen Gedanken an die verlorenen Wünsche wandte, war sie ihm zugefallen, und sofort ist der alte Trieb wieder in ihm entfacht worden. Der Luxus, den diese Macht wie zwangsläufig mit sich gebracht hat, ist nur der äußere Ausdruck, er weiß es nun mit Sicherheit. Jetzt, da ihm bewußt wird, daß es die Macht ist, die ihn gereizt und gelockt hat, versucht er, die Fundamente und die Grenzen dieser Macht zu erkennen, und da wird ihm klar, daß beides, Wohlleben und Macht, sich auf dieses Wir gründen, von dem Weidinger vorhin gesprochen hat.

Dieses Wir, das also sind Andrikeits Stützen, und in diesem Augenblick, da Andrikeit zurückschauend auf sein Leben blickt, wird er sich darüber klar, wie leicht diese Stützen wegbrechen werden, sobald sie der ersten ernsten Belastungsprobe ausgesetzt sind. Bisher ist Andrikeit auch stets nur eine solche Stütze gewesen und weiß, wie rasch und wie gründlich er zusammengebrochen ist, wenn auch nur Anzeichen auf eine kommende schwere Belastungsprobe deuteten.

Andrikeit hebt den Kopf mit entschiedener Bewegung. Mögen die Stützen auch schwach und innerlich morsch sein, er wird das Seinige dazu tun, sie zu stärken. Denn eins kann doch nicht sein, daß er Wohlleben und Macht wieder hergeben soll, da er noch kaum davon gekostet hat, da der Geschmack immer noch neu und der Rausch betäubend ist wie am ersten Tag.

Andrikeit steht auf und geht im Zimmer hin und her. Es ist schwer, mit den Gedanken allein zu bleiben, er hat ja keinen Menschen, dem er vertrauen, dem er sich anvertrauen kann. Den Weg zu Steinle hat er sich selbst versperrt.

Andrikeit hat den Blick nicht vergessen, den Steinle ihm nach der Abstimmung zugeworfen hat. Es war nicht der Blick eines, der besiegt worden war, es war ein Blick, in dem überlegener Hohn und höhnische Überlegenheit waren, es war Andrikeit klar geworden, daß Steinle den Kampf weiterführen würde. Wie sollte man ihm begegnen? Ob es Burmester nicht gelingen würde, seine Frau zu sich herüberzuziehen oder von ihr wenigstens zu erfahren, was Steinle plant? Dann könnte man rechtzeitig kontern ...

Ich werde mit Burmester sprechen, entschließt sich Andrikeit, schließlich muß der sich ja auch Gedanken darüber gemacht haben, wie das hier weitergehen soll.

Er verläßt sein Zimmer durch den Ausgang zum Korridor, schließt es ab und geht langsam durch die wartenden Menschen, die ihm bereitwillig Platz machen. Er hält den Kopf hoch erhoben, blickt nicht nach links und nach rechts, und nimmt die Grüße, die ihm geboten werden, mit einem leichten Nicken entgegen. Das ist stets einer der erhebendsten Augenblicke, als Kaiser und Tribun durch die Menge zu schreiten, sich über sie erhaben zu fühlen und ihr gebieten zu dürfen im Namen der Diktatur des Proletariats. Die Leute mögen ihn hassen oder verachten, aber sie grüßen ihn. Er ist nicht mehr irgendeiner, er ist jetzt jemand, er wird beachtet, gleichgültig, ob mit Respekt, Unterwürfigkeit oder nur geheuchelter Achtung. Die schlechtesten Früchte sind es nicht ... Im gleichen Augenblick erinnert er sich auch Steinles Bemerkung von den Schmeißfliegen, die sich auf dem Aas sammeln.

Ach was, das sind Sprüche, denkt er und klinkt die Tür zu Burmesters Zimmer auf.

Burmester schiebt ein Stück Brot in den Mund und knüllt das Papier, in dem es eingewickelt war, zusammen. »Ah, der Bürgermeister«, sagt er überrascht. »Was ist denn los, Franz?«

Der hätte ruhig aufstehen können oder wenigstens so tun, als wollte er es. »Ich möcht' mit dir was bereden, Burmester«, sagt er kurz, zieht sich einen Stuhl heran und setzt sich.

»Dann schieß nur los«, sagt Burmester, wischt die Brotkrümel vom Tisch, wendet sich Andrikeit zu und kreuzt die Arme über der Brust. »Aber mach's kurz, ich hab' allerhand zu tun.«

Andrikeit runzelt die Stirn. Einen Ton nimmt der sich heraus. Schließlich bin ich doch hier Bürgermeister, und er ist mein Untergebener; das wenigste, was ich zu verlangen habe, ist doch Höflichkeit, aber Burmester ist ein Flaps, der lernt es wohl nie, der kann sich nur klein und häßlich machen oder das Maul ganz groß aufreißen, einen Mittelweg kennt der wohl nicht. Aber soll ich ihn jetzt erzürnen, indem ich ihm die Leviten lese? Ich bin ja hergekommen ...

»Ja, ich will mich kurz fassen, Burmester«, sagt er versöhnlich. »Sag mal, hast du dir schon einmal Gedanken darüber gemacht, wie das hier weitergehen soll?«

Burmester hebt die Schultern. »Hm?« brummt er unwillig. »Wie meinst'n das?«

Andrikeit stemmt die Hände auf die Knie und beugt sich weit vor. »Tu bloß nicht so, du weißt ganz gut, wie ich das meine. Unsere Position hier ist nicht so stark, daß wir uns beruhigt auf die Bärenhaut legen können. Oder glaubst du, daß Steinle Ruhe geben wird?«

»Nee«, sagt Burmester verächtlich, »der ist doch der geborene Stänker.«

Ist der Burmester so dusslig oder tut er nur so? Steinle ist kein Stänker. Ein Stänker ist einer, der nichts kann und nichts weiß und querschießt, weil er sich nur so bemerkbar machen, nur so sein innerliches Rumoren loswerden kann. Steinle aber ist gefährlich, weil hinter seinem Tun eine Idee steht und ein Wille, diese Idee in die Tat umzusetzen. Aber das begreift der Burmester wohl nicht.

»Ich weiß, du hast vor dem Hundekopf Angst«, sagt Burmester nachsichtig, er lehnt sich weit zurück und beugt sich auch nicht vor, wenn er spricht. »Ich weiß, was du sagen willst, Franz. Wir alle haben ein bißchen Angst vor ihm. Stimmt schon, will ich gar nicht bestreiten, aber du machst auch den Fehler, den Hundekopf zu überschätzen. Was kann er denn schon machen? Heute hat er vier zu fünf verloren, morgen kann er, wenn Ziegler wiederkommen sollte, ein fünf zu fünf erreichen, und dann gibt deine Stimme den Ausschlag. Im übrigen hat immer noch der Kommandant das letzte Wort, was immer wir auch beschließen. Und wem glaubt der Kommandant? Dir und mir! Und weshalb? Weil wir alle seine Befehle prompt ausführen und Verständnis haben für seine ... sagen wir private Bedürfnisse. Was soll da also passieren?«

Der sieht auch nicht über seine eigene Nasenspitze hinweg. »Aber ob das so bleibt?« fragt Andrikeit und forscht in Burmesters Zügen.

Burmester hebt die Hände und läßt sie auf die Lehne seines Sessels fallen. »Ich bin kein Prophet«, sagt er gelassen, »mir genügt es, daß wir *vorläufig* die Macht in der Hand haben. Was später wird ... Ich hab' ja gar nicht die Absicht, ewig hier zu sitzen. Im Gegenteil, je eher ich mich auf eigene Beine stellen kann, um so besser.«

Andrikeit fühlt, wie sein Unterkiefer zu zittern beginnt, er bemüht sich, die Muskeln in seine Gewalt zu bekommen, aber je mehr er sie anspannt, umso heftiger bebt seine Kinnlade. Er rettet sich in einen überlauten Husten, um das Klirren seines Gebisses zu übertönen. »Was ... was meinst du damit?«

»Na, ganz einfach, Franz«, erwidert Burmester und gibt sich den Anschein der Überlegenheit. »Ein Leben ohne Politik, als Kaufmann oder so. Marta hat mich mit Politik überfüttert. Alles, was ich tat, mußte ich, wie sie immer sagt, unter politischem Aspekt sehen und tun, bei jedem Dreck kam es auf den Klassenstandpunkt an. Ich hab' die Nase voll davon.« Er schnaubt verächtlich. »Weißt du, Franz«, fährt er dann fort und begleitet seine Worte mit gestrecktem Zeigefinger, »ich bin hier ganz gern eingestiegen. Vielleicht bist du doch noch mal zu was nutze, hab' ich mir gesagt. Aber dann habe ich erkannt, was wir für eine Scheißpolizei sind, ja, Scheißpolizei. Da werden Frauen aufs Kreuz gelegt, sie schreien, daß man es ein paar Straßen weit hört, aber wir greifen nicht ein, weil unser Befreier, unsere Klassenbrüder, unsere Genossen ja auch mal ihren Spaß haben müssen, nicht wahr? Da werden den Leuten die Fahrräder unterm Hintern weg geklaut, und wir gucken da zu wie bei 'nem Fußballspiel. Da klettern unsere Freunde über die Zäune und säbeln die Obstbäume ab, weil sie 'n kleines Feuerchen machen wollen, und zu mir kommen die Leute und flehen um Schutz. Sie sind doch Polizei, sagen sie, helfen Sie uns, meine Schwiegertochter liegt doch noch im Wochenbett oder meine Enkelin ist erst zwölf Jahre und sehr zart. Und was kann ich da tun? Gar nichts kann ich tun, ich bin genau so machtlos wie sie selber. Aber das sag mal den Leuten. Da kommst du dir vor wie ... wie ... ach, ich weiß nicht wie.«

Andrikeit ist, je länger und je erregter Burmester spricht, immer mehr in sich zusammengesunken, dann richtet er sich wieder ein wenig auf. »Doch, Burmester, du kannst was tun. Du kannst zum Kommandanten gehen.«

Burmester lacht schallend auf, als habe Andrikeit einen guten Witz gemacht. »Ich kann zum Kommandanten gehen«, stimmt er ironisch zu, »stimmt, das kann ich, und ich hab's auch getan. Und das Ergebnis? Null Komma nischt! Erst hat es ewig gedauert, bis der Genosse Kommandant mich zu empfangen geruht hat, und dann hat er lange hin und her gefragt, ehe er 'ne Patrouille losgeschickt hat. Inzwischen war natürlich alles vorbei. Und was ist mit unseren beiden Polizisten Wiegner und Güttner geschehen? Das weißt du doch. Oder nicht?«

Wiegner und Güttner, denkt Andrikeit, waren das nicht die beiden Polizisten, die ein paar Russen entgegengetreten sind, als sie am Mühlgraben ein junges Mädchen in ihren Jeep zerren wollten? Er nickt Burmester nur zu. Was soll er dazu noch sagen?

»Siehst du«, sagt Burmester und spuckt auf den Fußboden, »so eine feine Polizei sind wir. Wenn wir ein Verbrechen verhindern wollen, dann kriegt man uns selber ran, dann sind wir verkappte Faschisten, Werwölfe oder sonst was, dann leisten wir der Besatzungsmacht Widerstand. Wiegner und Güttner sind bis heute nicht wiedergekommen. Weiß der Himmel, wo sie hingebracht worden sind.« Er schüttelt energisch den Kopf. »Ich will damit nichts mehr zu tun haben, ich will mich endlich frei bewegen können, ohne Rücksicht auf die verdammte Politik zu nehmen, auf die Ideologie, auf die

Parteilinie oder sonstwas. Und das kann ich nur, wenn ich selbständig bin, eben als Kaufmann oder so.« Er unterbricht sich, um Andrikeit bedeutungsvoll anzusehen, und fügt dann hinzu: »Oder als Fuhrunternehmer zum Beispiel.«

Weshalb betont er das so merkwürdig? Ach, sieh an, der macht wohl mit Weidinger halbe-halbe. »So wie Weidinger?« fragt er vorsichtig.

Burmester nickt mit bedächtigen Bewegungen. »So ungefähr, Franz.«

Daß der mit Weidinger Kippe macht, kann mir ja egal sein, aber die sollen nun nicht denken, daß sie einfach abhauen können, wenn sie ihr Schäfchen im Trocknen haben, das muß er denen schleunigst beibringen. Aber das will er ihnen nicht so direkt sagen oder nur, wenn es nicht anders geht. »Weshalb hast du dich denn gleich wieder mit der Politik eingelassen, Burmester?« fragt Andrikeit vorerst.

Burmester kreuzt wieder die Arme über der Brust. »Das will ich dir sagen. Bisher hat mir die politische Arbeit, in die Marta mich hineingezogen hat, nichts eingebracht, im Gegenteil, sie hat mir Mühe verursacht, mich in Gefahr gebracht und mich Geld und Nerven gekostet. Jetzt bringt mir die politische Arbeit (denn was wir hier im Rathaus machen, ist ja wohl Politik) zum ersten Mal etwas ein oder sie wird etwas einbringen, und wenn ich denke, daß es reicht, dann schmeiß ich den Kram hin. Dir gehts doch auch so, Franz.«

Ob es Sinn hat, dem klar zu machen, daß ich auf das, was er Privatleben nennt, pfeife, daß mich ganz etwas anderes reizt? »Ich glaube, du irrst dich«, sagt Andrikeit langsam, endlich hat er seine Kinnladen wieder in der Gewalt, aber seine Stimme klingt seltsam flach, denn er beißt die Backenzähne fest aufeinander und spricht durch die Vorderzähne. »Mir geht es gerade um die Politik, als ein Mittel, die Menschen zu beherrschen. Weißt du, was Macht ist? Hast du schon einmal davon gekostet?«

Burmester lächelt geringschätzig. »Das langweilt mich, Franz, wir sind nun mal nicht alle gleich. Aber wenn du dich nur für die Macht interessierst, wie du behauptest, weshalb hast du dir denn das große Haus zugelegt, die noble Kleidung, dein Gebiß und was weiß ich?«

»Ganz einfach«, antwortet Andrikeit belehrend. »Weil es dazu gehört. Das alles wäre gar nichts, wenn ich zu Hause sitzen müßte und nichts zu sagen hätte, du magst es mir glauben oder nicht.«

Burmester bewegt den Kopf hin und her. »Das hast du dir doch bloß so zurechtgelegt«, sagt er zweifelnd, »als Rechtfertigung oder

Beschwichtigung vor dir selber, ist mir auch egal. Wir brauchen doch nicht Versteck zu spielen, Franz, und deshalb frage ich dich allen Ernstes: Hast du noch nie daran gedacht, daß wir eines Tages türmen müssen? Und hast du dich auf diesen Tag noch nicht vorbereitet?«

Andrikeit blickt ihn ratlos und verwirrt an; sein Unterkiefer beginnt wieder zu zittern, in seinem Hinterkopf macht sich ein Stechen bemerkbar, der Schmerz strahlt bis in die Nackenwirbel. »Ihr ... ihr wollt mich im Stich lassen?« bringt er mühsam hervor.

Burmester lacht höhnisch auf. »Wenn ich sage, daß *wir* türmen müssen, dann meine ich auch *dich*. Hast du noch nicht daran gedacht, daß wir eines Tages einen anderen Kommandanten bekommen können? Dann ist deine Macht nicht sooo viel wert.« Er knipst mit den Fingern ein Stäubchen von seinem Ärmel. »Von denen regiert doch jeder nach seinem eigenen Pomuchelskopp, von denen ist doch jeder ein kleiner Stalin.« Er schüttelt den Kopf. »Ich muß mich doch sehr wundern, Franz. Wird dir der Boden hier nicht auch langsam zu heiß unter den Füßen? So lange du bei ihnen in Gnade stehst, weil du willig bist und sie dich gebrauchen können, solange ist alles gut. Aber weh dir, wenn du auch nur einmal ihr Mißfallen erregst, dann bist du erledigt, dann kriegen sie dich beim Schlafittchen, dann bist du sofort ein Verräter, ein Klassenfeind, ein Faschist, und dann ab mit dir nach Sibirien.«

Andrikeit ist zumute, als ob er aus einem tiefen Rausch erwacht. So ähnlich ist es ihm damals ergangen, als er – unter Alkohol stehend – von einem Auto überfahren wurde und erst wieder zu sich kam, als er nach der Operation im Krankenzimmer aus der Narkose erwachte. Er hatte zuerst überhaupt nicht zu begreifen vermocht, wo er sich befand und wie er an diesen fremden, ihm völlig unbekannten Ort geraten war. Die letzte Erinnerung, die sein Hirn bewahrte, war die an eine Flasche Goldwasser, die herumgereicht wurde und die er der Einfachheit halber vor den Kopf genommen hatte; das letzte Gefühl, das in seinem Körper kreiste, war das Gluckern und Brennen der bitteren Flüssigkeit in seiner Kehle. Es hatte langer Erklärungen bedurft, bis ihm klargemacht werden konnte, wie er in das Krankenhausbett gelangt war (ganz hatte er es übrigens nie begriffen, da er die Vorgänge, die ihm berichtet wurden, als außerhalb seines Bewußtseins empfand). Er konnte sich mit der neuen Situation, in die er gelangt war, nicht abfinden, sie erschien ihm stets (auch in seiner späten Erinnerung noch) irgendwie unwahrscheinlich und unwirklich und als nicht mit der Realität vereinbar.

So ähnlich ergeht es Andrikeit jetzt. Er ist in Lindenthal Bürgermeister geworden, fast ohne sein Zutun, er war in die Macht gewissermaßen hineingetorkelt. Er hatte zwar bald begriffen, daß er im Besitz der Macht war, aber ihm war doch stets so, als treibe er auf einem ruderlosen Floß, und jetzt, da er die Herrschaft über das Floß zu gewinnen im Begriff ist, muß er bemerken, daß er nicht auf einem Floß steht, sondern sich nur an einen dahintreibenden Stamm klammert, dessen Schnelligkeit und Richtung zu bestimmen nicht in seiner Macht liegt.

»Ja, Franz«, sagt Burmester und heuchelt Besorgnis, »wenn du noch nicht daran gedacht hast, daß hier eines Tages Feierabend sein muß, dann wird es langsam Zeit. Ich hab' jedenfalls vorgesorgt. In der vorigen Woche hab' ich in Berlin 'ne junge Witwe kennengelernt, eine süße Puppe. An der ist alles dran, was man sich nur wünschen kann, sie hat 'ne schöne Dreizimmer-Wohnung, aber die ist fast leer, weil die lieben Nachbarn sie ihr ausgeräumt haben, als sie während der Kämpfe im Zoo-Bunker war. Siehst du, bei der will ich mich häuslich niederlassen, ich lasse die Wohnungseinrichtung, die ich gestern bei dem Obernazi Hallbauer beschlagnahmt habe, zu ihr bringen, Weidinger besorgt mir das, und ich bin neu gesettelt, wie die Engländer sagen.«

Die *wollen* mich nicht im Stich lassen, denkt Andrikeit, die haben es schon getan, aber es gibt noch Mittel und Wege ... Er richtet sich auf und sammelt alle Energie und allen Willen, die er noch besitzt, in seiner Stimme. »Es gibt noch Mittel und Wege, das zu verhindern!« sagt er drohend.

Burmester kneift ein Auge zu und lächelt bösartig. »Willste mir drohen, Franz? Du, das kann dir schlecht bekommen. Ich hab' als Polizeichef das Recht, Verhaftungen vorzunehmen, wenn ... na, zum Beispiel wenn Verdunklungsgefahr besteht, und ich würd' auch nicht davor zurückschrecken, sogar dich vorübergehend einzulochen.« Die Gelassenheit, mit der er diese Drohung ausspricht, läßt sie nur um so gefährlicher erscheinen.

Andrikeit steht so hastig auf, daß er dabei den Stuhl umwirft. »Du«, sagt er laut und keucht vor Wut, »leg dich nicht mit mir an!«

Die Drohung des Alten vergeht wie eine Schneeflocke im Mai. Burmester schlägt die Beine übereinander und lächelt geringschätzig. »Glaubst du, ich hab' Angst vor dir? Wer biste denn schon, Franz? Schön, du bist Bürgermeister, aber morgen oder übermorgen oder nächste Woche bist du es vielleicht nicht mehr. Oder weißt du, wie lange die Herrlichkeit noch dauert? So wie du als Bürgermeister eingesetzt worden bist, genau so kannste wieder abgesetzt werden. Und was biste dann? Ein ganz kleines Würstchen!«

Andrikeit ballt die Fäuste. »Nein!« schreit er, und in jedem Zuge seines Gesichts sind Angst und Unsicherheit. »Ich bin Bürgermeister und will es bleiben! Meinetwegen nehmt mir das Haus weg und alles, was dazu gehört, ich scheiß drauf, aber Bürgermeister will ich bleiben!«

»Von mir aus kannste es bis in alle Ewigkeit bleiben, Franz«, sagt Burmester gelassen. »Die Frage ist nur, ob ... Hör mal gut zu, Franz. Setz dich nur wieder. Wenn ich dir das alles gesagt habe, dann nicht, um dich zu kränken, sondern um dich zu warnen. Erinnere dich. Habe ich vorhin nicht gesagt, daß wir dich stützen, solange es nur irgend möglich ist?«

Andrikeit hat den umgestürzten Stuhl mit zitternden Händen wieder aufgerichtet und sich widerstrebend gesetzt. »Ja, das hast du gesagt, Burmester«, stimmt er zu, »aber gilt das auch?«

»Es gilt!« sagt Burmester bestimmt. »Du hast dir doch im Grunde nichts zuschulden kommen lassen. Vielleicht hast du da und dort einen kleinen Fehler gemacht, aber wer macht den nicht? Du hast eine einwandfreie politische Vergangenheit ... Die hast du doch, nicht wahr?«

Andrikeit will nicken, aber es gelingt ihm nicht, sein Genick ist plötzlich wie versteift, er muß, um eine dem Nicken ähnliche Bewegung zustande zu bringen, den ganzen Oberkörper vor und zurück bewegen. Ich bin in der SPD und später in der KPD und während der Nazizeit im KZ gewesen, will er sagen, aber die Zunge ist ihm plötzlich so gequollen, daß er gerade noch mühsam ein Ja formen kann.

Burmester schickt Andrikeit einen langen Blick zu, als wollte er sagen, daß die Bestätigung nicht sehr überzeugend geklungen hat, aber er sagt nichts dergleichen, sondern fährt im gleichen Ton wie vorher fort: »Ich sehe also gar keine Veranlassung, daß du nicht Bürgermeister bleiben solltest. Wenn wir oder einige von uns nicht mehr hier sind, magst du das, was man dir vorwerfen sollte, getrost auf uns schieben. Nur ...« Er zögert und legt dann eine Hand auf Andrikeits Knie. »Nur mußt du uns noch ein bißchen freie Hand lassen, Franz. Es wäre doch gelacht, wenn wir uns nicht verständigen würden. Du willst die Macht kosten, schön, sollste haben. Und ich will mal was besitzen, was ich bisher noch nicht besessen habe, soll ich das etwa nicht haben? Was dir recht ist, Franz, ist mir billig, das mußte doch einsehen.«

Andrikeit ist noch zu benommen, um Burmester ganz zu verstehen, aber so viel begreift er doch, daß er und Burmester noch ein gut Stück Weges gemeinsam gehen können, wenn ihre Ziele auch weit auseinander liegen. Es fragt sich nur, wann ihre Wege sich gabeln werden. Er möchte nun auch seinerseits noch einige Bedingungen stellen, aber er vermag sie noch nicht zu formulieren. Er nickt daher nur bestätigend und macht eine zustimmende Handbewegung.

»Na siehst du«, sagt Burmester erfreut und legt auch seine andere Hand auf Andrikeits Knie, »ich wußte doch, daß wir uns verständigen werden.«

4.

Edith Ziegler geht in die Höhle des Löwen

Eschenstraße 27, hier wohnt er also. Edith blickt auf das kleine Haus, als müsse es irgendein Kennzeichen tragen, daß Herbert Rauer hier zu Hause ist. Sie mustert den Zyklopensockel des Zaunes, die halbrunden, dunkelbraunen Latten des Stakets, läßt den Blick über die Zaunplanke und das Kartoffelbeet im Vorgarten zum Hause hinübergleiten und tastet jede Einzelheit ab, den hellgrauen Sandsteinbewurf, die weißen Fensterrahmen, hinter denen sich das fremde Leben verbirgt, die schmalen Fledermausfenster des Dachs, die wie tückische Schlitzaugen argwöhnisch auf der Lauer zu liegen scheinen, die Dachluke, die wie ein heimlicher Einstieg in eine Höhle ist. Wer Edith Ziegler hier vor dem Haus der Frau Nowak stehen sieht und in ihre Augen blickt, der möchte meinen, daß das Mädchen zum ersten Mal vor einem Hause steht, die Bedeutung seiner Einzelheiten zu ergründen und in sinnvolle Beziehung zueinander zu setzen versucht oder es doch wenigstens mit Bewußtsein betrachtet. Aber dem ist keineswegs so.

Ediths Blick nimmt nichts wahr, kaum daß sie das Klavierspiel hört, das aus einem der offenen Fenster dringt. Die Minuten, die sie hier vor der Gartenpforte verbringt, dienen auch nicht nur dazu, wieder zu einem gleichmäßigen Atem zu gelangen (denn sie hat den Weg vom Rathaus zur Eschenstraße fast laufend zurückgelegt), sie dienen vor allem der inneren Sammlung. Ediths Herz pocht nicht nur hart und ungebärdig der ungewohnten physischen Anstrengung wegen, es ist so unruhig, weil die Erregung der Seele des Mädchens das Blut in heftigen Stößen durch die Adern zur Herzkammer treibt.

Edith hat, nach der Beendigung der Sitzung beim Bürgermeister, wie betäubt dagesessen. Sie hat auf Andrikeits Fragen kaum oder nur verwirrt zu antworten gewußt und sich erst wieder ermuntern können, als Andrikeit zu Burmester gesagt hat: »Das ist kein Zufall, daß Ziegler und Rauer heute nicht hier waren. Die haben zusammen mit Wohnungen geschoben, das ist doch klar. Die beiden sind reif zum Abschießen.« Dabei hat in Andrikeits schmalen Augen ein böser Ausdruck gefunkelt, seine knochigen, faltigen Hände haben sich zusammengekrallt, als hielten sie eine Beute fest, um sie zu zerdrücken. Burmester hatte dazu zynisch gelacht und von »Aufräumen« und von »nützlicher Arbeit« gesprochen. Edith hatte sich an die Schreibmaschine geklammert, um nicht vom Stuhl zu sinken, und so getan, als seien die Hebel der Maschine in Unordnung geraten. Als Burmester und Andrikeit hinausgingen, hörte Edith gerade noch, wie Burmester von »ein paar Leute losschicken« sprach, und daß Andrikeit ihm etwas von »aufs Ganze gehen« und »Halali« nachrief.

Ich muß sie warnen, Vati und Herbert, das war der erste klare Gedanke, der in ihr auftauchte, und dann war es in ihr lichter geworden: der Gedanke wurde zum Entschluß. Sie lief zuerst ins Erlenholz, aber der Vater war immer noch nicht nach Hause gekommen, sie sagte der Großmutter Bescheid: »Die Banditen führen etwas gegen Vati im Schilde«, und es sei zunächst angebracht, daß der Vater sich nicht zu Hause aufhalte. Dann war sie zum Rathaus zurückgelaufen, aber Rauer hatte sich dort inzwischen nicht blicken lassen. So entschloß sie sich, nach der Eschenstraße zu laufen, um Rauer zu warnen, obwohl sie wußte, daß es ein schwerer Gang war, denn sie würde möglicherweise, wahrscheinlicherweise mit Herberts Frau zusammentreffen. Aber sie hatte alle Bedenken zurückgedrängt; in ihr war nur ein Gedanke, der alles andere überwog: Herbert darf Burmester nicht in die Hände fallen, der war jetzt zu allem entschlossen.

Edith preßt beide Hände auf die Brust, aber dann gibt sie es auf, die Benommenheit ihres Gehirns, das Rasen ihres Herzens zu beschwichtigen, und drückt auf den Klingelknopf. Mag seine Frau denken, was sie will (und es ist ziemlich klar, was sie denkt, und ich an ihrer Stelle würde wahrscheinlich die gleichen Gedanken haben), hier geht es um mehr als um Eifersucht und Liebe. Als Edith den Klingelknopf losläßt, ist ihr, als hätte sie das Schicksal nunmehr unwiderruflich herausgefordert.

Ich hätte auch zu Alfons Steinle gehen können, fällt ihr ein. Der hätte sicher Mittel und Wege gefunden. Das Klavierspiel ist jäh beendet worden, eine Tür klappt. Da ist sie! Ediths ganzer Körper ist nur Herzschlag, vom Haaransatz bis in die Zehenspitzen.

Gerda Rauer ist mit raschem Schritt auf das Gartentor zugekommen. Sie mustert Edith kühl und fragt kurz und hart: »Sie wünschen?«

Edith umklammert die Klinke der Pforte. »Ist Herbert zu Hause?« fragt sie. Wieviel Mühe ihre Zunge hat, diese Worte zu formen.

Über Gerdas gerader Nase schieben sich die Augenbrauen dicht zusammen. »Herbert?« fragt sie scharf. »Sie meinen meinen Mann? Nein, er ist nicht hier. Weshalb fragen Sie?«

Edith wirft einen Blick auf die kleine, verwachsene Frau, die hinter dem Hause hervorkommt und sich im Vorgarten zu schaffen macht. »Ich kann Ihnen das hier nicht sagen«, stößt Edith hervor.

Gerda schließt die Pforte auf. »Gut, dann kommen Sie herein«, sagt sie wie befehlend. »Ich habe ohnehin mit Ihnen zu reden, Fräulein Ziegler. Sie gestatten, daß ich vorangehe.«

Edith folgt ihr. Sie ist nicht ruhiger geworden, ihr Herz stampft noch in schwerem Takt, aber in ihrem Kopfe wird es klarer. Wie schlank die Frau ist, und hübsche Beine hat sie, ihr Gang ist anmutig und doch fest und sicher. Das hellbraune Haar fällt in einer schönen Welle in den Nacken, sie trägt den Kopf hoch erhoben und blickt sich nicht ein einziges Mal um. Es ist etwas Feindseliges in ihrer Haltung und in ihrem Gang. So etwa schreitet ein Wärter einem Gefangenen voran, den er, innerhalb der unübersteigbaren Mauern des Gefängnisses, in seiner Gewalt weiß, und den er nur noch in seine Zelle zu führen hat.

Ich hätte doch Steinle fragen oder Mausolf schicken sollen, denkt Edith, während sie über den Gartenweg geht und die Verandatreppe emporsteigt. Aber kann man eine solche Aufgabe einem anderen übertragen? Als sie durch die Veranda und über einen Korridor gehen, ist Edith zumute, als sei sie schon geschlagen, bevor der erste Streich geführt worden ist.

In dem Zimmer, dessen Tür Gerda Rauer öffnet, sitzt ein Knabe am Tisch und schreibt. Herberts Sohn, durchfährt es Edith, sie leitet es nicht nur daher, daß der Knabe eben hier in diesem Zimmer sitzt, er hat Herberts Gesicht, in jeder Einzelheit, nur die Farbe des Haares hat er von der Mutter.

»Geh in den Garten, Peter«, sagt Gerda weich. »Du kannst deine Schularbeiten nachher fertigmachen.« Dann wendet sie sich an Edith. »Nehmen Sie Platz«, sagt sie eisig und fügt, als der Knabe das Zimmer verlassen hat, hinzu: »Was wünschen Sie also?«

»Herbert ist in Gefahr«, sagt Edith hastig, »er darf nicht zu Hause sein, wenn ...«

Von Gerdas Gesicht fällt die Starre der Zurückhaltung ab, Angst ist jetzt in ihren Zügen. »Was denn? Sprechen Sie doch, Fräulein Ziegler!« drängt Gerda.

»... wenn die Polizei kommt«, vollendet Edith den angefangenen Satz.

»Was ist denn geschehen, um Gottes willen?« ruft Gerda erschrokken. »Was hat Herbert denn getan?«

Sie liebt Herbert, denkt Edith, sie ist nicht nur mit ihm verheiratet. Jetzt, da sie ihn in Gefahr weiß, hat sie alle Eifersucht vergessen, obwohl ich ihr gegenübersitze, obwohl sie glaubt, daß Herbert sie mit mir betrügt oder wie sie das sonst nennt. »Beruhigen Sie sich, Frau Rauer«, sagt sie. »Herbert hat nichts getan, ich weiß jedenfalls von nichts. Aber ...«

Edith zögert. Sie hat, wie vorhin zu ihrer Großmutter, sagen wollen, daß die Banditen einen finsteren Plan ausgeheckt haben, aber das kann sie *hier* nicht sagen. Großmutter ist eine alte Arbeiterfrau, die versteht das, die weiß, daß es auch bei uns Lumpen und Banditen gibt, aber *die hier* würde es mißverstehen, die ist keine Genossin, die weiß vielleicht nicht einmal, was das ist. »Aber es sind da Intrigen«, spricht Edith weiter, »und ich möchte nicht, daß Herbert ihnen zum Opfer fällt.«

Gerda lacht bitter auf. »Ich denke, das ist vorbei?«

Muß ich sie belehren? Kommt sie denn nicht von selbst darauf? »Wie sollte es denn schon vorbei sein?« fragt Edith. »Die Nazis haben zwar die Macht verloren, sie regieren nicht mehr, aber in den Köpfen der meisten Menschen ist die neue Zeit noch lange nicht angebrochen.«

»Anscheinend nicht einmal bei den neuen Herren im Rathaus«, wirft Gerda spöttisch ein.

»Leider ja«, fügt Edith zu. »Es gibt immer Glücksritter, aber sie dürfen sich darauf verlassen, daß wir sie rauswerfen werden.«

»Oder sie euch«, bemerkt Gerda sarkastisch. »Der Anfang scheint ja bereits gemacht.«

»Ich muß zugeben, daß wir gegenwärtig in der Defensive sind«, sagt Edith bekümmert; dann fügt sie lebhafter hinzu: »Aber das ändert sich bald, sehr bald. Alfons Steinle ist einer von denen, die sich nicht beiseite drängen lassen.« Wir sitzen uns hier gegenüber und sprechen über ganz allgemeine Angelegenheiten, denkt sie, während sie von Steinle spricht, und dabei sind andere Dinge noch nicht ausgesprochen. Ich könnte ja jetzt gehen, ich habe die Warnung überbracht, das ist alles, was ich tun konnte, ja, ich könnte jetzt gehen, bevor das Gespräch unangenehm wird, aber sie läßt mich ja doch nicht entkommen. Wie sie schon dasitzt, wie auf der Lauer, sie hört zwar zu, aber nur, um mir ins Wort zu fallen, aggressiv, höhnisch, verletzend, aber ich darf mich von ihr nicht reizen lassen, ich muß mich in der Gewalt haben. »Ich halte es daher für richtig«, schließt sie, »daß Herbert für ein paar Tage nicht zu Hause ist.«

Gerda lächelt herausfordernd. »Vielleicht soll er solange bei Ihnen wohnen?« fragt sie so ruhig, als erkundige sie sich nach einer unbekannten Straße. »Das könnte euch so passen!« bricht sie dann los.

Wie häßlich verzerrt ihr hübsches Gesicht ist. Was will sie denn von mir? denkt Edith bestürzt. Mein Gott, hat sie denn den Ernst der Situation nicht begriffen? »Frau Rauer«, sagt sie sich bezwingend, »es geht hier nicht um . . .«

Gerda schlägt die Beine übereinander und zieht ihren Rock über den Knien glatt. »Ich laß mich nicht für dumm verkaufen, verehrtes Fräulein Ziegler«, sagt sie drohend und fügt dann, als sei sie nur mäßig interessiert, eine Frage sachlich an: »Wie oft haben Sie schon mit ihm geschlafen?«

Edith springt auf. Sie fühlt wie die Röte der Empörung und des Zornes ihr ins Gesicht schießt. »Frau Rauer!« ruft sie und will noch weiter reden, sie möchte schreien, aber sie weiß dem, was in ihr wühlt, keine Worte zu geben. Sie schlägt die Zähne in die Unterlippe und sinkt wieder auf den Stuhl zurück. »Frau Rauer«, sagt sie endlich mit leiser Stimme, »zwischen Herbert und mir . . .« Zwischen Herbert und mir ist nichts, hat sie sagen wollen, aber ihr ist eingefallen, daß das nicht die Wahrheit ist, und sie will nicht lügen, das hier ist eine Stunde, in der man die Wahrheit sagen muß, rücksichtslos gegen sich und gegen andere, ganz gleich, was daraus wird. Doch, zwischen Herbert und mir ist etwas, ich weiß nicht was, ich bin mir darüber noch nicht klar geworden, ich habe noch gar nicht ernstlich darüber nachgedacht, aber was seine Frau denkt, das ist nicht gewesen. Es hätte vielleicht schon sein können, aber es ist noch nicht gewesen.

Gerda hat das Mädchen aufmerksam beobachtet. »Ihre Empörung war echt«, sagt sie überlegen. »Vielleicht haben Sie noch nicht mit ihm geschlafen, obwohl einige Umstände sehr verdächtig sind. Aber eins können Sie mir nicht ausreden, nämlich daß ihr miteinander ... Ich kenne Herbert ein bißchen länger und besser als Sie, liebes Fräulein Ziegler«, spricht sie weiter. »Er gefällt den Frauen, und er ist sehr leicht entflammt, aber es geht bei ihm nie tief und es ist immer sehr schnell vorüber. Die Leidtragenden sind die Frauen und Mädchen – und natürlich ich, er ist ja *mein* Mann.«

Weshalb erzählt sie mir das? Um mir zu beweisen, daß ich nur eine von vielen bin, eine, die er so im Vorübergehen küßt, ohne dabei mehr zu empfinden als seinen Kitzel? Ich habe zwar gedacht, daß ... Aber ich weiß ja so wenig von Männern, vielleicht kann ich wirklich noch nicht zwischen echt und unecht unterscheiden. Aber wie sie das gesagt hat: *Mein* Mann! Ist er denn ihr Eigentum?

»Sie schweigen sehr bezeichnend, Fräulein Ziegler«, sagt Gerda mit verkniffenem Mund. »Bilden Sie sich nur nichts ein.« Dann verliert sich die Schärfe aus ihren Zügen und der Ton ihrer Stimme wird versöhnlicher. »Ich bin vorhin vielleicht etwas zu weit gegangen, aber ganz unberechtigt ist der Verdacht, daß mit Ihnen und meinem Mann etwas im Gange ist, bestimmt nicht, Ihr Gesicht hat mehr verraten, als Sie glauben. Ich gebe Ihnen einen Rat: Verlieren Sie sich nicht an ihn. Herbert gehört mir.«

Edith streicht sich eine Haarlocke hinter das Ohr. Die Benommenheit ist fast ganz von ihr gewichen, der Ring, der sich um ihre Stirn gelegt hatte, hat sich gelockert. Herbert gehört mir, hat sie gesagt, in einem Ton, der jeden Widerspruch ausschließen soll, und deshalb sagt sie, lauter und widerspenstiger, als sie beabsichtigt hat: »Schon vorhin haben Sie das betont, *mein* Mann, und jetzt sagen Sie, Herbert *gehört* Ihnen. Ich finde, diese Betonung ... mir fehlt das rechte Wort dafür. Ein Mensch ist doch kein Eigentum, kein Besitz, gleichgültig, ob es sich um einen Mann oder eine Frau handelt.«

Gerdas Gesicht nimmt sogleich wieder einen harten, entschlossenen, abweisenden Zug an. »Weshalb sagen Sie das? Weil *Sie* Anspruch auf ihn erheben. Haben Sie überhaupt schon erfahren, was Liebe ist? Lieben Sie ihn denn?«

Ja, ich liebe ihn, ist Edith versucht auszurufen, aber sie bewahrt die

Worte in sich. Liebe ich ihn wirklich? fragt sie sich im gleichen Augenblick. Sie erinnert sich des Kusses, den sie von Herbert empfangen und den sie in überströmendem Gefühl erwidert hat. Sie war schon früher geküßt worden und hatte geküßt, aber in diesem Kuß, an den sie jetzt denkt, war zum ersten Mal die volle, schwere Leidenschaft gewesen, sie fühlt sie jetzt, da sie sich erinnert, wieder in sich aufsteigen, das warme, beglückende und zugleich schmerzliche Gefühl, wenn die Spitzen der Brüste hart werden, der Körper von einer wilden Welle durchflutet wird und die Glieder sich in wollüstiger Erwartung dehnen. Ist das Liebe? Ist nicht auch viel Neugier dabei, viel Freude am Spiel mit dem Unbekannten? Edith atmet schwer und senkt den Kopf auf die Brust. »Vielleicht«, sagt sie leise, »ich weiß es nicht.«

Gerda steht langsam auf, streicht ihren Rock glatt und steckt einen Zipfel der Bluse in den Bund des Rockes. »Aber ich weiß es«, sagt sie, »ich weiß, daß ich Herbert liebe, und ich werde um ihn kämpfen. Ich werde ihn nicht mit Gewalt halten, das habe ich früher getan, habe aber längst eingesehen, daß das töricht ist. Je mehr ein Mensch die Gewalt spürt, umso mehr widersetzt er sich ihr, oder er resigniert völlig.« Gerda bleibt am Fenster stehen und blickt verloren auf den weiten Platz. »Ich habe mich zuerst heftig dagegen gesträubt, daß Herbert im Rathaus arbeitet, dann habe ich es hingenommen, aber immer noch dagegen geredet und dadurch die Kluft, die sich zwischen ihm und mir auftat, immer noch verbreitert. Ich habe eingesehen, daß es falsch war, ihm seine Tätigkeit durch hämische Bemerkungen verekeln zu wollen. Er hat mir einmal gesagt, alles ringsum sei zu Bruch gegangen, nur ich wolle im Glashaus sitzen. Ich habe das nicht wahrhaben wollen, aber es war deshalb doch wahr.«

Weshalb erzählt sie mir das? denkt Edith. Will sie sich aufspielen als die verständnisvolle Frau? Nein, sie hat wohl niemanden, mit dem sie darüber sprechen kann, und da geht ihr jetzt der Mund über, und vielleicht ist es gar kein Zufall, daß sie gerade mit mir darüber spricht. Sie weiß ja, daß Herbert und ich zusammenarbeiten und spürt instinktiv die Gefahr, die ihr aus einer guten Zusammenarbeit Herberts mit mir und dem fortwährenden Widerstreben ihrerseits entsteht. Es mag ihr nicht leicht gefallen sein, ihre Haltung, die ja die Haltung der meisten Frauen ist, aufzugeben. Bisher ist Gerda nicht gerade ihre Feindin, aber doch eine Art Rivalin, sogar eine bevorrechtigte Rivalin gewesen, deren besondere Vorteile und Vorzüge darin liegen, daß sie über Gewöhnung und Erfahrung und Recht gebietet. Edith hat das bisher noch nicht wahrhaben wollen, und so hat sie Herberts Frau bisher ablehnend, abweisend gegenüber gestanden, sich gegen jede Empfindung und jedes Gefühl gesperrt, wenn der Gedanke an sie in ihr auftauchte. Jetzt empfindet Edith zum ersten Male Mitgefühl mit Gerda, sie möchte aufstehen und neben Gerda stehen, sie umfangen und, ja, auch ein paar Tränen weinen. Ein Gefühl der Traurigkeit ist plötzlich über sie gekommen, aber sie bezwingt sich und fragt ruhig: »Und welche Konsequenzen haben Sie aus dieser Erkenntnis gezogen, Frau Rauer?«

Gerda wendet ihr langsam den Blick zu. »Haben Sie vorhin gehört, daß hier im Haus Klavier gespielt wurde? Ja? Das war ich! Haben Sie auch gehört, was ich gespielt habe?«

Edith schüttelt den Kopf. Sie ist so in Gedanken gewesen, daß sie darauf nicht geachtet hat, kaum daß sie überhaupt das Spiel selbst gehört hat.

»Ich habe alte Volkstänze gespielt«, sagt Gerda ernst. »Und ich will Ihnen auch sagen warum. In Lindenthal wird jetzt eine Jugendgruppe gegründet, dabei will ich helfen, durch mein Klavierspiel. Vielleicht werden Sie jetzt sagen, das sei gar nichts oder viel zu wenig.« Sie sagt es fast schüchtern, in ihrem Gesicht ist eine ängstlich-bange Frage.

Es ist wirklich nicht viel, denkt Edith, aber es ist ein Anfang, und jeder ist auch nicht dazu geboren, sich ganz direkt mit der Politik zu befassen. »Ich finde es ausgezeichnet«, sagt sie und versucht, zur Bekräftigung ihrer Worte höflich zu lächeln. Ob Herbert schon davon weiß? Ich glaube, er hat seine Frau unterschätzt, es war sicher nicht allein ihre Schuld, daß sie nicht weiterdachte, als sie sehen konnte, aber Herbert hatte ja auch sich selber verboten, über seine Person und sein Leben hinwegzudenken, er ist ja jetzt erst aufgewacht und wird gleich ungeduldig, wenn seine Frau ihm nicht sofort zu folgen vermag. Oder will er es gar nicht mehr, weil er glaubt, sich verlaufen zu haben? Es wäre eine Erklärung dafür, daß er plötzlich verschwunden ist . . .

Edith steht auf und sagt: »Ich möchte jetzt gehen, Frau Rauer.«

Gerda kommt auf sie zu. »Wenn ich Sie gekränkt haben sollte, Fräulein Ziegler, vergessen Sie es, bitte. Ich kann Ihnen auch nicht böse sein, wenn Sie ihn gern haben. Alle haben ihn gern, das ist mein Stolz und mein Kummer zugleich.« Sie lächelt ein wenig schmerzlich und sagt dann ernst: »Aber wo soll Herbert solange bleiben, bis alles vorbei ist? Doch nicht etwa bei Ihnen?«

»Nein, nein«, versichert Edith und versteht die bange Frage. »Bei uns wäre er genau so gefährdet, denn meinen Vater suchen sie ja auch. Er soll in Steinles Laube gehen, ich werde gleich mit ihm reden.«

»Ich danke Ihnen, Fräulein Ziegler«, sagt Gerda herzlich und streckt ihr die Hand hin. »Wollen Sie versuchen, in mir die ältere Freundin zu sehen?«

5.

Boris Sibilitz stellt sich endlich vor

Sibilitz geht die lange Kronprinzenstraße entlang. Er schmunzelt feist vor sich hin, nimmt die ihm dargebotenen Grüße huldvoll an, indem er die Pfeife aus dem Munde nimmt und mit ihr winkt. Er wiegt sich sogar ein wenig in den Hüften, obwohl er weiß, daß dieses seiner kleinen, rundlichen Figur nicht gerade gut ansteht, daß er fast ein wenig lächerlich wirken könnte, wenn er nicht gerade Boris Sibilitz, Dolmetscher in Lindenthal, die graue Eminenz der Kommandantur wäre. Ihm ist alles erlaubt, ihm sieht man alles nach, mit ihm will sich jeder gut stellen, denn er ist nicht nur das Ohr des Kommandanten, er ist auch sein Sprachrohr, der Kommandant lebte ohne ihn im luftleeren Raum, er hört und redet ausschließlich durch ihn, Boris Sibilitz. Nur durch Sibilitz' Augen blickt er nicht, aber das, was die Augen des Kommandanten wahrnehmen, braucht ohnehin nicht übersetzt zu werden. Das ist zwar sehr bedauerlich, aber nicht zu ändern, und das setzt Sibilitz' Tätigkeit gewisse Grenzen, deren er sich genau bewußt ist. Er versucht daher gar nicht erst, etwas als krasnij zu bezeichnen, was ganz offensichtlich schwarz ist, er unternimmt es nicht, ein Viereck in einen Kreis zu verwandeln. Sibilitz hat sich vom ersten Augenblick an davor gehütet, sein Ziel rücksichtslos wie ein wilder, aber unbesonnener Draufgänger zu erreichen. Er hat dem Kommandanten nicht alle Beschwerden, Einsprüche, Bitten ferngehalten, er hat viele nicht einfach nur übersetzt, er hat sie sogar unterstützt, indem er seine eigene Meinung hinzufügte, er hat Richtiges und Falsches, Gutes und Böses, Recht und Unrecht so gut gemischt, daß die Meinung der Lindenthaler über ihren Dolmetscher nicht nur recht geteilt, sondern sogar eher günstig ist. Denjenigen, denen geholfen wurde, deren Beschwerden durchdrangen, hat er mit einem vielsagenden Augenzwinkern zu verstehen gegeben, daß es sein, Boris Sibilitz' Verdienst gewesen sei, den Kommandanten gewissermaßen überlistet zu haben, um die Interessen der Lindenthaler Bürger durchzusetzen. Denjenigen, die abgewiesen wurden, deutete er mit einem resignierten Achselzucken und einem empörten Stirnrunzeln an, daß der Kommandant nicht zu bewegen sei, den Petenten anzuhören oder gar seinem Wunsche zu entsprechen. »Was wollen Sie da machen?« hat Sibilitz in diesen Fällen mit scheinbarem Grimm geflüstert. »Das sind eben Bolschewiken, stur und brutal und unberechenbar. Ich habe mir die größte Mühe gegeben, aber das ist eine Mauer, an der Sie sich den Kopf einrennen.«

Und so ist es in der Tat. Der Kommandant entscheidet, im allgemeinen wenigstens, so, wie Sibilitz es ihm in den Mund legt. Es gab natürlich Tage, an denen der Kommandant schlechter Laune oder verkatert war. Dann ließ er sich überhaupt nicht sprechen oder sagte nur »Njet« oder schrie, die deutschen Schweine sollten ihn in Ruhe lassen, sie alle seien Faschisten und Lakaien der Monopolkapitalisten. Nur von Andrikeit läßt er sich jederzeit sprechen, Andrikeit ist fast sein Freund, weil er scharf gegen die Bevölkerung vorgeht, die Demontage rücksichtslos betreibt und Häuser und Möbel für die Offiziere beschlagnahmen läßt. Sibilitz hat sogar festgestellt, daß Andrikeit mitunter über die Befehle des Kommandanten hinausgeht, und schon des öfteren eine Warnung auf der Zunge gehabt, sie aber doch nicht ausgesprochen. Jeder hat das Recht, sich so unbeliebt wie möglich zu machen, und Andrikeit wird von den Leuten bitter gehaßt. Den Quisling von Lindenthal nennen sie ihn.

Sibilitz klopft seine Pfeife an einem Baumstamm aus und steckt sie in die Außentasche seiner Jacke, neben Brille und Füllhalter. Er findet, daß sich das gut macht, es weist ihn als einen intelligenten, einen einflußreichen Mann aus. Deshalb trägt er auch seine Armbanduhr nicht am Unterarm, wo sie vom Jackenärmel bedeckt wird, sondern genau auf dem Gelenk, wo sie stets sichtbar ist. Das ist zwar ein wenig unbequem; wenn er die Hand bewegt, bohrt sich die Krone schmerzhaft in das Fleisch des Handrückens, aber das nimmt Sibilitz gern hin, beweist doch eine so offen zur Schau getragene Uhr – und es ist eine sehr gute, goldplattierte Uhr mit rosarotem Zifferblatt und großem Sekundenzeiger wie bei einer Stoppuhr –, beweist es doch, daß ihr Träger furchtlos ist und furchtlos sein darf in einer Zeit, da man Uhren nicht sichtbar trägt.

Sibilitz lächelt die schöne Uhr auf seinem Handgelenk an. Immer wieder erfreut er sich an ihrem Anblick, denn er besitzt sie noch nicht lange. Er besitzt sie seit jenem Tage, da sein Aufstieg zum Dolmetscher bei der Kommandantur in Lindenthal begann, seit er sich an Beschlagnahmen beteiligt hat. Haussuchungen und Beschlagnahmen, das waren die ergiebigsten Quellen, besonders in den ersten Tagen. Wenn die Soldaten beschlagnahmten, fiel auch stets für ihn etwas ab. Seitdem hat Sibilitz subtilere Methoden gefunden, um sich schadlos zu halten. Während Andrikeit, dieser Idiot von einem Bürgermeister, sich ganz offiziell bereicherte, während Weidinger es schon geschickter, aber doch nicht geschickt genug anfing, sich den wertvollen Fuhrpark durch Magistratsbeschluß für ein Butterbrot einzuverleiben, hat er, Boris Sibilitz, seit die Ära der Haussuchungen so gut wie abgeschlossen ist, nur Geschenke entgegengenommen, die ihm von den Bürgern freiwillig und unaufgefordert für seine Vermittlungstätigkeit beim Kommandanten dargebracht wurden.

Sibilitz ist sehr innig mit sich zufrieden, während er weitergeht und das Lied vom herrlichen Baikal pfeift. Was ist aus ihm geworden! Seit der Zerschlagung der Judenitsch-Armee durch die Bolschewisten, seitdem er 1919 mit Bischoffs »Eiserner Garde« aus dem Baltikum nach Deutschland mitgeschwemmt wurde, überhaupt seit er durch die Oktoberrevolution Rang, Besitz und Ansehen verlor, seitdem ist es ihm nicht so gut gegangen. Was für kümmerliche Jahre hat er hinter sich! Für einen weißgardistischen Offizier, der nichts gelernt hat als das, was man in einer Kadettenanstalt eben zu lernen pflegt und was für das bürgerliche Leben absolut unverwendbar ist, für einen solchen Mann war das Leben im westlichen Europa nicht eben leicht, und es wurde in dem Maße schwerer, in dem sich die rote Macht im Osten festigte. Nur kurz war die Hoffnung, als Hitler seinen Ostfeldzug begann und bis vor die Tore von Moskau gelangte. Die Blütenträume erfroren, bevor sie reiften, erfroren im wahrsten Sinne des Wortes. Sibilitz hatte den Gedanken, je wieder zu Reichtum, wenigstens zu bescheidenem Wohlstand zu gelangen, endgültig aufgegeben, als die Serie der Rückschläge bei Moskau begann und bei Stalingrad ihren ersten weithin sichtbaren Höhepunkt erreichte. Kümmerlich genug mußte er sich als Dolmetscher in einem Zwangsarbeitslager durchschlagen. Düster und grau schien ihm seine Zukunft verhangen, die Zeiten wurden immer schlechter, er wurde älter, seine Kräfte ließen erheblich nach, seine Initiativen wurden spärlicher, und die Gefahr, daß die Sowjets nach Deutschland hineinstoßen würden, wurde immer größer, grenzte schließlich an Gewißheit. Aber diese Gefahr barg auch eine Chance in sich – und er, Boris Sibilitz, hatte sie wahrgenommen. Das Wunder geschah, das Unwahrscheinliche, hier wurde es Ereignis: Sibilitz wurde nach oben geschleudert – er wurde Dolmetscher von Major Kusnezow, dem Kommandanten von Lindenthal. Natürlich hatte Sibilitz dem Genossen Major nicht gesagt, wer und was er war und gewesen war, Gutsbesitzerssohn, Kadett, Weißgardist, Zutreiber für die Gestapo, er hatte sich vielmehr als schlichter Sohn des Volkes vorgestellt, der schon als Kind mit den Eltern lange vor 1914 nach Deutschland gekommen war, sich aber die Anhänglichkeit an das Vaterland, die Liebe zur Muttersprache bewahrt und Bewunderung für den großen Sowjetstaat empfunden hatte. Es war ihm gelungen, das anfängliche Mißtrauen des Kommandanten zu überwinden, nachdem sie zwei Flaschen Wodka miteinander geleert und sich zugeschworen hatten, sie würden es den deutschen Schweinen, die allesamt Faschisten seien, schon besorgen. Zudem war der Kommandant zufrieden, sowohl was die dienstlichen Angelegenheiten wie seine persönlichen Wünsche betraf. Dienstliche Angelegenheiten, das hieß, die Demontagen gingen gut voran, der Abbau eines Gleises und das Verladen der Maschinen in Schönefeld, wobei es weniger auf Sorgfältigkeit ankam als auf die Tonnenzahl, und persönliche Wünsche, das waren die Aufführungen des Balletts, die allabendlich im Kino stattfanden. Dann saß der Kommandant in der ersten Reihe, damit ihm auch ja keine Einzelheit entging. Nach der Vorstellung pflegte er sich hinter die Bühne zu begeben, um sich ein Häschen für die Nacht auszusuchen.

Sibilitz wischt sich mit dem Taschentuch über den kahlen Kopf. Trotz der abendlichen Stunden ist es noch ungewöhnlich warm, aber nicht nur die Sonne, die hinter den Häusern der Kurfürstenstraße dem Horizont zusinkt, treibt ihm den Schweiß aus den Poren. Es sind die Gedanken, die ihm einheizen. Es ist die Furcht, daß jetzt, da er das Kapitel Lindenthal abzuschließen gedenkt, noch etwas schief gehen könnte. Sibilitz ist sich von vornherein darüber klar gewesen, daß das gewagte Spiel, das er vor rund acht Wochen begonnen hat, nicht sehr lange getrieben werden konnte. Zwar deuten noch keine Anzeichen darauf, daß es durchschaut worden ist (wenn er von diesem blödsinnigen Hundekopf Steinle absieht), aber Sibilitz zieht es doch vor, beizeiten zu verschwinden und nicht erst bedenkliche Symptome abzuwarten. Kommandanten sind keine Könige, die für

Lebenszeit regieren (und auch unter ihnen soll es viele gegeben haben, die vorzeitig abtreten mußten), Kommandanten können – leider – von einem Tag zum anderen abberufen werden. Es ist ohnehin verwunderlich, daß Kusnezow schon so lange in der Lindenthaler Kommandantur sitzt.

Sibilitz stopft das Taschentuch wieder in die Hosentasche und lächelt vor sich hin. Er denkt an seinen Koffer, einen mittelgroßen, unscheinbaren, vielfach angestoßenen Handkoffer, nicht einmal aus echtem Leder, aber mit einem Inhalt ... Sibilitz schnalzt mit der Zunge. Zwischen der alten, zerschlissenen Wäsche liegen mindestens zwanzig erstklassige Uhren, Schweizer Fabrikat und Glashütter, herrliche Brillantringe, eine Kette aus Perlen von seltenem Glanz, zwei Leicas, eine Contax und ein kleines Einsteckheft mit Briefmarken. Sibilitz versteht zwar nichts von Briefmarken, aber er weiß um den Wert dieser kleinen bunten Papierstückchen, die sich in jenem Heft befinden. Er ist sicher, daß sie kostbar sind. Wären sie sonst in einem Wandtresor aufbewahrt worden? Sibilitz ist nicht so dumm gewesen, sich mit einem Haus, mit Möbeln und vielen Anzügen zu belasten. Er bewohnt zwei recht einfach möblierte Zimmer, er trägt werktags und sonntags den gleichen Anzug aus mäßig gutem Stoff. Ihm genügt der kleine Koffer. Sein Inhalt wäre schon in geregelten normalen Zeiten ein kleines Vermögen, jetzt, da alle Wertbegriffe aus den Fugen geraten sind, birgt der Koffer einen unermeßlichen Wert. Niemand wird Sibilitz, wenn er morgen in aller Frühe mit einem alten Rucksack, in den der Koffer gerade hineinpaßt, nach Berlin fahren wird, niemand wird dann auch nur zu ahnen vermögen, daß er als reicher Mann in Berlin, in dem weiten Berlin, das ein einziger Unterschlupf ist, ein neues Leben zu beginnen gedenkt, unter einem neuen Namen, den er sich zugelegt und auf den er sich bereits Papiere ausgestellt hat.

Hach, das wird ein Leben! Und er wird nicht allein leben, Anna, Anjuschka, wie er sie nennt, wird mit ihm gehen. Seit ein paar Wochen schon lebt sie mit ihm. Ihre Vergangenheit ist ebenso bewegt wie die seine. Aber was geht ihn das an, wieviel Männer sie schon gehabt hat, es kümmert ihn nicht, daß sie ihre Liebe auf der Tauentzienstraße und am Kurfürstendamm feilgeboten hat, es interessiert ihn auch nicht, daß sie sich nicht von seiner Person, sondern von den materiellen Genüssen, die er ihr zu bieten hat, angezogen fühlt, Sibilitz weiß genau, daß er kein begehrenswerter Mann mehr ist, weder was sein Alter noch was seine äußere Erscheinung betrifft.

Er legt auch keinen großen Wert auf Liebe, er will für sein gutes Geld eine entsprechende Gegenleistung, und Anna, Anjuschka hat das Zeug dazu, sie bleibt nichts schuldig. Sie hat es verstanden, die erlöschende Flamme seiner Manneskraft wieder zu entfachen, sie ist allen Wünschen gefügig und zu jeder Extravaganz bereit, die schwarze Katze, und das ist mehr, als er noch für den Rest seines Lebens erwartet hat.

Anna, Anjuschka, morgen gehts nach Berlin! Das wird ein Leben! denkt Sibilitz, als er die Haustür aufschließt. Das werden Tage und Nächte wie damals in Riga, randvoll mit Wodka und Liebe. Wenn er damals auch die schmucke Uniform eines Oberleutnants der Judenitsch-Armee getragen hat und heute nur schäbiges Zivil um seinen gedunsenen Leib gewickelt hat, was schadet das? Die letzte Strecke bis zum Grabe soll lustig werden, Anna, Anjuschka wird dann schön und in Pelz und Seide zurückbleiben, und wenn sie auch am Abend der Beerdigung mit einem andern schlafen geht, so wird sie doch mit Dankbarkeit und Rührung und vielleicht auch ein bißchen Liebe an ihn, an Pan Boris Sibilitz zurückdenken.

»Guten Abend, Frau Hornbostel«, sagt er fröhlich und schlenkert das Schlüsselbund umher.

»Guten Abend, Herr Sibilitz«, antwortet Frau Hornbostel zurückhaltend und deutet auf die Tür des Wohnzimmers. »Drinnen wartet ein Herr auf Sie.«

Sibilitz versenkt das Schlüsselbund in seiner Hosentasche und kneift die Augen zusammen. »Was für ein Herr?« fragt er ungnädig. Die Heiterkeit ist sofort verflogen. Wenn bloß im letzten Augenblick nicht etwas dazwischen kommt! Er hat in der letzten Nacht so schlecht geträumt . . . Für einen Augenblick ist er versucht umzukehren, aber er gibt es sogleich wieder auf. Wenn der Mann auf ihn wartet, um ihn zu »holen«, dann ist der sofort hinter ihm drein. Also los, hinein, Kavallerieattacke! »Na, werden wir gleich haben«, sagt er zuversichtlich und klinkt die Tür zu seinem Wohnzimmer auf.

Im ungewißen Licht des Zimmers sitzt ein Mann, Sibilitz vermag ihn nicht zu erkennen. Er knipst eine Lampe an und sagt laut: »Guten Abend!«

Der Besucher hat sich erhoben und macht eine leichte Verbeugung. »Guten Abend, Herr Sibilitz! Entschuldigen Sie, wenn ich Sie zu Hause belästige . . .«

Sibilitz hat den Besucher jetzt erkannt. »Behalten Sie Platz, Herr Meißner«, sagt er freundlich. Seine gute Laune ist sofort wieder da, denn er ahnt, was der Mann will: Der will ihm nichts nehmen, der will ihm sogar noch etwas bringen. Aber er fragt: »Nun, was führt Sie zu mir?«

Der Besucher hat sich wieder gesetzt und bringt stockend und unterwürfig sein Anliegen vor. Er habe gehört, daß die Kommandantur für einige Stäbe mehrere Villen in der Lindenallee zu beschlagnahmen beabsichtige, und da sei es sehr wahrscheinlich, daß man auch seine große Villa dazu ausersehen haben, er hätte eine große Familie und sehr kostbares Mobilar, und Soldaten, ob russische oder deutsche, gingen bekanntlich nicht sehr achtsam in ihren Quartieren um. Er erlaube sich zu fragen, ob es Herrn Sibilitz nicht möglich sei, die Villa aus der Beschlagnahme herauszuhalten, er würde sich dafür selbstverständlich erkenntlich zeigen.

Sibilitz hat ein paarmal beifällig genickt, im übrigen aber nur halb zugehört. Ihn interessiert das nicht mehr, er hat das Kapitel Lindenthal abgeschlossen. Er murmelt etwas von »Will sehen, was sich machen läßt«, und läßt sich auch nicht auf ein Gespräch ein, als der Mann die Brieftasche zieht und ihr ein Bündel Banknoten entnimmt. Nun schön, denkt er, das kann ich ja noch mitnehmen, und steckt das Bündel achtlos in die Hosentasche.

»Wenn ich mir noch eine Bemerkung erlauben darf«, sagt Herr Meißner und beugt sich vor, als habe er ein Geheimnis zu verraten, »die drei Landhäuser am Teichweg sind noch nicht belegt. Sie haben schöne Gärten, und Telefon ist auch da. Sie haben aber alle Hinterausgänge nach dem Schnepfenstieg. Ich sage das, damit man darauf achtet, daß die Leute ihre Sachen nicht hintenherum wegschaffen.«

Du bist mir ein schöner Volksgenosse, denkt Sibilitz. Rettest du die eigene Haut, dann mögen die Nachbarn zugrundegehen. »Ich werd's schon hinkriegen, Herr Meißner«, sagt er und nickt ein paarmal.

»Ja«, meint Herr Meißner und hebt bekümmert die Schultern, »Sonst holen die Russen aus den anderen Häusern, was sie brauchen, und es wäre dann möglich . . .«

Daß sie ausgerechnet aus deinem Hause etwas holen würden, ergänzt Sibilitz in Gedanken. »Ich werd's schon hinkriegen, Herr Meißner«, wiederholt Sibilitz mit Ungeduld in der Stimme und läßt sich in einen Sessel fallen. »Entschuldigen Sie, aber ich habe einen schweren Tag hinter mir.«

Herr Meißner versteht endlich, erhebt sich, sagt seinen Dank, verabschiedet sich und geht, nicht ohne sich noch mehrmals verbeugt zu haben.

Sibilitz lächelt hinter ihm her, dann klatscht er in die Hände. »Anna, Anjuschka!« ruft er. »Komm, mein Täubchen!«

Er lehnt sich behaglich zurück in den Sessel, faltet die Hände über den rundlichen Leib und blickt auf die Tür. Gleich wird Anna, Anjuschka ins Zimmer treten, mit tänzelndem Schritt, wiegenden Hüften und wippenden Brüsten, wird sie eine Hand in die runde Hüfte stemmen, ihn durch ihre langen, dunklen Wimpern herausfordernd anblicken und ihre roten, herzförmig geschminkten Lippen zu einem kleinen überheblichen Lächeln verziehen. Sie wird aus der Tür wie aus dem Titelblatt eines Magazins treten. Sibilitz schnalzt mit der Zunge im Vorgenuß des Anblicks, der sich ihm sogleich bieten wird und der, obwohl Anna, Anjuschka schon seit ein paar Wochen bei ihm ist, immer wieder neu und erregend ist.

Aber es bleibt still, nichts rührt sich. Doch, Frau Hornbostels schlürfender Schritt ist im Korridor. Hat Anna, Anjuschka seinen Ruf nicht gehört? »Anna, Anjuschka!« ruft er noch einmal laut und ungeduldig. »Wo bleibst du, mein Täubchen?«

Endlich wird die Klinke niedergedrückt, die Tür, die in den Korridor führt, öffnet sich. Ah, Anna, Anjuschka war in der Küche, das kommt nicht oft vor, Anna, Anjuschka ist nicht für Hausarbeit geschaffen, sie hat nur eine Bestimmung, nämlich ... Es ist ja gar nicht Anna, Anjuschka. Es ist Frau Hornbostel.

»Sie habe ich nicht gerufen, Frau Hornbostel«, sagt Sibilitz unwillig. »Ist Fräulein Anna nicht zu Hause?«

Frau Hornbostel ist an der Türschwelle stehengeblieben. »Fräulein Anna ist nach Berlin gefahren, Herr Sibilitz«, sagt sie verwundert. »Ich nahm an, Sie wüßten es. Sie sagte nämlich ...«

Anna, Anjuschka ist nach Berlin gefahren? Ein unheimliches Gefühl beschleicht Sibilitz. Er nimmt die Hände von seinem Leib herunter, holt das Taschentuch aus der Hosentasche und fährt sich über den kahlen Kopf. Eine dumpfe Luft ist in den Zimmer! Als ob hier nie gelüftet wird. »Was sagte sie nämlich?« fragt Sibilitz.

Frau Hornbostel rückt an ihrer Schürze. »Sie sagte, sie wollte Bekannte besuchen. Ich dachte, Sie wüßten es.«

»Jetzt weiß ich es«, sagt Sibilitz tonlos und macht eine herrische Handbewegung, um die Frau aus dem Zimmer zu scheuchen. Sie versteht auch, wirft Sibilitz noch einen verwunderten Blick zu und verläßt das Zimmer.

Haltung, Haltung, hat Sibilitz sich zugerufen, aber jetzt, da sich die Tür hinter Frau Hornbostel geschlossen hat, sinkt er in sich zusammen und sitzt unbeweglich da. Da hatte er sein Ziel schon mit den Fingerspitzen erreicht, und als er es mit der ganzen Hand hat umfassen wollen, ist es wieder weit weggerückt, fast unerreichbar fern. Zwar ist in ihm nur eine Ahnung, aber diese Ahnung ist wie eine sichere Gewißheit, hat sie sich doch schon lange genug in ihm aufbereitet. Minutenlang überläßt er sich der Niedergeschlagenheit. Dann springt er auf, läuft in das Schlafzimmer, reißt den Kleiderschrank auf und schiebt die Kleidungsstücke mit einem heftigen Ruck beiseite.

Verflucht! Der kleine Koffer ist weg! Anna, Anjuschka, du Aas, du Luder, du fängst dein neues Leben an, mit meiner Beute und ohne mich! Dafür habe ich mich wochenlang geschunden, für nichts, für rein nichts. Oder doch für etwas, für ein paar wilde Nächte.

Sibilitz schlägt die Tür des Kleiderschrankes zu und stellt sich ans Fenster. Jetzt muß er also noch einmal von vorn beginnen. Das ist an sich nicht so schlimm, er hat oft ganz von vorn beginnen müssen, aber er ist nicht jünger geworden, die Elastizität des Körpers und des Geistes hat nachgelassen, und – das vor allem – die günstigen Gelegenheiten nehmen rapide ab. Sibilitz ballt die Fäuste, eine ohnmächtige Wut schüttelt ihn. Natürlich wird er versuchen, Anna, Anjuschka zu finden, aber wo soll er mit der Suche beginnen? Berlin ist riesig, und die Möglichkeiten, einen Unterschlupf zu finden, sind unzählig, erst recht, wenn man viel Geld oder Geldeswert besitzt. Dieser Hurenbalg! Wenn ich sie erwische werd' ich ihr die hübsche Fresse so demolieren, daß kein Mann sich mehr nach ihr umdreht.

Schließlich zuckt Sibilitz die Schultern, spuckt aus, mitten auf die Perserimitation, holt das Bündel Banknoten, das er vorhin achtlos eingesteckt hat, aus der Hosentasche und beginnt zu zählen. Dreihundertundfünfzig Mark hat der Meißner ihm zu überreichen geruht, wenig genug, da ein Pfund Butter im Schwarzhandel nicht unter dreihundert und ein Brot nicht unter fünfzig Mark zu haben sind. Aber es ist ein Anfang, ein Handgeld, toi-toi-toi. Langsam läßt er die Scheine noch einmal durch die Finger gleiten, staucht sie sorgfältig auf dem Fensterbrett, bis ihre Ränder genau aufeinander liegen, und steckt sie in seine Brieftasche. Dann grunzt er böse. Der Meißner wird noch ein paar Scheine dazulegen müssen, wenn er in seiner schönen Villa bleiben will. Sonst setze ich ihm eine Mannschaft ins Haus, Usbeken oder Tadschiken, die lassen ihre Pferde aus den Schreibtischschubladen fressen und scheißen ihm die Badewanne voll, die kratzen die Farbe von den Ölbildern und machen aus der Leinewand Fußlappen, die ...

Sibilitz lächelt grimmig. So billig kommt der ehrenwerte Herr Meißner nicht davon. Den nehme ich aus wie eine Weihnachtsgans.

Zwölftes Kapitel
Es geht aus wie das Hornberger Schießen

1.

Gemeinsamkeiten?

Steinle nimmt die Pfeife aus dem Munde, dann holt er ein Taschenmesser aus der Hose, klappt eine Schneide auf und beginnt, den Kopf der Pfeife langsam und umständlich auszukratzen, schließlich schüttet er die schwarzen Aschenreste in eine Blechbüchse, die auf dem Schreibtisch steht, schraubt das Mundstück heraus und bläst es mehrere Male durch.

»Jetzt zieht sie«, murmelt er vor sich hin und säubert noch das Aluminiumröhrchen des Mundstücks mit einem Streichholz, das er sorgfältig zugespitzt hat. Schließlich schraubt er das Mundstück wieder in den Pfeifenkopf und saugt kräftig Luft durch. Er gibt sich den Anschein, ganz mit der Säuberung der Pfeife beschäftigt zu sein, aber das Blinzeln seiner Augenlider und die Pausen in seinen Hantierungen, in denen er die Pfeife fest umschlossen hält, beweisen, daß die Säuberung der Pfeife nur ein Vorwand ist, um die Gedanken zu konzentrieren.

Endlich legt er die Pfeife beiseite, hebt den Kopf und blickt sein Gegenüber an. »Was Sie mir da eben erzählt haben, ist sehr interessant, Herr Assmann«, sagt er langsam. »Ich möchte Sie aber doch fragen, ob das die volle Wahrheit ist.«

Assmann hatte den Blick auf die Pfeife in Steinles Händen gerichtet, jetzt sieht er unverwandt auf die Blechbüchse, in der sie nun liegt. »Sie können sich darauf verlassen, Herr Steinle«, antwortet er, »ich habe nichts verschwiegen und nichts hinzugesetzt.«

Steinle lächelt verhalten. »Sie sprechen, als ob ich hier über Sie zu Gericht sitze«, sagt er. »Sie sind sich doch darüber klar, daß Sie Ihre Angaben wahrscheinlich vor Zeugen und vor allem Mühlbauer gegenüber wiederholen müssen, und daß Sie sich mit Ihrem Zeugnis auch selbst belasten?« Assmann nickt. »Natürlich.« Er wird lebhaft und gestikuliert mit den Händen. »Sehen Sie, Herr Steinle, die

Aussage, die ich hier gemacht habe, wirft kein gutes Licht auf mich, Sie können also nicht annehmen, daß es mir einzig auf die Denunziation Mühlbauers ankommt. Ich weiß, daß ich mich in der Angelegenheit Bernstein schäbig benommen habe, aber eins werden Sie doch wohl zugeben, daß ich zwar auch auf meinen eigenen Vorteil bedacht war, aber die Arisierung des Bernsteinschen Geschäfts nicht verhindern konnte.«

Das kleine Lächeln in Steinles Gesicht ist wieder verschwunden. »Nein, das konnten Sie wirklich nicht«, sagt er hart, »es gab ja genug Assmanns. Mich interessiert auch nicht, was Sie bei dieser treudeutschen Aktion verdient haben – wie ich den ehrenwerten Herrn Mühlbauer kenne, wird es nicht viel gewesen sein –, ich möchte etwas anderes von Ihnen wissen, etwas, das mir weit wichtiger erscheint, nämlich das: Weshalb haben Sie mir eigentlich von dieser Sache berichtet? Aus Nächstenliebe? Oder weil Sie sich bei mir anbiedern wollen? Oder weil Ihnen die Juden plötzlich leid tun? Und weshalb kommen Sie erst jetzt? Mühlbauer ist doch schon seit Wochen im Rathaus tätig. Also?«

Assmann verschränkt die Hände zwischen den Knien und senkt den Blick zu Boden. »Das sind zwei Fragen«, antwortet er leise. »Die erste Frage: Weshalb ich zu Ihnen gekommen bin? Herr Steinle, ich will keine großen Worte machen, sie stehen mir auch nicht zu, und wenn Sie sie trotzdem heraushören sollten, dann ziehen Sie das Pathos ab. Also, weshalb ich komme: Ich will nicht, daß das Unrecht, daß ich mitbegangen habe, noch weiterhin geübt wird, ich will einfach nicht, daß so ein Schwein wie Mühlbauer sich weiter an gestohlenem Gut mästet.«

Steinle grinst breit. »Das haben Sie wunderschön gesagt, Herr Assmann. Der ehrenwerte Herr Mühlbauer, den sie eben so treffend tituliert haben, der ist hier im Rathaus gewissermaßen mein Kollege, aber wir stimmen in seiner Beurteilung fast überein. Aber weshalb haben Sie gerade ihm das Geschäft von Bernstein zugeschanzt?«

Assmann hebt eine Hand zu einer unbestimmten Geste. »Ob der oder ein anderer, das blieb sich doch gleich, das war doch alles ein Gesocks.«

»Wer?« fragt Steinle schnell. »Die Nazis?«

Assmann beißt sich auf die Lippen. »Nein, nicht die Nazis«, entgegnet er dann trotzig, »die Mühlbauers, ob sie in der Partei waren oder nicht, die meine ich, die Pfeffersäcke, die Schlotbarone, die Großarier, die Bürobonzen, das war ein Gesocks, die meine ich.« Er holt tief Luft, als sammelte er seine Kräfte zu einer großen Anstrengung. »Und die Spießer meine ich, die jetzt groß angeben, weil sie den Bonbon nicht getragen haben und nur in der Arbeitsfront oder im Luftschutzbund waren«, bricht er los. »All die Jahre hindurch haben sie nicht einen Laut von sich gegeben, aber jetzt sind sie angeblich schon immer dagegen gewesen, jetzt versuchen sie ihre ehrbare Gesinnung dadurch zu beweisen, daß sie uns nicht mehr grüßen, uns beschimpfen und denunzieren und was weiß ich alles. Dabei haben sie nie eine Gesinnung gehabt.« Er mäßigt seine Stimme wieder. »Glauben Sie etwa, Herr Steinle, wir alle, die vielen Millionen Pgs, sind Verbrecher und Lumpen und Strolche gewesen? Glauben Sie das, Herr Steinle?«

Steinle nimmt die Pfeife aus der Blechbüchse und beginnt, sie zu stopfen. »Ich habe zunächst einmal eine Frage an Sie, Herr Assmann«, sagt er dann, ohne den Blick von der Pfeife zu heben. »Weshalb sind Sie in die Nazipartei eingetreten?«

Assmann legt beide Hände auf den Rand des Schreibtisches. »Wenn ich jetzt ehrlich zu Ihnen spreche, werden Sie mir daraus einen Strick drehen?«

Steinle läßt die Pfeife sinken. »Was wir hier sprechen, bleibt unter uns. Das heißt, so weit das möglich ist.«

»So weit das möglich ist«, sagt Assmann gedehnt. »Das ist ein dehnbarer Begriff.«

»Ich meine das so«, sagt Steinle wie erklärend. »Wenn Sie mir nicht gerade gestehen, daß Sie Menschen umgebracht oder gequält oder der Gestapo ausgeliefert, also direkt ein Verbrechen begangen haben, dann kann das Gespräch durchaus unter uns bleiben, wenn Sie es wünschen.«

Assmann atmet auf. »Dann ist es gut, denn das kann ich von mir behaupten: Ich habe kein Verbrechen begangen. Ich habe mich aber eines anderen Verbrechens schuldig gemacht, indem ich sogenannte Staatsfeinde oder verdächtige Elemente nicht gemeldet habe«, fügt er ein wenig selbstbewußt hinzu. »Ein solches Verbrechen rechnen Sie mir aber wohl nicht an?«

Steinle beschäftigt sich wieder mit dem Stopfen seiner Pfeife. »Keineswegs. Im Gegenteil«, sagt er ernst. Dann spricht er, ein Lächeln unterdrückend, weiter: »Wenn's stimmt! Sie glauben gar nicht, wieviel Antifaschisten es unter den Nazis gab, ich hätte das nicht für möglich gehalten. Alle ehemaligen Pgs, mit denen ich bisher zu tun gehabt habe, sind im Grunde genommen dagegen gewesen, sie alle mußten in die Partei eintreten, um ihren Laden oder ihre Stellung zu behalten oder um überhaupt Arbeit zu bekommen, sie alle sind in die Partei hineingezwungen worden, sie hätten sonst kaum weiterzuleben vermocht. Merkwürdig nur, daß Millionen von Deutschen sich noch draußen halten konnten. Sie, Herr Assmann, wurden natürlich auch *gezwungen*, in die Partei einzutreten, nicht wahr?« Die letzten Worte sagt Steinle mit offenem Hohn.

Assmann strafft sich und schwingt das übergeschlagene Bein zurück. »Nein«, sagt er, und seine Stimme hat viel Schärfe, »ich bin freiwillig in die Partei eingetreten, und zwar aus Überzeugung. Das hat Ihnen wohl noch keiner gesagt?«

Steinle läßt die Hand mit dem Streichholz sinken. »Sie wissen gar nicht, *wie* recht Sie haben«, sagt er überraschend. »Das hat mir wirklich noch keiner gesagt. Sie sind der erste. Und daß Sie's gleich wissen, Herr Assmann: dieses Bekenntnis, beinah hätt' ich Geständnis gesagt, dieses Bekenntnis imponiert mir mehr als die vielen triftigen Entschuldigungen, die sich meist nur als faule Ausreden erweisen, wenn man ein bißchen in ihnen herumstochert.« Er zündet seine Pfeife an und raucht in schnellen Zügen. »Und . . . und Sie sind dieser Überzeugung treu geblieben? Oder nicht?«

»Man hat diese Überzeugung in den Dreck getreten, zertrampelt, mißbraucht . . .«

»Sie weichen aus, mein lieber Mann«, unterbricht ihn Steinle. »Aber sagen sie erst noch eins: Wer hat die Überzeugung in den Dreck getreten?«

»Die Bonzen«, antwortet Assmann ziemlich erregt, »die Pfeffersäkke, die Schlotbarone, das ganze übrige Gesocks. Wir, die kleinen Leute, haben sie groß gemacht, ihnen zur Macht verholfen . . .«

». . . und ihnen ermöglicht, oben zu bleiben«, wirft Steinle ein.

»Ja, das auch«, gibt Assmann zu. »Und als es dann soweit war, ich meine, ehe ich begriff, daß Hitler mit den Großkopfeten und nicht mit uns unter einer Decke steckte, da war's zu spät.«

Steinle beugt sich vor. »Zu spät wozu?«

»Um eine Kehrtwendung zu machen oder sich auch nur wieder herauszuhalten. Wir waren Blasenkranke, hat man gesagt, wir wollten austreten und konnten nicht.«

»Na gut«, sagt Steinle und bläst den Rauch spielerisch vor sich hin. »Sie waren zwar noch ein Nazi, aber Sie wollten aus der Partei heraus. Oder wollten Sie aus der Partei heraus, weil Sie kein Nazi mehr waren? Wie war das nun?«

Assmann hebt die Schultern langsam und läßt sie rasch wieder sinken. »Diese Frage kann ich Ihnen gar nicht präzis beantworten. Ich weiß nur, daß die Partei vor der Machtübernahme ganz anders war als nachher.«

Steinle lächelt über seine Pfeife hinweg. »Das kam Ihnen nur so vor, Verehrtester. Ihre Partei ist sich immer gleich geblieben, ihr habt das nur nicht gemerkt, weil die Großkopfeten sich hinter dem Rücken eures Führers versteckt hielten; ihr habt sie erst entdeckt, als sie sich hervorwagten. War's nicht so?«

Assmann nickt bekümmert. »Ich muß zugeben, daß Sie recht haben«, erwidert er. »Als wir den neuen Staat, das dritte Reich, einzurichten begannen, da entdeckten wir erst, wieviel vornehme Leute wir unter uns hatten, und daß wir genau das blieben, was wir auch früher schon waren, nämlich die Proleten der Partei. Aber das haben wir erst sehr viel später gemerkt.«

»Daß Sie's überhaupt gemerkt haben, Assmann«, sagt Steinle und nickt anerkennend, »das ist schon einiges wert. Ich hab' jetzt nicht viel Zeit, deshalb will ich Sie nur noch eins fragen. Trotzdem Sie also den Schwindel mit der Volksgemeinschaft durchschaut haben – denn das war's doch, was Sie eben mit anderen Worten gesagt haben – trotzdem haben Sie dem dicken Mühlbauer oder seinem Strohmann das Geschäft von Bernstein zugeschoben.«

Assmann rückt auf seinem Stuhl unruhig hin und her. »Ich will es Ihnen ganz offen sagen«, sagt er nach einer kleinen Pause. »Wenn die großen Herren die fetten Brocken schlucken, hab' ich mir damals gesagt, warum soll da nicht auch was für mich abfallen? Das war's, aber nicht das allein, es war auch die verfluchte Sucht . . .« Über sein Gesicht läuft ein ärgerliches Zucken.

»Verstehe«, meint Steinle mit einem boshaften Zwinkern, »die verfluchte Sucht, sich an die großen Herren ranzuschmeißen, ihnen einen Gefallen zu tun, ihr Wohlwollen zu erlangen und ihren Beifall zu erhaschen, und sei es auch nur für einen flüchtigen Augenblick. Das meinten Sie doch?«

Assmann starrt finster vor sich hin. »Ja, das war es, wenn ich's auch nicht so hätte ausdrücken können«, antwortet er, ohne den Kopf zu heben.

Steinle mustert Assmann mit abschätzenden Blicken. »Da ich schon so schön beim Fragen bin«, sagt er nach einer kleinen Pause, »können Sie mir noch etwas verraten, Assmann. Warum sind Sie auf Mühlbauers Verlangen, über die Sache Bernstein zu schweigen, eingegangen? Der Mühlbauer ist doch heute derselbe Kerl, der er immer war. Oder hat er Ihnen was versprochen?«

»Ja, er hat mir was versprochen: Er will mich in einem seiner Geschäfte unterbringen und mir auch bei der allgemeinen Entlausung, der Entnazifizierung, wie das so schön heißt, behilflich sein.« Assmann richtet sich auf, sein Gesicht verzerrt sich. »Aber ich scheiß' drauf! Ich will mit dem Mist nichts mehr zu tun haben!«

»Weil Mühlbauer nicht Wort gehalten hat?« fragt Steinle schnell und beobachtet Assmann scharf, indem er sich vorbeugt und den Blick fest auf dessen Gesicht richtet.

Assmann hebt abwehrend beide Hände: »Nein, nein«, ruft er, »dazu hatte er ja noch gar keine Gelegenheit. Ich hab' nämlich inzwischen eingesehen, daß ich mich, wenn ich den Mühlbauer decke, immer noch weiter in den Dreck hineinwühle, und ich will doch aus ihm heraus.«

Steinle drückt erst behutsam die Glut des Tabaks mit dem Daumen nieder, dann steht er mit einem Ruck auf. »Sie werden übergenug Gelegenheit haben, das zu beweisen, Herr Assmann«, sagt er langsam, jedes Wort betonend, jede Silbe scharf akzentuierend, mit deklamatorischer Gebärde.

Assmann hat sich gleichfalls erhoben. »Es wird auch auf Sie ankommen, Herr Steinle, ich meine, daß Sie mir meine vergangenen Sünden nicht fortwährend unter die Weste schieben und daß Sie von mir nicht verlangen, daß ich etwa sagen soll: Ich bin eigentlich immer Kommunist gewesen, drücken Sie mich an Ihre bolschewistische Brust, Genosse. Ich bin nie Kommunist gewesen, und ob ich jemals einer werde . . .« Er hebt die Schultern, um seinen Zweifel auszudrükken, und stülpt die Lippen auf. Dann blickt er an Steinle vorbei und kneift die Augen zusammen. »Im übrigen haben wir doch schon einmal gemeinsame Sache gemacht, Herr Steinle.«

Steinle hat Assmann die Hand entgegengestreckt. Er läßt sie überrascht wieder sinken und nimmt die Pfeife aus dem Munde. »Wir haben schon einmal gemeinsame Sache . . . Sie und ich? Mann, Sie hab'n wohl nicht alle Fünfe beisammen!«

Assmann hat Steinle den Blick wieder zugewandt, er lächelt ganz versteckt in den Mundwinkeln. »Nicht Sie und nicht ich«, sagt er langsam, »aber . . . na, die Kommunisten und die Nazis.« Er spricht jetzt schnell, weil er fürchtet, unterbrochen zu werden. »Wenn's gegen die Republik ging, dann war'n wir uns doch meist einig. Sie wissen doch noch, Herr Steinle, wie wir gemeinsam 'n Volksbegehren gegen die Preußenregierung gemacht haben? Da hat doch Rotfront ganz friedlich neben SA und Stahlhelm vor den Abstimmungslokalen gestanden. Wissen das nicht mehr, Herr Steinle? Na, und den Straßenbahnerstreik, November zweiunddreißig? Da hab'n wir doch gemeinsam die Zörgiebel-Polizei verdroschen! So 'n kurzes Gedächtnis könn' Sie doch nicht haben.«

Steinles Blick hat sich verdunkelt. »Geh'n Sie jetzt«, sagt er kurz. »Meine Zeit ist knapp.«

»Verstehe auch ohne Brille«, sagt Assmann gemütlich. »Ist Ihnen peinlich. Ich sag' ja auch nichts mehr über den August neununddreißig als Molotow und Ribbentrop sich verbrüderten, als es gegen die Polen und die Westmächte ging, wir sagten, gegen die Plutokraten und Sie, gegen die Monopolkapitalisten. Na, lassen wir das.« Er zieht seine Jacke gerade und schiebt die Manschetten seines Oberhemdes in die Ärmel zurück.

»Auf Wiedersehen«, sagt Steinle grob. »Handeln Sie nach dem gesunden Menschenverstand«, fügt er milder hinzu und schlägt Assmann auf die Schulter. »Zwischendurch können wir beide uns ja mal unterhalten.«

»Ehrlich? Von Mann zu Mann? Als Deutscher mit einem Deutschen?« fragt Assmann rasch und mit besonderer Betonung.

Steinle nickt langsam, als habe er einen Vorbehalt dabei. »Warum fragen Sie das?«

Assmann blickt für ein paar Sekunden unschlüssig aus dem Fenster. »Weshalb ich das frage? Weil gewisse Punkte gern umgangen werden wie der berühmte heiße Brei«, antwortet er schließlich bedächtig, als wäge er jedes Wort. »Weil man an gewisse Dinge nicht rühren darf, ohne daß . . .« Er ermuntert sich. »Seh'n Sie, Herr Steinle, da war vor 'n paar Tagen 'ne Einwohnerversammlung im Kino, da hat der Bürgermeister gesprochen, und wenn man ihn hat reden hör'n, dann ist jetzt bei uns alles in schönster Ordnung, weil die bösen Nazis weg und die lieben Russen hier sind, und dann hat er zur Diskussion aufgefordert, jeder sollte seine Meinung offen und freimütig sagen.« Assmann holt tief Luft. »Und was war? Solange die Leute belanglose Fragen gestellt haben, ob es mal wieder Dachpappe gäbe oder ob die Straßenbahn von Köckeritz nach Grünau wohl wieder fahren würde, da ging alles ganz gut. Aber die wichtigen, die entscheidenen Fragen wurden nicht gestellt, das hat sich keiner getraut, da haben sie alle den Schwanz eingezogen. Aber die Fragen waren da, die brodelten unterirdisch, die schwelten in allen Köpfen.

Und erst als der Herr Bürgermeister immer dringlicher fragte, da ... Sie waren doch auch da, Herr Steinle. Was war dann?«

Steinles Miene hat sich mehr und mehr verdüstert. »Kommen Sie mir nicht damit«, sagt er unwillig. »Wie war's denn in eurem dritten Reich?«

»Schade«, sagt Assmann ein wenig bekümmert, »ich dacht' doch, mit Ihnen könnt' man ... Aber wenn Sie mir so kommen ... Das dritte Reich ist doch vorbei, jetzt soll doch was Neues, was Besseres kommen, denk' ich. Aber das mit dem Heinemann ... Nur weil er gefragt hat, ob das nicht ein Unrecht sei, die Leute aus Schlesien und Pommern von Haus und Hof zu vertreiben und auf die Landstraßen zu jagen ...«

Steinle hat sich abgewandt, er bohrt die Hände in die Taschen und blickt starr auf das Fenster, als interessierten ihn die Bemühungen einer Fliege, die immer wieder die Scheibe anfliegt.

Assmann blickt auf Steinles Rücken. »Wenn Sie sich auch von mir wegdrehen, Herr Steinle«, sagt er mit Hartnäckigkeit, »deswegen frage ich Sie doch, ob Sie es billigen, daß der Heinemann, der nie 'n Nazi war, das weiß ich genau, denn er hat in meinem Block gewohnt, daß sie den gleich abgeführt und an die Kommandantur ausgeliefert haben, wegen angeblicher Hetze gegen die Sowjetunion. Herr Steinle, antworten Sie mir doch! Ich frag' Sie doch nicht, um Sie in Verlegenheit zu bringen, ich frag' Sie, weil ... Das sind doch Ihre Genossen, die Russen, sie wollen uns die Freiheit bringen, so steht es in der ›Täglichen Rundschau‹ ... Was ist denn das für eine Freiheit? Das hätte ich gern gewußt.«

Steinle wendet sich wieder um. »Das mit dem Heinemann ist ein Übergriff, Assmann«, sagt er entschieden, als ob er damit die Unterhaltung beenden will, »das kommt schon wieder in die Reihe. Solche Pannen kommen eben vor.«

Assmann vermag den Zweifel aus seinem Blick und seiner Miene nicht zu bannen. »Hoffentlich«, sagt er, »hoffentlich ist es nur ein Übergriff, obwohl ...« Er stockt und fährt dann entschieden fort: »... obwohl so viele Übergriffe passieren, Pannen, wie Sie so schön sagen, jeden Tag, Sie wissen das ja selber. Und wenn die Leute zur Polizei kommen, dann sagt der Herr Burmester, da kann man nichts machen. Was soll denn aus uns werden, Herr Steinle?«

Steinle kraust die Lippen. »Ich bin nichts als ein ganz kleiner Funktionär hier in Lindenthal, und ich weiß nicht viel mehr als Sie«, antwortet er mit gepreßter Stimme. »Ich weiß nur, was *ich* will, aber zwischen dem Wollen und der Tat ... Sie wissen ja Bescheid, Assmann.«

Assmann wiegt den Kopf hin und her, die Antwort hat ihn sichtlich nicht befriedigt. »Na ja«, sagt er und lächelt verstohlen, »Sie haben Ihren Kommunismus vor dreiunddreißig gelernt, und jetzt kommt die Praxis. Ich kann Ihnen nur wünschen, daß es Ihnen, den ehrlichen, überzeugten, anständigen Kommunisten nicht so geht wie uns überzeugten, ehrlichen, anständigen Nationalsozialisten.« Er macht eine Handbewegung, als wolle er damit bedeuten, daß er dieses Thema für beendet hält, und fragt: »Und was wird aus Mühlbauer? Ich hab' Ihnen das doch nicht zum Spaß erzählt!«

Steinle betrachtet ihn mit einer Art grimmiger Zuneigung und schlägt ihm auf die Schulter. »Mann«, sagt er entschlossen, »Sie werden staunen. Heute beginnt eine Sauhatz, daß ganz Lindenthal Kopf stehen wird.«

2.

Wassiljewski ist fort, Sibilitz ist freundlich,
da kann gar nichts passieren

Andrikeit blickt Burmester unwillig nach, als dieser die Tür hinter sich schließt, dann schlägt er mit der Faust auf den Schreibtisch.

Auf keinen Menschen ist Verlaß! Gestern hat er mit Burmester besprochen, daß Rauer und Ziegler verhaftet werden sollen. Und das Ergebnis? »Sie waren nicht zu Hause«, hatte Burmester gesagt, und es war ihm deutlich anzumerken, daß es ihm so durchaus recht gewesen ist. »Soll ich etwa 'ne große Razzia machen?« hat er Andrikeits Vorwürfe zurückgewiesen. »Mit den sechs Figuren, die noch dazu unzuverlässig sind?«

Weshalb seine Leute denn unzuverlässig seien, hatte Andrikeit wissen wollen, und wenn sie es tatsächlich seien, weshalb er, Burmester, ihnen dann nicht schon längst die Polizeiuniform ausgezogen habe.

Burmester hatte höhnisch aufgelacht und gefragt, ob Andrikeit denn nicht wisse, wie es in seiner »Polizeitruppe« aussehe? »Die führen meine Befehle entweder gar nicht aus oder nicht in meinem Sinne«, alle seien so, bis auf einen, Petereit, der sei der einzige zuverlässige Mann. Drei von den Polizisten seien heute früh überhaupt nicht zum Dienst gekommen. »Ich traue denen nicht über den Weg.«

Und die trauen dir nicht, hier traut überhaupt einer dem anderen nicht, hatte Andrikeit gedacht und dann gefragt, was Burmester denn zu unternehmen gedächte, um endlich eine »anständige Polizeitruppe«, die ein »zuverlässiges Instrument in der Hand des Bürgermeisters« sei, aufzustellen. Der Kommandant lege großen Wert darauf, da die Aufgaben der Kommandantur andere seien als die einer Ortspolizei. Der Kommandant wünsche eine Vergrößerung der Polizeitruppe, um den immer mehr um sich greifenden Einbrüchen und Diebstählen wirksam zu begegnen.

Burmester hatte nur die Achseln gezuckt, es hochinteressant gefunden, daß der Kommandant gegen Diebstähle sei, und gemeint, er habe die Nase voll und wäre froh, wenn er sein Amt endlich loswerden könnte, die Polizei sei doch nur der verlängerte Arm der Kommandantur.

Diese Bemerkung hatte Andrikeit in Wut versetzt. Ob Burmester denn vergessen habe, was sie gestern verabredet hätten, hatte er gefragt. Als Burmester auswich, war Andrikeits Wut in Bitten, fast in ein Winseln umgeschlagen. Burmester solle doch bedenken, daß hier vor allem eines fest behauptet werden müsse, nämlich die *Macht*, die Macht der Arbeiterklasse, und daß alles andere vor dieser Aufgabe zurückzutreten habe.

»*Deine* Macht«, hatte Burmester patzig entgegnet. »Dafür soll ich meinen Kopf hinhalten! Was geht mich deine Macht an? Dafür kann ich mir nischt kaufen.«

Er solle doch nicht töricht sein, hatte Andrikeit ihn zu überreden versucht. Seine, Andrikeits, Macht könne doch für ihn, Burmester, sehr wohl nützlich sein, sich dafür »etwas zu kaufen.« Er, Andrikeit, stehe beim Kommandanten in hoher Gunst.

Andrikeit solle sich nicht gleich in den Frack machen, so von heute auf morgen wolle er sowieso nicht abrücken, hatte Burmester nachgiebig gemeint, aber das fühle doch ein Blinder mit dem Krückstock, daß man wie auf einem Vulkan säße.

Es gäbe auch erloschene Vulkane, hatte Andrikeit gesagt, und Burmester solle ihm vor allen Dingen diesen Rauer herbeischaffen, das sei geradezu ein gemeingefährlicher Kerl, der allerlei auf dem Kerbholz hätte.

Andrikeit kneift das rechte Auge zu und starrt mit dem linken in die Luft, wie immer, wenn er angestrengt nachdenkt. Er haßt Rauer, er kann sich nicht besinnen, je einen Menschen so gehaßt zu haben wie ihn. Andrikeit fühlte sich von Rauer bis in die geheimsten Gedanken durchschaut, wenn er den musternden, überlegenen, halb spöttischen, halb verächtlichen Blick Rauers auf sich ruhen fühlte oder wenn er von Rauer mit verhaltener, aber verweisender Stimme korrigiert wurde. Und wie dieser Rauer in sein, Andrikeits, Zimmer zu treten pflegte! Mit anmaßender Miene, gerunzelter Stirn und zurückgeworfenem Kopf trat er an den Schreibtisch heran. »So geht das nicht«, sagte er in einem Ton, der keinen Widerspruch duldete, oder: »Das muß noch einmal gründlich überlegt werden.« Jede Pose des Herrschers, des geplagten, vielbeschäftigten Gebieters über die achttausend Einwohner von Lindenthal zerstob im Nu vor ihm, Andrikeit konnte sich dann stets nur in einen Befehlston retten. Doch auch der Befehlston verfehlte seine Wirkung, denn Rauer ließ ihn unbewegten Gesichts über sich ergehen und blickte uninteressiert aus dem Fenster, mit einem ganz kleinen Lächeln in den Augenwinkeln, als wollte er sagen: Steig mir doch den Buckel hinauf. Wenn er noch widersprochen, geschimpft, gebrüllt, randaliert hätte, aber er blieb stets ruhig und wich geschmeidig aus. Wie schön hätte Andrikeit die Macht munden können, wenn ihm dieser Rauer nicht Tag für Tag die Speise versalzen und verwürzt hätte, wenn er ihm nicht Tag für Tag den wärmenden Purpurmantel von den Schultern genommen und die Dürftigkeit darunter entblößt hätte. Ja, Andrikeit haßt Rauer, und wenn die Macht schon einmal zu Ende gehen soll, diesen Rauer muß er vorher noch in die Finger bekommen.

»Schaff mir den Rauer herbei«, hatte Andrikeit daher noch einmal zu Burmester gesagt. Er werde sehen, was sich machen läßt, hatte Burmester achselzuckend geantwortet und war dann gegangen. Es hatte nicht sehr überzeugend geklungen, deshalb nimmt sich Andrikeit vor, den Kommandanten über die Gefährlichkeit Rauers zu informieren. Liegt nicht auch genug gegen ihn vor?

Im Vorzimmer klappert die Schreibmaschine, in Abständen ertönt ein leises Klingeln, dann ein Knacken, wenn die Walze weitergedreht wird, manchmal knistert Papier. Es ist so still im Zimmer, daß Andrikeit jedes Geräusch aus dem Vorzimmer hört.

Daß er daran noch nicht gedacht! Andrikeit springt auf. An der Schreibmaschine sitzt doch Edith Ziegler, und Rauer und sie, das ist doch ein Gespann. Das Mädchen muß doch wissen, wo Rauer ist.

Andrikeit geht zur Tür. Bevor er sie öffnet, zwingt er seinem Gesicht ein paar Lächelfalten auf, um den Haß, der in ihm glüht, zu verbergen, er holt sogar einen kleinen Spiegel aus der Tasche und blickt hinein, um seine Züge zu kontrollieren. Dann erst klinkt er die Tür auf und lehnt sich gegen den Türpfosten. »Edith«, sagt er und bemüht sich, einen freundlichen Ton in seine Stimme zu legen, »weißt du nicht, wo Rauer ist?«

Edith Ziegler hat die Hände sinken lassen. »Weshalb sollte ich das gerade wissen?«

Wie ablehnend sie ist, die kleine Kröte. Sie ist wohl böse mit mir, weil ich ihren Liebsten vor den Bauch getreten habe. »Tu doch nicht so, Mädchen«, fährt Andrikeit im gleichen, väterlichen Tone fort. »Ich weiß doch, daß ihr beide ... Der Rauer ist ja auch 'n hübscher Kerl, und du bist 'n süßes Mädchen, das seh' ja selbst ich, obwohl ich über *die* Jahre längst hinaus bin. Wenn ihr euch liebt, bitte, meinen Segen habt ihr, wenn ihr Wert darauf legen solltet. Aber ich muß den Rauer dringend sprechen. Da ist eine Sache, ich komme da ohne ihn nicht weiter. Sag ihm doch Bescheid, er soll schnellstens zu mir kommen.«

Edith blickt den Bürgermeister für einige Senkunden voll an, dann schüttelt sie den Kopf. »Ich weiß nicht, wo Herbert Rauer ist«, sagt sie und wirft die Lippen trotzig auf.

Natürlich weiß sie, wo er ist, denkt Andrikeit, irgendein Dreh wird mir schon einfallen, um es aus ihr herauszuquetschen. Und dann ist es auch höchste Zeit, daß sie endlich aus dem Vorzimmer verschwindet. Das ist doch ein Komplott gegen mich, Rauer und Ziegler, und das Mädel gehört auch dazu. Es war überhaupt falsch, die hier noch eine Sekunde länger sitzen zu lassen. Aber noch bezwingt Andrikeit den Ärger, der ihm aufquellen will, und sagt versöhnlich: »Was gestern zwischen Rauer und mir vorgefallen ist, mein Gott, das war nicht so schlimm, so etwas kommt unter Männern eben mal vor ...«

Edith wendet sich wieder der Schreibmaschine zu und legt ihre Finger auf die Tasten. »Gib dir keine Mühe«, sagt sie bestimmt, »von mir erfährst du nichts.«

Andrikeit tritt einen Schritt vor. »Jetzt hast du dich verraten, du kleine Kröte«, sagt er und läßt dem Ärger vollen Lauf. »Wenn du mir nicht augenblicklich sagst ...« Er hält inne und wendet den Kopf zur Tür, die in den Korridor führt, dann fährt er sich mit der Rechten über das Gesicht, als könnte er dadurch die Falten des Ärgers auswischen. Ausgerechnet müssen die beiden jetzt angeschissen kommen!

Steinle und Wernicke sind eingetreten. Steinle läßt den Blick zwischen Edith und Andrikeit hin und her gehen, dann sagt er: »Wir möchten mit dir sprechen, Franz.«

Ich laß mich jetzt auf nichts ein, denkt Andrikeit, kommt gar nicht in Frage. Was will der denn noch? Der hat doch vier zu fünf verloren, und der Kommandant ist mein Freund. »Tut mir leid, Steinle«, sagt er und versucht, einen bekümmerten Zug in seine Miene zu legen, »aber jetzt geht's nicht. Vielleicht ...«

»Quatsch nicht«, sagt Steinle grob, wirft Edith einen ermunternden Blick zu und drängt Andrikeit über die Schwelle in das andere Zimmer.

Andrikeit hat versucht zu widerstreben, aber Steinle ist viel stärker. Es ist auch nicht allein die Stärke, der Andrikeit nachgibt, nicht die Rücksichtslosigkeit, mit der Steinle ihn, einen Ellenbogen voran, ins Zimmer drängt, während Wernicke die Tür schließt, es ist vor allem der entschlossene, finstere Ausdruck in Steinles Zügen. Bisher ist Steinle immer so von oben herab gewesen, hat ihm gewissermaßen mit herablassender Miene und nachsichtigen Worten auf die Schulter geklopft, heute jedoch sieht der Hundekopf gefährlich aus, furchteinflößend, grimmig, entschlossen, wie ein Boxerhund, fehlt nur noch, daß er die Zähne fletscht. Der Wernicke steht abwartend im Hintergrund, blickt wie ein Untersuchungsrichter über den Rand seiner Brille hinweg, er hält sich zurück, aber seine Miene ist nicht weniger angespannt, er bewegt die Kiefer, als ob er Kaugummi im Munde hätte. Sonst ist Wernicke derjenige, der Steinle zu Ruhe und Besonnenheit mahnt, sei es durch einen warnenden Blick oder durch ein mißbilligendes Heben der Augenbrauen oder durch ein paar mahnend gezischte Worte, heute ist er anscheinend nicht dazu geneigt. Er beobachtet zwar Steinle und Andrikeit genau, aber mit einem Anflug von Neutralität, und das ist Andrikeit besonders verdächtig.

Die können mir gar nichts, denkt Andrikeit. Steinle wird bloß wieder die Fresse aufreißen und den starken Mann spielen, schön, soll er, ich werden das hinnehmen, wie einen Regenguß auf freiem Felde über mich ergehen lassen, um im übrigen können die mir gar nichts.

Der Steinle scheint zu glauben, er könnte mich immer noch an der Strippe halten, bloß weil er mich damals auf den Bürgermeisterposten geschoben hat. Hat wohl gedacht, ich bin bloß sein Lautsprecher, seine Puppe, die er tanzen läßt. Aber da hat er sich gewaltig geirrt. Jetzt bin ich stärker als er, denn hinter mir steht der Kommandant.

Andrikeit stellt sich hinter seinen Schreibtisch und stützt die Hände auf. »Was wollt ihr von mir?« fragt er kurz. »Macht's kurz, ich habe nicht viel Zeit.«

Steinle setzt sich breit auf einen Stuhl, als wollte er damit andeuten, daß *er* ausreichend Zeit habe, und beginnt, sich eine Pfeife zu stopfen. »Hör zu, Franz«, sagt er und blickt kurz auf. »Ich will es dir, wie Wernicke immer sagt, ohne Schmus und Schnörkel verabreichen. Wir sind der Meinung, daß es für dich höchste Zeit ist, von deinem Posten als Bürgermeister zurückzutreten.«

Andrikeit fährt wie von einem Schlage getroffen zurück. »Das ist doch nicht euer Ernst!« keucht er.

»Doch, das ist unser voller Ernst«, erwidert Steinle und drückt wie zur Bekräftigung den Daumen fest in den Pfeifenkopf.

Es ist eine eigenartige Bewegung, sie fällt Andrikeit sofort auf. In der gleichen Sekunde weiß er auch, daß Steinle den Daumen beim Füllen des Pfeifenkopfes absichtlich so hält, nach unten gekehrt und mit der Außenseite zu sich gewandt, es ist das Zeichen, mit dem die alten Römer die Gladiatoren zum Tode verdammt haben sollen. Andrikeit kneift das rechte Auge zu und starrt mit dem anderen in die Luft. Er denkt nach.

Wer steht denn hinter dem Hundekopf, daß er das wagt? Hat er nicht vor einiger Zeit davon gesprochen, daß er sich an den Bezirkskommandanten wenden würde, da der Lindenthaler Kommandant ihm nicht zugänglich erschien? Das wird es sein, beruhigt sich Andrikeit und kichert in sich hinein. Der Hundekopf glaubt wohl, bei Wassiljewski in Walldorf etwas erreicht zu haben, und weiß noch gar nicht, daß Walldorf seit vorgestern einen neuen Bezirkskommandanten hat, weil Wassiljewski zur Militäradministration nach Karlshorst versetzt worden ist. Dein Trumpf sticht nicht, Hundekopf, denkt Andrikeit und lächelt mit seinen dünnen, farblosen Lippen, und an Kusnezow kommst du nicht heran, Sibilitz war heute morgen gefälliger und gefügiger denn je.

Steinle hat Andrikeit über seine Pfeife hinweg aufmerksam angeblickt. »Unsere Forderung scheint dich sehr zu belustigen«, sagt er.

Andrikeit legt die Hände auf dem Rücken ineinander und geht hin und her. »Du hast die gestrige Niederlage im Magistrat noch nicht verwunden«, sagt er und lächelt verstehend. »Ich begreife das, aber sie ist nun einmal eine Tatsache, und du hast dich damit abzufinden.«

Steinle nimmt die Pfeife aus dem Munde. »Dir wird das Lächeln noch vergehen«, sagt er drohend. »Antworte klipp und klar: Willst du zurücktreten oder nicht?«

Andrikeit bleibt vor dem Bücherschrank stehen und besieht die Rücken der Bücher. »Nein«, sagt er über die Schulter, »kommt gar nicht in Frage. Ich bin Bürgermeister und bleibe es.« Er nimmt seine Wanderung durch das Zimmer wieder auf. »Und ich rate dir, Alfons, dich schön ruhig zu verhalten, sonst könnte es passieren, daß du dir eines Tages das Rathaus von draußen besehen kannst. Hast du schon mal was von Parteidisziplin gehört?« Andrikeit bleibt am Fenster stehen und blickt hinaus, als suche er schon den geeigneten Standplatz für Steinle aus.

Steinle steht auf, er wächst eigentlich langsam aus dem Stuhl empor. »Jetzt reicht's mir aber!« sagt er laut und tritt neben Andrikeit.

Der Alte wendet sich im gleichen Augenblicke um und beginnt wieder, das Zimmer mit bedächtigen Schritten zu durchmessen. »Mir reicht's schon lange«, sagt er ohne besondere Schärfe. Laß ihn doch toben, denkt er, der ist ja eigentlich schon ein toter Minister.

Steinle verfolgt Andrikeit mit einem Blick aus zusammengekniffenen Augen. »Lauf nicht rum wie 'n Schaukelpferd!« herrscht er ihn an.

»Du bist nervös, mein lieber Steinle«, sagt Andrikeit. Wassiljewski ist weg. Der Hundekopf setzt auf ein Pferd, das ins Gestüt gegangen ist, er kriegt höchstens sein Geld zurück. »Wenn es dich beruhigt, kann ich mich ja setzen«, fügt er hinzu und nimmt seinen Platz hinter dem Schreibtisch wieder ein.

»Ich hatte gehofft, mit dir gütlich verhandeln zu können«, sagt Steinle und bleibt an der Längsseite des Schreibtisches stehen. »Aber wenn du nicht willst, gut, ich kann auch anders.«

Irgend etwas in Andrikeit mahnt ihn, sich zurückzuhalten, die Auseinandersetzung nicht mit voller Schärfe zu führen. Wieviel weiß Steinle? Das herauszubekommen ist wichtig. »Bitte«, sagt er versöhnlich, »ich bin durchaus für eine Einigung mit dir zu haben, Alfons.«

Steinle rollt ein heiseres Lachen aus seiner Kehle. »Mensch, wer spricht denn hier von Einigung?« ruft er. »Du sollst hier verschwinden, Franz, und zwar allerschleunigst, damit hier mal gründlich ausgemistet werden kann. Hast du verstanden?«

Andrikeit blickt zu Steinle auf und ist bemüht, eine harmlos-verwunderte Miene aufzusetzen. »Was werft ihr mir eigentlich vor? Daß ich standesgemäß wohne und gekleidet bin? Daß ich mich den

Mehrheitsbeschlüssen des Magistrats unterwerfe? Daß die Verwaltung hier einigermaßen in Ordnung gekommen ist? Werft ihr mir das vor?«

Wieder lacht Steinle ein unangenehmes, heiseres Lachen, das seinen großen Adamsapfel rasch auf- und niedersteigen läßt. »Deine Wohnung, deine Anzüge, deine Goldprothese, Mensch, das sind kleine Fische«, sagt er und pafft in kurzen Zügen, »darüber reden wir später, aber daß du diesen korrupten Elementen Vorschub leistest und dadurch die ganze neue Verwaltung in Mißkredit bringst, das werfen wir dir vor. Und da es bisher nicht möglich war, diese Säuberung intern durchzuführen, wird es jetzt in aller Öffentlichkeit geschehen. Die Einwohner von Lindenthal sollen sehen, daß wir auch unsere eigenen Reihen rücksichtslos säubern. Hinzu kommt noch, nebenbei gesagt, daß du total unfähig bist.«

Andrikeit nimmt mit zitternden Händen einen Zigarillo aus der Schreibtischlade und setzt ihn in Brand. Am besten, ich gehe auf die Anwürfe gar nicht ein, denkt er, der Hundekopf ist ein zäher, schlauer Bursche, der legt mich womöglich mit meinen eigenen Worten aufs Kreuz. »Weißt du, daß ...« Das Telefon läutet, Andrikeit hält inne und greift nach dem Hörer. Steinle legt seine breite, grobe Hand auf die Gabel. »Du redest jetzt mit mir!«

Der wird immer frecher, denkt Andrikeit. Plötzlich fällt wie ein Blitz ein Gedanke in ihn hinein. Die halten mich hier gefangen. Der Hundekopf sitzt dicht bei der Tür zum Vorzimmer, Wernicke steht, wie unbeteiligt, gegen den Bücherschrank gelehnt und deckt so die Tür, die in den Korridor führt. Ich wollte schon lange eine geheime Klingel anbringen lassen, unterm Schreibtisch, jetzt ist es zu spät. Er hat so etwas einmal in einem Kriminalfilm gesehen. Sobald die beiden mich aus den Klauen lassen, wird er Weidinger sofort mit der Anbringung einer solchen Klingel beauftragen, der versteht sich darauf. Die Hauptsache ist, erst einmal aus dem Zimmer herauszukommen.

»Es kann doch etwas Wichtiges sein«, sagt er ärgerlich, aber nicht aufbegehrend, ohne seine Hand vom Telefon zurückzuziehen.

»Es gibt nichts Wichtigeres!« sagt Steinle bestimmt. »Laß es klingeln. Was wolltest du eben sagen?«

Was hatte er sagen wollen? Ach richtig, Andrikeit besinnt sich darauf und kann das hämische Lächeln aus seinem Gesicht nicht verbannen. »Weißt du, daß Wassiljewski nicht mehr Kommandant in Walldorf ist?« fragt er.

»So?« fragt Steinle nur. »Na und?«

Wassiljewskis Versetzung scheint keinen Eindruck auf den Hundekopf zu machen. Oder nimmt er sich bloß so zusammen? »Also, ich versteh dich nicht, Alfons, wirklich nicht, du hast mich doch damals selbst zum Bürgermeister vorgeschlagen.«

Steinle stößt die Hände tief in die Taschen seiner gelbbraunen Manchesterhose. »Ja, das hab' ich«, sagt er, »das war mein Fehler, aber ich geb' nicht eher Ruhe, bis ich ihn ausgebügelt habe, darauf kannst du dich verlassen. Ich will mich nicht entschuldigen, aber du weißt vielleicht noch, daß ich dir damals gesagt habe (oder war es Ziegler?), daß du *uns* verantwortlich bleibst. Und was hast du getan? Du hast dich *selbständig* gemacht, du herrschst hier wie ein Dorfnapoleon. Also kurz und gut: Du hast nicht mehr unser Vertrauen, und deshalb wirst du jetzt abtreten.«

Andrikeit besieht die Asche seines Zigarillos, eine Angewohnheit, die er von Mühlbauer übernommen hat. »Du vergißt nur eine Kleinigkeit, lieber Alfons«, sagt er und ist bemüht, seiner Stimme einen ruhigen Tonfall zu geben, und ihm ist dabei zumute, als müsse er mit zittriger Hand aus einer großen Flaschenöffnung eine bestimmte Anzahl Tropfen gießen, »nämlich, daß der *Kommandant* mich eingesetzt hat. Und nur der Kommandant kann mich auch wieder absetzen. Du oder ihr habt mir gar nichts zu sagen. Der Kommandant ist mir maßgebend, und der ist bisher mit mir zufrieden gewesen, der hat mir sogar seine Anerkennung ausgesprochen. Mensch, Steinle, pack ein, gegen den Kommandanten kommst du nicht an.«

Steinle klopft seine Pfeife über dem Aschenbecher aus. »Wenn du nicht schon ein alter Mann wärst«, sagt er drohend, »ich würde dir mal auf 'ne andre Art beweisen, wie Proleten sprechen.«

Andrikeit steht auf und stützt sich mit den Handknöcheln auf den Tisch, zwischen den Fingern seiner rechten Hand das glimmende Zigarillo. »Du, laß die Drohungen, sonst . . . Im übrigen kannst du ja zum Kommandanten gehen, wenn du mir nicht glaubst.«

Wernicke ist mit einigen Schritten neben Andrigkeit. »Das ist ein guter Vorschlag«, sagt er und seine Miene ist gefährlich ruhig. »Gehen wir zum Kommandanten! Begleitest du uns, Andrikeit?«

Andrikeit führt den Zigarillo langsam zum Munde und lächelt amüsiert. Sibilitz wird die beiden schon gehörig zusammenstauchen, der war heute früh so freundlich wie noch nie. »Wenn ihr euch etwas davon versprecht, bitte«, sagt er, knöpft sein Jackett zu und zieht seine Krawatte fester. »Wir können sofort gehen.«

3.

Ziegler muß die bittere Suppe auslöffeln

Ziegler wirft die Zigarette mit entschlossener Bewegung fort und stampft sie mit einem kräftigen Tritt in den Sand. »Wir wären also soweit«, sagt er wie zu sich selbst und wirft den Kopf in den Nacken.

Dann wendet er sich an die zwei Männer, die gegen die alte, mächtige Eiche in der Mitte der Ahornallee lehnen. »Ihr wartet hier, bis Mausolf und ich im Haus sind, dann kommt ihr langsam nach. Die Taxushecke ist dicht genug, daß man euch vom Haus nicht sehen kann. Du, Lose, wirst dich vielleicht ein bißchen bücken müssen. So, und nun komm, Mausolf.«

Mausolf zieht seine Hose am Bund ein wenig hoch und drückt sich die Mütze fester auf den langen Schädel. »Also gehen wir.« Er setzt sich in Bewegung, hält aber nach dem ersten Schritt wieder inne und wendet sich noch einmal zurück. »Haltet eure Knüppel bereit, wir wissen ja nicht, was das für Brüder sind. Und denkt daran: Es müssen die Kellerfenster nach Nummer achtundvierzig zu sein. Sonst ist alles klar?«

»Ja, alles klar«, antwortet der lange Lose.

»Komm«, sagt Ziegler ungeduldig, »ist genug geredet worden.«

Mausolfs buschige Augenbrauen schieben sich über der langen, kühnen Nase dicht zusammen. »Allerdings«, brummt er, »ist höchste Zeit, daß was geschieht, bevor die Vögel ausgeflogen sind.«

Ziegler nimmt die Worte ohne Widerspruch hin, er schluckt den Speichel, der sich in seinem Munde angesammelt hat, hinunter und mit ihm den Vorwurf, den Mausolf ihm soeben recht unverblümt gemacht hat. Er weiß, daß er den Vorwurf mehr als verdient, daß er ihn herausgefordert, daß er einen unverzeihlichen Fehler begangen hat, den er nun wieder gutmachen muß, und wenn er dabei ... So weit mag er gar nicht denken. Es gilt ja, ohne Zögern und geradewegs auf das Ziel zuzugehen und jeden anderen Gedanken auszuschalten. Was ihn hinter dem Ziel erwartet, darf ihn jetzt nicht bekümmern, und wenn er hinter dem Ziel zusammenbricht ...

»Komm«, sagt er laut und deutlich, endlich hat er die Kehle wieder klar bekommen.

Ziegler und Mausolf verlassen die kleine Insel mit der alten, dicken Eiche, um die die Asphaltbänder der Ahornallee gelegt sind, und gehen in die Straße hinein. Es sind nur etwa 150 Meter, die sie bis zum Hause des Bücherrevisors Schultze zurückzulegen haben. Sie gehen langsam, fast mit gemessenen Schritten. Mausolf blickt starr geradeaus und schwingt die langen Arme gleichmäßig hin und her, Ziegler schneuzt sich umständlich und verstaut sein Taschentuch dann sorgfältig in der Hosentasche, knöpft seine Jacke zu und zieht sie gerade, streicht die Außentaschen glatt und fährt sich über das Haar.

Mausolf hat ihn mit einem Seitenblick gestreift. »Vergiß nur ja nicht, den Schlips gradezurücken«, sagt er mit verhaltenem Spott, »wie bei 'ner Damenwahl.«

Ziegler hatte in der Tat bereits die Hände erhoben, um nach der Krawatte zu fassen, aber er kann die Bewegung noch aufhalten und bewegt die Hände in der Luft hin und her, als scheuche er Insekten fort, die ihn belästigen. Er entgegnet nichts. Was sollte er auch sagen? Wenn es nur mit Hohn und Spott sein Bewenden hätte, gern wollte er es ertragen, aber damit ist es nicht getan, Steinle hat das ganz unmißverständlich ausgesprochen, als Ziegler ihm am Abend zuvor in dessen Laube eine Art Generalbeichte ablegte und Selbstkritik übte, wobei er seine ideologischen Bauchschmerzen aber geheimhielt.

Vor einer Minute erst hat Ziegler sich vorgenommen, seine Gedanken nur auf die Unternehmung Schultze-Grosser zu konzentrieren, aber er vermag es nicht, die Erinnerung an den gestrigen Abend ist da, ohne daß er ihr Einhalt zu gebieten vermöchte.

Ja, es war eine Art Generalbeichte, aber keine Ohrenbeichte, denn er hatte sie vor Zeugen abzulegen, vor Mausolf, Wernicke, Rauer und – peinlicherweise – auch vor Edith. Zunächst hatte er noch versucht, so zu berichten, als sei alles einem anderen zugestoßen, aber Steinle hatte rücksichtslos gebohrt und mit sarkastischen Bemerkungen nicht gespart, so daß Ziegler sich trotz allen Schuldbewußtseins so verletzt fühlte, daß er aufgestanden war und gesagt hatte, er werde sofort gehen, um das Nest in der Ahornallee auszuheben, ganz gleich, wie es ausgehe. Wernicke hatte seine Brille angehaucht, mit einem Lederläppchen, das er stets bei sich trug, blankgerieben und dazu beifällig genickt. Rauer äußerte die Meinung, daß man die Kommandantur benachrichtigen müsse, um deren Hilfe zu erbitten. Edith hatte Rauer dankbar angesehen (merkwürdig, mit welch verklärten Augen das Mädel den Rauer fortwährend anblickte, ganz so, als ob sie in ihn verliebt sei), aber Steinle hatte von Unsinn geredet und sich dagegen ausgesprochen. Weder das eine noch das andere komme »in Reichweite«, hatte er erklärt, einen Plan entwickelt und die anderen rhetorisch um ihre Zustimmung ersucht, ohne daß sich jemand hätte äußern können. Schließlich hatte er Ziegler den Parteibefehl erteilt, nach diesem Plan zu handeln. Ziegler hatte sich zunächst empört geweigert und sich dann gefügt, er hatte sich früher niemals einem Parteibefehl widersetzt, so widersinnig er ihm mitunter erschien, und jetzt war erst recht nicht an Widerstand zu denken, da die Partei die Exekutive ausüben konnte, sprich: die Kommandantur. Wer sich der Partei einmal ergibt . . .

Mausolf bleibt stehen. »Mensch, schlaf nicht ein! Wir sind da!« sagt er und stößt Ziegler mit dem Ellenbogen an.

Ziegler hat die 150 Meter bis zum Grosserschen Hause ohne das Bewußsein des Gehens zurückgelegt. Jetzt hemmt er fast augenblicklich den Schritt, schrickt zusammen und erwacht wie aus einem Traum. Er ist im Nu ganz klar, denn es war kein Traum, der ihn in die Welt der Phantasie entführte, der unterbewußte Sinnesreize und wirre Reihen von Erlebnissen und Erinnerungen durcheinanderbrachte, es war vielmehr die logische Verkettung und Entwicklung eines Planes bis zur Tat. Ziegler wirft einen kurzen Blick auf die Insel in der Ahornallee, auf der die zwei Polizisten bereitstehen, mit den Händen an den Gummiknüppeln, dann nickt er Mausolf mit einem ermunternden Lächeln zu und drückt auf den Klingelknopf. Er hört, wie die Glocke im Hause anschlägt. Gleich wird Liesel, Frau Grosser, in der Verandatür erscheinen, und erst in dem Augenblick, da er den Klingelknopf wieder losläßt und der Ton der Glocke erstirbt, wird ihm jäh bewußt, daß die Aktion Schultze-Grosser ja noch eine andere Seite hat, eine Seite, die ganz allein ihn angeht.

»Die Grosser mag sein, wie sie will«, hat Mausolf ihm gestern abend gesagt, »aber ist dir eigentlich klar, daß du dich ihr gegenüber alles andere als anständig benommen hast?« Ziegler hatte darüber hinweggehört, es war ja so viel geredet worden, aber jetzt fällt es ihm wieder ein. Mausolf hat recht, er hat sich ihr gegenüber nicht anständig benommen, nicht etwa im Sinne irgendeiner Moral oder irgendwelcher Vorurteile, daß es »unerlaubte Beziehungen« sind, die Liesel Grosser und ihn verbanden, nein, die Unanständigkeit liegt ganz woanders. Er hat die Frau genommen, sie in Sicherheit gewiegt und es ihr oder ihrem Vater erst ermöglicht, Leute zu verbergen. Und jetzt ist er der Exekutor, jetzt hat er den Henkerstreich gegen sie zu führen.

Ich konnte das damals nicht wissen, verteidigt sich Ziegler gegen sich selbst, sie ist schuld, selbst wenn sie mich wirklich liebt. Ja, sie ist schuld, weil sie mich in ihre Schuld mit einbezogen hat, aber ich, ich bin nicht weniger schuld. Die Beziehung zu ihr war von Anfang an entwertet, ich habe alle Andeutungen und Hinweise von Rauer und von Mausolf in den Wind geschlagen, nur um weiter mit ihr schlafen zu können, um den Rausch, in dem sich mir die so viel jüngere Frau überantwortete, ganz auszukosten. Und jetzt, jetzt steht er hier als Scharfrichter, er ist gezwungen, jetzt so zu handeln, als hätte er niemals bei ihr gelegen, als wären sie nicht in vielen Nächten so beieinander gewesen, daß sie kaum noch zwischen Du und Ich hatten unterscheiden können.

Zieglers Hand zittert, als er sie noch einmal zum Klingelknopf hebt. Er läßt sie sogleich wieder sinken, denn Frau Grosser, Liesel steht in der Tür der Veranda. Jetzt sollte sich alles in ihm spannen wie eine ganz straff angezogene Feder, und er fühlt, wie er ganz schlaff wird und ein übles Gefühl ihm bis in den Magen hinabsteigt. »Sprich du mit ihr«, sagt er heiser zu Mausolf. »Tu mir den Gefallen, sprich du mit ihr.«

Mausolf wirft ihm einen langen Blick von der Seite zu, in dem sich Mitleid und Verachtung vereinen. »Meinetwegen«, brummt er. »In deiner Haut möcht' ich nicht stecken.«

Das hat er gestern schon einmal gesagt, denkt Ziegler, und auch darüber hat Steinle einen Witz gemacht. Merkwürdigerweise erleichtert ihn die Erinnerung an diesen Witz Steinles ein wenig. Das Gefühl, als der eigentliche arme Sünder hier am Gartenzaun zu stehen, verliert sich. Trotz kommt in ihm auf. Sie hat mich hineinlegen wollen! Oder war es ihr Vater? Er blickt auf die Verandatür, um dem Blick der Frau Grosser zu entgehen, die mit eiligen, aber nicht überhasteten Schritten den Kiesweg auf das Gartentor zu kommt.

»Wir müssen Ihr Haus noch einmal genau besichtigen, Frau Grosser«, sagt Mausolf und rückt verlegen an seiner grauen Skimütze.

Frau Grosser hält einen Schlüssel abwartend in der Hand. »Weshalb denn?« fragt sie und blickt Ziegler an. »Sie haben doch schon . . .«

»Machen Sie schon auf!« sagt Mausolf barsch.

Frau Grosser blickt hilfesuchend Ziegler an. »Was hat das zu bedeuten, Herr Ziegler?«

Ziegler ist ihr Blick unbehaglich. Er zieht den Kopf zwischen die Schultern und reibt sich das Kinn mit dem Rücken seiner rechten Hand, als könnte er so dem Blick der Frau entgehen. »Es ist nur eine

Formalität, Frau Grosser«, sagt er so leichthin, wie seine schwere Zunge es ihm erlaubt. Verdammt, welch eine Rolle spielt er hier! Ob er sich nicht zu viel hat zumuten lassen?

Frau Grosser schließt auf, ohne den Blick von Ziegler zu wenden, und gibt die Pforte frei, um die beiden Männer vorangehen zu lassen.

»Lassen Sie die Tür offen«, sagt Mausolf. »Wir bleiben nicht lange.«

Ziegler tritt nach Mausolf in den Garten. Nur nicht jetzt mit ihr reden müssen, denkt er und versucht, Mausolf zu überholen, doch er fühlt die Hand der Frau an seiner Hüfte.

»Was hat das zu bedeuten, Karl?« flüstert sie angstvoll.

Ein dicker Kloß würgt Ziegler im Halse, er fühlt den Schlag seines Herzens schmerzhaft und dröhnend im Hinterkopf. Was jetzt getan werden muß, ist eine politische Notwendigkeit, die ich mit dem besten Gewissen von der Welt erfüllen könnte, wenn ich nicht ... Was ich begehe, ist eine Schufterei, aber ich habe keine Veranlassung, mich zu beklagen. Wenn man seinen Fuß in einen Sumpf setzt, darf man sich nicht wundern, wenn er einen mit immer zunehmender Gewalt einsaugt, den ersten Schritt in den Sumpf habe ich damals getan, als ich sie abends besuchte.

»Es hat nichts zu bedeuten«, murmelt er, befreit sich von ihrer Hand, die immer noch auf seiner Hüfte liegt, und geht schnell auf das Haus zu.

Erst in der Veranda holt Frau Grosser die beiden Männer ein. Sie hat sich wieder in der Gewalt, über ihr Gesicht ist ein starres Lächeln gebreitet. »Fangen wir also im Parterre an«, sagt sie mit mühsam beherrschter Stimme.

Mausolf blickt durch die halbgeöffnete Tür, die in die Diele führt, und stößt sie ganz auf. In die wetterharte, pergamentne Haut seines Gesichts sind tiefe Falten vom Mund bis zum Kinn gekerbt. Er setzt seinen Fuß über die Schwelle, verhält dann aber und wendet sich zu Ziegler, der unentschlossen in der Veranda steht. »Willst du nicht kommen, Ziegler?« fragt er böse. »Oder worauf wartest du, verdammt noch mal?«

Frau Grosser umkrampft die Lehne eines Sessels und läßt den Blick zwischen Mausolf und Ziegler hin und her gehen. »Was haben Sie vor?« fragt sie, ihre Stimme ist wieder unsicher geworden.

»Das werden Sie schon sehen«, fertigt Mausolf sie kurz ab und wendet sich dann wieder an Ziegler. »Komm schon!«

Ziegler setzt sich langsam in Bewegung. Als er auf der Schwelle steht, blickt er in Mausolfs Augen unter den buschigen, überhängenden Brauen: Sie sind hart und entschlossen und haben den Glanz eines klaren, froststarren Himmels an einem Januarmittag. Plötzlich fühlt Ziegler, wie von Mausolf Kraft und Entschlossenheit in breiten Wellen auf ihn überströmen, so wie man an einem kalten Wintertag doch die Wärme der Sonne verspürt. Er dreht sich rasch zu Frau Grosser um, macht eine entschuldigende Handbewegung zu ihr hin und geht entschlossen in die Diele hinein. Unter der Treppe, die in das obere Stockwerk führt, befindet sich der Kellereingang. Die Tür ist nicht verschlossen. Mit einer leichten Kopfbewegung deutet Ziegler auf die Tür.

Mausolf hat sofort verstanden. Er gibt sich den Anschein, als messe er die Länge, Breite und Höhe der Diele mit den Augen und nähert sich mit kleinen Schritten der Kellertür. Er öffnet sie nicht, er holt ein Taschentuch aus der Hosentasche und schneuzt sich mit pedantischer Umständlichkeit, er schnaubt erst das linke Nasenloch leer, dann – nachdem er das Taschentuch anders gefaltet hat – das rechte, dann pustet er noch einmal aus beiden Nasenlöchern tüchtig Luft in das Taschentuch, nicht ohne es vorher mit aufreizender Langsamkeit nach einer trockenen Stelle untersucht zu haben.

Worauf wartet er eigentlich? denkt Ziegler. Klar, sagt er sich im gleichen Augenblick, er will Zeit gewinnen, so viel Zeit, daß die Polizisten uns folgen können. Er lauscht zur Verandatür hin. Knirscht nicht schon der Kiesweg unter schweren Schritten?

Frau Grosser ist den beiden Männern in die Diele gefolgt. Für ein paar Sekunden steht sie unschlüssig neben der Garderobe, lehnt sich wie in einem Schwächeanfall gegen sie, dann gibt sie sich einen Ruck und klinkt eine Tür auf. »Fangen wir hier an«, sagt sie. »Das ist unser Wohnzimmer . . .«

In diesem Augenblick stopft Mausolf sein Taschentuch rasch in die Hosentasche und sagt: »Nein, Frau Grosser, heute fangen wir im Keller an. Hier geht's doch hinunter?« Er öffnet die Tür unterhalb der Treppe und fährt mit der Hand über die Wand. »Hier ist ja der Schalter.«

Mit einigen schnellen Schritten, fast sind es ein paar Sprünge, ist Frau Grosser bei ihm. »Der Keller geht Sie gar nichts an!«

Mausolf blickt auf sie herunter und streckt seinen Arm aus, um sie von sich und dem Lichtschalter fernzuhalten. »So? Das geht uns sogar sehr viel an, Frau Grosser.«

Frau Grosser versucht, unter Mausolfs ausgestrecktem Arm durchzuschlüpfen, aber es gelingt ihr nicht, da Mausolf sich breitbeinig vor den Kellereingang stellt: »Gehen Sie hier weg«, keucht sie und bemüht sich, Mausolf beseitezuschieben. Als sie einsieht, daß es vergeblich ist, wendet sie sich an Ziegler. »Karl«, sagt sie flehend, »hilf mir doch. Ihr könnt jetzt nicht in den Keller.«

Das hat sie sich selbst eingebrockt, denkt Ziegler, oder der Alte hat es ihr eingerührt, das muß sie jetzt auslöffeln. Sie tut mir leid, ja, zum Teufel, sie tut mir wirklich leid, aber ich kann es nicht ändern, die Sache muß jetzt ausgestanden werden. »Sei vernünftig, Liesel«, sagt er begütigend, aber mit Strenge in der Stimme.

Frau Grosser wirft sich Ziegler an die Brust. »Morgen könnt ihr meinetwegen in den Keller«, sagt sie mit erstickter Stimme, »ganz bestimmt, aber heute geht's nicht. Bitte, bitte, kommt doch morgen wieder.«

»Gerade heute muß es sein«, sagt Mausolf hart und packt Frau Grosser bei den Armen. »Geh du runter, Ziegler, ich halt' die Frau solange fest, du kriegst es ja doch nicht fertig.«

Die Verachtung, die in Mausolfs letzten Worten liegt, trifft Ziegler so heftig, als hätte er ihm einen spitzen Stein vor die Brust geworfen, an jene empfindliche Stelle zwischen den Rippenbogen. Für eine Sekunde zögert Ziegler noch, aber er verwirft den Impuls, der in ihm aufgezuckt ist, sogleich wieder, nämlich auf das Eintreffen der Polizisten zu warten. Nein, er, Ziegler, wird als erster die Kellertreppe hinuntersteigen, er will den ersten Griff in das verborgene Nest tun. So hat Steinle es gewollt.

»Geh nicht zu unsanft mit ihr um«, sagt er zu Mausolf und vermeidet einen Blick auf die Frau, die sich unter Mausolfs hartem Griff windet. Dann drängt er sich an Mausolf vorbei und läuft die Kellertreppe hinunter, er nimmt zwei, drei Stufen auf einmal. Nur undeutlich noch vernimmt er die barsche Stimme Mausolfs, die Schreie der Frau, das Trampeln schwerer Stiefel in der Veranda. In seinen Ohren rauscht es, ihm ist, als habe ihn ein rasendes Fieber gepackt. Er stößt die Lattentür des Kellerhalses mit einem Fußtritt auf und biegt in einen Gang ein. Für Sekunden ist er wie geblendet von dem hellen Schein, der durch ein Kellerfenster fällt, er sieht zwei Schatten auf sich zukommen, im gleichen Augenblick trifft ihn ein heftiger Schlag auf den Kopf.

Daß mir dies geschieht, ist die beste Lektion, die mir Steinle erteilen konnte, vermag er noch zu denken, ehe er das Bewußtsein verliert.

4.

Steinle pfeift den Toreromarsch

Sibilitz geht mit ausgestreckter Hand auf Andrikeit zu. »Guten Tag, Herr Bürgermeister.« Über sein feistes Gesicht ist ein falsches Wohlwollen gebreitet wie ein dünner, lockerer Schleier, den er sogleich wegzieht, als er Wernicke und Steinle mit einem unmerklichen Neigen des Kopfes und einem kurzen, fast gemurmelten »Guten Tag« begrüßt.

Andrikeit schüttelt die Hand des Dolmetschers und lächelt jovial. »Guten Tag, Sibilitz. Ist der Genosse Kommandant zu sprechen?«

Sibilitz blinzelt, als müsse er erst überlegen, und hebt langsam die Schultern. »Sicherlich, Herr Bürgermeister. Ich will gleich einmal nachfragen. Bitte, nehmen Sie einstweilen hier Platz.« Er schiebt Andrikeit einen Stuhl zu und wirft Steinle und Wernicke nur einen mißtrauischen, abschätzenden Blick zu.

Steinle begegnet diesem Blick. »Sie, Sibilitz«, sagt er und streckt seine zur Faust geballte Hand vor, »ich lasse Sie an dieser Knospe riechen, wenn Sie sich nicht anders benehmen.«

Sibilitz ist sofort zurückgewichen. »Ich laß mir nicht drohen«, sagt er aufbegehrend. »Was wollen Sie eigentlich von mir?«

»Gehen Sie nur hinein und melden Sie uns an«, mischt sich Wernicke ein, blickt Steinle strafend an und schüttelt mißbilligend den Kopf. »Hat doch keinen Zweck, Alfons.«

»Das redest du glatt in den Wind, Wernicke«, sagt Andrikeit und macht eine beschwichtigende Handbewegung zu Sibilitz hin. »Steinle wird das nie lernen. Ich hoffe, daß er es recht bald einsehen wird und wieder in die Produktion geht.«

Steinle grinst breit und lacht glucksend in sich hinein. »Das könnt' dir so passen, Franz. Ich verlasse das Rathaus nicht eher, bis auch der letzte Winkel blitzblank sauber ist.«

Andrikeit lächelt überlegen und verständigt sich mit dem Dolmetscher durch ein Augenzwinkern. »Die Begriffe von Sauberkeit sind verschieden«, sagt er langsam und mit besonderer Betonung. »Und was den Zeitpunkt deines Ausscheidens aus der Verwaltung anbelangt, nun, so hängt das gar nicht von dir ab.«

Sibilitz nickt lebhaft. »Sehr richtig, Herr Bürgermeister.«

»Mensch, gehen Sie schon!« ruft Steinle. »Und behalten Sie Ihre werten Ansichten für sich.«

Sibilitz will etwas entgegnen, er hat schon den Mund geöffnet, aber er schließt ihn wieder und winkt ab.

Andrikeit nickt ihm anerkennend zu. Wir verstehen uns, soll das heißen, laß den Hundekopf noch ein bißchen angeben, gleich wird er an die Leine gelegt.

Sibilitz hakt seinen Blick für einen Augenblick an Andrikeit fest, dann dreht er sich um und verläßt das Zimmer.

Steinle zieht Wernicke ein paar Schritte mit sich fort. »Wo bleibt denn Rauer?« flüstert er. »Es war doch verabredet . . .«

Wernicke blickt durch die offene Tür in den Korridor. »Er rollt schon an«, sagt er erleichtert. »Offen gestanden, ich bin auch schon ins Schwitzen gekommen.«

Andrikeit kneift die Augen zusammen. »Was habt ihr denn zu flüstern?« fragt er mißtrauisch. »Was ist denn da im Korridor los? Wollt ihr euch etwa dünne machen? Meinetwegen, wenn ihr eingesehen habt . . .« Er stutzt und tritt überrascht einen Schritt vor. »Das ist doch Rauer!«

»Dein Scharfblick hat nicht gelitten«, sagt Steinle spöttisch und geht Rauer entgegen. »Tag, Rauer!« Er schlägt Rauer auf die Schulter und wendet sich an den Mann, der mit Rauer gekommen ist. »Sie sind also . . .«

Wernicke tritt dazwischen und wirft Steinle einen warnenden Blick zu. »Guten Tag, Rauer«, sagt er gleichmütig und verständigt sich mit ihm und Kraschinski durch ein Augenzwinkern.

Andrikeit hat seine Augen unruhig hin und her gehen lassen, er tritt von einem Fuß auf den anderen. »Was geht denn hier vor?« fragt er streng. »Wo kommst du denn plötzlich her, Rauer? Und wer ist der Mann?«

Kraschinski hat Andrikeit eingehend gemustert. »Mein Name ist Krause«, sagt er höflich. »Ich will zum Kommandanten. Habe ich die Ehre mit Herrn Bürgermeister Andrikeit?«

»Der bin ich«, sagt Andrikeit selbstbewußt. »Und was willst du hier?« herrscht er Rauer an. »Weißt du, daß ein Haftbefehl gegen dich vorliegt?«

Ehe Rauer antworten kann, sagt Kraschinski: »Sehr interessant, Herr Bürgermeister. Ich habe nämlich mit Rauer eine Sache auszutragen, und zwar vor dem Herrn Kommandanten. Es hat mich genug Mühe gekostet, Rauer hierher zu bringen.«

»Seht ihr«, wendet Andrikeit sich triumphierend an Steinle und Wernicke, »so sehen die Leute aus, denen ihr vertraut. Wer weiß, was der Rauer da wieder ausgefressen hat! Na warte, Rauer, wir haben noch ein ernstes Wörtchen miteinander zu reden.« Andrikeit strahlt über das ganze Gesicht, übersprudelt sich fast beim Sprechen. »Das ist euch natürlich unangenehm, daß da aus heiterem Himmel ein Belastungszeuge anrückt. Um was handelt es sich denn, Herr Krause?«

Kraschinski preßt die Lippen zusammen. »Um eine sehr ernste Sache, Herr Bürgermeister, sie hängt mit Rauers Tätigkeit im Rathaus zusammen.«

»Sehr gut, ausgezeichnet!« ruft Andrikeit erfreut. »Die beiden Herren hier und meine Wenigkeit, wir sind gerade im Begriff, den Kommandanten aufzusuchen, um mit ihm über derartige Dinge zu sprechen. Sie können sich uns gleich anschließen, Herr Krause. Was wir zu beraten haben, das kann jeder hören.«

»Wie sich das trifft!« sagt Kraschinski entzückt und verbirgt sein Lächeln hinter der vorgehaltenen Hand.

»Es gibt so etwas wie Schicksal«, sagt Andrikeit würdevoll. »Ah, da ist unser Dolmetscher, Herr Sibilitz, ein sehr zuverlässiger Mann.«

Sibilitz steht auf der Schwelle des Vorzimmers. »Der Herr Kommandant läßt bitten!« verkündet er hoheitsvoll. »Wer sind Sie denn?« fährt er auf Kraschinski los, nachdem er ihn mit einem Blick abtaxiert hat. »Was wollen Sie?«

Andrikeit stößt den Dolmetscher in die Seite. »Das ist ein Herr Krause«, flüstert er. »Der Mann kommt uns wie gerufen, der hat den Rauer gewissermaßen für uns verhaftet. Wir nehmen beide gleich mit hinein.«

»Geh'n mir also rein«, sagt Steinle und pfeift ein paar Takte des Toreromarsches. »Nach dir, Franz, und nach Ihnen, Herr Krause.«

Andrikeit wendet sich halb zurück. »Du bist reichlich vergnügt, Steinle. Ich glaub', dir wird das Pfeifen schon noch vergehen.«

Steinle schließt die Tür hinter sich. Sie stehen jetzt im Zimmer des Kommandanten.

Der Kommandant hat die Männer nacheinander angesehen und ihnen kurz zugenickt, dann deutet er mit einladender Bewegung auf die Stühle und Sessel, die in einem Viertelkreis um den Schreibtisch stehen. Die Männer setzen sich, nur Sibilitz bleibt an der Querseite des Schreibtisches stehen und blickt den Kommandanten fragend an.

Der Kommandant streicht seinen schmalen, dunklen Schnurrbart, dann sagt er ein paar Worte.

»Der Herr Kommandant bittet Sie, Ihr Anliegen vorzubringen«, sagt Sibilitz.

Steinle steht rasch auf, wirft einen raschen Blick auf Wernicke und holt dann tief Luft »Genosse Kommandant«, beginnt er, »ich habe Ihnen seinerzeit den Genossen Andrikeit als Bürgermeister vorgeschlagen, weil er mir auf Grund der Ausweise, die er uns vorlegte, und des persönlichen Eindrucks, den ich von ihm gewonnen hatte, als vertrauenswürdig erschien. Ich muß heute zugeben, daß ich mich geirrt habe und daß ich, wie ich bestimmt glaube, auch getäuscht worden bin. Mein Eindruck . . .«

»Einen Augenblick, Herr Steinle«, unterbricht ihn Sibilitz, »ich will das erst einmal übersetzen.« Er wendet sich dem Kommandanten zu und beginnt zu übersetzen. Der Kommandant hört sichtlich gespannt zu und sagt dann einige Sätze, die mit einem fragenden Ton enden.

»Der Herr Kommandant mißt Ihrem persönlichen Eindruck, Herr Steinle, nicht so großen Wert bei«, sagt Sibilitz. »Er fragt Sie aber, ob Sie Grund zu der Annahme hätten, daß die Ausweise, die Ihnen unser Herr Bürgermeister damals vorlegte, etwa nicht echt sind.«

Steinle schüttelt den Kopf. »Ich zweifele nicht an der Echtheit der Papiere«, sagt er langsam, »wohl aber an ihrer Vollständigkeit.«

Andrikeit fährt erregt auf. »Ich bin total ausgebombt!« ruft er. »Wie soll ich denn da alle Papiere beieinander haben? Ich bin froh, daß ich wenigstens das Mitgliedsbuch der Kommunistischen Partei und meinen Entlassungsschein aus dem KZ gerettet habe. Übersetzen sie das auch, Sibilitz.«

Sibilitz begütigt Andrikeit mit einer Handbewegung und einem vertraulichen Zwinkern. »Sie kommen selbstverständlich auch zu Wort, Herr Bürgermeister«, sagt er, dann spricht er wieder auf den Kommandanten ein.

Der Kommandant verzieht sein Gesicht zu einem unmutigen Lächeln und begleitet seine Worte mit einigen Schlägen auf den Tisch.

Sibilitz fährt sich mit dem Taschentuch über den blanken, runden Schädel, bevor er übersetzt. »Der Herr Kommandant anerkennt Ihre Argumente, Herr Bürgermeister. Er hat Verständnis dafür, daß ein Ausgebombter nicht in der Lage ist, seine politische Identität hundertprozentig nachzuweisen. Aber er fragt Sie, Herr Steinle, weshalb Ihnen die angebliche Unvollständigkeit in den Papieren des Herrn Bürgermeisters erst jetzt auffällt.«

Steinle richtet den Blick auf den Kommandanten, als könne er von ihm die Bestätigung für die Worte des Dolmetschers erlangen, aber das Gesicht des Kommandanten ist unbeweglich, er zwirbelt die Enden seines Schnurrbarts zwischen Daumen und Zeigefinger, zeigt die Goldplomben seiner Zähne und hat die Augen auf Sibilitz gerichtet. Steinle atmet schwer und sieht zu Kraschinski hinüber. Kraschinski sitzt vornübergebeugt da und hat die Hände zwischen den zusammengepreßten Knien, seine Lippen sind eine einzige dünne, farblose Linie, aber sein Gesicht ist leicht gerötet, in seinen Augen ist ein lebhafter, unruhiger Glanz.

»Die Unvollständigkeit der Papiere allein hat mich nicht veranlaßt, Andrikeits politische Vergangenheit anzuzweifeln«, sagt Steinle schließlich, »wohl aber sein Verhalten, seit er Bürgermeister ist. Er ist . . .«

»Augenblick, Herr Steinle«, sagt Sibilitz und beugt sich zum Kommandanten hinunter, dann richtet er sich wieder auf. »Der Herr Kommandant fragt Sie, was Sie an der Amtsführung des Herrn Bürgermeisters auszusetzen haben.«

Steinle lächelt grimmig. »Andrikeit ist politisch völlig unklar, in seinen politischen Kenntnissen und Ansichten zeigen sich nicht weniger große Lücken als in seinen Papieren, er weigert sich, mit uns zusammenzuarbeiten, statt dessen unterstützt er korrupte Elemente und bereichert sich selbst in unerhörter Weise. Sagen Sie das dem Kommandanten, Herr Sibilitz, wenn ich bitten darf, wörtlich.«

Sibilitz betupft mit dem Taschentuch Gesicht und Nacken. »Das sind sehr schwere Anschuldigungen, die Sie gegen Herrn Bürgermeister erheben«, sagt er.

»Haben Sie das auch gemerkt?« sagt Steinle spöttisch. »Deswegen bin ich nämlich hier. Los, Mensch, übersetzen Sie, ohne Ihren eigenen Senf dazuzugeben.«

Sibilitz zögert, er zerknüllt das Taschentuch in seiner Hand. Immer wieder geht sein Blick zu Kraschinski, der seine Spannung offenbar kaum mehr zu meistern vermag und wie sprungbereit dasitzt. »Wollen Sie, Herr Bürgermeister, nicht gleich auch etwas dazu sagen?«

»Übersetzen Sie erst, was ich gesagt habe!« brüllt Steinle wütend.

Sibilitz' dicke Wangen zittern heftig. »Ich muß Sie bitten, Herr Steinle, die Art des Dolmetschens mir zu überlassen.«

Andrikeit nickt Sibilitz eifrig zu. »Was ich dazu zu sagen habe? Nur ein paar Worte, nämlich, daß alle meine Maßnahmen entweder vom Herrn Kommandanten selbst gebilligt oder durch einen Magistratsbeschluß zustandegekommen sind.«

Der Kommandant ist ungeduldig geworden. Er hat die Auseinandersetzung zwischen Steinle, Andrikeit und dem Dolmetscher mit aufmerksamen Blicken verfolgt und sieht jetzt erwartungsvoll auf den Dolmetscher.

Sibilitz beugt sich rasch zu ihm und spricht schnell, mit lebhaften Handbewegungen und Schulterzucken auf ihn ein. Die Ungeduld in der Miene des Kommandanten verstärkt sich zu Mißmut, auf seiner Stirn unter dem struppigen dunkelblonden Haar bilden sich tiefe Falten, er zerrt nervös an den Enden seines Schnurrbarts, dann spricht er laut und in einem Tonfall, der seine Ungehaltenheit verrät.

»Der Herr Kommandant ist sehr aufgebracht,« sagt Sibilitz. »Er wünscht nicht, daß Sie Ihre Auseinandersetzung gerade hier in der Kommandantur führen. Er hat den Eindruck gewonnen, daß hier private Eifersüchteleien in ein politisches Gewand gekleidet werden. Im übrigen hat er bisher keinerlei Veranlassung gehabt, die Tätigkeit des Herrn Bürgermeisters in wesentlichen Punkten zu beanstanden. Der Herr Bürgermeister hat durchaus im Sinne der Roten Armee gehandelt. Im übrigen läßt der Kommandant Ihnen sagen, daß er mit Ihnen nicht zu verhandeln gedenkt. Sie haben lediglich seine Befehle entgegenzunehmen und auszuführen, auch wenn Sie sie nicht verstehen oder wenn sie Ihnen nicht passen. Sie sollen, sagte der Herr Kommandant zum Schluß, nicht vergessen, daß Sie den Krieg verloren haben.«

Steinle zuckt unter den Worten des Dolmetschers zusammen und schickt einen langen, fragenden Blick zu Kraschinski. Kraschinski erwidert den Blick mit einem hilflosen Heben der Schultern.

»Sagen Sie dem Genossen Kommandanten«, sagt Steinle mit erzwungener Ruhe und ohne den Dolmetscher dabei anzusehen, daß ich in der Lage bin, meine Einwände gegen Andrikeits Tätigkeit konkret zu belegen. Sagen Sie, daß es sich hier nicht um persönliche Eifersüchteleien oder Gegnerschaft handelt, sondern daß hier viel größere Dinge auf dem Spiel stehen, nämlich das Ansehen der neuen Verwaltung, die durch Andrikeits Amtsführung schon weitgehend diskreditiert worden ist. Sie ist eines Kommunisten nicht würdig und untergräbt auch die Autorität der Kommandantur und der Roten Armee überhaupt, weil hier ein Zusammenspiel vermutet wird.«

Sibilitz windet sich förmlich unter Steinles Worten. »Sie reden sich um Ihren Kopf, Herr Steinle«, sagt er mit kläglicher Stimme. »Das kann ich unmöglich übersetzen.«

Steinle kräuselt die Lippen zu einem verachtungsvollen Lächeln. »Übersetzen Sie!« fordert er den Dolmetscher.

»Gut, wie Sie wollen«, sagt Sibilitz achselzuckend und beginnt zu übersetzen. Der Kommandant hört ungeduldig zu. Er klopft mit dem Ballen seiner rechten Hand mehrmals heftig auf den Schreibtisch und blinzelt nervös in die Runde. Die Röte in seinem Gesicht nimmt rasch zu, seine Zähne mahlen knirschend gegeneinander, die Haut über seinen Backenknochen spannt sich. Dann steht er mit einem Ruck auf und brüllt ein paar Sätze in einem Ton, in dem sich Zorn und Befehl mischen.

Als er geendet hat, steht Kraschinski langsam auf, seinem Gesicht sind Widerwillen und Verachtung deutlich aufgeprägt. »So ähnlich habe ich mir das vorgestellt«, murmelt er wie für sich, dann wendet er sich Steinle zu. »Das hier geht aus wie ... Sie haben dafür eine bestimmte Redensart in Deutschland ... irgendetwas mit Schießen ...«

»Wie das Hornberger Schießen«, sagt Rauer. »Das sagt man, wenn um eine Sache viel Wind gemacht wird und doch nichts dabei herauskommt. Sie meinen doch nicht etwa, daß hier ...«

»Ja, ja«, sagt Kraschinski leise, »genau so ist es. Der Dolmetscher ist in Ordnung, jedenfalls was seine heutige Tätigkeit angeht. Hört jetzt nur gut zu!«

Sibilitz hat sich, nachdem der Kommandant geendet hat, wieder hoch aufgerichtet. Über sein Gesicht läuft ein triumphierendes Lächeln. Er fährt sich erst noch mit der Zunge über die Lippen und befeuchtet ausgiebig seine Mundwinkel, ehe er zu übersetzen beginnt. »Der Herr Kommandant verbittet sich Ihre Redensarten, Herr Steinle. Herr Bürgermeister Andrikeit hat stets nur die Befehle der Kommandantur ausgeführt, beziehungsweise die Kommandantur hat seine Anordnungen ausdrücklich bestätigt.« Er holt tief Atem und vermag seine Genugtuung nicht mehr zu verbergen. »Der Herr Kommandant erteilt allen anwesenden Mitgliedern des Magistrats, Herrn Bürgermeister Andrikeit ausgenommen, eine strenge Verwarnung. Ihnen, Herr Steinle, läßt er außerdem noch folgendes sagen: Wenn Sie schon nicht einzusehen vermögen, daß der Herr Kommandant und Sie sich hier als Sieger und Besiegter gegenüberstehen, dann ersucht er Sie, wenigstens Parteidisziplin zu üben. Im übrigen betrachtet der Herr Kommandant die Unterredung als beendet und ersucht Sie alle, ausgenommen den Herrn Bürgermeister, sofort die Kommandantur zu verlassen.«

5.

Die Sintflut hat sich nicht verlaufen

Ziegler richtet sich mühsam auf, als die Tür geht. »Ach, du bist's, Wernicke«, sagt er erleichtert und läßt sich wieder in die Kissen zurückgleiten. »Komm rein und nimm irgendeinen Stuhl.«

Wernicke bleibt für ein paar Sekunden im Türrahmen stehen, ehe er die Schwelle überschreitet und die Tür hinter sich ins Schloß zieht. Dann geht er langsam in das Zimmer hinein, rückt einen Stuhl an Zieglers Bett und nimmt die Brille ab. »Wie geht's denn?« fragt er und beginnt, seine Brille mit einem kleinen gelben Lederläppchen zu putzen. »Was hat der Arzt gesagt?«

»Leichte Gehirnerschütterung«, antwortet Ziegler und legt sich ein feuchtes Tuch auf die Stirn. »Hätte schlimmer kommen können. Die dummen Bengels . . .«

Wernicke hält die Brille gegen das Licht, nickt befriedigt und setzt sie wieder auf. »Hatten eben keine Lust, die Reise nach Sibirien anzutreten.« Er lacht kurz auf, als mokiere er sich. »Ausräuchern, das Faschistennest! hat Steinle gestern gesagt. Vernichten, die Werwolfsbrut!«

»Und es sind wirklich nur Flakhelfer?« fragt Ziegler mit Zweifel in der Stimme.

»Besteht gar kein Zweifel!« bestätigt Wernicke, faltet das Lederläppchen sorgfältig zusammen und steckt es ein. »Der eine ist siebzehn Jahre alt, der andere noch nicht einmal sechzehn. Das sind ja noch halbe Kinder.«

Ziegler faßt sich an den Kopf und stöhnt. »Schöne Kinder! Haben ganz schön zugeschlagen. Mir hat's gereicht.«

Wernicke hebt die Schultern, seine Augen wenden sich Zentimeter um Zentimeter beiseite, bis sein Blick über Ziegler hinweggeht. »Sie haben sich eben gewehrt, und jetzt . . . Schade um die Jungens.«

Ziegler versucht sich aufzurichten. »Was ist denn mit ihnen?« würgt er hervor.

»Tja«, sagt Wernicke und blickt zum Fenster hinaus. »Jetzt sind sie doch dahin geraten, wo sie gerade nicht hinwollten. Die beiden Polizisten wollten die Jungens ja laufen lassen, aber Mausolf hat es nicht geduldet.« Wieder hebt er die Schultern und holt tief Luft, um seine Erregung zu bezwingen. »Mausolf ist ein Fanatiker. Er hat sich in den zwölf Jahren so mit Haß vollgepumpt, daß er jeden ausliefern möchte, der einmal eine Uniform getragen hat. Dabei vergißt er, daß er selber sich ja auch eine Uniform anziehen ließ, wenn es auch nur eine Volkssturmuniform war. Und daß er als Arbeiter gewissermaßen auch Soldat war, weil er Geschützrohre gegossen hat, das ist ihm total entfallen.«

Ziegler nickt Wernicke zu. Er hat sich mit den Ellenbogen aufgestützt und sucht Wernickes Blick. »Und was war beim Kommandanten?« fragt er mit Spannung in Ton und Blick. »Mausolf hat mir nur gesagt, es sei alles in Ordnung.«

Wernicke verzieht die Lippen zu einem dünnen Lächeln. »Fragt sich nur, was Mausolf unter Ordnung versteht. Das, was er Ordnung nennt, das ist für mich Unterordnung, unter den Befehl des Kommandanten.«

Ziegler richtet sich jetzt ganz auf und nimmt den Umschlag von der Stirn. »Guck mich doch an, wenn du mit mir sprichst!« ruft er ärgerlich und versucht, Wernicke in die Augen zu blicken. »Andrikeit bleibt also Bürgermeister?«

»Andrikeit bleibt Bürgermeister«, wiederholt Wernicke langsam, immer noch mit abgewandtem Blick und ohne seine Kopfhaltung zu ändern. »Burmester bleibt Polizeichef, und Herr Mühlbauer behält das Wirtschaftsamt. Die Russen kennen nur Zweckmäßigkeit. Wer ihnen behilflich ist, der ist willkommen, ob das irgendein Herr Mühlbauer oder ein Generalfeldmarschall Paulus ist.« Er wartet die Wirkung seiner Worte ab und fügt dann mit betonter Gleichgültigkeit hinzu: »Du siehst, in Lindenthal bleibt alles schön beim alten.«

Ziegler beugt sich zu Wernicke hinüber und rüttelt ihn an der Schulter. »Mensch, du redest, als ob dich das alles nichts mehr angeht.«

»Geht mich auch nichts mehr an«, sagt Wernicke ruhig, aber mit einem deutlichen Unterton der Entschiedenheit. Dabei legt er den Kopf in den Nacken und blickt zur Decke. »Gar nichts mehr geht mich das an.«

»Das ist doch nicht möglich!« ruft Ziegler erregt. »Was wir gemeinsam begonnen haben . . . Bloß weil hier so ein komischer Kommandant . . .«

Wernicke wendet sich Ziegler jetzt mit einem Ruck zu. Die Starre, die über sein Gesicht gebreitet war, löst sich plötzlich auf, seine Augen hinter der Brille verengen sich. »Das ist es ja«, sagt er heftig. »So wie hier bei uns in Lindenthal sieht es fast überall aus. Wer ist jetzt überall obenauf? Leute, die am besten Kotau machen können, die jeden Befehl, *jeden*, rücksichtslos und bedenkenlos ausführen. Und das soll ich noch weiter mitmachen? Nein! Wenn du es verantworten kannst . . .«

Ziegler blickt starr auf die Bettdecke nieder. »Das bleibt doch nicht so, Wernicke. Das kann doch so nicht bleiben!«

Wernicke lacht kurz auf. »Das haben wir damals auch gesagt, als die Braunen dreiunddreißig an die Macht kamen. So kann es doch nicht bleiben! Es blieb aber so, und es wurde sogar immer noch schlimmer.« Er hält inne und blickt Ziegler fest an. »Die Nazis sind wir nun endlich losgeworden, aber . . . Du, Ziegler, ich habe schreckliche Ahnungen. Was jetzt über uns gekommen ist . . .«

Ziegler runzelt die Stirn, seine Augenbrauen schieben sich über der Nasenwurzel dicht zusammen. »Laß das!« sagt er scharf. »Die Nazis und wir, diesen Vergleich verbitte ich mir!« Er beschwichtigt sich selbst, indem er in einem milderen Ton weiterredet. »Es ist gewiß manches oder meinetwegen sogar vieles schlecht. Glaubst du etwa, ich seh' das nicht? Aber darüber darf man doch die große Linie nicht aus den Augen verlieren. Du weißt doch selber, daß wir gegen diese Mißstände angehen. Steinle . . .«

»Geh mir doch mit Steinle«, unterbricht ihn Wernicke brüsk. »Steinle ist umgefallen.«

»Was heißt das: Steinle ist umgefallen?« fragt Ziegler mit lebhaften Bewegungen seiner langen Arme.

Wernicke zuckt die Achseln. »Umgefallen heißt umgefallen«, sagt er müde, als empfinde er es als Belästigung, antworten zu müssen. »Das Wort Parteidisziplin hat auf ihn gewirkt wie eine Hypnose. ›Wir müssen Parteidisziplin halten‹, hat er plötzlich erklärt, alle kleinlichen Bedenken hätten jetzt zurückzustehen. Wir könnten es uns nicht leisten, auf alte und bewährte Genossen zu verzichten, nur weil sie menschlich oder charakterlich nicht ganz zulänglich seien.« Er macht eine wegwerfende Handbewegung. »So ist es ja früher auch schon bei euch gewesen. Wenn Moskau befahl, dann wurde stur gehorcht, auch wenn der Befehl noch so sehr gegen eure eigenen Interessen stand.«

Ziegler hebt beide Hände wie zur Abwehr. »Ganz so ist es ja nicht«, widerspricht er zwar laut, aber mit wenig Überzeugungskraft. »Es ist bei uns über die Moskauer Anweisungen oft heftig debattiert worden. Ich habe . . .«

Wieder lacht Wernicke kurz auf, um die Schärfe seiner Entgegnung ein wenig zu mildern. »Früher! Damals war das noch ziemlich ungefährlich, weil eure russischen Genossen weit vom Schuß waren. Sie konnten nicht mehr tun, als dich als einen Abtrünnigen oder Verräter oder Klassenfeind oder als wer weiß was noch beschimpfen und dich aus der Partei ausschließen.« Er nimmt, während er spricht, die Brille ab und blinzelt in das Licht, das durch die Fenster einfällt. »Aber jetzt sind sie hier, sie haben die Exekutive in der Hand. Wer jetzt aus eurer Parteidisziplin ausbricht, ist ein Faschist oder ein Faschistenknecht, und was das bedeutet, brauche ich dir ja wohl nicht zu sagen. Männerstolz vor Königthronen, das gibt es bei euch doch nicht.«

»Ich will nichts mehr hören«, sagt Ziegler und ist bemüht, Empörung in seine Stimme zu legen. »Gar nichts mehr will ich hören, verstehst du?«

»Du sprichst ja laut genug«, sagt Wernicke ruhig und hebt beschwichtigend die rechte Hand. »Aber eins sollst du noch hören, nämlich was Steinle zu Rauer gesagt hat, als sie die Kommandantur verließen. Da hat Rauer nämlich gesagt, er wüßte gern, was Parteidisziplin wäre. Darauf ist Steinle zynisch geworden. ›Wenn du strenge Parteidisziplin üben willst, dann mußt du bei jedem Befehl an die herrliche Zukunft denken und die beschissene Gegenwart übersehen‹, hat er geantwortet. ›So wie die frommen Leute an das ewige Himmelreich glauben und darüber das schwere Erdenleben vergessen?‹ hat Rauer gefragt. ›Genau so!‹ hat Steinle darauf erwidert, ›nur daß wir Kommunisten das Himmelreich schon auf Erden schaffen werden.‹«

Ziegler verzieht sein Gesicht, als höre er nur notgedrungen zu, legt sich wieder in die Kissen zurück und schließt die Augen. »Die Unterhaltung ist zu anstrengend für mich«, sagt er abweisend und greift wieder nach dem Umschlag. »Aber was mit Rauer ist, das möcht' ich doch noch gern wissen.«

»Ja, da war einer, der es ehrlich meinte«, sagt Wernicke wie für sich, bekümmert und vorwurfsvoll zugleich. »Einer, der kam, ohne alle Vorbehalte und Bedingungen, nur ehrlich und sauber sollte es zugehen, anständig und in Freiheit. Und jetzt geht er. ›Es hat sich nicht gelohnt‹, hat er gesagt.«

»Du hast mir meine Frage noch nicht beantwortet, Wernicke«, sagt Ziegler mit matter Stimme. »Was ist mit Rauer? Der Alte wollte ihn doch hochgehen lassen.«

»Rauer ist nach Berlin«, antwortet Wernicke, »mit Frau und Kind und seinen zwei Koffern.«

»Schade«, sagt Ziegler und seufzt, »wirklich schade um Rauer. Und du willst nun auch ...«

»Ja«, sagt Wernicke fest, es klingt plötzlich aggressiv. »Ich will nicht mitverantwortlich sein für das, was hier geschieht. Vor der braunen Sintflut habe ich mich auf eine kleine Insel retten können, und ich will sehen, daß ich jetzt wieder solch eine Insel finde.«

»Hast du es Steinle schon gesagt?« fragt Ziegler und richtet sich wieder auf.

»Noch nicht, aber ...«

»Du wirst es ihm auch nicht sagen,« sagt Ziegler entschieden.

»Erlaube mal!« fährt Wernicke auf. »Du kannst doch nicht einfach über mich verfügen.«

»Du wirst es ihm nicht sagen«, wiederholt Ziegler unbeirrt und fast beschwörend, »weil du auf deinem Posten bleiben mußt. Mensch, Wernicke, überleg doch nur! Wenn alle Ämter mit Andrikeits und Burmesters und Mühlbauers besetzt werden! Soll denn in den Ämtern überhaupt keiner mehr bleiben, der einen Kern der Ordnung und Anständigkeit bildet?«

Wernicke schweigt betroffen. Er räuspert sich, um eine kleine Pause im Gespräch eintreten zu lassen, und setzt seine Brille wieder umständlich auf. »Und du, was wirst du tun?« fragt er schließlich.

»Ich werde im Amt bleiben«, sagt Ziegler entschlossen.

»Es ist noch nicht lange her«, sagt Wernicke, auf seinem Gesicht erscheint der Schimmer eines ironischen Lächelns, »da kamst du zu mir, um ...«

»Ich weiß«, fällt Ziegler ihm ins Wort und versucht, sein Gesicht in ein Lächeln zu zwingen. »Ich wollte den ganzen Kram hinwerfen, aber ich hab' es mir anders überlegt. Ich bleibe. Und du mußt auch bleiben. Wir werden uns, nach außen hin, unterwerfen, es bleibt uns ja nichts anderes übrig, aber wir werden versuchen ... Wie sagtest du doch vorhin? Inmitten der Sintflut müssen wir eine Insel bilden und versuchen, sie zu behaupten.«

Wernicke nickt Ziegler zu. »Gut, versuchen wir es«, sagt er nachgiebig. »Wir beide werden übrigens nicht allein sein. Vorhin traf ich die Frau Doktor Fliesser. Sie sagte mir ...« Er zögert und rückt verlegen an seiner Brille. »Ich wollt' es dir eigentlich nicht sagen ...«

Ziegler winkt ab, als könnte ihn nichts mehr überraschen. »Red schon«, sagt er ergeben, legt sich zurück und verschränkt die Arme hinter dem Kopf. Wernicke hüstelt ein paarmal, ehe er weiterspricht. »Ja, also ... Also Frau Doktor Fliesser meint, sie denke gar nicht daran, das Volksbildungsamt abzugeben. Sie würde ihren Posten so lange wie möglich behaupten, damit die Kommunisten nicht auch nach ihm ihre langen Finger ausstrecken. Es wäre fast wie eine Fahnenflucht, wenn wir jetzt davonliefen und den Kommunisten das ganze Feld überließen. Das hörst du natürlich nicht gern . . .«

Ziegler blickt starr gegen die Decke. »Es ist bitter für mich, so etwas zu hören und zugleich zu wissen, daß sie recht hat«, sagt er mit tonloser Stimme und spürt, wie seine Lider heftig zucken. Dann schließt er die Augen und dreht sich zur Wand.

Gestaltung: Angelika Richter, Mainz
Satz: Dörlemann Satz, Lemförde
Druck und Bindung: Franz Spiegel Buch, Ulm
Printed in Germany 1988
ISBN 3 7632 3059 9